Panorama del Protestantismo en Cuba

COLECCIÓN CUBA Y SUS JUECES

EDICIONES UNIVERSA, Miami, Segunda edición, 2010

Marcos Antonio Ramos

Panorama del Protestantismo en Cuba

La presencia de los protestantes
o evangélicos en la historia de Cuba desde
la colonización española hasta
la revolución

Con prólogo del Dr. Justo L. González

Copyright © 1986 by Marcos Antonio Ramos

Primera edición, 1986 de Editorial Caribe (0-89922-241-2)

Segunda edición, 2010, de
EDICIONES UNIVERSAL
P.O. Box 450353 (Shenandoah Station)
Miami, FL 33245-0353. USA
Tel: (305) 642-3234   Fax: (305) 642-7978
e-mail: ediciones@ediciones.com
http://www.ediciones.com

ISBN-10: 1-59388-199-1
ISBN-13: 978-1-59388-199-3

Foto cubierta: Carlos Gordon

Todos los derechos
son reservados. Ninguna parte de
este libro puede ser reproducida o transmitida
en ninguna forma o por ningún medio electrónico o mecánico,
incluyendo fotocopiadoras, grabadoras o sistemas computarizados,
sin el permiso por escrito del autor, excepto en el caso de
breves citas incorporadas en artículos críticos o en
revistas. Para obtener información diríjase a
Ediciones Universal.

DEDICATORIAS

A la memoria de mi padre, mis abuelos y mis tíos.
Para mi madre, mi esposa y mi hija.
En acción de gracias a mis tíos Concha Mesa y Marcos Díaz Sordo por todo lo que hicieron por mi madre y por mí.

En homenaje a los fundadores del protestantismo cubano, patriotas y revolucionarios independentistas del siglo XIX, amigos y colaboradores de José Martí y Antonio Maceo, en el centenario de la ordenación del doctor Alberto J. Díaz, ocurrida en 1885, y el inicio formal de la obra bautista en Cuba en 1886.

RECONOCIMIENTOS

El autor de este libro agradece la cooperación prestada por las iglesias evangélicas cubanas, las juntas misioneras norteamericanas, los archivos y bibliotecas, y otras agencias mencionadas.

Gracias a la desinteresada y generosa contribución de investigadores históricos y otros colegas dedicados a estudios relacionados directa o indirectamente con la materia fue posible vencer ciertas dificultades fundamentales creadas por el distanciamiento físico.

La participación de Juan Rojas y Eugenio Orellana, de Editorial Caribe; y de John y Dorothy Rasmussen y Carlos Gordon, de la Misión Latinoamericana, y Rebecca de Goring en los aspectos técnicos de la publicación de esta obra, merece un reconocimiento especial.

A la comprensión y el estímulo de las congregaciones e instituciones docentes con las que el autor ha trabajado en el periodo dedicado a la investigación y redacción se debe en buena parte que este proyecto haya podido realizarse.

El doctor Justo Luis González, antiguo profesor de la Escuela Candler de Teología de la Universidad de Emory, en Atlanta, no solamente escribió el prólogo del libro sino que hizo oportunas sugerencias.

A pesar de haber ofrecido, además de la bibliografía, una lista de agencias, colaboradores y personas entrevistadas, es imposible hacer justicia a todos los que han participado.

CONTENIDO

Prólogo   9
Introducción   13

PRIMERA PARTE

I. Una colonización católica y un protestantismo extranjero   25
II. Hacia una dominación británica (siglo XVIII)   35
III. El nacimiento de una nacionalidad (siglo XIX)   45
IV. El abolicionismo protestante y Cuba   57
V. Protestantes extranjeros en el siglo XIX   71

SEGUNDA PARTE

VI. Los inicios del protestantismo cubano (segunda mitad del siglo XIX)   91
VII. Una iglesia cubana bajo la bandera española   107
VIII. Protestantes en la independencia de Cuba   133
IX. Intervención norteamericana y religión en Cuba   159

TERCERA PARTE

X. La hora de las juntas misioneras (1898-1902)   199
XI. Primera república y segunda intervención: los evangélicos se organizan (1902-1909)   235
XII. Generales y doctores; fluctuaciones económicas: los evangélicos avanzan y decaen (1909-1933)   273

CUARTA PARTE

XIII. Una nueva generación en Cuba (1933-1959)   369
XIV. Los evangélicos en la hora de la revolución   487

APENDICES

I. Nuevo panorama a partir de 1959   517
II. Protestantismo en Cuba (1959-1986)   525
III. Comentarios sobre el pensamiento cristiano en Cuba   573
IV. Apuntes sobre el protestantismo y la cultura en Cuba   591
V. Protestantismo cubano en el exterior   625
VI. Estadísticas del protestantismo en Cuba   633
VII. Conclusiones a manera de epílogo   641
Bibliografía   653

PRÓLOGO

¿Qué valor puede tener para el mundo actual un libro como éste que ahora sale a la luz? ¿Por qué estudiar cosas pasadas, cuando hay tantas luchas presentes? ¿Por qué preocuparnos por tantas gentes que han muerto, y de quienes no queda más recuerdo que algunos papeles polvorientos, cuando hay tantas decisiones vitales que tomar en el presente?

Tales son las preguntas que muchos lectores avisados se harán. Quien no se las haga, quizá pueda desentenderse de ellas, no porque las haya contestado, sino porque, temeroso de las realidades y las incertidumbres presentes, ha encontrado refugio en la supuesta certidumbre del pasado. Quizá, en momentos de romántica debilidad, todos soñamos, como el poeta andino, "Debí yo haber nacido, no en esta edad sin gloria, sino en algún tiempo pasado mucho mejor". Y es cierto que nuestros sentimientos y nuestros temores y angustias nos engañan, y que "a nuestro parecer, cualquier tiempo pasado fue mejor".

Pero todo esto, que bien puede ser cierto en alguna medida de todos nosotros, no justifica la publicación de un libro como el presente. Si lo que el autor ha de lograr es sencillamente hacernos escapar hacia una realidad imaginaria y de un pasado tranquilo que nunca fue, mejor le fuera dedicarse a escribir cuentos de hadas.

Otros quizá respondan a las preguntas planteadas diciendo que la curiosidad histórica se justifica a sí misma. Desde tal perspectiva, el pasado le interesa al historiador por las mismas razones por las que el filatélico se interesa en sellos de correos, y el numismático en monedas: por curiosidad. El historiador estudia entonces la historia por la misma famosa razón que impulsa al alpinista a escalar un monte: "porque está ahí". Es cuestión de pasatiempo. Unos montan en bicicleta; otros resuelven crucigramas; y otros en fin estudian y escriben historia.

Tal razón no carece de valor. El historiador rebusca el pasado en parte por curiosidad, y en perfecto uso de su libertad. Prohibírselo sería una tiranía tan grande como prohibir montar en bicicleta, escalar montes, o resolver crucigramas. Y, de igual manera que sin equilibrio nadie puede montar en bicicleta, así tampoco es posible estudiar la historia sin curiosidad histórica.

Pero hay límites. Dedicarse por entero a resolver crucigramas mientras millones mueren de hambre, y mientras la humanidad dividida amenaza con destruirse a sí misma, es pobre emulación de aquel loco emperador que dicen se dedicó a escribir poemas mientras Roma ardía. Y sería igualmente locura dedicarse a estudiar el pasado por mera curiosidad anticuaria, y consagrar a ello años enteros mientras el mundo se desboca en loca carrera armamentista.

Volvemos entonces a la pregunta, ¿de qué puede servir, en medio del mundo moderno y de sus complejos problemas siempre presentes, un libro como éste, que se dedica mayormente al pasado? La respuesta hemos de hallarla en una observación sencilla, pero fundamental: lo pasado no ha pasado, sino que continúa siendo presente en nosotros, de igual manera que nuestro presente, al que las generaciones futuras llamarán "pasado", continuará sin embargo estando presente para estas generaciones.

Aclaremos lo que esto quiere decir. Lo que hice ayer es "pasado" en el sentido de que no puedo deshacerlo, ni modificarlo, ni siquiera, en el sentido estricto, repetirlo. Pero eso que hice ayer es ahora parte integrante de quién yo soy. Por muy pequeño que sea eso que hice, sea bueno o malo, es ahora parte de mi historia. Y esa historia es parte de mi realidad. ¡He aquí por qué el pecado es carga tan grande e inescapable, y por qué la gracia perdonadora de Dios es tan inesperada e indescriptible!

Pero hay más. La historia que es parte de mi realidad no es solamente la de mis propios hechos personales. Es también la de innumerables actores y factores que de algún modo han hecho de mí quien soy. Cuando vine al mundo, en una hermosa isla caribeña, nací allí porque muchos años antes alguien en España decidió emigrar; y porque algún tiempo después algunos de aquellos inmigrantes se unieron a los naturales del país. Cuando ahora hablo o escribo, lo hago en mi lengua castellana porque muchos años antes los castellanos echaron a los granadinos de España; y porque antes los moros conquistaron a los visigodos; y porque los visigodos vencieron a los romanos; y porque los romanos derrotaron a los cartagineses; y . . . ¡quién sabe!

Todo ello, lo que sé y lo que no sé, lo que recuerdo y lo que ha quedado escondido en los oscuros atavismos de la penumbra de la historia, todo ello vive en mí. Es parte de mi modo de ser, y me equivoco sobremanera si creo que he sido yo quien se ha hecho a sí mismo de una nada semejante al caos primigenio.

Lo que es cierto de mi persona individualmente también lo es de cada grupo al cual pertenezco. Al hablar, por ejemplo, de protestantes cubanos, estamos hablando también de lo que hemos venido a ser por obra de innumerables circunstancias y personajes. Algunos los recordamos. Otros los hemos olvidado. Y en ese olvido ha muerto algo de nosotros —no porque los personajes olvidados hayan sido grandes o pequeños, buenos o malos, sino porque son, nos guste o no, parte de nosotros. Desconocerles es desconocernos a nosotros mismos. Dejarles permanecer en la oscuridad es descuidar nuestra propia salud e integridad. Olvidarles es morir un poco.

Por todo ello, bien decía don José Ortega y Gasset, hace precisamente medio siglo, que "para comprender algo humano, personal o colectivo, es necesario contar una historia". El reconocimiento de esa verdad, al parecer tan simple, es quizá el más grande descubrimiento de la era moderna —más grande que la energía nuclear o los espacios siderales— pues cambia radicalmente el modo en que vemos la realidad humana. El gran contraste entre los tiempos antiguos y medievales, por una parte, y los modernos, por otra, es precisamente este modo diverso de ver la realidad humana, no como algo estático, ya hecho, sino como algo que se va haciendo en el curso de su propia historia, y que por tanto no se puede comprender sin entender su historia.

Así vista, la historia es obra fundamental de salud pública. Es el modo como un pueblo, o un grupo cualquiera, sostiene y comprende su propia identidad —no para guardarla inmaculada de todo contagio con los problemas del presente, sino al contrario, para poder intervenir con mayor fuerza y sabiduría en la solución de esos problemas. La historia nos aclara por qué somos como somos. La historia nos distingue de otros grupos, cada cual con su propia historia. La historia nos vincula con otros con quienes compartimos una herencia común. La historia nos aúna con toda esta sufrida humanidad con la que en fin de cuenta marchamos en una sola senda, porque tenemos un origen común y un destino común.

En un mundo hambriento, la historia nos ayuda a ver por qué hay hambre, y a sobreponernos a la propaganda simplista de quienes ofrecen fáciles explicaciones que les eximen de toda responsabilidad. En un mundo dividido y armado hasta los dientes, la historia nos hace ver por qué recelamos los unos de los otros, y nos ayuda a distinguir entre los desacuerdos reales y los ficticios. En el caso del pueblo cubano protestante, la historia ha de ayudarnos a entender las diferencias que nos dividen, sí; pero mucho más ha de ayudarnos a ver y respetar la herencia común que nos une. Si no nos es dado, por ser humanos y no divinos, ver las luchas y los acontecimientos contemporáneos desde una perspectiva eterna, sí nos es dado verlos al menos desde una perspectiva histórica.

Todo esto es lo que Marcos Antonio Ramos nos ayuda a hacer en su libro. La tarea que se ha impuesto es colosal, no sólo por su envergadura, sino también por las dificultades prácticas e ideológicas que envuelve. En medio de luchas y desavenencias, hemos aprendido a criticarnos los unos a los otros, olvidando que tales críticas solamente tienen pertinencia si son hechas entre hermanos y hermanas que compartimos la misma fe y las mismas tradiciones. Los caminos del protestantismo cubano han divergido, incluso recientemente; pero por mucho que se empeñen en decirnos lo contrario, siguen siendo caminos paralelos. La hora ha llegado —la hora siempre es— de abrirnos los brazos unos a otros: de abrirlos en forma de cruz para dar lugar al abrazo fraternal. Marcos Antonio Ramos, sin decírnoslo, nos lo recuerda.

Empero a esas dificultades se añaden otras de carácter práctico. Los materiales para la historia del protestantismo cubano se encuentran dispersos a uno y otro lado del Estrecho de la Florida, y hasta allende el Atlántico. Muchos de ellos están en antiguas revistas de las que solamente quedan escasos ejemplares. Todos ellos están sepultados bajo montones de otros datos que no vienen al caso. Hay que desenterrarlos. Hay que reunirlos. Salvando todas las dificultades, Ramos nos ofrece un volumen que rescata del olvido las páginas de nuestra historia —valiosos pedazos de nuestro propio ser.

Quizás ha podido hacer esto porque en él se combina la curiosidad histórica del que estudia el pasado "porque está ahí" con la pasión de quien cree que toda hora es hora de amor y reconciliación entre los cristianos.

Fácil será criticarle. Bien dice él mismo que la historia del protestantismo cubano está por escribirse. La historia siempre está por escribirse, pues cada generación tiene que releerla de nuevo desde su propia perspectiva. Y no cabe duda de que cada cual encontrará algún punto de desacuerdo, bien sea en su interpretación de los hechos, bien sea en la omisión de algún punto o personaje que otros consideren de gran importancia. Tales críticas serán valiosas, pues nos ayudarán a todos a comprender mejor la historia de que somos parte —y que es parte nuestra. Empero, antes de atrevernos a hacerlas, reconozcamos todos que la obra de Marcos Antonio Ramos es una notable contribución a la tarea de rescatar el pasado que estábamos a punto de perder.

Por mi parte, sólo una crítica me atrevo a hacerle. En algunas ocasiones, sea por amistad o por cortesía, Ramos se muestra en extremo bondadoso con algunos de nosotros sus contemporáneos. Por ahí en algún lugar me llama "historiador de la iglesia latinoamericana" y otros títulos de que no soy ni con mucho merecedor. ¡Afortunadamente, el resto de su obra es mucho más digno de crédito!

Justo L. González
Decatur, Georgia
12 de Agosto de 1985.

INTRODUCCION

La historia eclesiástica ha sido generalmente descuidada entre los cubanos y los iberoamericanos. Tal realidad está siendo reconocida y varios esfuerzos se están haciendo para aliviar la situación. Hasta los cristianos mejor informados de cada país de Iberoamérica, a pesar de su interés por estas cuestiones, han carecido de los recursos para precisar el origen y conocer el desarrollo del cristianismo en los países de la región. En la comunidad protestante —o evangélica— esto nos ha conducido a veces a cierta superficialidad y a pasar por alto la relación entre nuestras iglesias y organizaciones y la historia y cultura del país donde estamos ubicados o al que pertenecemos por nacimiento o formación.

En el caso de Cuba, aparte de los actuales esfuerzos de CEHILA, Comisión de Estudios de Historia de la Iglesia en Latinoamérica, y de iniciativas aisladas y poco conocidas, solo habíamos contado con biografías de pastores y misioneros y con bosquejos de historia denominacional que deben ser reconocidos por su carácter de precursores de los estudios que esperamos sean publicados por autores e investigadores, nacionales y extranjeros.

En 1942, el Concilio Misionero Internacional publicó uno de los más valiosos aportes al estudio del protestantismo en Cuba: *The Cuban Church in a Sugar Economy* de J. Merle Davis. Más recientemente, otro erudito extranjero, Theo Tschuy, escribió *Cien años de protestantismo en Cuba*. Con motivo de la celebración de los centenarios, u otros aniversarios, del inicio de la actividad de algunas iglesias protestantes entre los cubanos, ya sea como resultado de decisiones denominacionales o por iniciativa individual, es que se ha creado de nuevo el interés por este tipo de estudios y han surgido nuevos investigadores históricos dentro de las iglesias que se han establecido en el país.

Como resultado de nuestras propias investigaciones y del estudio de la historia y literatura de Cuba, y aprovechando el aporte de los que se dedicaron antes que nosotros a estos menesteres, hemos tratado de ofrecer un panorama, una visión de conjunto del desarrollo del protestantismo entre los cubanos y de la obra evangélica en el país, en consonancia con la evolución del pensamiento y, por ende, del acontecer histórico, político y cultural en Cuba.

Con este intento no nos propusimos escribir una historia definitiva de la Iglesia Evangélica o Protestante en Cuba. Es, sin embargo, el resultado de una larga investigación que tuvo como propósito fundamental el ofrecer al lector estudioso e interesado una introducción al origen, desarrollo y características del movimiento protestante entre los cubanos, brindándole también la suficiente información sobre el acontecer nacional que le permita entender el contexto en el que el protestantismo se ha desenvuelto en el país. Este libro es, hasta cierto punto, una historia del movimiento evangélico en Cuba pero no incluye un estudio minucioso y exhaustivo de cada denominación que ha trabajado en el país, labor que requeriría varios tomos y que merece la atención especializada de peritos.

El lector debe tener presente los parámetros que nos hemos trazado antes de exigir que se atienda la curiosidad intelectual de todos o se satisfaga el natural orgullo denominacional de cada uno. Tenemos la esperanza de que, a pesar de estas limitaciones, la mayor contribución de este libro, aparte de ofrecer una reseña del movimiento evangélico, sea el ayudar en la importante labor de relacionar el mismo con la historia y la cultura de la nación. Hasta ahora ese aspecto no ha trascendido más allá de la preparación de ponencias, folletos o artículos incluidos en estudios publicados en Cuba o en el extranjero. Con este trabajo, nos unimos a los interesados en esa descuidada labor para tratar de intensificarla, alentados con los indicios que hemos visto últimamente y que apuntan a la posibilidad de que no estemos solos.

El uso del vocablo protestantismo en el título de esta obra se debe a la realidad de que en numerosos países se identifica como evangélicos únicamente a los miembros del ala conservadora del movimiento protestante, en materia de religión o teología. La palabra protestante, además de ser un término aceptado internacionalmente por las ciencias sociales, es más inclusiva y facilita una labor como la que nos hemos propuesto ya que sería difícil identificar como evangélicas, en el sentido mencionado, a juntas de misiones extranjeras de gran importancia en el desarrollo del movimiento en Cuba. Por otra parte, aun las denominaciones que prefieren, por alguna razón, ser identificadas como evangélicas, son consideradas como protestantes fuera del ambiente en que se desenvuelven sus actividades. Esto nos ayuda a introducir otro problema de interpretación. Para los efectos de este libro, se considera como evangélicos o protestantes no solamente a los miembros nominales, activos o devotos de las denominaciones, sino incluso a aquellos que simplemente se identificaron públicamente como tales y asistieron a las iglesias. Para hacerlo hemos entrevistado a familiares y amigos de los mismos, sobre todo en caso de duda. Cuando es necesario lo aclaramos de alguna forma. Por otra parte, el ser graduado de una escuela protestante, o haber enseñado en ella, no quiere decir necesariamente que la persona sea o haya sido evangélica. En todo caso, no somos jueces de nadie respecto de la veracidad o la sinceridad en su vida religiosa.

Este libro no ha sido escrito solamente para creyentes o peritos en temas teológicos; por lo tanto, no se limita a aquellos aspectos que interesan a ciertos sectores. Al tratar de ofrecer una introducción al estudio de un movimiento religioso, hemos tenido en cuenta a aquellos que lo interpretan de diferentes maneras y presentamos las iglesias o sectas tal y como ellas son, y a las distintas tendencias teológicas y políticas que afectan a las mismas, sin hacer un proyecto de como deberían ser, complaciendo entonces a ésta o a aquélla interpretación, sino limitándonos a describir como se han originado y desarrollado y como existen hasta este momento en sus diversas manifestaciones.

El libro no pretende ser una interpretación teológica del protestantismo cubano ni tampoco una evaluación política del mismo. Es un estudio general que intenta con seriedad dar a conocer la obra evangélica del país sin incluir a aquellos grupos cuya teología no es en aquellos aspectos sustanciales evangélica o protestante. Los Testigos de Jehová, la Iglesia Científica de Cristo y la Iglesia Ortodoxa no fueron objeto de nuestra investigación. Al llevar ésta a cabo no nos hemos dedicado, sin embargo, a omitir lo que no nos agrade personalmente, o a pasar por alto ciertas personalidades, simplemente porque no estén ubicadas en una línea de pensamiento que sea compatible con el nuestro. Damos la bienvenida por anticipado a cualquier intento futuro de ofrecer una verdadera interpretación teológica o una penetrante evaluación sociopolítica, pero nosotros, que hemos tenido en cuenta esos factores como parte integral del contexto del protestantismo en Cuba, nos contentamos con ofrecer un panorama histórico sin las pretensiones que las importantes labores mencionadas deben necesariamente tener.

Aun con las aclaraciones iniciales, nos resulta dolorosa la imposibilidad de mencionar a todos los pastores, misioneros y líderes. Damos público testimonio a los innegables valores de infinidad de hombres y mujeres de Dios que no son mencionados en este libro. Y lamentamos sinceramente que no se haya hecho justicia en el mismo a las mujeres, que por lo general llevan la mayor parte del peso en las congregaciones locales de todas las denominaciones y que merecen un reconocimiento mucho mayor del que hasta ahora se les ha concedido por parte de los organismos denominacionales. Jamás se podrá reconocer lo suficiente a los abnegados siervos de Dios y obreros de la Iglesia, nacionales y extranjeros. Los nombres más conocidos, o con mayor prestigio, y también los héroes anónimos, son muchos, hasta que podrían contarse por millares. Ni siquiera mencionar a todos los pioneros nos ha sido permitido por las exigencias de un tipo de labor que se limita a extraer aquellos nombres que resulten imprescindibles, en gran parte por la falta de recursos para incluirlo todo. En el estilo más evangélico posible, recordamos al lector que lo que en definitiva importa es que sus nombres estén escritos en el "libro de la vida".

A la hora de escoger las fuentes y libros que nos permitieron hacer este estudio, en las conversaciones con testigos presenciales o personas conocedoras, al solicitar información a las juntas misioneras, al revisar colecciones de periódicos y revistas publicados en Cuba o en el extranjero a través de los años, hemos prescindido por completo de preferencias personales, hayan sido éstas de tipo denominacional, teológico o político. Como hemos expresado ya, a otros corresponderá la tarea de realizar las interpretaciones sociopolíticas o teológicas del movimiento que nos ocupa. Las opiniones que sirvan para explicar un aspecto sobresaliente, y los juicios que ayuden a comprender un periodo o situación, se incluirán cuando sean necesarios, pero mayormente para complementar la información.

Para algunos, esta labor de investigación histórica y cultural representará simplemente nuestra personal forma de percibir el movimiento evangélico o protestante en Cuba. Pero ninguno podrá afirmar que renunciamos a la tarea que nos propusimos: ofrecer un panorama del protestantismo en Cuba, resaltando sobre todo los aspectos nacionales, pero sin pasar por alto influencias extranjeras que son, para bien o para mal, parte de todo movimiento religioso internacional. Sin analizar toda la historia de Cuba, hemos tratado de tener presentes aquellos asuntos —la presencia extranjera, el abolicionismo de los protestantes británicos, los procesos independentistas y de formación de la nacionalidad, las crisis económicas, la cultura nacional, los conflictos políticos y revolucionarios— que han afectado la comprensión esencial de la relación entre Iglesia y Sociedad.

Por otra parte, los cambios sociales, políticos y económicos ocurridos en Cuba en el último cuarto de siglo, son de una magnitud tal que nuestra intención de ofrecer un panorama del protestantismo en el contexto de la cultura nacional se enfrenta a una dificultad fundamental. Es por eso que, a pesar de que el libro, mediante sus apéndices contiene información sobre la iglesia hasta el año 1986, el apéndice correspondiente a ese último periodo se limita a poner al día al lector en cuanto a lo acontecido históricamente a las iglesias que se establecieron en el país. Y aunque tiene en cuenta el contexto, se admite francamente que se requiere un estudio especializado para poder ofrecer lo que bien pudiera denominarse el nuevo panorama del protestantismo en Cuba.

El lector poco acostumbrado al vocabulario utilizado por los evangélicos en campos misioneros debe estar consciente del uso de expresiones propias de ese tipo de actividad, tales como "abrir obra", o "iniciar trabajo", que se refieren a los esfuerzos iniciales en un poblado o comunidad, conducentes a la organización de una iglesia o misión. No creemos que ese u otros casos parecidos requieran de mucha aclaración, ya que no presentan dificultades importantes en cuanto a comprensión. Al lector piadoso le revelamos con honestidad que este no es un libro devocional ni tampoco otra biografía de los misioneros y hombres de Dios, como lo han sido, directa o indirectamente muchos trabajos publicados dentro y fuera de Cuba a través de los años. El libro utiliza, cuando lo requiere el tema, un lenguaje que no es típico de una obra de historia eclesiástica o de carácter hagiográfico. No nos hemos propuesto realizar el trabajo del hagiógrafo, aunque no lo despreciamos en modo alguno.

Resulta importante aclarar que al mencionarse los posibles defectos o las labores incompletas de la Iglesia Católica se está acudiendo también al contexto en que el protestantismo se ha desarrollado en Cuba. Ese método crítico se usa también al estudiarse las limitaciones de las iglesias evangélicas. No nos hemos propuesto escribir una historia del protestantismo en un país que era predominantemente católico solo por hacerle daño a la iglesia de Roma. Debemos buena parte de nuestra formación a un colegio de misioneros franco-canadienses en la ciudad cubana de Colón y entre nuestros maestros y compañeros de estudio tuvimos el privilegio de contar por lo menos con tres amigos que llegarían a ser obispos de esa iglesia: Jaime Ortega, Agustín A. Román y Marcel Gerín. Muchos años después, recibimos de una institución universitaria fundada por una orden religiosa católica, una de las mayores distinciones de nuestra vida: el grado de doctor honoris causa que nos concedió, sin merecerlo, el Mercy College de Dobbs Ferry, en el estado norteamericano de Nueva York. No ha habido, pues, sentimiento alguno de anticatolicismo en nuestra carrera académica y mucho menos en este libro.

Abrigamos la esperanza de que este esfuerzo llegue a ser de utilidad a nuestros colegas en los estudios históricos para posteriores trabajos sobre la iglesia en Cuba e Iberoamérica. Es nuestra intención que futuras ediciones se encarguen de las omisiones, errores y limitaciones que puedan encontrarse aquí. Si de alguna forma se ha podido realizar con la presente obra una contribución a la causa de las investigaciones históricas sobre la iglesia y a la de los estudios cubanos, nos daremos por satisfechos.

"SOLI DEO GLORIA"

Marcos Antonio Ramos
Ciudad de Panamá, 1985

PRIMERA PARTE

"Cuba, triste tierra, como tiranizada y de señorío."
>Carta de Miguel de Velázquez al Obispo Diego Sarmiento, en 1544.

"Su población abandonó el pueblo que fue saqueado por el corsario. La audiencia informó al rey que este se llevó hasta las campanas de las iglesias y que insultó a una imagen de San Pedro colgándola en la puerta de una choza donde se convirtió en blanco de naranjas que le tiraban aquellos franceses de la tripulación cuyo protestantismo encontró expresión satisfactoria en esta versión de la destrucción de imágenes de moda en Francia en aquella época."
>Irene Wright en su obra **Early History of Cuba,** relatando las actividades de un corsario francés que se apoderó de La Habana en 1538.

"La grey protestante padecía entonces de una crisis de terror, de desesperación, ante el avance irreprimible de la reacción católica, para ellos rémora pagana del verdadero cristianismo."
>José Antonio Ramos, refiriéndose a la Contrarreforma.

"Las muchachas de La Habana
no tienen temor de Dios
pues se van con los ingleses
en los bocoyes de arroz."
>Versos habaneros del siglo XVIII.

"La libertad de cultos no perturbó la devoción católica del vecindario. Los vencedores solo aspiraban a que les cedieran una iglesia en que practicar la religión anglicana."
>Rafael Esténger, escribiendo sobre la Toma de La Habana por los ingleses.

"Su simpatía por el protestantismo es notoria, sin que yo asevere tal o cual afiliación religiosa en el autor de los Aforismos."
      Medardo Vitier, escribiendo acerca de José de la Luz y Caballero.

"Los padres predicadores tenían que predicar la existencia de una sola religión. . . Cruzar los tiempos modernos era tanto como contrastarles los avances de la razón y de la libertad de conciencia con retraso del dogma."
      Elías Entrialgo, en su trabajo "La enseñanza de la historia en la Universidad de La Habana."

"Si las sectas religiosas hallan su interés en fomentar en las Antillas la introducción de libres africanos, el gobierno británico también podrá hallar el suyo en favorecerla."
      José Antonio Saco, en **Papeles sobre Cuba.**

". . .y se dedicó la parte mejor del cementerio a enterramiento de extranjeros protestantes, por lo cual fue llamado, primero, Cementerio de los ingleses, y luego, Cementerio de los americanos."
      Emilio Roig de Leuchsenring en **La Habana, apuntes históricos.**

Piratas atacan una población de la Cuba española. Siglo XVII.

El Convento de San Francisco, ocupado en La Habana por los ingleses para celebrar servicios anglicanos (1762-1763)

El Conde de Albemarle, gobernador inglés de La Habana (1762-1763). Hermano de un famoso obispo anglicano

Sello distribuido en Cuba por abolicionistas protestantes que conspiraban en la Isla (Primera mitad del siglo XIX)

Edward Kenney, primer capellán permanente de la comunidad extranjera de religión protestante en Cuba (1871)

Capítulo I

AMARGAS MEMORIAS DE UNA COLONIZACION CATOLICA Y UN PROTESTANTISMO EXTRANJERO
(Siglos XVI y XVII)

Al producirse el descubrimiento de Cuba, en el primer viaje de Colón, corría el año 1492, año destinado a indicar el momento de mayor gloria de España, que mientras descubría el Nuevo Mundo, había alcanzado ya su unidad territorial aunque sin sepultar antiguos regionalismos. Fue el año de la expulsión de judíos y de la derrota de los moros y también de la ascensión al trono pontificio de Alejandro VI, el Papa Borgia, estadista nacido en España, que dividiría la América entre españoles y portugueses como también lo establecería el Tratado de Tordesillas (1494).

Cuba, considerada por Colón como parte de Cipango (Japón), pasa al conocimiento de los europeos en momentos en que España trata de lograr a la fuerza la unidad religiosa, inexistente en la Edad Media, no solo por la presencia de los sefardíes y los musulmanes, sino por la existencia de una variedad de interpretaciones dentro del cristianismo, como lo prueba con sus datos el más católico y eminente de los polígrafos producidos por la nación en su famosa *Historia de los heterodoxos españoles*, ya que Marcelino Menéndez y Pelayo, sin favorecerles, describe las creencias y los problemas de los disidentes religiosos de su país a través del tiempo, los cuales, simplemente por su existencia y actividad, convertían en mera ilusión las pretensiones de unidad que tanto le atrajeron a él personalmente.

Salvador de Madariaga, en su fabulosa *Vida del muy magnífico señor don Cristóbal Colón*, se atreve no solamente a defender el origen judío del descubridor de América, hombre que curiosamente poseía una cultura bíblica demasiado amplia para aquella época, sino que le llama "poco ortodoxo" en su catolicismo, e incluso dice de él, tal vez con cierta precipitación en el juicio: "ya en esencia es un protestante". Lo que nadie discute es que, aparte de famosas herejías y cismas, Europa había sido estremecida por el esfuerzo de reformistas como Juan Hus, padre de la nación checa, y Juan Wycliffe, el erudito bíblico inglés, y de movimientos evangélicos como el de los valdenses, ubicados en la mejor tradición de los primeros tiempos del cristianismo debido a sus sinceras inquietudes doctrinales. Ilustres y sabios personajes dentro de la Iglesia Católica habían concedido también, con una nota de espiritualidad y hasta de misticismo, un elemento inspirador al cristianismo.

Cuba fue llamada por Colón la Isla Juana, y todavía se discute si lo hizo para honrar a la princesa que tristemente pasa a la historia como Juana la Loca, o al Príncipe Juan, el heredero de la corona fallecido poco tiempo después (1497). Para entonces, ya había nacido en Sajonia el gran reformador Martín Lutero. Los habitantes de la tierra cuyo nombre indio se impuso en definitiva al escogido por Colón, estaban a punto de ser invadidos por una religión extranjera que venía de Roma, pasando por España —el catolicismo romano— y muy pronto sería visitada y atacada su isla por partidarios de otro movimiento religioso y extranjero, el protestantismo. Los españoles católicos tomarían posesión de la isla y sus competidores de otras naciones, que pronto adoptarían como religión al protestantismo, se prepararían para romper su exclusivo control mediante el corso, la piratería y otras actividades.

Escribiendo acerca de los indios ciboneyes y refiriéndose a uno de sus grupos, los doctores Ernesto E. Tabio y Estrella Rey afirmaron lo siguiente:

". . . todo lo que se ha expuesto con respecto a la religión de este grupo aborigen son puras especulaciones teóricas, basadas, por supuesto, en conclusiones económicas y sociales extraídas de pocos datos arqueológicos y de estudios sobre las escasas evidencias."[1]

Pero al considerar otros grupos, aparte de los ciboneyes del llamado aspecto Guayabo Blanco, estos y otros arqueólogos e investigadores encuentran evidencias de gran peso que revelan una forma de religiosidad primitiva y que era evidente entre tainos y subtainos en ritos como el areito, en la adoración de "cemíes" o ídolos, en las tradiciones funerarias y en el papel de los sacerdotes o "behiques". Los líderes que pelearon contra los conquistadores españoles serían vencidos, hombres valientes como Hatuey, Guamá y Caguax. También, con su derrota, sus dioses serían sustituidos por las nuevas creencias. De las religiones de los indios cubanos se han ocupado en nuestro tiempo investigadores como Fernando Ortiz, José Juan Arrom y Manuel Rivero de la Calle.

Esos eventos de la conquista de Cuba se produjeron después que Diego Velázquez, jefe de la expedición, partiera en 1510-1511 de la isla La Española (actual República Dominicana). Cuando salía de Salvatierra de la Sabana, al norte de Santo Domingo, el antiguo teniente de Ovando, hombre de amplios recursos económicos y fundador de villas en La Española, tenía entre sus propósito el establecimiento del catolicismo como religión de la Isla.

No nos corresponde describir en sus detalles los inicios de la evangelización católica de Cuba, cuyo incidente más dramático fue, sin duda, el rechazo por el cacique Hatuey, símbolo de rebeldía, de las pretensiones de quienes quisieron convertirle al catolicismo mientras esperaba ser quemado vivo. Muchos indios aceptaron la nueva religión, casi sin entenderla, y los más sucumbieron a las naturales presiones del conquistador. Pero un número muy elevado de aborígenes permaneció leal a sus dioses. Como en el resto de los paises americanos, el clero católico original incluyó a hombres de santidad, a personajes famosos y a sacerdotes indignos que no fueron al Nuevo Mundo por intereses espirituales y misioneros sino por razones que no intentaremos discutir aquí. Solamente por haber estado entre los primeros maestros del país y haber logrado destruir algunas supersticiones, basta para que reconozcamos el esfuerzo de los nuevos misioneros, especialmente el de Bartolomé de las Casas, que a pesar de acusaciones de exagerar ciertos defectos de la colonización española, debe ser considerado como una de las grandes figuras del siglo XVI. De las Casas comparte la fama en ese siglo, en la historia de Cuba, con personajes como Diego Velázquez, el gran colonizador y Vasco Porcallo de Figueroa, el gran encomendero. De las Casas, español insigne, ciertamente mereció el título de Protector de los Indios y alcanzó, en parte por razones políticas, el reconocimiento casi unánime de la creciente comunidad protestante europea de su época.

El 15 de agosto de 1514, el más ilustre de los clérigos españoles que se han radicado en Cuba a través de su historia pronunció un famoso sermón condenando los abusos de la esclavitud a que los indios habían sido sometidos. No vaciló en usar la palabra "pecado" al referirse a esa institución y al confesar su propia falta puso en libertad a los indios que le había encomendado el gobierno español. Su homilía, basada en el libro del *Eclesiástico*, uno de los deuterocanónicos, debe ser considerada por su defensa de la raza india como uno de los discursos más trascendentales en la historia de la nación cubana. La raza india se extinguió por las severas condiciones que le fueron impuestas. Muchos se mezclaron con los españoles mediante uniones familiares de algún tipo.

El Papa León X creó, en 1518, la diócesis de Baracoa con la categoría de obispado. Este no llegó a ser ocupado ni organizado. Según el obispo Morell de Santa Cruz en su *Historia de la Isla y Catedral de Cuba*, el primer obispo nombrado para Cuba, fray Bernardo de Mesa (o Meza) no aceptó desempeñar el cargo. También señala a fray Julián Garcés como el segundo obispo en ser designado. Existen discrepancias en cuanto a la fecha del nombramiento del obispo de Mesa (1516) y la posterior creación de la diócesis de Baracoa en 1518. En todo caso, la catedral de Santiago de Cuba fue pronto la sede de la iglesia en Cuba al ser suprimida la diócesis de Baracoa. En 1523 el obispo fray Juan de Witte (o Ubite) ejercía autoridad sobre la diócesis santiaguera y hacía designaciones. Algunos creen que no llegó a poner sus pies en territorio cubano. José Martín Félix de Arrate, en su famoso libro *Llave del Nuevo Mundo* ofrece muchos datos y los nombres de obispos pero prevalece la duda en cuanto a ciertos prelados. Muchos coinciden en que fray Miguel Ramírez de Salamanca, nacido en Burgos, llegó a Santiago de Cuba en 1528. Ismael Testé, un conocido sacerdote cubano, en su *Historia eclesiástica de Cuba*, hablando de las relaciones de éste con el gobernador don Gonzalo de Guzmán, dice que "no tardó en hacer causa común con él para repartirse los indios"[2].

No careció pues de defectos y errores la obra de los primeros líderes de la Iglesia Católica en Cuba a pesar de las contribuciones a la causa de la justicia por parte de hombres como el padre Las Casas.

El obispo de Witte, al crear en 1523 en Cuba la dignidad de maestrescuela, estableció que este funcionario estaría obligado a "enseñar de por sí, y no por otro, la gramática a los clérigos o sirvientes de la iglesia, y a todos los del obispado que quisieran oírla". Las obras que describen el desarrollo de la educación en Cuba constituyen la mejor evidencia para defender el papel de la iglesia en el aspecto educacional, a pesar de sus limitaciones. Basta acudir a una fuente confiable como *Apuntes para la historia de las letras y la instrucción en la Isla de Cuba*, de Antonio Bachiller y Morales, el patriarca de la erudición cubana, para quedar convencidos de este asunto.

El origen poco recomendable de gran parte del clero y las tentaciones de los beneficios seculares, el contrabando y el sistema de encomiendas pueden haber deteriorado la efectividad de aquella primera etapa. Pero la presencia de abnegados sacerdotes y de algunos obispos sobresalientes contribuyó a sentar las bases del futuro catolicismo cubano, como veremos más adelante.

La religión oficial —lo era en todo el imperio español— no estuvo mucho tiempo sin competencia. Las funciones de la Inquisición fueron ejercidas aunque desde lejos (La Española, México, Cartagena de Indias). Fernando Ortiz se sintió lleno de satisfacción al afirmar en más de una ocasión: "Por suerte, en Cuba jamás tuvimos tribunal del Santo Oficio". En realidad, al establecerse en América esos tribunales, quedaron ubicados en México y Perú. La cercanía de México se impuso. En 1576 llegó a Cuba, procedente de Granada, un alguacil mayor de la Inquisición. A este funcionario le llovieron las acusaciones contra viajeros protestantes y libros "heréticos". El celo del gobernador Pedro de Valdés le llevó a solicitar, en 1599, el envío de funcionarios de la Inquisición. Ya para 1607 el Santo Oficio de México tenía problemas con el notable obispo de Cuba Juan de las Cabezas Altamirano, acusado de usurpar ciertas funciones inquisitoriales. El prelado amenazó con poner en galeras a un comisario de esa institución. No fue el único en oponerse a las insaciables ansias de poder de los funcionarios de la Inquisición que no respetaban ni siquiera a la jerarquía episcopal.

Estos incidentes contienen otras implicaciones que revelan la existencia en Cuba de elementos contrarios a la Inquisición. Historiadores de gran prestigio entienden que una parte de la población estaba compuesta por "conversos", es decir, miembros de familias que tenían a judíos en su árbol genealógico y por lo tanto odiaban a la Inquisición. La protesta local contra la misma está ampliamente documentada y ciertos obispos de Cuba, por defender su jurisdicción, no fueron ajenos a esa actitud. Se destacó entre los obispos americanos la posición de algunos de Cuba, poco favorables a la Inquisición por las causas que hemos mencionado. Pero a partir de mediados del siglo XVII el obispo llevaba el título de "Inquisidor" y ese nombre le fue dado a una calle habanera.

El Santo Oficio tuvo pocas víctimas cubanas, como se ha podido probar. De gran importancia es el *Edicto de Fe* promulgado por los inquisidores en Cartagena en 1610, hablando de "herética pravedad y apostasía" en varias ciudades y obispados, incluyendo el de Santiago de Cuba, por aquel entonces la única diócesis cubana. No debe confundirse la labor de la llamada Santa Hermandad, que como la Inquisición, fue un instrumento del centralismo autoritario de los Reyes Católicos y que funcionó en Cuba bajo el control de los cabildos, con los incidentes que hasta ahora hemos mencionado.

Al referirnos a la represión de actividades o creencias contrarias a la ortodoxia católica no debemos nunca olvidar el uso que se le dio a la Inquisición por parte de funcionarios que se aprovechaban de ella para castigar a sus enemigos o chantajearlos en busca de ganancias materiales. No todo el que era acusado de "judío", "luterano" o "calvinista", lo era en realidad. Sin embargo, la existencia en América de personas que practicaban en secreto el judaísmo de sus antepasados, desde el mismo siglo XVI es una realidad absolutamente comprobada. Basta con mencionar el excelente trabajo de Seymour B. Liebman, *Los judíos en México y América Central".*

Es cierto que estaba prohibido el paso de extranjeros sin una autorización excepcional y se exigía a los castellanos, y después a los otros españoles autorizados a vivir en América, como lo fueron desde el principio los de Castilla, que probasen ser católicos inmaculados, cristianos viejos. Pero la astucia, y esas puertas que siempre abre la corrupción administrativa, permitieron la continua evasión de esos principios fundamentales de la colonización.

Fernando Ortiz defiende en sus obras la presencia temprana de judíos en Cuba. También lo revela la investigación realizada por Leví Marrero en su importante trabajo *Cuba: economía y sociedad* publicado en varios volúmenes. Nos referimos a judíos que afirmaban ser católicos pero practicaban en privado su verdadera religión. La presencia de elementos de origen hebreo no se ha discutido mucho, por ser relativamente bien conocida.

El protestantismo tenía necesariamente que estar presente también en la isla, aunque en casos aislados solamente, en especial en los siglos XVI y XVII. El contrabando, actividad frecuente desde los principios del desarrollo de la economía colonial, se incrementó en el siglo XVII, llamado por algunos "el siglo del contrabando". Los intereses materiales aumentaron el número de los que preparaban cargamentos para venderlos a filibusteros o piratas. De más está decir que las personas con las cuales los filibusteros protestantes negociaban en Cuba profesaban el catolicismo. Ni las autoridades eclesiásticas han quedado libres de serias y documentadas acusaciones por su contacto con los "herejes" y las ganancias que obtenían por esa actividad.

Los indultos a los contrabandistas, sobre todo los otorgados por Felipe III en 1606 revelan hasta qué punto se había llegado en ese proceso. Las constantes advertencias del clero sobre la influencia de distintas sectas han sido juzgadas de exageración por los historiadores, pero aun en tal caso no dejan de revelar el resultado del contacto personal entre personas de diferente credo. En La Española se vieron situaciones que son espejo de las cubanas en los siglos XVI y XVII como una descrita por el profesor Juan Bosch:

"En marzo de 1594 el arzobispo de Santo Domingo informaba a Felipe II que el contrabando había borrado todas las diferencias religiosas. Y efectivamente era así, porque ya a esa altura —finales del siglo XVI— el contrabando era ejercido por franceses y portugueses, que eran católicos, por holandeses e ingleses, que eran protestantes . . . Desde el punto de vista del gobierno español, campeón del catolicismo, lo más escandaloso fue que a fines de 1599 y principios de 1600, el deán de la catedral de Santo Domingo recogió entre los habitantes del oeste unas trescientas biblias luteranas."[3]

El asunto es más complicado de lo que parece, porque coincide con las conocidas vinculaciones personales de elementos importantes del corso con el protestantismo. Algunos franceses, obligados a abandonar su patria por la intolerancia religiosa, llevaron su fervor proselitista a otras regiones. No hay duda de que la distribución de biblias fue frecuente en todos los lugares donde tenían alguna influencia estos protestantes radicados en el Nuevo Mundo. Cuba no fue una excepción a la regla. Es más, se fueron creando en la población, en parte por cuestiones económicas, unas condiciones de tolerancia algo superiores a las de otras latitudes americanas. Germán Arciniegas, en su *Biografía del Caribe*, una obra fundamental sobre el área, describe estas situaciones y hasta el fervor protestante de figuras como Francis Drake.

Aunque esa influencia puede ser calificada de insignificante o de poco intensa, y el número de protestantes —extranjeros en todo caso— debió de haber sido mínimo, incidentes y datos aislados sirven para sustentar la tesis de su existencia en Cuba. Fernando Ortiz, que nos recuerda que un importante clérigo fue acusado por el gobernador Pedro Valdés, en carta al rey, de ser "uno de los mayores rescatadores con herejes y enemigos que había en todas las Indias", afirma en esa misma obra *Historia de una pelea cubana contra los demonios*, lo siguiente: "En 1641 fueron expulsados de Cuba muchos portugueses y franceses, unos judaizantes y otros luteranos y calvinistas. . ."[4] Para echar abajo la idea de una insignificante pero real presencia de individuos protestantes en Cuba en aquella época, sería necesario rechazar todos y cada uno de los casos de esa naturaleza mencionados por la Inquisición, la Iglesia y las autoridades civiles. El erudito cubano Antonio M. Eligio de la Puente se ocupó de estudiar las acusaciones de herejías y autos de fe llevados a cabo en relación con moradores de la Isla.

Por otro lado, nos corresponde también al estudiar la historia de Cuba en los siglos XVI, XVII y XVIII tener en cuenta las ocasiones en que piratas y corsarios tomaron poblados y practicaron el saqueo y el incendio. Cuando le dimos a este capítulo el título de "Las amargas memorias de una colonización católica y un protestantismo extranjero", tuvimos en cuenta dos factores: el aspecto negativo que conlleva toda conquista y colonización, aunque se introduzca el cristianismo por medio de ellas (en este caso el catolicismo), y el triste recuerdo del paso de extranjeros protestantes, no necesariamente piadosos, que se desquitaron en América de las vicisitudes religiosas que sus familiares y ellos mismos experimentaron en Europa mientras se ocupaban luego de dudosas prácticas industriales y mercantiles en el Nuevo Mundo.

Entre los piratas y corsarios los había católicos, luteranos, anglicanos, calvinistas holandeses y hugonotes franceses. La narración de Silvestre de Balboa *Espejo de paciencia,* tal vez la primera obra literaria en Cuba (1608), relata precisamente las andanzas del protestante Gilberto Girón (no necesariamente "luterano" como acostumbraban llamar los españoles a todos los protestantes). Este personaje, probablemente vinculado a los hugonotes por motivos políticos y religiosos, atacó a Manzanillo y apresó en Yara al obispo Juan de las Cabezas Altamirano. Un conocido historiador de las letras cubanas, Juan J. Remos, nos recuerda que la obra de Balboa, aunque quizás sea la más conocida del siglo XVII[5] no fue la única producción. Y hace referencia a lo que considera como primer intento de crónica histórica: una *Historia de las invasiones piráticas, especialmente de las de Morgan, en 1668,* en la que, como es evidente, su autor Diego de Varona, trató de temas parecidos a los que inspiraron a Silvestre de Balboa y a los cuales el protestantismo no era del todo ajeno.

Lo anterior nos lleva a considerar un asunto que puede ser debatido ya que al respecto existe una mezcla de especulación y realidad. Nos referimos a la celebración de oficios protestantes en la Cuba anterior a la toma de La Habana por los ingleses.

El 4 de julio de 1555, el corsario Jacques de Sores, un francés vinculado al movimiento hugonote, atacó e incendió La Habana. Le acompañaba en el mando el capitán Le Clerc, amigo y agente del almirante Gaspar de Coligny, máxima figura del partido protestante en la política francesa de la época y partidario e impulsor de la colonización del Nuevo Mundo por los hugonotes de Francia. Pero no fueron estos ni los primeros ni los últimos protestantes en realizar actividades similares en Cuba. La relación de piratas y corsarios que arrasaron las costas cubanas es larga y no se posee un registro completo de sus actos. Hemos escogido, casi al azar este caso, pero hay muchos otros con hombres de tanta o mayor fama, como Henry Morgan.

De Sores tenía entre sus colaboradores a católicos y protestantes, pero se le atribuye una reputación de anticatólico robustecida por sus actos contra templos de esta iglesia en La Habana. En realidad no existen dudas sobre su militancia protestante, e incluso hay indicios de que celebraba cultos en sus barcos. Irene Aloha Wright en su *Early History of Cuba*[6] hace referencia a su religiosidad. No es difícil imaginar entonces que mientras permaneció en La Habana o en otros lugares de la Isla haya celebrado cultos religiosos. En su capítulo sobre los corsarios franceses, el libro *Pirates of the Spanish Main,* en cuya preparación participaron entre otros Hamilton Cochran y Robert I. Nesbith (New York: American Heritage Publishing Co., Inc., 1961) los presenta como fervorosos en su militancia religiosa. La imposibilidad de mencionar datos concretos no nos impide defender la probabilidad de la celebración de cultos. Ese pudiera ser el caso de otros visitantes de la Isla que tuvieron en su poder a poblaciones cubanas de manera algo prolongada o vivieron por bastante tiempo en la vecina Isla de Pinos. En cualquier caso, será necesario esperar al siglo XVIII para lograr documentar la celebración de cultos protestantes con alguna regularidad.

Por la época de las visitas de Jacques de Sores, los alrededores de 1555, los indígenas cubanos vagaban, de acuerdo con el gobernador Pérez de Angulo, "sin pueblos, religión ni política". Estaban a punto de extinguirse. En el siguiente siglo, el contrabando daría nombre a la época. Los ataques de piratas y corsarios fueron, en ambos siglos, tan numerosos que el espacio no alcanzaría para reseñarlos, mucho menos para intentar encontrar en ellos aspectos religiosos. La futura colonia iba tomando forma en medio de las dificultades de una época llena de guerras y de violencia. La cercanía de Tortuga y de Jamaica se encargaría, junto al recrudecimiento de la pasión religiosa del protestantismo inglés de días de Cromwell, de desafiar el monopolio religioso que ostentaba el catolicismo.

Rafael Esténger, un ensayista y prosista cubano, quien además de poeta se dedicó a escribir sobre el tema histórico del país, calificó a la piratería impulsada por Cromwell como "cruzada religiosa". De la misma manera su compatriota Nicasio Silverio, al referirse en su libro *Cuba y la Casa de Austria*[7] a Jacques de Sores, le atribuiría "su terrible odio a todo lo católico y en especial a España, mantenedora de la fe en todas partes". Estas exageraciones no estaban muy alejadas de la realidad.

Mientras el catolicismo, introducido por extranjeros y defendido por la corona de España reemplazaba los ritos de los indios cubanos y se iba convirtiendo en la religión nacional, otro movimiento de allende los mares hacía sus visitas a la Isla y mantenía por un tiempo una casi imperceptible presencia que algunos ocultan o subestiman, pero que en un repaso de la historia quedan en clara evidencia.[8]

NOTAS

1. Ernesto E. Tabio y Estrella Rey, *Prehistoria de Cuba* (La Habana:Editorial de Ciencias Sociales, 1979), p. 48. Puede consultarse también *Mitología y artes prehistóricos*, de José Juan Arrom (México: Siglo Veintiuno, 1975).

2. Ismael Testé, *Historia eclesiástica de Cuba* (Burgos: Tipografía de la Editorial El Monte Carmelo, 1969), Tomo I, p. 74. Esta útil obra del historiador católico cubano ha logrado poner en orden muchos datos, a veces contradictorios, que varios escritores de la época o de siglos inmediatos ofrecen acerca de los primeros obispos de Cuba. Ha tomado en cuenta a Antonio de Herrera, el Padre Las Casas, Gil González, el Inca Garcilaso, Pezuela, Arrate y el

obispo Morell de Santa Cruz, entre otros. Véase pp. 65-76 del primer tomo de la obra citada.

3. Juan Bosch, *De Cristóbal Colón a Fidel Castro: El Caribe, frontera imperial* (Madrid: Alfaguara, 1970), p. 186.

4. Fernando Ortiz, *Historia de una pelea cubana contra los demonios* (Madrid: Ediciones Erre, 1973), p. 26.

5. Juan J. Remos, *Proceso histórico de las letras cubanas* (Madrid: Ediciones Guadarrama, S. L., 1958), p. 37.

6. Irene Wright, *The Early History of Cuba* (New York: Octagon Books, 1970), p. 235. Las creencias religiosas de este personaje son comprobables gracias a autoridades sobre el corso y la piratería que sostienen la religiosidad de ciertos corsarios y piratas de la época y hasta la celebración ocasional de actos de culto público entre ellos. No se debe exagerar ni generalizar esa opinión, ya que se refiere a casos específicos y limitados.

7. Nicasio Silverio, *Cuba y la Casa de Austria* (Miami: Ediciones Universal, 1972), p. 112.

8. La realidad histórica de la actividad religiosa de ciertos piratas, corsarios y filibusteros se hace cada día más evidente en textos que no consideran como simples exageraciones las denuncias de eclesiásticos y de autoridades coloniales. El erudito Frank Moya Pons, uno de los principales historiadores dominicanos y caribeños del siglo XX se ha encargado del tema en relación con Santo Domingo. La situación allí era necesariamente parecida a la cubana, como hemos afirmado anteriormente. El describe el problema en las páginas 54, 55 y 56 de su *Manual de historia dominicana* (Santiago de los Caballeros: Universidad Católica Madre y Maestra, 1983):

> "Así el contrabando empezó a ser también como una vía de penetración de ideas religiosas y de lealtades políticas ajenas al pueblo. . . En 1594 el Arzobispo de Santo Domingo, Fray Nicolás Ramos escribía una carta al Rey denunciando que si no se ponía remedio a la situación, la Isla iba en camino de perderse para los cristianos pues el tráfico de los vecinos con los ingleses y franceses herejes era tan intenso y tan lucrativo que ya casi nadie guardaba las apariencias en la Banda del Norte y se había perdido todo el respeto por la autoridad real y la autoridad del Papa. . . Lo que más preocupaba al Arzobispo Ramos era la creciente tendencia de los habitantes de la Banda del Norte a olvidar sus deberes como católicos y como súbditos españoles, todo lo cual era evidente por la práctica de bautizar a sus hijos con ritos protestantes y con padrinos extranjeros también protestantes. . ."

También se refiere el historiador dominicano a la confiscación de biblias protestantes en tiempo del arzobispo Fray Agustín Dávila y Padilla y al hecho de que este prelado estaba convencido de la necesidad de ". . .salvar la Colonia de quedar absorbida por los protestantes, con quienes todos de una manera o de otra hacían negocios".

Capítulo II

HACIA UNA DOMINACION BRITANICA
(Siglo XVIII)

La mención de la esporádica presencia protestante en Cuba durante los siglos XVI, XVII y XVIII aparece relacionando la religión con actividades tan poco santas, como el filibusterismo. Su valor para la historia eclesiástica local es, además, muy relativo, ya que por aquellos años las iglesias evangélicas no llevaban a cabo labor misionera alguna en la Isla. De todos modos, la lista de piratas, corsarios y filibusteros protestantes en la historia del país es tan larga como la de los católicos que practicaban esas ocupaciones o realizaban la labor del bucanero. La presencia de los británicos era muy visible en esas actividades. La cercanía de las nuevas posesiones británicas y el expansionismo del imperio inglés nos obligará a mantenernos en el tema.

El comercio realizado más allá de las restricciones impuestas por el régimen colonial provocó, como hemos visto, una muy peculiar forma de "ecumenismo", para utilizar una palabra de uso frecuente en nuestra época. Nos referimos al pragmático "ecumenismo" en la mesa de los negocios. Comerciar y convivir con protestantes no parece haber preocupado mucho al pueblo, a pesar de que vivían en una posesión española y se les enseñaba a odiar a los "luteranos" y a los "calvinistas". Resulta curioso que a los anglicanos se les incluyera en estas dos categorías de manera arbitraria. No importó que la Iglesia advirtiera oficialmente sobre los peligros. Los ingleses se ocuparon de que sus visitas fueran más frecuentes, y de que su presencia, temporal y encubierta en ocasiones, se convirtiera en dominación.

La lista de "herejes" que amenazaban la estabilidad del catolicismo español en Cuba era generalmente encabezada por británicos y franceses. Nombres ingleses "nada católicos" como los de Drake, Morgan, etc., se convirtieron en sinónimo de protestantismo, aunque tales personajes hayan leido muy rápido y si acaso de vez en cuando por obligación las páginas del *Libro de Oración Común* de la Iglesia de Inglaterra. Sobre todo cuando sus deberes como oficiales de barco se los imponían. Estos representantes de un activo imperialismo político y económico tenían metas mucho más materialistas que las sospechadas por los prelados españoles en Cuba.

En cuanto a la Inquisición, era más moderada en América que en España. En Cuba se dedicaba a investigar presuntas herejías en Bayamo, una que otra hechicería en Remedios, numerosísimos casos de bigamia, conducta inmoral entre los clérigos, la influencia de las supersticiones, el problema de los judíos que no habían realmente abandonado su religión, la astrología, la cuestión de la limpieza de sangre, etc. El historiador en el siglo XX, por muy serio investigador que sea de la época que está estudiando, no puede menos que encontrar risibles gran parte de los procesos de la Inquisición en América. El mejor servicio de espionaje con que contaba España estaba dedicado a la tarea de buscar documentos tan peligrosos como "Biblias en lengua vulgar u otras de las sectas de Lutero, Calvino y otros herejes". Mientras eso ocurría, los ingleses ganaban terreno en toda la región caribeña.

Los españoles hacían momentáneas concesiones al pragmatismo cuando se aprovechaban del talento de los "herejes" como Balthazar Coymans, calvinista holandés a quien el Consejo de Indias permitió hacer negocios en Cuba. Ese asentista, que contaba con grandes recursos podía ser de utilidad a España en el negocio de las factorías africanas (1685) y en su caso no se tuvo en cuenta que estuviera en la lista negra de la Inquisición. También fueron utilizados los servicios de algunos ingleses católicos y anglicanos en sus planes contra Inglaterra, que incluyeron el convertir a La Habana en centro de espionaje contra Virginia, la flamante colonia británica de principios del siglo XVII.

Esa confrontación entre potencias era constante. En más de una ocasión, los holandeses colaboraron con los españoles. En 1667, debido a ciertas leyes de navegación inglesas que perjudicaban sus intereses, los "herejes" calvinistas, al oponerse a los británicos, se convirtieron en "bendición de Dios" para los españoles. Pero esas situaciones, y el uso ocasional de cierto pragmatismo por parte de España no fueron suficientes para evitar que los ingleses persistieran en sus propósitos expansionistas en el Caribe. En el siglo XVIII las luchas políticas, nada piadosas, de ingleses y españoles, igualmente ambiciosos, afectarían en forma marginal la vida religiosa de los habitantes de Cuba.

La Habana era para muchos "la llave del Nuevo Mundo", el "antemural de las Indias", y la importancia de la misma como una de las ciudades más estratégicamente situadas de la época no puede ser exagerado. Si alguna nación no subestimó el papel histórico que jugó La Habana en la conquista, colonización y desarrollo del continente americano, tal fue el Reino Unido de la Gran Bretaña e Irlanda.

A principios del siglo XVIII era evidente la riqueza de la Isla. El monopolio tabacalero ya había provocado la rebelión de quinientos vegueros que penetraron en Jesús del Monte en 1717. Muy pronto (1728) la Universidad de La Habana sería fundada por petición de los dominicos. Con ello se rompía el monopolio de colegios y seminarios para el clero, llegando muy pronto a ser la más notable institución de altos estudios en la historia del país. Los cubanos empezaban a tener en cuenta no solamente sus vinculaciones con España, a la que todavía defendían firmemente, sino también sus características especiales. El catolicismo había pasado a ser parte integral de la naciente cultura cubana, ya que la educación estaba prácticamente en sus manos como en el resto del Imperio colonial español.

El 13 de agosto de 1739, Su Majestad Felipe V concedió a la Real Compañía de Comercio de La Habana, recién formada, el asiento general y exclusivo del tabaco y el 8 de diciembre de 1740 el monopolio de casi todo el comercio en Cuba. Mientras se iba organizando la Real Compañía se iniciaba una guerra, otra más, con los ingleses, la "guerra de la oreja de Jenkins".

En 1738 una escuadra al mando del almirante Eduardo Vernon había sido enviada a las Indias Occidentales. Cuando el almirante llegó frente a La Habana, el día 4 de junio de 1740, se dio cuenta que no podría tomarla, de modo que después de bloquear el puerto por dos meses, decidió tratar de apoderarse de la ciudad de Santiago de Cuba y del mayor territorio posible de la región oriental.

La información de que se dispone permite, con relativa exactitud, asegurar que cuando Vernon y sus hombres estuvieron en tierra celebraron oficios religiosos anglicanos. Aunque no se aportan datos específicos, es en este hecho donde los obispos episcopales Blankingship y González Agueros[1] y el reverendo Leopoldo Alard[2] entre otros, encuentran fundamento para afirmar que fueron aquellos los primeros rituales cristianos no-católicos celebrados en Cuba. Aunque pudiera parecer la misma cosa, solo dicha en otras palabras, nosotros en este estudio preferimos hablar de los primeros servicios religiosos anglicanos que se celebraron con alguna regularidad en Cuba.

Porque si tenemos en cuenta que los invasores estuvieron en la región por varios meses después de su desembarco en 1741 y que durante su permanencia en el valle de Guantánamo echaron los cimientos del pueblo al que llamaron Cumberland y que ciertos clérigos acompañaban a la tropa, quedarán muy pocas dudas de que sí hubo celebración, con probable regularidad, de servicios religiosos anglicanos por esa fecha. La presencia anterior, a lo menos por algunas semanas, de otros invasores protestantes —sobre todo los corsarios— y las visitas frecuentes, y a veces prolongadas, de grupos de filibusteros, nos lleva a ser cautelosos en cuanto a concederles el primer lugar, cronológicamente hablando. Otro elemento que no puede ser olvidado es la presencia de voluntarios de las colonias inglesas de Norteamérica en la tropa, lo cual nos lleva a una presencia religiosa que no se limitaba a anglicanos ingleses o a presbiterianos escoceses.

Aprovechamos la referencia a este hecho histórico para establecer la diferencia entre la actividad de clérigos anglicanos y feligreses de la Iglesia de Inglaterra en el valle de Guantánamo y la anterior presencia de protestantes en la Isla. Los invasores —como lo hemos dado a entender— incluían seguramente no-conformistas (protestantes no-anglicanos) y a católicos, aunque prevalecían entre ellos, por su mayor número, los anglicanos. Su actitud como grupo no era necesariamente tan anticatólica, si es que cabe la palabra, como la de los otros residentes temporales de Cuba, procedentes de situaciones en las que el protestantismo había sido casi siempre la víctima de gobernantes católicos (como los hugonotes perseguidos y asesinados en Francia). Es conveniente mencionar el juicio del eminente historiador cubano Ramiro Guerra:

> "Los ingleses y los franceses que venían a las Indias, no hay que olvidarlo, eran protestantes en su inmensa mayoría, puritanos y hugonotes principalmente, acérrimos enemigos de los católicos españoles. En cuanto a los holandeses, acaudillados por los principes de la casa de Orange, eran los más porfiados y tenaces adversarios del catolicismo . . ."[3]

La presencia de protestantes en Cuba había estado vinculada con el corso, el contrabando y la piratería, e incluía a protestantes nominales, a indiferentes en la práctica, y a unos pocos individuos realmente religiosos que por su concepto del patriotismo o por haber sido perseguidos por sus ideas religiosas tuvieron que radicarse en el Nuevo Mundo en circunstancias poco propicias que les llevaron a una vida de aventuras. Ahora era el Imperio Británico, por medio de sus tropas, el que plantaba su tienda en territorio cubano y sus soldados, algunos de ellos, traían en sus mochilas la Biblia y el *Libro de Oración Común* de la Iglesia de Inglaterra.

Hacia una dominación británica   39

Los británicos —y por extensión, el protestantismo inglés— abandonaron la isla por insalubre de la pantanosa costa, y la actitud beligerante de las guerrillas compuestas por vecinos, entre otras razones. Pero la "guerra de la oreja de Jenkins" terminaría por ser reemplazada años después por otra batalla más famosa, la "guerra de los siete años" y los ejércitos británicos volverían a traer a Cuba el protestantismo.

En 1761, gobernaba la Isla don Juan de Prado Portocarrero, quien había sido enviado a La Habana en enero de 1761 con tropas de refuerzo. El estado de guerra existía desde 1756, pero entre Inglaterra y Francia. El "pacto de familia" llegó a oídos de los ingleses, y tomaron forma nuevos planes contra la dominación española en Cuba. Los Borbones gobernaban ahora Francia y España; los dias de gloria de la Casa de Austria habían ya pasado en el imperio español. El 16 de enero de 1762 España declaró la guerra a Inglaterra, la que doce dias antes había lanzado su reto. Sir Jorge Pockoc fue enviado a La Habana al frente de una expedición en la que tenía como su segundo al comodoro Keppel, y como jefe del ejército al conde de Albemarle, hermano de este último.

El 5 de junio de 1762 los habitantes de Matanzas podían contemplar la imponente expedición naval de los británicos y el dia 7 se inició el ataque con los desembarcos en Cojimar y Bacuranao. Españoles y cubanos representados por hombres como Luis de Velasco y Pepe Antonio Gómez, el héroe cubano, regidor de Guanabacoa pelearon con heroismo notable. Pero el 12 de agosto, La Habana se rindió y el dia 14 entraban en ella los ingleses. La dominación británica en la isla de Cuba se extendería hasta la bahía de Mariel al oeste y la de Matanzas al este. Cuba Occidental era ahora inglesa.

Hasta ahora hemos mencionado el expansionismo británico en el Caribe y la realidad del imperialismo inglés. Historiadores y economistas como Francisco de Arango y Parreño consideran la toma de La Habana como beneficiosa para la economía cubana. En nuestra época se han emitido otros juicios. Desde el punto de vista religioso entendemos que significó un breve establecimiento de cierta libertad de cultos por primera vez en la historia de Cuba. El trato concedido por los británicos a la Iglesia Católica fue razonable para aquellos tiempos, pues se limitaron a exigir el cumplimiento de los tradicionales requisitos impuestos a una ciudad conquistada por las armas. La Iglesia Católica fue respetada y la libertad de sus fieles no sufrió la más mínima alteración. Los privilegios eclesiásticos permanecieron prácticamente intactos. Imaginemos lo que hubiera sucedido al clero protestante y al culto público de haber sido tomada una ciudad anglicana o presbiteriana por los ejércitos españoles de aquella época. Eso es casi todo lo que se necesita para evaluar desapasionadamente, y en términos generales, la ocupación británica desde un punto de vista religioso. Los católicos pudieron hacer conversos entre la tropa británica sin ser molestados en absoluto, según los datos que ofrece el historiador Antonio José Valdés, crítico implacable y apasionado de la dominación británica de la capital cubana.

Jacobo de la Pezuela en su *Historia de la Isla de Cuba* objeta el derecho de los británicos por la forma en que se produjo la capitulación española, a demandar algún tipo de botín. Entregar las campanas a los artilleros o rescatarlas por diez mil pesos y demandar una lista del clero y sus beneficios e ingresos es considerado en su libro como una terrible afrenta. La exigencia de un templo para "el culto y prácticas religiosas de sus tropas" era inadmisible. El punto de vista muy español y católico del obispo Pedro Morell de Santa Cruz queda reflejado en esta descripción que nos ofrece de la Pezuela:

"Sometiendo su indignación a su impotencia, se esforzó el Prelado en conjurar la tempestad con cartas, argumentos, citas de sagrados textos, para el protestante Albemarle sin fuerza alguna. Terminó este general su polémica epistolar con el Obispo intimándole obediencia absoluta a sus mandatos; y como si descubriera el firme Morell en el término de su oposición la palma del martirio, no sólo le negó al inglés las listas y noticias de las rentas, sino el templo que solicitó para su culto. Había preferido el último suplicio a consentir la profanación de ninguna casa de Dios y a revelar a los herejes los haberes de los eclesiásticos para que se los arrebatasen después con exacciones calculadas."4

Todo lo anterior es admisible menos lo de la "palma del martirio" y el "último suplicio" pues nunca estuvieron en las intenciones de Albemarle ni pudieron haberle pasado por la mente a Morell de Santa Cruz, un hombre inmensamente capacitado que no podía ignorar los procedimientos ingleses de la segunda mitad del siglo XVIII en cuanto a asuntos religiosos. En definitiva solo fue condenado a un brevísimo destierro. Su típico orgullo inglés nos permite interpretar fácilmente las decisiones del gobernador Albemarle. Morell de Santa Cruz demostró ser un hombre valiente, un patriota, un clérigo celoso por su jurisdicción y un religioso intolerante, conmovido por la posibilidad de que oficios anglicanos se llevaran a cabo en un templo católico. Los piratas y corsarios cometieron en ocasiones graves sacrilegios y quemaron templos, pero durante la dominación británica de La Habana prevaleció la moderación, bastante significativa para aquellos tiempos, y la tolerancia religiosa más completa que la Isla había conocido hasta el momento.

Antonio José Valdés, en su *Historia de la Isla de Cuba y en especial de la Habana*, ofrece una perspectiva católica que iluminará, a pesar de su evidente sectarismo, la mente de cualquier lector, sin importar su credo. Se trata de un informe que elevó un jesuita de La Habana al Prefecto

Javier Bonilla, en Sevilla:
> "... el ejercicio de nuestra religión generalmente se ha mantenido en todos los actos de ella, así dentro como fuera de los templos, a los cuales si bien no se podía embarazar la entrada a los ingleses lo hacían con respeto, sino religioso, moderado. No obstante, fuera de los templos se procuraron evidentemente excusar las funciones para evitar irreverencias, negativas, y aun el riesgo de las positivas; por lo que se llevaba el Santísimo Sacramento a los enfermos ocultos y el Párroco en su ordinario traje hacia su destino. Ocuparon algunos templos; tomaron la iglesia de San Francisco para su Chercha; pero tuvo este gran Santo cuidado de la pureza de su casa, pues habiendo estado las llaves más de un mes en poder de su General las restituyó sin motivo. Tomaron las de San Isidro á donde los domingos acudía la tropa desocupada de guardias para los ejercicios y boberías de su secta. Por lo que mira al escándalo de los católicos debo asegurar a V. R. que ni por argumentos ni razones se han pervertido, ántes bien el libertinaje, descuido de su salvación y perversidad de costumbres, han contribuido bastante para radicarse en nuestra católica religión, sin embargo en este corto tiempo no dejamos de llorar el desórden de algunas mugeres que abandonando su religión, su honor, sus hijos y su patria se han embarcado con ellos, y dos que contrajeron matrimonio según el rito protestante... No contentos con las incomodidades de los vecinos en ocupar sus casas, tomaron el oratorio de San Felipe, menos la iglesia; y convento de San Juan de Dios para acuartelar sus tropas y hospitales de enfermos... Ultimamente en órden a la religión, para consuelo de V. R., en medio de aquel olvido de Dios, que casi los hace parecer ateistas, hubo muchos que se convirtieron, bautizaron, confesaron y casaron según los ritos de la católica romana."[5]

Estos hechos, y otros relacionados con la ocupación, el destierro de Morell de Santa Cruz[6] entre ellos, revelan el destino de cualquier ciudad capturada. No es justificable la actitud de los británicos, aunque claramente se ve que la Iglesia Anglicana no tuvo la menor responsabilidad en los hechos mencionados, sobre todo en tiempos de persecución religiosa en España. Los eventos se desarrollaron de una forma que fue favorable a la iniciación de una conciencia verdaderamente nacional y distintivamente cubana. Pero no hubo persecución religiosa en La Habana inglesa.

El informe enviado a Sevilla por el jesuita habanero es evidentemente incompleto y las cifras que ofrece pueden ser inexactas. No es difícil comprobar tanto la conversión de unos poquísimos cubanos al anglicanismo como la de unos escasos ingleses al catolicismo pues es la impresión prevaleciente en los escritos de la época, que sin embargo no abundan en detalles. Lo mismo sucede en relación con las bodas anglicanas. Esa sería toda la actividad que merece ser registrada en cuanto a las polémicas religiosas, aparte de los problemas de Morell de Santa Cruz, pero existe además la cuestión de los dos templos usados para el culto protestante o anglicano. El Convento de San Francisco y la Iglesia de San Isidro fueron los primeros templos utilizados para el culto protestante en Cuba y los capellanes como el reverendo Buckner fueron los primeros clérigos protestantes radicados en La Habana. El irreverente y apasionado escritor jesuita, al hablar de las "boberías de la secta", nos estaba concediendo el mejor relato disponible de aquel episodio tan interesante.

La población festejó meses después el regreso del poder español. El 6 de julio de 1763 fue un dia de fiesta seguido por semanas de celebraciones. Por el tratado firmado en Versalles el 10 de febrero de 1763, Inglaterra devolvió La Habana y el territorio conquistado en Cuba, recibiendo a cambio la Florida. Ramiro Guerra, el maestro de la historiografía cubana, que señaló la libertad religiosa concedida por los ingleses, y "las pruebas de moderación inglesa", ofreció un breve resumen de la actitud británica en las siguientes palabras; muy difíciles de refutar o alterar: "La única medida de severidad dictada por las autoridades británicas fue la deportación a la Florida del irascible obispo Morell de Santa Cruz".[7]

Con los ejércitos británicos se marcharía la breve presencia anglicana en Cuba. Quedaba si acaso en la Isla un número insignificante y disimulado de protestantes extranjeros. Pero se acercaban otros tiempos. Cuba disfrutaba por el momento de los beneficios del reinado progresista de Carlos III, y el siglo siguiente —con el surgimiento de la cubanía— sería testigo de la influencia de los abolicionistas evangélicos ingleses en la Isla, del aumento de la población protestante extranjera, y en la segunda mitad del siglo XIX, del nacimiento de un protestantismo cubano.

NOTAS

1. Alexander Blankingship y Romualdo González Agüeros, "Un bosquejo de la historia de la Iglesia", *Heraldo Episcopal*, Epoca IV, #58, 1954, febrero.

2. Leopoldo J. Alard, "Proceso histórico de la Iglesia Episcopal en Cuba". Trabajo de investigación presentado en el Seminario Episcopal del Caribe, 1966, abril.

3. Ramiro Guerra, *Manual de Historia de Cuba* (La Habana: Editorial de Ciencias Sociales, 1971), p. 128.

4. Jacobo de la Pezuela, *Historia de la Isla de Cuba*, incluida en *Cómo vio*

Jacobo de la Pezuela *la toma de La Habana por los ingleses* (La Habana: Oficina del Historiador de la ciudad, 1972), p. 82.

5. Antonio José Valdés, *Historia de la Isla de Cuba y en especial de La Habana* (La Habana: En la Oficina de la Cena, 1813), pp. 211-212.

6. La expulsión del obispo Pedro Morell de Santa Cruz fue un gesto que demuestra capacidad política por parte de Albemarle, gobernador inglés de La Habana. El prelado representaba una peligrosa oposición al dominio británico. Por otra parte, la intolerancia religiosa del obispo no oscurece su condición de figura fundamental del periodo que estamos estudiando. Sus contribuciones a la cultura nacional, sobre todo su *Historia de la isla y catedral de Cuba*; y su defensa de los sublevados en el Cobre lo demuestran. Muchos han visto en este criollo dominicano radicado en Cuba a un defensor de la cultura hispánica contra la influencia cultural británica representada por los conquistadores de La Habana.

7. Ramiro Guerra, *Manual de Historia de Cuba* (La Habana: Editorial de Ciencias Sociales, 1971), p. 174.

Capítulo III

EL NACIMIENTO DE UNA NACIONALIDAD
(Siglo XIX)

En los inicios del siglo XVIII va apareciendo en Cuba una clara distinción entre criollos y españoles. La enorme distancia de la metrópoli, la condición insular del país; el contacto con indios y negros y en menor grado con los "herejes" piratas, corsarios y filibusteros, se unían a un nuevo estilo de vida para dejar su huella en la población. Esta asumiría ciertas características propias que se acentuarían con el transcurrir del tiempo. Al producirse, en 1762, la toma de La Habana por los ingleses, la lealtad a la corona por parte de los pobladores de la capital fue evidente. Por aquellos tiempos, la segunda mitad del siglo XVIII, la formación de la nacionalidad cubana no era asunto que demoraría demasiado. Estaba en camino.

Las instituciones educacionales que funcionaban para esa época, tales como el Seminario de San Basilio el Magno en Oriente, la Universidad de San Jerónimo de La Habana y el exclusivo Colegio-Seminario de San Carlos y San Ambrosio, también en la capital, contribuyeron en gran medida al proceso de formación de la nacionalidad. Un sector de la Iglesia Católica, representado por sus dirigentes más esclarecidos, también contribuyó en igual sentido.

La lucha contra los piratas y los ingleses había fortalecido cualquier grado de unidad existente en el país. La preponderancia social y económica de la raza blanca, sobre todo los gobernantes españoles y los propietarios criollos no fue suficiente para reducir la extraordinaria influencia que la población negra tendría a partir de fines de siglo sobre la cultura cubana. Esto incluye la religiosidad primitiva de los africanos que dejaría una profunda huella no solamente en cuestiones relacionadas con las creencias sino también con la música, el folclor, el estilo de vida y otros aspectos fundamentales.

La Iglesia, enriquecida con vastas propiedades y concesiones en los siglos XVI, XVII y principios del XVIII vio robustecerse su autoridad por el gran arraigo alcanzado por obispos como Juan de las Cabezas Altamirano, Jerónimo Valdés, Diego Avelino de Compostela y Pedro Morell de Santa Cruz. Estos prelados contribuyeron a mejorar la imagen de un clero al que casi todos los autores consideran en parte corrompido y a veces inefectivo en la realización de sus labores pastorales.

El reinado de Carlos III (de 1759 a 1788) fue un periodo de "despotismo ilustrado" en el cual el régimen colonial evolucionó hacia formas más aceptables para los criollos sin que los españoles perdieran el control político. Se crearon nuevas instituciones que mejoraron la administración pública y fomentaron las actividades económicas de la población. Se abrieron mejores rumbos para la educación y la ilustración. También significó en ocasiones el nombramiento de hombres competentes y bien intencionados para los cargos de gobierno en las colonias y la eliminación de ciertos monopolios y algunos excesos fiscales.

Al terminar en 1763 la breve dominación británica, el nuevo gobernador, el Conde de Ricla pidió al gobierno de España que mejorara el intercambio de mercancías. Cuba comenzó entonces a comerciar con varios puertos españoles. Más tarde, en 1778, el Rey dictó un famoso Reglamento comercial que conllevaría grandes oportunidades para Cuba y otras colonias. Pero fue sobre todo la llegada de gobernadores de gran eficacia y visión lo que significó un gran cambio para el país.

Como resultado de una orden de Carlos III fueron expulsados de Cuba y otras posiciones españolas los jesuitas. Esto causó gran malestar en algunos sectores de las clases pudientes. La medida, llevada a cabo por razones predominantemente políticas buscaba eliminar el peligro representado por una orden que se había hecho de algún poder, repitiendo su experiencia, mucho más larga, en otras provincias y colonias de España. Ya los jesuitas habían impartido clases en La Habana de 1568 a 1574. Después de esa fecha prevalecieron los franciscanos y los dominicos, pero en el siglo XVIII la orden empezó a destacarse de nuevo. Aunque algunos jesuitas fueron voceros de ciertas aspiraciones criollas al acercarse la hora de la independencia americana, la orden se oponía a la llamada "ilustración". Sus miembros, que después regresarían a Cuba, ejercieron en el país una influencia extraordinaria, sobre todo mediante su famoso Colegio Belén en La Habana.

El nacimiento de una nacionalidad   47

En 1790 tuvo lugar un acontecimiento decisivo para la historia cubana: la designación de Luis de las Casas como gobernador de Cuba tiene una importancia que no podrá jamás ser exagerada en el estudio del desarrollo de la nación. Las Casas, excelente gobernante y verdadero amigo del país, junto a colaboradores como Francisco de Arango y Parreño —para algunos el primer estadista y economista cubano de relieve— y José Pablo Valiente, intendente de Hacienda, marcaría una etapa de progreso, educación y esperanza para los cubanos.

La fundación de la "Sociedad económica de amigos del país" y del *Papel Periódico* figuran entre los grandes logros del gobierno de las Casas. El lugar de la primera, que inicialmente se fundó como "Sociedad Patriótica" (1793) está asegurado en la historia de Cuba como el de una institución fundamental, aunque no dejan de acercarse a esa condición otras gestiones, como las del ya mencionado Francisco de Arango y Parreño, que hicieron posible en esa época el establecimiento del Real Consulado de Agricultura, Industria y Comercio.

El *Calendario manual y guía de forasteros de la isla de Cuba para el año 1795*, con sus datos y estadísticas, sería suficiente para probar el continuo ascenso material de Cuba, país que podía compararse favorablemente con la naciente república norteamericana en muchos aspectos, sobre todo en cuanto a dimensiones, importancia y arquitectura de su capital, La Habana, ciudad que no tenía nada que envidiar a las mayores poblaciones de Norteamérica en aquella época. Mientras se producía bajo la administración de las Casas un acelerado progreso, éste fundaba también la primera biblioteca pública y surgía en el país un apreciable interés por la cultura.

Otro hecho significativo fue el comienzo del rápido desarrollo de la esclavitud en el país, lo cual cambió la composición racial de la población cubana, ya que los pobladores blancos fueron por un tiempo minoría. Altos funcionarios promovieron sin embargo la colonización blanca, tratando de evitar la experiencia de la vecina Haití. En todo caso Cuba fue tomando forma de colonia de plantaciones.

De importancia comparable a los anteriores aspectos de la época lo es probablemente el surgimiento de una figura destinada a intensificar los estudios eruditos, sobre todo los filosóficos. El presbítero José Agustín Caballero, orador conceptuoso y un criollo que había alcanzado el más alto grado de cultura posible para un habanero de su época, fue el introductor que liquidó el control absoluto que tenía la escolástica en los estudios filosóficos en Cuba. Después de su muerte, fue dado a conocer un proyecto de autonomía insular redactado por Caballero que revela lo avanzado de su pensamiento político a fines del siglo XVIII. En lo religioso, sus referencias al protestantismo indicaron curiosidad y hasta cierto respeto, sin hostilidad o condena.

Este defensor del libre pensamiento provocó una polémica que algunos consideran como el verdadero inicio de la vida intelectual en Cuba. El clérigo progresista echó abajo los argumentos del eminente doctor Ignacio José de Urrutia y Montoya, autor de un *Teatro histórico, político y militar de la isla Fernandina de Cuba y principalmente de su capital, La Habana,* libro que contenía ideas anacrónicas que daban la espalda a las realidades del siglo. Discípulos y continuadores del padre Caballero se encargarían de imitar su esfuerzo y ampliarlo, convirtiéndose en pioneros de la libertad de pensamiento.

La modernización del Colegio-Seminario de San Carlos y San Ambrosio, labor que propició las Casas y que se llevó a cabo bajo la dirección de Caballero, y la posterior llegada del nuevo obispo de La Habana, Juan José Díaz de Espada y Landa (1802) serían acontecimientos sobresalientes en el proceso histórico cubano. De Espada se ha escrito mucho en páginas dispersas. César García Pons escribió una documentada biografía que ha sido utilizada por muchos estudiosos. El más reciente de sus biógrafos quizás lo sea el ex-diplomático cubano Miguel Figueroa y Miranda que representó a su país ante la Santa Sede. En relación con la controversia que ha rodeado siempre la ilustre figura del obispo Espada, Figueroa escribió, entre otras cosas, lo siguiente:

"Que participó en las ideas más liberales de la época, que estuvo rodeado de los que compartían con él esas doctrinas, que empeñó todo su poder en cumplir y hacer cumplir las leyes inspiradas en los principios que mantenía, que persiguió con la medida de sus fuerzas a cuantas se opusieron al desarrollo de sus tendencias, no hay la menor duda. . . La sinceridad del liberalismo de Espada no es posible ponerla en tela de juicio."[1]

Participó el obispo Espada en una especie de movimiento jansenista[2] y fue denunciado por hacer énfasis en la autoridad de los obispos no sujeta a restricciones[3], lo cual le ponía en contra de los que iban preparando el camino para la absoluta autoridad papal y su consiguiente infalibilidad al estilo del Concilio Vaticano de 1870.

Considerado por algunos como un jansenista y liberal de principios del siglo XIX, su jefatura de la Iglesia habanera fue para muchos un adelanto gigantesco en el camino hacia una mayor libertad de pensamiento político y una verdadera reflexión teológica entre los habitantes cultos de la Isla. Sus ideas constitucionalistas le ubicaron en el sector más progresista de España; sus condiciones de pastor, administrador y benefactor, traducidas en infinidad de obras de caridad, construcciones y medidas liberalizadoras deben ser tenidas en cuenta en el proceso histórico de la nación cubana. Su vinculación con la masonería, sostenida por algunos escritores ha fomentado la controversia. Uno de sus amigos y protegidos, el padre Justo Vélez, nacido en España en 1786, ocupó en 1818 la cátedra de Economía Política en el Seminario de San Carlos, la primera de su tipo en la historia del país. Este eminente clérigo, que llegó a ocupar el rectorado del seminario, tuvo desde 1825 relaciones estrechas con una sociedad bíblica protestante de Nueva York y vendió ejemplares de la Biblia en Cuba, lo cual demuestra hasta qué punto la presencia de Espada había cambiado la atmósfera intelectual en el país. Debe señalarse que Vélez, con sus avanzadas ideas acerca de la administración social y su conocimiento de los economistas europeos, hizo grandes contribuciones en Cuba. El Padre Varela perteneció a su círculo, y José de la Luz y Caballero, como tantos otros intelectuales del siglo XIX, fue su alumno.

Ese siglo con sus personajes fundamentales fue el más importante en la historia de Cuba. Aparte de adelantos económicos y proezas intelectuales, nació, de manera gloriosa, la nacionalidad cubana. Contribuyeron a ello hombres como Claudio Martínez de Pinillos, conde de Villanueva que estuvo a cargo de la Hacienda pública por largo tiempo, un gobernante nativo en plena colonia; José de la Luz y Caballero, sobrino del padre Caballero y educador por excelencia, cambiaría los rumbos de la educación en el país; José Antonio Saco, polígrafo eminente, fue un vocero de una generación reformista que anhelaba un destino nacional para Cuba; el presbítero Félix Varela, sacerdote católico y maestro de Filosofía fue uno de los principales forjadores de un pensamiento cubano diferente de aquel de los habitantes españoles de la Isla. Y muchos otros.

Es comprensible que en el siglo XIX se produjera un cambio notable en la percepción cubana del protestantismo. Como en otras partes, el contacto con extranjeros de diferente credo cambió la forma intolerante de examinar los distintos fenómenos religiosos. Las clases más educadas, a pesar de haber recibido su instrucción en instituciones dominadas por la Iglesia, empezaron a conocer mejor a los que profesaban otras creencias y a enfrentarse a horizontes mucho más amplios que los ofrecidos por el mundo español, como el conocer la participación de individuos de religión protestante en todas las ramas del saber humano. La imagen del "hereje" dejó paulatinamente de ser la de un corsario o filibustero para convertirse en la de los pacíficos cuáqueros de Pennsylvania, los tolerantes seguidores bautistas de Roger Williams en Rhode Island, los industriosos calvinistas de Norteamérica, los filósofos alemanes hijos de pastores protestantes y los metodistas partidarios de la abolición de la esclavitud en Inglaterra y sus colonias.

Sin que se produjeran conversiones como consecuencia de los estudios o la lectura de nuevos libros; el acceso a traducciones de obras críticas en lenguas extranjeras, la asistencia a universidades en el exterior y otros factores, crearon una nueva mentalidad que se resistía a veces a la intolerancia del clero español y a la resistencia del mismo a la autonomía o la independencia para el país. A muchos católicos les resultaba amarga la comprensión de que las naciones protestantes disfrutaban generalmente de mayor libertad política y de pensamiento que la "Perla de las Antillas" y la "Madre Patria".

José Antonio Saco, exponente de la mejor erudición cubana de la época, revela en sus escritos un espíritu crítico bastante abierto en materia de religión. Aun criticando a la Inglaterra protestante expresa un pensamiento más equilibrado sobre el protestantismo en dicho país que el de los escritores del siglo XVIII en Cuba. Al escribir acerca del tema esclavista afirmó:

"En los países españoles no se concibe hasta qué punto influyen, entre los ingleses, los principios religiosos. Hay una Inglaterra política y otra religiosa; y en muchos casos aquélla se ve forzada a ceder a las exigencias de ésta. Mas, si dos grandes principios que mueven la Gran Bretaña, en vez de combatirse, se reúnen y conspiran a un mismo fin, entonces sus efectos serán proporcionales a la fuerza irresistible con que obran. Si las sectas religiosas hallan su interés en fomentar en las Antillas la introducción de libres africanos, el gobierno británico también podrá hallar el suyo en favorecerla."[4]

Es el mismo Saco que en *Contra la anexión* manifiesta su temor a que una Cuba integrada en la Unión norteamericana perdiera su cultura propia, en parte por la influencia del protestantismo estadounidense. Su actitud es razonable, aun para el historiador evangélico que la analice, ya que en el siglo XIX hispanidad y catolicismo eran todavía sinónimos a pesar del creciente anticlericalismo de peninsulares y cubanos y de la llegada de materiales de lectura no controlados por la Iglesia. Los comentarios de Saco sobre el protestantismo son mínimos y se nota en ellos cierto respeto esencial hacia esa y otras manifestaciones diferentes al catolicismo. Como otros escritores y pensadores cubanos de la época, demuestra un grado apreciable de tolerancia religiosa. La Isla empezaba a abrirse a una variedad de interpretaciones al aumentar el contacto con otras culturas. Esa tendencia sería más marcada al publicarse, a partir de 1831, un nuevo órgano de opinión para las clases cultas que tendría cierta apertura a todo lo universal, la *Revista Bimestre Cubana*, en la que colaboraría lo más selecto de la intelectualidad del país.

José de la Luz y Caballero constituye un caso de un pensador de horizontes ilimitados. La historia de la educación en Cuba y los estudios filosóficos en el país tienen en él a una de sus figuras básicas. Como Saco, Felipe Poey, Domingo del Monte y otros, colaboró con la *Revista Bimestre Cubana*. Este hombre, sin duda el personaje de mayor trascendencia en cuanto a la educación en la Cuba colonial, fue más allá de la tolerancia y el respeto de Saco y otros prohombres cubanos del siglo XIX. Su conocimiento del protestantismo, en sus aspectos teológico y filosófico fue mucho más completa que el de casi todos sus contemporáneos ilustrados. La opinión más aproximada y respetable que se ha emitido sobre su percepción del movimiento protestante es la de Medardo Vitier, tal vez el más riguroso expositor de la filosofía en Cuba durante la primera mitad del siglo XX. Vitier aclara, hasta donde es posible, la posición de Luz:

> "Su simpatía por el protestantismo es notoria, sin que yo asevere tal o cual filiación religiosa en el autor delos *Aforismos*. Piñeyro lo diputó de "católico liberal" en discreta frase. Sanguily sostuvo que Luz no se confesó en sus últimas horas. Por mi parte, nunca he creído estar seguro de su credo religioso, salvo su fe cristiana, que después de todo es lo sustantivo."[5]

Basta conocer los ataques de Luz a Balmes, a quien consideró incapaz de ser imparcial al apreciar el protestantismo, para aproximarse a su posición. En uno de sus aforismos llegó a decir: 'Pues Descartes es el Lutero de la Filosofía y Lutero el Descartes de la Religión". Basándonos en una abundante información disponible, es posible afirmar que su interés por los teólogos protestantes alemanes, su penetrante prédica de las epístolas de Pablo, su espíritu crítico en materia de religión y su insatisfacción por las limitaciones en los campos filosófico y teológico que eran evidentes por ese entonces, le convierten tal vez en pionero de los estudios teológicos avanzados en el país. Se llega a esa conclusión comparando su pensamiento con el anacrónico curriculum de los seminarios de la Isla en su época. De las aulas de su famoso Colegio del Salvador, en La Habana, saldrían algunos de los más eminentes pensadores de Cuba. También influyó grandemente sobre un clérigo protestante, Joaquín de Palma, que fue alumno suyo[6]. De Palma llegó a ser el primer cubano que se conoce haya sido ordenado como ministro protestante. La influencia de Luz y Caballero en sus estudiantes y después por medio de estos se extendió en todas direcciones. Menéndez y Pelayo le incluyó en una larga nota en su *Historia de los heterodoxos españoles*, criticándole en parte por esa influencia.

Entre la cautelosa tolerancia de Saco y la abierta simpatía de Luz y Caballero, encontramos en aquella época otra actitud, reflejada por la perspectiva más bien ecuménica del presbítero Félix Varela. Este sabio y virtuoso sacerdote, un verdadero forjador de la conciencia cubana, que conoció el destierro por su fidelidad a la causa de la libertad de Cuba, y a quien se conoce en la Isla como "el primero que nos enseñó a pensar" (frase de Luz y Caballero), se destacó, como el obispo Espada, por su condición de católico y liberal al mismo tiempo. Estas palabras de sus

Cartas a Elpidio bastan para probarlo. No olvidemos que escribe un sacerdote católico del siglo XIX: "Viven, mi Elpidio, y mueren en el seno de la Iglesia romana muchos que nunca tuvieron noticias de ella. Es uno el Señor, una la fe y uno el bautismo, como enseña Pablo, y por consiguiente es una la Iglesia".[7] La tesis de Varela es que no solamente los católicos forman parte de la Iglesia o entrarán en el Reino de los Cielos, principio aceptado hoy pero que no era generalmente predicado en la época de aquel gran pensador.

En el *Catholic Expositor and Literary Magazine,* publicado en los Estados Unidos, escribió acerca de "los hermanos que disienten de nosotros",[8] refiriéndose a los protestantes. El camino que lleva desde las tremebundas órdenes para la eliminación total de los herejes extranjeros en el siglo XVI hasta las expresiones de Varela, parecidas a las utilizadas por los católicos de nuestro tiempo al hablar de los "hermanos separados" fue largo y penoso, y la posición de Varela sería pronto la de muchas de las mentes más brillantes de Cuba. Un conocido intelectual católico cubano, José Ignacio Lasaga, en su libro *Vidas cubanas,* se acerca a proclamarle como un precursor del movimiento ecuménico y un biógrafo de Varela, hablando de sus cenizas, escribió que dondequiera "se alce una voz contra los prejuicios de nación, raza, credo o enseñanza, habrá algo de los otros restos, de los espirituales y permanentes, de este humilde ser, pero gran señor de la libertad".[9]

De acuerdo con el historiador Herminio Portell Vilá, Tomás Gener, político cubano nacido en Cataluña y cuyos padres emigraron a Matanzas, se convirtió al protestantismo durante su estancia en los Estados Unidos y después de haber servido como diputado a Cortes por la Habana y haber sido elegido el primero de junio de 1823 como presidente de las mismas. Gener junto con el padre Varela y el cubano Leonardo Santos Suárez había participado en las sesiones de las Cortes en 1822 y 1823 pero no apoyó el plan de gobierno autonómico presentado por Varela y defendido por Santos Suárez. A la caída del gobierno constitucional se radicó en Norteamérica donde entró en contacto con elementos protestantes. En 1834 regresó a Matanzas donde fundó la primera biblioteca pública de esa ciudad. Es difícil determinar hasta qué punto esa posible relación con el protestantismo fue intensa y duradera.

Sin descuidar los pensamientos iluminados de Saco, Luz y Caballero como del presbítero Varela, los cubanos encuentran la figura principal de su siglo XIX y de toda su historia y nacionalidad en José Martí (1853-1895). Este hombre, nacido en La Habana, el "Apóstol de la independencia" como se le llama, cuya personalidad, según Max Henríquez Ureña, es "la que primero se destaca entre los iniciadores del modernismo" (en la literatura hispanoamericana), fue en realidad un librepensador que en opinión de muchos historiadores tuvo vínculos con la masonería. Su anticlericalismo no puede ser disimulado pues estuvo en confrontación frecuente con los sectores conservadores del clero de Cuba, España y los Estados Unidos. Bautizado por sus padres españoles en la Iglesia Católica, no fue en realidad anticatólico, aunque suponerlo católico o miembro de otra iglesia sería una irresponsabilidad casi imperdonable.

José Martí fijó en sus escritos la más clara visión de la absoluta necesidad de separar la Iglesia del Estado y abogó reiteradamente por establecer la más absoluta libertad de cultos sin conceder privilegios a una iglesia en particular. Ese era precisamente el ideal de los masones cubanos de su época.

Los escritos de Martí, considerados por el crítico argentino Enrique Anderson Imbert como "uno de los lujos que la lengua española puede ofrecer a un público universal" hacen resaltar su posición generalmente favorable al protestantismo aunque sin evidenciar más que una simpatía. De los grandes escritores de Hispanoamérica del siglo XIX Martí representa tal vez la posición más cercana al movimiento evangélico sin ubicarse dentro de éste. Sus relaciones amistosas con los protestantes fueron parecidas a las de Justo Rufino Barrios, Benito Juárez y Domingo Faustino Sarmiento, para citar solo unos cuantos.

Su amistad con pastores evangélicos cubanos de la emigración, y un número apreciable de declaraciones, artículos y frases, lo pueden situar definitivamente como amigo del protestantismo. No era favorable al estilo de Calvino como reformador, pero demostró una admiración inmensa hacia la figura de Lutero a quien habría colocado en un proyectado libro entre *Los libertadores de la humanidad*.[10] Su devoción por Lutero y Melanchton, manifestada abiertamente en numerosas ocasiones y bien conocida por los estudiosos del tema martiano, hubiera sido imposible para un verdadero católico de su época. Los protestantes cubanos todavía recuerdan algunas expresiones de Martí en relación con el protestantismo y sus personajes, sobre todo las dos siguientes: "Todo hombre libre debía colgar en sus muros, como el de un redentor, el retrato de Lutero" y "La Iglesia Protestante guarda, a pesar de sus limitaciones, la semilla de la libertad humana".[11]

Hemos tratado de revisar rápidamente el aspecto intelectual del decursar del siglo XIX en Cuba y la creación de la nacionalidad cubana. En ese proceso, el protestantismo fue si acaso un elemento marginal. Por lo menos no estuvo alejado del pensamiento de algunos de los principales forjadores de la cubanía. La proximidad a los Estados Unidos y la residencia en ese país de gran parte de esos personajes impedía que su importancia fuera ignorada. Más adelante en este libro, veremos a evangélicos cubanos y extranjeros luchando por la independencia de Cuba, y a una nación protestante, los Estados Unidos, interviniendo en el proceso de liquidación de la soberanía española sobre la Isla. En cuanto al protestantismo, como movimiento que iba introduciéndose en el país, consideraremos en breve otros factores: la lucha abolicionista, por ejemplo. Pero fue a finales del siglo que se abrieron en Cuba los templos evangélicos, mientras se alcanzaba el ideal de la libertad religiosa como aspiración de los cubanos.

NOTAS

1. Miguel Figueroa y Miranda, *Religión y política en la Cuba del siglo XIX* (Miami: Ediciones Universal, 1975), p. 118.
2. El jansenismo fue un movimiento iniciado dentro del catolicismo en el siglo XVII y cuya enseñanza fue expuesta y condenada por el Papa Inocente X en 1653. Entre sus doctrinas principales estaba la gracia irresistible en la forma que la enseñó Cornelio Jansen, obispo católico y erudito agustiniano. El jansenismo, en su interpretación más estricta, entraba en conflicto con la doctrina católica en algunos aspectos, pero en España muchos que eran clasificados como jansenistas eran en realidad defensores del poder de los obispos y del Rey aunque no compartieran otros énfasis del movimiento. Ese episcopalismo-regalismo defendía la independencia de la Iglesia Española sin negar el papel de honor del papado y cierta autoridad por parte de Roma. Era parecido al galicanismo de muchos obispos franceses. Espada es acusado de defender esas ideas pero no se le considera un jansenista en el sentido estricto de la palabra.
3. Téngase en cuenta la nota anterior sobre el énfasis de algunos en la autoridad de los obispos y del gobierno civil que contrasta con la tendencia a depender totalmente de las decisiones romanas por parte de muchos prelados de la época.
4. José Antonio Saco, *Papeles sobre Cuba* (La Habana: Editorial Nacional de Cuba, 1962), tomo II, p. 143.
5. Medardo Vitier, *La filosofía en Cuba* (México: Fondo de Cultura Económica, 1948), p. 109.
6. Carta de Joaquín de Palma a José Ignacio Rodríguez, 25 de enero de 1873. Biblioteca del Congreso de los Estados Unidos.
7. Félix Varela, *Cartas a Elpidio*, II, 5a., p. 139.
8. Félix Varela, "The Reformation examined according to the Protestant principles", revista *The Catholic Expositor and Literary Magazine*, junio de 1843, p. 151.
9. Antonio Hernández Travieso, *El Padre Varela* (La Habana, Jesús Montero, editor, 1949), p. 454.
10. Roberto Agramonte Pichardo, *Martí y su concepción del mundo* (San Juan: Editorial Universitaria, 1971), p. 470.
11. Un estudio sobre el pensamiento de Martí acerca de la religión y específicamente su actitud hacia Lutero y el protestantismo se encuentra en el libro mencionado en la nota anterior. Su autor, ex-vicerector de la Universidad de La

Habana y ex-ministro de Estado de Cuba en 1959, trata desapasionadamente el tema por no ser en realidad un militante del catolicismo o el protestantismo. Referencias martianas al movimiento evangélico y sus personajes, extraídas de las obras de Martí, se encuentran en las páginas 417, 470-471, entre otras. A estas expresiones y otras similares se han dedicado en artículos y comentarios, entre otros: Alfonso Rodríguez Hidalgo en las revistas *La Biblia en América Latina* y *Heraldo Cristiano*; Rafael Cepeda en esta última revista y en otras; y Raúl Fernández Ceballos en artículos publicados en *El Mundo*, diario habanero.

Capítulo IV

EL ABOLICIONISMO PROTESTANTE Y CUBA

El hombre ha tratado siempre de explotar a sus hermanos más débiles. El tema de la esclavitud ha sido estudiado desde distintos ángulos y la lucha abolicionista ha atraído la atención de notables investigadores de diversas ideologías. Cuestiones como estas motivaron a José Antonio Saco a escribir su importante obra *Historia de la esclavitud*. Las duras realidades de la trata y la explotación de esclavos africanos se dejaron sentir en Cuba y el abolicionismo, sobre todo el promovido por los ingleses, es un capítulo interesante de la historia del país.

Del impulso dado a la esclavitud y a la trata por los descubrimientos geográficos en América se encarga José Luciano Franco en su libro *La diáspora africana en el Nuevo Mundo*, en el que afirma:

"A los españoles no les seducían las penosas tareas del negrero, y Carlos V, en 1518, concede a uno de sus favoritos, el flamenco Laurent de Gouvenot, barón de Molinay y gobernador de Bresa, el privilegio de transportar anualmente 4.000 esclavos a las Indias de España. Pronto revendió su monopolio a los genoveses por 25.000 ducados, quienes a su vez lo traspasaron a los portugueses que retuvieron el asiento sin interrupción hasta 1701.[1]

Hasta el historiador eclesiástico más conservador tiene que admitir en parte algo que el mismo autor afirma más adelante en su documentado trabajo: "ninguna objeción religiosa se hace al tráfico de esclavos".[2] Si exceptuamos a los cuáqueros y a algunos elementos de ideas avanzadas dentro de las otras iglesias, insignificantes minorías, su criterio sería prácticamente exacto. En puridad, la única crítica sobresaliente hecha en círculos oficiales de las iglesias hasta los siglos XVIII y XIX era a la falta de moderación en el proceso. En el caso de Francia, la trata negrera se inicia siendo gobernante del país un cardenal de la Iglesia, el famoso Richelieu. Cuando en 1639 el Papa Urbano VIII prohibió la cacería de hombres en Africa, se limitó a esa demanda y no pasó a otras consideraciones ni condenó totalmente la esclavitud. El católico rey de España, el "cristianísimo" soberano francés, y el monarca británico, "defensor de la fe" y gobernador de la Iglesia de Inglaterra (anglicana) y de Escocia (presbiteriana), estaban alejados de actitudes reales y efectivas de protección a los esclavos a pesar de los títulos que hemos mencionado y que utilizaban en documentos oficiales como si fueran su profesión pública de fe. Después de todo muchos eclesiásticos, diócesis enteras y hasta órdenes religiosas se beneficiaban directamente de la esclavitud.

Los siglos XVIII y XIX fueron testigos de la llegada a Cuba de cientos de miles de esclavos. Por razón de la trata, antes de mediar el siglo XIX hubo en la Isla un número mayor de negros que de blancos. Sectores dentro de la Iglesia se beneficiaron de la situación como antes disfrutaron del sistema de encomiendas. Prescindiendo de aquello de justificar los males atribuyéndolos "al tiempo y no a España", el lector puede repasar los estudios sobre el estado de la educación y la literatura en Cuba, escritos por Antonio Bachiller y Morales y Aurelio Mitjans[3] y tratar inútilmente de encontrar el mínimo papel de la raza negra en cuanto a recibir los beneficios de la instrucción y la cultura. Sucede que ambos autores no tratan realmente el asunto por no haber casi nada que decir. Las condiciones de vida son demasiado conocidas para tener que mencionarlas. Debe, sin embargo, recordarse que el barón de Humboldt se encargó de explicar en sus escritos las ventajas de la legislación española sobre esclavitud comparándola con la británica y la francesa.

No se debe entender que la posición de los opositores al tráfico de esclavos, incluyendo a grandes figuras de la cultura y la filosofía en la Cuba del siglo XIX fue siempre el abolicionismo. Se vivía bajo una moral esclavista en la cual la voz de la Iglesia y de los pensadores más esclarecidos solamente se escuchaba clamando por un trato más suave y humano del esclavo. La cuestión misma del anexionismo estaba relacionada con el deseo de los terratenientes de mantener a toda costa sus esclavos. Se era anexionista o se decidía resistir a la anexión según la soberanía de Estados Unidos significara peligro para la esclavitud o la abolición definitiva de ésta. El triunfo de los estados del Norte y la derrota de la causa sureña en la Guerra Civil de 1861-1865 le dieron un golpe de gracia al anexionismo.

Pero de cualquier forma, la selecta minoría de los abolicionistas se dejó oír y la Iglesia estuvo representada. Primero fue como en 1680, la crítica de los sínodos diocesanos de la Iglesia Católica en Cuba[4] a los propietarios que maltrataban a sus esclavos. Después, al llegar el siglo XIX se produjo otra reacción de tendencias abolicionistas mucho más fuerte entre los elementos más progresistas del clero. El padre Joseph Augustine Fahy, en una tesis doctoral presentada a la Escuela de Divinidades de la Universidad de Harvard en 1983 con el título de "El pensamiento antiesclavista de José Agustín Caballero, Juan José Díaz de Espada y Félix Varela en Cuba" se enfrenta a ciertos planteamientos contenidos en una de las más reconocidas contribuciones a la historiografía cubana en los últimos tiempos, la obra *El ingenio* de Manuel Moreno Fraginals, cuya erudición reconoce.

De acuerdo con el historiador católico y autor de la tesis doctoral, *El ingenio* contiene afirmaciones que tienden a proyectar una imagen más bien negativa de la posición de la Iglesia hacia la esclavitud, que, según Moreno Fraginals era de indiferencia y hostilidad hacia su eliminación en la Isla. El sacerdote católico sustenta la idea de que varios eclesiásticos se distinguieron a favor del abolicionismo, sobre todo Félix Varela, José Agustín Caballero y el obispo español Juan José Díaz de Espada y Landa. Nos inclinamos a aceptar casi totalmente los razonamientos de Fahy sin dejar de reconocer la validez de muchos argumentos y datos utilizados en *El ingenio*. La posición de Varela, por ejemplo, era revolucionaria para la época y no debe pasarse por alto al estudiar ese periodo.

La ley colonial establecía que los esclavos tenían que ser instruidos en el catolicismo, aunque personas de la raza negra no podían estudiar en los seminarios y recibir sagradas órdenes. Cuando el papa Gregorio XVI denunció en 1839 la trata africana y prohibió a eclesiásticos y legos sostener como cosa permitida el tráfico de esclavos, el capitán general de Cuba, Pedro Téllez de Girón, príncipe de Anglona, se opuso a que se difundiera esa opinión en el país y la atribuyó a una supuesta influencia del gobierno británico en la Santa Sede. Los precedentes de la decisión papal se encontraban en escritos de Pío II, Paulo III, Urbano VIII, Benedicto XIV, Pío VII y otros pontífices de la Iglesia que se refirieron a aspectos específicos como en el caso de Julio III en 1537 que se opuso a la servidumbre de los indios en América. El gobernador, como buen católico, no se enfrentó directamente a la autoridad papal aunque el Papa no denunciaba de lleno la esclavitud sino la trata africana. Las iras del príncipe de Anglona se reservaron entonces para los protestantes mientras se ocupaba en ocultar la denuncia que llegaba de Roma:

"... los presbiterianos ingleses, los metodistas y otras sectas religiosas que en nuestros días dirigen todos sus esfuerzos desde Inglaterra y Norteamérica para abolir la esclavitud se han valido también de textos sagrados para conseguir a todo trance y sin detenerse en medios, la libertad de los esclavos, aunque sea a costa de la raza blanca."[5]

El Príncipe de Anglona tenía, a pesar de todo, un amplio sentido de la realidad. El Papa había hablado, pero él, como gobernante del país, podía ocultar la denuncia o reducir su alcance. El Pontífice Romano no enviaría inspectores. Inglaterra se encargaría de hacerlo como veremos más adelante. La abolición de la trata en las colonias inglesas, fenómeno que afectó el comercio de esclavos y la institución misma de la esclavitud a nivel mundial, se debió principalmente a un abolicionismo bajo control e inspiración protestante, es decir: a los esfuerzos de los sectores más evangélicos dentro de la Iglesia Anglicana y sobre todo de los dirigentes de las iglesias llamadas "no conformistas"[6] en el Reino Unido, cuáqueros y metodistas en primer lugar, pero también bautistas, presbiterianos y congregacionalistas. En esto no se equivocaba el Príncipe de Anglona. Los cuáqueros, que en Inglaterra y las colonias norteamericanas fueron una "voz que clama en el desierto" condenando la esclavitud (no solamente algún aspecto de la misma o la trata como algunos líderes religiosos y los pontífices que hemos mencionado) habían logrado atraer a sus ideas a gran parte de la comunidad religiosa de los países de habla inglesa.

Cualquier intento explicativo sería infructuoso si no se menciona el nombre de William Wilberforce, uno de los principales estadistas del siglo XIX y para muchos, un verdadero santo. Este político inglés, padre de un famoso obispo anglicano, se desenvolvió dentro de la esfera de la Iglesia oficial, pero bajo la influencia metodista y de los sectores más evangélicos del anglicanismo. A los 14 años de edad ya combatía la esclavitud en sus primeros escritos. Después de una impresionante conversión religiosa durante un viaje a la Europa continental, su vida cambió aun más. Miembro del Parlamento a los 21 años, Wilberforce, estudioso incansable del Nuevo Testamento, se convirtió en el principal líder de la causa abolicionista.

Pequeño de estatura pero de un porte impresionante, reconocido como un tremendo orador, Wilberforce, junto a otros protestantes ilustres, como John Newton, escritor de himnos religiosos; Thomas Clarkson, que representó la causa abolicionista en los congresos europeos posteriores a Napoleón y Willian Pitt, el gran político británico, logró que en 1807 fuera abolida la trata. Poco antes de su muerte en 1833, el hombre que ayudó a fundar la Sociedad Misionera de la Iglesia y la Sociedad Bíblica Británica y Extranjera, y que escribió algunos libros edificantes sobre temas religiosos, recibió la grata noticia de que la esclavitud había sido abolida en las colonias inglesas.

Al producirse la crisis de la sucesión española, causada por la muerte del rey Fernando VII ("El Deseado") en 1833, la Gran Bretaña apoyó a la regenta María Cristina en sus esfuerzos por gobernar la Península a nombre de la futura reina Isabel II. Desde 1830, Lord Palmerston, a cargo de Asuntos Extranjeros en el gabinete británico, había luchado contra la trata, oponiéndose a ella en todas partes, sobre todo en Cuba y Brasil.

La trata ilícita se había incrementado en Cuba a pesar del tratado entre España e Inglaterra (1817) y por razones políticas y económicas los ingleses protestaban de las violaciones de ese y otros tratados sobre el particular. Las denuncias del juez comisionado inglés Kilbee ante las autoridades británicas y sus molestas cartas al capitán general Vives demuestran la magnitud de la situación, revelada también en la correspondencia del juez comisionado Jameson y otros funcionarios que Inglaterra enviaba para velar por los acuerdos y tratados que afectaban a Cuba y el tráfico de esclavos.

El abolicionismo no es sino un capítulo hermoso en una historia colonial británica con características poco recomendables, sobre todo en el tema de la esclavitud.

Cubanos que no podrían ser considerados como abolicionistas, pero sí partidarios de la suspensión del tráfico ilegal de esclavos, como Francisco de Arango y Parreño que lo calificó de "asqueroso comercio" y José Antonio Saco, expulsado por Tacón en 1834, entre otras razones, por un estudio suyo sobre la trata clandestina y el deterioro que causaba en la sociedad cubana, tuvieron contacto con elementos extranjeros y recibieron su influencia pero no se pronunciaron por una abolición imnmediata.

No deben exagerarse las dimensiones del movimiento contra la trata por parte de los criollos. Los hacendados cubanos, como ya se ha dicho, no vinieron a ser en su mayoría partidarios de la abolición gradual de la esclavitud sino hasta después de la Guerra Civil de Estados Unidos que terminó en 1865. Mientras tanto muchos de ellos se beneficiaban de la trata. La Isla tenía una economía basada en la esclavitud, al menos en gran parte. Libros recientes, dedicados a interpretar ese fenómeno en Cuba, como *Slave Society in Cuba During the Nineteenth Century* de Franklin W. Knight, y *Azúcar y abolición* de Raúl Cepero Bonilla, se encargan de señalar los defectos y limitaciones del abolicionismo cubano aunque a veces con cierta exageración. La esclavitud era, según lo expresó Arango y Parreño en una carta que en 1835 envió al Secretario de Estado en Madrid, "un mal que no puede ser curado de repente". Esa opinión seguramente era sincera y la citamos para facilitarle al lector el conocimiento de la posición de este ilustre cubano y la de otros que, como hombres de su tiempo y de sus circunstancias, deben ser juzgados de acuerdo con su contexto y no según las expectativas propias de otras geografías y escuelas de pensamiento. Tampoco debe olvidarse que existe una narrativa abolicionista en la literatura cubana de la época, como lo demuestran las obras *Cecilia Valdés* de Cirilo Villaverde y *Francisco*, de Anselmo Suárez Romero.

En definitiva, Cuba era gobernada por España y la legislación sobre la esclavitud era española y no cubana, al igual que la política adoptada al respecto. Tenemos un caso digno de análisis en el de la administración del general Francisco Dionisio Vives, que fue capitán general y gobernador de la isla de Cuba de 1823 a 1832. Este militar puede ser considerado uno de los promotores más entusiastas de todo lo relacionado con la trata. Contó con la decisiva cooperación del eficaz intendente de Hacienda, el cubano Claudio Martínez de Pinillos, recompensado con el título de Conde de Villanueva por sus servicios prestados a la corona.

Fueron muchos los informes que se recibieron en este tiempo acerca de las actividades, dentro de Cuba, de bautistas y metodistas procedentes de Jamaica en relación con esclavos africanos. Esta situación continuaría después de la partida de Vives, que tuvo entre sus sucesores inmediatos a Mariano Ricafort, Miguel Tacón, Joaquín Ezpeleta, el Príncipe de Anglona, Gerónimo Valdés (no confundirlo con el obispo del mismo nombre), Leopoldo O'Donnell y otros. La correspondencia de Miguel Tacón ha sido publicada, como veremos más adelante, y se han realizado investigaciones sobre las órdenes impartidas por otros gobernantes coloniales de la época. El historiador metodista José O. Garrido Catalá ha encontrado también datos de cierta importancia en archivos de Cuba que contienen documentos de ese periodo.

En 1831, el capitán general Vives se dirigió al gobernador de Matanzas informándole de las sublevaciones de esclavos que según sus informes eran animadas por los "sectarios" del metodismo[8]. Un poco después, en 1837, los capitanes pedáneos de Matanzas recibieron órdenes del gobernador informando de la vigilancia que se debía mantener sobre los extranjeros para impedir la entrada de "comisionados anabaptistas". El de la Capitanía de Guanabana es un caso típico como el contenido de una carta dirigida al "Gobernador Político y Militar de Matanzas y su Jurisdicción" por el capitán pedáneo de Guanabana, Andrés Badajoz:

> "He recibido en este día el oficio que V. S. se ha servido dirigirme con fecha de ayer en el que me transcribe el que con la del 30 le ha pasado el excelentísimo Señor Capitán General relativo a que sin embargo las disposiciones dictadas por aquel superior gobernador para proceder, se introducen en esta Isla los comisionados de las reuniones Anabaptistas que trabajan incesantemente por insurreccionar los esclavos contra sus amos, ha sucedido útimamente, según le ha comunicado a S. E. el cónsul de España en Jamaica, que uno de los

El abolicionismo protestante y Cuba   63

agentes de dicha sociedad volvió de aquella isla después de haber repartido un número de Biblias impresas al propósito con falaces interpretaciones para alucinar a los esclavos como también varios folletos incendiarios dirigidos al mismo objeto."[9]

La situación más grave para los funcionarios coloniales no era, sin embargo, la actividad que desarrollaban los llamados "sectarios", a menos que se tenga en cuenta su probable relación con conspiraciones de esclavos, sino que sus gestiones hacían resaltar la violación de convenios ya que los "agentes" bautistas y metodistas informaban de lo que veían entre los esclavos y podían distinguir a los que habían llegado recientemente como resultado de la trata. El historiador cubano Calixto Masó atribuye sobre todo a la Iglesia Metodista la formación de esos "agentes" a quienes él y otros investigadores denominan misioneros.

Según varios historiadores, la represión del abolicionismo y la persecución sistemática de la población rebelde se intensificó con las "facultades omnímodas" concedidas a gobernadores como el general Miguel Tacón, quien estuvo a cargo del país de 1834 a 1838. Dicho capitán general, recompensado con el título de Marqués de la Unión de Cuba, escribió directamente al Secretario de Estado y del Departamento de lo Interior en Madrid, en referencia a la participación de protestantes en Cuba en las sublevaciones de esclavos, conspiraciones e interferencia inglesa:

> "...el papel que acompaño bajo el número 1ro, emitido en Cuba en 12 del corriente por un vecino rico de Jamayca, que debiendo regresar a su domicilio, no se atreve a dar su nombre, viene a confirmarse la idea de que la asociación de los Sectarios Metodistas de Londres, con objeto de inspirar una absoluta igualdad en todas las clases, hace circular una edición de la Santa Biblia escrita en idioma español, adulterando testos y encaminando sus planes a los esclavos y gentes de color, aunque sea libre. Se hallan apóstoles de esta secta en Jamayca encargados de distribuir la biblia a la raza africana, y de adiestrarla en su equivocada interpretación."[10]

La correspondencia de Tacón, así como los informes de la época de Vives y las cartas entre el capitán general y los gobernadores y de estos con los capitanes pedáneos, nos permiten conocer la propaganda hecha dentro de Cuba por los metodistas, los bautistas y otros evangélicos, al menos en la década de 1830 y después. Leví Marrero en el volumen 9 de su obra *Cuba, economía y sociedad*, ofrece, en fecha reciente, varias explicaciones interesantes sobre el tema. También existen brevísimas referencias al mismo en algunas obras, pero por lo general sin relacionarlas adecuadamente con la participación protestante.

Juan Pérez de la Riva, en su introducción a la *Correspondencia reservada del capitán general don Miguel Tacón (1834-1836)* estudia brevemente la causa iniciada en 1837 contra el "pardo inglés" Jorge Davidson "por haber difundido perniciosas doctrinas entre los esclavos".[11] El mencionado historiador, que acepta que este personaje era un agente enviado a Cuba por "asociaciones de metodistas" añade lo siguiente:

"Desde esta época ya existía un activo tráfico de esclavos desde Jamaica. Los esclavistas ingleses, sabiendo que estaban condenados a perder sus siervos, los embarcaban para Cuba, y aquí los vendían. Estos eran los esclavos cuya liberación perseguían y este fue el caso del célebre Turnbull. Sobre esta actividad perfectamente legal y legítima los negreros españoles formaron gran alboroto, acusándolos de promover insurrecciones. Los metodistas eran sinceramente abolicionistas y no se privaban de hacer propaganda pero sin llegar hasta fomentar insurrecciones como los acusaban los españoles."[12]

Los metodistas o wesleyanos y los anabaptistas o bautistas que son mencionados en documentos de la época eran creyentes religiosos cuya preocupación mayor la constituía predicar el evangelio de Cristo, según su interpretación. Las "doctrinas perniciosas" y las biblias en español son evidencia cierta de una actividad que no se limitaba a la lucha abolicionista sino que se extendía a veces a cuestiones puramente religiosas, que originaron todo lo demás, incluyendo el mismo abolicionismo. El lector debe tener en cuenta que muchos evangélicos ingleses, sobre todo los cuáqueros y los metodistas, no separaron su vida cristiana del aspecto social, representado en este caso por la lucha contra la esclavitud. Es necesario recordar también la actividad antiesclavista de los bautistas en Jamaica, que está directamente vinculada con la abolición de la esclavitud en las colonias británicas. Algunas referencias pueden ser, en ciertos casos específicos, el resultado de la exageración de las autoridades coloniales de Cuba, pero la realidad de su actividad proselitista a favor de su religión y sobre todo de la causa abolicionista ha sido correctamente registrada por ellas. Los protestantes efectuaban algún tipo de predicación en unos pocos sitios de Cuba en la primera mitad del siglo XIX, no solamente por el envío de agentes, lo cual está sobradamente probado, sino por la presencia en la Isla de esclavos vendidos por sus amos ingleses, como apunta de la Riva, y que ya habían sido evangelizados por los protestantes en Jamaica y otros lugares.

Las Biblias en español podían bien ser ejemplares de la antigua traducción de Casiodoro de Reina y Cipriano de Valera, de los siglos XVI y XVII, elogiada por Menéndez y Pelayo como la mejor versión, desde el punto de vista literario, de las Escrituras en español. No eran para los esclavos de habla inglesa, sino para labores clandestinas de proselitismo religioso entre los negros de Cuba.

El tema no se agota. En una carta fechada en 1838 escrita por el conde de Ofalia, ministro de Estado de España a John B. Eaton, ministro de los Estados Unidos en Madrid, se hace referencia al arresto en Santiago de Cuba del predicador y maestro inglés James Thomson, también conocido por Diego, agente de la Sociedad Bíblica de Londres.[13] La respuesta del diplomático norteamericano acusando a Thomson de fanático, nos recuerda que gran parte de los protestantes estadounidenses, sobre todo en el sur, se oponían a la abolición. El ministro en Madrid revela ser tan racista y pro-esclavista como el conde de Ofalia, pero de paso se demuestra que el asunto no era solamente de políticos o de sociedades anti-esclavistas pues Diego Thomson estaba vinculado —como es universalmente sabido— con una sociedad bíblica y tenía como única misión la de evangelizar. Era un verdadero predicador evangélico.

Una prohibición total de actividades como la suya se produjo en Cuba en 1855 con la "Ley en contra de la distribución de Biblias".

En este asunto de la vigilancia inglesa de las actividades relacionadas con el comercio ilícito de esclavos pudiéramos ocupar mucho espacio, olvidando el propósito principal de este libro. Aunque no pretendemos tal cosa, tampoco podemos dejarlo completamente de lado por la vinculación que tiene con el tema central.

El tratado de 1835 que recibió gran atención en su tiempo y atrae el interés de los historiadores, resultó ser inoperante en la práctica. Leví Marrero lo califica de "arma insuficiente para controlar la trata". En realidad muchos de estos intentos se complicaban por situaciones como las representadas por la complicidad de funcionarios norteamericanos. Resalta el caso del cónsul de los Estados Unidos en Cuba, Nicholas Trist, un hacendado esclavista, cuya actuación a favor de la trata resulta evidente, además de obvia. Solo se podía confiar en la vigilancia inglesa alentada constantemente por la prédica de los evangélicos abolicionistas y fortalecida por su propaganda acerca de los crímenes de la esclavitud y la inmoralidad de la trata. Sergio Aguirre, otro historiador cubano, describe la actividad de la nación a la que llama "poderosísima Inglaterra" al afirmar que esta "iba acorralando a la débil España del siglo XIX con exigencias encaminadas a lograr que la esclavitud fuera liquidada en Cuba".[14]

En 1840 fue designado como cónsul de Su Majestad Británica en la Isla, David Turnbull, nacido en Glasgow, Escocia, abolicionista de gran relieve dentro de la Sociedad Antiesclavista Británica y Extranjera. Fue el autor de *Travels in the West*, obra en la que se condena duramente la esclavitud. Turnbull estaba íntimamente vinculado a los abolicionistas protestantes y sus sociedades; sin embargo, queremos dejar en claro que no pretendemos destacar a estos personajes por el simple hecho de que fueran evangélicos o formaran parte de familias protestantes. Nos interesan por sus contactos con las sociedades antiesclavistas de los protestantes en Inglaterra y Jamaica. No creemos que la abolición de la esclavitud en Cuba, ni el fin de tal negocio se deba al protestantismo. El propósito de este capítulo es señalar la presencia en Cuba de la idea abolicionista de los protestantes británicos y las actividades de evangélicos dentro del país. Richard R. Madden, predecesor de Turnbull en La Habana y autor de un interesante libro sobre Cuba, que pareciera escrito por un evangélico, era abolicionista y católico. Este ilustre irlandés fue precisamente quien publicó unas cartas de Domingo del Monte, el notable intelectual cubano, denunciando aspectos sustanciales de la sociedad esclavista cubana y sus vinculaciones con la Iglesia. Las críticas de Madden a la Iglesia Católica en cuanto a su obra en Cuba son tal vez las más demoledoras que se hayan escrito en torno al tema.

David Turnbull, como sus otros correligionarios, luchó con pasión de cruzado a favor del abolicionismo, aprovechando cada oportunidad para promover esa idea y estableciendo vínculos con cuanto grupo estuviera dispuesto a contribuir al fin de la trata. El cónsul norteamericano James Calhoum, que no creía que el gobierno británico estuviera implicado en proyectos de insurrección afirmó: "...estoy dispuesto a creer que el Cónsul británico en esta ciudad está perfectamente deseoso de participar en cualquier proyecto que tenga por objeto la abolición de la esclavitud, aquí o en cualquier parte". Tenía absolutamente toda la razón.

Además de investigar cada incidente y de denunciar cada violación, Turnbull extendió la mano a los partidarios de la abolición en toda forma posible o imaginable. Llegó a convertirse en el enemigo número uno en la lista del general Gerónimo Valdés, gobernador de la Isla. No podemos describir ahora la participación del cónsul en conspiraciones y las opiniones a favor o en contra de ese asunto. De cualquier manera la actividad de Turnbull resulta evidente. También el hecho de que gozó de grandes relaciones en la sociedad cubana como lo revela su designación como socio correspondiente de la Sociedad Económica de Amigos del País y la protesta de intelectuales como Luz y Caballero cuando fue privado de esa condición.

David Turnbull fue reemplazado en 1842. Habían llegado al poder los conservadores y estos nombraron a Lord Aberdeen para dirigir la política exterior, reemplazando a Lord Palmerston, favorable a la promoción del abolicionismo. Pero aun después de salir de Cuba, Turnbull trató de regresar a ella alegando su condición de "superintendente de emancipados" cargo que también había desempeñado Madden. Al desembarcar en Gibara, fue detenido y enviado a La Habana donde fue puesto en prisión y expulsado de la Isla. Décadas después, el ilustre canciller cubano Manuel Sanguily lo calificó de "funcionario digno, correcto en su conducta y muy valeroso". Su nombre se había convertido en símbolo de la emancipación de esclavos.

En enero de 1847 era también expulsado el notable geólogo, dibujante y acuarelista inglés James Gay Sawkins. Este importante pintor, que alcanzó gran fama en Norteamérica y otros paises, había nacido en Somersetshire en 1806 radicándose en Cuba en 1835. Fue profesor de dibujo en varias escuelas. Vivió en Santiago de Cuba y en Camaguey. Disfrutó de la amistad de las más altas figuras de la época, sobre todo de Gaspar Betancourt Cisneros, que le hospedó. Fue conocido entonces en Camaguey por "el inglés de la quinta". Contribuyó a la cultura del país con hermosos dibujos, retratos y acuarelas sobre cosas y lugares de Cuba. Por defender la abolición de la esclavitud y repartir biblias en español fue expulsado del país. Como otros abolicionistas usó sus medios para predicar las doctrinas evangélicas.

No trataremos de probar en este capítulo la vinculación del abolicionismo protestante con las conspiraciones de esclavos y los movimientos separatistas en Cuba; no estableceremos todavía los vínculos de sociedades metodistas y bautistas con esas actividades; sin embargo, adelantaremos que para nosotros esas conexiones resultan absolutamente inevitables y no deben ocultarse. En modo alguno podría negarse la participación protestante en tales causas progresistas. Separarles de las conspiraciones resulta más difícil que probar sus intenciones pacíficas, o aquellas posturas pacifistas propias de algunos grupos como los cuáqueros más que de bautistas o metodistas, acostumbrados al fragor de las luchas políticas de Inglaterra, Jamaica y las colonias de Norteamérica.

Prescindiendo de los aspectos sectarios, al demostrar las actividades políticas y religiosas de protestantes en Cuba en aquella época, reconocemos que la predicación evangélica era extremadamente limitada, debido a las condiciones imperantes. Pero teniendo en cuenta que hasta un historiador cubano de la talla de Ramiro Guerra comparó las actividades de Turnbull en Cuba con las del Padre Las Casas, podemos afirmar que sus labores, como la de los clérigos españoles que defendieron a los indios cubanos en el siglo XVI y las de los sacerdotes cubanos a los que se refiere Fahy en su tesis doctoral (Varela, Caballero, etc.), se encuentran entre las páginas más brillantes de la historia del cristianismo.

La trata cesó eventualmente. En 1880 fue proclamada la emancipación por el gobierno español; finalmente, en 1886, terminó la esclavitud en Cuba. Fue la lucha de los cubanos en la Guerra de los Diez Años (1868-1878) la que consiguió lo que pidieron los mejores cristianos de su época: la abolición de la esclavitud.[15]

NOTAS

1. José Luciano Franco, *La diáspora africana en el Nuevo Mundo* (La Habana: Editorial de Ciencias Sociales, 1978), p. 68.
2. Ibid., p. 69.
3. Estos libros no están dedicados al estudio de las limitaciones de la raza negra en la Cuba colonial, pero su lectura revela la cantidad ínfima de escuelas accesibles a la población de color en Cuba en esa época a pesar de que negros y mulatos llegaron a constituir por algún tiempo la mayoría de la población. Una obra que sí contiene información sobre las escuelas para personas de color es *El negro en la economía habanera del siglo XIX* de Pedro Deschamps Chapeaux, publicado en 1971. El trabajo de Bachiller y Morales es, sin embargo, una obra fundamental en los estudios sobre Cuba y lleva por título *Apuntes para la historia de las letras y la instrucción en la Isla de Cuba*. El trabajo de Mitjans, es decir su *Estudio sobre el movimiento científico y literario en Cuba* es también valioso.
4. Además de sínodos diocesanos que como el de 1680 trataron de limitar la barbarie de algunos dueños de esclavos, tenemos las declaraciones de prelados que, como Pedro Morell de Santa Cruz, se enfrentaron a abusos de la servidumbre de los indios o la esclavitud de los africanos. Pero no fue cuestionada de manera profunda y abierta la existencia misma de la esclavitud, de la cual se beneficiaron muchísimos clérigos y prelados. Es justo señalar, aunque ya se ha dado a entender en algunas partes de este libro que la voz de la Iglesia, con todo y lo moderado de sus críticas, fue una de las pocas que se dejó escuchar contra los rigores esclavistas.
5. Carta del Príncipe de Anglona de 8 de abril de 1840.
6. Las iglesias "no conformistas" o iglesias libres, eran las que no aceptaban formar parte de la iglesia oficial, la Iglesia de Inglaterra o de la que tenía esa misma categoría, es decir, la Iglesia de Escocia. Ese nombre se aplicaba entonces a metodistas, presbiterianos de Inglaterra, congregacionalistas, bautistas, cuáqueros, etc.
7. José Garrido Catalá, "Nuestros vínculos con el Caribe inglés". Trabajo del investigador y profesor en el Seminario Evangélico de Teología de Matanzas, Cuba.
8. Archivo Histórico Provincial de Matanzas, Fondo: Gobierno provincial P. P. Sublevaciones, año 1831, Caja 7 No. 5 (Habana 6/8/1831).
9. Archivo Provincial de Matanzas, Legajo 19 (folios 2-3).
10. *Correspondencia reservada del Capitán General don Miguel Tacón (1834-1836)* (Biblioteca Nacional José Martí, 1963) pp. 177 y 178.
11. Juan Pérez de la Riva, introducción a Op. cit. pp. 79-80.
12. Ibid., p. 80n. Véase también la obra de Calixto Masó, *Historia de Cuba* (Miami: Ediciones Universal, 1976) pp. 194-195.
13. W. R. Manning, *Diplomatic Correspondence*, Vol. XI, pp. 307-313.
14. Sergio Aguirre, *Lecciones de Historia de Cuba* (La Habana: Tipografía Ideas, 1961).
15. Según Fernando Ortiz y varios historiadores, España se vio obligada a suprimir la esclavitud como consecuencia de la Guerra de los Diez Años (1868-

1878). Esta había sido decretada por los cubanos insurgentes. No existían condiciones en el país para continuarla en gran parte como resultado de las hostilidades y de acuerdos tomados para lograr la paz. Aun así se retardó el cumplimiento de la emancipación, que fue proclamada en 1880, y se esperó hasta 1886 para terminar con la esclavitud. Léase el prólogo de Ortiz a la *Historia de la esclavitud de la raza africana en el Nuevo Mundo* de José A. Saco, en la edición publicada en La Habana en 1938.

Capítulo V

PROTESTANTES EXTRANJEROS EN EL SIGLO XIX

Hasta principios del siglo XIX los únicos protestantes radicados en Cuba aparte de funcionarios consulares extranjeros o agentes comerciales con residencia temporal, eran unos pocos individuos cuya filiación religiosa debía pasar inadvertida para el resto de los habitantes debido a una intolerancia oficial en materia de religión que se veía agravada por la imaginación popular que seguía asociando al protestantismo con potencias extranjeras, corsarios y piratas. Esa imagen, que como ya hemos explicado fue cambiando paulatinamente entre las clases más educadas, habría de perdurar por un tiempo más entre las personas de menos instrucción.[1]

En el siglo XVIII algunos esclavos jamaicanos llegaron a Santiago de Cuba solicitando su libertad, la cual se les concedía siempre que se convirtieran al catolicismo.[2] Esa política atrajo a otros desdichados habitantes de regiones cercanas. El bautismo católico podía significar la libertad para un esclavo. Carlos III había reiterado esa política. Ya Vicente Manuel de Céspedes, gobernador de la Florida, que enfrentaba una situación similar en relación con esclavos procedentes de Georgia que pasaban a su jurisdicción, había manifestado en 1787 sus dudas sobre la validez de esas conversiones que no consideraba serias.[3]

Pero esos casos de falsos católicos procedentes de algún territorio vecino no nos debe impresionar demasiado y mucho menos hacer que los identifiquemos como protestantes, aunque en algunos casos deben de haberlo sido. La mayoría estaba compuesta por paganos y hasta cabe la posibilidad de un número indeterminado de musulmanes ya que algunos de los esclavos traídos al Nuevo Mundo procedían de regiones de influencia mahometana en el Africa Negra. Su presencia, como la de los esclavos vendidos por los ingleses, no tenía entonces una importancia apreciable. Lo demuestra el hecho mismo de haber sido prácticamente ignorada.

En el siglo XIX aquellos extranjeros que eran en realidad protestantes aumentarían considerablemente en número por la cada día más apreciable comunidad de habla inglesa residente en el país. Una de las razones sería los vínculos comerciales con la nueva república, los Estados Unidos, el país vecino en cuya independencia participaron algunos cubanos[4] y que estrecharía gradualmente sus lazos con Cuba.

Con la disminución del contrabando y otras actividades similares, la economía cubana no se hundiría. "Por tres siglos fue el contrabando y no el azúcar, el medio más importante para los habitantes de Cuba" afirmó en su documentado trabajo *Cuando reinaba Su Majestad el Azúcar*, el economista norteamericano Roland Ely. La paz de Ryswick, firmada en 1697 por naciones involucradas en los conflictos de la región del Caribe, hizo terminar la era de los bucaneros y los filibusteros pero no marcó el final del contrabando. Los años finales del siglo XVIII, y casi todo el XIX desde sus mismos inicios, se caracterizaron por intercambios comerciales entre los cubanos y los españoles residentes en Cuba y los extranjeros. Los nuevos "herejes" no eran visitantes ilegales del país como lo habían sido aquellos con los que habían comerciado hasta clérigos, como el conocido carmelita Alonso de Guzmán en Baracoa en tiempos del general Pedro Valdés, su acusador.[5] Del siglo XVII solo quedaban las memorias. Ahora los protestantes extranjeros estaban a punto de residir en la isla con autorización legal y de manera permanente.

Durante la breve dominación británica de Cuba Occidental se habían ampliado los horizontes comerciales del país. Esto se repetiría en algunas ocasiones al restablecerse la soberanía española en 1763, dependiendo siempre de las fluctuaciones de la política exterior de España. La Casa de Borbón estuvo más abierta al comercio extranjero en el Caribe que su predecesora la Casa de Austria. En 1799 fueron impuestas de nuevo las Leyes de Indias que prohibían el comercio con el extranjero, pero ni siquiera los retrocesos en la política colonial, debidos en parte al favorito de la Reina, Manuel Godoy, el nefasto "Príncipe de la Paz", que influyó sobre el monarca español Carlos IV, pudieron parar el proceso. Los mandatarios coloniales, como el capitán general y el intendente de Hacienda, recurrieron a un precedente famoso establecido en 1796, aquel de "se acata pero no se cumple".[6]

Durante los primeros meses de 1805, unos 175 barcos estadounidenses salieron del puerto de La Habana. En 1806 las ventas norteamericanas a Cuba totalizaron casi 11 millones de dólares, cifra bastante alta para la época. No olvidemos que las guerras napoleónicas y los bloqueos causados por ellas cambiaron totalmente el sistema comercial en Cuba. Gobernantes como Las Casas, el Marqués de Someruelos y el general José Cienfuegos (sobrino del economista Gaspar Melchor de Jovellanos) realizaron fructíferas gestiones a favor de la economía del país y el comercio con el extranjero aumentaba. La creación del cargo de Intendente de Hacienda, que habría de compartir responsabilidades con el de Capitán General tuvo lugar en 1765 y se extendió luego a otras posesiones españolas. La administración colonial se centralizaba y perfeccionaba. Mientras todo esto ocurría, la Isla, sobre todo La Habana y Oriente, se iba llenando de extranjeros: llegaron los franceses que huían de un Haití independiente; los pobladores de Santo Domingo, preocupados por la inestabilidad del país; los españoles, atraídos por la prosperidad cubana e invitados por funcionarios que le temían a una supremacía negra como la de Haití. Gracias al comercio y a las oportunidades de adquirir plantaciones y otras propiedades, llegarían después ingleses y norteamericanos, sobre todo estos últimos. Nacía con ellos una comunidad protestante extranjera en Cuba.[7]

En esa época, los inicios del siglo XIX, visitó Cuba una de las grandes figuras de la ciencia y de las exploraciones geográficas: el barón de Humboldt, alemán bautizado como luterano y que a pesar de no ser conocido como hombre de activa militancia religiosa, fue hasta su muerte un miembro de la Iglesia Evangélica (nombre usado en Alemania por la iglesia oficial, compuesta por luteranos y reformados). Su madre era descendiente de hugonotes de Borgoña que salieron de Francia huyendo de las persecuciones que sufrieron los protestantes en ese país. El 24 de noviembre de 1800 Humboldt partió hacia La Habana procedente de Venezuela. Lo acompañaba el famoso botánico Aimé Bonpland cuando emprendió un viaje al interior de la isla después de visitar La Habana, donde había sido homenajeado. Según su biógrafo, Helmut de Terra:

"Durante semanas, visitaron plantaciones y fábricas de azúcar y campos de tabaco, algodón e índico, donde trabajaban los esclavos en condiciones de terrible miseria. "Quería iluminar los hechos —escribió más tarde Humboldt— y dar precisión a las ideas, comparando las condiciones de vida en la isla con las de Sudamérica". De esos estudios surgió su *Ensayo político sobre la isla de Cuba*, una monografía geográfica muy singular, donde trata a fondo aspectos físicos como la topografía, la geología y el clima en relación con el comercio, la población, las comunicaciones internas y las rentas públicas. Su publicación en 1828 coincidió con la marea creciente de los movimientos de independencia de Hispanoamérica. Era un documento oportuno por sus estadísticas económicas y, sobre todo, por el humanitarismo de su capítulo sobre la esclavitud."⁸

A través de los años, los interesados en los estudios cubanos han acudido a la obra de Alejandro von Humboldt, la cual puede ser considerada como gigantesca en el contexto de los estudios científicos, geográficos y de otra índole de aquella época. Para muchos europeos y otros tantos extranjeros la labor de Humboldt equivalió a un nuevo descubrimiento del país. Fue mediante la lectura de sus escritos que muchos realmente llegaron a conocer la "Perla de las Antillas".

En 1655 unos mil quinientos colonos habían huido a Cuba al producirse el traspaso de soberanía a favor de Inglaterra en Jamaica. Algo parecido sucedió con los cambios de jurisdicción ocurridos en la Florida; pero en el siglo XIX los recién llegados representaban otras procedencias aparte de la española y la africana. Según Hespel D'Harponville vivían en Cuba en 1864, 605 británicos, 1.256 ciudadanos de los Estados Unidos, 27.251 españoles de la Península, 282 alemanes, 19.759 isleños o canarios, 2.066 franceses y algunos miles de habitantes originarios de otros países, algunos de los cuales contaban con población protestante. Esas cifras aumentarían con el tiempo.

No se dispone de información detallada que indique claramente la religión de los británicos, estadounidenses y otros extranjeros, pero la creación de algunos cementerios para protestantes o el hecho de haber sido reservadas porciones de camposantos ya existentes, destinándolas para la sepultura de evangélicos sería más que suficiente para probar la existencia de una pequeña comunidad de no-católicos. Un dato curioso, relacionado con esa comunidad, es aquel que ocurrió el 4 de marzo de 1853. Aquel día, en el Consulado de los Estados Unidos en La Habana, juraba la Vicepresidencia de los Estados Unidos de Norteamérica un protestante de Carolina del Norte, William Rufus de Vane King. Sus intereses privados lo habían llevado a Cuba mientras la papeleta en que participaba en las elecciones presidenciales con Franklin Pierce triunfaba. A cientos de millas de distancia, Pierce juraba en la capital federal de su país la Presidencia, usando como King un ejemplar de la antigua versión protestante de la Biblia inglesa del Rey Jaime.

En el siglo XIX un número apreciable de cubanos empezó a enviar a sus hijos a universidades norteamericanas y algunos miembros de las clases aristocráticas y acomodadas decidieron viajar frecuentemente por los Estados Unidos. Se iniciaba así de manera discreta un proceso de relativa "americanización" que se vería intensificado a partir de la Guerra Hispano-Cubana-Americana en 1898. Desde principios de siglo los estudios de la lengua inglesa se popularizaron en la Isla y algunos de los maestros particulares serían norteamericanos y británicos residentes en Cuba, incluyendo a protestantes. Empiezan a llegar muchos libros impresos en Norteamérica, dependiendo su entrada del grado de tolerancia de cada capitán general o de los funcionarios correspondientes. Entre los que se ocuparon de distribuirlos estuvo el famoso pintor inglés residente en Cuba James Gay Rawkins quien al llegar al país en 1835 fue aceptado por la aristocracia criolla; sin embargo, en 1847 fue acusado de hacer propaganda protestante, y como consecuencia de ello, expulsado.

Por otra parte, basta con repasar los apellidos y lugares de procedencia de los grandes inversionistas y terratenientes norteamericanos y de los propietarios y ejecutivos de las diferentes corporaciones que empiezan a hacer negocios en Cuba o se establecen allí para darse cuenta del contacto cercano que los habitantes del país dedicados a los negocios tendrían, a partir de entonces, con protestantes que hasta en algunos casos eran más o menos devotos. Era la época de los Taylor, los Coit, los Howland, los Pyne, los Atkins, los Turnure, los Kemble, los Shelton, los King, etc. Familias de Nueva York, Boston, Filadelfia y otros lugares. Muchos tenían ancestro protestante aunque no siempre practicaron su religión. Hay evidencias hasta de alguna familia de origen judío convertida nominalmente al protestantismo en Londres u otro lugar antes de llegar a Norteamérica. La lista incluye, por supuesto, a católicos y a otros religiosos. Algunos, por sus relaciones comerciales con el país, lo visitarían de vez en cuando, mientras otros llegarían a establecerse en la Isla.

Es cierto que algunos de los que más influyeron en la economía de Cuba jamás vivieron en el país; pero otros llegaron a identificarse grandemente con él, como es el caso de Henry Augustus Coit, una de las figuras más influyentes en la economía cubana de la época. Coit era episcopal, y un sobrino suyo del mismo nombre fue un clérigo famoso.

Aquel fue también un siglo de escritores de libros de viaje, notables cronistas algunos de ellos. Se destaca en primer lugar la colección de 65 cartas escritas desde Cuba en 1828 por el pastor de la Primera Iglesia Congregacional de Beverly, Massachusetts, el famoso reverendo Abiel Abbot, pastor protestante graduado en Harvard, amigo y condiscípulo del Presidente John Quincy Adams. Sus descripciones de la vida en las plantaciones y del país en general están tal vez entre las mejores de la época. Hizo mucho por dar a conocer a Cuba y a los cubanos y combatió la esclavitud como buen abolicionista protestante. Ninguna bibliografía sobre el siglo XIX en Cuba debería omitir su obra, *Letters Written in the Interior of Cuba*. El pastor Abbot vivió algún tiempo en Cuba en 1828 por razones de salud y es probable que haya celebrado algunas ceremonias religiosas en los hogares de extranjeros protestantes.

Basta leer con cuidado el libro de Maturin M. Ballou *History of Cuba; or Notes of a Traveller in the Tropics*, publicado en 1854; o la conocida obra de Samuel Hazard, *Cuba with Pen and Pencil*, publicada en 1871 para que el lector comprenda que escribieron desde su perspectiva protestante. Sus críticas al clero y a la práctica de juegos de azar, sobre todo a las peleas de gallos revelan una idiosincrasia propia de anglosajones de Nueva Inglaterra. Era lógico que se horrorizaran con las fiestas populares y otras actividades que prácticamente violaban el día domingo, día de reposo, tan respetado por los círculos pietistas de la época. Por otra parte, sus comentarios sobre Cuba y los de algunos prominentes cubanos sobre los Estados Unidos revelan el inicio de una larga relación en la que las dos culturas tendrían un estrecho contacto.

La relación de viajeros protestantes o de familias evangélicas sería demasiado extensa para intentar incluirla aquí. Los libros y folletos sobre Cuba se cuentan tal vez por docenas y es seguro que algunos habrán llegado a las bibliotecas y oficinas de los dirigentes de juntas misioneras o a pastores que empezarían a interesarse por la evangelización del país. No todos los escritores de estas obras fueron tan misericordiosos con la Iglesia de Roma como lo fue el episcopal Richard Henry Dana en su libro *To Cuba and Back* (1859). Algunos presentaron en sus obras a un país que necesitaba evangelización al mismo tiempo que necesitaba sacudirse el monopolio católico.

Lejos de nuestra intención está el presentar un pretendido o artificial proceso de "protestantización" basado en estos contactos culturales. Se estaba, sin embargo, preparando el camino, al menos en forma indirecta, para futuras actividades protestantes en la Isla. Pero muchos de los norteamericanos y extranjeros que se radicaron en Cuba no eran lo suficientemente firmes en sus convicciones cristianas como para preservarlas en un país católico. Ser aceptados por la aristocracia cubana no era desdeñable para personas con grandes recursos financieros. Al casarse con criollas, o integrarse a la cultura del país, muchos de los nuevos residentes pasaron al catolicismo, aunque fuera solamente de manera nominal. Los famosos apellidos Drake y Terry, por citar dos de los más conocidos, no identifican necesariamente a familias protestantes residentes, pero una búsqueda del árbol genealógico casi seguramente revelaría los nombres de familiares vinculados al protestantismo. Existe la posibilidad de que a muchas familias anglosajonas les sucediera lo que a un número de familias sureñas que se radicaron en Cárdenas y otros lugares de Cuba al terminar la Guerra de Secesión en 1865: pueden haber pasado eventualmente al catolicismo. En algunos casos ya habían dado ese paso al vivir en otros países hispanoamericanos, es decir, antes de radicarse en Cuba.

Los problemas creados a la pequeña comunidad protestante eran evidentes. En materia de adoración, las autoridades los restringían al culto hogareño. Esto se prolongó hasta 1871 cuando se ofrecieron regularmente cultos públicos y se organizaron congregaciones. En el interior de la Isla no era posible conseguir permiso para sepultar en los cementerios a alguien cuya filiación religiosa haya sido reconocidamente no-católica. Una de las críticas más duras que hace Samuel Hazard en su libro *Cuba with Pen and Pencil* (1871) fue precisamente en relación con ese asunto:

"Ninguna religión se tolera en Cuba sino la católica romana, y la consecuencia es ésta: que la isla está dominada por los sacerdotes, a los cuales sostiene el gobierno al igual que a la Iglesia, aunque aquél a veces interfiere, como en el caso del cónsul Parsons, en Santiago de Cuba, cuyo entierro cristiano le fue negado a su cadáver por los sacerdotes hasta que al fin el gobernador ordenó que se le ordenara decentemente."[9]

En La Habana las evidencias indican que la situación era ligeramente distinta gracias a la existencia de terrenos destinados a la sepultura de los protestantes. Sin duda esto fue más fácil conseguirlo en la capital, donde la presencia de consulados de paises protestantes y el tamaño apreciable de la colonia extranjera obligaba a las autoridades locales a tener otra actitud hacia tales situaciones.

Emilio Roig de Leuchsenring, el eminente historiador de la ciudad de La Habana y una de las principales figuras de la historiografía cubana describe así el proceso:

"El Cementerio del Vedado, en terrenos de una estancia cerca de la costa en el que más adelante sería el barrio de ese nombre, y en el lugar que hoy ocupa la manzana comprendida entre las calles G y H, 5a. y 7a. los terrenos fueron cedidos por el propietario de la hacienda, D. Antonio de Frías, antepasado del Conde de Pozos Dulces, en 1832, y primeramente se emplearon para enterramiento de los negros esclavos bozales que morían sin bautizar; como surgieron protestas por el mal estado del lugar, pues se enterraba a los infelices como a animales, según crónicas de la época, se adecentó el lugar, se nombró un capellán para bautizar a los bozales in articulo mortis, y se dedicó la parte mejor del cementerio a enterramiento de extranjeros protestantes, por lo cual fue llamado, primero, Cementerio de los Ingleses y luego, Cementerio de los Americanos, a medida que los ciudadanos de los Estados Unidos fueron superando, en número e influencia, a súbditos de la Gran Bretaña. Este cementerio fue clausurado en 1847, y más adelante se dedicó a cementerio de protestantes un sitio cerca del actual cementerio de Colón."[10]

Al crecer la pequeña población extranjera de origen protestante, e incluir ésta, a fines de siglo, a los primeros cubanos conversos, se llevaron a cabo otros arreglos, los cuales fueron hechos por episcopales, presbiterianos y bautistas. El Cementerio Bautista ha sido históricamente el de mayor duración. Episcopales y presbiterianos tuvieron sus pequeños terrenos dedicados a cementerios en La Habana y Santa Clara respectivamente, pero de breve duración en medio de los cambios de la época colonial.

Se repite así la experiencia de otras naciones, en las cuales, para obtener ciertos datos acerca de colonias extranjeras, es necesario recurrir a los cementerios o terrenos reservados para los que profesaban una religión diferente a la establecida por las leyes. De acuerdo con los escritos del Barón de Humboldt y de otros viajeros, fue apreciable la mortandad entre los extranjeros causada por la fiebre amarilla y otras enfermedades del trópico en el siglo XIX.

En la primera mitad del siglo XIX, gobiernos extranjeros parecen haber gestionado la apertura de capillas para el culto protestante de los residentes procedentes de sus respectivos países, como el caso del gobierno de Su Majestad británica que solicitó en dos ocasiones que se estableciera "una capilla protestante en La Habana", como lo demuestra un comunicado del gobierno de Madrid al general Concha en 1850. En este documento se le recomendaba no accediera a tal tipo de petición.

Como hemos visto, los protestantes radicados en la Isla dependían únicamente, en el caso del reducido grupo de los piadosos, de las devociones familiares que caracterizan a las iglesias evangélicas: lecturas bíblicas, oraciones y cánticos. La visita de algún clérigo amigo procedente del país de origen, como Abiel Abbot y otros, facilitaría una reunión privada y la administración de sacramentos y ordenanzas en un hogar privado. El famoso historiador Herminio Portell Vilá reveló al autor que en sus propias investigaciones sobre la época encontró varias evidencias de que se celebraron, desde la segunda o la tercera década del siglo XIX, servicios religiosos protestantes en barcos americanos anclados en la bahía de La Habana y participaron en ellos miembros de la colonia extranjera. El reverendo Milo Mahan de Baltimore visitó La Habana en 1868 y ofició según el rito anglicano en la habitación de un hotel durante su visita.

En febrero de 1871 —año que resultó ser histórico en Cuba por otras razones que serán mencionadas— el obispo episcopal (anglicano) de Minnesota, en los Estados Unidos, Henry B. Whipple, hizo una escala en Cuba. Se proponía inspeccionar la obra de su iglesia en Haití pero tuvo que detenerse en la capital cubana. Mientras trataba de conseguir un barco que le llevara a su destino, se dedicó a investigar la situación de los extranjeros residentes en La Habana. Pronto descubrió que la mayoría había perdido el contacto con sus respectivas iglesias y muchos vivían alejados del evangelio cristiano. Para un episcopal o anglicano, lo mismo que para un católico, es inconcebible que una persona muera sin los auxilios espirituales de la Iglesia. Ese fue el caso de la esposa de un cónsul de los Estados Unidos en Cuba, la cual era nieta de un obispo episcopal de Filadelfia.[11]

Mientras permaneció en La Habana, el obispo celebró oficios religiosos en el barco "Swatara" de bandera estadounidense, ya que las circunstancias y disposiciones legales le impedían hacerlo en tierra. Después celebró ceremonias similares en los consulados británico y prusiano.[12] De sus actividades en La Habana escribiría después al obispo Whipple:

"Durante mi visita administré la Santa Comunión a miembros de nuestra iglesia, quienes no habían recibido el sacramento por espacio de doce años. Bauticé y confirmé a un oficial del Ejército confederado que moría y celebré otros bautizos. Conocí a muchos ciudadanos americanos, los cuales estaban ansiosos por los servicios de la iglesia, y muchos miembros de la Iglesia de Roma me expresaron sus deseos de ver a nuestra iglesia establecida en Cuba."[13]

Esto revela entre otras, tres realidades: la difícil situación religiosa de los protestantes, la fidelidad de algunos a sus orígenes confesionales y una actitud más favorable al protestantismo por parte de la población habanera. No deducimos de este relato, pero sí de la procedencia regional de los extranjeros, entre los norteamericanos y otros residentes en La Habana, que los episcopales constituirían si acaso una minoría, reforzada por la presencia de británicos, los cuales son en su mayoría anglicanos. La colonia extranjera incluía a anglicanos o episcopales, presbiterianos, congregacionales, bautistas, metodistas, luteranos alemanes, etc. Se llega fácilmente a esa conclusión analizando los orígenes de los extranjeros: norteamericanos de Nueva Inglaterra, partidarios de la Confederación del Sur, alemanes, ingleses o escoceses, jamaicanos, etc.

Con la participación de los cónsules generales de Inglaterra, Prusia, Austria y los Estados Unidos, y de un grupo de hombres de negocios se hicieron planes para recaudar 3.100 dólares con el propósito de sostener económicamente a un ministro episcopal y su trabajo en la Isla.[14] Por los escritos del obispo y la útil descripción que hace Leopoldo Alard en su trabajo "Proceso histórico de la Iglesia Episcopal en Cuba", los cónsules John Dunlop de Inglaterra y Louis Will de Prusia tomaron la iniciativa de apoyar al obispo, y después lograron el concurso de los cónsules norteamericano y austriaco. En relación a la parte jugada por Whipple, Alard afirmó: "El había estado en España y sabía de las libertades que la corona había dado a los extranjeros para celebrar los oficios religiosos de acuerdo con sus religiones".[15]

El obispo de Minnesota inició de inmediato la lucha por la libertad religiosa para los extranjeros en Cuba; o a lo menos en favor de la tolerancia de sus creencias y prácticas. Más tarde, otro episcopal ilustre, el patriota cubano Pedro Duarte haría otro tanto para que la libertad se extendiera a sus compatriotas nacidos en el suelo patrio. La importancia histórica de estos hombres y de los otros pioneros de una verdadera libertad de cultos en Cuba no ha sido suficientemente reconocida ni siquiera en los mejores estudios históricos cubanos. Por omitir tan importante aspecto en la vida de la nación los autores han dejado incompletas algunas de las más conocidas obras históricas.

Ese mismo año de 1871 algunos líderes de la Iglesia Protestante Episcopal de los Estados Unidos decidirían pasar por alto en Cuba su anterior política de no establecer misiones en la jurisdicción de otra denominación, considerada por la iglesia como históricamente compatible (como la Católica, en este caso). El mejor argumento utilizado por Whipple y otros fue el de que se ministraría a los extranjeros y no se haría proselitismo entre los hijos del país. El reverendo Edward Kenney, graduado del Seminario Nashotah en el estado de Wisconsin, fue enviado a Cuba. Le correspondería a éste el honor de ser el primer clérigo protestante en oficiar regularmente en La Habana aparte de los capellanes del ejército británico durante la ocupación de Cuba Occidental en 1762.

Para obtener el permiso de las autoridades españolas se necesitaron primeramente las gestiones del Departamento de Estado en Washington. Leopoldo Alard se encarga de señalar en su trabajo que el proceso estuvo a cargo del famoso secretario de Estado norteamericano Hamilton Fish,[16] miembro activo de la Iglesia Episcopal, y persona a la que se conoce bien como estrechamente ligada con las relaciones cubano-norteamericanas en muchos aspectos. Su nieto del mismo nombre, murió en el ataque a Santiago de Cuba durante la guerra hispano-cubana-americana en 1898. Las gestiones parecían largas y Kenney partió para Cuba sin nada definitivo al respecto.

El 23 de noviembre de 1871, cuatro días antes del fusilamiento de ocho estudiantes de medicina, salió para La Habana el primer clérigo protestante con residencia permanente en Cuba. Los estudiantes de medicina fueron ejecutados el 27 de noviembre, acusados de haber profanado la tumba de un periodista español. Ese mismo día llegó a la capital cubana el reverendo Edward Kenney.

Fue aquel un año difícil y luctuoso; lleno de señales nada estimulantes para un misionero o capellán extranjero, en una tierra donde prevalecía la intolerancia religiosa, por lo menos en los círculos oficiales y, hasta cierto punto, entre la poderosa colonia española. Pero la tradicional oposición al protestantismo por parte de las autoridades coloniales no intimidó a Kenney. Cuando le prohibieron celebrar oficios en la ciudad, decidió utilizar en la bahía un barco de bandera estadounidense, el "United States Monitor Terror", al que acudía dominicalmente y en ocasiones especiales. Al año de residir en la capital cubana y después de muchas gestiones, logró permiso para celebrar servicios religiosos en tierra. Lo concedió, después de demorarlo lo más que pudo, el gobernador político de La Habana, Dionisio López Roberts,[17] hermano de Mauricio López Roberts, famoso ministro de España en Washington.

El gobernador no se caracterizaba, precisamente, por su tolerancia, mucho menos por su mansedumbre. La falta de estas virtudes quedó de manifiesto cuando arrestó a los estudiantes de medicina irrumpiendo en el aula universitaria acusándoles de haber profanado la tumba de Gonzalo Castañón en el cementerio habanero. Ni siquiera se molestó en visitar la tumba para verificar los hechos. El hombre, que con soberbia incontrolable, según lo registran historiadores y cronistas, inició el más lamentable proceso judicial en la historia del país, tuvo su parte de responsabilidad en provocar una protesta sin precedentes en relación con Cuba que atrajo la atención de una indignada prensa internacional incluyendo a la inglesa y a la norteamericana. Bajo tales circunstancias, le hubiera sido muy difícil al iracundo mandatario hacer permanente la negativa a concederla a la comunidad extranjera no católica, también airada por la mancha que había caído sobre el honor español, el derecho de adorar de acuerdo con los dictados de la conciencia en la segunda mitad del siglo XIX, sobre todo tratándose de personas procedentes de una cultura diferente a la española. Pero no puede establecerse la relación entre el permiso, que demoró el gobierno colonial y el fusilamiento de los estudiantes de medicina. No terminaremos la referencia a este incidente sin mencionar a Federico Capdevila, el capitán español que reivindicó el honor de España con su extraordinaria defensa de los jóvenes cubanos que fueron fusilados.

El permiso concedido permitía a Kenney visitar a los enfermos extranjeros, de forma regular, en el hospital donde se les atendía. Según Alard, fundó un Cementerio Protestante. Todo parece indicar que utilizó un terreno para esos menesteres, es decir, que logró sus propósitos. Y aunque las evidencias indican que no fue éste el primer lugar donde personas no-católicas fueron sepultadas en Cuba, por el hecho de ser administrado por un ministro y porque contó con el visto bueno oficial de las autoridades, podría decirse con propiedad que sí fue éste el primer cementerio administrado por protestantes en la Isla.

El ministerio de Kenney se extendió a las ciudades de Cárdenas y Matanzas. También ofició en Macagua, entonces situada en la jurisdicción de Colón, en la provincia de Matanzas, pero actualmente es parte del municipio de Los Arabos. Otros mencionan a Occitania, en ese mismo municipio. Existen indicaciones de que no se limitó a estos lugares y ofició ocasionalmente en varios ingenios y plantaciones, sobre todo los que tenían dueños protestantes. En todo caso, Kenney se limitó mayormente a las antiguas provincias cubanas de La Habana y Matanzas. El servicio pastoral fue especialmente fructífero en lugares donde trabajaban obreros negros procedentes de las islas antillanas bajo la jurisdicción británica. La presencia de los mismos ya era visible en el interior del país. Organizó la "Cuba Missionary Guild" para levantar fondos para la obra en el país. Entre los principios que inspiraban a esa organización estaba el de ministrar a los extranjeros, los marinos, los enfermos en el hospital para extranjeros, los chinos y "coolies" radicados en Cuba y a todo aquel que no estuviese bautizado por alguna iglesia cristiana.[18] En otras palabras, con bastante astucia se salía de las limitaciones de un trabajo restringido originalmente a los extranjeros protestantes. Cuando el obispo Whipple, el precursor de las labores de Kenney visitó La Habana en 1875 encontró que la parroquia del sacerdote episcopal incluía a alemanes, ingleses, norteamericanos, negros y chinos.[19] Sobre esta visita escribieron Whipple y el obispo de Hurón, Canadá, que lo acompañaba:

"...los Oficios Públicos se celebran todos los domingos en los salones de uno de los hoteles. Uno de los más grandes hospitales está bajo su cuidado espiritual. El ha bautizado treinta personas, enterrado a ciento veinticinco y ha hecho más de cuatro mil quinientas visitas a enfermos y moribundos. El tiempo ha llegado en el cual este trabajo tiene que asentarse sobre bases más firmes. Debemos alquilar un edificio más apropiado y proveer por el sostenimiento del pastor, así como rápidamente debemos proveer a otras ciudades de semejante ministerio. El Cónsul General de Inglaterra, Mr. Dunlop, el Cónsul General del Imperio Germánico, Mr. Zach; el Cónsul General de los Estados Unidos de América, Mr. Hall y Mr. Beck y Mr. Lawton han consentido en formar parte de un comité para recibir y gastar las contribuciones que se reciban..."[20]

Edward Kenney, no obstante todo el magnífico trabajo que realizó, no podría ser considerado uno de los fundadores de un protestantismo verdaderamente cubano. Su labor fue entre los extranjeros y, en tal sentido, bien se puede decir de él que fue el pionero del evangelio en Cuba, como bien escribió el obispo Beal en un folleto intitulado *El olvidado explorador*: "Con su trabajo entre los extranjeros abrió las puertas de Cuba al evangelio según el punto de vista de la comunión anglicana". Kenney fue, más que un párroco episcopal, el pastor de toda la comunidad extranjera. Entre sus obras más visiblemente identificables están su cementerio protestante y un colegio para chinos.

En 1880, sin embargo, la fiebre amarilla obligó a Kenney a regresar a los Estados Unidos. Fue reemplazado por el reverendo Edward A. Edgerton y el trabajo continuó hasta 1883. Pero no llegaban recursos materiales para permitirle vivir en La Habana, aunque fuera modestamente. Según Alard: "La Iglesia madre de los Estados Unidos no estaba dispuesta aun a aventurarse en tierras cubanas".[21] La obra quedaría en manos de laicos. Serían los fundadores del protestantismo cubano, nacidos en el país los que atenderían en el futuro inmediato las necesidades espirituales de los protestantes en La Habana.

Ese mismo año de 1883, mientras salía de Cuba Edward A. Edgerton, entraban en el país, con la Biblia en la mano, procedentes de Estados Unidos, los cubanos evangélicos. Eran, como los llamaría después Rafael Cepeda, "los misioneros patriotas", predicadores dedicados a la causa del evangelio y también a la independencia de Cuba. Con ellos se inauguraba el protestantismo cubano dentro del territorio del país.

NOTAS

1. Para tener una mejor idea de las limitaciones impuestas a los extranjeros en las posesiones españolas, que por mucho tiempo incluían el pertenecer obligatoriamente a la Iglesia de Roma, es bueno hacer énfasis en que en ocasiones hasta se les exigía adoptar la ciudadanía española para adquirir propiedades. Según Herminio Portell Vilá en su obra *Historia de Cuba en sus relaciones con los Estados Unidos*, para la década de 1780, "La colonia norteamericana en La Habana era escasa y, contado el propio Pollock, sus miembros no llegaban a una docena" (p. 109). El mencionado Oliver Pollock, comerciante norteamericano radicado por un tiempo en Cuba, jugó un importante papel en las relaciones comerciales entre ambos paises. Su figura y la del cubano Juan de Miralles tienen relación estrecha con el inicio de las relaciones cubano-norteamericanas.

2. Leví Marrero, *Cuba: economía y sociedad* (Madrid: Editorial Playor, 1983) Vol. IX, pp. 21-22.

3. Ibid.

4. La participación de cubanos en la Guerra de Independencia de Estados Unidos está documentada suficientemente. Los cubanos, entonces súbditos españoles, pelearon en los ejércitos de Washington, aunque no en números demasiado considerables. Juan de Miralles jugó un papel en ese proceso. Era amigo de Jorge Washington. La misma situación geográfica de La Habana revela la conexión entre la participación española en el conflicto y la de Cuba, entonces posesión española.

5. Jacobo de la Pezuela, *Historia de la Isla de Cuba*, Vol. I (Madrid, 1868), p. 343.

6. Ramiro Guerra, *Azúcar y población en las Antillas* (La Habana, 1944), p. 233.

7. A esta conclusión se llega analizando, con la información disponible, el grupo de comerciantes y otros norteamericanos en La Habana, Santiago de Cuba, Nuevitas, Matanzas y otros lugares, en esa época. Sus descendientes, al

menos un buen número de ellos, confirman que sus antepasados no abandonaron el protestantismo. Claro está que muchos de sus hijos y nietos, sobre todo mediante el matrimonio, se integraron en la sociedad cubana y pasaron en buen número a la Iglesia de Roma.

8. Helmut de Terra, *Humboldt* (Barcelona: Ediciones Grijalbo, 1966), p. 98.

9. Samuel Hazard, *Cuba with Pen and Pencil* (Hartford: Hartford Publishing Company, 1871), p. 553.

10. Emilio Roig de Leuchsenring, *La Habana, apuntes históricos* (La Habana: Oficina del Historiador de la Ciudad, 1964), pp. 107-108.

11. Albion W. Knight, *Lending a Hand in Cuba* (Hartford: Church Missions Publishing, 1916), pp. 7-9.

12. Henry B. Whipple, *Lights and Shadows of a Long Episcopate* (MacMillan), p. 359. Es interesante registrar la fecha del 18 de marzo de 1871 cuando Whipple celebró el primer servicio en territorio cubano en el consulado de Prusia.

13. Ibid.

14. Leopoldo J. Alard, *Proceso histórico de la Iglesia Episcopal en Cuba* (manuscrito inédito en el Seminario Episcopal del Caribe, Carolina, Puerto Rico, 1966), p. 9.

15. Ibid.

16. Ibid., p. 11.

17. Ibid, p. 12. Alard, en su esclarecedor trabajo da como razón del permiso el hecho de que el gobernador vio el "celo y devoción por el trabajo" de Kenney. Es posible aceptarlo pero no como única causa. Aquella era una época demasiado politizada para que se llegara así a una decisión tan importante.

18. Ibid.

19. Ibid.

20. Henry B. Whipple, *Lights and Shadows of a Long Episcopate* (MacMillan), p. 368.

21. La opinión de Alard que parece basarse en las de Blankingship y González Agueros confirma la impresión de aquellos que entienden que no se produjo un verdadero compromiso entre las juntas misioneras y la obra en Cuba hasta 1898. El que hayan enviado algún obrero o ayudado a sostener a un nacional no quería decir que las denominaciones norteamericanas habían decidido echar firmemente su suerte con la obra cubana antes de 1898.

22. El año 1883 es de gran importancia para la historia del protestantismo en Cuba. Algunos creen que Duarte fundó la Iglesia Fieles a Jesús (episcopal) en Matanzas en 1882. Otros señalan a Díaz trabajando en Cuba antes de 1883, pero es el año 1883 el que nos parece más seguro en cuanto a trabajos misioneros formales realizados por ellos. Así se evita confundir estos con sus anteriores visitas a la isla o con los esfuerzos de Kenney y Edgerton en las provincias de La Habana y Matanzas.

SEGUNDA PARTE

"Era la nieta que honraba la memoria de aquel hombre sincero que en el destierro ayudó a aliviar las necesidades de los emigrados, que en sus lecciones de religión y de moral nunca olvidó a su Cuba que luchaba por la libertad, que como pastor desinteresado recordaba en el púlpito con acentos cristianos y patrióticos, la hecatombe tristísima y conmovedora de los ocho estudiantes, que cayó en el suelo extranjero amando a su tierra, Joaquín de Palma."
    José Martí, Apóstol de la Independencia de Cuba, refiriéndose a un pionero del protestantismo cubano.

"No diré yo que nuestro pueblo es descreído, pero sí que en lo general no es fanático. Aquí, donde hasta hace muy pocos años (1871) no se toleró otra religión que la católica apostólica romana y donde el clero fue y es aun, en cierto modo, poder que compartió con las autoridades militares el ejercicio de la tiranía, no es de extrañar que predomine el indiferentismo."
    Raimundo Cabrera en **Cuba y sus jueces**.

"Una gran persecución se ha levantado contra la Obra del Maestro en la Isla, y en consecuencia, los ministros y miembros de las iglesias trabajan muy activamente . . . las autoridades han comenzado a perseguir a las sociedades secretas y a las iglesias Evangélicas."
    Alberto J. Díaz en carta a Isaac T. Tichenor en 1895.

"Una vez más España se convertía en la encargada providencial de proteger la verdadera religión en pugna contra la barbarie, encarnada esta última en herejes protestantes o luciferinos masones, cuando no en negros ñáñigos."

> Carlos Serrano, describiendo la guerra en Cuba y las reacciones en la prensa y el púlpito en la España finisecular, en su libro **Final del Imperio. España, 1895-1898**.

"Si tuviéramos que ir ahora a la guerra, nuestra causa sería justa y el metodismo está listo para cumplir con su deber. Cada predicador metodista se convertirá en un oficial de reclutamiento."

> Editorial del periódico **Northern Christian Advocate**, 13 de abril de 1898.

"Lo bueno que tiene esto es lo malo que se está poniendo."

> Rafael Fernández de Castro, orador del ala radical del autonomismo refiriéndose a la situación del país en el periodo final de las guerras de independencia.

Tristán de Jesús Medina, famoso literato y ex-sacerdote convertido al protestantismo (Siglo XIX)

Hotel Pasaje en La Habana

Templo Bautista de La Habana (antiguo Teatro Jané)

Iglesia Episcopal Fieles a Jesús, Matanzas

Alberto J. Díaz

Pedro Duarte

H. B. Someillán

Evaristo Collazo

Capítulo VI

LOS INICIOS DEL PROTESTANTISMO CUBANO
(Segunda mitad del siglo XIX)

Si se quisiera utilizar un estilo muy tradicional para relatar los inicios del movimiento protestante entre los cubanos, bien podríamos empezar este capítulo de la siguiente manera: "En el principio, un patriota cubano llamado Joaquín de Palma fue ordenado ministro de la Iglesia Protestante Episcopal de los Estados Unidos y en 1866 fundó la Iglesia de Santiago Apóstol en la ciudad de Nueva York, una congregación de habla española". Este dato, muy confiable y sobre el cual coinciden numerosos investigadores, nos sirve como punto de partida.[1]

Entre los que se han ocupado de estudiar cuidadosamente la historia del anglicanismo entre los cubanos se encuentra Juan Ramón de la Paz Cerezo, historiador de la diócesis episcopal de Cuba, quien describe estos asuntos de la siguiente manera:

"Desde fecha tan temprana como 1866 se establece la Iglesia de Santiago Apóstol en Nueva York, presidida por el primer teólogo y sacerdote protestante cubano, el Pbro. Joaquín de Palma, quien asimismo tenía un trabajo en Kingston, Jamaica, con los cubanos emigrados, sus ardientes sermones que unían el cristianismo evangélico más puro con el más sublime patriotismo hicieron historia, su luctuosa oratoria en la ocasión del fusilamiento de los estudiantes de medicina de 1871, fue mencionada por José Martí, años más tarde. . ."²

Joaquín de Palma es el primer pastor protestante cubano del que existe información confiable y suficiente. Rafael Cepeda que ha estudiado su trayectoria y la de otros pioneros del protestantismo cubano se refiere extensamente a él en un artículo para la revista *Juprecu*[3] en el cual presenta las contribuciones del mismo a la causa de la independencia cubana y reproduce fragmentos de algunos de sus discursos (dos folletos de sus sermones se encuentran en la Biblioteca Nacional de Cuba). La oratoria de este clérigo no solamente poseyó inspiración religiosa sino también una gran unción patriótica, como en el caso del discurso pronunciado con ocasión del fusilamiento de los estudiantes de medicina que impresionó a José Martí y uno pronunciado al celebrarse en Nueva York, el 11 de octubre de 1874, un aniversario de la proclamación de la República de Cuba. Las evidencias revelan que su oratoria patriótica, para la cual usó el púlpito de su iglesia fue bien recibida. Disfrutó del respeto de hombres como Carlos Manuel de Céspedes, el padre de la patria cubana, y sobre todo de José Martí, que reseñó, por la emoción que le causó, un discurso pronunciado en lengua francesa por la nieta del patriota al que muchos consideran como el primer pastor protestante cubano, ya que para entonces ya había fallecido. Estas fueron palabras del apóstol de la independencia de Cuba:

"Era la nieta que honraba la memoria de aquel hombre sincero que en el destierro ayudó a aliviar las necesidades de los emigrados, que en sus lecciones de religión y de moral nunca olvidó a su Cuba que luchaba por la libertad, que como pastor desinteresado recordaba en el púlpito con acentos cristianos y patrióticos, la hecatombe tristísima y conmovedora de los ocho estudiantes, que cayó en el suelo extranjero amando a su tierra, Joaquín de Palma."[4]

Las labores de este pionero del protestantismo cubano incluyeron hasta vender folletos, que contenían sus sermones, para recaudar fondos destinados a los emigrados cubanos en Jamaica y otros lugares. No hubo actividad importante de la emigración y de la lucha por la independencia que no contara con el respaldo decidido del hombre que, antes de la Guerra de los Diez Años recibió, siendo ya un emigrado cubano, la ordenación como ministro del Evangelio y fundó la primera congregación protestante que conocemos, congregación que contaba entre sus miembros a numerosos cubanos y que en realidad era una iglesia cubana, sobre todo por el patriotismo de sus fieles en la hora revolucionaria del 1868. Aquella congregación, que se reunía en un templo de protestantes franceses en Nueva York;[5] fue, como nos lo recuerda Theo Tshuy en su trabajo *Cien años de protestantismo en Cuba*, "la iglesia madre del protestantismo cubano". Así la llamó el propio Joaquín de Palma.

Entre las contribuciones del rector de la Iglesia de Santiago se encuentra una traducción al castellano del *Libro de Oración Común* de la Iglesia Protestante Episcopal, que es el mismo de la Iglesia de Inglaterra pero adaptado a las necesidades de iglesias episcopales o anglicanas fuera del Reino Unido. Tradujo himnos evangélicos a esa lengua. Marcelino Menéndez y Pelayo lo menciona en su *Historia de los heterodoxos españoles*[6] en una nota en que lo incluye entre algunos poetas protestantes españoles e hispanoamericanos y lo identifica como pastor en Nueva York. Cecilio McConnell, en su *Historia del himno en castellano* ofrece valiosa información sobre las labores de Joaquín de Palma como traductor de himnos evangélicos.[7]

A los esfuerzos realizados por el pastor de la iglesia de Santiago en Nueva York puede deberse en parte el establecimiento de otras congregaciones episcopales de lengua española integradas mayoritariamente por emigrados cubanos en Filadelfia y Key West, bajo la dirección de los reverendos Parmenio Amaya y Juan Bautista Báez. El clérigo norteamericano John L. Steele trabajó entre los cubanos en Key West.

Muchos de los asistentes a los servicios de Joaquín de Palma se unieron a estas iglesias. En la ciudad de Matanzas, al constituirse en 1883 la iglesia Fieles de Jesús, la más antigua iglesia episcopal o anglicana que todavía funciona en Cuba, ésta recibiría el beneficio de las labores de la iglesia de Santiago. Miembros procedentes de esa última congregación se unieron también a la iglesia Getsemaní en La Habana que estaba bajo la dirección de Alberto J. Díaz y que después pasaría a la obra bautista, de la cual Díaz fue el pionero.

Antes de continuar con el tema de las iglesias evangélicas en la emigración cubana en las ciudades norteamericanas, corresponde mencionar a dos ilustres literatos cubanos que se hicieron protestantes en el extranjero. El de mayor actividad evangélica fue Emilio de los Santos Fuentes Betancourt, a quien Juan J. Remos, en su *Historia de la literatura cubana* consideró, además de patriota, "culto y excelente orador como Arteaga y como Dobal".[8] Fuentes Betancourt, ex-sacerdote católico, nacido en Camaguey en 1843, doctor en Filosofía y Letras por las universidades Central de Madrid y San Marcos de Lima, Perú, pasó a la Iglesia Metodista a su llegada a México en 1881, país donde se radicó. Ese mismo año leyó en un templo de esa denominación una interesante conferencia relatando su experiencia cristiana, con el título de *Mi conversión*. Ya en 1883 publicaba su *Pequeño diccionario evangélico*. Sus artículos literarios y filosóficos son generalmente de un apreciable valor. Como periodista y escritor se convirtió en un activo propagandista de las doctrinas evangélicas y ocupó importantes cargos en México, dentro del campo de la educación. Fundó una escuela y dirigió la Escuela Normal primaria de Jalapa.[9] Las evidencias revelan que este eminente intelectual cubano de su época predicó el evangelio en las filas protestantes y trabajó no solamente como maestro en escuelas de México sino también en el ministerio de la Iglesia Metodista, a la cual sirvió en el púlpito. Su dedicación a la causa del separatismo le costó el ser expulsado de la capital de Oriente en 1880, como lo relata Bacardí en sus *Crónicas de Santiago de Cuba*.

Mucho más famoso que Fuentes Betancourt lo fue otro prominente protestante cubano, Tristán de Jesús Medina. Sobre él escribió el notable poeta y crítico José Lezama Lima, que su novela *Mozart ensayando su réquiem* se "cuenta entre la mejor prosa cubana de su época" y que, en relación con sus sonetos, "nada anterior en nuestra literatura existe que se le pueda comparar, ni los sonetos de Luaces, que busca valores plásticos, ni los sonetos de nuestros románticos. . ."[10] Tanto Lezama como Juan J. Remos coinciden con una generalizada opinión que hasta puede considerarse unánime, y que le sitúa como uno de los más grandes oradores de todos los tiempos en Cuba y como uno de los cubanos de mayor formación intelectual en su época. Entre los muchos críticos que se han ocupado minuciosamente de sus labores, se destacan Eugenio Olavarría, del siglo pasado, y Cintio Vitier, de nuestro tiempo.

Como su compatriota Fuentes Betancourt, el poeta Tristán de Jesús Medina fue originalmente un sacerdote católico. Nació en Bayamo en 1833 y se educó en Cuba, Estados Unidos y Europa. Fue el orador escogido por la Real Academia Española para pronunciar en una ocasión el discurso u oración anual sobre Cervantes. En Cuba fue un ardiente reformista y abolicionista. En España fue amigo de Emilio Castelar y miembro y vocero de los grupos republicanos. Algunos, guiándose por unos datos de Francisco Calcagno, creen que se hizo metodista en Alemania. También se fija la fecha de su conversión como un poco posterior a 1881. Muchos se inclinan a pensar que se convirtió en Madrid, afiliándose a una de las congregaciones evangélicas que funcionaban allí. McConnell, en su *Historia del himno en castellano* lo asocia con Fritz Fliedner, a quien le atribuye su conversión en España. Similar incertidumbre existe acerca de si fue o no un pastor ordenado. Por lo menos se sabe que predicó en iglesias de Madrid e hizo propaganda protestante. Se conoce también su labor como escritor de himnos evangélicos. Según varios críticos literarios que se ocuparon de su vida y obra, regresó brevemente al catolicismo, o por lo menos abjuró de sus creencias evangélicas, para después regresar al protestantismo. Otros creen que murió católico. No parece haber forma cierta y confiable de verificarlo debido a los prejuicios de escritores y cronistas de aquella época. Menéndez y Pelayo, al incluirlo en su *Historia de los heterodoxos españoles*[11] le llama "famoso clérigo" y "famoso predicador" y le dedicó algún espacio. Su popularidad fue de todos modos inmensa. El combativo bayamés, que escribió en los mejores periódicos y en las más prestigiosas revistas literarias de la España de segunda mitad del siglo XIX, posee sin duda uno de los nombres más ilustres en la historia del protestantismo cubano.

Joaquín de Palma y sus colaboradores, así como Emilio de los Santos Fuentes Betancourt y otros cubanos que adoptaron el protestantismo en el extranjero, habían abandonado el país por su oposición al sistema colonial. No todos sus compatriotas estuvieron de acuerdo con esa actitud. Al principio sus posturas no coincidían necesariamente con las de la mayoría. Una gran parte de la población la componían españoles, sus hijos, y criollos satisfechos con la experiencia colonial. Por otra parte, algunos interpretaban que la Isla era o debía llegar a ser en realidad una provincia española de ultramar y se preocupaban por las deplorables condiciones de las naciones iberoamericanas que habían proclamado su independencia. Sobre todo por la inestabilidad prevaleciente en muchas de las nuevas repúblicas. Entre los pobladores de Cuba los había integristas, incondicionales de España, reformistas, independentistas, autonomistas e incluso muchos partidarios de la anexión a los Estados Unidos, causa que —como hemos visto— perdió fuerza con la derrota de los esclavistas sureños en 1865.

El número de los emigrados crecía por momentos. Algunas comunidades cubanas se fueron formando en ciudades como Nueva York, Filadelfia, Tampa y Key West, o Cayo Hueso. La segunda mitad del siglo XIX se caracterizó en Estados Unidos por la continuación del fuerte sentimiento anti-católico de un gran sector protestante que creía que la llegada de los nuevos inmigrantes significaría una poderosa infiltración cultural extranjera y hasta una posible toma del poder por elementos incondicionales al papado. Es difícil determinar como esta situación afectó a los cubanos que se radicaban en Estados Unidos en aquella época. Si no les dañó directamente la política anti-católica, su carácter de extranjeros recién llegados les dificultaría la integración a la nueva sociedad. Asunto que no interesaba demasiado a aquellos cubanos que deseaban regresar a una Cuba independiente.

Ya en la primera mitad del siglo XIX el sacerdote cubano Félix Varela había conocido de cerca la situación que planteaban hombres como Samuel F. B. Morse, el inventor del telégrafo, que había escrito: "Nuestra religión, la religión protestante, y la libertad son la misma cosa, y la libertad no llega a arreglos con el despotismo". Esa última palabra quería decir para Morse lo mismo que catolicismo. Era doloroso para un protestante promedio en los Estados Unidos aceptar que la Iglesia Católica tuviera libertad absoluta de cultos en ese país, y casi la misma situación en Suecia, por usar dos ejemplos, mientras que los protestantes eran perseguidos o restringidos en sus derechos en España e Italia. El catolicismo era para ellos la religión del atraso, la ignorancia y la tiranía. Citaban las deprimentes condiciones de ciertos paises católicos y enseñaban a sus hijos que si bien el catolicismo debía tener en Norteamérica el mismo disfrute de la libertad que se otorgaba a las otras religiones, era necesario estar a la expectativa de posibles atentados católicos contra la libertad.

Las denominaciones protestantes no estaban por su parte lo suficientemente interesadas en captar las simpatías de los nuevos americanos o a los que buscaban refugio temporal en Norteamérica, como los cubanos. Los bautistas y los metodistas vibraban con fervor al entonar los himnos misioneros y ese mismo espíritu atraía a muchos presbiterianos, congregacionalistas y episcopales, pero como las iglesias de estos tres últimos grupos eran por antonomasia las de la alta aristocracia estadounidense, no estaban tan acostumbradas a buscar inmigrantes para llevarlos a sus templos. Algunos bautistas y presbiterianos eran hipercalvinistas, y otros, como los llamados bautistas primitivos, y un sector de los llamados bautistas "Landmark"[12] se oponían a organizaciones misioneras aparte de la iglesia local. Es decir que aun grupos muy evangélicos no estaban interesados firmemente en la obra misionera entre los extranjeros, mucho menos dentro del país.

Sin embargo, el protestantismo tenía algo que ofrecer a los cubanos, además del plan divino de salvación por medio de la fe en Jesucristo, centro del mensaje evangélico. Con todas sus limitaciones y su sectarismo, hasta la denominación más intransigente podía parecerle liberal o progresista a un cubano acostumbrado al estilo de religiosidad impuesta por los españoles y predicada por un clero nada popular en Cuba. El pensamiento de muchos predicadores protestantes era relativamente progresista, como en el caso de los cuáqueros y otros abolicionistas norteamericanos, que como sus hermanos británicos combatían la esclavitud y la trata en todas sus manifestaciones. Los congregacionalistas y los miembros de otros grupos, sobre todo en la Nueva Inglaterra, que se deleitaban con los sermones de Henry Ward Beecher, y las masas que seguían con atención la oratoria fascinante del predicador episcopal Philip Brooks, podían representar una avanzada de la humanidad progresista ante los ojos de algunos de los emigrados cubanos, entre ellos José Martí, que asistía ocasionalmente a los cultos y los reseñó en varios artículos donde menciona con lujo de detalles y conocimiento personal a predicadores e iglesias, hace reconocimientos y críticas y realiza en cierta forma comparaciones de las que el catolicismo no sale generalmente bien parado. Debe tenerse en cuenta al leer sus crónicas que Martí no era anticatólico, sino opuesto a gran parte del clero de esa iglesia. Sus artículos contienen referencias a Beecher, Brooks, Moody y otros predicadores protestantes.

Poco a poco saldrán las congregaciones y las juntas misioneras a buscar a los cubanos, o por lo menos les abrirán las puertas. Mientras se iniciaba la obra entre los mexicanos del Oeste del país, algunos evangélicos pensaron en hacer lo mismo en el Este. El caso de Joaquín de Palma es sumamente interesante. Logró alguna cooperación para la obra misionera entre los cubanos a pesar de que la Iglesia Protestante Episcopal no realizaba por lo general labores de proselitismo entre personas bautizadas por otras iglesias históricas. Pero muchos protestantes, que ya empezaban a interesarse en Iberoamérica y a enviar allá a sus misioneros, lo harían con cierta espontaneidad y sin esperar siempre la iniciativa o el impulso de un cubano emigrado como de Palma.

En 1873 fue nombrado pastor de la Iglesia Metodista Episcopal del Sur en Key West Charles A. Fulwood. Este clérigo, que fue encargado de la "Stone Church", como se le llamaba a su congregación, utilizó a partir de 1874 los servicios de Francisco Diaz, natural de las Islas Canarias, como colportor bíblico. El mismo año en que Fulwood inició su ministerio en la mencionada iglesia, fue nombrado para trabajar entre los cubanos en Key West el pastor Joseph E. A. Vanduzer. Según escribió Manuel Deulofeu, uno de los primeros predicadores metodistas cubanos, refiriéndose a la temprana muerte de Vanduzer, ocurrida en 1875: "En los primeros dias de junio fue atacado de la fiebre amarilla este noble joven, y el siete del mismo mes de junio rindió su existencia el generoso campeón y mártir de la Misión Cubana". Los frutos que logró fueron mínimos, pero al menos dos asuntos importantes deben señalarse en relación con su ministerio y el de Fulwood: las últimas palabras de Vanduzer, que motivaron después a muchos metodistas y evangélicos en la obra de Cuba: "No abandonen la Misión Cubana"; y el contacto de Fulwood con Enrique B. Someillán, futuro líder evangélico que tuvo gran relieve en la historia del protestantismo cubano. Utilizaremos el relato que hace S. A. Neblett en su *Historia de la Iglesia Metodista de Cuba*:

"En el mismo barco en el que él (Fulwood) y Vanduzer fueron a Cayo Hueso en 1873, iba un joven cubano que había cursado estudios en un colegio evangélico. Con este joven, que se llamaba Enrique Benito Someillán, se relacionó el Dr. Fulwood, pensando cultivar en él el espíritu misionero."[13]

Para Manuel Deulofeu, la "iglesia madre de la Misión Cubana es la de Cayo Hueso". En este capítulo nos interesa sobre todo su relación con los emigrados, ya que todavía no hemos considerado la influencia de la emigración en el nacimiento del protestantismo cubano dentro del país. Entre los primeros líderes de la Misión Metodista Cubana en Key West estuvo Pedro Someillán, padre del joven que mencionamos anteriormente. Martí escribió acerca de él: "...Pedro Someillán, el desinteresado organizador, que no apetece fama para sí, sino el premio en ver juntos, en espíritu puro y marcial, a los cubanos generosos". Entre los pastores más notables que se destacarían en el trabajo metodista entre los emigrados se cuentan el propio Enrique B. Someillán y Manuel Deulofeu. Los dos desarrollarían sus ministerios en Cuba y Key West, según lo permitieran los acontecimientos políticos de la época. Políticamente, ambos estaban ubicados dentro del independentismo más intenso. Acerca de Deulofeu, dijo Martí: "Habló Manuel Deulofeu, lleno de fuego criollo, con su alma rica de bondad". Y también: "Caía la tarde cuando se elevaba en ella, al borde de la fosa de Cayetano Soría, la oración conmovida del sacerdote cubano Deulofeu".[14]

Pero fue tal vez a partir de 1877 que el metodismo empezó a hacer un verdadero impacto entre los emigrados. De la muerte de Vanduzer en 1875 hasta esa fecha, la actividad se redujo mayormente a distribuir biblias e invitar a cultos, por lo general en lengua inglesa. Para 1877, Someillán inicia su labor evangelizadora con la colaboración de J. Ley quien obtuvo ayuda de la Sociedad Misionera Metodista para adquirir una casa en la calle de Duval. Entre los primeros miembros tuvo a Clemente Moya, que después sería pastor y que se destacó en la lucha contra España como lo demuestran las constantes menciones a su nombre en el periódico *Patria*, de Martí. Muy pronto se iniciaron labores similares en Ibor City y West Tampa, en las que participaron estadounidenses y cubanos.[15] Aurelio Silvera sustituyó a Someillán en el pastorado después de haber sido su auxiliar, destacándose como pionero metodista en Cuba y líder de los emigrados en Key West. Clemente Moya pastoreó una iglesia cubana en Nueva York a partir de 1895, cuando abandonó Cuba, donde también sirvió como misionero.

Los episcopales iniciaron temprano su obra entre los emigrados. Ya mencionamos la probable relación entre los esfuerzos de Joaquín de Palma y los de otros ministros, como Juan B. Báez en Key West. En esa ciudad se logró aglutinar una cantidad considerable de cubanos. Desde los inicios de la emigración fueron muchos los interesados en asistir a los cultos episcopales. Un grupo de personalidades radicadas allí durante la Guerra de los Diez Años (1868-1878) dirigieron en 1875 una petición al obispo John F. Young de la Florida con quien se reunieron en diciembre de ese año, pidiendo que las ceremonias y ritos, así como la predicación, se efectuaran en idioma español.[16] Gerardo Castellanos, conocido historiador cubano nacido en Key West y cuyo padre se destacó en la emigración, menciona los nombres de los firmantes:

"...Esos emigrados fueron, entre otros muchos, el coronel Carlos Manuel de Céspedes y Céspedes, hijo del Padre de la Patria; el que luego fue alcalde de La Habana y jefe de la Guardia Rural, mayor general Alejandro Rodríguez, el fabricante de tabacos y conspirador Teodóro Pérez..."[17]

Castellanos incluye en la petición a miembros y simpatizantes eminentes de la Iglesia Episcopal, pero los firmantes fueron muchos más. En su relato menciona que Fernando Figueredo Socarrás, eminente patriota cubano que alcanzó el rango de coronel del Ejército Libertador y fue tesorero general de la República de Cuba, se hizo algunos años después, miembro de una iglesia protestante en Key West.[18] Al referirse a él inmediatamente después de ofrecer nombres de firmantes de la petición dirigida al obispo Young pudiera estar indicando que era también episcopal.

Juan Bautista Báez, ordenado en 1879, fue ministro de la Iglesia Episcopal San Juan en Key West, a la que sirvió como obrero laico desde 1875, hizo también obra misionera en Cuba. Entre sus colaboradores más efectivos estuvo Pedro Duarte, uno de los pioneros de la Iglesia Episcopal cubana. Duarte, que cursó estudios teológicos y se ordenó en Filadelfia, trabajó sobre todo en Matanzas, Key West y West Tampa. De él nos ocuparemos con más detalles en otro capítulo, debido a la importancia histórica de sus gestiones para conseguir que se extendiera la libertad religiosa a la Cuba colonial. Otro clérigo ordenado en los Estados Unidos en este periodo fue Juan Bautista Mancebo. En Nueva York y Nueva Orleans estuvo activo el notable patriota Agustín Santa Rosa, obrero de la Iglesia Episcopal que participó en las conspiraciones de Narciso López y en la Guerra de los Diez Años.

Entre los bautistas del sur, denominación que iba convirtiéndose paulatinamente en la más poderosa de esa región del país, la situación fue algo distinta. Sus iglesias trabajaron entre los cubanos de la emigración en la Florida, pero mientras en otras denominaciones los cubanos convertidos en Estados Unidos iban a la Isla a realizar labores pioneras, entre los bautistas del sur se dio el caso de que eran cubanos convertidos en Cuba, mayormente gracias al ministerio de Alberto J. Diaz, los que llegaron a ser pastores de iglesias cubanas en la emigración. Una excepción fue Diaz, que se convirtió en Norteamérica y de quien nos ocuparemos extensamente en próximos capítulos.

Lloyd Corder, por muchos años alto funcionario de la Junta de Misiones Domésticas de los bautistas del Sur, describe los inicios de la obra bautista entre los cubanos:

"Entre la primera rebelión en Cuba y la segunda (en la década de 1890), los bautistas aseguraron una presencia en la Isla mediante los contactos con cubanos que habían emigrado a ciudades americanas en la costa del Golfo: Mobile, Biloxi, Tampa, Key West. Algunos de los convertidos en esas ciudades, al regresar a Cuba aumentaron el número de creyentes en la Isla. Adela Fales se puso en contacto con la verdad del evangelio en Biloxi. Ella leía devotamente la revista para niños *Kind Words*, iniciada por la Junta de Escuelas Dominicales y continuada por la Junta de Misiones Domésticas al consolidarse ambas juntas (1873). La familia Fales dejó Biloxi, regresó a Cuba, y luego fue a Key West, donde Adela encontró su amada revista *Kind Words*. En Key West había 5 mil cubanos. El pastor Wood de la iglesia bautista abrió una misión entre los cubanos, con el auxilio de la señorita Fales, cuyo conocimiento del inglés y el español fue de gran ayuda. . ."[19]

Los eventos mencionados por Corder tienen relación con el inicio de la obra en Cuba y del trabajo entre los cubanos en Key West. W. F. Wood, que había llegado a esa ciudad en 1879, fue el precursor de ese esfuerzo en los Estados Unidos con el auxilio de la joven Fales. El fundador de la obra en Cuba, como veremos pronto, fue el doctor Alberto J. Diaz, que recibió en su momento cierta ayuda de parte de Wood. El relato que hace Corder nos ayuda a entender el inicio de la predicación en Key West, pero no fue sino hasta la llegada, por razones mayormente políticas y revolucionarias de los predicadores formados por Alberto J. Diaz en Cuba, que la obra bautista entre los cubanos tomó su forma definitiva en esa ciudad floridana.

El trabajo de los bautistas entre los cubanos en Key West no recibió de parte de Gerardo Castellanos la misma atención que el realizado por los metodistas y los episcopales, ampliamente descrito en sus relatos sobre la ciudad y su vida religiosa. Aparte de las familias que se convirtieron en iglesias de habla inglesa en los Estados Unidos, y los esfuerzos pioneros de W. F. Wood, debe señalarse que varios predicadores cubanos que se habían convertido en Cuba, como ya hemos mencionado, se trasladaron a Estados Unidos debido a sus ideas separatistas y esto ayudó decisivamente a la obra bautista entre los emigrados. En esto se destacaron varios colaboradores de Alberto J. Diaz, como José Victoriano de la Cova que había sido ordenado en Portland, Maine, en 1889 después de algunos estudios teológicos. De la Cova era amigo personal de José Martí, de lo que da fe una carta personal que se conserva y que fuera dirigida por el líder cubano al pastor bautista.[20] Organizó una iglesia cubana en Tampa al iniciarse la Guerra de Independencia de 1895, pastoreándola hasta 1899. Gaspar de Cárdenas, Miguel Calejo y J. R, O'Halloran se radicaron en Key West donde predicaron el evangelio. O'Halloran organizó allí una iglesia. Calejo decidió trabajar entre los cubanos de West Tampa, donde fue ordenado ministro en 1896. Cárdenas, que como Calejo laboró algún tiempo con O'Halloran colaborando con él en la formación de una iglesia, se trasladó a Tampa. Otro obrero cubano que trabajó en esa última ciudad fue Francisco Bueno. El mismo Alberto J. Diaz, que había sido ordenado como ministro bautista en Cayo Hueso en 1885, trabajó por algún tiempo en Nueva York con la Sociedad Bíblica

Americana después de haber abandonado Cuba para participar en la Guerra de Independencia de 1895. Residió también en Louisville, Kentucky, donde tiene su sede el más antiguo de los seminarios de los bautistas del Sur; y en Atlanta, Georgia.

En la década de 1890, la Iglesia Congregacional trabajó entre los cubanos en la Florida y Nueva York. En 1892 E. P. Herrick se hizo cargo de la Primera Iglesia Congregacional de Tampa. Este clérigo tenía la ventaja de hablar español pues había sido misionero en México. Organizó una escuela dominical con cubanos y en 1893 pudo construir una amplia capilla con fondos provistos por A. R. Pierce de Connecticut, y con la ayuda de las damas congregacionales de la Florida que compraron el terreno. La iglesia cubana se llamaba Iglesia Congregacional Emanuel y en 1897 el pastor Herrick renunció a la Primera Iglesia de habla inglesa para dedicarse por completo a la obra entre los cubanos. En ese mismo año, la congregación cubana quedó oficialmente organizada y en 1899 tenía 119 miembros mientras que unos 130 alumnos asistían a la escuela dominical.[21]

La Iglesia Congregacional no se limitó a la Florida. El 13 de noviembre de 1892 quedó organizada la Iglesia Hispano Americana de Nueva York y Brooklyn, la cual se reunía en el edificio de la Iglesia de los Peregrinos. En 1899 había recibido a 112 miembros. Su pastor era J. M. López Guillén, el cual tenía entre sus colaboradores más entusiastas al médico cubano J. M. Fernández. Ambos trabajarían más tarde en la obra en Cuba.[22]

Es muy probable que algunos cubanos se relacionaran con otras iglesias protestantes o evangélicas aparte de las mencionadas y de la cuáquera. Se ha sugerido la posibilidad de que Evaristo Collazo, pionero del presbiterianismo en Cuba haya tenido alguna relación con los presbiterianos de la Florida en la década de 1880. Edward A. Odell en su libro *It Came to Pass* lo da a entender, pero lo condiciona a una posible residencia suya en Tampa u otro sitio en la Florida, de lo cual no existen verdaderas evidencias.[23]

La posibilidad de que en Norteamérica otros cubanos hayan estado vinculados de alguna forma al presbiterianismo en aquella época es mencionada en un informe del misionero A. T. Graybill en relación con un viaje a La Habana que hizo atendiendo a una invitación de Collazo. El dijo que "el señor Collazo tiene amigos aquí que han vivido en Estados Unidos, y son presbiterianos en sus sentimientos. . ."[24] Un dato confiable es el de la conversión y preparación ministerial en Norteamérica de Pedro Rioseco, quien fue enviado a Cuba como misionero presbiteriano en 1899. Pero la más completa descripción de la situación religiosa de los cubanos en la emigración es la que hace Gerardo Castellanos en sus libros *Misión a Cuba* y *Motivos de Cayo Hueso*. De la primera de esas obras extraemos este relato:

"Desde los primeros momentos imperó marcada indiferencia en torno al problema religioso, debido a la preocupación del trabajo, el apremio de la vida, no creyendo necesario al espíritu el cultivo de las tradiciones heredadas y practicadas en Cuba. El problema patriótico creó resquemor a la religión que España imponía, y al inmoral clero que la practicaba y explotaba, mezclando la fe con el coloniaje importado. La docencia de la catequesis y su liberalidad obtuvieron inmediata penetración e influencia entre los recién llegados, aprovechando la piedad democrática en colegios públicos y escuelas evangélicas. El protestantismo se filtró en el pueblo criollo. Se generalizaron los bautizos y matrimonios por esas sectas; siendo raros los que se afiliaron a la religión católica, apostólica y romana. Y a la par del aumento rápido y nutrido de los feligreses, se crearon pastores cubanos, tales como los virtuosos Enrique Someillán, Juan Bautista Báez, Manuel Deulofeu, Pedro Duarte..."[25]

Una lectura cuidadosa de las obras de Castellanos es suficiente para que se acepten la mayoría de sus juicios. Su descontento con el clero católico de Cuba era tan intenso que le llevó a veces a ciertas exageraciones; sin embargo, reconoce que "los párrocos católicos fueron en el peñón varones virtuosos y de benevolencia, sin haber provocado cismas con los protestantes; eran escasos los cubanos que les seguían".[26] En ocasiones arremete contra el clero católico, al tiempo que exalta la labor protestante:

"Los púlpitos ofrecieron palabras evangélicas mezcladas de patriotismo. Se iba a los cultos con unción, a pedir a Dios por la independencia. Los pastores no rezaban por el triunfo de la tiranía y el mantenimiento del cruel dominio en nuestra Isla. Sin embargo fué un fenómeno psicológico, posiblemente con garra de ambiente, que la mayoría de los patriotas que allá cultivaron la fe protestante, al regresar a la patria libre, los vimos sometidos al retrógrado y anticubano clero español que regía y aun rige a esa Iglesia."[27]

La razón de la actitud de Castellanos quizás no haya sido un simple anticatolicismo, sino una abierta oposición al clero español en Cuba, el que a todas luces controlaba la Iglesia en el país; por el contrario, el patriotismo de los pastores protestantes cubanos le llenaba de emoción. Cuando escribió: "El protestantismo en Cayo Hueso y en todas las colonias de los Estados Unidos fue un generoso y fuerte propagandista y defensor de la causa cubana"[28] no estaba en absoluto exagerando, sino siendo fiel a lo que realmente ocurría.

Si bien la asistencia a las misas católicas era muy reducida en las colonias compuestas por emigrados, el poderoso esfuerzo y la prédica de los pioneros del protestantismo cubano, sin duda verdaderos patriotas, tampoco provocó conversiones en masa. Los cientos y cientos de congregados en cada iglesia incluían a personas verdaderamente convertidas, pero otros sin duda eran atraídos por el ambiente patriótico y de sencilla fraternidad que se respiraba en las capillas evangélicas. En alguna medida la anterior afirmación queda confirmada si se tiene en cuenta que la mayoría de los miembros y simpatizantes protestantes no continuaron activos una vez que regresaron a Cuba. Sería injusto, sin embargo, dejar de reconocer que la causa de las misiones protestantes triunfó al abrir una brecha en la antiguamente inexpugnable fortaleza católica.

Entre los cubanos que se vincularon de alguna forma con el protestantismo en Estados Unidos por esa época debe mencionarse a un presidente y un vicepresidente de la futura república cubana. Tomás Estrada Palma fue respaldado por los cuáqueros en su escuela de Central Valley, Nueva York. Allí se unió a las actividades de la Sociedad de los Amigos (cuáqueros) ya no tan pacifistas como en el siglo XVII, estando además muy relacionado con miembros de la familia Cornell.[29] Si después no aparecen muchas menciones de esos vínculos religiosos es porque Estrada Palma parece haber sido un hombre bastante independiente en materia religiosa. Más adelante veremos cómo el primer presidente de Cuba asistió a iglesias protestantes en La Habana durante su periodo presidencial y consideraremos otros detalles interesantes en relación con esos lazos. El colaborador y sucesor de Martí -que también había presidido la república cubana en armas durante la Guerra de los Diez Años— no fue el único caso. El general Emilio Núñez Rodríguez se afilió a una iglesia en Filadelfia. Según un hijo suyo, el doctor Emilio Núñez Portuondo fallecido político y diplomático,[30] Núñez Rodríguez fue bautista. Es muy probable que esa vinculación haya sido pasajera. Sus hijos practicaron el catolicismo. El general Núñez Rodríguez fue vicepresidente de la República durante el segundo periodo del presidente conservador Mario García Menocal (1917-1921) y, al igual que a Estrada Palma, se le considera una figura de primera magnitud en la Guerra de Independencia de Cuba que se inició en 1895.

Concluimos este capítulo con dos o tres afirmaciones que pretenden resumir el contenido del mismo: en primer lugar, la lista de personas de cierta prominencia que estuvieron ligadas al protestantismo no es nada de despreciable. Están aquellos que pidieron al obispo Young la celebración de servicios en español; están también los patriotas Estrada Palma, Núñez Rodríguez, Santa Rosa, Fernando Figueredo, el alcalde de Key West Carlos Manuel de Céspedes y Céspedes y otros; literatos de la estatura de Tristán de Jesús Medina y Fuentes Betancourt; figuras prominentes de la comunidad de emigrados, sobre todo en Cayo Hueso, como Aurelio Silvera, profesor en el Club San Carlos, Luis Someillán, primer vicepresidente de esa institución; y los pastores Deulofeu, Báez, Duarte, Someillán, Manuel Domínguez y otros que no pasaron inadvertidos para los cronistas de la época que como Castellanos, disfrutan de suficiente prestigio intelectual como para ser tomados en cuenta.

Lo segundo que queremos destacar es que los cubanos que regresaban de Estados Unidos, protestantes o no, llegarían a su patria acostumbrados al pluralismo religioso. Los días de una sola religión coercitiva y dogmática estaban contados.

En tercer lugar, la creciente indiferencia religiosa de los cubanos, que contribuyó en parte a que estos aceptaran fácilmente la libertad religiosa tenía profundas raíces y no siempre ayudó a los protestantes, aunque hiciera sus mayores estragos en el catolicismo.

Pero lo más importante puede haber sido la formación de núcleos que después nutrirían a las iglesias evangélicas dentro del país; sobre todo por el surgimiento de pastores que encabezarían el naciente protestantismo cubano. La Providencia había permitido la presencia de circunstancias muy especiales para que el protestantismo entrara a Cuba en brazos de los propios hijos del país y no de misioneros extranjeros, como ocurriría en otras naciones iberoamericanas. Nos acercamos, al terminar este capítulo, a una hora decisiva del protestantismo cubano, que se introduciría dentro de la Isla coincidiendo con la lucha independentista de fines del siglo XIX.

NOTAS

1. Las actividades de Joaquín de Palma están lo suficientemente documentadas, inclusive por artículos de Martí y otros contemporáneos, y la fecha de las mismas es tan confiable que es difícil dudar de su carácter pionero. Existe la posibilidad de que algunos cubanos hayan adoptado el protestantismo como su religión antes que de Palma, en Nueva York y en otros lugares de los Estados Unidos. Algunos investigadores sugieren esa posibilidad. El uso de la palabra "sacerdote" en referencia a de Palma es de esperarse en escritores episcopales de tendencia anglo-católica. En la práctica los clérigos de la Iglesia Protestante Episcopal de los Estados Unidos, a la que perteneció de Palma, pueden ser considerados sacerdotes, pastores, ministros, rectores, vicarios, etc., según las funciones que ejerzan. Algunos son presbíteros y otros diáconos, ya que la iglesia norteamericana, como la anglicana, acepta el triple ministerio de diáconos, presbíteros y obispos. De Palma llegó a ser ordenado presbítero.

2. Juan Ramón de la Paz Cerezo, "La Iglesia Episcopal en la historia de nuestra cultura", ponencia para la Pre-consulta de Compañeros en Misión (La Habana, marzo 4 de 1983).

3. Rafael Cepeda, "Joaquín de Palma: predicador revolucionario", Revista *Juprecú* año XV, número 1, La Habana, enero de 1977, p. 8.
4. José Martí, periódico *Patria*, 11 de junio de 1892.
5. Carta de Joaquín de Palma a José Ignacio Rodríguez, 25 de enero de 1873. Biblioteca del Congreso de los Estados Unidos.
6. Marcelino Menéndez y Pelayo, *Historia de los heterodoxos españoles* (Madrid, Biblioteca de autores cristianos, 1967), Vol. II, p. 996 n.
7. Cecilio McConnell, *La historia del himno en castellano* (El Paso, Texas: Casa Bautista de Publicaciones, 1968), p. 131 Nótese que McConnell, como otros, lo confunde en ciertos aspectos con José Joaquín Palma, el famoso poeta cubano y autor del himno nacional de Guatemala.
8. Juan J. Remos y Rubio, *Historia de la literatura cubana* (La Habana: Cárdenas y Compañía, 1945), tomo II, pp. 436-438.
9. *Diccionario de la literatura cubana* del Instituto de Literatura y Lingüística de la Academia de Ciencias de Cuba (La Habana: Editorial Letras Cubanas, 1980), tomo I, pp. 358-359.
10. José Lezama Lima, *Antología de la poesía cubana* (La Habana: Editora del Consejo Nacional de Cultura, 1965), pp. 487-489.
11. Marcelino Menéndez y Pelayo, op. cit., vol. II, p. 1001-1002.
12. Los bautistas "landmark" son aquellos que en la década de 1850-60 crearon una controversia por insistir en el carácter exclusivo de los bautistas en el cristianismo, considerando a otros cristianos simplemente como precursores pero no como creyentes en igualdad de condiciones. Los "landmark" no negaron la salvación de otros cristianos evangélicos pero rechazaron la validez del bautismo, aun por inmersión, celebrado por ministros no bautistas. Esa y otras tendencias les llevaron a una confrontación con la mayoría en la denominación. Volveremos al tema al estudiar a los bautistas cubanos y la influencia de los misioneros norteamericanos.
13. S. A. Neblett, *Historia de la Iglesia Metodista en Cuba* (Buenos Aires: El Evangelista Cubano, 1973), tomo I, pp. 12-13.
14. Citado por Rafael Cepeda en "Los misioneros patriotas", Revista *Heraldo Cristiano*, La Habana.

Es evidente que Martí conocía la diferencia entre un pastor metodista y un sacerdote católico porque asistió a iglesias metodistas en Tampa y Key West, pero era frecuente en países de cultura hispana como Cuba y España, donde se formó Martí, referirse a un pastor protestante como "sacerdote". Nuevos convertidos en la América Latina a veces usan también la misma expresión.

15. La Iglesia Metodista se ha preocupado mucho por la asistencia social a los necesitados. En su trabajo en Key West, Ibor City y Tampa, utilizó los servicios de misioneras estadounidenses y de personal cubano para atender a la comunidad hispana. En esa época, la que estamos estudiando, se distinguieron entre otros la señorita F. Edinton y una hija del obispo Marvin.
16. Edgar L. Pennington, "The Episcopal Church in Florida", *Historical Magazine of the Protestant Episcopal Church*, VII; 56, Marzo 1938.
17. Gerardo Castellanos, *Motivos de Cayo Hueso* (La Habana; Ucar, García y Ca., 1935).
18. Ibid.

19. Lloyd Corder, artículo sobre los bautistas en Cuba, publicado en *Encyclopedia of Southern Baptists* (Nashville, Broadman Press, 1958), p. 340.

20. Josefina Inclán, *Una carta de Martí* (Miami, 1976). Todo el folleto está dedicado a la carta de José Martí al pastor bautista José Victoriano de la Cova.

21. E. P. Herrick, artículo publicado en The Home Missionary, octubre de 1899, pp. 85-87.

22. J. M. López Guillén, artículo publicado en *The Home Missionary,* octubre de 1899, pp. 89-94.

23. Edward A. Odell, *It Came to Pass* (New York: Board of National Missions, 1952), pp. 79-80.

24. Ibid, p. 81.

25. Gerardo Castellanos, *Misión a Cuba* (La Habana, 1944), p. 44.

26. Gerardo Castellanos, *Motivos de Cayo Hueso* (La Habana: Ucar, García y Ca., 1935).

27. Gerardo Castellanos, *Misión a Cuba* (La Habana, 1944), pp. 44-45.

28. Ibid, p. 45.

29. Estos datos se basan en entrevistas con líderes cuáqueros como Juan y Hortensia Sierra y en algunos artículos difundidos en publicaciones religiosas. Coinciden con los de Hugh Thomas en *Cuba: The Pursuit of Freedom* (New York: Harper & Row, 1971), p. 460.

30. Entrevista del autor con el Dr. Emilio Núñez Portuondo en 1968. De acuerdo con este conocido hijo del general Núñez Rodríguez, su padre tuvo problemas personales con sacerdotes simpatizantes de la dominación española en Cuba. Según él, se unió a una iglesia bautista de Filadelfia. Como muchos cubanos se refieren a veces a los evangélicos como "bautistas" es probable que el ex-embajador de la ONU no tuviera el dato exacto. Parece ser cierto que Núñez Rodríguez fue por un tiempo protestante. Es probable que asistiera a la congregación episcopal del cubano Parmenio Anaya en Filadelfia o tuviera algún vínculo con dicha congregación.

Capítulo VII

UNA IGLESIA CUBANA
BAJO LA BANDERA ESPAÑOLA
(1883-1898)

Al iniciarse la década de 1880, el protestantismo iba tomando forma en la emigración. Evangélicos cubanos y algunos norteamericanos en Nueva York, Cayo Hueso, Tampa, Filadelfia, Jamaica y otros lugares organizaban iglesias y sociedades y se preparaban para un futuro que necesariamente tendría que desembocar en el establecimiento definitivo de la Iglesia Evangélica en Cuba. Estos religiosos, los primeros protestantes verdaderamente cubanos, eran en gran parte activistas revolucionarios. La derrota de 1878 y la famosa Paz del Zanjón no detuvieron las labores de los independentistas, incluyendo los pequeños grupos de evangélicos. Pero hasta entonces, los únicos protestantes dentro de Cuba habían sido extranjeros o hijos de extranjeros. La Iglesia Evangélica dentro del país estaba aun por formarse.

La Iglesia Católica, Apostólica y Romana, a la que pertenecía prácticamente todo el país, fue en un tiempo una poderosa institución. Pero su predominio no era ya tan evidente. Había sido lamentablemente afectada por la conducta de muchos clérigos y gran parte de la población no había sido instruida en las doctrinas de la Iglesia. El vasto sector compuesto por los cubanos que luchaban por la independencia o simpatizaban con esa lucha había quedado disgustado por las estrechas relaciones entre una Iglesia dominada por españoles y la metrópoli que insistía en mantener su soberanía en la Isla. El clero cubano, que en ocasiones fue numeroso, había perdido fuerza e influencia. Era una Iglesia compuesta por cubanos y contaba con muchos clérigos nacidos en el país, pero difícilmente podía ser considerada en aquellos tiempos, una Iglesia cubana.

Richard Madden, el famoso funcionario británico que promovió la abolición de la trata y logró apreciables contactos con los cubanos en la década de 1830, había señalado con claridad que la profunda unión entre la Iglesia y el Estado estaba arruinando casi completamente la eficacia espiritual de la denominación religiosa a la que aparentemente pertenecía. Si nos guiamos por los libros de viaje escritos por extranjeros acerca de Cuba, veremos que la situación del catolicismo en el país era deprimente y con consecuencias devastadoras. Aunque esas opiniones incluyen las de católicos, la exageración puede prevalecer en algunas evaluaciones; pero, después de todo, en otros lugares del globo la religión cristiana ha pasado crisis similares que no se limitan al catolicismo. La pobre asistencia a misa en infinidad de poblaciones, la casi absoluta ignorancia religiosa de la mayoría de los habitantes del país, las reducidas ofrendas y contribuciones al tesoro de la Iglesia por parte de los cubanos y otros habitantes de Cuba, incluyendo a los españoles, y la predominante indiferencia religiosa que podían palpar por todas partes aquellos nacionales y extranjeros que escribieron sobre este periodo, revelan que ya en el siglo XIX Cuba había dejado de ser un país realmente católico como lo han sido con intensidad, Colombia, México, España, Polonia y otras naciones.

Pero Cuba era oficialmente católica y el catolicismo era la religión de los cubanos. La asistencia a procesiones y fiestas religiosas era todavía considerable aunque las misas dominicales se vieran frecuentemente semi desiertas. Sacerdotes como Félix Varela habían contribuido a aumentar el prestigio intelectual del sector progresista del catolicismo cubano. La piedad de algunos prelados como Antonio María Claret —quien sería canonizado en 1950— impresionaba favorablemente a muchos cubanos y extranjeros, así como el recuerdo de sus actividades.

La masonería, por su parte, iba aumentando sus filas, acercándose cada día a una más abierta confrontación con la Iglesia. El estilo de vida de gran parte del clero —aunque no se puede generalizar— había llevado a muchos cubanos a ridiculizar a los sacerdotes a veces de manera cruel y casi siempre de forma sarcástica. Para aquella época se escuchaban expresiones que después se generalizarían en el siglo XX. Muchos decían creer en Dios o en la Iglesia, pero no en "los curas". Otros empezaban a identificarse como "católicos, apostólicos y cubanos". Y ya reinaba una popular afirmación relacionada con este tema: "todas las religiones son buenas", expresión ésta que indicaba una profunda indiferencia, y hasta cierto cinismo, porque esa bondad atribuida a lo espiritual o a lo religioso en un sentido amplio, no conducía a practicar alguna de esas religiones.[1]

Las actividades de los protestantes entre los cubanos, aparte de las labores de los que repartieron biblias ilegalmente en la época de los corsarios y durante la lucha abolicionista fueron en la práctica inexistentes hasta la década de 1880. Las escuelas lancasterianas, con cierta inspiración y origen protestantes, no desarrollaron actividades proselitistas a pesar de las acusaciones que les fueron hechas en otras latitudes. Esas instituciones, fundadas por un cuáquero inglés funcionaron sin mucho alarde o publicidad en Cuba, pero desconectadas del proselitismo religioso. El profesor de Historia de la Universidad de La Habana, José María de la Torre y de la Torre, una figura importante de la cultura del país, estudió en una de ellas en la capital. Por esa época, en 1825, la Sociedad Bíblica Americana contó en Cuba con la colaboración del eminente sacerdote y profesor Justo Vélez, que vendió y distribuyó las Escrituras sin aceptar ser nombrado agente permanente. En 1827, ese sacerdote católico envió a Nueva York el equivalente de 300 dólares como producto de su trabajo. En 1837, Cuba fue visitada por el famoso agente de la Sociedad Bíblica, Diego (James) Thomson, fundador de escuelas lancasterianas y que en América del Sur disfrutó de la protección de sus amigos Simón Bolívar y José de San Martín. Llevó a Cuba 80 Biblias, 268 Nuevo Testamentos y otra literatura evangélica. Logró colocarlos en librerías de La Habana y ciudades del interior. En la capital abrió un pequeño depósito en la tienda de un súbdito inglés. Un librero las anunció en la prensa. En Matanzas recibió la indiferencia como respuesta y alcanzó pocos resultados; en Puerto Príncipe (Camagüey) enfrentó una sólida oposición clerical y fue denunciado por el arzobispo de esa jurisdicción en carta pastoral. Fue acusado de agitar a los esclavos y en Santiago de Cuba —que era la sede del arzobispado católico— fue puesto en prisión primero y expulsado después. Le confiscaron un cajón de Biblias. En la década de 1860, dos ingleses corrieron la misma suerte. En 1880, el ministro E. T. R. Fripp, recomendado por H. B. Someillán, visitó Cuba como colportor y trató de formalizar la distribución de biblias. El cubano José Toledo, uno de los que le sucedieron en el trabajo después de 1882, fue asesinado por el cuerpo de Voluntarios Españoles al ser considerado sospechoso de conspiración separatista.

Al llegar el año 1883, los esfuerzos de los extranjeros no habían producido conversiones entre los cubanos, salvo algún caso aislado; el protestantismo, entonces, tuvo que ser introducido por los nacionales. Esto no pretende rebajar a los misioneros extranjeros, sino dejar en claro históricamente los orígenes del movimiento evangélico en Cuba, diferentes en algunos aspectos a los de otros países iberoamericanos porque en la Isla las primeras iglesias fueron fundadas por los mismos cubanos. En ese año de 1883 visitaron el país, como colportores, dos cubanos convertidos en Norteamérica: Alberto J. Díaz y Pedro Duarte; ambos habían estado en alguna forma bajo la influencia de Joaquín de Palma. Díaz había hecho un viaje exploratorio y predicado en Cuba a partir de su llegada el 19 de marzo de 1882, con vistas a organizar el trabajo. Había sido bautizado como bautista pero tenía contactos con episcopales. Duarte era de formación episcopal. No se limitaron a repartir o a vender biblias o a ofrecerlas a los libreros, como lo hicieron los anteriores. Dos años antes, el cónsul estadounidense había advertido a la Sociedad Americana de Tratados sobre los peligros de repartir literatura evangélica en Cuba. Se recomendaba limitarse a los marinos en el puerto o a los extranjeros. Pero llegaba la hora de presentar un desafío al monopolio religioso insular y los cubanos se encargaron de aceptar el reto.

John Rhoads, que colaboró con la obra que entre los cubanos de Filadelfia llevó a cabo la Iglesia Episcopal ayudó a enviar a Cuba, como colportor, a Alberto J. Díaz quien el 8 de febrero de 1883 se estableció en La Habana, sostenido por la Sociedad Bíblica Femenina de Filadelfia. Su misión era distribuir las Escrituras y hacer obra evangelística entre los cubanos.[2]

Alberto J. Díaz había nacido en Guanabacoa en 1852 y participado en las luchas revolucionarias durante la Guerra de los Diez Años. Según Antonio Pereira Alves, autor de una breve reseña de su vida, incluida en el libro *Prominentes evangélicos de Cuba*, se hizo médico antes de salir para Estados Unidos. Hace unos años el historiador bautista Raúl Suárez Ramos encontró su expediente académico en la Universidad de La Habana el cual indica que su graduación o reválida en Cuba fue muy posterior. De cualquiera manera, Díaz realizó algunos estudios en Estados Unidos y se sostuvo trabajando en diversos oficios en ese país, al cual había llegado con varios compañeros opuestos como él al dominio español en Cuba y que habían sido perseguidos por las autoridades coloniales por participar en la insurrección. Varios relatos revelan la forma milagrosa en que fue rescatado por una nave que iba hacia Nueva York y que lo encontró en una canoa, con la cual había abandonado la Isla. Según Pereira Alves, Díaz se convirtió a la fe evangélica gracias a la piedad de una joven enfermera norteamericana que le atendió en un hospital después de haber contraído pulmonía. Algunos cronistas afirman que fue bautizado en la Iglesia Bautista de Willoughby, Brooklyn, Nueva York, en 1882[3] y que estuvo empleado en una tabaquería.

Alberto J. Díaz fundó congregaciones en La Habana, siendo la más importante la Iglesia Getsemaní. Se sabe también que identificó sus labores mediante una organización creada por él: "La Iglesia Reformada de Cuba" de efímera duración. La Iglesia Getsemaní fue organizada el 10 de abril de 1883. Cuando el obispo episcopal de la Florida, John F. Young visitó La Habana el 24 de febrero de 1885 encontró que la congregación de Díaz había crecido tres veces en relación al año anterior cuando había estado visitando el país, y que se utilizaba en sus servicios el Libro de Oración Común. Los cultos no se efectuaban ya en el salón de asambleas del Hotel Pasaje, como en el principio, sino en un edificio céntrico y apropiado. Entre los asistentes asiduos estaba el cónsul de los Estados Unidos. En esa época, Díaz era Lector Laico de la Iglesia Episcopal y candidato a las órdenes sagradas de esa Iglesia.[4] Al año siguiente y después de una relación iniciada con W. F. Wood, un pastor bautista de la Florida, ayudó a establecer la primera iglesia bautista de que se tenga registro en Cuba. A esto volveremos más adelante.

El mismo año 1883 marcó el inicio de las labores en Cuba del joven Pedro Duarte en calidad de colportor bíblico.[5] Ese mismo año Duarte fundó en Matanzas una congregación que fue su centro de distribución bíblica y que llegó a ser conocida como la Iglesia Episcopal "Fieles a Jesús" y que todavía existe. Pronto solicitó la ayuda de Juan Bautista Báez, ministro episcopal de Cayo Hueso, quien ese mismo año bautizó en Matanzas a un grupo de creyentes, oficiando la celebración de la Santa Comunión. También celebró varios matrimonios. Báez continuó visitando y atendiendo esa iglesia y también la de Díaz en La Habana, donde predicó por primera vez en febrero de 1884.[6]

La llegada de Duarte a Cuba tiene relación con un nombramiento por la Sociedad Bíblica Americana y marcó una etapa en la historia de la Iglesia Episcopal cubana. Pedro Duarte nació en Matanzas el 29 de junio de 1855. Emigró a los Estados Unidos a los 18 años de edad por motivos políticos. Estuvo involucrado en los preparativos de la expedición del "Virginius" en 1873. Su conversión al evangelio parece haber sido determinada por su relación con la congregación de Juan Bautista Báez, en Cayo Hueso. Fundó una obra en Matanzas y usó dos lugares de la ciudad como puntos de predicación: un local de la calle Manzano número 42 y otro en el barrio de Pueblo Nuevo, donde fundó la iglesia "Fieles a Jesús". Fue ordenado diácono de la Iglesia Episcopal en 1885 después de tomar unos cursos en la Escuela de Divinidades de Filadelfia. Recibió la ordenación de manos del obispo episcopal de Filadelfia, W. B. Stevens. En 1884 hizo portador a Báez de una carta firmada por 258 personas solicitando al obispo de la Florida que se hiciera cargo de la supervisión del trabajo episcopal en la Isla. Contó en esas labores con el auxilio del obispo Young y una organización llamada "Ladies Cuban Guild" fundada en Filadelfia en 1886. Ese mismo año, el obispo de Filadelfia solicitó a la American Church Missionary Society que se hiciera cargo del trabajo. Esa responsabilidad no fue aceptada sino hasta marzo de 1888, lo que vino a dar un carácter más oficial a la obra en Cuba.[7]

La primera etapa del trabajo episcopal tuvo sus limitaciones, no solamente en el orden económico, sino también en el personal. El propio

Duarte tuvo que ausentarse de Cuba para hacer estudios en Filadelfia. Juan Bautista Báez tuvo que compartir su trabajo entre Key West y la Isla, y en ésta, entre Matanzas y La Habana. La muerte del obispo Young en 1885 tuvo graves consecuencias, ya que hasta 1888 la iglesia cubana dependió de los fondos que éste y otras personas o instituciones interesadas conseguían. Su fallecimiento determinó que varios obreros laicos abandonaran las labores, desalentados por la desaparición del principal sostén con que habían contado para la ejecución de su trabajo misionero.

Pero la obra siguió adelante, y produjo frutos muy importantes. En la primera visita del obispo Young en 1884, confirmó a 116 creyentes en Matanzas y La Habana; en la segunda, en 1885 confirmó a 325 en seis congregaciones, de las cuales cinco estaban en la capital y Guanabacoa y otra en Matanzas. Juan Bautista Báez llegó a calcular en 1885 que 1.650 personas habían ingresado a la Iglesia Episcopal, mediante el bautismo o la confirmación.[8] Antiguos residentes en los Estados Unidos y convertidos allí, al regresar a Cuba después de la Paz del Zanjón ayudaron a formar núcleos de creyentes.

A fines de 1885, los episcopales perdieron los valiosísimos servicios de Alberto J. Díaz, que pasó a trabajar con los bautistas. También se unió a esa denominación el joven José Victoriano de la Cova. Otros lectores laicos, dos de los cuales son mencionados por algunos cronistas como los señores Trias y Collazo permanecieron activos junto a Báez y Duarte, que eran ministros ordenados.[9] El peso de las evidencias nos inclina a pensar que "el señor Collazo" era Evaristo Collazo, otro activo obrero, que en 1890 pasó a la Iglesia Presbiteriana. La salida de obreros conlleva la pérdida de feligreses que seguían a sus pastores. Ya nos referiremos con más detalles a estos pasos de una denominación a otra de importantes pioneros de la obra evangélica cubana.

En 1888, el mismo año en que la American Church Missionary Society se hizo cargo del trabajo en Cuba, el obispo de Filadelfia O. W. Whitaker, por decisión del Obispo Primado, pasó a ejercer funciones de supervisión sobre Cuba, obra que fue puesta bajo su jurisdicción episcopal. El obispo W. B. Stevens, gran amigo de la obra cubana, había fallecido en 1887. La American Church Missionary Society nombró a Manuel F. Moreno, un cubano graduado del Seminario Teológico General en Nueva York y diácono ordenado por la Iglesia, como misionero encargado desde 1889 de las tres congregaciones en La Habana, de las cuales dos eran de habla española y una de habla inglesa. Debe señalarse que entre las muchas labores realizadas por los misioneros cubanos estuvo la de atender espiritualmente a la población extranjera de habla inglesa.

Las dificultades encontradas en 1871 por Kenney, el capellán de los extranjeros, no habían sido superadas del todo. Báez tuvo que utilizar al obispo Young para que Duarte lograra permiso para un cementerio en

Matanzas y consiguiera la anuencia del gobernador provincial. El mismo Báez fue detenido el 2 de marzo de 1884 como consecuencia de un artículo aparecido en el periódico *Pueblo* de Matanzas del día anterior. Algunos sacerdotes católicos denunciaron al clérigo protestante cuyas actividades eran recogidas en la prensa local en llamativas informaciones. Báez apeló a la Constitución de España, que garantizaba la tolerancia a las religiones no romanas siempre que limitaran sus actividades al interior de los templos.

Entre los muchos servicios que el obispo Young prestó al naciente protestantismo cubano estuvo el de ocuparse de visitar a las más altas autoridades, incluyendo al gobernador de la Isla, en busca de garantías para las nuevas iglesias. Pero la situación no era fácil de resolver.

Por otra parte, se hacía necesario un grado mayor de libertad para impulsar con firmeza la obra. Peticiones de ayuda procedentes de antiguos episcopales que residieron en los Estados Unidos llegaban de todas partes: Trinidad, Cienfuegos, Santa Clara, Cárdenas, Bejucal, Guanabacoa, Santiago de Cuba y otras ciudades tenían grupos de personas interesadas en la nueva iglesia y solicitaban cuidado pastoral, la Santa Comunión, la apertura de capillas, etc. Ya en 1884 las visitas de Young tuvieron como resultado positivo la publicación en *La Gaceta de La Habana*, órgano del gobernador de la Isla, de una interpretación y explicación del artículo 11 de la Constitución de España que ofrecía tolerancia en materia de religión. Este documento, redactado en 1876, fue dado a conocer en Cuba en lo referente a los aspectos de carácter religioso, el 9 de septiembre de 1884. El catolicismo era la religión oficial, sostenida económicamente por el Estado, pero en el territorio español nadie podía ser molestado por su religión o por la práctica de la misma, aunque las manifestaciones públicas se reservaban exclusivamente para el catolicismo.[10]

Pedro Duarte, al regresar a Cuba, de hecho se había quedado como líder de la obra en el país. El recién ordenado diácono, con el auxilio de Báez y sus visitas, y de los lectores laicos, se enfrentó a una situación muy difícil. En 1886 fue encarcelado ya que ciertos funcionarios entendían que la tolerancia religiosa, aunque había sido anunciada públicamente en *La Gaceta de La Habana* no se extendía necesariamente a las colonias. Pero en un gesto histórico, este hombre, a quien en otro capítulo presentaremos como un héroe de la lucha independentista, apeló al Rey de España pidiendo se aplicara específicamente a las colonias la tolerancia religiosa conseguida en la Península en 1876. Como resultado de sus gestiones, se expidió el documento quedando oficialmente promulgada.

A partir de 1886 los cubanos pudieron adorar a Dios de acuerdo con sus creencias. Aunque muchos habían pedido la libertad de culto en el país y la misma era ratificada en todas las constituciones a través de la historia, fue un clérigo protestante, Pedro Duarte, quien logró que ésta fuera promulgada por primera vez, de forma oficial. Ninguno de los historiadores cubanos, ni siquiera los más eruditos, se han preocupado por referirse a este incidente, del cual solo se han encargado algunos escritores evangélicos. La más importante de todas las libertades se consiguió en Cuba como resultado de la presión de los protestantes cubanos.[11]

Hemos mencionado el nombramiento del nuevo obispo de Pennsylvania, O. W. Whitaker como encargado de la supervisión episcopal de la obra en Cuba. En 1889 éste visitó La Habana y encontró siete congregaciones o lugares de culto, a cargo de dos lectores laicos. En Matanzas, Duarte atendía las misiones ya mencionadas. También había fundado una escuela. Aparte de la labor docente de Kenney con los chinos, en la década de 1870 este centro escolar merece probablemente el título de primera escuela protestante de Cuba y el de precursora de las más importantes instituciones docentes del país que operaron bajo los auspicios de denominaciones evangélicas hasta 1961. En cualquier caso pudo haber sido la primera escuela protestante para cubanos.

Durante la visita de Whitaker se compró un terreno y cinco años después, en 1894, se levantó una capilla en el patio de la propiedad, situada en la calle San Juan de Dios número 60, Pueblo Nuevo. Este puede haber sido el primer templo construido por los protestantes cubanos. Anteriormente se habían alquilado o comprado locales en edificios ya existentes.[12] El costo de la nueva capilla fue de $800,00. En 1893 el doctor Zayas, dentista de Matanzas, fue comisionado para celebrar servicios religiosos en la población cercana de Bolondrón donde ofició como lector laico. Otro dato que resalta el papel de Matanzas en la obra episcopal.

La llegada en 1889 de Manuel F. Moreno como misionero alivió la situación creada en 1885 por la decisión de Alberto J. Díaz y José V. de la Cova de afiliarse a la denominación bautista. Moreno se hizo cargo de la obra en La Habana. En 1890 llegó a la Isla el doctor Neilson, representante de la Sociedad Misionera, el cual visitó Bolondrón y celebró con Duarte los primeros cultos en esa población matancera. También trabajó brevemente con los de habla inglesa.

En 1893 llegó a La Habana Arthur H. Mellen para hacerse cargo de la obra entre los de habla inglesa. Era el primer clérigo norteamericano a cargo de esas labores en forma permanente desde la partida de Edgerton en 1883. Para esa fecha, Duarte ya había recibido la ordenación como presbítero en Filadelfia (1891) y también Moreno en Nueva York (1892). Ciertas dificultades y nuevas restricciones impuestas a la obra cubana por la política interna de la Sociedad Misionera obligaron a Moreno y a

Mellen a abandonar el país.[13] Poco después, al estallar la Guerra de Independencia, Pedro Duarte, conspirador incansable contra la dominación española se vio obligado a abandonar Cuba, estableciéndose en Tampa, donde trabajó en una tabaquería a la vez que predicaba a los cubanos radicados en esa ciudad floridana. Los laicos se hicieron cargo del trabajo, que pronto se vio limitado por el constante hostigamiento de las autoridades y de elementos integristas. El laico José Ramón Peña[14] permaneció a cargo de la congregación que se había establecido en el barrio de Jesús del Monte en La Habana. Su presencia fue un símbolo de la continuidad del trabajo episcopal en Cuba. Las otras dos misiones habían estado en la calle Prado y en el Cerro. Parte de esta última congregación parece haber pasado a los presbiterianos en 1890.

En 1883 decidieron viajar a Cuba, además de Alberto J. Díaz y Pedro Duarte, otros dos protestantes cubanos: Enrique B. Someillán y Aurelio Silvera. Ambos habían llegado a ser predicadores metodistas en la Florida y la Conferencia Anual de ese estado reunió los fondos para enviarles a La Habana. En la capital cubana celebraban los servicios en el Hotel Saratoga, que estaba situado entonces en la calle Galiano, entre Zanja y San José. Estos ministros atrajeron la atención de Manuel Sanguily, el famoso patriota cubano, que los incluyó en su libro *Oradores de Cuba*, mencionando sus labores en La Habana de la década de 1880.

Manuel Deulofeu, otro pastor metodista, describió así esos esfuerzos y el impacto causado en la sociedad por la prédica de los primeros metodistas en La Habana:

"...la prensa liberal y la opinión ilustrada acogieron con las mayores muestras de simpatías y el más vehemente entusiasmo al joven predicador que, con frases galanas y apropiados sermones, atraía la atención general con actos de espontánea y verdadera caridad y demostraba sus sentimientos cristianos."[15]

El primero en regresar a los Estados Unidos fue Someillán. Silvera se quedó en Cuba tratando de organizar una congregación, lo que ocurrió en 1888.[16] Al marcharse éste y regresar a los Estados Unidos, la iglesia habanera pidió ser reconocida oficialmente por la Iglesia Metodista. La petición fue firmada por 194 personas que solicitaban que Francisco González de Calá fuera nombrado como pastor interino. El grupo era conocido como "Alianza Evangélica" y su secretario era Pedro Andrade Langueen. En 1889, la Junta General de Misiones de la Iglesia Metodista envió a Cuba como misionero a J. J. Ranson, que había trabajado como tal en el Brasil. En 1890 fue nombrado pastor en La Habana Clemente Moya.[17] Con una mayor ayuda financiera, Moya organizó algunas pequeñas escuelas elementales o "diarias", utilizando sus capillas para predicar semanalmente y organizar escuelas bíblicas dominicales. Su permanencia se prolongó hasta 1892 cuando fue trasladado a México. Lo sustituyó Miguel Pérez Arnaldo pero solo hasta fines de ese año, pues falleció en La Habana. Las labores continuaron bajo la dirección de Isidoro Barredo que recibió licencia como predicador local y permaneció en la misión hasta 1900.[18] Como en el caso de los episcopales, la Iglesia Metodista sufrió mucho como consecuencia de la Guerra de Independencia. Algunos miembros se alzaron en armas y a la obra le fueron impuestas severas restricciones.

Enrique B. Someillán nació en Caibarién en 1856. Su padre era un comerciante de víveres que participó en las conspiraciones de la guerra de 1868 y fue enviado como preso político a la isla Fernando Poo. El abuelo de Enrique, de nacionalidad francesa, logró que el joven, de 13 años, con la ayuda del cónsul honorario de los Estados Unidos en Caibarién, saliera para los Estados Unidos, donde continuó sus estudios y se convirtió al evangelio. Vivió en San Agustín de la Florida y cursó estudios en el estado de Tennessee.[19] Someillán cambió su nombre por Henry Benedict por gratitud hacia una dama de apellido Benedict que le ayudó mucho. Por esa razón nos referiremos a él como Enrique B. Someillán o como H. B. Someillán, pues en algunos documentos se llama de una forma y en otros de manera diferente.

Este predicador metodista, que había sido desde 1883 uno de los dos pioneros de la obra metodista en Cuba, regresó al trabajo en Key West, realizando allí una labor importantísima. Sus éxitos como pastor fueron apreciables. Su actuación como patriota nos obliga a dedicarle atención especial en el próximo capítulo. Fue ordenado al ministerio en Gainesville, Florida, en 1878. Además del trabajo en Cuba y Key West, desarrolló por algún tiempo labores pastorales en Nueva York. En la década de 1890 estuvo prácticamente a cargo de la obra en Cuba, la cual atendía desde Key West mediante frecuentes viajes a La Habana. Fue el superintendente o director de la obra entre los cubanos de Ibor City, Tampa y Key West. Lo más importante, en cuanto a los orígenes del protestantismo cubano, es que merece, al igual que Aurelio Silvera, el título de iniciador de la obra metodista en Cuba.

En 1884, después del inicio de las labores de evangelización por parte de Alberto J. Díaz, Pedro Duarte, Enrique B. Someillán y Aurelio Silvera, llegó a La Habana un ministro presbiteriano para trabajar con los cubanos en su condición de agente de la Sociedad Bíblica Americana. Se trataba de Andrew J. McKim que había trabajado con esa organización en el Perú. Artículos publicados en la revista presbiteriana *The Missionary*, en 1900 y 1907, lo exaltan proclamándole como el primero en distribuir biblias en Cuba y afirmando que "en aquel tiempo ningún misionero protestante había estado en Cuba".[20] El misionero J. T. Hall llegó incluso a afirmar: "El protestantismo fue introducido por primera vez en Cuba por un presbiteriano, el reverendo Andrew J. McKim, agente bíblico enviado a la Isla en 1884".[21] Aunque su llegada tiene algún valor histórico por ser tal vez el primer caso de un misionero norteamericano con un nombramiento permanente para trabajar entre los cubanos, no es mucho lo que se conoce de sus labores, ni fue en modo alguno el que llevó a Cuba la Biblia o el mensaje evangélico por primera vez. Se trata simplemente de un error provocado por una confusión de fechas. Kenney y Edgerton habían sido en la práctica capellanes de la colonia extranjera. McKim fue un enviado de la Sociedad Bíblica que llegó después de iniciada la evangelización entre los cubanos y los otros estadounidenses que han sido mencionados, o que serán mencionados más adelante, llegaron más tarde y se limitaron a visitas o a breves periodos de servicio en territorio cubano antes de 1898.

En el mismo año 1884 los bautistas jamaicanos empezaron a discutir la posibilidad de enviar misioneros a Cuba, país visitado por agentes abolicionistas de Jamaica en las décadas de 1830 y 1840. Un buen número de obreros jamaicanos se estaba estableciendo en la parte central de la Isla.[22] Por su parte, los bautistas de la Florida ya habían trabajado con cubanos emigrados y logrado conversiones en otros lugares de los Estados Unidos. En la convención de 1879 los bautistas del sur habían escuchado un informe de la Junta de Misiones Foráneas en relación con el interés de cubanos convertidos en los Estados Unidos por la evangelización de su país natal.[23] Esa situación se repitió en 1881, pero no fue sino hasta 1885 que los asistentes a la convención[24] escucharon un informe de la Junta de Misiones Domésticas acerca de un joven cubano que estaba realizando una magnífica labor en su propio país.[25] Lo que había sucedido era que en 1884 el pastor William F. Wood, de Key West y que trabajaba con los cubanos de esa ciudad, pidió a la convención estatal de la Florida que el evangelio fuese predicado en Cuba. En 1885, Angel Godinez, laico bautista de Key West, hizo contacto con Díaz en La Habana. Algunos han llamado a las gestiones de Wood, "La misión de la niña", por el interés de Adela Fales en la obra entre sus compatriotas. De acuerdo con A. S. Rodríguez, Wood visitó La Habana en 1885, siendo recibido por Alberto J. Díaz, celebrando bautismos el 26 de enero,[26] en lo cual coincide en parte con Antonio Pereira Alves, pero este da como año el siguiente, es decir, 1886. Otros sugieren la fecha del 10 de enero de 1886. Por algunas fuentes se ha podido conocer que lo que en todo caso sucedió el día 26 de enero fue la organización de la Iglesia Bautista Getsemaní, compuesta por la misma congregación de Díaz pero no hay confirmación de la fecha. Josué Grijalva, distinguido profesor bautista se inclina por esa fecha en su ponencia sobre la historia de los bautistas hispánicos presentada ante la Sociedad Histórica de los Bautistas del Sur en 1983.[27] El relato de Horace O. Russell parece ser el que ofrece más detalles en forma ordenada:

> "Wood llegó a Cuba a fines de 1885 y persuadió a Díaz a regresar con él, para que fuera ordenado. Díaz fue ordenado en la Iglesia Bautista de Key West en diciembre de 1885 y ambos retornaron inmediatamente a La Habana. El 10 de enero de 1886, Wood bautizó a otros cuatro creyentes en plena noche y al aire libre en la bahía de La Habana ya que era ilegal hacerlo en público, y no se le había informado al gobierno con la suficiente anterioridad. El 26 de enero de 1886 se organizó finalmente una iglesia bautista."[28]

Los relatos disponibles indican cierta disparidad en las fechas,[29] pero la constitución de la iglesia a fines de 1885 o principios de 1886 coincide con datos confiables de procedencia episcopal y estos indican con bastante precisión y suficientes detalles que hasta 1885, Alberto J. Díaz estuvo trabajando o colaborando con los episcopales, recibiendo como tal las visitas del obispo Young. Horace O. Russell afirma que los bautistas de Jamaica enviaron a George Henderson a Cuba para poder determinar las necesidades de los jamaicanos, y este, al regresar a su país se detuvo en Key West donde conoció a Wood y a la joven Fales. Henderson convenció a estas dos personas a ir a Cienfuegos bajo los auspicios de la Sociedad Misionera Bautista de Jamaica, aunque ellos lo condicionaron a recibir el apoyo de la iglesia local.[30] Ese relato incluye los principales aspectos del inicio del movimiento bautista en Cuba. También atribuye a la Convención Bautista de la Florida el haber aprobado la cantidad de cien dólares para sufragar los gastos de viaje. Pero en realidad el primer dinero que se conoce fue utilizado para esos menesteres fue donado por el diácono de la Iglesia Bautista de Lake City, F. B. Moodie y su donación fue precisamente de cien dólares. En definitiva, Wood iba a trabajar en Cienfuegos, pero en La Habana hizo contacto con Díaz, ya conocido por su fama, y lo convenció de que se ordenara en Key West para, a su regreso, organizar o pastorear una iglesia bautista. Las fechas tradicionales mencionadas hasta ahora parecen destinadas a modificación si se aceptan las rigurosas investigaciones del pastor Reinaldo Sánchez, de la Iglesia Bautista Calvario de La Habana, quien ha trabajado en los archivos y libros de acta de esa iglesia y de la fundada por Díaz. Las fechas serían entonces las siguientes: el 3 de diciembre de 1885 la junta de negocios de la Iglesia Getsemaní acuerda que esta tome la forma de una iglesia bautista; el 12 de diciembre de 1885 Díaz es ordenado en Key West; el 20 de enero de 1886 se efectúan los primeros bautismos en Cuba, en "los baños de la Madama", en el area del Malecón de la bahía habanera. El primer bautizado fue Narciso Izquierdo; el 24 de enero de 1886 se produce la primera ordenación de diáconos bautistas en territorio cubano. La fecha del 26 de enero de 1886, que ha sido muy usada, no aparece en los libros de la congregación como fecha de organización de la iglesia. Ya el 31 de enero de 1886 el pastor Díaz oficia en ceremonias bautismales. El historiador Leoncio Veguilla añade a estos datos el del nombramiento de Díaz y su hermana Asunción como misioneros de la Convención de la Florida el 30 de diciembre de 1885. Un dato de Wood señala el 13 de diciembre como fecha de la ordenación de Díaz.

Según Russell, Wood continuó laborando en Cuba como misionero de la Sociedad Misionera Bautista de Jamaica pero la agitación interna en el país lo obligó a terminar sus labores. Su obra estuvo bastante desligada de la de Díaz en La Habana. La Convención de la Florida acordó sostener la obra en La Habana recomendándola al cuidado de la Junta de Misiones Foráneas y esta, por tener demasiadas responsabilidades, la entregó a la Junta de Misiones Domésticas, quedando así la obra en manos del doctor Tichenor, su secretario.[31] La presencia de Wood en Cienfuegos, que algunos consideran breve y otros como de algunos años, es confirmada por relatos de historiadores locales. En diciembre de 1886 fundó una iglesia y poco después abrió una escuela para negros y blancos. Si nos guiamos por periódicos de la época, tendríamos que aceptar un dato que nos parece dudoso: el misionero contrajo matrimonio con la joven Fales que había cooperado con él desde el principio. Se afirma también que predicó en Trinidad y hasta que lo hizo en alguna ocasión en Santiago de Cuba, pero no es posible ofrecer datos concretos al respecto. En cuanto a Cienfuegos y los frutos del trabajo de Wood, A. S. Rodríguez menciona el testimonio de un miembro de la iglesia del lugar José Cadalso que conoció al misionero.[32]

Es probable que los bautistas de Jamaica realizaran en Cuba por lo menos esfuerzos preliminares parecidos a los de Wood en Cienfuegos. Russell menciona a un misionero llamado Meredith,[33] quien, al ser designado para Panamá en 1894, ya había realizado esas labores en la Isla de Cuba. Es también curioso que al referirse a la salida de los bautistas jamaicanos del campo misionero de Cuba, ya adentrado el siglo XX, incluya en la lista de sus misioneros a F. W. Wood.[34] Sucede que Russell se refiere siempre a F. W. Wood en su relato pero los autores cubanos, y también Lloyd Corter en su artículo para *The Encyclopedia of Southern Baptist*, mencionan a W. F. Wood aunque puede tratarse de la misma persona.

Pero aparte de detalles sujetos a interpretación y relacionados con los inicios de la obra bautista, ésta empezó a florecer a partir de 1886 bajo la dirección de Alberto J. Díaz y desde ese mismo año la Junta de Misiones Domésticas proveyó algún auxilio económico a sus esfuerzos. Se predicaba en La Habana, Cienfuegos, Trinidad, Regla, Batabanó, Guanabacoa y otros sitios. En esa época la ciudad de La Habana fue asolada por una epidemia de viruela y Alberto J. Díaz y sus colaboradores se entregaron totalmente a servir a los enfermos, con riesgo de sus propias vidas.

Algunos creyentes murieron por realizar esa obra de misericordia, despertando la admiración de los vecinos. En parte, como resultado de esa situación y por las dificultades que pasaban los bautistas para enterrar a sus muertos en los cementerios existentes, J. S. Payne, diácono de una iglesia norteamericana donó doscientos dólares para comprar un terreno destinado a esos menesteres. La Junta de Misiones de Alabama contribuyó con trescientos dólares y en 1887 se adquirió el terreno del "Cementerio Bautista", situado al fondo del famoso Cementerio de Colón. En 1889 fue enterrado allí Enrique Roig de San Martín, a quien algunos consideran como uno de los precursores del socialismo en Cuba y que estuvo vinculado a grupos de tendencia anarquista y sobre todo a la vida sindical del país. Varios cubanos prominentes que no profesaban el catolicismo fueron enterrados en ese camposanto. El misionero W. F. Wood trató en 1886 de abrir un cementerio en Cienfuegos, pero no tuvo éxito. El Teatro Jané fue comprado por la Junta en 1888 o 1889 y utilizado desde 1887.

El progreso logrado bajo la dirección de Alberto J. Díaz es innegable, a pesar de que algunos han tratado de presentarlo casi como un simple precursor y no como el verdadero fundador de la obra bautista en Cuba. Uno de los mejores relatos sobre el desarrollo inicial del trabajo es el ofrecido por Lloyd Corder:

> "Después de que la Convención puso el trabajo en Cuba bajo la dirección de la Junta de Misiones, este continuó expandiéndose. La mayor necesidad se resolvió al comprarse el Teatro Jané. El edificio, dedicado el 15 de febrero de 1891 está situado en la esquina de Zulueta y Dragones, casi en el mismo centro de la ciudad en aquella época. El edificio, llamado el Templo Bautista, ha sido el centro de la obra bautista del sur en la Isla . . . la obra en la Isla continuó prosperando hasta los inicios de la segunda guerra por la independencia (1895). Todos los pastores nacionales tuvieron que salir. Fueron a diversas ciudades de la Florida y continuaron allí la obra entre los refugiados cubanos, algunos de los cuales eran miembros de iglesias en Cuba."[35]

Si tenemos en cuenta los modestos inicios del trabajo y el hecho que Díaz y los miembros de su iglesia —que por algún tiempo estuvo vinculada a los episcopales— se enfrentaron a las realidades de una evangelización bajo restricciones oficiales, podremos comprender la gran proeza realizada por éste. En 1893, cuando fue enviado a Cuba el misionero Pendleton Jones —que por razones de salud solo permaneció algunos meses en el país— funcionaban en La Habana y sus alrededores cinco iglesias y diecisiete estaciones de predicación. Las principales obras eran las de las iglesias de Getsemaní y Guanabacoa. Veinte obreros estaban a cargo del trabajo, todos ellos nacionales. Los ataques a la obra de parte del odiado obispo de La Habana, Santander y Frutos, en vez de dañar, ayudaban a Díaz. Varios cientos de cubanos se habían unido a las iglesias mediante el bautismo. En otros informes se mencionan 27 puntos de predicación y miles de simpatizantes.

Alberto J. Díaz intentó establecer un asilo-hospital, logrando adquirir una propiedad en la calzada de Buenos Aires, por la que la Junta de Misiones pagó ocho mil dólares. Fue poco lo que pudo realizarse en relación con el proyecto, pero el edificio albergó un dispensario, estaciones de la Cruz Roja y fue usado para refugiar a los reconcentrados en época de Weyler. Según A. S. Rodríguez, allí "tuvo su nacimiento la idea de un Hogar Bautista, idea que treinta años después habría de encontrar tan hermosa realización"[36] Díaz se ocupó de algunos servicios sociales y contó con la cooperación de la Junta de Misiones. También funcionaron algunas escuelas privadas que en los informes de la Junta aparecen como "escuelas diarias".

Al llegar la Guerra de la Independencia en 1895, iniciada el 24 de febrero, las molestias fueron más frecuentes. Algunos protestantes se habían alzado en armas o conspiraban. El 24 de abril, Díaz escribió a Isaac T. Tichenor, secretario de la Junta de Misiones, relatando las órdenes del gobierno recibidas por el pastor episcopal Duarte, de Matanzas, y el pastor presbiteriano Collazo, de Santa Clara, obligándoles a salir del país. Díaz trató de conseguir permiso para predicar a los que participaban en la guerra, de ambos lados, pero sin resultado. El doctor Tichenor, que visitó la Isla en 1896 permitió a los obreros que tuvieran que abandonar el país trasladarse a ciudades de la Florida para trabajar allí con los cubanos. También logró que la Junta pidiera al Departamento de Estado que éste, a su vez, solicitara protección para las propiedades y dirigentes evangélicos. Varios pastores salieron del país bajo presiones. Eran los colaboradores que Díaz había sabido reclutar y preparar para sus labores mediante un adecuado entrenamiento: José Victoriano de la Cova, Gaspar de Cárdenas, Miguel Calejo, José Ramón O'Halloran, Francisco Bueno; pioneros que continuarían la obra al regresar al país a partir de 1898 y que fueron obreros bautistas en la Florida. Aun después de salir Díaz de esa obra misionera, los hombres que él formó serían líderes en el trabajo. Ese aspecto es reconocido en su mencionado artículo por Lloyd Corder. En un informe hasta se habla de 2.775 miembros en Getsemaní al iniciarse la guerra.

El 15 de abril de 1896, Alberto J. Díaz fue detenido. Tichenor lo comunicó al Departamento de Estado y aprovechando que el misionero cubano tenía la ciudadanía americana, se logró que el 22 de abril fuera puesto en libertad, después que su situación despertara otras protestas.[37]

Sus contribuciones a la causa independentista, antes y después de su partida serán objeto de nuestra atención en el próximo capítulo.

Pocos dias después partió para Tampa y de allí pasó a Nueva York donde trabajó como agente o colportor de la Sociedad Bíblica Americana. El diácono José M. Porta predicó por algún tiempo en La Habana y se hizo cargo del Cementerio Bautista al salir Díaz.

Para entonces, la obra era relativamente fuerte. Una congregación tenía por lo menos 300 miembros o más, habiendo tenido reuniones hasta con 800 personas. Muchos cristianos fueron puestos en prisión y otros tomaron las armas. Muchos tuvieron que trasladarse a poblaciones en el interior. La persecución aumentaba por momentos. Pero cientos permanecieron fieles y los cultos se celebraron mientras se pudo, en los edificios propios o alquilados. El médico Robert Belot y después Gertrudis Joerg fueron los laicos que representaron la obra en Cuba. Eventualmente, para evitar sospechas de conspiración, muchos prefirieron reunirse en los hogares para sus cultos de oración. Los que han tratado de restarle importancia a las labores de Díaz han señalado que, al terminar la Guerra, era poco lo que quedaba de su trabajo. Esa afirmación es errónea y en algunos casos tendenciosa. Cuando en 1898 se reanudó la obra de manera más visible, los pastores que regresaron al país eran el resultado del trabajo anterior de Díaz. Algunas congregaciones reanudaron sus cultos. Los líderes de esas y otras iglesias en gran número eran al principio los mismos creyentes ganados entre 1883 y 1896. La obra bautista que existe actualmente en Cuba es la misma que fundó Díaz. La joven Fales y Wood fueron instrumentos útiles y merecen reconocimiento a su mérito. El fundador de la primera iglesia bautista de Cuba fue, sin embargo, Alberto J. Díaz. El preparó los primeros pastores, abrió las primeras iglesias y ganó los primeros cientos de conversos. Fue grande la cooperación de la Junta de Misiones y entre los misioneros llegados después de 1898 había hombres llamados a realizar efectivas y meritorias labores, sobre todo Moisés Natanael McCall, a quien por muchas razones los bautistas cubanos recuerdan cariñosamente como "el apóstol bautista de la Perla Antillana". Pero es a Alberto J. Díaz a quien debe atribuirsele la fundación y desarrollo inicial de la obra bautista en Cuba.

Lloyd Corder ofrece una descripción adecuada de la situación. A pesar de haber señalado en su artículo algunos errores que atribuye a Díaz, se refiere con cierta exactitud a otros aspectos. Sobre todo cuando incluye el siguiente informe:

"Cuando nuestros predicadores fueron presionados a abandonar la isla de Cuba, como consecuencia de la guerra, la obra quedó en manos de iglesias sin pastores. Con fidelidad digna de reconocimiento y con celo, ellos han mantenido las reuniones mensuales de oración, los servicios del domingo, las escuelas dominicales y las escuelas diarias. Cartas que nos dejan saber de personas convertidas en esas reuniones y que desean ser bautizadas, han sido recibidas de tiempo en tiempo. Mientras muchos de los miembros de las iglesias han abandonado La Habana, algunos para ir al ejército y otros al convertirse en refugiados en este país, se ha mantenido un buen número en la ciudad que fervorosamente están dedicados a promover la causa de Cristo entre las masas que les rodean."[38]

Por haber tenido Díaz cierta disparidad de criterio y diferencias personales con misioneros norteamericanos, a lo cual nos referiremos en otro capítulo, abandonó el trabajo dentro de la obra bautista en 1903. Había renunciado a la Junta en 1901. Es natural que los escritores de artículos y libros hayan recibido alguna información que contenga la tendencia a disminuir su efectividad. Es necesario, para evaluar la situación, tener en cuenta varios asuntos importantes. En otra parte de su interesante artículo, Cordell afirma, basándose en ciertas fuentes denominacionales, que la obra que parecía próspera antes de la guerra quedó destruida y considera el progreso obtenido anteriormente como "inestable". Es un juicio sincero, pero el investigador de la historia de Cuba tiene necesariamente una perspectiva diferente y más completa. Todas las organizaciones religiosas, incluyendo la poderosa Iglesia Católica, perdieron activistas durante la guerra; con mayor razón la obra bautista, que ni siquiera tenía pastores en las iglesias durante ese periodo. El caos imperante debilitó las instituciones existentes. Una parte de los miembros de las iglesias perdieron la vida; muchos tomaron las armas o emigraron y no regresaron a vivir a La Habana; otros abandonaron esa ciudad por razones diversas. Las restricciones impuestas a los protestantes aumentaron, y asistir a sus iglesias podía ser considerado como conspiración. Al terminar la guerra, la obra continuó con los mismos pastores, incluyendo al propio Díaz y con gran parte de los antiguos líderes laicos. En 1899 se estimaba en 500 el número de los bautistas que permanecían relacionados con la obra.[39] Si añadimos a las anteriores razones —que nos parecen fuertes— el número de emigrados que no había regresado todavía en 1899, es posible apreciar la existencia de un núcleo sustancial de bautistas para continuar la obra, labor que no era difícil gracias a la existencia de un grupo de pastores que Díaz había logrado preparar para el trabajo.[40]

El trabajo de Díaz y sus colaboradores fue apreciable, sobre todo si lo comparamos con lo que quedó del esfuerzo inicial de otras denominaciones y con los restos de la que una vez fue próspera obra evangélica en Key West. Los juicios a emitirse tendrían entonces que ser mucho más cautelosos. Los nacionales y extranjeros que escribieron sobre el tema, señalando las deficiencias de Alberto J. Díaz, lo hicieron después de que un buen número de bautistas se había retirado de la obra y pasado a otras iglesias, como consecuencia de la salida de éste del trabajo denominacional. Pero su lugar en la historia eclesiástica del país está asegurado y aumentará en reconocimiento según continuen realizándose investigaciones sobre la materia con la perspectiva histórica que se requiere en intentos de tal naturaleza. La carrera de Díaz no terminó con su salida de la obra bautista. Sus contribuciones al movimiento evangélico continuaron por mucho tiempo después.

En 1890 fue publicada en *The Missionary*, el órgano de la Iglesia Presbiteriana del Sur, una carta de Evaristo Collazo enviada desde Cuba, en la que mencionaba tres lugares donde se estaba adorando a Dios de acuerdo con el sistema presbiteriano. También se mencionaba una pequeña escuela para señoritas y una escuela dominical. Para aquella época, un misionero norteamericano en México, H. B. Pratt, había pedido que se iniciara una obra presbiteriana en Cuba. Pratt estaba entonces a cargo de una revisión de la Biblia en español para la Sociedad Bíblica Americana y había dejado saber a su junta misionera, la misma que publicaba *The Missionary*, es decir, la de la Iglesia Presbiteriana de los Estados Unidos, que un general cubano radicado en México le había manifestado el interés de las clases cultas de Cuba por el evangelio.[41] Pero fueron los contactos de Collazo con presbiterianos del norte y del sur los que movieron a la Iglesia del Sur a entrar a Cuba.

Evaristo Collazo, el iniciador del presbiterianismo en Cuba nació en Guira de Melena, y había asistido a las congregaciones episcopales en La Habana, probablemente a partir de 1884. Como ya dijimos, es muy probable que este sea el mismo "señor Collazo" mencionado entre los lectores laicos episcopales que trabajaban en La Habana y sus alrededores. Su carta a *The Missionary*[41] es algo posterior a la llegada de Manuel F. Moreno en 1889 como encargado del trabajo episcopal en la capital, labor que por algún tiempo había estado a cargo del "señor Collazo" y de otro lector laico debido a que algunos dirigentes habían dejado la obra episcopal. No es posible determinar con exactitud los detalles de la salida de Collazo de la denominación. Solo se sabe que varios antiguos episcopales se reunían en el barrio del Cerro, en la calle Sitio y en el hogar de Collazo en la calle Manrique. Algunos han afirmado, como explicamos en un capítulo anterior, que conoció las doctrinas presbiterianas en Estados Unidos o mediante contacto con cubanos que residieron en ese país. Lo que parece más seguro, sin embargo, es el origen episcopal de Collazo y su grupo.

Se ha señalado reiteradamente que era tabaquero o lector de tabaquería y que residió en los Estados Unidos; sin embargo, parece probable que también tenía el oficio de mecánico dental y que, si acaso, visitó alguna vez esa nación, de lo cual no tenemos constancia. Fue un militante de la causa independentista como veremos en el próximo capítulo. Al poner su obra bajo los auspicios misioneros de la Iglesia Presbiteriana de los Estados Unidos (presbiterianos del sur) en 1890, recibió una favorable acogida. De acuerdo con Edward A. Odell en su libro *It Came to Pass*, la petición de Pratt, solicitando el envío de obreros a Cuba, llegó un poco antes que la de Collazo. De cualquier manera, el 4 de junio de 1890, llegó a La Habana A. T. Graybill, misionero en México.[42] Collazo había iniciado su obra en enero de 1890.[43]

A. T. Graybill procedió a organizar oficialmente una de las congregaciones de Collazo, precisamente la del Cerro, como una iglesia presbiteriana. En el libro mencionado, y en varios artículos se afirma que los dos se dirigieron a Santa Clara en una gira de predicación que incluyó Placetas, Remedios y Caibarién, lugares donde Collazo había hecho contactos con anterioridad. Es probable que en esas poblaciones vivieran cubanos convertidos en los Estados Unidos, o que eran producto de las iglesias establecidas en Matanzas y La Habana. Al regresar a la capital, el misionero ordenó como ministro a Collazo, convirtiéndole en el primer pastor presbiteriano en Cuba.

En enero de 1891, John Gillespie Hall, otro misionero, fundador de la obra presbiteriana en México, llegó a La Habana. Cuando el comité ejecutivo de la Junta de Misiones decidió abrir obra en Cuba, le había escogido a él y a Graybill para que cualquiera de los dos visitara el país. Hall colaboró con Collazo durante su estancia, continuando la cooperación iniciada por Graybill y escribió a la Junta pidiendo la intensificación del trabajo. Edward A. Odell le atribuye la organización de una escuela dominical en Santa Clara, lo cual indica que las labores anteriores se habían limitado a la predicación ocasional. El 4 de julio de ese año, Collazo alquiló allí una casa para que sirviera de capilla. También se abrió una escuela. La Junta de Misiones decidió su traslado para Santa Clara. Este parecía contar con la ayuda de algunos obreros laicos en La Habana y Santa Clara que se encargaban de los puntos de predicación. En relación con la anterior visita, la de Graybill, un informe de éste ayuda a aclarar algunos aspectos de la obra.[44] La iglesia de Santa Clara fue el resultado de una situación familiar. La suegra de Collazo residía allí. En el primer culto había estado presente un delegado del gobernador y 40 personas más. Había sido el primer culto protestante en la ciudad. Se trataba de una oportunidad misionera en el interior del país y en un lugar donde no había obra misionera. Es por eso que Graybill quiso ir allí. Fue en Santa Clara donde Collazo empezó a recibir ayuda económica de la Junta. Muy interesante es lo que Graybill incluye en el informe acerca de algunas personas que no querían hacerse protestantes debido a lo difícil que sería su enterramiento. El obispo católico impedía el entierro de personas de otra religión y era necesaria la intervención del gobernador.

En este informe también se menciona que Collazo trabajaba como tabaquero.

Parece evidente que no se lograron resultados demasiado impresionantes en Santa Clara, pero con la llegada de Collazo se abrieron allí algunas oportunidades. Desde esa ciudad, capital de la provincia central de Cuba, el ministro presbiteriano podía visitar numerosos pueblos en los que no había obra evangélica ni se había recibido la visita de un predicador o misionero. Fue un paso de avance en la naciente Iglesia Evangélica de Cuba. La obra ya no estaría limitada mayormente a las provincias de Matanzas y La Habana. Collazo predicaba también en Sagua la Grande, Camajuaní y Caibarién. En Cruces se logró abrir una obra en el hogar de una persona que tenía gran interés en alcanzar a otros. Se trataba de un miembro de la Iglesia Episcopal que quería que algunos servicios protestantes se ofrecieran en el pueblo.

La presencia de protestantes extranjeros en el siglo XIX tiene alguna relación con estos esfuerzos ya que por lo menos en Remedios, Collazo encontró a presbiterianos estadounidenses. Allí también predicó el evangelio. Esa devota familia presbiteriana había oído acerca del trabajo de los bautistas en La Habana y abrigaba esperanzas de que llegaran a Remedios; sin embargo, tuvieron una sorpresa aun más grata: los presbiterianos, miembros de su propia denominación llegaron con Collazo a abrir obra allí.[45]

Otro misionero que trabajó brevemente en Cuba fue el ya mencionado H. B. Pratt. Sus labores se desarrollaron principalmente en Santa Clara en 1894, pero se limitó a viajar desde México. Al año siguiente estalló la Guerra de Independencia y Collazo se unió al Ejército Libertador, después que el gobierno le hubiera ordenado irse del país. Los presbiterianos habían podido alcanzar a algunos cientos de personas con sus actividades que tuvieron como centro a Santa Clara y que se extendieron a Sagua la Grande, Placetas, Camajuaní, Caibarién, Remedios, Cruces y también a la Esperanza, Ranchuelo, San Juan de los Yeras, a algunos caseríos cercanos a Santa Clara y a otros lugares en la provincia central. En 1893, Evaristo Collazo logró establecer un pequeño cementerio protestante en Santa Clara. Aunque no pudo levantar congregaciones tan fuertes y tan numerosas como las de Díaz y Duarte, logró crear al menos una presencia presbiteriana en la Isla. Los problemas que se mencionan en algunos informes, es decir, cierta división en la iglesia en Santa Clara en 1894 son una experiencia frecuente y a veces inevitable en el trabajo pastoral. Su preocupación por abrir escuelas, aunque limitadas en cuanto a nivel y alcance, como las que abrió en La Habana y Santa Clara, y una que promovió en Ranchuelo,[46] sería la misma actitud que después mostrarían los presbiterianos en Cuba al crear algunos de los mejores centros educacionales privados del país, ya en el siglo XX.

La interrupción de sus labores no significó el fin de la obra presbiteriana, como lo evidencia el hecho de que los misioneros y pastores que trabajaron a partir de 1899 en territorio cubano encontraron, en los lugares donde se había predicado, un buen número de personas fieles al evangelio y deseosas de continuar asistiendo a iglesias presbiterianas o evangélicas. Muchas de las iglesias organizadas a principios del siglo contaron entre sus miembros más entusiastas a personas convertidas durante la época de Collazo.

El campo misionero de Cuba fue cerrado por la Junta de Misiones en 1895, pues el año anterior, al producirse las tensiones internas en la iglesia de Santa Clara, lo había solicitado así el misionero H. B. Pratt. La medida entró en vigor en febrero de 1895 y la situación política no debe de haber sido ajena al asunto. Collazo siguió predicando y realizó contribuciones adicionales al trabajo cuando se abrieron misiones presbiterianas en 1899. En esa época regresaron los presbiterianos del sur, y entraron los del norte, que enviaron a Cuba entre otros, al notable misionero J. Milton Greene, con quien Collazo tuvo contactos epistolares en 1890. Evaristo Collazo fue, sin duda, el pionero del presbiterianismo en Cuba.

Otros esfuerzos, independientes y aislados, se llevaron a cabo en el país entre 1883 y 1898.[47] Además, como hemos mencionado anteriormente, la Sociedad Bíblica Americana había enviado a Cuba a Andrew J. McKim y otras personas. De acuerdo con un artículo publicado en 1899 se habían distribuido en Cuba desde la llegada de éste en 1884 unas 30 mil Escrituras. Y eso a pesar de que esa obra fue descontinuada durante la Guerra de la Independencia.[48]

Entre 1883 y 1898, protestantes cubanos organizaron iglesias en las provincias de La Habana, Matanzas y Las Villas. Existe hasta la posibilidad de reuniones y predicación esporádica en otras provincias del país. Si sumamos las iglesias y las misiones o estaciones de predicación de episcopales, bautistas, metodistas y presbiterianos, nos encontramos con varias docenas de congregaciones o grupos evangélicos. Al terminar la guerra, algunas congregaciones estaban funcionando y muchos grupos se reunían en los hogares. Miles de cubanos se unieron a las iglesias en esos quince años o asistieron regularmente a las mismas. La Biblia fue distribuida. Se abrieron escuelas elementales y hasta algunos cementerios. Se compraron unas pocas propiedades que fueron usadas para templos y capillas. Los episcopales edificaron una en Matanzas. En el proceso participaron juntas de misiones de los Estados Unidos, y probablemente una de Jamaica. Algunos misioneros visitaron el país o residieron brevemente en el mismo. Pero el trabajo estaba en manos de cubanos. Ellos fueron los que abrieron las iglesias, lograron conversiones, realizaron regularmente funciones pastorales, distribuyeron las Escrituras, crearon instituciones, obtuvieron la tolerancia religiosa, solicitaron apoyo de las juntas misioneras y hasta publicaron las primeras revistas evangélicas. Alberto J. Díaz logró formar algunos predicadores y los otros atrajeron y prepararon obreros laicos.

Por haber emigrado a los Estados Unidos, muchos cubanos pudieron conocer el mensaje evangélico, pero aun allí tomaron la iniciativa, contando con el apoyo de norteamericanos interesados en las empresas misioneras. La formación de iglesias autóctonas en Iberoamérica es uno de los fenómenos más interesantes del siglo XX. Los estudios misionológicos aportarán en el futuro nuevos elementos que permitirán interpretar esos procesos. Algunos investigadores, reconociendo las notables contribuciones de los misioneros y las juntas misioneras, se han encargado de hacer resaltar la participación de los latinoamericanos que con limitadísimos recursos han organizado congregaciones y asociaciones de iglesias. La importancia mayor del fenómeno cubano radica en haber ocurrido en el siglo XIX y en no ser el resultado de una iniciativa foránea o de una decisión de un gobernante enfrentado con la Iglesia Católica. En Cuba lo que surgió de la iniciativa de los nacionales fue el protestantismo cubano, no una denominación. El movimiento protestante en el país tiene raíces nacionales aun en aspectos ideológicos, a pesar de haber surgido originalmente en la emigración y ese asunto merece ser estudiado. Hasta hace poco, el tema casi no era mencionado a pesar de la existencia de información fragmentaria acerca de los orígenes del movimiento evangélico. En este capítulo hemos visto cómo la ayuda económica fue limitada, se recibió en ciertas ocasiones o por breves períodos de tiempo. Aun en el caso de los bautistas del sur, la Junta de Misiones Domésticas, relacionada con Cuba desde 1886 no disponía entonces de recursos suficientes para la obra. La generosidad de algunos creyentes extranjeros y de funcionarios misioneros que hicieron posible el uso de los fondos disponibles, debe ser reconocida con toda amplitud.[49]

Los líderes de las congregaciones cubanas eran patriotas cuyas acciones heroicas nos obligan a abrir otro capítulo. No es posible negar que las suyas eran iglesias cubanas. Estaban compuestas por nacionales y sus pastores fundadores habían nacido en Cuba. Alberto J. Díaz no fue el único cubano que estuvo a cargo de la dirección de la obra evangélica con la que estaba vinculado. Una lectura de este capítulo debe ser suficiente para determinar hasta qué punto los cubanos habían asumido las responsabilidades en la etapa que hemos estudiado. Se trataba de una pequeña iglesia cubana bajo la bandera española. Sus miembros trabajaban febrilmente por otra enseña nacional, la de la estrella solitaria.[50] Todo esto sucedió en la última colonia de España en el continente latinoamericano a fines del siglo XIX. Así se formó el protestantismo cubano y de esa manera nació la Iglesia Evangélica de Cuba.

NOTAS

1. La disminución del fervor religioso y la asistencia popular a los oficios católicos es un fenómeno que fue observado por nacionales y extranjeros a través del siglo XIX. En algunas poblaciones, los hombres, con contadas excepciones, no asistían sino a bodas y bautizos y era frecuente que un sacerdote dijera misa con la asistencia del acólito o monaguillo y de dos o tres personas. Una situación bastante parecida a la de los anglicanos en regiones rurales del sur de Irlanda. La situación no era, sin embargo, tan seria como la observada en el siglo XX. Debe tenerse en cuenta que aunque 500 personas asistieran el domingo a misa en una ciudad, esto no podría ser considerado impresionante en un municipio de veinte o treinta mil habitantes. En la mayoría de las regiones rurales los campesinos si acaso veían al sacerdote una vez al año, con motivo de la celebración de bautizos. Para la inmensa mayoría de los católicos de la Cuba del siglo XIX las únicas ceremonias a las que se asistía regularmente era a aquellas que formaban parte de su vida, por costumbre o por imperiosa necesidad legal, es decir, el bautismo, el matrimonio y el sepelio. Las clases aristocráticas permanecieron fieles a la Iglesia y a la práctica externa de la religión en muchos casos.

2. Leopoldo Alard, op. cit., p. 18.
3. Agustín López Muñoz, *Apóstol bautista en la Perla Antillana* (Caibarién: Editorial Federación, 1945), p. 45.
4. Leopoldo Alard, op. cit., p. 18.
5. Ibid.
6. Ibid., p. 19.
7. "Our Overseas Mission" (Informe preparado en la oficina del director del Departamento de Ultramar del Concilio Nacional de la Iglesia Protestante Episcopal, Nueva York, 1964), p. 3.
8. Ibid., p. 2.
9. Ibid., pp. 29-30.
10. *La Gaceta de La Habana*, septiembre 9, 1884.
11. Albion W. Knight, op. cit., p. 23.
12. Leopoldo Alard, op. cit., p. 14.
13. Ibid., p. 32.
14. En otros relatos del trabajo en Jesús del Monte se le llama José Ramón González Peña. De todas formas pertenecía a una familia episcopal que dio otros líderes a la iglesia. Según el historiador Juan Ramón de la Paz eran descendientes de Felipe Poey y José de la Luz y Caballero.
15. Citado por S. A. Neblett en su *Historia de la Iglesia Metodista de Cuba*, p. 14. Fue extraído de los escritos de Manuel Deulofeu.
16. S. A. Neblett, op. cit. p. 14.
17. Ibid., p. 15.
18. Ibid.
19. Antonio Pereira Alves, op. cit., p. 124-125.
20. "Missions in Cuba", *The Missionary*, marzo, 1900.
21. J. T. Hall, "Our Cuba Mission", *The Missionary*, agosto 1907, p. 400.
22. Horace O. Russell,*The Baptist Witness* (El Paso: Caribe Baptist Publications, 1983), p. 139.

23. Lloyd Corder, op. cit., p. 339.
24. La palabra "mensajero" es utilizada entre los bautistas para referirse a los delegados a las convenciones y asociaciones de la denominación. La Convención Bautista del Sur, o cualquier convención de esa denominación evangélica no puede imponer sus decisiones a las iglesias, sino nada más recomendar. Se trata de una denominación plenamente congregacional en cuanto a sistema de gobierno, y sus agencias y convenciones son de carácter cooperativo y voluntario.
25. Lloyd Corder, op. cit., p. 340.
26. A. S. Rodríguez, op. cit., p. 6.
27. Josué Grijalva, "The Story of Hispanic Southern Baptist" en la revista *Baptist History and Heritage* (Nashville: Southern Baptist Sunday School Board, July 1983).
28. Horace O. Russell, op. cit., p. 140.
29. En los libros que hemos utilizado para referirnos a estos eventos y entre cuyos autores están A. S. Rodríguez, Antonio Pereira Alves, Agustín López Muñoz y el artículo de Lloyd Corder, así como en trabajos de autores de diferentes denominaciones no-bautistas, existe disparidad sobre la fecha de los bautismos y algunos hasta la confunden con la organización de la primera iglesia bautista fundada en Cuba. Sin embargo, esas disparidades se limitan al año, si fue 1885 o 1886, y al día exacto. En los párrafos anteriores hemos presentado los acontecimientos después de mucha investigación y el relato de Russell, es decir, la nota anterior se aproxima a la realidad en cuanto a la llegada de Wood, la ordenación de Díaz, el bautismo de los creyentes y la organización de la iglesia, coincidiendo parcialmente con otros investigadores. La palabra final la aportan sin embargo, las actas de la Iglesia Getsemaní examinadas por Reinaldo Sánchez y que se mencionan en este capítulo.
31. Ibid.
32. A. S. Rodríguez, op. cit., p. 7
33. Horace O. Russell, op. cit., p. 198.
34. Ibid., p. 144.
35. Lloyd Corder, op. cit., p. 340.
36. A. S. Rodríguez, op. cit., p. 11.
37. Herminio Portell Vilá, *Historia de Cuba en sus relaciones con los Estados Unidos y España* (Miami: Mnemosyne Publishing, 1969), tomo III, pp. 173-174.
38. Lloyd Corder, op. cit., p. 340.
39. "Missions in Cuba", *The Missionary*, enero de 1899. Citan al Dr. Tichenor de la Junta de Misiones Domésticas de la Convención Bautista del Sur.
40. Ibid.
41. Edward A. Odell, *It Came to Pass* (Nueva York: Board of National Missions, 1952), pp. 80-81.
42. Ibid., p. 81.
43. Carta de Collazo a J. Milton Greene, reproducida en el artículo de Jacobo Guiribitey Alcalde en la revista *Heraldo Cristiano* (La Habana), Año XXIV, pp. 6-7.
44. A. T. Graybill, carta publicada en *The Missionary*, octubre de 1890.
45. J. G. Hall, "Cuba", en *The Missionary*, junio de 1893.
46. Ibid.

47. De acuerdo con el historiador metodista José O. Garrido Catalá, a quien ya hemos mencionado como investigador histórico, el licenciado Francisco González de Calá, que estuvo relacionado con la "Alianza Evangélica", un grupo de metodistas y otros evangélicos pioneros en Cuba, realizó algunas labores de forma independiente y además colaboró de alguna forma con Evaristo Collazo cuando este solicitó la entrada de los presbiterianos en Cuba. Garrido afirma que en 1898 un ministro norteamericano visitó a este predicador en Cuba y su obra estaba establecida como "Iglesia de los Amigos" (o cuáqueros) y tenían actividades en La Habana y Aguacate. Nos referiremos a este asunto al describir los inicios de los cuáqueros en Cuba. La iglesia de González de Calá fue reconocida por los cuáqueros de México.

48. "Missions in Cuba" en *The Missionary*, enero de 1899. Debe señalarse que Lloyd Corder se refiere en su mencionado artículo sobre los bautistas en Cuba a informes recibidos por la Junta de Misiones Domésticas que incluyen el encontrar a personas en Cuba, en la década de 1880, que por muchos años guardaban biblias protestantes en sus hogares. La distribución de la Biblia en el país es muy anterior a la llegada de la Sociedad Bíblica Americana. Ya hemos mencionado las actividades de los protestantes ingleses y jamaicanos en la primera parte del siglo XIX.

49. El importante circo-teatro "Jané", comprado por la Junta Bautista del Sur costó US$65.000, pagados en varios plazos. Esa denominación fue la que más invirtió en Cuba en ese periodo.

50. La enseña cubana tiene una sola estrella y es llamada por eso la bandera de "la estrella solitaria". Procede de la invasión de Narciso López a la ciudad de Cárdenas.

Capítulo VIII

PROTESTANTES EN LA INDEPENDENCIA DE CUBA

Con el siglo XIX habían llegado a la América española las inquietudes independentistas. Las guerras napoleónicas cambiaron la historia europea y por un tiempo España fue ocupada por los franceses. José Bonaparte pasó a ser rey de España en tanto que su hermano Napoleón era prácticamente el dueño de Europa. La Guerra de la Independencia duró en España de 1808 a 1814. La mayoría apoyaba a Fernando VII, a quien muchos empezaron a llamar "El Deseado". Este había sido privado de sus derechos al trono español mediante hábiles maniobras de los franceses. Pero una parte de la población culta apoyaba al nuevo rey pensando que de esa forma el país se liberalizaría mediante las ideas y principios de la Revolución Francesa.

En las capitales coloniales se formaron —al igual que en España— juntas de gobierno para defender los derechos de Fernando VII, pero estas se convirtieron en América en instrumentos de la causa independentista. Las guerras de independencia se iniciaron alrededor de 1810. En Cuba, gobernada por el Marqués de Someruelos, los españoles evitaron la creación de juntas ante el temor de que estas fueran dominadas por los criollos. Al formarse en España por los defensores del rey español una Junta Central y un Consejo de Regencia, las autoridades coloniales de Cuba les dieron su apoyo y acataron sus decisiones. La Isla, y todo el archipiélago cubano, seguirían en manos españolas hasta 1898.

La causa de Bolívar en Sudamérica y de Hidalgo y Morelos en México, es decir, la independencia, encontraría desde muy temprano partidarios en Cuba. Pero en 1810 se eligieron los primeros diputados cubanos a las Cortes españolas. Fueron elegidos por el voto de los regidores de los Ayuntamientos en La Habana y Santiago de Cuba. Tan pronto se supo en Cuba que la supresión de la trata iba a ser discutida, los hombres más influyentes y ricos de la Isla redactaron un documento oponiéndose a su discusión antes de que se elaborara una constitución. Someruelos apoyó la causa de los esclavistas pues temía, entre otras cosas, que estos buscaran la independencia en caso de ser suprimida la productiva institución. Cerca de Cuba, en el resto de América, las juntas de gobierno se declaraban soberanas y aquellos que se oponían eran destituidos por su fidelidad al Rey y a España. La hora de la independencia americana había llegado, aunque no para Cuba y Puerto Rico.

Diversos intentos por organizar una revolución cubana con fines separatistas fracasaron. Joaquín Infante preparó una constitución basada en los principios de independencia. Ramón de la Luz Silveira era aparentemente el jefe de la conspiración (1809-1810). Como dato curioso, aquella constitución —la primera preparada por cubanos independentistas— establecía la tolerancia religiosa, aunque protegía a la Iglesia Católica.

Poco después, en 1812, se produjo una sublevación de esclavos encabezada por José Antonio Aponte, un negro libre de La Habana, de oficio carpintero. Aponte había tenido noticias de los planes para discutir el tema de la esclavitud en las Cortes constituyentes de 1811 y del posterior fracaso en la asamblea de la posición de los que querían suprimir la trata y preparar el camino para la abolición de la esclavitud. La sublevación fue reprimida en Puerto Príncipe, Oriente y La Habana, donde tuvieron lugar los levantamientos. Aponte fue ahorcado junto a muchos de sus colaboradores. A partir de entonces, se iniciaría un largo periodo de conspiraciones. Los esclavos y los partidarios de la abolición de la esclavitud estarían activos en ese movimiento. También se destacarían criollos blancos tales como José Francisco Lemus y los miembros de la sociedad secreta "Soles y Rayos de Bolívar" fundada en 1821, que logró atraer las simpatías de José María Heredia, a quien muchos consideran el poeta nacional de Cuba en el siglo XIX y que era primo del poeta del mismo nombre que siendo también nativo de Cuba se destacó en Francia, donde llegó a ocupar un sillón en la Academia Francesa. La conspiración fracasó, como también la de la organización conocida como "Gran Legión del Aguila Negra", fundada en México para combatir a los españoles y que contó entre sus principales dirigentes al ex-sacerdote católico cubano Simón de Chávez. Vives tuvo noticias de ella en 1829 y le hizo frente.

Numerosos protestantes ingleses y norteamericanos participaron en las guerras de independencia de los paises de la América española. Aunque algunos libertadores al hacerse cargo de los gobiernos de sus respectivos paises mantuvieron ciertos privilegios de la Iglesia Católica, la actitud negativa hacia la independencia por parte de la casi totalidad de los altos prelados de la misma creó malestar en la población. La tolerancia religiosa, legal o de hecho, empezó a prevalecer lentamente en algunas regiones del continente. La primera constitución argentina (1819) garantizaba la libertad de conciencia y en 1820 se celebraban los primeros cultos protestantes en ese país. Diego Thomson empezaba a hacer prosélitos en el Río de la Plata. Las primeras medidas lo único que garantizaban era la libertad de cultos para los extranjeros, y aunque todavía quedaba mucho por hacer, a lo menos esto era el primer paso. Las nuevas naciones se empezaron a abrir a la inmigración de protestantes extranjeros. Las escuelas "lancasterianas", las sociedades bíblicas y las congregaciones de extranjeros iban indicando un futuro de libertad religiosa que no era pasado por alto por las juntas misioneras, algunas de las cuales, a partir de la década de 1860, invadirían la región.

Desde que en Cuba las conspiraciones empezaron a atraer norteamericanos se produjo una presencia protestante, o por lo menos de individuos de esta religión en el proceso independentista cubano; sin embargo, la primera participación real y efectiva de evangélicos en las luchas por la independencia tuvo probablemente lugar dentro del movimiento abolicionista, al cual hemos dedicado un capítulo. Ingleses y jamaicanos evangélicos hicieron su parte en el proceso.

No es posible afirmar que todos los misioneros que eran enviados a Cuba por organizaciones protestantes anti-esclavistas eran partidarios de la independencia. Pero si no lo eran, en su contacto con la realidad cubana algunos llegaron a serlo y la participación de sociedades evangélicas o sus miembros en las conspiraciones de esclavos resulta inescapable. Aunque ya nos hemos referido al tema en otro capítulo, trataremos de establecer ahora la relación entre abolicionismo protestante y actividades independentistas.

Los que han tratado de separar de las actividades conspirativas entre esclavos a los bautistas, metodistas y otros protestantes procedentes de Jamaica en la primera mitad del siglo, han invocado su "pacifismo", el cual hemos rechazado por inexistente. Intenciones pacíficas existieron en muchos abolicionistas, pero el pacifismo es una cuestión cuáquera y de otros grupos y no forma parte de los principios metodistas o bautistas. Mucho menos de los dogmas presbiterianos o anglicanos. Los misioneros enviados a trabajar con esclavos tenían entre sus funciones repartir Biblias, promover la abolición y crear descontento. La preservación del poder colonial en Cuba no estaba entre los temas que herían los escrúpulos de los misioneros antiesclavistas. Hojas sueltas conteniendo versos y dibujos, entre ellos el famoso sello usado por los abolicionistas ingleses que llevaba esta leyenda: "¿No soy yo un hombre y un hermano?"[1] se distribuyeron profusamente por los enviados de las sociedades metodistas y bautistas dedicadas al abolicionismo. Es imposible separar a los abolicionistas que integraban estas sociedades (generalmente compuestas por los más entusiastas y dedicados) de las actividades subversivas. Ellos entraron subrepticiamente en Cuba y sus relaciones con los organizadores de conspiraciones resultan demasiado evidentes. Tuvieron el valor hasta de preparar agentes y misioneros en Africa y enviarlos a Cuba para trabajar entre sus hermanos de raza. Muy pronto los gobernantes españoles se dieron cuenta de que entre los esclavos que iban llegando algunos hablaban inglés. La posibilidad de que fueran misioneros de las sociedades abolicionistas protestantes ha sido señalada reiteradamente.[2]

El nombramiento de David Turnbull como cónsul en Cuba en 1840 fue pedido por las sociedades abolicionistas protestantes. El era su campeón o por lo menos uno de sus voceros más prominentes en las Antillas. El juicio de Juan Pérez de la Riva, en una nota de su introducción a la *Correspondencia reservada* de Tacón, atribuye sinceridad al abolicionismo metodista y reconoce su efectiva propaganda pero afirma que no llegaron a "fomentar insurrecciones como los acusaban los españoles". Si las acusaciones de conspiración hechas a Turnbull parecen haber sido ciertas, no menos exactas fueron las hechas a los metodistas y otros evangélicos. Aun si grupos como la Sociedad Metodista de Jamaica no participaron directamente, sus miembros sí lo hicieron. Y de cualquier manera, las otras agrupaciones de partidarios del abolicionismo estaban integradas mayoritariamente por miembros de iglesias protestantes.

De gran valor es esta explicación de Ramiro Guerra en relación con los eventos sucedidos después de la expulsión de Cuba del cónsul Turnbull en 1842:

> "Del Monte había sabido de fuente absolutamente auténtica que el ministerio británico y las sociedades abolicionistas, viéndose desatendidos o burlados obstinadamente por el gobierno de La Habana y por el de Madrid en las exigencias referentes a la esclavitud, habían resuelto alcanzar sus fines por un camino que conduciría a la inmediata ruina de Cuba. Numnerosos agentes británicos recorrían la Isla haciendo ofertas de independencia a los blancos, a condición de que se unieran con la población de color para obtener la emancipación de los esclavos y ayudar a convertir a Cuba en una república bajo la protección de Inglaterra. Para realizar el plan, los abolicionistas fiaban en las fuerzas navales británicas estacionadas en Jamaica y otros puertos. Se decía que tenían

disponibles dos buques de guerra de vapor, y que le habían propuesto al general venezolano Mariño, residente en Kingston, el mando de la expedición invasora, la cual sería secundada por una insurrección de los esclavos y de la población de color libre, apoyada por los blancos criollos. La opinión de Del Monte era que si el plan se llevaba adelante, los cubanos blancos serían burlados, porque no podrían asegurar sus derechos en la futura República Etiópico Cubana, que se convertiría en una república militar negra bajo el protectorado inglés...³

Por supuesto que algunos detalles de esta presentación que hace Guerra pueden ser discutibles, pero lo importante es que señala a grandes rasgos la situación existente. Todo este asunto estaba relacionado con la influencia imperialista inglesa y va indicando hacia el problema del anexionismo que después alcanzaría gran impulso por el temor a las rebeliones de esclavos. La participación de Turnbull y de los anti-esclavistas británicos es defendida por historiadores españoles como Mario Hernández y Sánchez Barba y por varios notables eruditos cubanos. Entre estos últimos está el profesor Jorge Castellanos, quien en su reciente libro *Plácido: poeta social y político* ofrece pruebas de gran peso y sostiene que las exageraciones y deformación de los hechos por parte de las autoridades coloniales no deben hacernos rechazar ciertas acusaciones, ya que se referían a un problema real que los estaba amenazando. Castellanos afirma: "...entonces bien puede decirse que sí hubo una conspiración antiesclavista y separatista, dirigida por Mr. Turnbull y extendida por varias partes de la isla".⁴

La más conocida de las empresas atribuidas a Turnbull fue la llamada "Conspiración de la escalera" en la que perdieron la vida, ejecutados por las autoridades españolas, varios cubanos entre ellos el famoso poeta Plácido. Domingo del Monte creyó firmemente que Turnbull encabezaba la conspiración y que pretendía hacerse cargo del gobierno de la Isla.⁵ Otros lo han negado u omitido, entre ellos algunos cubanos amigos de éste, que al hacerlo se estaban protegiendo de represalias oficiales por una posible participación. Aun si se niega que Turnbull era la figura central de la rebelión, su participación parece segura. Las acusaciones que se le hacen al cónsul de manipular la situación no son ni siquiera comparables a las que pudieran hacerse a las autoridades coloniales por reprimir salvajemente a los supuestos conspiradores. Nuestro propósito no es defender el estilo de "independentismo" de los abolicionistas ingleses, sino señalar la participación de individuos de religión protestante y de sociedades evangélicas en el intento.

La complicada naturaleza de otro fenómeno de la época, el anexionismo, y su relación con los deseos de expansión territorial de los Estados Unidos, nos impide dedicarle demasiado espacio. En todo caso, los cubanos anexionistas eran en su casi totalidad católicos.[6] Entre los argumentos utilizados en contra de la anexión estaba sin embargo, el temor a que Cuba pasara a ser parte de una nación protestante, lo cual iba en detrimento del catolicismo insular. Pero los anexionistas temían a las conspiraciones de esclavos y durante ese periodo se mencionaba el regreso desde Jamaica de agitadores protestantes como lo señala acertadamente Fernando Portuondo, el notable historiador cubano:

"...en Jamaica, la Sociedad Abolicionista de Londres y la secta de los metodistas, preparaban agentes de disturbios que han de infiltrarse entre los esclavos de Cuba. Una sola esperanza cierta se vislumbra para conservar el bienestar de la gente ilustrada en Cuba: cerca, muy cerca, una provincia de México, socorrida por los norteamericanos emprendedores y ambiciosos, ha levantado pabellón propio."[7]

Portuondo se refería a Texas y a la esperanza que su destino despertaba en los miembros del Club de La Habana, fundado en 1847 y reunido generalmente en el Palacio de Miguel Aldama, un hombre de grandes riquezas. Los del Club de La Habana y los seguidores de Gaspar Betancourt Cisneros, "El lugareño" que se habían organizado en Nueva York eran parte de un amplio movimiento por la anexión. El temor al abolicionismo les convertía en anexionistas y la propaganda de los grupos antiesclavistas integrados mayormente por protestantes les atemorizaba. Pero no había relación alguna entre anexionismo y protestantismo cubano. Este último no existía todavía como movimiento, y el único protestante cubano que sabemos por su correspondencia privada que tuvo relaciones con anexionistas importantes, específicamente con José Ignacio Rodríguez, sería el clérigo Joaquín de Palma. De Palma era un convencido independentista pero no partidario de la anexión. El general Agustín Santa Rosa, colaborador de de Palma, tuvo amistad y vínculos con anexionistas antes de convertirse al protestantismo.

En esa época, Narciso López, venezolano que había sido alto oficial y funcionario español y por un tiempo gobernador de Trinidad en Cuba, realizaba gestiones para independizar la Isla y luego darle al pueblo la oportunidad de decidir entre anexión e independencia. La conspiración conocida con el nombre de sus minas en Manicaragua, "La rosa cubana", fracasó así como expediciones que organizó en 1848, 1849 y 1850. Las primeras no llegaron a realizarse y la última le permitió tomar brevemente a Cárdenas en 1850. Allí flameó por primera vez, antes de la retirada de los invasores, la bandera de la estrella solitaria, por ellos traída. En 1851 desembarcó de nuevo, esta vez en Playitas, Pinar del Río. Pero después de varios encuentros fue tomado prisionero y agarrotado mientras cincuenta de sus seguidores eran fusilados. Seiscientos fueron los expedicionarios que trajo a Cárdenas y cuatrocientos los que arribaron a Playitas. Había pocos cubanos en la tropa. El número de protestantes era elevado entre los expedicionarios, mayormente norteamericanos.

Y las conspiraciones continuaron; entre éstas, las de Joaquín de Agüero en Puerto Príncipe (Camagüey) y la de Isidoro Armenteros, en Las Villas. Los alzamientos, que terminaron con la ejecución de estos líderes, no serían los únicos. El prominente hombre de negocios catalán, Ramón Pintó fue condenado a muerte por un proyecto muy bien organizado que incluía la participación de emigrados cubanos y de propietarios cubanos y españoles. También fue ejecutado por separatista el tipógrafo Eduardo Facciolo. Mientras tanto, al conjuro de ideas anexionistas, se prepararon varias expediciones encabezadas por militares norteamericanos pero que no llegaron a realizarse debido a que los gobernantes de su país cambiaban frecuentemente de política hacia Cuba con el propósito de proteger sus intereses. Por otra parte, al abandonar en 1858 el general José Gutiérrez de la Concha el gobierno de Cuba, la Isla disfrutaba de la paz impuesta por la fuerza. José Antonio Saco comentaba sobre Cuba que "vive tranquila, pero no contenta".

Antes de producirse la Guerra de los Diez Años en 1868, algunos cubanos trataron de conseguir por parte de España ciertas reformas, pero el resultado fue negativo. El Partido Reformista surgió en la década de 1860 y culminó con su final integración en 1865. Figuraban en el mismo algunos antiguos anexionistas y entre sus líderes se destacó Francisco de Frias, conde de Pozos Dulces. Al adquirir el periódico *El Siglo*, que fue dirigido por Frias, contaron con un órgano de gran importancia que a partir de 1863 se convirtió en vocero de las aspiraciones de muchos cubanos. Fue esa la época (1865) en que se convocó una Junta de Información para estudiar reformas a aplicarse en Cuba. Pero no se obtuvieron resultados apreciables. El gobierno español no aprovechó las oportunidades que tuvo para mantener la presencia de España en Cuba. Los diputados cubanos en las Cortes, al igual que los miembros de la Junta de Información, sufrieron en el siglo XIX muchos desaires y desengaños en el proceso. Y el reformismo no logró sus objetivos, como tampoco los habían alcanzado hombres como Varela, Saco y otros voceros de las inquietudes nacionales. Entre los reformistas estuvo el notable orador cubano convertido al protestantismo Tristán de Jesús Medina.

En relación con el problema religioso y el pensamiento de los cubanos, ya en la época que estamos analizando, la década de 1860, estos no se manifestaban unánimemente a favor del catolicismo ni se molestaban porque otras religiones existieran y se propagaran. *El Siglo* aplaudió la implantación de la libertad de cultos en México y dio la bienvenida a la nacionalización de los bienes del clero mexicano dispuesto por el emperador Maximiliano. Los órganos de opinión conservadores como *La Prensa* y *Diario de la Marina* se escandalizaron y les acusaron por esa posición "tan poco católica". En un editorial de fecha 24 de marzo de 1865, *El Siglo* tuvo que defenderse y hacer profesión de fe católica aunque dando a entender la posibilidad de aceptar la libertad de cultos.

En la etapa previa al 10 de octubre de 1868 se conocen las actividades de un eminente protestante cubano, Joaquín de Palma, que se desenvolvía con gran prestigio entre los emigrados de Jamaica y Nueva York. En otro capítulo hemos mencionado su labor como recaudador de fondos para auxiliar a los emigrados pobres y como vocero del independentismo, sus sermones separatistas y su probable relación patriótica con Carlos Manuel de Céspedes y sobre todo con Martí, que le dedicó palabras de reconocimiento especial.

El 10 de octubre de 1868 se alzaron en armas en la provincia de Oriente numerosos cubanos bajo el liderazgo de Carlos Manuel de Céspedes. Era el inicio de la Guerra de los Diez Años. Con esa rebelión cesaron por el momento esfuerzos reformistas y anexionistas y las conclusiones más o menos extranjerizantes. Había pasado la primera mitad del siglo y los cubanos ya habían decidido separarse definitivamente de España y establecer la República de Cuba. Intentar describir en este libro una empresa con esas dimensiones, sería imposible. Nos limitaremos a señalar la participación de evangélicos.

En aquella época solo vivían en Cuba protestantes extranjeros, y eran contados los emigrados que se habían pasado al protestantismo. Sin embargo, hubo un número de protestantes cubanos que tuvieron una destacada figuración en la lucha. Como hemos visto en otros capítulos, muchos de ellos habían conocido el evangelio en los Estados Unidos.

El 24 de septiembre de 1870 fue ejecutado en La Habana el joven abogado Luis Ayestarán y Moliner, que había estudiado en el colegio El Salvador con José de la Luz y Caballero. Ayestarán había sido miembro de la Asamblea de Guáimaro, que redactó la primera constitución de Cuba en Armas, representando el departamento occidental en el cuerpo legislativo de la república en armas. Este oficial del Ejército Libertador fue detenido al regresar de los Estados Unidos, donde cumplía una misión especial. Se le condenó a morir en el garrote en el Castillo del Príncipe. Según el periódico *La Quincena*, de Gonzalo Castañón, Ayestarán rechazó la extrema unción de la Iglesia Católica afirmando ser protestante.

Pedro Duarte, a quien nos referiremos ampliamente, fue uno de los que ayudó a organizar la expedición del "Virginius" en 1873. Esta embarcación que llevaba armas y combatientes a Cuba fue detenida cerca de Jamaica. Era la tercera expedición que el vapor había realizado. Estando en aguas inglesas, el barco fue capturado y llevado a Santiago de Cuba.

Al llegar a él los españoles no encontraron armas, pues éstas habían sido echadas al agua al iniciarse la persecución. Ni el hecho de su captura en aguas extranjeras ni la bandera norteamericana que había izado sirvieron para impedir que fueran sometidos a consejo de guerra y muchos fueran fusilados. La absoluta ilegalidad de esos actos criminales del gobernador, el brigadier Burriel ha sido probada por el eminente jurista Luis Fernández Marcané en su artículo "Los pródromos del Virginius", publicado por el Archivo Nacional en 1933.

Entre los ejecutados —que incluían a Bernabé Varona, conocido como "Bembeta" y a un hermano de Carlos Manuel de Céspedes— estuvo el veterano revolucionario Agustín Santa Rosa,[8] nacido en La Habana en 1810 y que se había hecho protestante episcopal en los Estados Unidos llegando a desempeñar labores de tipo ministerial en ese país. Santa Rosa había peleado al lado de Narciso López en 1851. Se alzó en armas en 1868 y fue ese mismo año uno de los organizadores de la Junta Revolucionaria de La Habana. Fue apresado por ese tiempo al tratar de conducir armas en un tren que se dirigía a San Cristóbal donde debía producirse un alzamiento. Estuvo preso en el castillo del Morro pero fue puesto en libertad. En 1870 volvió brevemente a prisión. Al regresar en el "Virginius", según la información obtenida por Fermín Peraza para su *Diccionario biográfico cubano*, "Santa Rosa tenía unos 63 años, era valiente y muy excéntrico, de temperamento violento, pero de buen corazón y muy devoto. Nunca entró en batalla sin hacer sus oraciones y pedir a Dios merced por el alma de los enemigos que pudiera matar".[9] Parece haber sido el primer clérigo u obrero religioso protestante fusilado en la lucha independentista. Cirilo Villaverde, el novelista que ya hemos citado, mantuvo relaciones amistosas con el prócer y le dedicó palabras de elogio por su vida piadosa como protestante.

La intervención de la fragata inglesa "Niobe" y de su capitán Lampton Lorraine, que amenazó con bombardear la ciudad, logró detener las ejecuciones en Santiago de Cuba. Se salvaron así 102 vidas en uno de los episodios más hermosos de las relaciones cubano-inglesas. Lorraine se basó en que en la tripulación había súbditos de Su Majestad la reina Victoria de Inglaterra. No es necesario aclarar en detalles la evidente participación de protestantes norteamericanos e ingleses en la expedición del "Virginius" ya que ésta se desprende de la composición étnica de los expedicionarios.

Entre los protestantes extranjeros que se distinguieron en la guerra se pudieran citar cientos. Los más conocidos fueron tal vez Thomas Jordan[10] y Henry Reeve, conocido como "El inglesito". El general Jordan, veterano sureño de la Guerra de Secesión alcanzó grandes victorias en Cuba, como la de Mina de Guáimaro. A su lado aprendió técnicas militares Ignacio Agramonte, uno de los personajes más importantes de la historia de Cuba. Jordan ocupó la jefatura militar de Oriente y por un breve tiempo fue el General en Jefe del Ejército Libertador. Si Jordan ganó un lugar de honor como militar, el título de héroe lo obtuvo sin duda Henry Reeve, "El inglesito". Reeve, uno de los jefes más cercanos a Ignacio Agramonte, fue calificado de "luterano" por cronistas de la época, siguiendo la práctica española de identificar a todos los protestantes con el nombre del reformador Lutero. Según Herminio Portell Vilá: "Nunca hubo un extranjero que con mayor heroismo o con más abnegación pelease por la libertad de otro pueblo". El jefe de la caballería de la Invasión en la Guerra de los Diez Años y que llenó de espanto a los partidarios de España que pensaban que los "mambises" o insurrectos estaban a punto de llegar a la ciudad de La Habana con el machete en mano era en realidad el hijo de un clérigo que desarrolló por mucho tiempo sus labores en Brooklyn, Nueva York: el pastor evangélico Alexander Reeve.

A pesar de su juventud, Reeve alcanzó el rango de brigadier del Ejército Libertador y sus hazañas le convirtieron en un personaje legendario a quien le llamaban "El inglesito", como a otros norteamericanos e ingleses por cuestiones idiomáticas más que nacionales, aunque también le decían "Enrique el americano". Según Ramiro Guerra, "el único jefe insurrecto que se movía de continuo en la parte de Occidente" fue un líder que "no tuvo reemplazo"[11]. Penetró como jefe de brigada en el término jurisdiccional de Colón en dos ocasiones, quemando dos ingenios cercanos a esa importante población de la provincia cubana de Matanzas. Poco después murió en un combate cerca de Yaguaramas, el 4 de agosto de 1876. Enrique Edo en su *Historia de Cienfuegos* relató la muerte de aquel a quien llamó "el famoso caudillo de los rebeldes" diciendo que "había conquistado gran renombre por su temerario valor y arrojo a pesar de tener inutilizada una pierna"[12]. Su muerte fue un terrible revés para la Revolución. Fue enterrado en Colón después de ser exhibido allí por los mismos españoles que habían sido derrotados por él en esa jurisdicción. Los historiadores Herminio Portell Vilá y Fernando Figueredo Socarrás se han referido a su evidente piedad evangélica, dejada de manifiesto por las múltiples ocasiones en que se hincó de rodillas para orar públicamente antes de entrar en batalla.

Solamente para llamar la atención a la participación de gran número de estadounidenses y otros extranjeros, que eran en su mayoría protestantes en cuanto a religión, mencionaremos otro asunto. Reeve había participado en una expedición que llegó al norte de Oriente el 11 de mayo de 1869 en el barco "Perrit", conducido por Francisco Javier Cisneros. Thomas Jordan era el jefe de la expedición que estaba compuesta, entre otros, por 80 norteamericanos. Grupos como ese llegaron en varias ocasiones. Estaban integrados por idealistas y aventureros. La mayoría no practicaba su religión pero muchos eran creyentes nominales y hasta practicantes. La participación extranjera fue de cualquier forma una ayuda importante y un estímulo para los combatientes cubanos que se enfrentaban al poderoso ejército de la corona española.

En la Guerra de los Diez Años participaron hombres que después se unieron a iglesias protestantes o estuvieron vinculados a las mismas, como aquellos mencionados en otro capítulo como firmantes de la petieción de que se ofrecieran servicios en español enviada al obispo episcopal de la Florida. Entre ellos estaban el coronel Carlos Manuel de Céspedes, hijo del Padre de la Patria cubana que llevaba el mismo nombre, el mayor general Alejandro Rodríguez que fue alcalde de La Habana en 1900 y que se distinguió en los procesos independentistas de la época, el conocido conspirador Teodoro Pérez y el coronel Fernando Figüeredo Socarrás, a quien Castellanos identifica como miembro de la comunidad protestante de Key West. Fernando Figüeredo se distinguió en la Guerra de los Diez Años y en los procesos posteriores. A pesar de que su relación con el protestantismo, en cuyas filas probablemente militó solo por algún tiempo, no fue demasiado intensa, merece un reconocimiento especial.

El patriota e historiador cubano Fernando Figüeredo nació en Camagüey en 1846. Se graduó como ingeniero en los Estados Unidos. En la Guerra de los Diez Años fue ayudante-secretario del presidente Carlos Manuel de Céspedes y jefe de Estado Mayor del general Manuel Calvar. Fue elegido como representante a la Cámara de la República en Armas y fue el jefe de Despacho del Presidente Juan Bautista Spotorno. Participó en la protesta de Baraguá, encabezada por Maceo e integrada por los que no aceptaron la paz con los españoles. No se acogió a los beneficios de la llamada "Paz del Zanjón" y emigró a los Estados Unidos donde se relacionó con el protestantismo. Fue una figura importante en la Guerra de Independencia. Ocupó los cargos de director general de Comunicaciones, subsecretario de Gobernación y tesorero de la República, después de la independencia alcanzada en 1902. Como historiador publicó varios libros y fue presidente de la Academia de la Historia de Cuba. Algunos le han considerado como una de las figuras más honestas de la política cubana. Murió en 1929.

Otro cubano vinculado con el protestantismo, a quien ya hemos mencionado entre los emigrados después de la Guerra de los Diez Años fue el general Emilio Núñez Rodríguez, cuya vinculación con una iglesia evangélica fue —como afirmamos— probablemente demasiado pasajera. Este patriota, que sería vicepresidente de la República de Cuba de 1917 a 1921 y gobernador de La Habana, fue una de las figuras más importantes de la política del país y uno de los generales de mayor prestigio en la Guerra de Independencia. También participó en la Guerra de los Diez Años y fue el último jefe cubano que depuso las armas en la llamada Guerra Chiquita en 1880. El primer presidente cubano, Tomás Estrada Palma, que también ocupó ese cargo durante la Guerra de los Diez Años, fue mencionado en otro capítulo por sus vínculos con un grupo cuáquero en Central Valley en el estado de Nueva York. Asistió a iglesias protestantes durante el periodo presidencial de 1902-1906. Fue una de las figuras fundamentales de las dos guerras principales: la de los Diez Años y la de la Independencia. Tuvo las más altas responsabilidades en el Partido Revolucionario Cubano a la muerte de José Martí de quien fue su sucesor y uno de los más cercanos colaboradores. Su papel como recaudador de fondos para la causa independentista fue decisivo. Su vida pública será discutida brevemente en otro capítulo, en función del cargo de Presidente de la República que desempeñó en 1902.

Muchos de estos hombres tuvieron una relación pasajera o poco íntima con el protestantismo. Joaquín de Palma y Agustín Santa Rosa son dos excepciones. Ambos fueron activos militantes evangélicos y obreros religiosos. Pedro Duarte, colaborador de los expedicionarios del "Virginius" en 1873 encabezará en este capítulo una lista de misioneros patriotas[13] cuyos precursores son precisamente Joaquín de Palma y Agustín Santa Rosa, que no llegaron a predicar regularmente en Cuba. No debe olvidarse a Emilio de los Santos Fuentes y Betancourt, metodista cubano que trabajó por la causa desde México, donde residía.

Pedro Duarte Domínguez, pionero episcopal en Cuba, el hombre que logró obtener de la corona española que se extendiera a Cuba la tolerancia religiosa garantizada por la constitución de 1876, se destacó inmensamente en las luchas independentistas de la emigración y en las conspiraciones dentro de Cuba. En 1880 estaba ya activo en la masonería, el oddfelismo y la sociedad patriótica de los "Caballeros de la Luz"[14]. Fundó la Logia "Cuba" No. 1, de los "Odd Fellows" en Key West. Algunos hasta han afirmado que José Martí le encomendó ir a Cuba a continuar los trabajos de dicha orden[15]. De acuerdo con Gerardo Castellanos, fue el promotor de los Caballeros de la Luz en la ciudad de Matanzas donde oficiaba como ministro episcopal o anglicano. "Caballeros de la Luz" era el nombre de una institución parecida a la masonería pero fundada por cubanos emigrados y a la cual, según algunos historiadores, perteneció José Martí. El coronel Cosme de la Torriente, patriota cubano que llegó a ocupar en el siglo XX la presidencia de la Liga de las Naciones en Ginebra, estuvo relacionado estrechamente con Duarte y lo asocia en sus escritos con la logia "Caballeros de la Luz" de Matanzas y con un grupo de conspiradores integrado por Mateo Fiol, Emilio Domínguez y otros.[16]

Gerardo Castellanos Lleonart -padre del historiador que hemos mencionado en varias ocasiones- visitó Cuba en 1892 y 1893 en un supuesto viaje de negocios pero representando realmente a José Martí. Tenía como misión visitar a ciertos hombres-clave y entregarles cartas del líder de los emigrados. Esos "hombres-clave" eran Juan Gualberto Gómez en La Habana, Guillermón Moncada en Santiago de Cuba y Pedro Duarte en Matanzas.[17] En 1908 Castellanos Lleonart le escribió una carta a Duarte con el propósito de reunir los testimonios de los complotados en su misión a Cuba. La respuesta de Duarte contiene informaciones importantes que revelan hasta qué punto el pastor episcopal de Matanzas era un conspirador de primer orden en los planes de Marti.[18] Con motivo de un homenaje que en 1966 se rindió al eminentísimo bibliógrafo cubano Carlos M. Trelles, se pronunció una conferencia en la ciudad de Matanzas, la cual estuvo a cargo de Luis Rodríguez Rivero. Este mencionó brevemente las labores de Duarte en relación con esas conspiraciones y con la persona de Trelles:

"Pero Trelles y sus amigos de Matanzas continuaron conspirando. Se reunían en el Templo de la Iglesia Episcopal de la calle de Manzano (hoy Maceo) No. 42, esquina a la de Jovellanos, donde oficiaba el Rev. Pedro Duarte, el conspirador y patriota cubanísimo que tan pronto como José Martí fundó en la ciudad de Nueva York, en 1892, el Partido Revolucionario Cubano, promovió y constituyó en Matanzas, con la cooperación del Ing. Emilio Rodríguez (que la presidió), la primera delegación del partido de Martí, y a la cual se incorporó activamente nuestro biografiado."[19]

La Iglesia Episcopal "Fieles a Jesús" debe ser considerada no solamente como un monumento del protestantismo cubano sino también de la independencia de Cuba. Pero esa no fue la única actividad de Duarte en relación con el Partido Revolucionario Cubano y la causa independentista. Estuvo muy vinculado a las actividades de Pastor Moinelo y otros héroes de la independencia. Tan pronto se produjo el levantamiento del 24 de febrero de 1895, Duarte fue puesto en prisión y expulsado de la Isla, pasando a realizar labores ministeriales en Ibor City. Allí escribió una carta al periódico *Patria*: "el 13 del actual se constituyó en esta ciudad, bajo las bases y estatutos del Partido Revolucionario Cubano, un nuevo Club con el nombre de Escolta de Maceo, a fin de arbitrar recursos materiales para el sostenimiento de nuestra Guerra de Independencia".[20]

Las actividades de Duarte se desarrollaron en las dos grandes guerras por la independencia. Como explicamos anteriormente, fue el 10 de octubre de 1868 que se inició la Guerra de los diez años. Esta duraría hasta la firma de la llamada Paz del Zanjón en 1878. Algunos se resistieron a aceptarla, entre ellos Antonio Maceo y los que le acompañaron en la Protesta de Baraguá. Aun después de pacificada la nación gracias a las gestiones del general Arsenio Martínez Campos, enviado al efecto por España y quien había logrado la Paz del Zanjón mediante su habilidad y ciertas concesiones a los cubanos, continuó de alguna forma la resistencia. En 1879 se produjo la llamada Guerra Chiquita que duró nueve meses. Pero las rendiciones y la Paz del Zanjón no fueron sino treguas. Los cubanos habían decidido liberar el país.

Las inquietudes de muchos patriotas se vertieron entonces en la tribuna pública y en los periódicos. Se creó un Partido Liberal de ideas autonomistas en el cual militaban antiguos independentistas y reformistas. Se formó también el Partido Unión Constitucional, de tendencias integristas y pro-españolas. Pero en la emigración fue tomando forma un riguroso movimiento a favor de la independencia, y la principal organización fue el Partido Revolucionario Cubano fundado por José Martí. Esos esfuerzos produjeron la Guerra de Independencia iniciada el 24 de febrero de 1895. Participaron en ella, además de Martí, grandes próceres de la guerra anterior: Antonio Maceo, conocido como "El titán de bronce" por ser de color oscuro, Máximo Gómez, generalísimo de los ejércitos mambises -nombre que se da a los cubanos insurrectos- y muchos otros. Gómez había nacido en la República Dominicana.

Como resultado de la reanudación de las hostilidades entre cubanos y españoles, fueron detenidos varios protestantes, además de Pedro Duarte, a quien ya hemos mencionado. Entre ellos estaba Evaristo Collazo, iniciador del presbiterianismo en Cuba. Alberto J. Díaz describió la situación en una carta al doctor Tichenor, de la Junta de Misiones de los bautistas del Sur. La epístola tenía como fecha el 24 de abril de 1895:

"...una gran persecución se ha levantado contra la Obra del Maestro en la Isla, y en consecuencia, los ministros y miembros de las iglesias trabajan muy activamente. Tenemos guerra en las partes Central y Oriental de la Isla, y las autoridades han comenzado a perseguir a las sociedades secretas y a las iglesias Evangélicas. El día primero de este mes el Gobernador de Matanzas ha llamado al ministro Episcopal, ordenándole abandonar la ciudad en el término de 24 horas, lo que hizo. El Gobernador de Santa Clara ha llamado al ministro Presbiteriano, y le ha ordenado que abandone el lugar inmediatamente, lo que ha hecho... Las cárceles, el castillo y los cuarteles están llenos de prisioneros cubanos."[21]

Evaristo Collazo, activo militante revolucionario, logró pasar a la región de Güira de Melena, donde había nacido y se incorporó al Ejército

Libertador. El pionero de la obra presbiteriana en Cuba alcanzó el grado de subteniente en el Ejército Libertador y estuvo destacado en el Departamento Occidental en la cuarta brigada.[22] Detrás dejaba una congregación con 87 miembros activos en Santa Clara, lugar de donde fue expulsado por las autoridades coloniales. También tuvo que abandonar los grupos que había organizado en varios poblados villareños. Mientras Collazo se unía a la lucha, otro pastor cubano, Clemente Moya pasaba a Nueva York donde se dedicó a recoger dinero para la guerra.

En cuanto a la familia Someillán, el padre de Enrique, había sido desterrado a Fernando Poo y sus hijos Luis y Enrique aparecen en relatos sobre la emigración. De Pedro Someillán habló emocionado José Martí refiriéndose a su desinterés y valor como organizador revolucionario. Su hijo Enrique, conocido también por H. B. Someillán fue, según Gerardo Castellanos, el clérigo que "más cubanos casó en Cayo Hueso". Como los otros pastores emigrados en los Estados Unidos atacó duramente la dominación colonial de Cuba y recaudó fondos para la guerra mientras utilizaba el púlpito como tribuna patriótica. Rafael Cepeda describe algunas de sus actividades:

". . .Durante la guerra del 95 era Someillán pastor en Cayo Hueso, pero a la vez responsable del trabajo metodista en La Habana, a donde viajaba con frecuencia. Según el testimonio de su hija, María Someillán, entrevistada por mí poco antes de su muerte, el pastor viajaba con una maleta de doble forro: en una sección llevaba sus ropas y sus biblias, y en la otra saquitos de pólvora y pomos de quinina para los insurrectos."[23]

Gerardo Castellanos, al escribir sobre las actividades de los cubanos en Key West, describió la huelga general realizada allí en 1893 y 1894 cuando fueron traídos obreros españoles desde La Habana para reemplazar a los huelguistas. Al reconocer por sus nombres a los que contribuyeron a hacerle frente a los "rompe-huelga" menciona a los patriotas Serafín Sánchez, Fernando Figueredo, José Dolores Poyo, Rogelio del Castillo, y afirma que "hasta los pastores protestantes cubanos organizaron a sus adictos". La militancia de estos abarcaba pues hasta ayudar en actividades huelguísticas, revelándose de paso una profunda conciencia social. Durante la crisis de 1893 en Key West los emigrados recibieron ayuda económica por parte de los evangélicos de La Habana. Los que tuvieron que trasladarse a Cuba fueron auxiliados y allí se levantaron fondos para ser enviados a los emigrados.

Manuel Deulofeu fue uno de los más conocidos dirigentes del protestantismo cubano en Cayo Hueso. En 1886 abandonó Cuba debido a sus vinculaciones con un movimiento de tipo socialista. En aquella época se realizaban actividades sindicales y se integraban grupos anarquistas y socialistas o por lo menos con esas tendencias. Desde su llegada a Cayo

Hueso se vinculó con los metodistas llegando a convertirse en predicador. Martí, que asistió a servicios religiosos en iglesias de emigrados cubanos fue amigo personal de Deulofeu y le dedicó palabras elogiosas como explicamos en otro capítulo. El 6 de enero de 1892, al despedirse de los miembros del Club San Carlos en una de sus frecuentes visitas a Key West, José Martí recibió un ejemplar del Nuevo Testamento de manos de Julia Deulofeu, hija del pastor metodista.

Deulofeu organizó una "cocina económica" que proporcionó doscientas mil raciones de comida a los huelguistas de 1893 y 1894. También se encargó de auxiliar a las familias de los que participaban en las expediciones a Cuba. En una ocasión alimentó a trescientos cubanos que estaban listos para partir hacia Cuba y que se encontraban en un cayo cercano. Tan pronto Eliseo Cartaya, del Departamento de Expediciones del Partido Revolucionario Cubano se comunicó con él, Deulofeu se hizo cargo de recoger alimentos entre la población cubana. Fermín Valdés Domínguez, el entrañable compañero de José Martí, terminó una carta dirigida al pastor con estas palabras: "Entre esos hombres está usted, y por eso es más grande mi honra al leer sus frases y al recordar en usted al amigo que en West Tampa tuve la honra de abrazar. Llegará el día del triunfo, y en él tendrá el gusto de estrechar su mano su agradecido y afectuoso amigo".

El 10 de octubre de 1898 se congregaron los cubanos, ya terminada la guerra, para celebrar el aniversario del Grito de Yara. El resumen del acto estuvo a cargo del pastor metodista Manuel Deulofeu, que lo terminó con estas palabras:

> "Y tú, Dios de bondad infinita, que has infundido en nuestros corazones tanto amor al derecho y a la libertad de nuestra patria, deposita en nuestros corazones el mismo amor al orden, para consolidar sobre las bases del derecho la libertad que nos has dado."[24]

Una lectura de los ejemplares del periódico *Patria* permite conocer, por la frecuencia de las menciones, la participación de los pastores y laicos protestantes en las actividades del Partido Revolucionario Cubano. Allí están los nombres de estos cubanos que hemos ido mencionando. Martí se encargó de reconocerles en algunos de sus discursos.

De la amistad del prócer disfrutaron un buen número de evangélicos como fueron los Deulofeu, la familia Someillán y Emilio Planas, un hombre de la raza de color que fue ordenado como ministro episcopal en Cuba a principios de la República y se destacó en las luchas revolucionarias de la década de 1930.

Un ejemplar interesante de patriotismo y religiosidad lo aporta la vida del doctor Eduardo Francisco Rodríguez, hermano del ideólogo del anexionismo en Cuba, José Ignacio Rodríguez. Nacido en Sagua la Grande en 1852, abandonó el tercer año de Medicina para unirse a los combatientes de la Guerra de los diez años. Participó en la expedición del *Lilliam* que fracasó al ser confiscadas por las autoridades norteamericanas la embarcación y las armas que llevaba. Rodríguez obtuvo el grado de doctor en Medicina en la Universidad de Nueva York y lo revalidó en la de Barcelona, España. Su peregrinaje como desterrado le permitió nuevas reválidas en Guatemala y México donde estuvo exiliado. Aunque militó brevemente en el Partido Liberal y en el Partido Autonomista, participó en la Guerra Chiquita de 1879-1880 y en la Guerra de Independencia.[25] En ambas contiendas estuvo involucrado en actividades conspirativas contra las autoridades coloniales y en una ocasión un nombramiento que tenía de cónsul de la República Argentina le libró de la prisión.

Rodríguez regresó a su último exilio en 1899 y fue nombrado presidente del Comité Patriótico de Sagua la Grande, ciudad donde ejerció su profesión de médico hasta su muerte en 1918. Había sido un fervoroso católico hasta 1899 cuando se unió a la Iglesia Bautista de Sagua la Grande. Sus grandes conocimientos de religión y otras materias le permitieron pronto ser ordenado como ministro, encargándose entonces del pastorado de la congregación de su ciudad natal.[26] Pasó el resto de su vida predicando el evangelio y atendiendo a los pobres como médico, sin cobrar. Se le conocía como "el médico de los pobres" y un monumento fue levantado a su memoria. Murió en la pobreza pues rechazó los beneficios económicos que le daba su profesión médica y ni siquiera quiso cobrar el modesto sueldo de pastor evangélico. "Panchito" Rodríguez, como le decían en su pueblo, fue uno de los héroes cubanos que combinaron el patriotismo con la piedad y la práctica de las obras de misericordia.

La figura histórica de Alberto J. Díaz no ha recibido todavía la atención que merece. Ni siquiera los cronistas de la obra bautista cubana han dedicado el suficiente espacio a la importancia de sus gestiones y al papel que le corresponde como el gran iniciador de su denominación en el país. En algunos trabajos históricos se menciona su nombre y algunas de sus labores, pero sin analizar en detalles su ejecutoria patriótica. Una excepción significativa ha sido la de Antonio Pereira Alves que trató de hacerle justicia, aunque con cierta cautela. Con los escritos del profesor presbiteriano Rafael Cepeda sobre los "misioneros patriotas" y con un renovado interés en los nuevos estudiosos de la obra bautista la situación puede cambiar.

En un capítulo anterior describimos las actividades misioneras de Díaz y mencionamos su ubicación en el campo separatista en la Guerra de los diez años y su huida del país al ser perseguido. Convertido al evangelio en los Estados Unidos y dedicado a la obra misionera, pudo contribuir también a la causa de la independencia cubana.

En 1890, durante la visita de Antonio Maceo a La Habana, Alberto J. Díaz entabló relaciones amistosas bastante íntimas con el "Titán de bronce". Rafael Cepeda menciona que Juan Gualberto Gómez, otra de las figuras principales de la Guerra de Independencia lo asocia con los inicios del Partido Revolucionario Cubano y su trabajo conspirativo en el país. Hemos hecho referencia a la protesta internacional causada por su detención por las autoridades coloniales. Su condición de ciudadano norteamericano y de clérigo fueron las razones que le permitieron abandonar el país en 1896. No había dejado de conspirar ni un solo momento. Algunas acusaciones que le hacían los españoles eran rigurosamente ciertas. Gonzalo de Quesada describió su prisión y sus actividades patrióticas en su libro *War in Cuba*.[27]

Utilizando las relaciones que tenía entre los emigrados y en los círculos religiosos norteamericanos, recaudó fondos para la guerra. Importantes gestiones le fueron encomendadas por Maceo, como lo revela esta carta, enviada por el lugarteniente general del Ejército Libertador a su antiguo contertulio en el Hotel Inglaterra de La Habana:

"Acuso a usted recibo de su atenta carta de fecha 3 del pasado, de cuyos particulares quedo bien impuesto. No me parece cosa de tanta importancia el reconocimiento oficial de nuestra beligerancia, que a su logro hayamos de enderezar nuestras gestiones en el extranjero, ni tan provechosa al porvenir de Cuba la intervención americana, como suponen la generalidad de nuestros compatriotas. Creo más bien que en el esfuerzo de los cubanos que trabajamos por la patria independiente, se encierra el secreto de nuestro definitivo triunfo, que sólo traerá aparejada la felicidad del país si se alcanza sin aquella intervención. De más está cuanto se diga para rechazar cualquier proposición para que indemnicemos a España. Ni un céntimo sería lícito abonar por tal concepto; y no dudo que éste es el pensamiento de la totalidad de los cubanos. Puede dar muy buen resultado la negociación que se entable con esas personas que se brindan a facilitar armas y municiones. Trabaje, pues, en ese sentido, y sírvase avisarme si alcanza éxito. Aprovecho esta ocasión para ofrecerme a usted, atento servidor y amigo."[28]

La carta iba dirigida a Díaz desde el campamento de El Roble. El pastor cubano estaba entonces en Louisville, Kentucky, donde radica el Seminario Teológico Bautista del Sur. Ese mismo año, 1896, Díaz recibió una carta del general José María Aguirre, jefe de las fuerzas del Ejército Libertador en la provincia de La Habana:

"Nos place sobremanera reconocer que usted ha venido

prestando grandes servicios a la causa que defendemos tanto, en Cuba como en los Estados Unidos, y allí espero continúe usted prestando servicios con influencia que usted tiene para conseguir nuestro objeto, creándole enemistades y dificultades al gobierno español. Le recomiendo que si acepta este consejo mío, lo lleve a cabo con la mayor brevedad posible, porque estamos muy escasos de elementos de guerra, y principalmente de municiones, siendo esta división la que más la necesita, pues no ha recibido ni un solo cartucho ni un arma de ninguna expedición. . ."[29]

La "influencia que usted tiene", es decir, la que le atribuye el general Aguirre, era sobre todo en círculos bautistas y evangélicos. Díaz levantó su voz contra la dominación española dondequiera tuvo la oportunidad. Iglesias, seminarios, retiros y conferencias ministeriales, actos públicos y políticos, fueron utilizados en ese proceso. En 1897 fundó la Sociedad Cubana de la Cruz Blanca, institución que buscaría fondos y recursos para los cubanos heridos en combate. Denunció los atropellos de Weyler, bajo cuyo poder sufrió personalmente y compareció ante el Congreso estadounidense. El periódico *Patria* es la mejor fuente para descubrir el aprecio de que disfrutaba Díaz entre los cubanos independentistas. Su nombre es mencionado con frecuencia.

Activo desde sus años mozos en la Guerra de los diez años, constante en su prédica independentista en la emigración, colaborador entusiasta de los combatientes de la Guerra de Independencia en los años iniciales de esta cuando era todavía pastor en La Habana (1895-1896), reconocido recaudador de fondos, Alberto J. Díaz puso sus relaciones en la comunidad religiosa, su carrera de médico y su vida toda en manos de la Revolución. Su nacionalismo era intenso y no se detuvo con la derrota de España. Funcionarios norteamericanos de ocupación conocieron de sus sermones patrióticos y nacionalistas, incluyendo al gobernador John R. Brooke y otros asistentes a los cultos evangélicos después de la derrota española y el regreso de Díaz, que había sido un capitán del Ejército Libertador. Díaz se unió a las tropas del general Nelson A. Miles, un prominente bautista, y participó en la Guerra Hispano-Cubana-Americana.

José Martí cayó en el campo de batalla en 1895. Antonio Maceo había llevado la guerra a la parte más occidental de la Isla, muriendo en combate en 1896. Al llegar 1898, los cubanos, bajo la dirección del generalísimo Máximo Gómez, continuaban alcanzando victorias. El régimen colonial español había perdido su prestigio y credibilidad en el país, sobre todo por la funesta administración de Valeriano Weyler. Este último, por la severidad de sus medidas que incluyeron la "reconcentración" de los campesinos en las zonas urbanas, se había convertido ya en el hombre más odiado en toda la historia de Cuba. España, en medio de crisis internas y cambios de gobierno, concedió a partir del primero de enero de ese año de 1898 la autonomía a Cuba.

El 15 de febrero de 1898, a las nueve y cuarenta y cinco de la noche, una explosión hundió bajo las aguas de la bahía habanera el crucero "Maine" de bandera norteamericana. La acción fue atribuida a los españoles. La prensa estadounidense demandaba una intervención militar en Cuba y los periódicos y revistas protestantes integraban un sector definidamente favorable a la guerra y a la ocupación. Algunos de ellos hasta habían pedido el reconocimiento de la beligerancia de los insurrectos, incluso mediante visitas a la Casa Blanca. El Presidente McKinley, miembro del Partido Republicano y de la Iglesia Metodista, quería sin embargo un armisticio en la guerra entre cubanos y españoles. El periodista Horacio Rubens se entrevistó con él en aquellos días y el gobernante norteamericano le había insistido sobre sus planes. Rubens le advirtió que esa posición era inadmisible para los cubanos. Por su parte, el subsecretario de Marina, Theodore Roosevelt, abogaba por la guerra. Mientras se escuchaban esos truenos bélicos, el obispo español de La Habana, como si viviera en el siglo XVI, exigía que para enterrar a los norteamericanos muertos en el Maine —en su inmensa mayoría protestantes— había que hacerlo por los ritos católicos, provocando nuevos agravios. Los españoles sensatos se daban cuenta de lo difícil de la hora. Seguían perdiendo hombres y dinero. El pueblo de Cuba no se molestaba en asistir a las elecciones del nuevo régimen autonómico. El embajador español Merry del Val, en conversaciones con el cardenal Rampolla, hizo llegar al Papa León XIII una gestión para que el Pontífice buscara conseguir la paz. El 11 de abril, McKinley, bajo presión del pueblo y del Congreso, envió a éste un mensaje para buscar una solución. La respuesta parlamentaria fue negativa. El 19 de abril, el Congreso, en una famosa "Resolución conjunta", proclamó que el pueblo cubano era de hecho libre e independiente y debía serlo también de derecho. El 25 fue declarado el estado de guerra con España por parte del Congreso. A partir del día 21 se había dispuesto el bloqueo de Cuba. Se combinaban en Norteamérica varios factores: muchos querían ayudar a los cubanos; un número elevado de ciudadanos aspiraba convertir a su país en una potencia mundial de primer orden mediante un enfrentamiento con una nación europea; otros anhelaban continuar el proceso de expansión territorial. Los protestantes deseaban extender el evangelio a Cuba. Una lectura de la prensa norteamericana en 1898 es suficiente para encontrar estos y otros elementos. El 3 de abril el arzobispo católico de Nueva York había visitado al Presidente para darle a conocer las intenciones del Papa a favor de la paz. McKinley le había dicho que esa era su posición pero no la del Congreso. En esos mismos días, los protestantes rechazaban en sus publicaciones la más mínima sugerencia de un arbitraje encomendado al Pontífice Romano. No era solamente la prensa controlada por William

Randolph Hearst la que pedía la guerra. Y esta era, de todas formas, inevitable.

Al iniciarse la nueva etapa, los protestantes cubanos, miembros de la pequeña Iglesia Evangélica de Cuba, continuaban luchando por la independencia sin alterar sus propósitos. Años atrás, Alberto J. Díaz había ofrecido un servicio religioso, con permiso de su obispo, a la memoria del prestigioso líder autonomista cubano José Antonio Cortina (1884).[30] Se trataba de un gesto de cortesía ante la muerte de un gran personaje cubano que tenía relaciones de amistad y simpatía con los protestantes. Como hemos mencionado, Joaquín de Palma había sido amigo y condiscípulo de José Ignacio Rodríguez, el ilustre anexionista que también se opuso a la dominación española y que, al igual que él, consideraba como su maestro a José de la Luz y Caballero. Algunos objetivos comunes hermanaban a todos estos hombres, pero Díaz y Palma tenían como propósito principal la independencia de Cuba y no eran autonomistas o anexionistas.

El lugar de los separatistas estaba en la emigración o en el campo de batalla. La valentía de la comunidad china en las guerras de independencia ganó a los chinos cubanos un gran prestigio en el país y se hizo famosa en Cuba la afirmación: "Ningún chino fue traidor". Si se tiene en cuenta la postura hacia la independencia de Alberto J. Díaz, Juan Bautista Mancebo, Pedro Duarte, los Someillán, Emilio de los Santos Fuentes Betancourt, Manuel Deulofeu, Clemente de Moya, Joaquín Palma, Agustín Santa Rosa, José Victoriano de la Cova, Evaristo Collazo y tantos otros patriotas, no sería impropio o exagerado afirmar también: "Ningún pastor evangélico cubano fue traidor" a la causa de la independencia de Cuba.

NOTAS

1. Archivo Nacional de Cuba.
2. Calixto C. Masó, *Historia de Cuba* (Miami: Ediciones Universal, 1976), p. 194.
3. Ramiro Guerra, *Manual de Historia de Cuba* (La Habana: Editorial de Ciencias Sociales, 1971), p. 431.
4. Jorge Castellanos, *Plácido: poeta social y político* (Miami: Ediciones Universal, 1984), p. 102.
5. Cualquier intención que se le atribuya a Turnbull debe ser analizada teniendo en cuenta el propósito principal de su vida, al menos en la época que estamos estudiando. El cónsul estaba dedicado por completo a la causa abolicionista y por ello contó con el apoyo de las sociedades evangélicas dedicadas a esa tarea. Era un hombre de ideas avanzadas para su tiempo y no un agente del imperialismo inglés como algunos han sugerido. El uso que pensó hacer de los

recursos militares o navales del Reino Unido tiene relación directa con la actitud favorable a la abolición de los políticos ingleses que le habían ayudado a obtener el cargo en Cuba. Debe recordarse que conocía de cerca la situación de los esclavos en la Isla ya que la había visitado antes de 1840 y había quedado impresionado por las tristes condiciones de vida de los mismos, no solamente en Cuba.

Turnbull poseía una amplísima cultura y era considerado como un intelectual de gran relieve en muchos círculos, y hasta dentro de los sectores más prestigiosos de literatos y eruditos cubanos de su tiempo. Además de su libro *Travels in the West*, obra importante desde varios puntos de vida, incluso el literario, fue autor de otros estudios como *The French Revolution of 1830*, una historia del proceso revolucionario francés de 1830. Era generalmente considerado como un hombre intachable, aunque algo excéntrico. Si se le puede acusar de algo es precisamente de lo mencionado por Antonio Bachiller y Morales, el gran erudito cubano: Turnbull "llevaba hasta el fanatismo su religión humanitaria". Se puede mencionar a Pedro Méndez Díaz en su trabajo "David Turnbull, apuntes históricos" en la Revista de la Biblioteca Nacional, Vol. 18, mayo-agosto 1976, pp. 83-96.

6. El anexionismo fue, en su primera etapa, un fenómeno limitado a las personas de mayores recursos económicos en Cuba. La lista de los anexionistas más activos en el siglo XIX se parece a una edición de *Who is who*, la famosa publicación norteamericana que contiene datos sobre la gente importante y poderosa. Aun en sus peores momentos, la Iglesia Católica logró recibir en Cuba la adhesión de las clases aristocráticas. Además de los casos individuales de anexionistas devotos, entre muchos de ellos prevalecía un sentimiento de preocupación por el destino del catolicismo. Es por eso que hacía mella en el grupo el señalamiento de Saco y de otros que temían que la unión con Norteamérica le hiciera daño a la Iglesia Católica. Temor parcialmente infundado ya que si bien la anexión conllevaba una libertad absoluta de cultos, el momento en que el país estuvo más cerca de esta fue el periodo de intervenciones norteamericanas iniciado en 1898. Los gobernadores militares, que eran protestantes, se cuidaron de proteger los intereses económicos del catolicismo, por razones políticas, como veremos en un próximo capítulo. Algunos librepensadores fueron anexionistas. Entre ellos José Ignacio Rodríguez, pero éste, eventualmente, se convirtió en un católico practicante al casarse con una piadosa dama estadounidense.

7. Fernando Portuondo, *Estudios de Historia de Cuba* (La Habana: Editorial de Ciencias Sociales, 1973), p. 76.

8. Juan Ramón de la Paz Cerezo, historiador de la diócesis episcopal de Cuba pudo determinar en sus investigaciones que el patriota Agustín Santa Rosa, alto oficial de la expedición del "Virginius" y conspirador desde los días de Narciso López, y aun antes, y un auxiliar de Joaquín de Palma en sus funciones ministeriales en Nueva York, eran la misma persona. Evidencia de sus labores se encuentra también en escritos de Cirilo Villaverde. Santa Rosa usó como seudónimo el de "Martín Milésimo" cuando luchaba junto a Narciso López.

9. Fermín Peraza, *Diccionario Biográfico Cubano* (Gainesville: 1967), tomo VI, p. 28. Agustín Santa Rosa es presentado por Peraza como José Santa Rosa aunque toda la información revela, sin lugar a dudas, que se trata de la misma persona. Después de consultar varias fuentes concluimos que es posible que se llamara José Agustín, sin que lleguemos a asegurarlo.

10. La información disponible no nos permite afirmar que Jordan fuera más que un protestante nominal aunque asistió ocasionalmente a los cultos religiosos incluso en el ejército sureño del cual fue alto oficial. El periodista e investigador histórico cubano Jorge Quintana menciona, en un artículo para la revista *Bohemia*, una conversión de Jordan al catolicismo antes de su muerte en 1895, dato que no hemos podido comprobar. Por otra parte, en la época de su participación en la Guerra de los Diez Años era al menos nominalmente protestante, como lo fue en el ejército en los Estados Unidos. Una opinión suya, favorable a la anexión de Cuba a los Estados Unidos, fue usada en la década de 1890 y aparece por lo menos en el *Forum Magazine*.

11. Ramiro Guerra, *La guerra de los diez años* (La Habana: Editorial de Ciencias Sociales, 1972), p. 319.

12. Enrique Edo, *Historia de Cienfuegos*, p. 465.

13. En este libro llamamos "misioneros patriotas" a los cubanos que conocieron el evangelio fuera de Cuba y luego lo predicaron en la Isla o entre sus compatriotas emigrados. Nos basamos en el título de unos artículos de Rafael Cepeda en la revista *Heraldo Cristiano*, como hemos explicado anteriormente.

14. Jorge Hernández Piloto, rector de la Iglesia Episcopal "Fieles a Jesús" de Matanzas y con acceso a la mejor información posible acerca de las actividades del pionero anglicano Pedro Duarte recopiló datos como este, con motivo del centenario del mismo en 1955.

15. Ibid.

16. Rafael Cepeda, "Los misioneros patriotas", *Heraldo Cristiano*.

17. Citado por Rafael Cepeda en el artículo mencionado en la nota anterior. Obtuvo la información en los escritos de Castellanos Lleonart, que incluyen un informe de su viaje rendido a José Martí.

18. Carta de Pedro Duarte a Castellanos Lleonart, 1908.

19. Conferencia de Luis Rodríguez Rivera, publicada en la revista *Universidad de La Habana*, número 178, marzo-abril, 1966.

20. Carta de Pedro Duarte al director de *Patria* en Nueva York, diciembre 25, 1896. Firmada en Ibor City, Tampa, Florida.

21. Carta de Alberto J. Díaz al doctor I. T. Tichenor de la Junta de Misiones Domésticas de los bautistas del sur, abril 24 de 1895.

22. *Indice de Carlos Roloff*, Libro 9, Folio 668, No. 22. Collazo sirvió en el Departamento Occidental en el quinto cuerpo, segunda división, cuarta brigada.

23. Rafael Cepeda, op. cit.

24. Ibid.

25. Fermín Peraza, op. cit., tomo V, pp. 43-44.

26. Antonio Pereira Alves, *Prominentes evangélicos de Cuba* (El Paso: Casa Bautista de Publicaciones, 1936), pp. 110-111.

27. Gonzalo de Quesada y Henry D. Northrop, *The War in Cuba* (Chicago: The Dominion Company, 1896), pp. 545-547.

Quesada y Northrop relatan el arresto de Alberto J. Díaz y consideran la protesta por ese hecho como uno de los eventos de mayor importancia de la época. Hacen referencia a sus declaraciones en una reunión pública en Filadelfia y a su fuerte denuncia de la brutalidad del general Weyler, el Capitán General.

Díaz era ciudadano de los Estados Unidos como muchos de los emigrados que vivieron por algún tiempo en Norteamérica, Estrada Palma entre ellos. Varios misioneros patriotas se acogieron a esa ciudadanía que les hacía posible recibir cierta protección en algunas de sus actividades. En el relato de las labores del misionero bautista se da a conocer que algunos miembros de su congregación eran favorables a la presencia de España en Cuba, es decir, se inclinaban al gobierno colonial. El crecimiento de la obra había sido apreciable y era imposible una unanimidad absoluta, sobre todo teniendo en cuenta que la misión pastoral de Díaz era solamente para los separatistas. Los líderes bautistas, como los otros evangélicos, parecen haber sido unánimemente favorables a la independencia, así como la gran mayoría de los fieles nacidos en Cuba. En la iglesia bautista de La Habana había españoles y otros extranjeros. Las prédicas del pastor abiertamente favorables a la independencia, son mencionadas en el relato.

A las tres de la madrugada fue detenido Díaz por un grupo compuesto por cincuenta o sesenta soldados españoles. Era el 15 de abril de 1896. La casa fue inspeccionada por tres militares que pasaron siete horas dentro de ella y revisaron documentos y sermones. Díaz fue llevado entonces al castillo del Morro, y su hermano tuvo que acompañarle. Por veinticuatro horas estuvieron sin comer por temor a un posible envenenamiento. Habían escuchado rumores sobre prisioneros envenenados. Días después, el pastor bautista se enfrentó a claras evidencias de que iba a ser fusilado junto con su hermano. Confirmando esa posibilidad, un soldado que era miembro de su iglesia le reveló que iba a morir. Entonces envió un telegrama al presidente de la Junta de Misiones en Atlanta. El telegrama llegó pero otro, que envió al secretario de Estado norteamericano Olney, fue interceptado. Según el relato, al darse Weyler cuenta de la situación y de sus posibles consecuencias, envió un telegrama a Washington. El mensaje era el siguiente: "Díaz ha sido puesto en libertad". El gobernante español entonces lo obligó entonces a abandonar el país junto con su familia. Al saber de las intenciones de Díaz en cuanto al telegrama al Departamento de Estado, Weyler habría exclamado: "Si el telegrama es enviado tendremos guerra con los Estados Unidos".

Quesada y Northrop no fueron los únicos en mencionar este incidente pues aparece en varias crónicas y en infinidad de periódicos de la época. Herminio Portell Vilá, que lo incluye en su *Historia de Cuba en sus relaciones con España y los Estados Unidos*, se refiere a Alberto J. Díaz como "obispo protestante". Detalle comprensible en un historiador no evangélico. Los bautistas no tienen obispos pues consideran que cada pastor lo es en realidad, pero no se usa el título. Pero Portell Vilá demuestra conocer bien las actividades de Díaz pues este era en la práctica una especie de obispos, en el sentido de que era el director de la obra bautista en Cuba. También menciona su correspondencia con Antonio Maceo. Véase el tercer tomo de la obra citada, páginas 173 y 174.

28. Carta de Antonio Maceo al Dr. Alberto J. Díaz, con fecha 16 de julio de 1896, firmada en El Roble y dirigida a Louisville, Kentucky.

29. Carta de J. M. Aguirre al Dr. Alberto J. Díaz, con fecha 27 de junio de 1896.

30. Nota en el periódico *El Triunfo*, jueves 20 de noviembre, 1884, página 2, columna 8.

El servicio se ofició el domingo 23 de noviembre a las 9 de la mañana en la capilla del Hotel Pasaje en La Habana donde se celebraban los cultos con carácter provisional.

El periódico *El Triunfo* que publicó la noticia, era el órgano del movimiento autonomista. No es de extrañar que ofrecieran una nota de procedencia protestante ya que muchos de los autonomistas, además de partidarios de la libertad de cultos, representaban un elemento relativamente progresista e incluían en sus filas a muchos anticlericales. Es difícil emitir juicios definitivos sobre ciertas figuras del autonomismo en relación a la causa de Cuba. El movimiento estaba compuesto en parte por antiguos independentistas. También muchos autonomistas pasaron a la causa separatista. Pertenecer al autonomismo era una forma de hacer oposición dentro de las limitadas libertades de la época posterior a la Paz del Zanjón.

En Santiago de Cuba, el llamado grupo "Víctor Hugo" estaba compuesto por autonomistas que podían generalmente ser considerados librepensadores. Ese grupo disfrutaba de gran prestigio entre los liberales y representaba el elemento avanzado de los círculos intelectuales de esa región. En los inicios del protestantismo en Cuba, algunos de sus miembros se mostraron amistosos hacia la nueva religión, sobre todo Emilio Bacardí. Es muy probable que entre las filas evangélicas de las décadas de 1880 y 1890 existieran autonomistas, aunque todo indica que al llegar la hora de la lucha independentista en 1895 casi todos los líderes protestantes se integraron en las filas separatistas. Para la época en que murió Cortina, las relaciones entre protestantes y autonomistas serían cordiales, como lo eran los vínculos entre evangélicos y masones.

Los liberales y autonomistas llenaron un vacío en la vida colonial y lograron agrupar a notables médicos y abogados, a mucha gente de clase media y a figuras de la cultura nacional. Las leyes electorales adoptadas después de la Paz del Zanjón en 1878 favorecían a los integristas del Partido Unión Constitucional y otros grupos similares pero aun así los autonomistas obtuvieron algunos escaños en el Congreso español.

El autonomismo fue implantado como el sistema de gobierno de Cuba en 1898 pero ya era demasiado tarde, se aproximaba la intervención norteamericana y buena parte de los autonomistas habían pasado a las filas separatistas. El proceso del autonomismo en Cuba puede haberse iniciado con las actividades de los reformistas antes de la Guerra de los diez años pero el movimiento tomó forma después de 1878. Ese año al firmarse la Paz del Zanjón, se crearon las 6 provincias tradicionales de Cuba. En 1879 se organizaron las Diputaciones y el sistema electoral. En 1881 se aplicó al país la Constitución española de 1876 y una Ley de Reuniones Públicas. Después fueron establecidos varios Códigos y en 1886 se abolió la esclavitud. Era una época de tímidas reformas en la cual los autonomistas jugaron un papel definido aunque el sistema electoral les condenaba a ser minoría. No fue sino hasta 1898 cuando se decidió implantar el sistema autonómico en Cuba. Entre los autonomistas se destacaron hombres como Rafael Montoro, José María Gálvez, Eliseo Giberga, Miguel Figueroa, José del Perojo —considerado como el "filósofo del autonomismo"—, Rafael Fernández de Castro, Bernardo Portuondo y otros. En sus filas militó Juan Bautista Spotorno, que fue presidente de la República en armas por algún tiempo en la Guerra de los diez años. Enrique José Varona, figura fundamental de la educación y la filosofía en Cuba fue en una ocasión autonomista.

Una gran parte de los miembros del partido cooperaron con los movimientos políticos creados a principios de la República, sobre todo con el Partido Conservador de Mario García Menocal. Varios líderes autonomistas participaron del gobierno de Estrada Palma. No todos eran de ideas conservadoras en el contexto republicano. Habían sido liberales en la época colonial. Un grupo se unió también al Partido Unión Democrática que apoyó en 1901 la candidatura presidencial de Bartolomé Masó.

De cualquier manera, la frecuente publicación de noticias relacionadas con los protestantes en el periódico *El Triunfo* que dirigían Antonio Govín y Ricardo del Monte, revelan buenas relaciones con Díaz y otros evangélicos. La forma en que son presentadas indica un grado apreciable de respeto mutuo. Otras notas fueron publicadas en *El Espectador de La Habana*, *El Correo de la tarde* de Matanzas y en algunos periódicos del interior del país.

Capítulo IX

INTERVENCION NORTEAMERICANA Y RELIGION EN CUBA (1898-1902)

Si bien es cierto que en 1898 el presidente y el vicepresidente de los Estados Unidos de Norteamérica, la casi totalidad del gabinete y alrededor del noventa por ciento de los legisladores federales eran protestantes, Cuba no fue invadida por los evangélicos sino por la nación norteamericana y el poder político y económico de ese país no fue utilizado para favorecer a la pequeña comunidad protestante de Cuba como algunos se han apresurado a sugerir. La participación estadounidense se produjo como resultado de una serie de factores políticos, ideológicos y económicos, como en casi todas las guerras en la historia de la humanidad, y hasta el factor religioso, que ha provocado también confrontaciones importantes en el mundo, estaba en la lista de prioridades de algunos sectores.

Era evidente que la mayoría de los protestantes norteamericanos, por medio de sus publicaciones y de las declaraciones de sus asambleas, estaban al lado de la intervención estadounidense en Cuba durante la Guerra de Independencia, con la constante excepción de los cuáqueros pacifistas y los unitarios anti-intervencionistas. La prensa religiosa jugó un papel apreciable en el proceso. Basta, para introducir el tema, una referencia a un editorial del *Northern Christian Advocate*, periódico metodista, que recuerda los mejores días de la lucha abolicionista: ". . .si tuviéramos que ir ahora a la guerra, nuestra causa sería justa y el metodismo está listo para cumplir con su deber. Cada predicador metodista se convertirá en un oficial de reclutamiento".[1]

Los presbiterianos adoptaban exactamente la misma posición, como se nota en un editorial del periódico *Evangelist*: "Si es la voluntad del Dios Todopoderoso que por la guerra desaparezca toda esta inhumanidad del hombre por el hombre en el hemisferio occidental, que venga la guerra".[2] Refiriéndose a los preparativos bélicos y al papel de los creyentes evangélicos, la Alianza Cristiana y Misionera, flamante denominación de inspiración fundamentalista, dejó escuchar su voz en su periódico *Christian and Missionary Alliance*: "La mano poderosa de Dios está guiándonos, abriéndonos el camino para la inmediata evangelización del mundo, y pidiéndonos pronta cooperación y obediencia".[3]

Por su parte, los bautistas, que como a los metodistas algún investigador histórico cubano parece haberles confundido en la época abolicionista con los cuáqueros y el pacifismo, dejaron conocer muy pronto su clara posición mediante un editorial del *Standard*:

". . .con una hogaza de pan en la punta de la bayoneta, y con sus barcos colmados de harina y municiones. La bandera de la Cruz Roja ha precedido a sus estandartes, y será seguida por biblias y libros escolares. . . Los ciudadanos cristianos apoyarán al Presidente, junto a la enseña nacional."[4]

En algunos casos, las publicaciones evangélicas adoptaban un lenguaje inconfundible. El *Christian Evangelist* de los Discípulos de Cristo, juzgando los acontecimientos de 1898, afirmó: "Las trompetas de Jehová están llamando a su pueblo para que abandone su aislacionismo y entre en la arena de la vida internacional",[5] y la Conferencia de la Iglesia Metodista en Illinois declaró públicamente:

"En virtud de la graciosa providencia de Dios que ha guiado y guardado a la Iglesia durante los años pasados, permitiendo victorias por toda la tierra, se nos ofrece ahora la ocasión para mostrar sincera gratitud y alabanza. Nunca como hasta ahora se ha visto más claramente la imagen de un ángel volando en los cielos con sus alas poderosas, portando el Evangelio eterno a toda raza y nación."[6]

Un periódico congregacional, el *Advance*, se enfrentó al tema de la evangelización protestante de Cuba y su relación con las hostilidades:

"¿Entrará el protestantismo en Cuba y mostrará un espíritu diferente? ¿Irá a Cuba con ayuda material en una mano y espiritual en la otra? Los eclesiásticos de nuestra tierra deben prepararse para invadir a Cuba tan pronto como el ejército y la marina nos abran la mano. . ."[7]

La prensa católica reaccionó negativamente ante las posiciones adoptadas por periódicos protestantes como *Christian and Missionary Alliance* que acusaba a España de haber hundido el acorazado "Maine" y pedían abiertamente la guerra como "único remedio a tamaño ultraje".[8] Se preocupaban los católicos por las intenciones de evangélicos que, como los editores presbiterianos del *Evangelist*, hablaban de la necesidad de intervenir en Las Antillas y quedarse allí: ". . .bien sea por medio de la anexión, o por medio del protectorado, en Cuba y Puerto Rico".[9] Los editores católicos temían a la evangelización protestante de esas islas y se sentían preocupados por la pérdida de su monopolio religioso en el archipiélago de las Filipinas y otros lugares en el Pacífico. Como hicieron algunos en la prensa secular, varios editores católicos acusaron a los protestantes de "jingoismo".

No existía sin embargo, uniformidad alguna. Muchos periodistas católicos empezaron a apoyar la política norteamericana según se acercaban los acontecimientos, que iban resultando inevitables. Un creciente consenso en la opinión pública les hacía más difícil disentir. El periódico *Ave María*, opuesto como publicación católica al desarrollo de una política que calificaba de imperialista, se regocijaba en la posibilidad de que tres millones de católicos se añadieran a la Iglesia norteamericana.[10] No todos los protestantes se expresaban de igual manera. Mientras unos favorecían la intervención, pero no la anexión o el protectorado, el periódico episcopal *Churchman* llegó a pedir la anexión con el propósito de "ahorrar a los cubanos muchos años de violencia". Pero nada hizo variar a los cuáqueros y a los unitarios en su defensa de la paz, casi a cualquier costo.

Uno de los motivos por los que la prensa protestante era favorable a la intervención, e incluso a la guerra, era el deseo de predicar el evangelio sin impedimento alguno en los países que dejarían de estar bajo el control de España. Pero ciertos sentimientos antiespañoles no se limitaban a los evangélicos. El *Catholic Herald* hablaba de las "atrocidades" cometidas contra los dominicos en las Filipinas por parte del gobierno colonial español, y la misma publicación sugería abiertamente en relación con ese tema: ". . .es más: las leyes americanas reinarían en las Filipinas. . . hasta que Inglaterra consintiera en permutar estas islas por el territorio de Canadá".[11] Su sentimiento anexionista tenía rumbo norte.

El periodista que más hizo por conseguir la guerra en Cuba fue sin duda William Randolph Hearst, hombre de ambiciones sin límite y no demasiado devoto, pero afiliado a la Iglesia Católica. Entre los opuestos a la anexión de Cuba se contaron Andrew Carnegie el famoso industrial, y William Jennings Bryan, el fabuloso orador. Bryan era calificado por muchos como el "defensor de la fe" más connotado en los círculos evangélicos de la época y Carnegie un símbolo más de la "ética protestante del trabajo". La lista de los "jingoistas", los "anexionistas", los "aislacionistas", y de otros sectores de opinión, incluía a hombres de todos los credos o de ninguno.

En medio de todo estaba el Presidente William McKinley, cuyo Partido Republicano se inclinaba a la intervención y a la guerra. El presidente afirmaba ser un fervoroso metodista que oraba con frecuencia y manifestaba por lo menos en sus palabras cierta dependencia de la voluntad divina.[12] Al menos si nos atenemos a biógrafos, articulistas y autores de libros sobre la época. La Guerra Hispano-Cubano-Americana era en todo caso inevitable como se desprende de nuestra mención del "Maine" y su hundimiento en la bahía habanera y el proceso que condujo a las hostilidades, descrito brevemente en el capítulo anterior.

El 20 de junio desembarcó en Cuba oriental el general William Rufus Shafter. Antes del inicio de las operaciones en Oriente, se reunió para planear su estrategia con el vicealmirante William Sampson, y el general cubano Calixto García, que había derrotado a los españoles en una serie de combates. Entre los norteamericanos vinieron a Cuba como voluntarios dos sagaces políticos: Theodore Roosevelt y Leonard Wood. El primero sería muy pronto el vicepresidente de los Estados Unidos y sucesor de McKinley en la Presidencia después del asesinato de éste en 1901. Gran fama obtendría Roosevelt en Cuba con los famosos "rough-riders" o voluntarios.

Los ejércitos de España fueron derrotados en las famosas batallas del Caney y la Loma de San Juan. Destacándose por su valor el general español Joaquín Vara del Rey. La participación de los cubanos, que en tres años habían diezmado las tropas españolas y disminuido la capacidad combativa y el espíritu de las mismas, fue apreciable en la breve Guerra Hispano-Cubano-Americana, pero se hizo todo lo posible por no darles demasiada importancia y fueron marginados a la hora de las decisiones. El 2 de julio la escuadra española recibió órdenes del gobierno de La Habana de abandonar la bahía de Santiago de Cuba. Al hacerlo, fue atacada por los barcos norteamericanos que la derrotaron aplastantemente. El almirante Pascual Cervera, al mando de la flota española, no pudo enfrentarse con posibilidades reales a la abrumadora superioridad de la flota estadounidense.

El 16 de julio de 1898 fue firmada la capitulación en Santiago de Cuba. Se rendía la plaza y en la práctica se admitía la derrota en la guerra. Esta terminaba en la provincia oriental que pasaba al dominio norteamericano. Al día siguiente se llevó a cabo el acto de rendición. El general Toral, del Ejército español, entregó su espada, la cual le fue devuelta elegantemente. A las doce del día se arrió la bandera de España y se izó la de las barras y las estrellas.

La situación política de las fuerzas cubanas era precaria. Habían participado en una guerra llamada con inexactitud "Hispano-Americana" para excluirles. No se les reconocía invitándoles a la mesa de las negociaciones ni se les permitió entrar triunfalmente en Santiago de Cuba. Ante esa situación el general Calixto García, lugarteniente del Ejército Libertador, renunció ante el Consejo de Gobierno de la República en armas. Varios incidentes desagradables disminuyeron la natural euforia del triunfo.

El 28 de julio de 1898, el ministro español de Relaciones Exteriores, Duque de Almodóvar del Río, dio a conocer al gobierno de Francia la disposición de su país de concertar la paz. El protocolo que la hacía posible fue firmado el 12 de agosto. Los representantes de los Estados Unidos y España se reunieron en París para discutir las condiciones. Los cubanos no fueron invitados. La República de Cuba en armas, que nació en 1868 y se reanudó en 1895 con la Guerra de Independencia, no era reconocida. España perdió Cuba, Puerto Rico, otras islas caribeñas, Guam y el archipiélago de las Filipinas. Los Estados Unidos de América prometieron pagar 20 millones de dólares a los españoles y respetar las propiedades de estos. El abogado internacionalista cubano José Ignacio Rodríguez, de ideas anexionistas, pero que participó en la lucha contra el régimen colonial español, estuvo presente como asesor de los norteamericanos y se opuso a que los cubanos tuvieran que pagar gastos de guerra como inútilmente reclamó España. El Tratado de París fue firmado el 10 de diciembre de 1898.

El primero de enero de 1899, en la ciudad de La Habana, el capitán general de la Isla, Adolfo Jiménez de Castellanos, entregó el gobierno de Cuba en manos del general John R. Brooke. La bandera norteamericana flotaría en todo el territorio nacional. La Iglesia Católica Apostólica Romana dejaba de ser la religión oficial del país. El general Brooke se convertía en el segundo gobernador protestante en la historia de Cuba. El primero lo había sido el Conde de Albemarle, en los días de la dominación británica (1762-1763). Las decisiones principales en relación con el país estaban ahora en las manos de un devoto laico metodista, William McKinley. A partir de 1901 estarían en las de su sucesor, Theodore Roosevelt, miembro practicante de la Iglesia Reformada Holandesa.

Con la salida de los ejércitos de España no se produjo un deseado alivio a las tensiones entre norteamericanos y cubanos. Muchos se sentían ofendidos por el papel secundario o marginal al que se les relegaba. En los días de la renuncia de Calixto García este había escrito al general Shafter en relación con el trato recibido en el asunto de Santiago de Cuba: "Formamos un ejército pobre y harapiento, tanto como fue el de vuestros antepasados en la lucha por su independencia; pero, a semejanza de los héroes de Saratoga y de Yorktown, respetamos demasiado nuestra causa para mancharla con la barbarie y la cobardía".[13]

El triunfalismo de algunos generales norteamericanos y las diferencias de cultura y pensamiento hicieron difícil la transición. La mayoría de los cubanos por nacimiento favorecía la independencia. Otros aceptaban cierto tipo de protectorado. Entre las clases aristocráticas del país se asomaban de nuevo las tendencias anexionistas ahora compartidas por algunos españoles. Los sectores más conservadores se sentían atraídos por esa posibilidad. Ni siquiera los soldados del Ejército Libertador, deseosos de ver flamear la bandera de la estrella solitaria, lograban ponerse de acuerdo en otros aspectos fundamentales. La Asamblea de Representantes de la tropa, reunida en Santa Cruz del Sur desde 1898, destituyó al generalísimo Máximo Gómez por disparidad de criterios acerca de la forma de pagar a los veteranos que habían luchado heroicamente sin sueldo ni compensación. El máximo dirigente de los ejércitos mambises mantuvo su influencia a pesar de la controversia.

En cuanto al tema religioso, la primera referencia a la nueva situación se produjo antes de la toma de posesión del general Brooke. El 20 de octubre de 1898, cuando la soberanía norteamericana no prevalecía en toda la Isla, el general Leonardo Wood, gobernador militar de la Plaza de Santiago lanzó una "Constitución Provisional" que establecía en su artículo segundo:

> "Todos los hombres tienen el derecho natural e irrevocable de adorar a Dios Todopoderoso de acuerdo con los dictados de su propia conciencia. Ninguna persona podrá ser ofendida, molestada o impedida en el ejercicio de sus creencias religiosas, si a su vez no perturbare a otros en su culto religioso; todas las iglesias cristianas serán protegidas y ninguna oprimida; y ninguna persona por motivo de sus opiniones religiosas podrá ser excluida de ningún cargo de honor, confianza o utilidad."[14]

Wood, que había llegado como coronel de voluntarios estadounidenses, y era ahora comandante general de Santiago de Cuba, la importante provincia cubana de Oriente, no sería el primero en afirmar públicamente esos principios en Cuba. Eran casi los mismos de la Constitución de Infante de 1809 e iguales a los de las constituciones de los cubanos en armas. Habían formado parte de los ideales del sector progresista del Partido Reformista, y eran los del Partido Liberal Autonomista y sobre todo los del Partido Revolucionario Cubano de Martí. La tolerancia religiosa, lograda en 1886 para los cubanos por su compatriota el clérigo episcopal Pedro Duarte, se había convertido en libertad y era ya parte integral de la nacionalidad cubana.

Pero con Brooke en el poder, el nuevo laicismo, destinado a prevalecer definitivamente en la vida del país, empieza oficialmente a tomar forma. El 31 de mayo de 1899 se dictó la orden militar número 66. No quedaron con ella dudas acerca de la separación de la Iglesia y el Estado. El matrimonio civil pasó a ser el único reconocido por la ley, sin prohibir la celebración de ceremonias religiosas, ya que se garantizaba la absoluta libertad de cultos. La orden militar sobre el matrimonio civil provocó protestas en círculos católicos pero estos no tuvieron el apoyo de las masas ni de los principales líderes mambises. Las relaciones entre los cubanos y la Iglesia continuaban siendo precarias. Un selecto grupo de sacerdotes católicos nacidos en el país había favorecido la independencia dentro de las limitaciones, y hasta virtuales persecuciones, que les fueron impuestas por los prelados españoles que gobernaban la Iglesia en Cuba, la cual no era todavía, ni remotamente, una iglesia verdaderamente cubana. Obispos y sacerdotes habían defendido el régimen colonial español, tolerando algunos hasta que el ejército usara sus templos en ciertas ocasiones.[15] El catolicismo cubano que inexorablemente dejaría de ser algún día parte integral de la Iglesia de España —en aspectos jerárquicos y culturales— empezaba paulatinamente a sobresalir, como lo había hecho cautelosamente en algunas épocas de la historia colonial, sobre todo en el siglo XVIII en que el clero cubano logró brevemente ejercer influencia en los asuntos realmente importantes de la conducción de la política eclesiástica. Es decir, que en los días de la Intervención resurgieron las esperanzas de muchos sacerdotes que anhelaban una iglesia cubana dentro de la jurisdicción romana. Las autoridades vaticanas, influidas por las recomendaciones del delegado apostólico monseñor Chapelle, favorecieron algunos cambios.

El arzobispo español de Santiago de Cuba, Francisco Sáenz de Urturi, hombre de capacidad superior a la de su colega y compatriota el obispo Santander, de La Habana que había sido un incontrolable partidario y vocero del régimen colonial, traspasó espontáneamente su cargo a un ilustre sacerdote cubano respetado por los independentistas, Francisco de Paula Barnada y Aguilar. La dimisión de Sáenz de Urturi se produjo el 2 de abril de 1899 y el Padre Barnada se convirtió en gobernador eclesiástico, calmando así las iras de los que cuestionaban la actitud de su predecesor. La Santa Sede ratificó prontamente la oportuna recomendación de Chapelle de que Barnada se convirtiera en arzobispo. Un cubano partidario de la independencia pasaba a ser el primado de la Iglesia en Cuba.

En octubre de 1898, el arzobispo de Nueva Orleans, Plácido L. Chapelle, había sido designado como delegado apostólico en Cuba y Puerto Rico. Este hábil diplomático y sus gestiones en Cuba merecen una atención que es imposible dedicarle en un trabajo como este. Su papel fue determinante en el periodo de transición que la intervención estadounidense significó para la Iglesia en Cuba. A él se debe en parte el equilibrio que las autoridades eclesiásticas trataron de mantener en medio de la difícil situación cubana. El nombramiento de Barnada serviría para complacer al sector cubano. Y para atenuar las implicaciones de entregar la sede primada de Santiago de Cuba a un independentista, el delegado apostólico logró colocar al prelado italiano Donato Sbarreti en el obispado de La Habana. El obispo español Manuel Santander y Frutos había sido conocido en toda Cuba, y sobre todo en la capital, como un hombre fiel a la corona española y sus hirientes sermones contra los patriotas eran notorios. Es cierto que había protegido a algunos sacerdotes cubanos en la era de Weyler, entre ellos al padre Guillermo González Arocha, pero su jerarquía era absolutamente inaceptable en la nueva situación. Al presentar su renuncia y ser nombrado Sbarreti para tomar su lugar, los sectores españoles vieron aliviarse sus temores de que los cubanos quedaran en control de la Iglesia. Es por esa razón que los libros escritos en la época y la prensa cubana de aquellos días, revelan una protesta por parte de los elementos más nacionalistas dentro del catolicismo en el país, Sbarreti y Chapelle lograron conseguir grandes concesiones de parte del gobierno interventor, convertido en un protector por excelencia de los intereses de la Iglesia Católica en Cuba.

Es, pues, posible afirmar categóricamente que la intervención americana no favoreció al protestantismo en Cuba sino que protegió al catolicismo, religión a la que los gobernadores estadounidenses no pertenecían. En el caso de Brooke es necesario reconocerle a su administración una sincera neutralidad en materia religiosa. Cuando impuso el matrimonio civil, la protesta católica no le afectó en modo alguno. La pasó por alto con una típica indiferencia anglosajona. Diego Vicente Tejera, en su trabajo *Estado de la legislación cubana* explica el proceso:

"El 12 de Mayo de 1899, como consecuencia de la libertad de cultos de los Estados Unidos y de la separación de las Iglesias de todo poder del Estado, principios éstos sostenidos también por los programas de la Revolución, se dicta la Orden 57 de 1899, dando competencia exclusiva a los Tribunales civiles para conocer de los juicios de divorcio y nulidad de matrimonios, quitando esa competencia a los Tribunales Eclesiásticos."[16]

Como hemos visto, fue Brooke quien impuso el matrimonio civil, permitiendo a los clérigos de todas las iglesias llevar a cabo sus ceremonias pero sin otorgarles validez legal. Ese sistema que fue implantado después durante la República, pudo ofender el sentimiento de gran parte del clero católico pero sin que el gobernador cambiara la medida. Esa decisión y su presencia en servicios religiosos protestantes, incluyendo los ofrecidos por Alberto J. Díaz a su regreso a La Habana, no indicaba que se favoreciera a los evangélicos. Estos no necesitaban protección alguna debido a que los pastores cubanos habían participado en el proceso independentista y muchos de ellos habían sido conspiradores reconocidos u ostentaban grados en el Ejército Libertador. Al no poner obstáculos a los grupos protestantes no demostraba inclinación hacia ellos. Se limitaba a seguir en materia religiosa la política oficial de su país que era preferida por los mismos cubanos. Los evangélicos no tenían problemas comparables a los de aquellos obispos y sacerdotes españoles que habían trabajado a favor del triunfo de España. Los historiadores e investigadores podrán si quieren, buscar alguna prueba de favoritismo. No encontrarán ninguna que tenga cierta importancia.

Por su parte, Leonardo Wood, otro protestante, al reemplazar a Brooke como gobernador, se convirtió en la práctica en el campeón de la causa católica. Muy pronto se dedicó a cultivar las mejores y más íntimas relaciones con la Iglesia Católica. Había para ello razones políticas de gran peso. No era conveniente crearle problemas al metodista McKinley entre los numerosos votantes católicos residentes en varias regiones de Norteamérica y que en su mayoría eran de origen extranjero. La Iglesia en Cuba le ofreció a Wood su más entusiasta colaboración. Herminio Portell Vilá, como historiador especializado en las relaciones entre Cuba y los Estados Unidos, dedica parte del cuarto tomo de su *Historia de Cuba* a probar exhaustivamente que Wood y la Iglesia Católica tuvieron las mejores relaciones:

"Con el cambio del gobernador, sin embargo, el clero y sus partidarios pudieron imponer su voluntad al pueblo de Cuba porque Wood les dió la razón, como siempre hizo y ello por motivos políticos porque él no era católico... así se explica que en el verano de 1899 se prestase a participar de una procesión religiosa por las calles de Santiago en compañía del mismo arzobispo que unos meses antes predicaba la "guerra santa" contra los Estados Unidos. Es también Hagedorn quien escribe que el afán de Wood y del clero para llevarse bien llegó a hacerse tan vivo que, en cierta ocasión, las religiosas de un convento le pidieron al gobernante encargado de "enseñar" a los cubanos a gobernarse, que ordenase a la abadesa que tomase un descanso para reponer su salud, y Wood las complació y la abadesa le obedeció."[17]

Plácido Chapelle, quien llegó a ser Cardenal de la Iglesia, era, como delegado apostólico para Cuba y Puerto Rico, la persona indicada para hacer gestiones ante el gobierno interventor. Tanto su participación como la de Sbarreti fueron decisivas para conseguir grandes concesiones. Obtuvieron que se indemnizara a la Iglesia por las propiedades de las que el gobierno español se había apropiado en Cuba en el siglo XIX. Portell Vilá explica el proceso:

"Era discutible, en primer lugar, si el concordato de 1861 entre el gobierno español y la Iglesia, en tiempos en que España estaba sometida a la influencia del Vaticano y reconocía el catolicismo como la religión oficial, tenía fuerza obligatoria sobre Cuba cuando la soberanía española se había terminado, cuando se había establecido la libertad de cultos y ni Cuba ni los EE. UU. tenían relaciones diplomáticas con la Santa Sede. Más aun, cuando durante las discusiones para la forma del Tratado de París los delegados norteamericanos se habían negado a tomar en consideración siquiera las proposiciones españolas en favor de la Iglesia Católica, Cuba tenía derecho a ser la que decidiese, por la libre determinación de su gobierno republicano, que nadie negaba que se establecería, y por sus resoluciones de sus tribunales, que era lo que en justicia había que hacer con las reclamaciones eclesiásticas que originariamente envolvían una indemnización de siete millones de pesos."[18]

El complicado proceso político español del siglo XIX, que incluyó la confrontación dinástica entre los partidarios de la regenta María Cristina y los carlistas, y la alianza de la primera con los elementos más liberales, había necesariamente afectado la situación de las propiedades de la Iglesia en Cuba, aunque no tanto como en la Península. En época del régimen liberal de Juan Alvarez Mendizábal, siendo Tacón el capitán general de la Isla, el gobierno confiscó en Cuba tierras de la Iglesia, pero muchas propiedades confiscadas en el periodo 1835-1844 fueron devueltas después, en aquellos casos en que el gobierno no las necesitase. Un arreglo al que se llegó en 1861 entre la Iglesia y el Estado, y que excluía lo que ya había sido vendido por parte del gobierno, permitió esas devoluciones parciales y estableció que el estado arrendara el resto. De acuerdo con algunos estudios publicados, la renta acumulada entre 1861 y 1899 fue de 21 millones. Wood estuvo de acuerdo en pagar el 5% de un millón y medio en que se valoraban los edificios de algunos conventos e instituciones en La Habana. En Oriente, se pagó el 3% de un total de US$535,000, valor estimado de fincas rústicas y bienes inmuebles. Los que han tratado el asunto entienden con unanimidad impresionante que lo que se hacía era dejarlo para una futura solución. No debe olvidarse que estos arreglos con la Iglesia podían ser considerados entre los temas más impopulares de la época, debido al prevaleciente anticlericalismo de los círculos que se habían opuesto a la dominación española.[19] Era el lastre de un pasado en el que la Iglesia del siglo XVII, según datos de Jacobo de la Pezuela, había tenido control de la tercera parte de la riqueza pública de la Isla, y de la más reciente de las culpas eclesiásticas: la incondicional colaboración con las autoridades coloniales que la habían despojado de sus más productivas posesiones.

La Iglesia Católica en Cuba había realmente poseído y controlado incalculables bienes materiales en los siglos XVI y XVII. A principios del siglo XIX era todavía el mayor capitalista de la Isla. Las imposiciones excesivas a favor de la misma habían sido causa de protesta y en el

Sínodo Diocesano de 1680 se había recomendado a los clérigos no presionar demasiado en favor de la obtención de herencias de los moribundos que recibían los auxilios espirituales. Leví Marrero señala en el décimo tomo de *Cuba: economía y sociedad*: "El fervor religioso que conducía a donaciones de los fieles en trance de muerte, puso a la Iglesia española en posesión de una alta proporción de las tierras peninsulares que, por las regulaciones eclesiásticas, no podían ser vendidas".[20] El mencionado autor extiende esa situación a Cuba y añade, en relación con los impuestos, que "en el siglo XVIII, el primer criollo que analizara sistemáticamente la economía cubana, Bernardo de Urrutia Matos, insistiría en que era muy elevada la carga impuesta sobre los bienes raíces de la Isla, en favor de los religiosos".[21] Aunque Marrero le atribuye una limitada significación agraria a la desamortización de 1835-1844, su presentación del asunto, así como toda la información disponible, demuestra que la iglesia en Cuba fue afectada por la política oficial aun antes de las medidas del siglo XIX y esto redujo su caudal económico. Por estas razones es fácil entender la urgencia de los líderes del catolicismo por aliviar la situación de virtual indigencia en que se veía en la práctica la iglesia en el país. Lo curioso del caso es que tuvieran que mirar hacia una solución procedente de la Norteamérica protestante y anglosajona y no de los cubanos descendientes de los conquistadores y colonizadores católicos de la Perla de las Antillas. Los cambios en la política fiscal y las desamortizaciones les llevaron a un callejón sin salida del cual no les sacaría la independencia sino la intervención extranjera.

El gobierno interventor tenía ante sí dos opciones: continuar haciendo pagos de 250 a 300 mil dólares cada año por concepto del uso de propiedades eclesiásticas, o comprarlas. La iglesia negociaba las propiedades incautadas por el Estado español mediante un decreto del 11 de octubre de 1835. Las reclamaciones eclesiásticas según Portell Vilá eran originalmente de siete millones de dólares. En cuanto al gobernador Wood, sus intenciones se hicieron evidentes desde que nombró una comisión especial de asesores y escogió para integrarla a tres fervorosos católicos: Pedro González Llorente, Juan Víctor Pichardo y Juan Francisco O'Farrill.

A manera de resumen, Joel James Figarola, un investigador histórico cubano, en su trabajo *Un episodio en la lucha cubana contra la anexión en 1900*, ofrece una explicación del resultado de esas negociaciones:

"Así la transacción debió haberse efectuado desglosada de la forma siguiente:
 a) Pago por concepto de rentas atrasadas: 868,657.81.
 b) Tasación de las propiedades en manos del Gobierno Interventor a los efectos de fijar las rentas anuales: 1.499,550.00.

c) Pago de rentas anuales de un cinco por ciento sobre valor tasado.
d) Aceptación del 25% de las rentas pagadas para posible compra futura de las propiedades, dentro de un plazo de cinco años a partir de la instauración de un Gobierno cubano.
e) En ese pago futuro posible no intervendría el 25% de los 868,657 pesos que, como rentas atrasadas, se pagaban de un acto.
f) Si en cinco años el "futuro gobierno cubano" que como se sabe no tenía que ser en modo alguno entendido como independencia de EE. UU. no hacía efectiva la compra total, habría que renegociar los términos."[22]

Las indemnizaciones totales no fueron pagadas sino durante el gobierno de Charles Magoon, otro protestante; es decir, en la Segunda Intervención Norteamericana (1906-1909). El Congreso cubano se negó a hacer los pagos finales del acuerdo Wood-Sbarreti dejado como una especie de herencia a la ·República. El Presidente Estrada Palma, primer cubano encargado de gobernar la nueva república, y asiduo asistente a los cultos de las iglesias protestantes de La Habana, había solicitado inútilmente del Congreso, durante su gobierno, que se acordase la compra de los inmuebles mencionados para cumplir el convenio aprobado por Wood.

Es necesario reconocer que, con estos arreglos, los funcionarios norteamericanos de ocupación complacían a un sector influyente de la sociedad cubana aunque se buscaban la enemistad de otros. La Iglesia no contaba con suficientes recursos que le permitieran prescindir de estas indemnizaciones que por lo demás consideraba lícitas e imprescindibles, opinión no compartida por muchos historiadores y por una parte de la prensa cubana de la época. La estatura de Wood creció en los círculos eclesiásticos, convirtiéndose en una figura prácticamente imprescindible en la historia religiosa del país. La explicación está en que la importancia de las indemnizaciones fue decisiva a principios de siglo y marcó toda una etapa en el desarrollo del catolicismo en la nueva era republicana.

Leonardo Wood era un político con grandes aspiraciones como lo demostró cuando, en 1920, casi obtiene la postulación republicana para la Presidencia de los Estados Unidos. Su habilidad para las frecuentes maniobras que exige la política quedó demostrada en todo lo relacionado con su evidente manipulación de la cosa pública en Cuba. En la historia eclesiástica del país escribió hasta capítulos interesantes, como uno del que deja constancia el historiador Portell Vilá:

"El P. Emilio Fernández, párroco de la Iglesia de Monserrate, en La Habana era español intransigente y sacerdote de pintorescas costumbres, pero se contaba entre los amigos de

Wood. Por complacer a éste, el notorio P. Emilio participó de las honras fúnebres en memoria del Presidente McKinley quien no era católico, y lo hizo en unión de un pastor protestante y sin la correspondiente autorización canónica para ello. El obispo Sbarreti castigó al P. Emilio por su indisciplina al relevarle de la parroquia de Monserrate, pero al llegar el día en que Wood tenía que autorizar el pago de la indemnización por los bienes del clero, el gobernador suspendió la firma hasta que Sbarreti a petición y en presencia de él, cablegrafió a Roma en demanda del perdón del P. Emilio y su restitución a la parroquia de Monserrate."[23]

Ese importante historiador nos recuerda que Hagedorn, biógrafo o más bien hagiógrafo de Wood, al mencionar el incidente indica que mostraba el carácter de su biografiado. De cualquier manera, ese fue el único caso conocido en que Wood y la Iglesia tuvieron una confrontación desagradable y de todas formas el relato de Hagedorn y la explicación de Portell Vilá revelan que terminó favorablemente para ambas partes y demostró quien decía la última palabra en Cuba, incluso en cuestiones internas de la Iglesia.

Joel James Figarola, en su obra citada, vincula todos estos acontecimientos con una tendencia anexionista por parte del alto clero católico y entiende que la administración norteamericana en Cuba utilizó a la Iglesia para que le apoyara en ese sentido. Ese investigador no es en modo alguno el único que ha calificado a Wood de anexionista. La gran mayoría de los historiadores cubanos ha preferido a Brooke antes que a Wood. El primero parece haber tenido cierta conciencia del carácter necesariamente provisional de su gestión y es probable que no albergara una marcada tendencia a favorecer un status determinado, cuidando simplemente de que los intereses de su país, los Estados Unidos, fueran protegidos. Wood, por su parte, se inclinaba a la anexión como sus actos se encargaron de demostrarlo.

La guerra y la nada impresionante labor administrativa de los últimos gobernadores españoles habían dejado la Isla en una situación muy pobre. Algunos de estos funcionarios coloniales gobernaron Cuba por unos meses o por unos pocos años y no pudieron llevar a cabo verdaderos planes que fomentaran la producción o que mejoraran la economía. La próspera Cuba de principios del siglo XIX y su capital La Habana, que no tenía en 1800 nada que envidiar a las grandes ciudades de la América del Norte, estaban casi en la ruina. Le correspondió a los interventores y a los primeros gobernantes cubanos ocuparse de una situación sumamente difícil. En el impulso considerable dado a la economía, la sanidad y la educación, participaron infinidad de protestantes norteamericanos, muchos de los cuales cooperaron, a título personal, con las iglesias que se iban estableciendo en el país. Era la época de Walter Reed y sus colaboradores, interesados en descubrir el origen de la fiebre amarilla, descubrimiento que debe reconocérsele al cubano Carlos J. Finlay. Reed y un grupo de norteamericanos demostraron un valor extraordinario al ofrecer sus vidas por la causa a la que se habían dedicado. No fueron estas las únicas contribuciones de estadounidenses de religión protestante a la causa de la salubridad y los servicios médicos en Cuba. William Gorgas, que originalmente había planeado dedicarse a la obra evangélica en China como misionero-médico de la Iglesia Episcopal, fue encargado de introducir mejoras sanitarias en el país. Gorgas, que llegó a alcanzar el rango de brigadier, obtuvo fama por sus labores en la construcción del Canal de Panamá y por contribuciones similares en otras regiones necesitadas de ayuda sanitaria en la América española. Contribuyó a los esfuerzos de los evangélicos en Cuba, pero solamente como individuo y sin usar las amplias facultades de las que estaba investido como principal funcionario de sanidad en la campaña por erradicar las enfermedades que azotaban al país después de años de guerra y de abandono por parte de las autoridades coloniales españolas. Gorgas mantuvo estrechos vínculos con los metodistas y otros grupos en La Habana.

Eran los días del educador y geógrafo Alexis Frye y del entrenamiento de maestros cubanos en Harvard. Frye fue nombrado Superintendente de Escuelas por el gobernador Brooke. Su contribución a la educación del pueblo cubano fue notable. Abrió más de 3 mil escuelas. Evidentemente estaba obsesionado con las cifras y sufrió las críticas del gobernador Wood a quien en una ocasión Frye acusó públicamente de tirano. Logró enviar 1,300 maestros cubanos a recibir un rápido entrenamiento en la Universidad de Harvard. Sus labores fueron más impresionantes que las del teniente Matthew Hanna, al que Wood consideraba un aliado y a quien encargó escribiera una ley educacional para el país basada en la vigente en el estado norteamericano de Ohio y por lo tanto bastante fuera de contexto y calificada de anexionista. De todas formas, el énfasis que se hizo en el campo educacional fue de gran beneficio a un país donde no existían escuelas en gran parte de su territorio. Un cubano ilustre, Enrique José Varona, filósofo y educador además de prosista prodigioso, jugó un gran papel como secretario de Instrucción Pública en un gabinete nombrado por los interventores. Varona, junto con Alfredo Aguayo, José Antonio González Lanuza y otros, se ocupó de la reforma de la educación secundaria y universitaria y participó en el proceso que convirtió en laica la educación pública en Cuba. Al terminar la intervención funcionaban en Cuba 3,800 nuevas escuelas. Es interesante que Frye fuera acusado por Wood de fomentar el nacionalismo cubano.

No todos los protestantes activos o nominales que fueron a Cuba lo hicieron para cumplir órdenes de su gobierno, o llenos del espíritu de

Intervención norteamericana y religión en Cuba 173

sincera filantropía como la notable Clara Barton, de la Cruz Roja, cuyo nombre quedó grabado para siempre en los libros de historia de Cuba por su aporte durante la Guerra de Independencia. A pesar de la Ley Foraker, aprobada con el propósito de limitar las concesiones a empresas norteamericanas y el control de la economía cubana por inversionistas y mercaderes procedentes de los Estados Unidos, el país fue gradualmente convirtiéndose en terreno fértil no solamente para la inversión y la obtención de franquicias, sino también para la manipulación económica. Las actividades comerciales e industriales de esos nuevos inversionistas incluyen ciertos casos de gran honestidad, pero también revelan prácticas nada recomendables. Aunque la mayoría de los norteamericanos que invertían en Cuba era de religión protestante, solo una minoría de ellos eran verdaderamente devotos y el número de los que realmente ayudaron a las iglesias evangélicas en el país no es demasiado impresionante. La llegada de muchos de ellos tenía que ver exclusivamente con cuestiones materiales y lo demás vino por añadidura.

Uno de los más famosos inversionistas, conocido en parte por su actividad religiosa, fue el financista cuáquero Perceval Farquhar que llegó a Cuba en el verano de 1898, cuando todavía España tenía control sobre la Isla. Este prominente evangélico obtuvo una concesión para electrificar el sistema de tranvías en la capital. Después de sus éxitos en esa ciudad se dedicó a comprar ferrocarriles e integrar como una figura fundamental la célebre "Cuba Company". De sus prácticas como hombre de negocios resalta el importante detalle de que al parecer no usaba sobornos, lo cual se atribuye a su fidelidad a los principios cuáqueros.[24] No ofreceremos una lista de inversionistas protestantes ni intentaremos clasificarlos en honrados y deshonestos debido a que sería un trabajo innecesario. Como veremos en otros capítulos, un grupo reducido de esos evangélicos se interesó por la obra misionera en Cuba. Lo que resulta innegable es la importancia de la participación de capitalistas protestantes en el desarrollo económico de un país que aun antes de 1899 era un importante socio comercial de los Estados Unidos de Norteamérica. La poderosa y abrumadora influencia norteamericana, en sus aspectos positivos y negativos, no se puede separar totalmente de la participación de individuos protestantes, pero tampoco debe exagerarse este último asunto. Los inversionistas y mercaderes no fueron a Cuba como misioneros ni como propagandistas de una fe religiosa determinada. Alguna excepción no debe ser usada para entrelazar ambos fenómenos de manera definitiva.

Por aquella época se escucharon voces anexionistas y colonialistas en los sectores protestantes de los Estados Unidos pero de lo que más se hablaba en los círculos evangélicos era de enviar misioneros a Cuba y de ello nos ocuparemos en el próximo capítulo. Un evangelista protestante,

Samuel W. Small[25], predicador independiente, recorrió Cuba como otros colegas y en sus mensajes trató de convertir a los cubanos a la causa anexionista, mezclándose ese elemento con su prédica evangelizadora. Esto quizás no haya sido el problema, sino que en los Estados Unidos afirmó que los cubanos eran una especie de raza inferior. El famoso misionero presbiteriano Robert L. Wharton atacó públicamente no solamente la actitud de ese clérigo, sino la de todos los que intentaran esa labor y afirmó que los cubanos tenían capacidad suficiente para gobernarse a sí mismos.

Entre los gobernadores norteamericanos contrastan las actitudes de Brooke y Wood, los dos funcionarios principales de la Primera Intervención (1899-1902). Como hemos visto, el primero no hizo propaganda anexionista, pero el segundo parece haber sido un promotor de esa causa. Leonardo Wood, médico de profesión, militar por inclinación y circunstancias, y político de condiciones evidentes, estuvo en conflicto no solamente con Brooke, a quien sustituyó, o con Frye, que para él era simplemente un agente del nacionalismo cubano debido a su interés en mejorar la educación en Cuba; James H. Wilson, personaje de la Guerra Hispano-Cubano-Americana y de la intervención, mencionado en alguna ocasión como un posible gobernador de Cuba, fue víctima también de sus ataques y críticas.

El general Wilson, gobernador militar de Matanzas y Santa Clara durante la intervención, había sido, además de todo lo mencionado, una figura básica de la Guerra Civil de los Estados Unidos. Parece haber contribuido brevemente, por cuenta propia y sin comprometer al gobierno interventor, al desarrollo inicial de algunas iglesias protestantes en la provincia de Matanzas. El gobernador favorecía la concesión de la independencia a Cuba. El 11 de abril de 1898 había escrito a su amigo el senador Foraker abogando por el reconocimiento del gobierno cubano en armas. En 1899 además de pedir fondos para los agricultores cubanos, había sugerido el establecimiento del libre cambio entre Cuba y los Estados Unidos, o que se redujeran los derechos al azúcar cubano. Mientras otros oficiales del Ejército abogaban por el protectorado o la anexión, Wilson insistió en la independencia aunque sujetándola a algunas limitaciones. Portell Vilá, conociendo sus simpatías por el expansionismo, lo considera partidario de una especie de protectorado, y afirma que ". . .reclamaba el establecimiento de la república, con ciertas condiciones de control que él creía conducirían a la anexión en lo que llamaba 'modo honorable' para ambos países".[26] En todo caso, su concepto del independentismo era limitado, y tal vez hasta transitorio, pero era más cercano a los deseos de los cubanos que las maniobras hábiles de Leonardo Wood. El 7 de septiembre de 1899, Wilson elogió a los alcaldes y funcionarios cubanos nativos y a su "honradez y espíritu progresista".[27]

Rechazó una anexión impuesta y promovió una que de producirse fuera voluntaria. Algunos le han considerado una especie de precursor de la Enmienda Platt, que permitió la independencia bajo una especie de protectorado. Ese punto de vista prevaleció aunque al producirse la independencia, Wood ya había logrado la salida de Wilson de Cuba. La Enmienda Platt, al ser impuesta después, permitiría a los Estados Unidos intervenir en Cuba en caso necesario y dejaba en el aire la cuestión de la soberanía sobre la Isla de Pinos a la vez que establecía el derecho a bases militares y de abastecimiento en Cuba. Los anexionistas no lograron prolongar la intervención, como quería Wood y lograr así la anexión de manera rápida y expeditiva.

Si los aciertos de los protestantes norteamericanos que gobernaron el país, reorganizaron el sistema educacional, realizaron investigaciones sobre la fiebre amarilla y mejoraron dramáticamente la sanidad son apreciables, los muchos errores cometidos por esos extranjeros son admitidos. Pero de la misma manera que no puede acusarse a la Iglesia Católica de todos los males de la colonia, mucho menos puede responsabilizarse a las iglesias evangélicas (que estaban separadas del Estado en Norteamérica) del orgullo y los desatinos de ciertos interventores e inversionistas, muchos de los cuales carecían de una auténtica experiencia cristiana.

Durante la intervención norteamericana se prohibió la celebración de loterías, se suprimieron las corridas de toros y las peleas de gallos a la vez que fueron restringidas las actividades más visibles de la santería afrocubana. Como sus colegas de las Antillas inglesas, los interventores miraban con desprecio los ritos religiosos traídos por los esclavos africanos e introducidos en la religiosidad popular. Los gobernadores no hicieron concesiones en esas materias, aunque respetaron básicamente la libertad de cultos. La prueba más visible de esto último lo fue si se quiere el trato preferente que Wood concedió a la Iglesia Católica. Si los interventores respetaron algún aspecto de la cultura de los cubanos y sus tradiciones, ese fue seguramente el de la práctica del catolicismo en Cuba. La Iglesia, como hemos visto, recibió el mejor trato posible de manos de los protestantes que gobernaban el país. Prevaleció cierta caballerosidad sajona y sobre todo un verdadero olfato político. Es por eso que Joel James Figarola, al hablar de las concesiones que se obtuvieron en materia de compensaciones al clero, pudo afirmar sobre el obispo Sbarreti: "...es decir, obtiene bajo un Gobierno protestante norteamericano, lo que la Iglesia en España, con reyes y generales católicos, no había podido obtener".[28]

Los verdaderos protectores del catolicismo fueron pues los norteamericanos y no los nativos independentistas. Los secretarios cubanos del gabinete de Brooke hasta trataron de dictar medidas contra la Iglesia Católica, en el sentido de limitar su poder e incluso humillarla un poco.[29]

Cuando Wood le concedió de nuevo validez legal al matrimonio religioso, 80 municipios, de 107 que existían por entonces, protestaron abiertamente pues favorecían el matrimonio civil. A la protesta se unieron casi todos los jueces de Primera Instancia, todos los magistrados del Tribunal Supremo menos uno y tres gobernadores provinciales. En cuanto a otras medidas con apoyo popular que fueron aprobadas por Brooke además del matrimonio civil obligatorio y la separación de la Iglesia y el Estado, estas incluyeron el traspaso de todo lo relacionado con el divorcio a los tribunales civiles y la entrega de los cementerios a los municipios. El historiador inglés Hugh Thomas explica algo sobre otra medida: "Se prohibieron procesiones religiosas, incluso funerales, aunque no se observó plenamente esta regulación y los funerales continuaron".[30]

Aun cuando Wood hizo que durante su administración se reconociera rápidamente el matrimonio religioso en igualdad de condiciones con el civil —que es la práctica prevaleciente en los Estados Unidos— Brooke ya había preparado el camino para el secularismo de la república independiente, asunto demandado por los libertadores como una continuación de la ideología mantenida durante la lucha contra España. La Convención Constituyente de 1901 dejaría todo aclarado. Por su parte, el protestantismo cubano, surgido en la emigración y llevado a Cuba por los mismos nacionales desde 1883 podría realizar un trabajo efectivo sin necesidad de arreglos con los interventores extranjeros, que en casi nada le favorecieron, sino que apoyaron con insistencia las leyes que fueran el producto de decisiones cubanas, como la libertad definitiva de culto y la separación de Iglesia y Estado.

El 19 de junio se celebraron elecciones municipales, en las que triunfaron el Partido Republicano y el Partido Nacional. Los republicanos ganaron en Matanzas y Las Villas y los nacionales en La Habana. Una serie de grupos locales o regionales lograron también victorias en las otras provincias y en algunos municipios. Los principales partidos eran aquellos dos y el Unión Democrática. Después se produjeron divisiones y reagrupamientos. El 15 de septiembre de 1900 se llevaron a cabo elecciones para elegir delegados de una Convención Constituyente. La coalición de los partidos Republicano y Unión Democrática eligió 18 delegados y el Partido Nacional logró 13. El pastor Alberto J. Díaz hizo una activa campaña a favor del Partido Nacional.

La libertad de cultos había formado parte de todas las constituciones de los cubanos independentistas, incluso de manera clara y definida, o como el resultado de una serie de conceptos afines. La Constitución de Infante (1809) establecía la libertad religiosa aunque la Iglesia Católica era reconocida como la oficial. También se garantizaba libertad de cultos en la de Guaimaro (1869) y La Yaya (1897). La de Jimaguayú(1895) se dedicaba más bien a organizar el gobierno, pero dando por sentadas todas las libertades. Los autonomistas habían defendido la libertad de cultos y entre la mayoría de los antiguos reformistas esa tendencia era evidente. Nadie dudaba que la nueva república recogería el sentimiento de los libertadores, sobre todo el de Martí, que era inequivocamente favorable a que no se discriminara en cuestiones de religión. El problema a tratar era más bien el de las relaciones entre la Iglesia y el Estado. Estas, en la práctica, habían sido dejadas en manos de las asambleas y congresos de los cubanos durante las guerras contra España y no se había legislado en detalle sobre las mismas.

Al discutirse el preámbulo de la Constitución, Salvador Cisneros Betancourt pidió que se suprimiera una frase invocando el favor de Dios. Martín Morúa Delgado propuso una enmienda en la que tampoco se mencionaba al Creador. Juan Gualberto Gómez apoyó a Morúa Delgado porque su proposición era más aceptable para los creyentes que lo propuesto por Cisneros Betancourt, quien pedía específicamente la supresión de la frase pidiendo el favor divino. Un discurso de Manuel Sanguily, con el apoyo de muchos miembros de la Constituyente, defendió la invocación a Dios. Esta permaneció después de mucha discusión.[31]

Se aprobó sin mayor dificultad y discusión la libre profesión de todas las religiones y el libre ejercicio de todos los cultos. Al ser mencionada la "moral cristiana", Rafael Manduley propuso el sustituirla por "moral pública". Finalmente, se mantuvo lo de "moral cristiana". Salvador Cisneros Betancourt pidió que no apareciera la palabra religión en el texto aunque se ampararan en la práctica esas "opiniones". Juan Gualberto Gómez pidió que no se separara la Iglesia del Estado, sino que se dejara esa decisión al Congreso para que éste se adaptase en el futuro a las diferentes situaciones y futuras etapas en el desarrollo del país. El notable periodista aclaró que él no pertenecía a ninguna iglesia.[32] Por cierto que en las sesiones, Alfredo Zayas, después presidente del país, se declaró ateo.[33] Gómez temía que fuera aprobado algo que pudiera ser entendido como persecución a la Iglesia Católica. No había en su mente el más mínimo sentimiento anti-protestante porque mantuvo con estos las mejores relaciones durante toda su vida. Manuel Sanguily defendió la separación de Iglesia y Estado y afirmó que Juan Gualberto parecía tener cierto miedo. Según Sanguily, "se tiene miedo a todo; miedo a los Estados Unidos, miedo al Papa, miedo al sacerdocio, porque miedo y no otra cosa es lo que ha inspirado semejante prevención". Gómez aclaró que no era miedo lo que le motivaba. Los únicos en votar contra la separación de la Iglesia del Estado fueron Eliseo Giberga, Joaquín Quilez, Pedro González Llorente y Juan Gualberto Gómez. Una exigua minoría aplastada por una avalancha de votos. El sentimiento nacional había sido claramente expresado en la votación. El capítulo 26 de la Constitución de Cuba, aprobado en 1901, era el siguiente:

"Es libre la profesión de todas las religiones, así como el ejercicio de todos los cultos, sin otra limitación que el respeto a la moral cristiana y al orden público. La Iglesia estará separada del Estado, el cual no podrá subvencionar, en caso alguno, ningún culto."

Para comprender el espíritu laicista de los fundadores de la república cubana es necesario profundizar en las relaciones entre los libertadores y el clero. Las confrontaciones personales abundaron. Comentando la obra novelística de Miguel de Carrión y sobre todo su novela anticlerical *El milagro*, el historiador cubano Jorge Ibarra describe la situación en su estudio *Nación y cultura nacional*:

"No se trata tan solo de crear una nueva moral, basada en los principios de un humanismo burgués, sino de librar una batalla decisiva contra el último baluarte ideológico de la dominación colonial española en Cuba. Durante la primera ocupación norteamericana, Máximo Gómez y el marqués de Santa Lucía habían calorizado la formación de una iglesia católica cubana, independiente del Vaticano. Su prédica había contado con el apoyo de una minoría de sacerdotes cubanos que habían apoyado el movimiento independentista, bien uniéndose al mambisado en la manigua o contribuyendo con su óbolo a las actividades revolucionarias de la emigración. Téngase en cuenta, sin embargo, que los sacerdotes cubanos independentistas no pasaban de una docena, mientras que una gran mayoría eran peninsulares que habían apoyado la dominación colonial española. Era, por lo tanto, una tarea ineludible del movimiento de liberación nacional emprender una crítica seria y a fondo de las instituciones que habían apoyado la dominación colonial."[34]

Sin embargo, algunos respetables estudiosos, han atribuido el proceso de separación de la Iglesia y del Estado, y el laicismo, a una simple continuación de la política de los interventores norteamericanos. En esa forma se manifestó el humanista dominicano Pedro Henríquez Ureña en una carta a su colega, el mexicano universal Alfonso Reyes: ". . .Aquí no hay problema religioso. Los yankees, al ocupar Cuba, separaron la Iglesia del Estado, y los cubanos, al hacer su Constitución, encontraron bien dejar así las cosas, y nadie se ha quejado".[35] Por supuesto que el gran maestro de América llegó a La Habana después del proceso que condujo a la separación definitiva de la Iglesia del Estado, y no se dedicó al estudio de la situación religiosa del país.

La hora de los gobernadores protestantes, la ocupación militar, y los capellanes evangélicos estaba a punto de concluir. La nación norteamericana aceptó, por medio de su gobierno, la realidad del destino nacional de Cuba, demandado entonces por la mayoría de sus habitantes. Las actividades de Leonardo Wood y otros amigos de la anexión o de alguna forma parecida de asimilismo, no produjeron el ansiado fruto. En Norteamérica los líderes protestantes se dividían, al igual que los católicos, en partidarios de la continuación del sistema de ocupación, simpatizantes de la anexión y defensores de una independencia más o menos equivalente a situar al país en esa esfera de influencia norteamericana que las condiciones de tipo geopolítico, y las cuestiones económicas parecían demandar. En el grupo de los partidarios de la independencia de Cuba se destacaron algunos personajes bien conocidos por su actividad dentro de las iglesias protestantes, como el educador negro Booker T. Washington y hasta líderes que encabezaban sectores enteros del pensamiento evangélico o protestante de la época; el clérigo Lyman Abbott, portaestandarte del llamado "evangelio social" y uno de los pastores congregacionales más cultos y famosos del país, además de ser uno de los principales líderes de la Liga Antiimperialista Norteamericana ya en el verano de 1899 pidió "que se diera fin a la ocupación y empezase el autogobierno cubano";[36] y sobre todo William Jennings Bryan, el laico presbiteriano que aspiró tres veces a la Presidencia por el Partido Demócrata, el más connotado y elocuente orador del momento y futuro vocero de un sector inclinado al fundamentalismo y opuesto a la enseñanza del darwinismo en las escuelas.

La Convención Constituyente de 1901 y la aprobación bajo fuertes presiones de la Enmienda Platt, que permitía la intervención norteamericana en caso de ser esta necesaria, prepararon el camino para la celebración de elecciones generales. Bartolomé Masó, ex-Presidente de la República en Armas, el generalísimo Máximo Gómez, principal figura de la lucha armada contra España, y Tomás Estrada Palma, sucesor de Martí en el Partido Revolucionario Cubano, eran los nombres más mencionados para la Presidencia. Máximo Gómez, que a pesar de ser extranjero —había nacido en la República Dominicana— podía aspirar al cargo por disposición constitucional, apoyó a Estrada Palma. Los partidos Nacional y Republicano, formando una coalición, pidieron a este último, residente en los Estados Unidos, país del que era ciudadano, que aspirara a la Presidencia. Se escogió como su candidato a la Vicepresidencia al patriota y abogado Luis Estévez y Romero, esposo de Marta Abreu, de gran fama como benefactora de Santa Clara. El Partido Unión Democrática postuló al general Masó, que llevaría como compañero al notable médico y general de la Guerra de Independencia Eusebio Hernández, que había sido un héroe desde los días de su juventud en Colón, Matanzas. La llamada Coalición por Masó incluía al Partido Republicano Independiente, los Republicanos Libres de Las Villas, el Partido Popular Obrero, el Partido Nacionalista, el Partido Republicano Castillista de Oriente y los Nacionales Liberales de Camagüey. Estrada Palma recibió pronto la adhesión de otros grupos y de figuras relevantes de la política nacional.

La evidente simpatía de las autoridades norteamericanas por Estrada Palma parece haber decidido su suerte. Masó declaró su retraimiento de las urnas al saber que los cinco miembros de la Junta Central de Escrutinio eran partidarios de su oponente. De cualquier manera, al celebrarse los comicios el 31 de diciembre de 1901, fue elegido Tomás Estrada Palma, que ganó cinco provincias, ya que los partidarios de Masó solo fueron a las urnas en Camagüey y ganaron allí. La mejor credencial del presidente electo había sido una fama de hombre honrado que le acompañó aun en medio de graves errores. Los cuáqueros de Central Valley tendrían que despedir a su antiguo amigo y colaborador. Le ayudaron con su viaje y le regalaron un traje para su toma de posesión.

El 20 de mayo de 1902, siendo Presidente de los Estados Unidos Theodore Roosevelt, tomó posesión Tomás Estrada Palma, como el primer Presidente de la República de Cuba, al ser proclamada la independencia del país. El más importante miembro de la delegación norteamericana en los festejos era William Jennings Bryan, el orador evangélico que había sido derrotado por McKinley en su aspiración por la Presidencia. Philip S. Foner, autor de un importante estudio sobre *La Guerra Hispano-Cubano-Americana y el nacimiento del imperialismo norteamericano*, describe así los acontecimientos:

> "Wood desató la driza del asta del palacio del gobernador, y arrió la bandera norteamericana. Al mismo tiempo se arriaron también las banderas del castillo del Morro y de las fortalezas de Santa Clara y Punta. Mientras tanto la bandera cubana se había colocado en el asta del palacio, y Máximo Gómez, con las mejillas surcadas de lágrimas, la izó junto con Wood... En el castillo del Morro, el general Emilio Núñez izó la bandera cubana.[37]

Se había cumplido, al menos en parte, el sueño de los protestantes de la emigración y de los iniciadores de las primeras iglesias evangélicas cubanas. Se abría para la pequeña Iglesia fundada por luchadores independentistas toda una nueva era en su todavía breve historia. Como el resto de sus compatriotas, al ver ondear la enseña de la estrella solitaria sobre la fortaleza de El Morro, símbolo de la antigua soberanía de España, es probable que pensaran como Bonifacio Byrne acerca de su bandera

> "¡No la veis? Mi bandera es aquélla
> que no ha sido jamás mercenaria,
> y en la cual resplandece una estrella,
> con más luz, cuanto más solitaria."

NOTAS

1. Editorial del *Northern Christian Advocate*, 13 de abril de 1898.
2. Editorial del *Evangelist*, 31 de marzo de 1898.
3. Editorial del *Christian and Missionary Alliance*, 15 de junio de 1898.
4. Editorial del *Standard*, 28 de abril de 1898.

5. Nótese como los temas del aislacionismo y la vida internacional formaban parte del interés de publicaciones de iglesias tan dedicadas a la prédica evangélica como la de los Discípulos de Cristo, que al publicarse este editorial en el *Christian Evangelist*, su órgano oficial, era una denominación bíblicamente conservadora. Es un llamado al expansionismo territorial y una condena al aislacionismo.

6. Esta conferencia metodista, al reunirse en 1898, ofrece una justificación de tipo teológico y con un marcado sabor bíblico a las actividades de los Estados Unidos fuera de sus fronteras y presenta una invitación a la evangelización y la obra misionera en Cuba.

7. Este editorial de 1898 del *Advance* incluye interesantes referencias a la misión de los cristianos después de la derrota de España. Les insta en otras partes a ser amistosos y amorosos y sobre todo a ser diferentes. En otras palabras a realizar una labor social y religiosa a la misma vez.

8. Si se tiene en cuenta la preocupación de la Alianza Cristiana y Misionera por la obra evangelizadora, lo cual motivó su creación en el siglo XIX, y su condición de denominación fundamentalista, estas acusaciones tan abiertas y enérgicas, que incluyen una invitación a la guerra como remedio, pueden ilustrar hasta qué punto los protestantes, aun los más pietistas, estaban entregados a la causa.

9. Este es uno de los editoriales de 1898 que pueden servir de base a un estudio acerca de la contribución de protestantes —norteamericanos en todo caso— al sentimiento anexionista en los Estados Unidos. No presenta más perspectivas que la anexión o el protectorado. No contempla ayudar a la independencia. Esta posición no debe generalizarse en cuanto a afirmar que todos los protestantes americanos eran anexionistas.

10. Para el *Ave María*, lograr que tres millones de católicos cubanos pasaran a la Iglesia norteamericana era una meta digna de consideración. Durante la segunda mitad del siglo XIX y principios del XX se nota en la prensa católica una obsesión por obtener conversos o defender los derechos de los inmigrantes católicos a entrar en el país con el propósito de llegar a ser una iglesia poderosa que pudiera enfrentarse a la influencia predominante de los protestantes.

11. La posición del *Catholic Herald* en 1898 era al mismo tiempo anexionista y racista. No prevalecía en ellos el interés de aumentar en varios millones la cifra de católicos norteamericanos, lo cual deseaban también, porque en este caso, el de las Filipinas, sabían muy bien que ese país no podía anexarse, entre otras cosas, por motivos raciales, geográficos y culturales. Era preferible dirigirse al Canadá y anexarlo a cambio de ceder las Filipinas. De esa forma se conseguían a la vez ciudadanos blancos y un buen número de católicos, aunque sería necesario aceptar la realidad de que al menos la mitad de los canadienses eran protestantes.

12. McKinley utilizaba con frecuencia el recurso de referirse a sus oraciones en busca de la voluntad divina. Fue visitado por ministros metodistas y de otras

denominaciones que favorecían la participación norteamericana al lado de los cubanos. Las presiones a las que estuvo sujeto incluían los editoriales de las publicaciones evangélicas y las declaraciones de las organizaciones religiosas más importantes del país. Un protestante devoto no podía pasar por alto las constantes menciones al "imperialismo de la virtud" aparecidas en el periódico bautista *Standard* y otros órganos similares.

13. Juan J. E. Casasús, *Calixto García* (Miami: La moderna poesía, 1981, cuarta versión corregida y aumentada de la original, publicada en Cuba en 1942); p. 304.

Para analizar la participación de Calixto García se ha consultado también la obra biográfica sobre su persona, publicada por Aníbal Escalante.

14. Emilio Bacardí Moreau, *Crónicas de Santiago de Cuba* (La Habana, 1924, tomo X), pp. 181-183.

15. Monseñor Ismael Testé en el primer tomo de su *Historia eclesiástica de Cuba*, pp. 275-276, defiende la idea de que las autoridades eclesiásticas estaban forzadas a entregar los templos. El famoso decreto del obispo Santander y Frutos estableciendo el procedimiento en caso de que "por la autoridad correspondiente se les pidieran las iglesias, con el fin de convertirlas en fortalezas para defensa de los pueblos" es una de las páginas oscuras de la historia de la época.

16. Diego Vicente Tejera, *Estado de la legislación cubana* (Madrid: Editorial Reus, 1925), p. 65.

17. Herminio Portell Vilá, *Historia de Cuba* (Miami: Mnemosyne Publishing, Inc. 1969), Vol. IV, p. 98.

18. Ibid., p. 99.

19. Entre los historiadores recientes que han manejado estos datos están Joel James Figarola, Juan Pérez de la Riva, Hugh Thomas y Teresita Yglesias. Proceden de diferentes fuentes y reflejan varios puntos de vista. Prevalece lo encontrado en informes provinciales y obras de Jacobo de la Pezuela y de Hagedorn, un biógrafo de Wood.

20. Leví Marrero, *Cuba: economía y sociedad* (Madrid: Editorial Playor, S. A., 1984), Vol. X, p. 102.

21. Ibid., pp. 103-104.

22. Joel James Figarola, *Un episodio de la lucha cubana contra la anexión en el año 1900* (Santiago, Editorial Oriente, 1980), pp. 76-77.

23. Herminio Portell Vilá, op. cit., Vol. IV, pp. 100-101.

24. Hugh Thomas, *Cuba: The Pursuit of Freedom* (New York: Harper and Row, 1971), p. 464.

25. Debe aclararse que este conocido incidente del reverendo Small, recogido en varias crónicas de la época así como por la prensa, no debe atribuirse a las juntas misioneras o denominaciones. Se trata de una actividad desvinculada de los más serios intentos de evangelizar Cuba. Small reflejó sin embargo, corrientes de pensamiento dentro de sectores religiosos que estaban influidos por los prejuicios raciales, el expansionismo y la poca información acerca de Cuba y los cubanos.

26. Herminio Portell Vilá, op. cit., Vol. IX, p. 57.

27. Ibid., p. 54.

28. Joel James Figarola, op. cit., p. 75.

29. J. Lloyd Mecham, *Church and State in Latin America* (Chapel Hill: The University of North Carolina Press, 1934), pp. 299-300.

30. Hugh Thomas, op. cit., p. 439.

31. Angelina Edreira de Caballero, *Vida y obra de Juan Gualberto Gómez* (La Habana: R. Méndez), p. 142. Aunque no citamos a la doctora Edreira, hija de Gómez, esta biografía de su progenitor, escrita por ella, contiene mucha información sobre estos asuntos y fue tenida en cuenta al describirse la situación.

32. Octavio Costa, *Juan Gualberto Gómez: una vida sin sombras* (Miami: La moderna poesía, 1984), pp. 215-216.

33. Charles E. Chapman, *A History of the Cuban Republic* (New York: Octagon Books, 1969), pp. 415-416.

34. Jorge Ibarra, *Nación y cultura nacional* (La Habana: Editorial Letras Cubanas, 1981), pp. 101-102.

35. Pedro Henriquez Ureña y Alfonso Reyes, *Epistolario íntimo*, Tomo I (Santo Domingo: Universidad Nacional Pedro Henriquez Ureña, 1981), p. 111.

36. Philip S. Foner, *La Guerra Hispano-Cubano-Americana y el nacimiento del imperialismo norteamericano* (Madrid: Akal Editor, 1975), p. 140.

37. Ibid., pp. 385-386.

TERCERA PARTE

"Los hijos de familia que no estudian con los jesuitas en Belén, están en Cornell, en Troy, cuando no en West Point. Somos invadidos —y usted lo sabe— por los Metodistas, los Bautistas, los Testigos de Jehová, y la Christian Science."
> Palabras puestas en boca de uno de los personajes de su novela **El recurso del método**, por un muy famoso ex-alumno del Colegio Metodista Candler de La Habana, llamado Alejo Carpentier.

"Así nació, dije antes, ese impulso de colonización y de conquista, clave de la Historia de Norteamérica. Su origen dentro de la ideología protestante, la gestación perfecta que esa ideología dio a la revolución industrial y al capitalismo —libres como se desenvolvieron éstos en América de todo antagonismo económico tradicional."
> José Antonio Ramos en su **Panorama de la literatura norteamericana**.

"En Oriente, a raíz de la evacuación de las tropas coloniales en 1898, hubo una gran propaganda de misioneros protestantes, que aún se nota."
> Fernando Ortiz en su libro **Africanía de la música folklórica de Cuba**.

"Es libre la profesión de todas las religiones, así como el ejercicio de todos los cultos, sin otra limitación que el respeto a la moral cristiana y al orden público. La Iglesia estará separada del Estado, el cual no podrá subvencionar en caso alguno, ningún culto."
> Artículo 26 de la Constitución de la República de Cuba aprobada en 1901.

"Me sentí conmovido cuando en 1900 tuve el alto honor de pronunciar el discurso de apertura de la Convención Constituyente de la República en el Teatro Martí. Pero en esta convención, ahora, que representa una norma de excelencia, y que tiene como su objeto la dirección de la conciencia de Cuba en canales sanos, me siento no solamente conmovido sino también orgulloso."

> *Fernando Figueredo Socarrás, ex-Tesorero General de la República de Cuba, ante una convención de escuelas dominicales evangélicas en 1916.*

". . .sus poetas rubendariacos; sus expertos en política tropical; sus gremios de resistencia obrera, y su consiguiente, moralizadora, nunca bien alabada competencia entre ministros evangélicos, mediums espíritas y pastores del rebaño Católico."

> *Carlos Loveira en su novela* **Generales y doctores** *al describir la vida de un pueblo del interior de Cuba.*

Izquierda: Leonardo Wood, gobernador norteamericano de Cuba (1899-1902)
Derecha: Certificación de documento expedido a junta misionera (1901)

Tomás Estrada Palma, primer Presidente de la República de Cuba (1902-1906)

Obispo Waren A. Candler

Moisés Natanael McCall

Sylvester Jones

Zenas L. Martin

Obispo Albion Knight

Joseph Milton Greene

Robert Rutledge

José Victorino de la Cova

Melvin Menges

Roscoe Hill

S. Augustus Neblett

Edward Odell

Francisco Díaz Vólero

Julio Fuentes

Maximino Montel Fragoso

José Marcial Dorado

Clero episcopal a principios de siglo

Una de las primeras conferencias de la Iglesia Metodista en Cuba

J. Milton Greene entrega su cargo a Edward Odell (1917).

Gobernador Armando del Pino   Luis Alonso

Alumnos del Seminario Presbiteriano de Cárdenas con Hubert G. Smith (1924)

Anne Sanders

Escuela dominical pentecostal en La Habana (1934). Presentes están Francisco Rodríguez y Lázaro Domínguez.

Congreso Evangélico de La Habana (1929)

Llegada de John R. Mott a La Habana. Le rodean ministros de la capital (1940).

Izquierda: **Primera Iglesia Presbiteriana de La Habana**
Derecha: **Iglesia Presbiteriana de Cárdenas**

La antigua Catedral Episcopal de La Habana (Aguila y Neptuno)

El antiguo Templo Bautista de Colón, Matanzas

Colegio Buenavista, Marianao (contiguo a Candler)

Colegio Pinson, Camagüey

Capítulo X

LA HORA DE LAS JUNTAS MISIONERAS
(1898-1902)

Las juntas de misiones ya eran parte integral del ambiente norteamericano en 1898. Durante el siglo XIX se produjo un movimiento que había llevado misioneros a los cinco continentes. Pero era por otras razones que el protestantismo no era del todo desconocido en América Latina. En 1557 se había organizado una colonia hugonote en el Brasil, la cual fue destruida poco después por los portugueses. También existió, por un tiempo, una colonia holandesa en Pernambuco. La presencia de algunos luteranos y calvinistas en México colonial ha sido probada en los libros *Herejías y supersticiones de la Nueva España*, de Julio Jiménez Rueda y en *Protestantes enjuiciados por la Inquisición en Iberoamérica*, del académico de la lengua y notable líder evangélico Gonzalo Báez Camargo. Una situación similar se produjo en Lima a mediados del siglo XVI.

La presencia de protestantes en Cuba, y sobre todo en el norte de Santo Domingo, ha sido señalada precisamente en este libro. En la zona del Caribe operaban corsarios y filibusteros de religión reformada, así como los inevitables agentes del Imperio Británico. En 1564 el Rey Felipe II emitió una cédula pidiéndole al obispo de Nicaragua que persiguiera a los "luteranos". En 1695, escoceses protestantes trataron de fundar una colonia en el Darién, Panamá.

Con la independencia vino una nueva ola de protestantismo. Al firmarse el tratado de 1810 entre Brasil e Inglaterra, el anglicanismo logró introducirse en el Brasil mediante inmigración, y la primera capilla fue construida en 1819. Poco después llegaron al país los luteranos alemanes. En 1820, Diego Thomson oficiaba cultos evangélicos en Buenos Aires y al año siguiente se abría un cementerio protestante. La Argentina sería, como el Brasil, un punto de atracción para inmigrantes, entre ellos miles de evangélicos ingleses, escoceses, alemanes, etc. En 1834 se organiza una congregación protestante de habla inglesa en Caracas. El protestantismo hace su aparición en Costa Rica y en 1848 se celebran ya servicios regulares. En 1857 los valdenses, protestantes italianos, comienzan a llegar en buen número al Uruguay.

A partir de 1860 la situación parece haber sido aun más favorable todavía. Hemos estado refiriéndonos hasta ahora a inmigrantes y a concesiones a extranjeros. En 1860 el general Tomás Cipriano de Mosquera, antiguo político conservador pasó al campo de los liberales en Colombia. Hasta entonces, algunos pioneros como el doctor Henry Barrington Pratt, habían realizado algunas labores en medio de serias restricciones. El 15 de noviembre de 1861 el misionero presbiteriano William McLaren recibió una carta enviada por el doctor M. L. Lleras, miembro de la Corte Suprema de Justicia de Colombia:

"...El señor Presidente (Mosquera) me ha pedido manifestar a usted sus deseos de que vengan al país más misioneros protestantes; y que deben establecerse iglesias y escuelas protestantes en el país. Por otra parte, habiendo llegado a manos del gobierno varias propiedades antes pertenecientes a la iglesia católica, el Señor Presidente desea que algunos de tales edificios sean utilizados para los fines antes dichos. El propósito del gobierno no es propiamente enajenar tales propiedades, sino facilitarlas para el establecimiento de iglesias protestantes..."[1]

Sin mucha demora, en ese mismo año de 1861, fue inaugurada la primera iglesia evangélica en Colombia. Aunque los protestantes sufrieron allí grandes persecuciones y se vieron sometidos en su historia a las más difíciles circunstancias, el gesto —aunque aislado— de Mosquera, producto de un fuerte anticlericalismo, se repetiría en otras regiones, ofreciendo al menos la oportunidad de entrar en paises hasta entonces cerrados legalmente a la actividad misionera. A partir del derrocamiento del emperador Maximiliano en 1867, los protestantes intensifican sus actividades en México, siendo favorecidos sobre todo por el presidente Benito Juárez que asistió en varias ocasiones a cultos evangélicos. La llegada al poder del ilustre Presidente Domingo Faustino Sarmiento en la Argentina (1868) marcaría una nueva etapa para el protestantismo de ese país, integrado entonces por extranjeros. El famoso gobernante, promotor eminente de la educación en su patria y en toda América, fue un simpatizante de la actividad y hasta de ciertas ideas y métodos de los protestantes norteamericanos.

En América Central, el presidente guatemalteco Justo Rufino Barrios, con la ayuda de su ministro, el notable estadista hondureño Marco Aurelio Soto, impuso severas restricciones a la Iglesia Católica. Se trataba de toda una confrontación entre la Iglesia y el Estado, y entre los elementos conservadores y los partidarios de una renovación liberal. El 15 de marzo de 1873 se decretó la libertad de cultos en todo el país.[2] El general y gobernante llegó hasta a invitar a los misioneros presbiterianos a establecerse en Guatemala, lo cual hacen en 1882.

Las circunstancias ayudaban desde los años de 1860 a los protestantes norteamericanos y a sus juntas misioneras. El pastor Agustín Batlle llama a esta etapa el Segundo Periodo del protestantismo, después de haber sido extirpado a la fuerza por España:

". . .El segundo periodo (1860-1916) o la entrada de las primeras Sociedades de Misiones. Los Metodistas entran en México en 1871, en Brasil en 1876, en Antillas en 1890, en Costa Rica, Panamá y Bolivia en los últimos años del siglo XIX. Los presbiterianos entran en Brasil en 1860, en Argentina en 1866, en México en 1872 y en Guatemala en 1882. Los Bautistas entran en Brasil en 1881, en Argentina en 1886, en Chile en 1888. . ."[3]

Nos atrevemos a afirmar que la verdadera hora de las juntas de misiones norteamericanas no llegó a Cuba sino hasta 1898, es decir, al terminar la dominación española. Los bautistas del sur habían entrado en 1886 mediante su Home Mission Board, los episcopales en 1888 a través de la American Church Missionary Society, los presbiterianos del sur en 1890 por medio de su Board of Foreign Missions. La Agencia de las Antillas (West Indies Agency) de la Sociedad Bíblica Americana se estableció oficialmente en 1882 en cuanto a trabajo, en Cuba. Pero tales esfuerzos deben ser analizados cuidadosamente antes de utilizar esas fechas como las de la entrada definitiva de las juntas misioneras norteamericanas en el país.

La Junta de Misiones Domésticas, u Home Mission Board, de la Convención Bautista del Sur, tiene una historia de gran continuidad en su presencia en Cuba que solamente puede ser comparada en cuanto a su larga duración con la de la Sociedad Bíblica Americana la que sin ser en sí una junta de misiones, puede en cierta forma ser incluida en esa categoría. La Sociedad Bíblica Americana fue quizás la primera en anunciar su entrada al país en manera oficial. Pero las visitas a Cuba de misioneros bautistas, incluyendo a Pendleton Jones fueron breves, como las investigaciones recientes de los pastores cubanos Leoncio Veguilla y

Reinaldo Sánchez han ayudado a aclarar. Se trataba más bien de respaldo a la gestión de un cubano, Alberto J. Díaz que fue en realidad quien les invitó a entrar en el país, y facilitó su trabajo con sus propios esfuerzos y contactos. No fue pues la entrada tradicional o típica de una junta en un país latinoamericano. Fue, en realidad, el simple apoyo de una junta al trabajo, en la práctica independiente en muchos de sus aspectos, del doctor Alberto J. Díaz. W. F. Wood fue un instrumento para conectar a Díaz con la Junta. Su paso por Cuba fue tal vez el más largo de los misioneros de ese periodo pero no realizó contribuciones especiales o permanentes en su trabajo (1885-1889).

Cuando la Sociedad Misionera de la Iglesia Americana, o American Church Missionary Society de los episcopales entró oficialmente en Cuba en 1888, se trataba en realidad de un reconocimiento al trabajo que hasta entonces habían hecho hombres como Alberto J. Díaz (en su fase episcopal), Pedro Duarte y Juan B. Báez, así como sus colaboradores. La presencia en Cuba de Arthur H. Mellen y el doctor Neilson, no fue lo suficientemente larga como para considerarles, en la práctica, como misioneros permanentes. Manuel F. Moreno, tenía el rango de misionero y salió de los Estados Unidos con un nombramiento de esa naturaleza, pero de hecho se le considera un obrero nacional de conocida ejecutoria.

La Iglesia Metodista, introducida en 1883 por cubanos como H. B. Someillán y Aurelio Silvera, no prestó ayuda permanente a los pioneros cubanos del metodismo mediante la Junta General de Misiones a nivel nacional, sino más bien como resultado del interés de la Conferencia de Florida de la Iglesia Metodista Episcopal del Sur, y gran parte de la ayuda recibida por los obreros cubanos procedía de sus mismos compatriotas que participaban de la obra hispana de la Florida. De la misma manera que se establecieron vínculos de alguna clase entre los bautistas de la Florida y los de Cuba, la relación entre los metodistas de La Habana y la Conferencia de la Florida había sido real y podía compararse a la de los obispos de la Florida y Filadelfia con los pioneros episcopales en Cuba que habían estado por un tiempo bajo la jurisdicción del uno o del otro. La Junta General de la Iglesia del Sur envió a Cuba a J. J. Ranson que estuvo algún tiempo en la Isla en el año 1889.

La Iglesia Presbiteriana de Estados Unidos (presbiterianos del sur) había reconocido los esfuerzos del cubano Evaristo Collazo, antiguo obrero laico episcopal, a partir de 1890, cuando éste solicitó la ayuda de la Junta de Misiones Extranjeras. A. T. Graybill, John Gillespie Hall y H. B. Pratt visitaron Cuba pero pueden ser calificados realmente de viajeros que llevaron alguna ayuda y colaboraron en el trabajo, más bien a la manera de los evangelistas internacionales y ejecutivos de juntas de épocas más recientes. Hall se convirtió después de la independencia en un verdadero misionero.

Durante la etapa colonial española el único obrero presbiteriano realmente radicado en el país fue Evaristo Collazo. El campo fue cerrado oficialmente por la Junta en 1895, a petición de Pratt.

Si a los nombres anteriores añadimos los de E. T. R. Fripp y Andrew J. McKim, distribuidores o agentes de la Sociedad Bíblica Americana asignados a Cuba, tenemos casi completa la lista de los posibles misioneros u obreros norteamericanos. Los antiguos capellanes de la colonia extranjera, Kenney y Edgerton, difícilmente serían considerados como misioneros ya que solo trabajaban con residentes extranjeros. En todos los casos se repiten dos características: la brevedad de su estancia en Cuba y su verdadera condición de viajeros o inspectores enviados por sus juntas. W. F. Wood pudo ser la excepción, pero no poseía ningún grado de jerarquía y su trabajo era aislado.

Creemos que con excepción del Home Mission Board de los bautistas del sur, el compromiso de las otras juntas de misiones, sociedades, conferencias de tipo jurisdiccional o diócesis de los Estados Unidos, era bastante limitado y el apoyo económico muy reducido. Si entendemos y aceptamos esa situación, pero reconocemos que a algunos les fueron extendidos nombramientos como misioneros en Cuba y en ciertos casos se declaró abierto el campo de trabajo en la Isla, es posible hablar de entradas de juntas misioneras en 1886, 1888, 1889 y 1890, y hasta en 1882 si quisiéramos darle esa condición al nombramiento de agentes de la Sociedad Bíblica en Cuba. Pero creemos que el año de entrada definitiva de las juntas de misiones en Cuba fue 1898. Esa fue la verdadera hora de las juntas misioneras y marcó el inicio de compromisos definitivos y concretos con la obra cubana.

El camino para la decisión final de las juntas fue en cierta forma el mismo que recorrieron los partidarios de la intervención. Las mismas publicaciones evangélicas que solicitaban la guerra en Cuba o pedían ayuda para los revolucionarios cubanos, fueron las que crearon conciencia, entre la enorme comunidad protestante norteamericana, acerca de la necesidad de llevar a cabo un ambicioso proyecto de obra misionera en Cuba. Pero de la misma manera que es difícil desvincular la empresa de las misiones protestantes y católicas del expansionismo norteamericano en los siglos XIX y XX, sería imposible olvidar la sincera religiosidad de una gran parte del pueblo estadounidense y mucho menos la profundidad de las bases bíblicas y teológicas de la evangelización.

Julius W. Pratt en su libro *Expansionists of 1898* dedica un capítulo al tema "El imperialismo de la justicia". Utilizando fuentes confiables, analiza la posición de católicos y protestantes que tenían interés en utilizar la expansión territorial de los Estados Unidos para fines de carácter religioso, y revela lo siguiente: "De esas citas podemos inferir que los de mente misionera entre la gente religiosa en los Estados Unidos estaban tan ansiosos de descubrir salidas extranjeras para sus energías como los dedicados a los negocios".[4] Según el mismo autor, al percibir el problema cubano como de carácter moral, la religión organizada se oponía menos a la intervención y a la guerra que los hombres de negocio. Cuando los católicos estadounidenses se unieron al carro de la intervención y sus obispos emitieron una carta pastoral pidiendo a los sacerdotes que oraran por la victoria de las armas norteamericanas, los protestantes se estaban preparando para la evangelización de Cuba.

Sobre la introducción de las juntas misioneras en el país se han emitido diversos juicios. Herminio Portell Vilá menciona el tema junto con el de las actividades de los agustinos procedentes de los Estados Unidos:

"Al cesar la dominación española, de la misma manera que afluyeron a Cuba clérigos norteamericanos pertenecientes a todas las sectas reformadas y se dedicaron a una obra misionera con ribetes políticos, también vinieron a establecerse en la Isla los P. P. Agustinos de los Estados Unidos con representantes de otras órdenes religiosas y del clero secular, de nacionalidad norteamericana. En todos ellos la fe y la propaganda política en favor de su patria iban estrechamente mezcladas, como se puede ver con el estudio de la documentación oficial y privada de los estadistas y políticos de la época."[5]

El historiador se refiere más bien a la documentación relacionada con las órdenes católicas, pues en su obra no ofrece información detallada sobre los protestantes y sus juntas misioneras. Su opinión debe ser tenida en cuenta ya que escribió como un verdadero especialista en las relaciones con los Estados Unidos y con un conocimiento exhaustivo de la época que se está estudiando. Algunos estudiosos extranjeros se han pronunciado también sobre el tema, como es el caso de la profesora estadounidense Margaret E. Craham que escribió sobre la penetración religiosa y el nacionalismo en Cuba:

". . .Aunque norteamericanos protestantes habían empezado a hacer proselitismo en la isla antes de 1898, no fue hasta ese año que montaron una campaña sustancial para liberar a Cuba de lo que ellos consideraban como oscurantismo romanista. Adoptando terminología militar y con una infusión de celo propio de cruzados, los misioneros de los Estados Unidos invadieron Cuba convencidos de la justicia de su causa, así como de su responsabilidad de lograr la salvación de una nación ya desafortunada por no haber experimentado las bendiciones del cristianismo evangélico. El protestantismo no entró en Cuba al mismo tiempo que la penetración política y económica de los Estados Unidos por mera casualidad, sino como su ayudante íntimo. Las iglesias estaban convencidas de que la salvación no se basaba simplemente en aceptar las creencias religiosas dominantes en Norteamérica, sino en adoptar las instituciones políticas y económicas, así como las prácticas de los Estados Unidos."[6]

Aunque aspectos de esta presentación permiten que pueda ser calificada de exagerada, contiene sin embargo ciertos elementos de realidad y forma parte de un documentado trabajo sobre las actividades del metodismo norteamericano en Cuba que no deja de revelar una amplia investigación. En muchos aspectos generaliza demasiado, y le atribuye a los predicadores norteamericanos una actividad proselitista en la Cuba anterior a 1898 que como hemos visto había estado en realidad en manos cubanas.

Más equilibrada parece ser la opinión de Guillermo Cabrera Leiva, en una tesis de grado presentada en la Universidad de Miami en 1951:

"Por lo tanto, había poca o ninguna actividad por parte de iglesias protestantes en las antillas de habla española al principio del siglo diecinueve. Pero al terminar ese siglo las principales organizaciones protestantes se habían establecido allí. El impulso para esta actividad provino mayormente de los Estados Unidos. En parte se debía a los crecientes intereses económicos de los norteamericanos en las islas y a la migración de protestantes a las islas. En mucho se debía a la expansión misionera de la segunda mitad del siglo. En parte se había originado con nativos de la Isla que habían tomado refugio temporal en los Estados Unidos para llevar a cabo el movimiento independentista e incidentalmente aceptaron el protestantismo y lo llevaron a la tierra natal de las Antillas."[7]

Portell Vilá, Crahan y Cabrera Leiva tienen en cuenta los grandes eventos históricos que rodean el fenómeno de la expansión misionera pero debe considerarse también el fervor religioso y el sincero deseo de predicar en el extranjero, existente en un impresionante número de misioneros que respondieron a la apelación de aquellos pastores que solicitaban voluntarios para los nuevos campos de trabajo que se abrían, en parte gracias al expansionismo. Es un dato elemental en la historia de las misiones que Pablo logró expandir la naciente Iglesia al visitar tantas regiones y paises debido a la existencia de un sistema internacional creado por el Imperio Romano. Aunque es imposible desvincular acontecimientos tan cercanamente relacionados como el expansionismo y la obra misionera, sería innecesario ir mucho más allá de los "ribetes políticos" planteados por Portell Vilá. El estudio de cada caso individual revela que un alto número de misioneros estaba desvinculado de deseos reales de penetración. El intenso pietismo prevaleciente entre los que controlaban y promovían la obra misionera sería tal vez el elemento decisivo al considerar hasta qué punto pueden vincularse los aspectos de expansionismo político y económico con la obra misionera. Aunque a veces se exagere, debe ser analizado el rechazo de "las cosas de este mundo" por parte de muchos voceros de la obra misionera. Los autores citados incluyen en el análisis otros factores que como las apelaciones al patriotismo, típicas del protestantismo de aquella época, ayudan a entender los editoriales de la prensa evangélica y las actitudes de un sector entre los misioneros. Aunque rechazamos una aparente exageración de Crahan en su cita anterior, podemos aceptarle esta afirmación:

"Los misioneros protestantes en Cuba se dedicaron no solamente a evangelizar la isla, sino a introducir la civilización americana. Para llevar esto a cabo hicieron énfasis en la educación, utilizando textos que se basaban por lo general en la experiencia norteamericana, y difundieron el conocimiento del idioma, las costumbres, las instituciones, expectaciones y logros de los Estados Unidos..."[8]

Un elemento adicional puede encontrarse en editoriales como el del periódico bautista *Watchman* que en 1898 alertaba recordando los graves errores cometidos con los indios de su propio país: "Si debemos, a pesar de todo, asumir el gobierno de las Filipinas lo debemos hacer como encargados y no como explotadores".[9] Pero, aun en ese caso, era de esperarse que los misioneros se sintieran entusiasmados por la idea de propagar los principios y el estilo de vida norteamericanos y mejorar las costumbres morales de acuerdo con su propia interpretación, abrir escuelas y ofrecer nuevos métodos educacionales, contribuir a la salubridad y sobre todo a la prevención de las enfermedades. Esos aspectos han estado presentes con mayor o menor intensidad en casi toda empresa misionera llevada a cabo por europeos o norteamericanos. Resulta curioso el editorial de *The Baptist Union*[10] que ese mismo año anunciaba su abandono de la política aislacionista con el propósito de favorecer "la liberación y elevación moral de otros".

LOS BAUTISTAS

La entrada —o quizás deberíamos decir el regreso— de los bautistas del sur de los Estados Unidos para ayudar su obra cubana, que seguía funcionando, se produjo casi inmediatamente y de nuevo mediante la persona de Alberto J. Díaz. El 23 de noviembre de 1898, en una reunión celebrada en Washington, la Junta de Misiones Domésticas de la Convención del Sur llegó a un arreglo con la Sociedad Misionera Doméstica Bautista Americana (American Baptist Home Mission Society), dividiéndose el trabajo de tal manera que la parte occidental (Pinar del Río, La

Habana, Matanzas y Las Villas) quedara bajo los bautistas del sur y la oriental (Camagüey y Oriente) pasara a manos de la convención del norte, conocida después como bautistas americanos. Los cubanos llegaron aun antes de ese arreglo. De acuerdo con A. S. Rodríguez:

"Los primeros en llegar a Cuba fueron Alberto J. Díaz y J. R. O'Halloran . . . Alberto J. Díaz se detuvo en la capital, tratando de reunir aquellos elementos bautistas que la guerra había dispersado. En este trabajo fue auxiliado por cerca de dos años por el hermano G. de Cárdenas, como obrero voluntario: y tan bien y tan activamente trabajaron que a los pocos meses, la Iglesia "Getsemaní", de Zulueta y Dragones, ya se encontraba muy floreciente con sobre doscientos miembros en lista."[11]

Rodríguez continúa describiendo el desarrollo del trabajo, así como la llegada de M. M. Calejo y J. V. Cova. Es importante señalar que J. R. O'Halloran se dirigió en 1898 a Santiago de Cuba en el extremo oriental (algunos creen que llegó con las tropas de Shafter). De esa forma, antes de la llegada de los bautistas del norte, se produjo el inicio de la obra bautista en Cuba Oriental. Ese dato es confirmado por un importante historiador de los bautistas orientales, Samuel Deulofeu Pérez, quien acerca del año 1898 escribía:

"El 30 de agosto arriba a Santiago de Cuba el Rev. José Ramón O'Halloran y al día siguiente alquila un local. El día septiembre 1, inicia la predicación cristiana bautista en Santiago de Cuba. En octubre 18 organiza la Primera Iglesia Bautista en Santiago de Cuba . . . en octubre 28 organiza la primera iglesia bautista en Guantánamo."[12]

Ese dato, confirmado también por las *Crónicas de Santiago de Cuba* de Emilio Bacardí, señala claramente el origen cubano, no estadounidense, de la obra bautista en la parte oriental de Cuba.

El notable misionero bautista Moisés Natanael McCall, en un trabajo a manera de informe publicado en la revista *Heraldo Cristiano*, ofrece otra descripción del reinicio de la obra:

"Terminada la guerra con España, volvieron los hermanos Cova, Cabrera, Calejo y otros, y como el doctor Díaz se había separado del empleo de la Junta de Misiones, esta nombró al hermano C. D. Daniel para tomar la dirección de la obra. Este hermano encontró el edificio que llamamos el Templo Bautista . . . pero de la congregación encontró muy pocos por las causas ya indicadas: los estragos de la guerra. El hermano Daniel llegó en el año 1899 y en seguida hizo preparativos para extender la obra a otros puntos en la isla. Cárdenas fue a Pinar del Río, Cova a Matanzas, O'Halloran a

Cienfuegos, donde había estado en años anteriores el señor Wood, Barocio a Santiago de Cuba y M. M. Calejo a Manzanillo..."[13]

Este informe contiene datos concretos pero no cubre el espacio de tiempo entre la llegada de Díaz en 1898 siendo empleado de la Junta Bautista de Publicaciones y la de Daniel, en 1901. La ruptura definitiva de Díaz con la obra bautista del sur no ocurrió sino hasta después de la proclamación de la independencia aunque ya en 1901 Charles Daniel pasó a ser el personaje principal de la obra misionera y Díaz renunció a su cargo con la Junta ese año. No era de esperarse que Díaz continuara al frente de la misma. Además de las disparidades de criterio con funcionarios de la denominación, y con el propio Daniel, así como de ciertas críticas que se hicieron a su gestión, la llegada de un misionero norteamericano con carácter permanente hubiera sido suficiente para desplazarle de sus funciones, aun sin necesidad de las disparidades y críticas que se han dejado entrever. Entre otras razones porque colocar a un nativo al frente de la obra no era parte de los métodos misionológicos de aquella época. La jefatura de Díaz durante la época colonial, y el haber sido en la práctica el director o principal promotor en los primeros años de la intervención americana eran privilegios sin posibilidades futuras. Para llegar a esa conclusión solo se necesita conocer la historia de las misiones y no es necesario tomar partido en la controversia.

La mejor información disponible que procede de fuentes denominacionales la ofrece Lloyd Corder en un artículo sobre la obra de la Junta de Misiones Domésticas en Cuba:

"...C. D. Daniel fue a Cuba bajo la junta en enero de 1901. Su familia estaba entre los emigrados del sur radicados en Brasil después de la Guerra Civil, cuando él era un niño pequeño. Más tarde, la familia regresó a los Estados Unidos, y después de graduarse de la Universidad de Baylor, Daniel fue enviado a Brasil como misionero. Cuando su salud le abandonó, regresó a Texas para trabajar entre los mexicanos. Después que Díaz renunció de su cargo con la Junta de Misiones Domésticas (Agosto 2 de 1901), Daniel siguió adelante en inglés y en español..."[14]

Estos datos coinciden con el relato de una hija de Daniel incluido por Benjamín Díaz en su *Compendio de Historia de la Convención Bautista Mexicana de Texas*:

"Poco tiempo después de haber él asumido la dirección de la obra mexicana en el Estado, surgieron serios problemas en la obra Bautista en Cuba, la gravedad de cuyos problemas impuso a la Junta Doméstica la necesidad de enviar a la persona más caracterizada, para que prudentemente diera orientación a los hermanos cubanos ante aquella situación pero sobre todo, era necesario que dicha persona hablara el idioma español . . . .Fué esa la razón por la que la Junta Doméstica pidió a mi padre que él fuera a Cuba no quería dejar el trabajo entre los mexicanos pero después de mucha oración ofreció ir por tres meses, tan solo para ayudar a solventar los asuntos allí. Esos tres meses se extendieron a cinco años, o sea, de 1901 a 1906, al fin de los cuales a consecuencia del exceso de trabajo comenzó a sentirse enfermo; sus médicos le aconsejaron que saliera de Cuba. . ."[15]

Dos conocidos cronistas de la obra bautista de Cuba Occidental, Agustín López Muñoz y A. S. Rodríguez, coinciden en señalar que fue a fines de 1901 cuando Daniel se hizo cargo de la dirección de la obra en Cuba. Para entonces funcionaban ya varias iglesias y misiones, aparte de las fundadas durante la dominación española por Díaz en La Habana. Las de O'Halloran en Santiago de Cuba y Guantánamo encabezan la lista. J. V. de la Cova se hizo cargo del trabajo en Matanzas, Miguel Calejo en Jovellanos y después en Manzanillo, Gaspar de Cárdenas abrió la obra en Pinar del Río, O'Halloran trabajó después en Santa Clara y Cienfuegos. Otros obreros se unieron al trabajo en 1899, 1900 y 1901. Resulta claro que en los primeros años de la obra bautista del sur en Cuba, y la primera parte de la intervención americana, el trabajo estuvo a cargo de Alberto J. Díaz. El mismo que inició la obra bautista en 1886 la reabrió en 1898-1901. Pasó bastante tiempo antes que C. D. Daniel se hiciera cargo del trabajo y aun entonces Díaz continuó predicando en la Iglesia de Getsemaní. En 1902 se organiza la iglesia de habla inglesa en La Habana con el nombre de Iglesia Bautista Calvario. Después de salir Díaz de la obra se le añadió una congregación de habla española. Daniel hizo preparativos para extender la obra a otros puntos de la Isla, como afirma McCall en el trabajo publicado en *Heraldo Cristiano*, pero la expansión original hacia oriente y occidente se produjo en tiempos de Alberto J. Díaz.

En cuanto a la obra en la parte oriental de Cuba, esta pasó pronto a manos de la Convención Bautista del Norte (bautistas americanos). Representando a la American Baptist Home Mission Society, el doctor Hartwell Robert Moseley llegó a Santiago de Cuba el 3 de febrero de 1899 para radicarse en la región y consumar así la entrada de los bautistas del norte de los Estados Unidos en Cuba. El traspaso de la iglesia de Santiago de Cuba, que llevaba por nombre "El Sinaí", se produjo el 17 de diciembre y a cargo de ella quedaron Moseley y el pastor Teófilo Barocio, procedente de México.

Al entregar la iglesia de Santiago de Cuba, J. R. O'Halloran, que había fundado también una congregación en Guantánamo y atraído a algunos de los futuros líderes como Pedro Deulofeu y Vicente Tuzzio, regresó a la parte occidental del país. Refiriéndose a la llegada de Moseley y a los esfuerzos pioneros del cubano O'Halloran, el eminente predicador bautista Luis Manuel González Peña, en una biografía del misionero norteamericano y su esposa, escribió lo siguiente:

> "El venía a Oriente y Camagüey como Superintendente de la Junta de Misiones Bautista del Norte (Moseley). Al llegar a la vetusta ciudad de Santiago, alquilaron unos altos de cierta casona en la calle San Benigno, dando los altos para la calle de San Félix. Arreglaban los muebles de la sala cuando había servicios y tenían unos grupos de fieles, remanente que había quedado de la obra del misionero O'Halloran, verdadero precursor de la obra bautista en Oriente y otros lugares de Cuba, como Santa Clara y Cienfuegos... Se hicieron algunas reformas a la casa comprada en Enramada, donde se estableció el hermano Barocio y su familia, sirviendo de pastor. En esa época las calles estaban sin pavimentación, los tranvias eran tirados por mulos y caballos, campeando las enfermedades como la fiebre amarilla, el tifus y el paludismo..."[16]

Antes de llegar a Santiago de Cuba para radicarse definitivamente en Cuba oriental, los esposos Moseley se habían reunido en La Habana con otra pareja misionera, integrada por el ya mencionado pastor mexicano Teófilo Barocio y su esposa. Miguel Calejo, que ya había trabajado con Díaz en Cuba y en la obra hispana en la Florida, les acompañó en sus primeros esfuerzos en Oriente, abriendo una iglesia en Manzanillo. Es interesante que el doctor Moseley procedía, al igual que su esposa, del sur de los Estados Unidos. Su contacto con los bautistas del norte había tenido lugar mediante el doctor Osburn, presidente de un colegio para estudiantes de color establecido en Columbia, Carolina del Sur, por las iglesias del norte del país. Cuando en 1898 la junta septentrional decidió abrir obra en Cuba, Osburn recomendó a Moseley, que pasó a ser entonces el primer misionero norteamericano en la parte oriental de la República de Cuba. Sus primeras labores en el campo extranjero las había desarrollado en Saltillo, México, a cargo del Instituto Madero, para cuya dirección había sido designado por la Junta de Misiones Foráneas de los bautistas del sur.

El 12 de enero de 1900, la Iglesia Bautista de Santiago de Cuba eligió como su pastor a Teófilo Barocio. Su ejecutoria en México y Cuba le ganó cierta fama en círculos bautistas. Y el 6 de mayo se inauguraba el nuevo templo situado en las calles Enramada y Pio Rosado. Samuel Deulofeu Pérez, en su *Cronología de la obra bautista en Cuba Oriental*, señala que el 10 de octubre de ese año se celebró un gran acto patriótico que continuaba la tradición cubana de J. R. O'Halloran. Unos meses después, el 3 de marzo de 1901 se produjo una manifestación en Santiago de Cuba que también es descrita brevemente por Deulofeu Pérez, que se cuida en su obra de señalar los acontecimientos nacionales: "Gran protesta popular en Santiago de Cuba contra la Enmienda Platt. No se ha logrado la independencia definitiva. Se une a la misma la mayoría de los bautistas".[17]

Otros hechos importantes en la obra bautista en Oriente, ocurridos antes de iniciada la república el 20 de mayo de 1902 fueron el traslado de Moseley al poblado de Boniato, en las alturas alrededor de Santiago de Cuba, y el establecimiento de una iglesia bautista en ese lugar. La llegada del misionero David Wilson sirvió, entre otras cosas, para extender la obra a Puerto Príncipe en la provincia de Camagüey. La organización de esa iglesia, y la de otra que estaba a cargo de Pablo Valdés en Ciego de Avila, se produjeron en 1902. La presencia misionera estadounidense empezaría pronto a sentirse en toda esa importante región del país. Los años de la intervención americana fueron dedicados mayormente a exploración, apertura de trabajos en algunas poblaciones y a la búsqueda de los primeros obreros.

LOS METODISTAS

La Iglesia Metodista Episcopal del Sur inició tempranamente sus labores en Cuba. El 23 de noviembre de 1898 el secretario de la Junta de Misiones, W. R. Lambuth, el recién elegido obispo de la Florida, Warren Aiken Candler, y otros ministros, se embarcaron hacia Cuba en el vapor "La Mascota". Al llegar a la capital cubana participaron en un banquete del Dia de Acción de Gracias que fue ofrecido por los americanos residentes en la ciudad. El lugar escogido tenía una relación histórica con el protestantismo cubano. Era el mismo Hotel Pasaje donde Alberto J. Díaz había predicado a partir de 1883. De acuerdo con el reverendo H. W. Baker, que formaba parte del grupo, visitaron además de La Habana las ciudades de Cienfuegos, Sagua la Grande, Caibarién, Santa Clara, Manzanillo, Santiago de Cuba, Cárdenas y Matanzas. Pudieron repartir centenares de libras de pan a los reconcentrados en Cienfuegos por el gobierno español. En Santiago de Cuba alquilaron un local para capilla y residencia de un ministro. El obispo Candler había decidido abrir obra en La Habana y Matanzas en la costa norte y en Cienfuegos y Santiago de Cuba en la costa sur. Después extenderían su radio de acción al resto del país. La Iglesia Metodista no perdió tiempo. La noche del mismo día en que los bautistas del sur y el norte de los Estados Unidos decidieron repartirse el trabajo misionero en Cuba, Candler y sus acompañantes habían partido para la Isla.

El hecho de que los metodistas entraran antes que otras obras misioneras, en cuanto al envío de personal estadounidense, se debe en gran parte a la personalidad del obispo Candler. Su hermano Asa G. Candler fue uno de los más importantes hombres de negocios de su país. La familia Candler es conocida por haber convertido a la Coca Cola en la bebida más famosa de la historia contemporánea. Fueron grandes benefactores de la Universidad de Emory, la cual honra al obispo de la Florida y Cuba, Warren Aiken Candler, al darle su nombre a su escuela de teología. Warren decidió dedicarse al ministerio y renunció al enriquecimiento casi inmediato que dedicarse a los negocios de su familia hubiera significado. Fue presidente de la Universidad de Emory cuando contaba solamente 31 años (había nacido en Villa Rica, estado de Georgia, en 1857). Fue precisamente en 1898, a los 41 años de edad, que se convirtió en obispo de la Florida. Con el apoyo de William R. Lambuth, director de la Junta de Misiones, que había sido misionero en China y Japón, logró su deseo de incorporar Cuba al trabajo denominacional.

Antes de la llegada de Candler, Lambuth y sus otros compañeros, ocurrida en noviembre de 1898, una ilustre mujer metodista había entregado su vida por el pueblo cubano. La doctora Irene Toland llegó a Santiago de Cuba el 4 de agosto de ese año con el propósito de trabajar entre los enfermos de fiebre amarilla. Había respondido al llamamiento hecho a médicos y enfermeros para que ayudaran en Cuba. El patriota cubano H. B. Someillán, entonces ministro de la Iglesia Metodista, había sido enviado a Santiago de Cuba por la Junta de Misiones para averiguar el estado de la población y de las tropas de ocupación norteamericanas —visita anterior al viaje de Candler—. La doctora Toland, cuya hermana Rebecca se distinguió después como misionera en Cuba, cayó víctima de la tifoidea y murió el 26 de septiembre de 1898. De acuerdo con S. A. Neblett, su entierro, en el cual ofició Someillán, fue el primer funeral protestante oficiado en la historia de Santiago de Cuba. Debe aclararse que en todo caso sería el primer funeral oficiado en esa ciudad por un protestante cubano pues en la capital de Oriente habían sido enterrados muchos extranjeros, sobre todo norteamericanos, y es probable que oficiaran servicios los capellanes y laicos extranjeros. A un famoso colegio, que funcionó primero en Santiago y luego en Matanzas, se le dio el nombre de la insigne dama.

En la conferencia anual de la Florida de la Iglesia Metodista Episcopal del Sur, celebrada del 14 al 19 de diciembre de 1898, quedó constituido el Distrito Misionero de Key West bajo la supervisión episcopal de Candler. Los siguientes nombramientos para Cuba fueron leídos por el obispo: para La Habana, George N. MacDonell e Isidoro Barredo; para Matanzas, H. W. Baker que fue ordenado allí en 1899, primer presbítero metodista ordenado en Cuba; para Santiago de Cuba y Manzanillo, H. B. Someillán. Se anunció asimismo la creación de los cargos pastorales de Cárdenas y Caibarién, y Cienfuegos. H. W. Baker fue designado secretario de misiones para Cuba. La congregación que Isidoro Barredo había logrado mantener en los días de la guerra en La Habana, las visitas de Someillán y otros pastores, y la semilla sembrada por los precursores cubanos procedentes de la Florida, Aurelio Silvera, Clemente Moya, Miguel Pérez Arnaldo y otros, se convertía ahora en un prometedor movimiento en esta etapa del metodismo.

Uno de los exploradores enviados a Cuba después de la Guerra Hispano-Cubano-Americana fue el doctor David W. Carter, director de la revista *El Evangelista Mexicano*. Al informar a Candler, dio cuenta del interés de los nativos y la situación religiosa prevaleciente:

"Pregunté a un sacerdote por qué en ciudades como Cárdenas no hay más que una iglesia. Su contestación fue: Hay muy pocos católicos en Cuba, la gente es indiferente a la religión. Pregunté a un médico cubano e inteligente en Cienfuegos cuál era la causa de la falta de vida religiosa de los cubanos. Fue conmovedora su contestación: Los sacerdotes son tan corrompidos y mercenarios y han hecho negocio de la religión de tal manera que no respetamos ni a ellos ni a su Iglesia. Hablando con un general cubano, éste me dijo: Cuba necesita una religión mejor. El pueblo aborrece a los sacerdotes quienes han sido sus enemigos en la guerra y siempre han procurado que el pueblo permanezca en la ignorancia."[18]

El anticlericalismo, con raíces en la actitud pro-española de la mayoría del clero, había tenido consecuencias duraderas. Le correspondía ahora a los protestantes el hacer un intento de evangelización del país. Los metodistas estadounidenses respondieron al llamado enviando más misioneros que cualquier otra denominación. Cuando Daniel y otros misioneros bautistas llegaron a Cuba, ya radicaba en el país un buen número de metodistas norteamericanos. Eventualmente, el metodismo sería la iglesia histórica con la mayor vinculación al protestantismo de los Estados Unidos, tanto en la obra educacional como por la presencia de norteamericanos en cargos pastorales y posiciones directivas.

Candler fue un reclutador tan efectivo como los predicadores metodistas que de acuerdo con el *Northern Christian Advocate* debían reclutar soldados para combatir a España en Cuba. George MacDonell iba para la China como misionero pero el obispo de la Florida lo convenció de la necesidad de la obra evangélica en Cuba. Muy pronto organizó una congregación de habla inglesa en La Habana, contando con el auxilio de William Gorgas, el principal funcionario de la intervención a cargo de salubridad en el país. H. W. Penny y W. E. Sewell llegaron en 1899 y fueron enviados a Cienfuegos. Claude A. Nichols, Thad E. Leland y las damas Harriet G. Carson y Lily I. Whitman se presentaron en La Habana para trabajar en la obra educacional como enviados de la Conferencia de la Florida. Thad Leland organizó una escuela en Virtudes 2-A. De ese esfuerzo inicial surgirían el Colegio Metodista Central y el Candler College. Tanto MacDonell como Leland fueron pacientes de Carlos J. Finlay, descubridor del origen de la fiebre amarilla y del propio Gorgas, pues fueron atacados por la fiebre.

En 1899 se nombró al doctor David W. Carter, ya mencionado, como superintendente de la Misión Cubana. Carter, en su calidad de tesorero y apoderado de la misma redactó un documento solicitando el reconocimiento de la Iglesia por parte de las autoridades. De esa forma la Iglesia Metodista Episcopal del Sur pasó a ser una entidad con carácter legal y oficial en el país. En 1900 el misionero Baker logró construir un templo en Matanzas. Como hasta la fecha se habían venido usando edificios alquilados o adquiridos, algunos creen que este fue el primer templo protestante construido expresamente con el propósito de la adoración. Otros consideran al de la Iglesia Episcopal "Fieles a Jesús" como el primero, ya que se realizaron obras en la propiedad adquirida en la década de 1880, en días del pionero Pedro Duarte. Pero antes de edificarse el templo de Matanzas los metodistas habían erigido una capilla de madera en Caonao. En Cienfuegos, el jefe de correos E. P. Hamlin, un norteamericano entusiasmado por la causa evangélica, ayudaba a Sewell en sus labores y en 1900 este lograba extender la obra hasta Santa Clara. El alcalde de San Juan de las Yeras, visitando la congregación de esa última ciudad, solicitó el inicio de la obra metodista en la población que estaba bajo su cuidado. Un maestro de escuela pidió que se estableciera una iglesia en Fomento. H. B. Someillán lograba mientras tanto algunos éxitos en Santiago Cuba y servía como evangelista viajero para las otras iglesias. Se fundaba la mencionada Escuela Irene Toland en Santiago de Cuba por iniciativa de Harriet Carson, que había trabajado en México. Pronto tendrían que trasladar el plantel a Matanzas por cuestiones sanitarias. Lily Whitman estuvo a cargo del traslado. La misionera Carson fundó también un plantel en el Vedado, que pasó a llamarse Colegio Eliza Bowman, para honrar a una consagrada dama metodista. El colegio fue trasladado a Cienfuegos. En Matanzas, Claude Nichols se ofreció como voluntaria para abrir una escuela.

La llegada de misioneros metodistas en este periodo es numéricamente impresionante. Algunos como A. C. Holder, que trabajó como ayudante en la ciudad de Matanzas, dejaron el país debido a sus problemas con el idioma. La obra educacional atrajo a muchos misioneros, como J. D. Lewis que fue a Cienfuegos a iniciar una escuela y Virgil P. Scoville que trabajó en Santa Clara como pastor y maestro. Euston Clements, que después fue uno de los misioneros más importantes y de mayor continuidad en la obra de Cuba, llegó también en 1901. Al año siguiente, poco antes de la independencia, llegaron W. G. Fletcher y

B. F. Gilbert. En cuanto a personal femenino, la lista es larga. Entre las recién llegadas se destacaron especialmente Rebecca Toland, hermana de la heroína que falleció en Santiago de Cuba y M. Belle Markey. En Eliza Bowman e Irene Toland, flamantes colegios metodistas, trabajaron también Sue Ford, Mary Cessna y Louise Best. Al llegar el 20 de mayo de 1902, es decir el inicio de la república cubana, el personal misionero norteamericano de la Iglesia Metodista Episcopal del Sur era evidentemente el más numeroso de todas las denominaciones protestantes. Varias escuelas habían sido establecidas por ellos y los informes procedentes del país afirmaban con orgullo que algunos prominentes cubanos estaban ya enviando a sus hijos a las mismas, entre ellos el gobernador de la provincia de La Habana.

LOS PRESBITERIANOS

La Iglesia Presbiteriana de los Estados Unidos, también conocida como la Iglesia Presbiteriana del Sur, decidió en su Asamblea General, reunida en Nueva Orleans en 1898, reabrir su campo misionero en Cuba tan pronto terminaran las hostilidades con España. Pero no fue sino hasta marzo 14 de 1899 que se envió el primer misionero. John Gillespie Hall, que había visitado Cuba en la época de Evaristo Collazo, se convirtió de nuevo en un representante de la Junta de Misiones de su iglesia. Después de un breve intento de revivir la obra presbiteriana en La Habana, se radicó en Cárdenas donde contó con la ayuda de un médico del ejército de ocupación y de la familia Torres-Waugh que había estado vinculada con la Iglesia Presbiteriana en Nueva Orleans. Algunos misioneros llegaron para ayudarle, como Janet Houston y su sobrina Edith McClung Houston, que estaban trabajando en México. A fines de 1900, el pastor James Thomas Hall —a quien no debemos confundir con el mencionado J. G. Hall— llegó a Cárdenas para unirse al trabajo. Estos dos obreros trabajaron en la iglesia presbiteriana que se constituyó formalmente el 11 de febrero de 1900 y en la cual se destacaban como líderes cubanos Ezequiel Torres, Eduardo Catá, Rogelio Gómez, Luis Torres y otros.

Concentrándose en la ciudad de Cárdenas, los presbiterianos del sur iniciaron obra en Caibarién, Camajuaní, Remedios, San José de los Ramos y Placetas. La obra cobró gran impulso con la llegada a Cuba del doctor Robert L. Wharton que es descrita por Rafael Cepeda en su libro *El forjador de hombres*, que es una biografía del misionero:

"Mientras tanto, Robert L. Wharton esperaba impaciente por la decisión de la Junta de Nashville, y, a la hora de decidir, Cárdenas fue el lugar señalado. Llegó a Cárdenas el día 9 de diciembre de 1899, y escribió sus impresiones del primer encuentro con la ciudad que tanto llegó a amar."[19]

El biógrafo describe en detalle las primeras actividades del ilustre misionero y encuentra en sus cartas e informes abundante información sobre el desarrollo inicial del presbiterianismo en Cuba, y especialmente en Cárdenas. De acuerdo con Wharton:

"...La Iglesia Romana ha usado todo tipo de oposición contra nosotros. Nuestro trabajo ha sido denunciado desde el púlpito, y se ha amenazado con la excomunión a todo católico que asista a nuestros servicios. En los hospitales, donde todas las enfermeras son hermanas de la caridad, no se nos permite repartir tratados a los enfermos, y se rehusa la atención a aquellos que muestran alguna simpatía por nuestro trabajo. De la misma manera, en la escuela sostenida por estas monjitas se rechaza todo alumno que asista a nuestra Escuela Dominical... El gobierno de los Estados Unidos ha enviado a esta ciudad ciento cincuenta jóvenes soldados para preservar la libertad civil de este pueblo. Emplazamos a la Iglesia Presbiteriana de ese mismo país para que envíe más soldados cristianos a esta ciudad, de tal manera que sus hijos puedan ser verdaderamente libres, con la libertad que sólo da Cristo."[20]

En noviembre de 1900 abrió sus puertas el Colegio Presbiteriano "La Progresiva", institución que llegaría a ser uno de los planteles de más influencia y prestigio en toda la historia de Cuba. El trabajo se inició en el piso alto de la esquina de Real e Industria. El doctor Wharton pasó a ser su director y contaba con la ayuda de Janet Houston y de Cándido Sánchez, entre otros. En febrero de 1901, Edith Houston, Anita Hall y Dolores Catá se hicieron cargo de un departamento para niñas. La señorita Houston era la directora.

En enero de 1901, Wharton empezó a predicar regularmente en la importante villa de Colón, que en la época colonial había sido el centro de una de las más ricas regiones azucareras del país. La iglesia católica del pueblo estaba generalmente desierta y la respuesta al mensaje evangélico al parecer no era demasiado alentadora al principio. Los servicios se iniciaron en una casona perteneciente a la Asociación de Maestros, pues un profesor que se había hecho miembro de la Iglesia Episcopal en Key West les consiguió allí un salón para los cultos. Fue en Colón donde Wharton le hizo frente a las desafortunadas declaraciones del reverendo Sam Small, de lo cual ya hemos hecho mención. Wharton escribió para la revista *The Missionary*:

"Como era de esperarse, se desarrolló una fuerte oposición al trabajo realizado por nosotros, dirigida por un periódico local, quien nos compara con un tal Rev. Sam Small, el cual está haciendo una gira por Cuba por su propia cuenta, y ha declarado que los cubanos son más salvajes que los negros del Sur. Según este periódico, los ministros protestantes sólo desean anexar a Cuba a los Estados Unidos, y que esto se logrará —si se logra— sólo después de intensa lucha."[21]

La Iglesia Presbiteriana de los Estados Unidos de América, también conocida como la Iglesia Presbiteriana del Norte, envió como primer representante en Cuba al pastor Pedro Rioseco, un cubano educado en los Estados Unidos donde se había unido al ministerio de la Iglesia Presbiteriana. Fue empleado por la Junta Presbiteriana de Publicaciones y Obra de Escuelas Sabáticas para abrir obra en la Isla. El 2 de abril de 1899 empezó a celebrar servicios en una casa alquilada en Industria 39 en La Habana. También abrió misiones en la calle Sitio 86 y en Lealtad 182. Poco después puso la obra de la calle Lealtad en manos de Evaristo Collazo, que había trabajado con la Iglesia Presbiteriana del Sur en Cuba en la década de 1890 y había servido como teniente en el Ejército Libertador. También se utilizaron los servicios del doctor Antonio Mazzorana, músico, pianista y compositor graduado en Italia, y del doctor Francisco Castro, médico de profesión.

En 1901 llegó a Cuba, enviado por la Junta de Misiones de la Iglesia Presbiteriana de los Estados Unidos de América, el doctor J. Milton Greene, que procedía de la flamante misión en Puerto Rico y que fue designado superintendente de la obra en Cuba. Su llegada en octubre de 1901 tiene un gran significado ya que Greene fue uno de los misioneros más capaces jamás enviados a servir en la América Latina. Dominaba el idioma español y se preocupó por aprender la cultura del país como había hecho en México y Puerto Rico. Logró atraer al presbiterianismo a algunas personas que se habían convertido al evangelio antes de la Guerra de Independencia y desarrolló una congregación de habla inglesa en la calle Reina, haciendo para ello contactos con las fuerzas de ocupación, con los comerciantes que se iban estableciendo en Cuba y con otros extranjeros. Se propuso extender el trabajo hasta Pinar del Río en Occidente, y Camagüey en la parte oriental. Se abrieron centros en Güines y Sancti Spíritus.

En 1901, la Junta Femenina (Woman's Board of Home Missions) inició obra en Cuba en cooperación con la Junta de Misiones Nacionales, que había enviado a Greene, y con la organización que envió a Rioseco. La señorita Beulah Wilson y fue enviada a Güines. En esos primeros años llegaron también a Cuba los misioneros Herbert S. Harris (casado con una hija de Greene), que se radicó en Sancti Spíritus, y Waldo Stevenson, que trabajó en Güines. En ningún momento trató de interferir con el esfuerzo de los presbiterianos del sur en otras poblaciones y se establecieron también relaciones cordiales con otras denominaciones. Una demostración palpable de esto último lo sería que varios pastores de otras confesiones pasaron al presbiterianismo en los primeros años de la república que estaba a punto de proclamarse. Eventualmente los presbiterianos del norte y del sur formarían una sola iglesia en Cuba.

LOS EPISCOPALES

La Iglesia Episcopal continuó su trabajo en Cuba tan pronto la guerra terminó. Pedro Duarte regresó a Matanzas y estableció un asilo de emergencia para niños huérfanos. Fundó otro en Bolondrón donde contó con la ayuda del doctor J. M. Fernández, un médico cubano que había sido diácono de la Iglesia Congregacional hispana en Nueva York. Los episcopales abrieron también un asilo en La Habana, a cargo de la señora Farres, y otro en Guantánamo, dirigido por Mariana Adams de Brooks. Estos esfuerzos procedían en parte de episcopales ya radicados en el país, extranjeros o nacionales, y contaban con el apoyo de algunos miembros de las fuerzas de ocupación norteamericanas. Los asilos de Matanzas, Bolondrón y La Habana fueron más tarde consolidados en el de Matanzas, que estuvo a cargo de Duarte. La Iglesia Episcopal reconoció con gran lucidez que la atención de los niños que quedaron huérfanos como consecuencia de la guerra, el hambre, y las reconcentraciones de campesinos, era una prioridad innegable.[22] El asilo-escuela de Guantánamo fue una formidable contribución. En Matanzas, Duarte logró alojar sesenta niñas en su asilo, localizado en un almacén de azúcar reconstruido y amueblado, el cual fue comprado por la Sociedad Femenina de Filadelfia.

En enero de 1899, la Sociedad Misionera de la Iglesia envió de nuevo a Cuba al doctor Neilson para inspeccionar la obra. En ese mismo mes, inició la formación de una congregación de habla inglesa y se alquiló un local provisional. Al mes siguiente, William H. McGee se hizo cargo del trabajo con los extranjeros. El regreso de Manuel F. Moreno fue también un acontecimiento que favoreció el trabajo de la Iglesia. Con ayuda de la Iglesia del Redentor en Bryn Mawr, Pennsylvania, Moreno logró levantar el templo de la Iglesia de San Pablo en Bolondrón. También hizo labor misionera en Unión de Reyes.[23]

La obra entre los cubanos se había mantenido durante la guerra gracias al trabajo de laicos, especialmente de José Ramón Peña en la congregación de Jesús del Monte. Otras iglesias fueron pronto abiertas o volvieron a funcionar. En 1900 el obispo Whitaker visitó de nuevo Cuba, acompañado de Andrew T. Sharpe. Como hemos visto, les había precedido un ministro episcopal norteamericano, William McGee, que atendía a los de habla inglesa en La Habana. Este último cayó enfermo de fiebre amarilla y fue sustituido por Sharpe. El obispo visitó varias iglesias y recibió al lector laico José Ramón Peña como candidato a las órdenes sagradas. Pudo confirmar a 115 personas durante su viaje. De acuerdo con el trabajo de Leopoldo Alard —que utilizamos con frecuencia en nuestra investigación— el estado de la Iglesia en Cuba en 1900 era el siguiente: Trabajaban en el país W. H. McGee, A. T. Sharpe, Pedro Duarte, Manuel F. Moreno, José R. Peña y otro lector laico llamado Arturo Escaroz. La Iglesia contaba en La Habana con una congregación de habla inglesa, dos en español, dos escuelas dominicales, una escuela parroquial y el asilo de huérfanos. En Matanzas funcionaban dos congregaciones, una en inglés y otra en español, así como una escuela parroquial con 160 alumnos, una escuela dominical y un asilo para niñas huérfanas. En Bolondrón funcionaba una congregación y una escuela dominical, y por un tiempo contaron con un pequeño asilo.[24]

En 1901 regresó a Cuba Flora Pérez, una activa obrera episcopal. Fue nombrada directora del Colegio Episcopal en Jesús del Monte y llegó a ser misionera de las mujeres episcopales americanas en Cuba. En ese mismo año se organizó el Distrito Misionero de Cuba por parte de la Convención General de la Iglesia Protestante Episcopal, reunida en San Francisco, California, pero se esperó para nombrar un obispo encargado. El obispo de Missouri propuso que el Obispo Presidente tuviera jurisdicción sobre Honolulu y Cuba, lo cual fue aceptado.[25] En 1902 el obispo James H. Van Buren, que acababa de ser consagrado para Puerto Rico fue encargado de la Misión en Cuba. Ese mismo año se abrieron misiones en Isla de Pinos y en la Gloria, Camagüey.[26]

El episcopalismo estaba funcionando en varias regiones y daba señales de realizar un verdadero intento de evangelizar el país.

LOS CONGREGACIONALES

La Iglesia Congregacional de los Estados Unidos, que pasará a formar parte de la Iglesia Unida de Cristo al constituirse esta a mediados del siglo XX, había demostrado su interés por los cubanos como lo demuestra su trabajo con los emigrados en Tampa y Nueva York. Sus periódicos, sobre todo *The Home Missionary* se unieron a la campaña en favor de la intervención norteamericana en Cuba. En esa publicación se relata el inicio de su obra en territorio cubano:

"El mismo mes en que fue bajada la bandera de España en el castillo del Morro, la Sociedad Misionera Nacional Cristiana (Christian Home Missionary Society) envió representantes para investigar y reportar sobre las condiciones existentes y las necesidades, y rápidamente decidió iniciar el trabajo que desde el principio ha disfrutado las ricas muestras del favor divino. Al irse los funcionarios corrompidos de la isla tan mal gobernada, el gobierno interventor envió a sus hombres más capaces para enseñar a la naciente nación los misterios del auto-gobierno. Madres cubanas y americanas mezclaron sus lágrimas sobre las tumbas de hijos amados, mártires de la libertad, que durmieron bajo las hermosas palmas."[27]

El autor de esas palabras, E. P. Herrick fue el superintendente escogido para dirigir la obra. Ya había trabajado con los cubanos en la Florida. Su forma de ver la situación cubana era típica entre los misioneros enviados al país. A principios de 1899, se inició el trabajo formal de los congregacionales en Cuba. Es más, el 27 de febrero de 1900 se fundó la Iglesia Central de esa denominación en la capital cubana. Cuarenta miembros de la Iglesia Emanuel, la iglesia cubana de Tampa, formaron el núcleo de la nueva congregación. Habían regresado a la patria tan pronto terminó la Guerra Hispano-Cubano-Americana.

Entre los primeros misioneros estuvo Alfredo De Barritt que se estableció con su familia en el barrio residencial de el Vedado, en La Habana. Los primeros planes de expansión fueron hechos por el superintendente de la Misión en la Florida y Cuba, E. P. Herrick, los misioneros Geo L. Todd y Alfredo De Barritt y el pastor J. M. López Guillén, un cubano que había sido pastor de la Iglesia Hispano-Americana de Nueva York y Brooklyn. Muy pronto contaron con los servicios de C. S. Ventosa, que se había destacado como líder evangélico. En abril de 1902 funcionaban además de la Iglesia Central, a cargo de Geo. L. Todd, la de Guanajay, pastoreada por el misionero C. W. Frazer, procedente de Key West, y la de San Antonio de los Baños a cargo de C. S. Ventosa. En 1901 la Iglesia Congregacional logró atraer a sus filas a Someillán, el cual pasó a ocupar el pastorado de la iglesia en Guanabacoa.

H. B. Someillán, iniciador del metodismo en Cuba junto con Aurelio Silvera y otros predicadores, un patriota cubano cuyas actividades han sido descritas en capítulos anteriores, y que según varias fuentes sirvió por algún tiempo de secretario de José Martí, había confrontado con la Iglesia Metodista las dificultades que hicieron difícil el ministerio de muchos de los primeros obreros cubanos con sus propias denominaciones. Aparte del hecho fundamental, que no necesita ni siquiera ser discutido, de que las juntas misioneras no estaban preparadas para situar a obreros nacionales en los cargos de mayor responsabilidad —como sucedió con Alberto J. Díaz— mientras existiera un número apreciable de misioneros norteamericanos disponibles, se combinaron otros elementos que son descritos por Antonio Pereira Alves en una semblanza de Someillán:

"A la caída del poder reaccionario de España, y al establecerse en Cuba un gobierno laico sin conexión con la iglesia católica, las distintas denominaciones evangélicas de los Estados Unidos de América se apresuraron en abrir trabajos misioneros en la isla, viniendo entonces algunos ministros norteamericanos de la Iglesia Metodista, quienes, con muy buena voluntad, estaban desplegando grandes energías, pero, debido a desconocer los hábitos e idiosincrasia de los cubanos, tenían poco resultado en su trabajo. El señor Someillán trató de aconsejar a esos buenos hermanos que adoptasen métodos más adaptados a la evangelización de los latinos, etc. Esos misioneros norteamericanos, no sólo desecharon las sugestiones del señor Someillán, sino que a ellos no les parecía bien el método de trabajar del ministro cubano. Viendo el señor Someillán que su manera de trabajo en Cuba, no parecía agradar a los misioneros metodistas, en 1901 presentó renuncia del cargo de pastor de la Iglesia de Santiago de Cuba Oriente, yendo a la villa de Guanabacoa, Habana, a establecer un trabajo independiente, sin conexión con iglesia alguna. Pero no tardó en darse cuenta que los cubanos no estaban preparados aún para sostener obra religiosa, independiente de las Juntas Extranjeras . . . al fin se unió a la Iglesia Congregacional, que le puso al frente de dos congregaciones: una en la misma villa de Guanabacoa y otra en la ciudad de Matanzas. . ."[28]

Los informes de los misioneros, incluso cuando alaban a Someillán, revelan una falta de conocimiento de la situación y la cultura de los cubanos que solo podía ser compensada en parte por la buena voluntad y el sincero deseo de evangelizar el país. Someillán mantuvo, a pesar de todo, las mejores relaciones con los metodistas y aun con sus misioneros, demostrando un espíritu inspirador. La Iglesia Congregacional, de corta duración en Cuba, contó así con sus servicios y logró por esas y otras razones alguna expansión en los años siguientes.

LOS DISCÍPULOS

La Convención General de la Iglesia de los Discípulos (también conocida como iglesias cristianas o discípulos de Cristo) decidió entrar en Cuba en su reunión celebrada en Cincinnati en octubre de 1899. Lo hizo mediante la Sociedad Cristiana de Misiones Extranjeras (Foreign Christian Missionary Society) y los primeros misioneros llegaron el día 31 de ese mismo mes. Los pioneros fueron L. C. McPherson y Melvin Menges. Sus primeras labores fueron exclusivamente en idioma inglés mientras trataban de aprender mejor el español y conocer algo de la cultura del país. Melvin Menges empezó a predicar en español en 1900 y abrió una escuela que tuvo una breve existencia. Las primeras prédicas de estos misioneros se hicieron en el Castillo del Príncipe en La Habana, donde estaban acuartelados muchos soldados americanos.

Los discípulos lograron predicar en las provincias de La Habana y Matanzas pero al principio se concentraron en la capital y sus alrededores. Como en el caso de otras denominaciones tenían el problema de la deficiencia idiomática de sus misioneros, agravada por una ausencia de obreros nacionales que tardó en resolverse. Angel Godínez, que había trabajado con los bautistas, y que tuvo ciertas confrontaciones con Alberto J. Díaz aun antes de esta época, fue el primer obrero cubano que se conoce trabajó regularmente dentro de las filas de los discípulos.

En 1902 se inició la obra en Matanzas, la cual estuvo inicialmente a cargo de Menges. Ese mismo año se publicó en *The Christian Evangelist* un artículo informativo de Lowell C. McPherson refiriéndose al hecho de que la única iglesia que honraba el nombre de Cristo en La Habana era precisamente la de los discípulos pues identificaba su congregación como "Misión de las Iglesias de Cristo". Debe señalarse que ese movimiento religioso, conocido como de "Restauración", fundado en Norteamérica por Alexander Campbell, insiste en nombres bíblicos para las iglesias, tales como discípulos de Cristo, iglesias de Cristo e iglesias cristianas. (El movimiento se dividió en los Estados Unidos).

LOS CUAQUEROS

El origen de los cuáqueros (Sociedad de los Amigos) en Cuba puede en cierta forma remontarse a los contactos de Francisco González Calá, que trabajó en la capital y en el poblado de Aguacate, en los últimos años del siglo XIX. González Calá trabajó con los metodistas y los bautistas, y por un tiempo dirigió un grupo independiente como ya se señaló en otro capítulo. En 1898, Eucario Sein, dirigente cuáquero mexicano, solicitaba ayuda para un sector cubano que necesitaba usar literatura entre residentes en Tampa y Santiago de Cuba.[29] Ya en esa fecha, González Calá, que es la persona a la que se refería Sein, había hecho contacto con misioneros cuáqueros. Cuba fue visitada por James Wood en 1898 y por Benjamín Trueblood en 1899. Este último tuvo varias entrevistas con González Calá, quien ya había sido reconocido por los cuáqueros mexicanos. Las visitas hechas a Cuba por representantes de la Sociedad de los Amigos tenían cierta relación con Lorenzo Baker, de la Boston Fruit Company, quien fue un o de los fundadores de la United Fruit Company, y había establecido estrechas relaciones con la Sociedad de los Amigos convirtiéndose en uno de sus benefactores más generosos en el Caribe.

Una explicación del inicio del trabajo de los cuáqueros estadounidenses en Cuba es la ofrecida por Zenas L. Martin (a quien parece que algunos se refieren también como Zeneas L. Martin y así firmó artículos en *Heraldo Cristiano*). De acuerdo con fragmentos de su relato,

"El día once de abril de 1900, Z. L. Martin, representando la Junta de Misiones Extranjeras de la Iglesia "Los Amigos" en América, llegó a La Habana... Con anterioridad a esa fecha, en el año 1895, Z. L. Martin viajaba de Jamaica a New York en un vapor de The United Fruit Co., y en una conversación con el capitán D. L. Baker, de dicha compañía, éste le dijo que tan pronto terminase la guerra entre Cuba y España, la empresa que él representaba, esperaba extender sus negocios a Cuba, expresando su sincero deseo de que la Junta de los Amigos que entonces estaba desarrollando una misión en su hacienda en Jamaica, iniciase en Cuba la misma obra. En el año 1899 Mr. Baker repitió su petición, diciendo que la compañía que representaba había comprado una inmensa hacienda cerca de la bahía de Banes. Para hacer su proposición lo más real posible, el señor Baker envió en su carta un buen cheque como donativo a la futura obra. Con este nuevo estímulo para la obra de misiones de la Iglesia de los Amigos, se decidió abrir trabajo en Oriente."[30]

De acuerdo con el prominente educador cuáquero cubano Juan Sierra y otras fuentes, el capitán Baker dirigía la "Gran Flota Blanca" que llevaba productos de las Antillas a los Estados Unidos. En 1899, cuando la empresa Boston Fruit Company, de la que era una de las figuras principales, se unió con otros intereses mercantiles para formar la United Fruit Company, esta recibió US$5.200.000,00 en acciones y Baker se convirtió en uno de los tres fundadores principales de la nueva compañía. Los vínculos de esa empresa con organizaciones misioneras en Cuba y otros países de la región son relativamente bien conocidos. Sobre ciertas actividades de la United Fruit Company escribió el costarricense Carlos Luis Fallas su conocido libro *Mamita Yunai*.[31]

Zenas L. Martin nació en Carolina del Norte en 1855, pero fue criado en Iowa por sus padres, opuestos como el resto de los cuáqueros a la esclavitud prevaleciente en el sur de los Estados Unidos. Aparte de sus actividades de predicación, se dedicó por mucho tiempo a los negocios. Se educó a sí mismo y llegó a ser farmacéutico y a destacarse en la construcción de edificios para el uso de los cuáqueros, sobre todo en Cuba y Jamaica. De acuerdo con José Garrido Catalá, el historiador metodista que ya hemos mencionado en este libro y que procede de los cuáqueros de Oriente, Martin era un técnico especializado en la industria azucarera y llevó a Cuba su propio "sistema Martin" que establece una producción continua en la elaboración del azúcar. Tuvo plantaciones en Cuba y llegó a ser una figura respetada en el norte de Oriente. Fue superintendente de la Obra Evangelística y Pastoral de la Reunión Anual de cuáqueros en Iowa. Su relación con la obra en Jamaica (que existía desde los tiempos de George Fox, el fundador de los cuáqueros) fue notable.

El 4 de abril de 1900, llegó a La Habana Zenas L. Martin, a quien Hiram Hilty, un historiador cuáquero llama "agente y superintendente".[32] Muy pronto aprobó las gestiones de González Calá, que era reconocido por los cuáqueros de México. El 2 de mayo llegó a Santiago de Cuba y pronto visitaría el norte de Oriente donde hizo contacto con la United Fruit Company de su amigo Lorenzo Baker, entonces presidente de la misma. Preocupado por la posibilidad de enrtregarse demasiado a esa compañía, ya que no quería que la obra se convirtiese en un simple departamento de "una gran corporación sin alma" decidió no establecer la sede de la obra en Banes sino en Gibara.[33] Por supuesto que supo aceptar y agradecer la ayuda de esa empresa, sobre todo por los pobres recursos que la junta le enviaba. Los cuáqueros de Iowa que le habían enviado participaron en la organización definitiva de la Junta Quinquenal (Five Years Meeting) de los EE. UU., en 1902. La denominación se conoce ahora como Friend's United Meeting. Los Amigos estaban organizados en juntas mensuales en las iglesias y en juntas anuales que agrupaban a las iglesias locales de una región o país. La Junta de Misiones Extranjeras de los Amigos Americanos, era una organización de escasos recursos económicos desde su fundación en 1894.

El 3 de noviembre de 1900, siguiendo recomendaciones de Martin, partió hacia Cuba el primer grupo de misioneros cuáqueros. Lo integraba Sylvester Jones y su esposa May; la misionera mexicana María de los Santos Treviño; Ema Phillips (que había sido maestra del después presidente cuáquero de los Estados Unidos Herbert Hoover); y un joven mexicano que no tenía credenciales de misionero, Juan Francisco Martínez. Los cinco cuáqueros llegaron a Gibara el día 14 de noviembre. Se iniciaba la obra misionera de los Amigos en Oriente.[34]

El 18 de noviembre celebraron la primera escuela dominical en inglés y español. A principios de 1902 se organizó formalmente la reunión mensual de la primera iglesia en Gibara. Entre los fundadores estaba Juan Francisco Gálvez, un predicador que había colaborado con Francisco González Calá en La Habana. Se predicaba también en Pueblo Nuevo, cerca de allí. El superintendente de la obra, Zenas Martin, abrió una congregación en Holguín en 1901 y otra en Banes en 1902. En Holguín numerosos soldados americanos formaron parte de la primera congregación en calidad de asiduos oyentes en los cultos. La obra, desde el principio, fue bilingüe. En 1902, el pastor cuáquero de Sabina, Ohio, Edgar A. Stranaham visitó Puerto Padre donde después se abrió otra obra, entre otras razones por su recomendación y la de Martin.

Teniendo como base a Gibara, Holguín, Banes y Puerto Padre, la obra se iría extendiendo a otros poblados. Además de la ayuda de la junta se recibió apoyo económico de la United Fruit Company y del Central Chaparra. La obra occidental, iniciada por González Cala, usó como su base a Aguacate y Madruga. Allí trabajaron Martha y Ellen Woody, Arthur Dove, J. B. Wood y otros, así como algunos obreros cubanos, pero no alcanzaría gran impulso sino hasta la llegada del misionero Arthur Pain que estableció pronto su sede en Jaruco.

Otros asuntos deben hacerse resaltar en relación con la misión cuáquera. En los albores de la obra misionera en Cuba era la que contaba con el mayor número de obreros extranjeros después de los metodistas y presbiterianos. Su origen fue cubano, como el de las otras denominaciones históricas establecidas en la Isla en el siglo XIX. Como hemos visto, González Calá solicitó ayuda al exterior para el grupo independiente que él dirigía, y los primeros contactos efectivos fueron los establecidos con los cuáqueros de México. Aunque se ha afirmado que González Calá era de origen español, debe ser considerado como cubano. Los cuáqueros fueron conocidos sobre todo por sus escuelas. Los colegios de "Los Amigos" se establecieron en Gibara en 1901, Holguín, Banes y otros lugares, en 1902. Tuvieron inicios muy humildes pues contaban con pocos recursos. La joven misionera Santos Treviño, por su dominio del español, jugó un papel central en la fundación de la obra. Al abrir en 1901 una escuela en Gibara se estaba dando inicio a una larga tradición educacional.[35]

LA MISION PENTECOSTAL

En 1902 la Misión Pentecostal, con sede en Nashville, envió a Cuba a un grupo de misioneros. Esta organización no instaba a sus fieles a hablar en otras lenguas, es decir, no practicaba la "glosolalia" como los pentecostales y carismáticos de nuestro tiempo. Era en realidad parte del llamado movimiento de Santidad, y en definitiva, se unió a la Iglesia del Nazareno. Como esa unión se produjo en 1915 y la Misión Pentecostal —como se la conocía en Cuba— mantuvo alguna presencia en la Isla hasta 1920, debe ser considerada como precursora de la Iglesia del Nazareno, que entró en 1946 y ha mantenido una presencia continua en el país. La entrada en Cuba de la Misión Pentecostal ha sido descrita en algunos libros publicados por los nazarenos. Paul Orjala escribió:

"A poco de haber terminado la guerra entre España y los Estados Unidos, la Misión Pentecostal comenzó trabajo en Cuba, en 1902, con una partida de misioneros cuyo propósito inicial había sido ir a Colombia, no a Cuba. Cuando la Misión Pentecostal se unió a la Iglesia del Nazareno, en 1915, este trabajo misionero pasó a ser de nuestra iglesia. De aquellos primeros misioneros, y otros que llegaron más tarde, solo la señorita Leona Gardner permaneció por más que un número corto de años."[36]

La señorita Leona Gardner llegó con el grupo de 1902 y durante gran parte de su estancia en Cuba tuvo que mantenerse mediante la enseñanza del idioma inglés.[37] Ya en 1907 la falta de fondos procedentes de Norteamérica obligó a la Iglesia Pentecostal de Cárdenas a cerrar y su pastor logró un arreglo para continuar bajo los auspicios de la Iglesia Metodista.[38] Según Timothy Smith, "en 1903 la misión en Cuba estuvo representada por nueve personas".[39] Se conoce poco acerca de sus actividades porque no pudo atraer a un grupo considerable de cubanos, aunque se establecieron pequeñas congregaciones en La Habana, Cárdenas y otros lugares.

LOS INDEPENDIENTES

Misioneros independientes, con una teología que hoy llamaríamos fundamentalista, realizaron trabajos en algunas provincias de Cuba. También los bautistas de Jamaica hicieron algunos intentos de evangelización o trabajaron entre los nativos de las islas caribeñas bajo dominio británico que se habían radicado en Cuba. La Isla también fue visitada por algunos evangelistas parecidos al famoso Sam Small que ya hemos mencionado. Algunas congregaciones de habla inglesa fueron constituidas con el propósito de atender a los soldados norteamericanos y a sus compatriotas que empezaron a radicarse en la Isla con propósitos comerciales, industriales o agrícolas. Esa presencia fue muy significativa en la Isla de Pinos, Camagüey y el norte de Oriente. Las iglesias de habla inglesa tuvieron una vida más larga en la capital. Un misionero presbiteriano, Hubert G. Smith, llegó a Cuba en 1902 como independiente, siguiendo la senda trazada por John B. Wood, un constructor de Filadelfia que hizo algún trabajo misionero en Jaruco.[40] Su futura esposa, Agnes Smith, graduada de una escuela luterana para diaconisas, e Inga Peterson, que había estudiado con ella, estaban trabajando allí. Ese grupo tuvo contactos con los cuáqueros de la provincia de La Habana y Wood trabajó con ellos.

LA SOCIEDAD BÍBLICA

En cuanto a la Sociedad Bíblica Americana, esta había logrado repartir en la Isla unos 30 mil ejemplares de las Sagradas Escrituras entre 1882 y 1888.[41] Un periodo especialmente significativo fue el de 1882 a 1887 en el que, según un informe, se distribuyeron 22 mil ejemplares. A partir de 1898, esa actividad fue incrementada. J. M. López Guillén que trabajó entre los cubanos de Nueva York con la Iglesia Congregacional, jugó un apreciable papel entre 1900 y 1902. Como agente, estuvo a cargo de un depósito de biblias en la habanera calle Tacón. El doctor George N.

MacDonell, misionero metodista de origen presbiteriano había sido designado como agente para Cuba en 1899. En esa época visitó la Isla el famoso colportor bíblico Francisco Penzotti, de gran fama en toda la América española, quien llevó a cabo un trabajo de distribución y promoción que dio buenos resultados. El 4 de julio de ese año, con motivo de la celebración de la independencia norteamericana se realizó una venta masiva de biblias. Con la ayuda de 21 obreros voluntarios se vendieron 1.022 ejemplares en una zona de la capital. En 1899 se distribuyeron allí 126 mil tratados o folletos de propaganda evangélica. MacDonell relató su experiencia al entregar un tratado al generalísimo Máximo Gómez, figura cimera del Ejército Libertador cubano, con quien se encontró en un tren rumbo a Guanabacoa. El héroe nacional leyó el tratado con gran aceptación y respeto.

LA COOPERACION INTERDENOMINACIONAL

Un acontecimiento de apreciable valor histórico tuvo lugar a principios de 1902. La asociación de ministros que se había organizado en La Habana un poco antes, es decir, en 1901, convocó, con la colaboración de las juntas misioneras, a la Primera Convención de Iglesias Evangélicas. Esta se celebró en la ciudad de Cienfuegos del 18 al 20 de febrero. Asistieron delegados, representantes y observadores de bautistas del norte, congregacionales, discípulos, metodistas, cuáqueros y presbiterianos. De acuerdo con el periódico *The Missionary*, 12 denominaciones, juntas o grupos trabajaban en el país en 28 ciudades o pueblos. Se habían organizado 41 iglesias y 51 misiones. El trabajo estaba a cargo de 70 pastores o predicadores y de 67 obreros auxiliares, 2.347 personas habían sido recibidas como miembros de las iglesias y 551 esperaban ser aceptadas como tales. El número de candidatos al ministerio era de 17. Se habían abierto 69 escuelas dominicales que funcionaban regularmente con una matrícula de 3.359. Las iglesias evangélicas habían abierto 51 escuelas en el país (casi todas de enseñanza primaria pero con planes de expansión). De que estas eran todavía pequeñas lo atestigua la cifra de maestros que era de solamente 83 (con la ayuda adicional de personal misionero).[42]

Teniendo en cuenta que no todos los grupos informaron con exactitud y uniformidad sus estadísticas, en gran parte por lo difícil que es estimar el número exacto de miembros activos, así como la rigidez de algunas iglesias a la hora de aceptar candidatos, no sería exagerado calcular la comunidad protestante cubana en por lo menos 5 mil personas en el año 1902. A esa cifra se llega fácilmente añadiendo a los miembros y candidatos los matriculados en la escuela dominical que no habían sido admitidos como miembros así como el número, bastante considerable, de niños (que no podían ser recibidos por cuestiones de edad). Una cifra tan conservadora como esa, ya refleja un aumento apreciable. Aparte de esa comunidad vivían en el país algunos miles de protestantes extranjeros (sobre todo americanos y jamaicanos).

La decisión más importante de la Convención (cuyos acuerdos no eran de cumplimiento obligatorio) fue dividir el trabajo y organizarlo mejor. De acuerdo con un informe de J. G. Hall esto se hizo de la siguiente manera:

> "Que como obreros cristianos individuales no comenzaremos trabajo en ningún pueblo de 6,000 habitantes o menos que ya esté ocupado por otra denominación; que no entraremos a trabajar en un pueblo de 15,000 o menos donde dos denominaciones ya estén trabajando; que no entraremos en un pueblo de 25,000 donde ya lo hayan hecho tres denominaciones establecidas. Que no pasen de una denominación a otra los miembros o ministros si solo es a causa de razones triviales."[42]

Es necesario mencionar que los episcopales y los bautistas del sur no habían apoyado la idea de la Convención desde el principio y no participaron del arreglo en esa fecha, aunque después los episcopales adoptaron una actitud de mayor cooperación. Hasta que punto se había avanzado en cuanto a ofrecer un testimonio continuo en el país lo demostró la Convención al nombrar un Comité Permanente que se ocuparía de tratar con las autoridades acerca de la defensa de los intereses evangélicos.

Desde el punto de vista político, el principal acuerdo de la Convención fue condenar la posición favorable a los intereses del catolicismo que habían seguido los gobernadores militares norteamericanos, sobre todo Leonard Wood. Los "privilegios de la Primera Intervención a favor de la Iglesia Romana", como los denomina el historiador Deulofeu fueron la acusación principal. Desde el punto de vista social, se llegó a otra decisión importante: iniciar una campaña nacional de temperancia, es decir, combatir el abuso de las bebidas alcohólicas. La mayoría de los grupos favorecía la abstinencia total.

Las juntas misioneras habían logrado algunos de sus objetivos. El país estaba siendo evangelizado y existía entusiasmo. Muchos misioneros eran fervientes partidarios de la independencia de Cuba, aunque siempre relacionándola con los Estados Unidos y su sistema político, económico y social. No podía esperarse otra cosa si se tiene en cuenta el fervor patriótico, nacionalista y expansionista prevaleciente en círculos protestantes estadounidenses en esa época. Otros parecen haber sido partidarios de la anexión. Pero el anexionismo crecía en círculos católicos con mayor intensidad. Una parte del clero, de tendencias pro-españolas, había adoptado esa actitud para protegerse de los libertadores. Pero un sector clerical en el que prevalecía el sentimiento anti-protestante acusaba a los evangélicos y sus misioneros de "agentes del imperialismo norteamericano".

El sentimiento nacionalista de la mayoría de los líderes evangélicos cubanos había sufrido algunos reveses. La obra estaba en 1902 en manos de los misioneros extranjeros. Muchos pastores tenían sentimientos ambivalentes. Querían la presencia misionera y amaban profundamente a muchos de los misioneros, pero empezaban las inevitables fricciones entre nacionales y extranjeros. Los cubanos evangélicos tendrían que esperar unas cuantas décadas antes de empezar a ocupar posiciones verdaderamente significativas en la dirección de las denominaciones. Pero más adelante en este trabajo veremos como, en muchos casos, la influencia extranjera sería menor en círculos protestantes que en los católicos a pesar de lo que algunos comentaristas no especializados en el tema han afirmado. El carácter internacional de la Iglesia, las condiciones históricas del país, y los acontecimientos más recientes situarían al protestantismo dentro de la órbita misionera norteamericana, pero el catolicismo estaba adentrándose en la misma sin abandonar del todo la poderosa influencia de un número mayoritario de clérigos españoles que controlaban las parroquias en infinidad de poblaciones. Si a eso se añade la natural dependencia de las decisiones de la Curia Romana, no puede afirmarse que el catolicismo insular estaba en 1902 más cerca que el protestantismo de la meta de una iglesia auténticamente cubana. Mientras los católicos estaban a años luz de distancia de tener un clero mayoritariamente cubano, los protestantes en 1902 estaban avanzando con pasos firmes hacia una iglesia en manos de pastores nacionales.

Se ha señalado reiteradamente que algunas juntas que trabajaron en Cuba no eran precisamente las dedicadas a la obra extranjera sino a la nacional o encargada de la obra dentro de los Estados Unidos. Un caso bien conocido es el de la Home Mission Board de la Convención Bautista del Sur. El profesor Adolfo Ham señala en un artículo sobre los antecedentes históricos del protestantismo en Cuba que los documentos de la época muestran que la obra misionera era vista por los norteamericanos en los mismos términos coloniales que las relaciones políticas y económicas con Cuba. Se refiere en su trabajo al famoso libro *Our Cuban Colony* de Leland Jenks, que hace, según él, una "elocuente presentación" del tema.[44] Una equilibrada opinión, utilizada también por Ham, es la de J. Merle Davis: "La Iglesia Evangélica apareció en Cuba en compañía de otras fuertes influencias americanas: políticas, militares, económicas y culturales".[45] Pero, por supuesto, el estudio riguroso de la historia revela que la aparición de cualquier movimiento religioso, con contadas excepciones, sucede, en un ambiente dado, en medio de influencias políticas, militares, económicas y culturales (para usar la lista de Davis). Ese fue el caso de la introducción del catolicismo en Cuba por parte de los españoles. Algunas de esas influencias aparecen claramente en cualquier estudio de sociología de la religión y en los trabajos recientes de historia eclesiástica. Pero, en medio de todo ese cuadro, el estudiante que aspire a un grado adecuado de equilibrio tiene que reconocer también los aspectos bíblicos y teológicos que motivan a las empresas misioneras, aun cuando estas estén sujetas al ambiente socio-político y al acontecer económico, así como a los fenómenos expansionistas que caracterizan a toda nación poderosa, incluyendo a los Estados Unidos y a España.

El estudiante actual, si está acostumbrado a los textos sobre sociología de la religión como los de Max Weber, Amintore Fanfani y otros similares, puede emprender adecuadamente la consideración de tesis como las planteadas por Leland Jenks a principios de siglo y las más recientes de estudiosos como Kenneth W. Mackenzie en su trabajo en inglés: *El manto y la espada: la Iglesia Metodista y el surgimiento del imperialismo americano*. Eruditos de izquierda y derecha, al igual que teólogos de extracción liberal o conservadora, encontrarán un marco más amplio de referencia al trascender las limitaciones de una época determinada (los siglos XIX y XX) para reconocer en todo fenómeno religioso esa huella de los "reinos de este mundo" que las Escrituras señalan abiertamente en su forma profunda y desnuda de tratar acerca de la naturaleza humana.

En 1902 no estaban trabajando todavía en Cuba dos grupos que después harían cierto impacto en el país: los adventistas del séptimo día y los pentecostales, pero en el invierno de 1902-1903, poco después de la independencia, la Isla sería visitada por W. A. Spicer que pidió a la Iglesia Adventista el inicio del trabajo en Cuba. Mientras tanto, los misioneros iban aclimatándose y las iglesias se preparaban para una nueva era, la de la primera república cubana. En una misma página de *La Gaceta de La Habana* de diciembre 4 de 1901 se anuncia la inscripción de la Asociación de Amigos (Society of Friends) en el Registro de la Secretaría de Justicia, seguida inmediatamente por la de la Junta de Misiones de la Convención Bautista del Sur, y se leen los nombres de Zenas J. Martin, C. D. Daniel y otros misioneros. Llevan la firma de José Varela, el secretario de Justicia. Los misioneros obtenían así permiso para celebrar matrimonios de acuerdo con las disposiciones vigentes. El 29 de noviembre de 1901, bautistas y cuáqueros coincidían en culminar sus gestiones. Para legalizar sus documentos, los Discípulos de Cristo, el 25 de noviembre de ese mismo año, habían obtenido una certificación de la Secretaría de Estado y Gobernación de la Isla de Cuba, firmada por Diego Tamayo, dirigida al propio secretario, estableciendo que la firma de su homólogo de los Estados Unidos, John Hay era la misma que aparecía en los papeles traídos de ese país. Dentro de poco los documentos y certificaciones más importantes de la nación serían firmados por alguien que conocía de cerca a los misioneros y juntas que al producirse su toma de posesión ya estaban establecidos en el país. El firmante mayor sería el Presidente Tomás Estrada Palma, de quien las juntas misioneras no tenían absolutamente nada que temer.

NOTAS

1. Francisco Ordoñez, *Historia del cristianismo evangélico en Colombia* (Medellín: Tiopografía Unión), p. 40.
2. Paul Burgess, *Justo Rufino Barrios* (San José: Editorial Universitaria de Guatemala, Editorial Universitaria Centroamericana, EDUCA, 1972), p. 175. Puede consultarse también a Jorge M. García Laguardia, *La reforma liberal en Guatemala* (Guatemala: Editorial Universitaria de Guatemala, 1972).
3. Enrique D. Dussel, *Historia de la Iglesia en América Latina* (Barcelona: Editorial Nova Terra, 1974), pp. 411-412. La colaboración de Agustín Batlle de donde procede esta cita es parte del libro de Dussel.
4. Pratt, Julius W., *Expansionists of 1898* (Chicago: Cuadrangle Books, 1964).
5. Herminio Portell Vilá, *Historia de Cuba en sus relaciones con los Estados Unidos y España* (Miami: Mnemosyne Publishing Inc., 1969), p. 385.
6. Margaret E. Crahan, "Religious Penetration and Nationalism in Cuba: U. S. Methodist Activities, 1898-1958", en *Revista/Review Interamericana* (Interamerican University of Puerto Rico, 1978), p. 204.
7. Guillermo Cabrera Leiva, "El protestantismo norteamericano en las Antillas españolas" (Universidad de Miami, tesis de grado, 1951), pp. 75-76.
8. Margaret E. Crahan, op. cit., p. 206.
9. Editorial del *Watchman*, agosto de 1898.
10. Las publicaciones protestantes revelan cierta tendencia al aislacionismo en muchos editoriales. Esto se debía al fuerte nacionalismo y al poco deseo de tener contacto con naciones de diferente credo, especialmente las católicas que representaban una amenaza inmigratoria para el protestantismo norteamericano. Pero la política exterior del país les llevó en ocasiones al expansionismo, lo cual favorecía a la obra misionera.
11. A. S. Rodríguez, *La obra bautista en Cuba Occidental* (La Habana: Imprenta Bautista, 1930), p. 22.
12. Samuel Deulofeu Pérez, *Cronología de la obra bautista en Cuba Oriental* (Palma Soriano, 1983), p. 1.
13. Moisés Natanael McCall en *Heraldo Cristiano*, Tomo V, Número 9. Marzo de 1924, pp. 715-716.
14. Lloyd Corder en *Encyclopedia of Southern Baptist* (Nashville: Broadman Press, 1958), p. 341.
15. Benjamín Díaz, *Compendio de historia de la Convención Bautista Mexicana de Texas* (San Antonio: Casa Evangélica de Publicaciones, 1960) p. 17.
16. Luis M. González Peña, *Romance Misionero* (Artemisa: Editorial Bautista Federación, 1949), pp. 59-60.
17. Samuel Deulofeu Pérez, op. cit., p. 2.

18. A. S. Neblett, *Historia de la Iglesia Metodista de Cuba* (Buenos Aires: El evangelista cubano, 1973), Tomo I, p. 20.

19. Rafael Cepeda, *El forjador de hombres* (La Habana: Asociación de ex-alumnos del Colegio La Progresiva, 1953), p. 31.

20. Ibid., pp. 42-43.

21. Roberto L. Wharton en *The Missionary*, mayo de 1901.

22. Alexander Hugh Blankingship y Romualdo González Agüeros, "Bosquejo de historia de la Iglesia" en *Heraldo Episcopal*, Epoca IV, No. 58, febrero de 1954, p. 10.

23. Ibid., p. 11.

24. Leopoldo J. Alard, "Proceso histórico de la Iglesia Episcopal en Cuba" (Manuscrito en el Seminario Episcopal del Caribe, Carolina, Puerto Rico, 1966).

25. Ibid., p. 37.

26. Ibid., p. 38.

27. E. P. Herrick, "Cuba the Beautiful", en *The Home Missionary*, Vol. 74, abril 1902, p. 296.

28. Antonio Pereira Alves, *Prominentes evangélicos de Cuba* (El Paso: Casa Bautista de Publicaciones, 1936), Tomo I, pp. 127-128.

29. Hiram H. Hilty, *Friends in Cuba* (Richmond, Indiana: Friends United Press, 1977), p. 3.

30. Z. L. Martin en *Heraldo Cristiano*, Tomo 5, Número 9, marzo de 1924, p. 703.

31. Además de la obra de Carlos Luis Fallas, se han escrito varios libros sobre la United Fruit Company y su presencia, en especial en los países de América Central y la región del Caribe. Aunque no han sido escritas con ese propósito, estas obras de alguna manera contribuyen a la comprensión de los vínculos que pudo haber tenido la compañía con las organizaciones misioneras. En relación con Banes se han publicado dos libros que contienen ese tipo de información, claro, bajo interpretaciones diferentes: *Banes: estampa de mi tierra y de mi sol*, del abogado Víctor Amat Osorio, publicada en los Estados Unidos, y *Banes: Imperialismo y nación en una plantación azucarera* (La Habana: Editorial de Ciencias Sociales, 1976), de Ariel James Figueredo. Ambos contienen información sobre los cuáqueros de Oriente y las características económicas, políticas y sociales de la región según sus lineamientos ideológicos que son muy diferentes el uno del otro.

32. Hiram H. Hilty, op. cit., p. 4.

33. Ibid., p. 10.

34. María de los Santos Treviño, entrevista en Suplemento Dominical de *El Diario-La Prensa*, de la ciudad de Nueva York, Hiram Hilty en su obra *Friends in Cuba* también relata esos eventos.

35. Hiram H. Hilty, op. cit., pp. 3-33.

36. Paul R. Orjala, *Cristo en el Caribe* (Kansas City: Casa Nazarena de Publicaciones), p. 92.

37. Ruth Vaughn, *Cristo para América Central* (Kansas City: Casa Nazarena de Publicaciones), p. 92.

38. A. S. Neblett, op. cit., p. 48.

39. Timothy L. Smith, *La historia de los nazarenos* (Kansas City: Casa

Nazarena de Publicaciones), p. 216.

40. Edward A. Odell, *It Came to Pass* (New York: Board of National Missions, 1952), pp. 92-93.

41. Artículo publicado en *The Missionary* a manera de informe sobre las misiones en Cuba, enero de 1899, p. 13.

42. J. G. Hall, "Cuba: The Cienfuegos Conference" en *The Missionary*, mayo de 1902.

43. Ibid.

44. Adolfo Ham en *Religion in Cuba Today* de Hageman y Wheaton (New York: Association Press, 1971), pp. 142-143.

45. J. Merle Davis, *The Cuban Church in a Sugar Economy* (New York and London: International Missionary Council, 1942), pp. 53-54.

Capítulo XI

PRIMERA REPUBLICA Y SEGUNDA INTERVENCION: LOS EVANGELICOS SE ORGANIZAN (1902-1909)

El 20 de mayo de 1902 fue proclamada la república cubana. La Segunda Intervención ocurrida en 1906 interrumpiría su desarrollo y es por esa razón que algunos se refieren al periodo como "La primera república". La República en Armas funcionó con varias interrupciones entre 1868 y 1898 y no tuvo un reconocimiento apreciable de tipo diplomático. Aceptada la famosa Enmienda Platt que establecía relaciones especiales entre Cuba y los Estados Unidos, permitiendo que esta última nación interviniera cuando lo considerara necesario, dejaba a la Isla en una situación nada cómoda.

Entre los oradores que usaron de la palabra en el traspaso de poderes el más conocido en la comunidad internacional era, sin duda, William Jennings Bryan, el candidato presidencial derrotado que seguía siendo el vocero de grandes sectores populares en Norteamérica; el maestro de Biblia presbiteriano que rindió homenaje a la nueva república cuya libertad había pedido tantas veces. Habló del placer de dar libertad a los que la merecen. Según Portell Vilá, Bryan había sido "celoso en la denuncia del imperialismo de McKinley".[1] Pero la personalidad dominante sería la del hombre que trataría de imprimirle sus características personales y su austeridad a la naciente república: el Presidente Tomás Estrada Palma.

EL GOBIERNO DE TOMAS ESTRADA PALMA

Su larga permanencia en los Estados Unidos de Norteamérica le había acercado a los cuáqueros. En Central Valley se unió a sus actividades aprobando y difundiendo su filosofía. Católico de origen, Estrada Palma no era ni un buen amigo del catolicismo ni el peor de sus enemigos. Durante sus años en la Presidencia continuó asistiendo a iglesias protestantes, pero no rechazó el asistir a unos pocos actos católicos. Envió a sus hijos a la escuela dominical de la Iglesia Metodista en La Habana. Su asidua asistencia a los templos evangélicos de la capital está probada más allá de toda duda razonable. Como político, fue neutral en materia de religión. En una ocasión aseguró a los protestantes que no tenían nada que temer de él, y lo mismo hizo con los católicos. Si es difícil ubicarle dentro de un sistema ideológico determinado, es imposible acusarle de favoritismo hacia este o aquel grupo religioso.

Se cuidó el primer mandatario de que no lo asociaran demasiado con una iglesia o grupo en particular mientras estuvo en el poder. Logró su objetivo razonablemente. Hugh Thomas, el historiador inglés lo identifica como cuáquero[2] y al proclamarle también como anexionista, afirma: "Sin duda su protestantismo, sus años que pasó con una familia de cuáqueros mientras enseñaba en el Estado de Nueva York, todo lo ayudaba a llegar a esta conclusión".[3] Lo más curioso de todo es que sin importar cual haya sido la intensidad del vínculo del presidente con la Sociedad de los Amigos, una vinculación pasajera o una convicción duradera, su amistad con sus miembros y su participación en las reuniones no eran ni de lejos una verdadera conexión imperialista. Los cuáqueros fueron uno de los pocos grupos que se opusieron a la intervención en Cuba por causa de su pacifismo (aunque ya no era obligatorio practicarlo rigurosamente entre ellos) y de hecho simpatizaron abiertamente con la causa cubana. Según nuestra propia forma de interpretar estos asuntos, Estrada Palma no fue un anexionista comprometido o integral. Pudo mirar hacia los Estados Unidos de tal forma que no había duda de que prefería el vínculo constante con ese país ya que era abiertamente pro americano, pero en más de una ocasión se opuso en cierta forma al anexionismo. Si se nos hace difícil ubicarlo de manera definitiva y específica en el campo de la religión, mucho más lo sería emitir una opinión dogmática acerca de su probable anexionismo. Entre los protestantes cubanos, los partidarios de los Estados Unidos lo han considerado un héroe y no han dudado en identificarlo como protestante, al menos por un periodo largo de su vida. Los otros, conscientes de sus estrechos vínculos con el movimiento evangélico, prefieren disimularlos o reducir su importancia, algo así como una familia católica que se niegue a llamar protestante a uno de los suyos aunque asista todos los domingos al templo evangélico. Una simple cuestión de posición personal, en la cual, de una y otra parte, intervienen conveniencias que resultan naturales.

Entre los huéspedes de Estrada Palma en el antiguo Palacio de los Capitanes Generales durante los festejos, estaba el pastor cuáquero de Central Valley y su familia. Le había acompañado en su viaje a Cuba y juntos habían saludado a los cuáqueros de Gibara. En su mandato, el flamante Jefe del Estado y el gobierno cubanos recibiría con igual cortesía al obispo católico de La Habana y al primer obispo episcopal de Cuba. Entre los defectos de la primera autoridad de la nación —y tuvo muchos— no se encontraba el de marginar a los protestantes por ser estos una pequeña minoría. Los evangélicos no entraron por la puerta de atrás a Palacio. En ese mismo espíritu, él entraría los domingos por la puerta principal, después de un recorrido a pie, en la Iglesia Presbiteriana, en la Metodista o en la Bautista, y participaría en algún acto católico en que su presencia le fuera solicitada oficialmente. Los cuáqueros no tenían reuniones en la capital.

La Iglesia Católica, mientras tanto, necesitaba toda la ayuda que se le ofreciera para culminar favorablemente los arreglos económicos que se habían iniciado cuando Leonard Wood hizo el primer pago de las indemnizaciones por las propiedades de la Iglesia confiscadas en la época colonial española. Frank Steinhart fue por varios años cónsul general de los Estados Unidos en La Habana (1903-1907). Había sido también hombre de confianza del gobernador Wood. Este último logró en 1902 que se nombrara a Herbert G. Squiers como ministro de los Estados Unidos en Cuba. Squiers había sido secretario de la legación norteamericana en Pekín y era considerado como un católico muy devoto. Portell Vilá lo califica de "católico muy fanático".[3] Steinhart estaba muy vinculado a la jerarquía católica de los Estados Unidos y la representó en infinidad de gestiones en Cuba. Era también católico practicante. Por su parte, el secretario de la Marina del Presidente Theodore Roosevelt, Charles J. Bonaparte era un católico militante y ejerció gran influencia en lo relacionado con Cuba, manteniéndose en comunicación directa y constante con los altos prelados norteamericanos interesados en la suerte del catolicismo en la Isla, el cardenal Gibbons, los arzobispos Farley e Ireland, etc. El cónsul Steinhart obtuvo en una ocasión un millón de dólares del arzobispo Farley para comprar la Havana Electric Railway. Este funcionario, de origen hebreo, estaba asociado con el prelado en actividades bursátiles en Nueva York. Tanto el ministro Squiers como el cónsul Steinhart tenían inversiones en Cuba. Fueron ellos tal vez las personas que jugaron el papel principal en los primeros años de la república en cuanto a decidir las relaciones entre Cuba y los Estados Unidos y estuvieron involucrados o interesados en cuanto movimiento político o económico de importancia tuvo lugar en el país en esa época. Squiers, de ideas anexionistas, en varias ocasiones acusó a Estrada Palma de ser contrario a los intereses de los Estados Unidos. Otro funcionario, el primero en ser acreditado ante el gobierno cubano en 1902 como cónsul general de los Estados Unidos, Edward S. Bragg, fue retirado muy pronto a petición de Estrada Palma. Squiers corrió casi la misma suerte, pues renunció bajo fuertes presiones. La militancia católica de Steinhart y Squiers no es mencionada para vincularlo a la Iglesia en sus evidentes manipulaciones políticas y sus maniobras financieras, las cuales eran asuntos personales suyos, sino para mostrar la poderosa ayuda que recibió el catolicismo en Cuba por medio de los más altos funcionarios estadounidenses comprometidos abiertamente a preservar su influencia.

LOS BAUTISTAS

La obra bautista en Cuba Occidental experimentó una situación interesante pero controversial en el periodo 1898-1902 y a principios de la Primera República. Su figura principal, el doctor Alberto J. Díaz, simbolizó entre los evangélicos la resistencia más tenaz a la influencia norteamericana. En las elecciones de 1900 hizo política a favor del Partido Nacional y su plataforma nacionalista. El haber prestado al templo para discutir el tema de la anexión no debe llevar al lector de revistas misioneras a considerarlo como anexionista. Al reunirse la Convención Constituyente de 1901, se convirtió dentro y fuera de las iglesias en un vocero de la tendencia contraria a la aprobación de la Enmienda Platt.[4] En cartas a los funcionarios de la Junta de Misiones se manifestó contrario a la anexión y anatematizó la misma. Sus condiciones naturales de líder, y las facultades casi omnímodas que le habían sido entregadas en el periodo 1886-1896 por la Junta de Misiones le hacían más difícil cumplir las instrucciones procedentes de Norteamérica. Se negó a aceptar la autoridad del enviado C. D. Daniel, aunque no lo hizo abiertamente con una comisión anterior que fue a Cuba, presidida por Isaac Tichenor, máximo funcionario del Home Mission Board de la Convención Bautista del Sur. Aceptó inicialmente algunas condiciones impuestas por la Junta. Demostró un espíritu razonable de cooperación para resolver cuestiones relacionadas con hipotecas, venta de propiedades, etc.,[5] pero ya en noviembre de 1898 presentó su renuncia al pastorado de la Iglesia Getsemaní, decisión que después reconsideró. Al llegar Daniel en 1901 renunció a trabajar directamente con la Junta de Misiones, con la cual había reanudado sus vínculos al regresar a Cuba en 1898. (De 1896 a 1898 trabajó con una sociedad bíblica y en otros menesteres relacionados con la obra.) La Junta logró que reconsiderara su posición y se mantuvo vinculado a ella hasta septiembre de 1901, cuando la misma Junta le pidió la renuncia. Continuó Díaz como pastor de Getsemaní, pero tratando de darle a la obra una orientación independiente. El

24 de enero de 1902, el misionero Daniel organizó una congregación de habla inglesa, la Iglesia Bautista El Calvario que se reunía en el mismo edificio, que era propiedad de la Junta. Díaz participó en la organización de esa nueva iglesia, pero después demandó legalmente a la Junta, en 1903, para tener el control total del edificio. Al fallar los tribunales cubanos en su contra, ese mismo año, la Iglesia Getsemaní de habla hispana fue obligada a abandonar el edificio siendo desalojada el día 4 de septiembre. Continuaron sus miembros predicando en la calle y en otros locales, hasta que la congregación, en su mayoría leal a Díaz, se desbandó. El pleito legal, iniciado en abril de 1903, vino a concluir en 1907 con un fallo del Tribunal Supremo a favor de la Junta. Pero Díaz se comportó desde entonces como independiente, sosteniéndose con un cargo de inspector de Sanidad (no hay que olvidar que era médico) y predicando —sin recibir salario— con ayuda de los presbiterianos. Lo hizo en los parques de La Habana, de lo cual hay abundante evidencia en informes presbiterianos, y atendió brevemente una misión de esa iglesia pues contó con la simpatía y el apoyo de J. Milton Greene. Cuando había tenido en sus manos el control total, había administrado fondos y propiedades a su manera, pero sin malversación o enriquecimiento personal que haya sido probado. Debe reconocerse que de acuerdo con los principios misionológicos prevalecientes en la época, la actitud de la Junta Bautista fue bastante tolerante con Díaz hasta la hora triste de la ruptura definitiva. En este desenlace se cometieron errores por ambas partes, el más lamentable de los cuales fue el cometido por Díaz al llevar los pleitos a los tribunales. La posición de Díaz en contra de funcionarios de la Junta fue difundida en Norteamérica en publicaciones del movimiento bautista "Landmark".

C. D. Daniel solo estuvo en Cuba hasta 1905. Su mayor contribución puede haber sido el organizar la Convención Bautista de Cuba Occidental, y su principal error fue tal vez el haber permitido el desalojo público de la Iglesia Getsemaní. De cualquier manera, se enfrentó a circunstancias difíciles y el haber mantenido la obra en pie fue también uno de sus logros. Entre sus colaboradores se destacaron P. J. Franqui, su co-pastor en La Habana en la Iglesia Calvario y la señorita Gertrudis Joerg. Esta dama era sobrina del doctor Roberto Belot, un prominente colaborador de la obra bautista que había administrado los fondos en ausencia de Alberto J. Díaz en 1896. Su sobrina le reemplazó en ese trabajo. Gertrudis Joerg era todavía tesorera de la obra al constituirse la Convención cubana en 1905. El nombre de su tío le fue dado a unos baños medicinales en La Habana, situados en Prado 79. A la obra se habían añadido obreros como Isidoro Barredo, que había sido predicador metodista, el Dr. Eduardo F. Rodríguez, notable médico y patriota a cargo de la iglesia de Sagua la Grande y otros. En 1904 se reunió en casa del misionero Daniel un grupo de obreros, entre ellos Pablo S. Valdés, F. J.

Páez, Eugenio Calejo, A. S. Rodríguez, M. M. Calejo y otros, con el fin de organizar la obra. En febrero de 1905 se formó la Convención de Cuba Occidental, integrada inicialmente por las iglesias de Pinar del Río, La Habana, Guanabacoa, Matanzas, Santa Clara, Colón, Cienfuegos y Sagua la Grande. Daniel fue su primer presidente, de la Cova su secretario y A. U. Cabrera, el tesorero. Este último había sido metodista y se destacó en la obra al igual que de la Cova, de origen episcopal y a quien nos hemos referido anteriormente.

El 15 de febrero de 1905 llegó a La Habana Moisés Natanael McCall para ocuparse del Colegio Cubano-Americano que estaba tomando forma en el templo de Zulueta y Dragones. Muy pronto, al salir Daniel, se hizo cargo de la obra en Cuba en calidad de superintendente. Nació en Georgia y estudió en las universidades de Denison y Mercer y en el Seminario Bautista del Sur, en Louisville. Fue uno de los más importantes misioneros y se le recuerda como el "apóstol bautista en la Perla Antillana". A Alberto J. Díaz algunos cronistas le habían llamado "el apóstol de Cuba". Ambos hombres son fundamentales para el estudio de la historia bautista en el país. McCall expandió grandemente el trabajo y ocupó con gran éxito el pastorado de la Iglesia Bautista el Calvario. En ese mismo año de 1905 fundó el Seminario Bautista de La Habana. Estuvieron entre los alumnos de los primeros años Abelardo Béquer, Rafael Fraguela, Reinaldo Machado, Federico Rodríguez, Manuel Rodríguez Ponce, Juan José Negrín, Edelmiro Becerra, Miguel A. Calleiro y José María Cabrera.[6] Los bautistas les llaman en Cuba "los veteranos de la cruz". El seminario es la más antigua institución teológica evangélica que todavía funciona. En 1907, se empezó a publicar en Colón un periódico bi-mensual llamado *Sión*. J. V. de la Cova fue uno de sus principales redactores y llegó a dirigirlo. En 1905 fue elegido como uno de los vicepresidentes de la Alianza Bautista Mundial, que quedó constituida en Londres, Inglaterra.

En ciertos aspectos, la obra bautista en Cuba Oriental —relacionada con la Convención del Norte de los Estados Unidos—, se adelantó a la de Occidente. Desde 1902 llegan en buen número nuevos misioneros norteamericanos que se unen al doctor Moseley: A. B. Howell, E. G. Goven, David Wilson, B. L. Boyenton, la señorita Merriam, J. McCarty, Fred J. Peters y otros. Nuevas iglesias se abrieron en San Luis a cargo de Pedro Deulofeu; en Victoria de las Tunas, con José R. Escandell; en Bayamo, con Alfredo Story; en Baire, con los hermanos Llópiz; en Alto Songo, con A. B. Howell. Se abren también obras en el Cristo y Dos Caminos de San Luis. En 1904, por iniciativa de David Wilson, se fundó la revista *El Mensajero*, que fue publicada originalmente en Camagüey.[7]

El 7 de febrero de 1905 quedó organizada la Asociación de Iglesias Bautistas de Oriente y Camagüey, más tarde denominada Convención Bautista de Cuba Oriental. Doce iglesias estuvieron representadas:

Ciego de Avila, San Luis, Victoria de las Tunas, Camagüey, Santiago de Cuba, Bayamo, Manzanillo, Baire, Boniato, Alto Songo, El Cristo, Dos Caminos de San Luis; y tres misiones: Gibara, Nuevitas y Guantánamo. Los 40 delegados acordaron crear un seminario de estudios de verano y una escuela por correspondencia. Se designó a Luis Urquía primer misionero de la Convención y se trató de aumentar el sostenimiento propio. Entre los primeros obreros se destacó también el español José Ripoll. El 8 de noviembre de 1905 *La Gaceta Oficial* publicó los nombres de ministros bautistas orientales autorizados para celebrar matrimonios. En 1906 regresa a la parte oriental el pionero José R. O'Halloran, que fundaría pronto nuevas iglesias en Minas, provincia de Camagüey y en Palma Soriano. La Convención se reune en Victoria de Las Tunas en 1906 y en San Luis en 1907. Este último año, el 1o. de septiembre, se inicia el trabajo de los Colegios Internacionales de El Cristo con alumnos internos y externos. De apreciable importancia sería esa escuela en la historia educacional de Cuba. En ella estudiarían notables personalidades del país. Entre los primeros directores estuvo el pastor Alfredo Story,[8] de origen cubano pero criado en Brooklyn, Nueva York, y que había trabajado con la Sociedad Bíblica en Venezuela y Colombia. En diciembre de 1907 ya funcionaban 31 iglesias y misiones con 1.069 miembros. Al año siguiente, la obra llegó a Baracoa, que después sería un baluarte de la Convención Oriental. Ya se habían unido a la obra José González Pérez, Juan Bolda y otros obreros. La próxima convención, la de ese año de 1908, se celebra en Alto Songo y nuevas iglesias se organizan e incorporan. En ese mismo año fue ordenado Francisco País, quien había llegado de España, y cuyo hijo, Frank, habría de ser un héroe nacional en la Cuba posterior a 1959. Los Colegios Internacionales de El Cristo se convertirían en el centro de muchas actividades. Emilio Bacardí Moreau, el notable cronista y alcalde de Santiago de Cuba había querido donar un terreno para que el plantel se abriera en Santiago, pero se insistió en instalarlo en El Cristo. La obra oriental de los bautistas, bajo el liderazgo del doctor Moseley y sus colaboradores iniciaba un camino ascendente.

LOS METODISTAS

La Iglesia Metodista Episcopal del Sur continuó nutriéndose de misioneros norteamericanos durante los años de la Primera República. En la Reunión Anual de la Misión, en 1902, se le pidió al superintendente que hiciera saber a la Conferencia Anual de la Florida la necesidad de poder otorgar licencias de predicadores locales (laicos que pudieran hacerse cargo de iglesias, además de otras responsabilidades). Se dependía de la Conferencia Anual y del Distrito de Key West para algo que resultaba imprescindible, es decir, emitir credenciales a los nuevos obreros. Había necesidad de una organización más apropiada dentro del territorio nacional. Se planeaba también abrir una escuela para preparar ministros, maestros y otros obreros. La obra en Oriente empezó a extenderse partiendo de la iglesia de Santiago de Cuba. Se empezó la predicación en Cayo Smith, Guantánamo, la Bahía de Nipe. El misionero W. G. Fletcher abrió obra en Holguín, Mayarí, Cacocúm, Preston, Punta de Tabaco, Bartle, Nipe, Omaja, Sagua de Tánamo y Baracoa. Se predicaba también en Antilla y Alto Cedro.

Con el regreso al país del patriota Manuel Deulofeu, se obtuvo una gran ventaja. Logró atraer a numerosas personas en las provincias de Matanzas y Las Villas, sobre todo en Colón, Fomento y San Juan de las Yeras. En 1901 se unió a la iglesia el joven intelectual Francisco Díaz Vólero, nacido en Cárdenas en 1872. Díaz Vólero trabajó con los metodistas hasta 1906. Muy pronto fundó una iglesia en Colón extendiendo la obra a Aguada de Pasajeros, Jovellanos y otros lugares. En 1906 ingresó en la Iglesia Episcopal, llegando a ser después de este periodo uno de los más preclaros líderes evangélicos de Cuba.

El notable misionero Clements, después de un tiempo de aprendizaje del español en Santa Clara donde estuvo a cargo de una iglesia y un circuito de predicación, fue designado pastor en Camagüey, pero apenas llegado allí, su presencia fue solicitada en la capital, para hacerse cargo del Candler College. Esa escuela, que funcionaba en La Habana (después pasó a Marianao) había sido dirigida por Thad E. Leland. Para la obra en Camagüey fue nombrado B. J. Gilbert quien había trabajado en la Gloria donde había una comunidad de habla inglesa. Gilbert fundó en Camagüey el Colegio Inglés, que fue precursor del Colegio Pinson. Por esa época iniciaron sus labores en Cuba dos famosos misioneros: A. S. Neblett y Harry Brown Bardwell. En su libro *Un resumen de los setenta años de labor de la Iglesia Metodista en Cuba 1898-1968*, el doctor Carlos Pérez Ramos menciona por nombres a 34 misioneros de ambos sexos llegados entre 1898 y 1908, sin contar a sus esposas. Entre los predicadores, ordenados o locales, de nacionalidad cubana en ese periodo menciona por nombre a 23. Entre otros, se unieron al trabajo en esa época: Ignacio Riera, Ricardo Barrios, Miguel Angel Vidaurreta, Juan G. Muñoz, Antonio Gattorno, Aurelio Alonso, Abelardo Loza, Luis Alonso, José M. Hernández, Jorge Boudet, J. F. Gálvez. Algunos llegarían a ser importantes líderes del metodismo y otras denominaciones. Pérez Ramos ofrece el siguiente informe de finales de 1908: "25 predicadores misioneros, 25 predicadores cubanos, 18 maestros y maestras de los Estados Unidos, 5 voluntarios para la obra social. . . La segunda década (1908) comienza con el nombramiento de 18 predicadores misioneros y 15 predicadores cubanos".[9] No debe olvidarse que en el metodismo se usa el sistema de nombrar a los obreros cada año. Unos son de carácter local (laicos) y otros itinerantes (ordenados). Para 1908 muchos habían regresado a los Estados Unidos y otros habían dejado la obra por diversas razones: Someillán se había pasado a los congregacionales, Díaz Volero a los episcopales, Isidoro Barredo a los bautistas, etc. En 1904, se anunció la iniciación de la obra en Isla de Pinos y en 1907 ya estaban funcionando allí algunas congregaciones de habla inglesa debido a que miles de norteamericanos y otros extranjeros se habían radicado en su territorio.

En los primeros diez años se abrieron en Cuba muchas iglesias, se construyeron varios templos y se echaron a andar algunas escuelas. En 1907 comenzó la publicación de la revista *El evangelista cubano*, de larga duración. Constaban sus ediciones de ocho páginas en español y cuatro en inglés.

En cuanto a organización, el proceso fue más o menos así: A fines de 1898 el Distrito Misionero de Key West asumió la responsabilidad; a partir de 1899 ya se habla de la Misión Metodista Cubana, es decir, el grupo organizado de obreros extranjeros y nacionales que trabajan en el país. Ese mismo año se inscribe oficialmente la denominación en Cuba. David W. Carter había sido nombrado apoderado-tesorero de la Misión Cubana. En 1903 se decide celebrar en español las reuniones anuales de la Misión. En 1905 esta es autorizada para funcionar como una Conferencia de Distrito "en todo lo referente al ministerio y conceder licencia de predicador local". En 1907 se divide la Isla en tres distritos, a cargo de W. G. Fletcher, S. A. Neblett y E. E. Clements. Cuba no llega a ser una Conferencia Anual Misionera sino hasta 1919 y una Conferencia Anual como las demás hasta 1923. El nombre "Misión Cubana" no indicaba una iglesia en manos nacionales. Estaba totalmente dirigida por los misioneros y estos hallaban sus conexiones en la Conferencia Anual de la Florida, su Distrito Misionero de Key West, etc. Muchos habían sido reclutados por Candler en su Georgia nativa. En 1909 el venerable obispo, a quien muchos consideran el Padre del metodismo en Cuba, habló ante la Reunión Anual celebrada en Matanzas los días 15, 16 y 17 de enero. En el pasado año habían llegado más misioneros y se recibieron otros obreros cubanos, como Aurelio Alonso y Juan F. Gálvez, que había sido un predicador cuáquero. Los miembros de la Iglesia Pentecostal de Cárdenas se hicieron metodistas desde 1907 y en enero de 1909 inauguraron allí un templo. Pensando en todo eso, el obispo pudo afirmar: "Con la bendición de Dios hemos podido hacer mucho en diez años. . . En enero de 1899 teníamos cuatro predicadores nada más en la Isla y no éramos dueños ni siquiera de una casa de cultos. . ." Entonces procedió a explicar los logros:

"Ahora tenemos buenas propiedades en Pinar del Río, la Isla de Pinos, Santiago de las Vegas, La Habana, Matanzas, Cárdenas, Pedro Betancourt, Jovellanos, Colón, Aguada de

Pasajeros, Cienfuegos, Caonao, San Juan de los Yeras, Santa Clara, Fomento, Camagüey, La Gloria, Bartle, Holguín, Mayarí, Santiago de Cuba, Cayo Smith, Sagua de Tánamo, Guantánamo, Caimanera y Río Seco . . . ahora de miembros y candidatos hay aproximadamente cinco mil . . . tenemos escuelas en La Habana, Matanzas, Cienfuegos, Camagüey y Santiago de Cuba."[10]

Al terminar la Segunda Intervención americana en 1909, los metodistas tenían 33 predicadores activos, 15 de los cuales eran cubanos, 43 escuelas dominicales con 2,507 alumnos, 14 ligas de jóvenes con 542 miembros, sus escuelas tenían 600 alumnos y sobre todo, 3,021 miembros de sus iglesias, con 32 templos. Cientos de candidatos esperaban unirse a la iglesia. La feligresía metodista era en 1909 casi tan grande como toda la comunidad protestante (de cubanos nativos) lo había sido en 1902. La Iglesia Metodista había llegado a ser la mayor denominación evangélica del país.

LOS PRESBITERIANOS

La Iglesia Presbiteriana del Sur de los Estados Unidos tenía en el misionero Robert L. Wharton a una figura determinante en la obra de Cuba. En 1902 contrajo matrimonio con Anita Ramsay en Durham, Carolina del Norte, adquiriendo así una compañera idónea y ofreciendo a la obra cubana otra misionera. Al enfermarse Juan G. Hall, sus responsabilidades aumentaron. Estaba a cargo de la obra en Cárdenas, Remedios y Caibarién, y se envió a las hermanas Houston y al colportor bíblico Ezequiel Torres (que les ayudaría en los veranos) a Remedios y Caibarién. La enfermedad y posterior muerte de Hall, ocurrida en Arizona, provocó un hermoso gesto de cooperación cristiana. El doctor Greene de la Iglesia Presbiteriana del Norte ayudó por un tiempo a Wharton con el trabajo en Cárdenas. Otros dos obreros de esa denominación, Mazzorana y Rioseco ofrecieron también una oportuna ayuda. Mientras tanto, Wharton se ocupó de que se predicara en Yaguajay, Camajuaní, Zulueta y Placetas. Al llegar a Cárdenas en 1900 empezó a dar clases a dos jóvenes que él pensaba podían llegar a ser ministros del evangelio. En 1903 reanudó su clase de teología. En 1904 tenía como alumnos a Ezequiel Torres, Santiago Linares, Eduardo Catá, Manuel Fernández Renou y Manuel Roldán. Sabía que solo los nativos podían evangelizar Cuba.

Nos hemos referido ya a su obra misionera en Colón y a las dificultades que experimentó allí con algunos católicos. En 1902 tuvo otro tipo de experiencia en Remedios, donde todavía se hablaba acerca de un ministro presbiteriano que había predicado en ese lugar en 1892. Se trataba de Evaristo Collazo. Un periódico bastante tradicionalista informó sobre los primeros cultos pero quejándose de que todo lo dicho en ellos se basara exclusivamente en la Biblia. Según el autor del artículo, esa propaganda presbiteriana sería beneficiosa para el catolicismo porque obligaría a los sacerdotes a vivir una vida más ejemplar y a ser más activos.

En 1905, Wharton se refiere en un informe a la escuela "La Progresiva", que tenía 130 alumnos y ya 6 de sus graduados trabajaban en las escuelas públicas. Mencionaba además el envío de dos jóvenes a estudiar teología en los Estados Unidos, y continúa diciendo:

"Esperamos organizar la iglesia de San José de los Ramos la semana que viene. Hemos abierto trabajo en Siguapa, una estación rural a la cual llegamos en bicicleta desde Cárdenas. Todavía estoy yendo varias veces al año a Remedios y Caibarién y en este lugar las señoritas Houston han realizado un magnífico trabajo."[11]

Las indicaciones del intenso trabajo de este misionero son copiosas. Lo mismo predicaba que enseñaba. Hacía demandas a la Junta en busca de ayuda y cultivaba a los gobernantes cubanos. Muy pronto se había convertido en una de las figuras más importantes de aquella ciudad. En 1905, al visitar el Presidente Estrada Palma la ciudad de Cárdenas, Wharton fue a saludarlo junto con J. T. Hall (que no debe ser confundido con el fallecido J. G. Hall). El primer mandatario manifestó públicamente su simpatía por los evangélicos y acotó que sus hijos asistían a la Escuela Dominical de los metodistas en La Habana. Aceptó entonces una Biblia que los jóvenes de la Liga Westminster (organización juvenil presbiteriana) le entregaron.

En 1907, la Iglesia de Cárdenas contaba con unos 200 miembros. R. K. Timmons y la señorita Craig dirigían la escuela y se había abierto un asilo para huérfanos dirigido por Elmer Hubbard que siendo de origen metodista había pasado a ser un anciano gobernante (líder laico) de la iglesia presbiteriana establecida allí. El regreso de Timmons a Norteamérica, para cursar estudios de teología, y una enfermedad de la señorita Craig que la mantuvo ausente por un año, hizo que la Junta enviara al misionero McChesney para ayudar en el trabajo. También en 1908 fue enviado a Cuba A. L. Phillips, en calidad de observador. A fines de ese año, el edificio que usaban para templo en Cárdenas fue comprado por un sacerdote católico y los presbiterianos tuvieron que desalojarlo. Contaban con un fondo de 3,500 dólares y habían invertido otros 1.500 en un terreno en las calles Jénez y Calzada. Con ofrendas y un énfasis en la mayordomía se logró pagar el resto. Faltaban otros US$5,000 para completar el proyecto. El 2 de abril de 1909 fue inaugurado el nuevo templo. Aun en medio de la situación difícil y la recaudación urgente de fondos, la iglesia de Cárdenas envió una donación a la Junta de Misiones para la obra en el extranjero. En US$6.50 consistió la ofrenda misionera, la primera hecha por los presbiterianos cubanos al Departamento de Misiones Extranjeras. Así de humilde era entonces la obra de la Iglesia Evangélica en Cuba. Ese mismo año, con la ayuda del licenciado Guillermo R. Jones, quizás el más connotado líder laico católico de Cárdenas, compró una casa en esquina de Calzada y Concha para el colegio La Progresiva que hasta el momento había usado edificios alquilados. Jones proporcionó dinero para recuperarlo cuando se pudiera, y sin intereses.[12]

La Iglesia Presbiteriana del Norte de los Estados Unidos de Norteamérica, inició en 1902 un proceso de expansión. La Junta Femenina estableció una escuela en Guines bajo la dirección de la señorita Beulah Wilson. El misionero Waldo Stevenson organizó ese año la misión de Güines como una iglesia presbiteriana. Los de la Junta del norte siguieron la misma política de los metodistas, al darles nombres de prominentes americanos a algunas de sus escuelas. La de Güines pasó a llamarse "Kate Plumer Bryan". Pero en 1903 se abrió una escuela en Sancti Spiritus que llegó a llamarse "Carlos de la Torre", honrando a un sabio cubano. Estaba también bajo los auspicios de la Junta Femenina. La señorita Isabel French fue designada directora pero fue sustituida algún tiempo después por la señorita Clara Espey. La iglesia de Nueva Paz fue organizada el 30 de mayo de 1904 y en septiembre se abrió una escuela en ese lugar. Hubert G. Smith, que como hemos visto anteriormente llegó a Cuba por su propia cuenta, pasó a hacerse cargo de la obra en Nueva Paz al convertirse oficialmente en misionero presbiteriano.

La Iglesia Presbiteriana de los Estados Unidos (la del Norte) ha sido siempre una iglesia relativamente progresista en su obra misionera. En 1904, el doctor J. Milton Greene recibió autorización para organizar el presbiterio de La Habana, dando así una estructura de trabajo y de vida eclesiástica a las escasas iglesias que trabajaban entonces con la Junta del norte. El 4 de noviembre de 1904, con 8 personas presentes, se procedió a la organización (los presbiterianos del sur esperaron 10 años antes de dar ese paso en Cuba). El Presbiterio estaba adjunto al Sínodo de Nueva Jersey y en 1930 se denominó Presbiterio de Cuba. En esa época se ganaron para la iglesia algunos líderes que después fueron enviados al extranjero para recibir una formación teológica: Antonio Sentí, Vicente Diestro y Eduardo Gálvez. Sentí fue enviado a México y Diestro y Gálvez a Puerto Rico (al Seminario de Río Piedras). Otros conversos que después recibieron instrucción privada como candidatos a la ordenación fueron José López y Jesús Hernández.[13] Vicente Diestro fue uno de los primeros hombres de la raza de color ordenados al ministerio en Cuba.

Un importante paso lo constituyó la construcción del templo de la Primera Iglesia Presbiteriana de La Habana. El edificio fue inaugurado el 22 de octubre de 1906. Congregaciones de habla española e inglesa empezaron a funcionar en el mismo. Cuando se adquirió el terreno era difícil encontrar un espacio adecuado en esa zona de la ciudad. Afortunadamente se pudo comprar después una casa situada al lado de la iglesia. El edificio fue usado para las congregaciones que allí funcionaban, como sede de la obra, etc. Se le conoce como la "iglesia madre" por parte de muchos presbiterianos, entre otras razones, por ser la primera iglesia organizada por los presbiterianos del norte. En cuanto a esa obra, en sus proyecciones nacionales, fue pionera en la organización del Presbiterio de La Habana en 1904. El 1 de febrero de 1909 las iglesias congregacionales de Cuba pasaron a la jurisdicción presbiteriana, como veremos más adelante.

LOS EPISCOPALES

La Iglesia Episcopal puede, en un sentido, ser considerada como la primera iglesia protestante en organizarse jerárquicamente en Cuba a nivel nacional. La Misión Cubana se constituyó en Distrito Misionero en 1901, y al año siguiente, James H. Van Buren, obispo de Puerto Rico, fue nombrado supervisor de la obra. Pero la designación del primer obispo no ocurrió sino hasta 1904. El elegido fue Albión W. Knight, Deán de la Catedral de San Felipe en Atlanta, donde fue consagrado el 21 de diciembre de ese año. Estaban presentes, a nombre de Cuba, Manuel F. Moreno e Hiram Richard Hulse. El primero era un ministro cubano y el segundo, el secretario a cargo del "campo misionero" de Cuba de la Sociedad Misionera Doméstica y Extranjera. Knight llegó a Cuba el 5 de enero de 1905 y fue recibido por el Presidente Tomás Estrada Palma. A partir de entonces, la Iglesia Episcopal, presente en Cuba en varias ocasiones (1741, 1762-1763, y desde 1871), contaría con una autoridad eclesiástica permanente con jurisdicción nacional.

Antes de la llegada del obispo Knight se había producido un incidente lamentable. Debido a ciertas dificultades en el asilo establecido en Matanzas por Pedro Duarte, se le hicieron a este demandas, por parte de la Misión, las que consideró inaceptables y renunció. Duarte había controlado casi totalmente la administración del asilo, al cual le había dado como nombre el de su hija Palmira, que había muerto víctima de las epidemias que asolaban el país. De acuerdo con José Garrido Catalá, las causas del conflicto fueron: ". . .la incomprensión de los dirigentes de su iglesia que no aprobaban su participación en la política del país y el uso de los fondos puestos bajo su administración". No estando acostumbrados los misioneros norteamericanos y sus juntas a principios del siglo XX a delegar altas responsabilidades a los nativos, no es difícil entender por qué no se le confiaba plenamente la administración de los fondos. También pudieron existir errores personales en ese aspecto de su trabajo.

Duarte fue alejándose del episcopalismo y en 1910 pidió su ingreso en la Iglesia Presbiteriana, lo cual se aprobó.[14]

En esa época, 1902, ingresó en la iglesia el maestro de instrucción pública Emilio Planas Hernández, de la raza de color, el cual había luchado por la independencia en la emigración y disfrutado de la confianza de José Martí y otros patriotas. Fue enviado a Matanzas como lector laico y maestro, a cargo de un colegio en el edificio que había ocupado el asilo de niñas de Duarte. Esa institución había recibido un duro golpe con la salida de este último y las internas fueron confiadas a varias familias o ubicadas en casa de la señora Farrés en La Habana, la cual con el auxilio del misionero A. T. Sharpe asumió la parte principal.

Con las visitas del obispo Van Buren se alivió la situación causada por la carencia de un obispo pues se confirmaron varias personas y se celebraron reuniones especiales. Se visitó la iglesia de Isla de Pinos, que era de habla inglesa. En Bolondrón, en 1904, Van Buren ordenó como diácono a Emilio Planas y Hernández. De acuerdo con el historiador Carlos M. Trelles, el gran bibliógrafo cubano, esa fue la primera ordenación de un hombre de color en Cuba, no solo en la Iglesia Episcopal, sino también en la Iglesia Romana y en cualquiera otra iglesia. Su opinión, aunque discutible, no deja de ser interesante. Planas fue nombrado ministro de la Iglesia "Fieles a Jesús" en Matanzas.

La Sociedad Misionera de la Iglesia envió a Cuba a James H. Darlington, el cual inspeccionó la obra en parte del país y compró la propiedad para la iglesia de Jesús del Monte, en Ensenada y Municipio, en la capital cubana. La Sociedad Misionera, preocupada por el destino de la obra después de los problemas con Duarte, pidió a los misioneros que abandonaran el país, en espera de la elección del obispo, que resultó ser Knight. Solo Planas y Moreno quedaron a cargo del trabajo hasta la llegada de aquel. Según Leopoldo Alard: "Los efectos de esta táctica fueron desastrozos. Los hombres perdieron la confianza, y la Misión volvió a caer". A partir del 1o. de enero de 1905 la Sociedad Misionera de la iglesia americana entregó la obra a la Junta de Misiones. El nuevo obispo debía nombrar al personal que él estimara conveniente.

Knight estaba realmente preocupado por la creación de una iglesia nacional en Cuba. La intervención y los primeros años de la república habían favorecido la existencia de una mayoría de habla inglesa entre los episcopales. Según un informe del Departamento de Ultramar de la Iglesia, preparado en 1964:

> "...muchos americanos inmigraron a Cuba, compraron extensiones de tierra y reconstruyeron la industria azucarera. Esta mejoría en las condiciones económicas provocó una inmigración de obreros negros de Jamaica y otras Indias Occidentales Británicas. El resultado de este influjo fue que

por los primeros años, la Iglesia Episcopal tuvo más congregaciones de habla inglesa que de habla española. Seis clérigos llegaron de los Estados Unidos poco después de la llegada del obispo Knight, solo uno de ellos era cubano, el reverendo Mancebo. A finales de 1905, diez misiones cubrían el país desde La Habana y Matanzas al oeste hasta Guantánamo y Santiago de Cuba al este. Se abrió trabajo en la ciudad de Camagüey, así como en varios centrales azucareros y centros ferroviarios del centro del país. En su informe anual de 1906, el obispo Knight menciona a 636 comulgantes (miembros activos y en plena comunión de la Iglesia)."[15]

La llegada de Juan Bautista Mancebo ayudó en el desarrollo del trabajo. Había nacido en Santiago de Cuba en el año 1857, se había destacado como patriota, y había emigrado a los Estados Unidos. Aquí fue ordenado diácono y servido como ministro en Carolina del Sur. Al fin, gracias al nombramiento de Knight, logró regresar a Cuba para radicarse allí. Fue ministro en Santiago de Cuba por casi 50 años. No fue el único obrero en unirse a la obra en ese tiempo, puesto que además de los misioneros que llegaron a petición de Knight, Charles W. Frazer, de la Iglesia Congregacional, solicitó admisión en la Iglesia Episcopal. Francisco Díaz Vólero pasó al episcopalismo en 1906, convirtiéndose pronto en un personaje determinante en la Iglesia.

En 1905 se abrió una escuela para niñas americanas y de otros paises de habla inglesa en el Vedado. Era una escuela exclusiva, para familias de buena posición. Funcionaban otras en Jesús del Monte, en Matanzas, Santiago de Cuba y Guantánamo. En el otoño de 1907, según el mismo informe misionero del Departamento de Ultramar, se abrió un seminario teológico en La Habana, en el edificio adquirido en Jesús del Monte. El 10 de enero de 1907, en un terreno comprado en el centro de la ciudad, en las calles Neptuno y Aguila, se colocó la primera piedra de la Catedral de la Santísima Trinidad. El edificio fue inaugurado el 12 de abril de 1908, con la presencia de las autoridades norteamericanas de la Segunda Intervención. En los años 1905 y 1906 fueron adquiridas, en Camagüey y La Gloria, otras propiedades. En 1907 se compró un terreno en Guantánamo, y en 1909 fue inaugurado allí un amplio templo. Ese mismo año fue edificada en el Vedado una casa para el obispo.[16]

Los primeros misioneros llegados de Norteamérica para trabajar con el obispo Knight, fueron Charles B. Colmore, C. M. Sturges, W. W. Steel y H. C. Mayer. Colmore pasó a ser Deán de la Catedral, Mayer fue asistente del obispo, Francis Carroll fue ordenado como diácono en 1907 junto con Díaz Vólero. José M. López Guillén, Mancebo y Planas fueron ordenados como presbíteros ese mismo año. López Guillén procedía de la Iglesia Congregacional de la cual fue ministro. También había trabajado con la Sociedad Bíblica. Trabajó en Guantánamo con una congregación de habla española abierta allí por Ramón F. Moreno. En 1908 el sacerdote jesuita Esteban Morell, recibido como ministro episcopal, se hizo cargo de la misión de Cienfuegos.

El obispo realizó varios traslados de ministros en los primeros años. Uno de ellos fue especialmente importante. Emilio Planas fue enviado a Limonar con su Escuela Industrial. Desde allí abrió una obra en Coliseo. Ejerció gran influencia en aquella región, dentro y fuera de círculos episcopales o protestantes. El misionero Sturges también realizó una labor intensa. Después de trabajar en Sagua la Grande, abrió obra en Camagüey, erigiendo allí una capilla, ya que al principio utilizó para sus oficios religiosos un salón del Hotel Camagüey. Atendió la obra en La Gloria donde construyó otro edificio. Sturges fundó la misión de Ceballos y predicaba en El Caney camagüeyano. Gracias a la existencia allí de una colonia canadiense abrió obra en Bartle, Oriente. Tenía el rango de arcediano.

El obispo, antes de un largo recorrido por el país al cual acababa de llegar, había trazado la agenda del futuro y sus prioridades: ministrar a los residentes de habla inglesa, a los que no estaban relacionados con iglesia alguna, estimular a la Iglesia Católica y a las demás a llevar a cabo buenas obras y enseñar el cristianismo según la interpretación de la Iglesia Episcopal: "sin rencor hacia nadie y sin dar a nadie excusas por la obra de la Iglesia".[17]

LOS CONGREGACIONALES

La Iglesia Congregacional, que había iniciado su trabajo en Cuba desde 1899, solo permaneció en el país hasta fines de la segunda intervención americana, en 1909. En 1901 había logrado contar con los servicios de H. B. Someillán y varios otros ministros cubanos, como César A. Ventosa, que según algunos relatos de la época y un informe de Francisco Castro para *Heraldo Cristiano*, contaba con una apreciable cultura; y el exsacerdote católico José Fortuny Salvadó, ordenado como ministro congregacional en la Iglesia Central de La Habana. Castro menciona a otros obreros en su artículo:

"También de esa iglesia (la Central de La Habana) procedían los Rvdos. Ventosa, primer secretario de la iglesia central, y doctor Domas, que ordenado ministro sustituyó al hermano Ventosa en el pastorado de San Antonio de los Baños. No terminaremos esta reseña sin mencionar los valiosos trabajos realizados por los esforzados hermanos Herrera, Hernández, Bueno, Truebano y otros tantos que aún viven y otros, como el inolvidable hermano, prototipo del cristiano y de la leal amistad, el Rev. Eduardo N. Someillán, que ya duermen en los amantes brazos del Buen Jesús."[18]

E. P. Herrick había pasado a ocuparse de la obra en Matanzas. El doctor Odell, en su libro *It Came to Pass* ofrece alguna información sobre ese esfuerzo, del cual procede la actual Iglesia Presbiteriana del barrio de Versalles. E. P. Herrick continuó como pastor de la misma después de ser puesta la obra denominacional en manos de los presbiterianos. La obra congregacional perdió a dos importantes obreros: C. W. Frazer, iniciador del trabajo en Guanajay, que pasó al clero de la Iglesia Episcopal al igual que José M. López Guillén. Geo L. Todd, que fue designado director de la Escuela Reformatoria para jóvenes varones en Guanajay, al dejar ese trabajo volvió a la Misión Congregacional de Cuba en carácter de superintendente.

El final de la presencia de la Iglesia Congregacional en Cuba es descrito por Odell:

"En 1909, la Junta de Misiones de la Iglesia Congregacional decidió retirarse de Cuba, y la obra que estaban llevando a cabo fue incluida en el campo de (la Iglesia Presbiteriana del Norte) de los Estados Unidos de América, entregándose sus proyectos misioneros al Presbiterio de La Habana. Esta junta estaba trabajando en San Antonio de los Baños, Guanabacoa, Matanzas, Cienfuegos y Guanajay. No hubo transferencia de propiedad, ya que su trabajo se había llevado a cabo en edificios alquilados sin posesión de bienes raíces."[19]

La mayoría de los obreros pasaron a trabajar con los presbiterianos. La Iglesia Congregacional tomó una decisión poco sorprendente al salir de Cuba. No había demostrado un marcado interés por la obra en la América Latina, donde en realidad ha tenido muy pocos campos de trabajo. Al producirse este traspaso, el pionero metodista H. B. Someillán se convirtió en ministro presbiteriano, iniciándose una nueva etapa en su fructífera vida como predicador. A partir del primero de febrero de 1909 el congregacionalismo se vertió casi totalmente en las filas presbiterianas aunque aun antes de su unión con ésta, algunos de sus ministros y fieles pasaron a la Iglesia Episcopal y a otros grupos.

LOS DISCÍPULOS

La presencia de la Iglesia de los Discípulos de Cristo fue más larga en Cuba. Los primeros misioneros Lowell C. McPherson y Melvin Menges recibieron ayuda con la llegada de nuevos misioneros. Entre ellos, Williamina Meldrum en 1904 y Mark Peckham en 1905. Los dos vinieron a hacer obra educacional al igual que Roscoe R. Hill, quien llegó en ese mismo periodo y abrió una escuela en la ciudad de Matanzas que tuvo cierto éxito. Su presencia en Cuba se extendió desde 1904 a 1908, aunque pudo haber sido de 1906 a 1909 si nos atenemos a un informe denominacional disponible. Al salir McPherson en 1906, Roscoe R. Hill tuvo que dedicarse especialmente a la obra de predicación. Herminio Portell Vilá afirma que Hill realizó algunas funciones consulares a nombre de su país durante su permanencia en Matanzas.

Roscoe R. Hill no fue precisamente la figura más importante de la obra misionera en Cuba. Su nombre ha pasado casi totalmente desapercibido en este país, debido en parte a lo pequeño y breve del esfuerzo misionero de los discípulos. Pese a ello, fue uno de los personajes de mayor envergadura que han pasado por la obra cubana. Nacido en Lilly, Illinois, en 1880, se graduó del Eureka College donde también estudió otro famoso miembro de su denominación, el presidente norteamericano Ronald Reagan. Eureka College es, precisamente, una universidad de los Discípulos de Cristo. También estudió en la Universidad de Columbia hasta el grado de doctor, y en la Universidad de Chicago. Fue por varios años profesor universitario en su país. A partir de 1920 ocupó importantísimas posiciones en su gobierno, sobre todo en el Departamento de Estado. De 1920 a 1928 fue Alto Comisionado de los Estados Unidos en Nicaragua, jugando un papel fundamental en la política norteamericana hacia esa nación centroamericana que estuvo ocupada por sus tropas. Fue uno de los asesores más importantes de su época sobre política latinoamericana y se desempeñó como enviado de la nación en importantes misiones internacionales. Como erudito, realizó investigaciones para la Biblioteca del Congreso y trabajó para las organizaciones interamericanas, ayudando también a organizar y modernizar los archivos nacionales de varios países de América. En 1941 fue huésped especial del gobierno cubano para trabajar en el Archivo Nacional.

Los Discípulos solo contaban, como ya hemos visto, con un solo obrero nacional, Angel Godínez, que ya en 1905 ayudaba activamente a los misioneros en La Habana según lo registra *The Evangelist*. La congregación de Matanzas produjo otro ministro, Jacobo González. La obra estaba concentrada en La Habana y Matanzas, con McPherson y Menges al frente. En 1904, la Isla fue visitada por el misionero médico doctor Cyrus L. Pickett, que tenía nombramiento para las Islas Filipinas. McPherson abandonó Cuba en 1906 por razones de salud, por desear educar a sus hijos en Norteamérica, y por el llamado que le hizo una iglesia que lo deseaba como pastor. Menges se quedó al frente del trabajo. Como superintendente de la obra, y por su esfuerzo personal, puede ser considerado el principal misionero de los Discípulos en Cuba. Con la ayuda de los pocos obreros cubanos y de los misioneros, abrió obra en algunas poblaciones. En este periodo solo se destaca la apertura de una misión en Unión de Reyes.

LOS CUAQUEROS

La Sociedad de los Amigos, o cuáqueros, continuó su plan de expansión por el norte de Oriente. En 1903 fue levantado un edificio en Gibara, bajo la dirección de Zenas Martin. A fines de 1902, la asistencia a las reuniones en Holguín era de aproximadamente 83 personas como promedio. En 1904 se compró allí un terreno, pero la construcción del edificio proyectado demoró por falta de recursos económicos. La obra en Banes creció a partir de 1902. Lorenzo Baker, presidente de la United Fruit Company hizo una donación de mil dólares para la iglesia en Banes, a la que añadió una cantidad similar que había destinado originalmente para un propósito parecido en la Bahía de Tánamo donde no se pudo abrir obra en aquel momento. La United Fruit Company cedió en Banes un terreno por 99 años a un precio nominal. Se levantó una capilla de madera que entró en uso en 1908. Un año antes se había construido un templo en Puerto Padre. Se abrieron entonces varios centros de predicación adicionales en zonas rurales, donde predicaban misioneros y laicos de las iglesias organizadas.

Con la ayuda de un estudiante de Guilford College llamado Joseph Purdie, se tradujo al español la disciplina o reglamento de la Sociedad de los Amigos, la que fue impresa en México. Los cuáqueros empezaron en 1904 a publicar artículos en un periódico local en Puerto Padre y ese año celebraron en Holguín su primera Conferencia Misionera. De acuerdo con la tesis de grado del estudiante de la Universidad de Chicago, Clarence McClean, la obra cuáquera tenía en Cuba oriental en 1905 4 estaciones misioneras y 5 centros de predicación adicionales; 4 ministros extranjeros y 1 cubano; 3 iglesias con 125 miembros en total; 425 personas vinculadas con la obra como asistentes y simpatizantes y un promedio de asistencia a los servicios de los domingos de 261 personas. Se habían abierto, según ese informe, 7 escuelas dominicales las que tenían un total de 129 alumnos y 3 escuelas de instrucción primaria con 91 estudiantes.[21]

Arthur Pain, que predicó brevemente en Banes en 1902 y quizás en 1903, regresó a la parte occidental de Cuba donde había trabajado con anterioridad su esposa, Elena Woody, con quien se casó en 1903 en Madruga. Pain había nacido en la India en 1867 donde su padre había sido médico cirujano del ejército de Su Majestad Británica. Trabajó en plantaciones siendo joven y se ocupó de otros menesteres en Argentina, Colombia y Nicaragua. Vivió su juventud como un verdadero aventurero y estuvo entre los que trabajaron para la posible construcción de un canal entre el Atlántico y el Pacífico en Nicaragua. Al llegar a Cuba en 1900, con el propósito de establecerse como inversionista y vendedor de tierras, visitó a las jóvenes norteamericanas cuáqueras que trabajaban en

Aguacate, cerca de Madruga. Después de varios incidentes algo dramáticos se convirtió al evangelio el 1 de agosto de 1900, decidiendo dedicarse a la obra misionera. Llegaría a ser uno de los obreros extranjeros más importantes de la obra en Cuba.

Pain cursó estudios en el Nyack Missionary College en el estado de Nueva York. Después de un corto tiempo en Banes se radicó en la provincia de La Habana donde, desde 1903, realizó una amplia labor de evangelización que es descrita a grandes rasgos en el libro *Sembrador a voleo* de Justo González Carrasco. La obra en Madruga y Aguacate y cierto trabajo realizado en Jaruco procedían de los esfuerzos de misioneros cuáqueros o independientes y de las labores misioneras de Francisco González de Calá. Mientras la obra en Oriente se vinculaba con la Reunión Quinquenal de Richmond, Indiana, la de Occidente dependía al principio de los cuáqueros de México —al menos en cuanto al reconocimiento que éstos le dieron a González de Calá— y después de la Junta Anual de la Sociedad de los Amigos en Carolina del Norte. Es por eso que Pain, que pronto controló la obra cuáquera en la parte occidental, trabajó relativamente libre de compromisos o ataduras con la obra en la parte oriental. Por un tiempo, la Misión con la que trabajó Ellen (Elena) Woody, la esposa de Pain y su hermana, había sido conocida como "El faro cristiano", pero después se identificó abiertamente con los cuáqueros. Pain se radicó en Jaruco, ciudad a la que hizo centro de su trabajo. En esa pequeña ciudad, un sacerdote católico, el padre Vivó, entabló con Pain una profunda amistad en una época en que existía un profundo antagonismo entre el clero y las misiones protestantes. La casa del sacerdote pasó a manos de Pain cuando éste tuvo que trasladarse ya que la adquirió mediante el pago del crédito hipotecario de 1,500 dólares. Esa residencia pasó a ser la sede de la obra cuáquera en la provincia de La Habana. Pain tuvo gran éxito como evangelista, aunque no tanto como organizador de iglesias permanentes. Su influencia se dejó sentir por algunas décadas como veremos más adelante.[22]

ASILO CASA INDUSTRIAL

El Asilo Casa Industrial de Cárdenas fue fundado durante la intervención militar norteamericana y fue uno de los esfuerzos independientes de la época. Elmer E. Hubbard llegó a Cuba el 19 de febrero de 1899 para ayudar a las víctimas de la guerra o de la reconcentración ordenada por los españoles durante la misma. Había sido misionero en el Japón aunque en realidad fue allí bajo contrato con el gobierno japonés para trabajar como maestro de inglés en la ciudad de Toyotsu. Hubbard llevó a Cuba 360 dólares con los que inició su labor, alquilando una casa en Matanzas para recoger huérfanos. Con la ayuda del alcalde de esa ciudad, de la Cruz Roja Americana y de la revista *Christian Herald* que levantó fondos desde los Estados Unidos pudo hacerle frente a esa empresa. Aunque tuvo que cerrar el asilo en Matanzas, pasó a Cárdenas poco antes de quedar inaugurada la Primera República en 1902, fundando el Asilo-Casa-Industrial. Fue una obra de fe, pues dependía casi totalmente de ofrendas y no del apoyo de una denominación. La comunidad cardenense le ayudó también con algún dinero y el Ayuntamiento de la ciudad aprobó en julio de 1902 una subvención de 50 dólares mensuales, aumentada después a 250. Una figura importante de la política local, Luis del Valle, colaboró grandemente con ese esfuerzo. Su llegada a Cárdenas fue por invitación del pastor presbiteriano Juan G. Hall y desde el principio el doctor Luis Ross ofreció gratuitamente sus servicios como médico. Eventualmente el asilo ofreció instrucción, trabajo y albergue a infinidad de niños y contó con un local apropiado. En 1941, cuatro años después de su muerte, se erigió un busto a la memoria de Hubbard en el Museo Municipal de Cárdenas. Las relaciones más estrechas las tuvo el misionero con los metodistas de Matanzas y con los presbiterianos en Cárdenas.[23]

ASOCIACION CRISTIANA DE JOVENES

La Asociación Cristiana de Jóvenes (YMCA por sus siglas en inglés), organización de origen norteamericano e inspiración protestante, aunque de carácter no sectario, llegó a Cuba en 1904. En un banquete celebrado en 1905, y en el que participaron unas cincuenta personalidades de la sociedad habanera, se decidió invitar a la Asociación a establecerse definitivamente en la capital cubana. Entre los patrocinadores del acto estaba el Presidente Tomás Estrada Palma, quien fue también la primera persona en inscribirse como socio de la institución en Cuba. El 12 de mayo de 1905 se llevó a cabo la inauguración de su local social, una casa alquilada en la calle Prado. E. J. Simonds, que fue secretario general en Cuba de esa organización describió así el acto y los inicios del trabajo:

"El 12 de mayo de 1905 abrió sus puertas al público, que en número de más de 800 personas, y a los dulces acordes de la Banda de Artillería, fueron allí a batir palmas por al advenimiento en Cuba de la altruista y benéfica institución. Cientos de jóvenes acudían a inscribir sus nombres . . . se montó un soberbio gimnasio instituyéndose por primera vez en Cuba las clases calisténicas bajo un sistema científico y bajo la dirección de profesores entendidos y competentes. Se introdujo así mismo el juego popular de Basket Ball."[24]

Además de introducir el básquetbol y la calistenia científica en Cuba, la Asociación Cristiana de Jóvenes ofreció clases nocturnas y una serie de conferencias, atrayendo a algunos de los más notables intelectuales del país, que tomaron parte en sus actividades y a un sector de las clases pudientes, en su mayoría de la religión católica.

LOS INDEPENDIENTES

En su número de febrero de 1903, la revista *The Missionary* se refería a la presencia de un buen número de misioneros independientes en Cuba. En el capítulo anterior nos referimos a la actividad de varios misioneros de la Misión Pentecostal de Nashville, integrada por misioneros de Santidad que no deben ser confundidos con los pentecostales actuales. Ya en 1907 se notaban graves dificultades económicas que afectaban a los obreros de la Misión y se sabe que la Iglesia Pentecostal de Cárdenas suspendió sus actividades, pasando sus miembros al metodismo. Un grupo permaneció activo hasta 1920.

LOS ADVENTISTAS

Los orígenes de la Iglesia Adventista del Séptimo Dia en Cuba tienen relación con la ya mencionada visita al país en el verano de 1902-1903, de W. A. Spicer. Aunque su estancia fue de solo unos pocos dias fue suficiente como para motivarle a solicitar a su organización que enviara misioneros. Spicer había recibido en 1901 una solicitud de su denominación para que aceptara ser secretario de la Junta de Misiones. En 1903 se convirtió en secretario de la Conferencia General. De acuerdo con fuentes adventistas, los primeros obreros en Cuba fueron Joseph Clark y señora, los esposos Hall y la señorita Sterguel, así como el señor Stytch, quien fue el primero en llegar. Estos obreros arribaron en 1903 y se sostenían como colportores con su trabajo y la ayuda de algunos creyentes en los Estados Unidos. Ese era también el caso de Otis L. Dart y señora que llegaron a La Habana en noviembre de 1904 procedentes de Tennessee. Se había producido una respuesta positiva a la invitación de Spicer, la cual fue dada a conocer sobre todo en un artículo de la revista *Review and Herald* de agosto 11 de 1903. Hall trabajaba en La Gloria donde había una gran comunidad americana. Stytch lo hacía en Bahía Honda y Clark en Ceballos. Es probable que algunos de ellos ya hayan estado en Cuba o tuvieran contactos con la Isla al producirse el llamado de Spicer. En 1904 llegó un enfermero que también se sostenía a sí mismo. Isaiah E. More, que trajo a su esposa. El trabajo misionero era entonces de colportaje y auxilio médico limitado. El desarrollo de la obra no llegó sino hasta varios años más tarde.

La Misión Cubana se estableció en 1904 y al año siguiente quedó organizada. E. W. Snyder y su esposa, que habían trabajado en la Argentina, llegaron como misioneros a Cuba en 1905 organizando la primera iglesia en la zona metropolitana de La Habana, más precisamente en la Lisa, un suburbio de Marianao. Esta iglesia fue conocida como la Iglesia Adventista de La Habana desde el principio. Snyder pasó a ser el primer director de la Misión Cubana que ayudó a organizar. Los primeros cubanos que se unieron a la Iglesia fueron Pedro Cruz y Manuel Avila (en ese orden). En el libro *El gran movimiento adventista*, se afirma que empezaron a guardar el sábado en 1905. En un artículo se informa acerca del número de los miembros con los que se organizó la Iglesia de la Lisa. Eran 13. Algunos norteamericanos residentes en la Isla se unieron a las congregaciones adventistas. Los primeros conversos cubanos que mencionamos fueron bautizados el 18 de mayo de 1907 y 8 personas más lo hicieron el 26 de octubre de ese mismo año.

Por esa época se organizó otra iglesia en Omaja, una comunidad o colonia americana situada en la provincia de Oriente. En 1908 los misioneros lograron inscribir la denominación como Iglesia Adventista del Séptimo Dia de Cuba. La obra se hacía mayormente en inglés y gran parte de los primeros miembros eran norteamericanos residentes en Cuba, personas procedentes de las Antillas inglesas, y los propios misioneros, pues al principio era difícil conseguir miembros cubanos. La característica que les distinguía de otros evangélicos era la observancia estricta del sábado, práctica que no fue fácil inducir en los nuevos creyentes cubanos de esa fe. A principios de 1905 había 6 adventistas conocidos en Cuba, pero en 1908 la cifra había subido a 53.[25]

EL DESARROLLO DEL PROTESTANTISMO

El protestantismo avanzaba en Cuba durante la Primera República y continuó su progreso durante la segunda intervención (1906-1909). La Sociedad Bíblica regularizó su sistema de distribución en esa época, en el cual se destacó un agente procedente de los Estados Unidos, W. F. Jordan y los cubanos López Guillén y Pedro Rioseco. Muchos pastores metodistas y de otras denominaciones participaron en la labor como colportores y la Biblia se convirtió en un libro conocido y vendido en casi toda Cuba. La Iglesia Católica pronto mostró su preocupación por el crecimiento de la que una vez fue una insignificante presencia protestante que algunos pensaron que no se quedaría por mucho tiempo en el país. Si los evangélicos demostraron un alto grado de anticatolicismo en las primeras décadas de su trabajo en Cuba, la Iglesia Católica contestó con fortísimos ataques. Las restricciones impuestas al protestantismo en tiempos coloniales, el marcado carácter anticatólico de la cultura popular norteamericana del siglo XIX que dejaba sus huellas en los misioneros, la participación del clero español en la administración colonial y en la lucha contra los libertadores cubanos, contribuyeron a crear un clima de total anticatolicismo en las filas de misioneros y pastores nacionales. Una lectura cuidadosa de publicaciones tan responsables como *The Missionary* y *The Christian Evangelist*, a la cual se puede añadir el repaso de ejemplares de otras revistas y periódicos representando a todas las denominaciones evangélicas, revela claramente que después del evangelio de salvación el aspecto más importante de la prédica protestante era la lucha contra la Iglesia de Roma, "el romanismo". Lowell McPherson escribía en *The Christian Evangelist* (en un artículo en el que de paso criticaba el anexionismo y favorecía la causa de Cuba independiente) acerca de "Satanás y su infalible emisario", refiriéndose al Papa.

En 1904 se llevó a cabo una campaña que abarcó muchas parroquias, para explicar los peligros del protestantismo y en algunas poblaciones lograron hacer regresar a la Iglesia Católica a varios conversos. Los artículos antiprotestantes escritos por sacerdotes y laicos aparecían en la prensa secular aunque a veces eran respondidos con gran dureza por escritores cubanos, sin vínculos con el protestantismo, que veían en ellos una oportunidad para atacar al clero. Los masones hicieron desde el principio causa común con los protestantes y gran número de evangélicos, incluyendo a casi todos los pastores importantes, se unieron a las logias masónicas. Algunos sacerdotes españoles predicaban sermones en los que explicaban como el diablo "lleva para el infierno el alma de los protestantes en el momento mismo de la muerte". Una acusación bastante generalizada era la de "agentes del imperialismo norteamericano", lo cual obligó a algunos misioneros evangélicos a pronunciarse en contra del anexionismo. Los protestantes cubanos incluían en sus sermones citas de Martí y de otros próceres de la independencia y celebraban en los templos las fechas patrióticas, respondiendo con denuncias al clero, que, según algunos de ellos, todavía espiaba para España. La reacción de la mayoría de la población era fácil de predecir. El pueblo cubano estaba entregado casi completamente a la indiferencia religiosa. Aun cuando el protestantismo era visto a veces como un movimiento algo raro y como una fuerza de origen extranjero, en los pueblos del interior los pastores recibían con frecuencia un mejor trato, por parte de los líderes cívicos, que los sacerdotes católicos. Se iniciaba la práctica de solicitar a los ministros que despidieran los difuntos con elocuentes discursos, vieja costumbre arraigada en el país, como lo hacían otros representantes de las "instituciones cívicas" pues en esa clasificación se incluiría dentro de poco a las iglesias evangélicas. No se le podía exigir fidelidad al catolicismo a un pueblo compuesto por una inmensa mayoría que jamás visitaba los templos.

Aparte del ataque a la doctrina católica, los protestantes tenían en las manos un arma poderosa, que eran sus escuelas. La fama de "escuelas americanas" de que disfrutaban sus instituciones docentes, por modestas que hayan sido muchas de ellas, les permitió infiltrarse paulatinamente en la sociedad cubana. No solamente se lograron algunos conversos en esas escuelas (la minoría de los estudiantes) sino que se influyó en el resto del estudiantado, mayoritariamente católico o indiferente en materia de religión, y sus familiares empezaron a visitar de vez en cuando los templos protestantes en ocasiones especiales. Para una familia anticlerical, sobre todo si tenía antecedentes en la lucha independentista, era en algunos casos más conveniente o apropiado situar a un hijo en una escuela protestante que en una controlada por una orden religiosa católica española. La deficiencia en las escuelas públicas favorecía a planteles católicos y protestantes por igual. Aunque las escuelas católicas siguieron superando en número de alumnos a las protestantes, algunas instituciones evangélicas, como los colegios Candler en La Habana, La Progresiva de Cárdenas, Eliza Bowman de Cienfuegos, Irene Toland de Matanzas, y los Internacionales de El Cristo, Oriente, empezaron a atraer a hijos de algunas de las familias más importantes. La enseñanza del idioma inglés en una sociedad tan vinculada a la norteamericana les daba cierto atractivo adicional.

Los misioneros y pastores de mayor antigüedad empezaron a mostrar cierta frustración al ver como cientos de cubanos convertidos al protestantismo en los Estados Unidos no se unieron a las iglesias evangélicas en Cuba. Algunos de ellos, con cierta importancia en la comunidad, ocultaron sus antiguos vínculos o simplemente se unieron a la prevaleciente indiferencia religiosa. Otros mantuvieron relaciones amistosas con los misioneros y las iglesias, proveyendo a las nuevas promociones evangélicas un punto de contacto con la sociedad cubana. Dos ejemplos dignos de mención son los del general Emilio Núñez y el patriota Fernando Figueredo, que mantuvieron siempre las mejores relaciones, sirviendo, sobre todo este último, como oradores en actos patrióticos auspiciados por iglesias protestantes. En esa misma capacidad serviría con frecuencia en las tribunas patrióticas y académicas de los evangélicos el senador Erasmo Regueiferos Boudet, más tarde secretario o ministro en varios gabinetes cubanos y muy cercano a los círculos protestantes de su época, como Figueredo, que en este periodo fue tesorero general de la República.

La situación del movimiento protestante en Cuba se caracterizaba por el crecimiento numérico y una mayor visibilidad. Se continuaron celebrando los congresos evangélicos. La Tercera Convención Evangélica se celebró en la Iglesia Bautista de Camagüey los días 29, 30 y 31 de enero de 1907. En un informe acerca de la misma, J. T. Hall, el misionero presbiteriano hace resaltar el detalle de que los ferrocarriles cobraron solamente la mitad del pasaje a los delegados y afirma que "el espíritu de armonía y amor fraternal era hermoso". Se discutieron los métodos de evangelización y se estudió la influencia del protestantismo en el país y debido a la ausencia de una verdadera obra médica evangélica en el país, se consideró la posibilidad de abrir un Hospital Evangélico en Camagüey (el doctor Harris de esa ciudad ofreció sus servicios y la donación de un terreno). Se ofreció el siguiente informe sobre la obra: 10 denominaciones trabajando, más algunas juntas independientes o auspiciadas por sociedades femeninas; 145 "estaciones centrales" y 88 "subestaciones" abiertas (las estaciones eran las congregaciones organizadas y las subestaciones los puntos de predicación regular); 88 pastores o predicadores a cargo del trabajo; 67 obreros auxiliares; 7.781 miembros de las iglesias; 27 candidatos al ministerio pastoral; 139 escuelas dominicales funcionando regularmente; 6.042 alumnos matriculados; 44 sociedades de jóvenes con 1.325 miembros activos y 258 miembros asociados; 58 edificios comprados que a la sazón se usaban como templos. La mayoría habían sido edificados para tal propósito por las mismas iglesias con un valor actualizado de US$168,412, cifra considerable para aquella época; 25 casas para misioneros compradas o edificadas, con un valor de US$46,500. Se informó, además, de la existencia y funcionamiento de 29 escuelas protestantes con 95 maestros y 2.477 alumnos.[26] Se estaban editando dos revistas y se celebraban grandes campañas evangelísticas, algunas incluso a nivel nacional, como una organizada por los metodistas por tres meses en 1905-1906.

El protestantismo se había triplicado en cinco años y seguía extendiéndose por todo el territorio nacional, como hasta el lugar escogido para la realización de la convención (Camagüey) lo atestiguaba. A pesar de que el informe era incompleto, reflejaba la existencia de una comunidad evangélica relativamente grande para le época: tal vez hasta de 15 mil personas; es decir, el uno por ciento de la población del país, siempre que se incluyera en ella a los miembros, los candidatos a ser recibidos como tales, los alumnos de las escuelas dominicales que no eran miembros de alguna iglesia y sus familiares inmediatos que asistían a los cultos. El número de obreros nacionales iba en aumento constante. Al terminar la Primera República había ya una apreciable presencia protestante en el país.

La cifra total de protestantes nominales era algo mayor a la ofrecida. Varios cientos de norteamericanos y jamaicanos estaban incluidos en los 7.781 miembros de las iglesias que proporcionaron su informe. Otros, por el carácter temporal de su residencia en Cuba permanecieron como miembros de congregaciones en sus lugares de origen por lo que no fueron censados. La mayoría de esos extranjeros eran protestantes nominales. De acuerdo con Juan Pérez de la Riva la cifra de norteamericanos radicados en Cuba en 1899 era de 6.444 y en 1907 era de 6.713. En

1918 la población norteamericana de Isla de Pinos era de unas 3 mil personas. Debe recordarse que esa isla había formado parte del país desde la era colonial, pero la cuestión de la soberanía no se resolvió de manera definitiva sino hasta 1925 debido a disposiciones dilatorias del asunto contenidas en la Enmienda Platt. De la Riva divide a los nuevos inmigrantes en dos categorías, diferenciando entre los que llegaron con propósitos de especulación o para realizar grandes inversiones, incluyendo un alto número de aventureros, y el amplio sector de agricultores procedentes del sur y el medio oeste de los Estados Unidos que fueron atraídos por una serie de ofertas de terrenos baratos y que crearon asentamientos modestos. En muchos casos propiedades compradas por inversiones norteamericanas a razón de US$25 o US$60 fueron vendidas en US$1,500. De la Riva describe también la creación de pequeñas comunidades de norteamericanos en aquella época:

"La implantación americana se efectuó por pequeños grupos en muy diversos lugares y en cuatro de las seis provincias. El primero y más importante fue La Gloria City en el norte de Camagüey, donde se instalaron a mediados de 1899 cerca de 800 norteamericanos... El segundo y más importante asentamiento tuvo lugar en Isla de Pinos y sus colonos venían de Minnesota, las Dakotas y Canadá. Aquí el asentamiento prosperó algo más, y hacia 1918 llegaban cerca de 3,000, que habían fundado tres minúsculos caseríos... Relacionada con los grupos pineros se fundó otra colonia en Herradura, Pinar del Río, pero este asentamiento nunca contó con más de unos pocos cientos de habitantes... Además de los señalados, en un momento dado existió una media docena de pueblos de norteamericanos dispersos por el norte de Oriente, generalmente ubicados a lo largo del ferrocarril central. Estos asentamientos fueron promovidos por Van Horne... El más importante de estos asentamientos fue Bartle, cerca de Tunas; también Omaha, poblado en su mayoría por suecos y finlandeses."[27]

Debe notarse también la presencia de una comunidad compuesta por jamaicanos y por habitantes de otras islas antillanas dominadas por la Gran Bretaña. Se habían concentrado en algunas regiones azucareras, sobre todo en el oriente del país, la mayoría de los cuales eran anglicanos o de otras denominaciones protestantes y tenían sus propias iglesias. Una implantación de caimaneros —habitantes de la isla de Gran Caimán— se produjo en la costa sur de Siguanea, en la Isla de Pinos, donde se fundó el poblado de Jacksonville. Eran pescadores y entre ellos había muchos que procedían originalmente de Jamaica y también profesaban el protestantismo. Algunos se dedicaron a elaborar carbón vegetal. Aunque formaron una comunidad aparte de la de de los americanos y canadienses allí radicados, los integrantes de este grupo, diferente de los otros habitantes de habla inglesa por razones culturales y raciales, contribuyeron a aumentar la población protestante. Si sumamos a los norteamericanos, los jamaicanos y caimaneros, y además la pequeña comunidad de evangélicos nativos, es fácil comprender por qué algunos creen que por algún tiempo los protestantes constituían en la práctica una mayoría numérica en Isla de Pinos, o por lo menos en el interior de la misma. Esto era más evidente en poblados como Santa Bárbara, Columbia, McKinley y Jacksonville y no tanto en Nueva Gerona y Santa Fe, las poblaciones principales de la Isla. Este fenómeno es parcialmente comparable al de las islas de San Andrés y Providencia, en Colombia, que constituyen una región protestante en un país católico. En Isla de Pinos esa experiencia fue en todo caso de muy poca duración, debido a los cambios demográficos ocurridos en ella.

La presencia de miles de americanos, ingleses y canadienses en La Habana y sus alrededores, inversionistas y empleados de corporaciones norteamericanas y británicas, así como la formación de compañías extranjeras que controlaron un gran número de centrales azucareros y buena parte del número total de las principales plantaciones en el interior, como las de la mencionada United Fruit Company del norte de Oriente, sería suficiente para dar un cuadro general de esa presencia de personas nominalmente protestantes y de cierto número de miembros activos en las iglesias. Esas compañías, siguiendo el ejemplo de la United Fruit Company, cedieron terrenos para el uso de capillas católicas y protestantes, e incluso ayudaron a pagar, en ocasiones, los sueldos de pastores y sacerdotes. En poblados y asentamientos como en la capital misma, dondequiera se hizo sentir la presencia norteamericana, se levantaron congregaciones de habla inglesa. Altos empleados o accionistas de esas empresas ayudaron en algo al movimiento evangélico, pero no existió jamás una fuerza organizada de protestantes extranjeros radicados en el país o con inversiones en el mismo que tuviera como propósito su evangelización o "protestantización". Los miles de soldados estacionados en los primeros años de la República eran también mayoritariamente protestantes. Algunos capellanes militares ayudaron en la obra cubana, como los oficiales Rander en Cienfuegos, D. H. Parker en Guantánamo y E. W. White en Santa Clara, que extendieron su prédica a los cubanos o pidieron el envío de pastores nacionales. La presencia de soldados se limitó más adelante a la Base Naval de Guantánamo, donde todavía es una realidad, y en las primeras décadas del siglo se produjo la retirada de aquellos que, sin los recursos de los inversionistas y empleados de las empresas, trataron de establecer pequeñas colonias y comprar fincas. Oscar Pino Santos se refiere a este fenómeno:

"La mayoría —o buena parte— regresó luego, defraudada a los EUA. Otros persistieron —casi heroicamente— en una aventura que desde los comienzos estaba fracasada (colonia La Gloria del norte de Camagüey), y un cierto número logró establecerse o dejar huellas más o menos imperecederas de su paso por nuestra Isla (Ceballos en Camagüey y algunos emprendimientos agrícolas en Isla de Pinos)."[28]

Entre las huellas mencionadas por ese historiador debe incluirse hasta cierto punto el protestantismo, difundido a veces con cierto apoyo de los propietarios y empleados extranjeros entre la población nativa. La influencia de esa actividad alcanzó a otra comunidad de inmigrantes, la haitiana. Por el esfuerzo de sus propios compatriotas, y de misioneros americanos y pastores cubanos, cientos de haitianos se convirtieron en Cuba y fundaron después iglesias y hasta ayudaron a fundar denominaciones en Haití. Pero la obra evangélica en los poblados o asentamientos americanos no debe ser exagerada, como tampoco la labor llevada a cabo en sus capillas. Fue simplemente una pequeña parte de la obra evangelizadora en el país.

Mientras terminaba este periodo en la historia de Cuba, los numerosos misioneros radicados en La Habana y otras ciudades se integraban dentro de la colonia americana, pero su vida social se desarrollaba dentro de los límites que la austeridad y la estricta moralidad les imponía. Los episcopales eran los más inclinados a una completa vida social. El periódico *Havana Post*, editado en inglés en la capital ofrecía información sobre sus actividades y programas, y publicaba artículos religiosos o de otro tipo escritos por misioneros. Abundaban las notas sobre la participación de estos en actos en recordación del hundimiento del Maine, celebraciones del Dia de Acción de Gracias, o simples comidas al aire libre. Para hacer resaltar la sencillez de este grupo, reproducimos la siguiente información sobre un picnic, aparecida en el *Havana Post* el 5 de julio de 1904:

"Delicioso picnic. Uno de los asuntos más agradables de la celebración (del 4 de Julio) en La Habana ayer fue un acto ofrecido por la Unión de Ministros Evangélicos y sus familiares y amigos. Consistió de un picnic celebrado en la bella Quinta de Obispo en Tulipan, uno de los lugares ideales para un evento de esta naturaleza que puede encontrarse en cualquier sitio de Cuba. Casi todos estaban en el lugar a las once en punto y antes de investigar el contenido delicioso de las cestas con el almuerzo, los caballeros procedieron a buscar un mayor apetito que el que las cestas podían producir. Esto fue hecho mediante la participación en deportes atléticos, los cuales provocaron tanta competencia como si se ofreciesen grandes premios a los ganadores. El Reverendo Rioseco y señora, el Reverendo C. C. Carroll y su hija, la señorita Mary Edna Williams de Louisiana, el Reverendo y la señora Lowell C. McPherson y la familia, la señorita Maurine McPherson, el Reverendo J. Milton Greene, la señora de George Todd, las señoritas Todd, el señor Hubbard de la Y.M.C.A., el Reverendo Someillán y señora, el señor Mayer y compañía, la señora H. E. McPherson, la señora DeWitt, la señora Carter, el señor Keith Carter, el Reverendo Frazer y familia, de Guanajay, J. W. Wihlfahart, el señor Guy Frazer y otros. Todos sintieron una deuda de gratitud hacia el señor y la señora Shumway por dejarles usar el parque. Su hogar fue útil cuando se iniciaron las lluvias de la tarde. El Picnic terminó cuando cantaron canciones patrióticas como "America" y "Dixie" y fueron a sus casas declarando que nunca disfrutaron de un cuatro de Julio mas agradable desde su llegada a la Isla de Cuba."[29]

HACIA LA SEGUNDA INTERVENCION

Estos misioneros norteamericanos que cantaron "Dixie" o "America" y que procedían en su gran mayoría del sur o del medio oeste de los Estados Unidos, vivían en un país cuyas estrechas relaciones con los Estados Unidos estaban representadas por la Enmienda Platt, por un Tratado de Reciprocidad Comercial firmado en diciembre de 1902 y por la presencia de comunidades estadounidenses, sobre todo en Isla de Pinos. Pero desde el día 20 de mayo de 1902, la jefatura del Estado y el Gobierno estaban en manos de un cubano y la independencia había sido proclamada.

El gabinete nombrado por Estrada Palma en 1902 estaba integrado por figuras ilustres de la sociedad cubana, hombres de ideas conservadoras, o "moderados" como ellos preferían llamarse. Eran en algunos casos considerados como políticos honrados y en cuanto a militancia política pertenecían a los partidos Nacional y Republicano. Algunos se habían destacado en la administración pública durante la primera intervención, como Diego Tamayo, secretario de Gobernación. Otros eran clasificados popularmente como antiguos autonomistas, como en los casos de José García Montes, de Hacienda y Emilio Terry, de Agricultura. En 1899 se había formado un Partido Socialista Cubano, encabezado por el poeta Diego Vicente Tejera, pero sus fuerzas, bastante exiguas, habían pasado en su mayor parte al Partido Nacional dirigido por Alfredo Zayas. Las fuerzas políticas iban tomando forma y eventualmente se unirían a los poderosos partidos Moderado y Liberal.

La administración de Estrada Palma se caracterizó por una honestidad poco común en Cuba o en cualquier lugar del mundo y por un impresionante conservadurismo fiscal que abonó varios millones de dólares al país. El primer mandatario, más que conservador, era inmaculadamente honrado. Su preocupación principal era la administración de los fondos públicos y su lema fue: "Más maestros que soldados". A pesar de eso, la creación de una Guardia Rural, en época de la intervención, llevó al país a las primeras confrontaciones con el militarismo. El jefe de ese cuerpo, general Alejandro Rodríguez, un ex-alcalde de La Habana y uno de los firmantes de la petición en la que se solicitaba en 1875 al obispo episcopal de la Florida que estableciera obra entre los cubanos, y que había sido en una época miembro de la Iglesia Episcopal de Key West, se enfrentó en varias ocasiones con el presidente, inclinado siempre a soluciones civiles. Estrada Palma tuvo que negociar con habilidad la cuestión de las estaciones navales que exigían los Estados Unidos y se vio obligado a solicitar un empréstito para pagar los haberes de los soldados del Ejército Libertador. A pesar de su condición de político altamente favorable a los Estados Unidos, tuvo grandes problemas con los cónsules norteamericanos y con el ministro de ese país, Herbert Squiers. Portell Vilá, que le critica en varios aspectos, y se opone en su importante libro sobre las relaciones entre los dos paises, a la interferencia norteamericana de aquella época, afirma: "Es también cierto que Estrada Palma, como a su debido tiempo probaremos, una vez en la Presidencia de la República luchó por la dignidad de su cargo y se opuso con firmeza a múltiples imposiciones resultantes de la Enmienda Platt.[30] Ese asunto, tan polémico y discutido, no provocó la caída de su gobierno, que en realidad tiene relación directa con su oposición a conceder prebendas y privilegios a ciertos políticos ambiciosos, a su terca decisión de reelegirse y al envanecimiento personal con el poder provocado por los consejos de su círculo íntimo y las alabanzas de sus incondicionales, algunos de los cuales llegaron a ser conocidos como "los carneros de Don Tomás".

Mientras tanto, el presidente tuvo serias dificultades con el Nuncio Apostólico Plácido Chapelle y con Buenaventura Broderick, norteamericano designado obispo auxiliar de La Habana. Estos dos personajes han sido señalados por Portell Vilá como "los principales agentes de la norteamericanización de Cuba y Puerto Rico",[31] opinión que no es diferente de la expresada recientemente por Joel James Figarola en su trabajo *Un episodio de la lucha cubana contra la anexión en el año 1900*, sobre todo en lo que a Chapelle se refiere. El historiador llega a esa conclusión después de una cuidadosa lectura de la correspondencia de los prelados, especialmente la de Chapelle con el Presidente Roosevelt. La consagración de Broderick como obispo auxiliar de La Habana en octubre de 1905 provocó gran preocupación a un amplio sector nacionalista. Al ser presentado el nuevo obispo al Presidente Estrada Palma, este le hizo saber su indignación por el nombramiento, que por cierto era rechazado por gran parte de los católicos cubanos. Le manifestó que su nombramiento no era bueno ni para Cuba ni para el catolicismo. Chapelle lo comunicó al ministro norteamericano Squiers y este protestó ante el Secretario de Estado, Carlos Zaldo. Además, como el presidente no quiso imponerle al Congreso cubano que rechazaba la medida, el pago de los arreglos financieros con la Iglesia Católica por concepto de pago de indemnizaciones, asunto que venía de la época de Wood, se habrían llevado a cabo maniobras diplomáticas en su contra. El Secretario de Estado, John Milton Hay, quien, como hasta su nombre lo indica, era miembro de una familia protestante que le había educado en los principios más rigurosos de la separación de la Iglesia y el Estado, y que había sido indoctrinado en esas cuestiones en las aulas de la Universidad Brown fundada por los bautistas en Rhode Island, trató de disuadir a su gobierno de intervenir en los problemas de la Iglesia Católica y el gobierno cubano. Sobre todo porque aquella maniobra no convenía a la imagen de su país en el exterior. John Milton Hay fue uno de los más connotados ideólogos de la expansión de la influencia norteamericana en el mundo.

Su posición hacia Cuba y la Iglesia Católica fue también la de su sucesor Elihu Root, que en una carta a Charles Bonaparte en 1906, ante las continuas exigencias y maniobras diplomáticas y también de tipo político interno, advirtió que todo eso estaba "más allá de los derechos diplomáticos" de los Estados Unidos. Root, con un nombre bíblico y una tradición familiar protestante se negó a complacer a la Iglesia y sin dañar su fama de habilidad diplomática utilizó tonos enérgicos. La fama de Root como uno de los más importantes internacionalistas de su país en toda la historia, es compartida por infinidad de autores. Ramiro Guerra, el historiador cubano, lo considera como "acaso el más reputado" en esas materias en los Estados Unidos. Recibió el Premio Nobel de la Paz y fue un verdadero arquitecto de la política de los Estados Unidos hacia la América Latina en la primera parte del siglo XX. Tanto él como Hay se caracterizaron sin embargo, por pragmáticos cambios de posición, como el realizado más tarde en la cuestión que nos atañe.

Además de algunas huelgas obreras y la pérdida del apoyo de Máximo Gómez, el periodo de Estrada Palma se vio afectado por las controversiales elecciones parciales de 1904 y por el retraimiento electoral del Partido Liberal y su candidato presidencial José Miguel Gómez en 1905. El asesinato en Cienfuegos del líder liberal Enrique Villuendas a manos de sus enemigos ocurrida el 22 de septiembre, había contribuido al clima político de descontento en todo el país. Al dia siguiente se produjo la decisión de la Asamblea Nacional del Partido Liberal de no concurrir a las elecciones.

Estas se celebraron pero bajo graves acusaciones por el fraude cometido por algunos partidarios de Estrada Palma, que llevaba como candidato a la Vicepresidencia a Domingo Méndez Capote. El historiador cubano Emeterio Santovenia describe en un apretado resumen los acontecimientos que le siguieron:

> "En agosto de 1906 estalló la guerra civil. Un mes después Estrada Palma pidió a los Estados Unidos que ejerciesen el derecho de intervención en Cuba. Roosevelt envió a La Habana a dos altos funcionarios de su gobierno y apeló al patriotismo de los cubanos para que llegasen a un acuerdo que evitara la intervención. Lo imposibilitaron los detentadores del poder. Estrada Palma abandonó la Presidencia. Y William H. Taft, secretario de Guerra de Roosevelt y uno de sus representantes en La Habana, asumió, por necesidad ineluctable, a nombre de los Estados Unidos y en cumplimiento de la cláusula tercera del tratado permanente, el gobierno de Cuba."[32]

EL GOBIERNO DE WILLIAM H. TAFT

La renuncia de Estrada Palma, consecuencia de la llamada "Guerra de Agosto" de 1906, llevó pues al poder en Cuba, el 29 de septiembre de ese año, a William H. Taft, que después llegó a ser Presidente de los Estados Unidos de Norteamérica. Taft fungió en calidad de gobernador provisional, pero en realidad estaba ejerciendo al mismo tiempo como secretario de Guerra de su país. Pertenecía a la aristocracia y era miembro de la más liberal de las denominaciones protestantes, la Iglesia Unitaria. Sus gestiones para resolver la crisis habían fracasado. Estrada Palma y su "Gabinete de Combate" no habían podido hacerle frente a la oposición y ésta se mostró intransigente. El acto de Estrada de solicitar la intervención le ganó fama de entreguismo en amplios sectores de opinión de su país que generalmente han reconocido su inmaculada y a veces ridícula honradez. Dejó una apreciable suma de dinero en el Tesoro, pues ahorró todo lo que pudo. Además, hizo énfasis en la enseñanza popular, abrió el país a las inversiones extranjeras y durante su gobierno se construyeron ferrocarriles y se pusieron en funcionamiento grandes centrales azucareros. No solamente prescindió del enriquecimiento sino que terminó su mandato siendo un hombre pobre.

EL GOBIERNO DE CHARLES MAGOON

El breve gobierno de Taft en Cuba concluyó al entregar éste el poder a Charles Magoon el 13 de octubre de 1906. Magoon tenía experiencia previa en asuntos cubanos y era considerado una autoridad en cuestiones coloniales por su labor en la Oficina de Asuntos Insulares de la Secretaría de Guerra y alcanzó cierto reconocimiento por su actuación como gobernador de la Zona del Canal y ministro de su país en Panamá. Magoon era soltero y había obtenido el título de abogado mediante exámenes pues no se graduó de la universidad. De todos los gobernadores norteamericanos fue el que más abiertamente ha sido identificado como protestante en escritos de la época, ya que lo expresó frecuentemente en forma pública.

Como nuevo gobernador heredó de su predecesor, Taft, la tarea de pacificar a Cuba. Este había logrado el desarme y la desmovilización de los insurgentes que habían tenido entre sus líderes a hombres como Carlos García Vélez, José de J. Monteagudo, Faustino "Pino" Guerra, Demetrio Castillo Duany, Juan Gualberto Gómez, Carlos Guas, Manuel Lazo, Quintín Banderas, Enrique Loynaz del Castillo, Pelayo García y sobre todo, el candidato José Miguel Gómez. Al hacerse cargo del mando, Magoon trató de mantener el mayor número posible de cubanos en cargos públicos y de contentar a la oposición liberal que había tomado las armas. Creó una Comisión Consultiva en la que participó Erasmo Regueiferos, un organismo que realizó algunos aportes apreciables a la legislación, construyó carreteras y se ocupó de la sanidad, realizó un importante censo de población y organizó los registros electorales permanentes. Historiadores cubanos de prestigio lo acusan de haber usado la corrupción administrativa y las prebendas como una forma de complacer a sus partidarios y contentar a varios sectores políticos. Es por eso que se le acusa de crear la "botella" o cargo público en el que se recibe salario sin prestar servicios de ninguna clase. Los orígenes de esa práctica son remotos y no proceden de la administración de Magoon. Pero esta contrastó con la sobriedad de Estrada Palma ya que los fondos se distribuyeron con demasiada liberalidad durante la segunda intervención americana que él presidía. Se le acusa también de ineptitud, de haber estado sometido al cónsul Steinhart y de haber favorecido la explotación del país por inversionistas norteamericanos. No hay pruebas confiables de que fuera personalmente deshonesto o de que se enriqueciera con el cargo. De cualquier manera, uno de los asuntos más controversiales fue el pago a la Iglesia Católica de la deuda que dejó el gobierno colonial español. La influencia de Steinhart prevaleció sobre Magoon de la misma manera que la del secretario de Marina Bonaparte sobre el Presidente Roosevelt, a pesar de las advertencias de Elihu Root, que por un tiempo se opuso a los pagos. La historiadora cubana Teresita Yglesia Martínez describe lo ocurrido:

> "El 26 de febrero de 1907 —después que monseñor Aversa, delegado papal en Cuba y Puerto Rico, gestionara cerca de

Magoon el cumplimiento del contrato—, Taft escribió al gobernador provisional, diciéndole que el Estado cubano debería devolver los edificios a la Iglesia o comprarlos. Y seguidamente autorizó a Magoon a dictar los decretos necesarios para hacer los pagos correspondientes a la Iglesia y cerrar el trato. . . El 12 de julio de 1907, Magoon dictó el decreto que autorizaba a pagar a la Iglesia de Roma US$1.387,083.75 por los bienes de La Habana y el 17 de julio de 1908, fue cerrada la transacción por las propiedades de Oriente, evaluadas en US$360,000."[33]

Tanto Yglesia Martínez como Portell Vilá, que dedicó mucha atención al asunto en el cuarto volumen de su historia de las relaciones con los Estados Unidos, consideran esa medida como lesiva a los intereses cubanos, sobre todo por las limitaciones del Tesoro que por aquella época no era bien administrado. El 4 de octubre de 1907 Magoon fue recompensado con la Orden de San Gregorio el Magno que el Papa Pío X le otorgó por recomendación de monseñor Aversa. Aunque muchos han visto en estas distinciones una fina maniobra que contribuyó a la paz religiosa en Cuba, lo cual pudiera analizarse y discutirse, la reacción de los hermanos en la fe de Magoon, los evangélicos cubanos, fue muy negativa, al igual que la de los misioneros norteamericanos, como puede comprobarse fácilmente por la lectura de cartas a las juntas misioneras, revistas evangélicas de la época, y declaraciones de convenciones protestantes. Magoon había aceptado las instrucciones del secretario Taft, su jefe inmediato, el cual se había especializado en problemas con la Iglesia. Un asunto parecido a éste y ocurrido en las Filipinas había sido solucionado por él más o menos en la misma forma. El decreto 768 ordenando los pagos a la Iglesia, le ganó al gobernador fuertes críticas por parte de la prensa cubana. Las continuas referencias a una comisión de US$400,000 que supuestamente la Iglesia estaba dispuesta a ofrecer para resolver el asunto y que hasta Magoon había mencionado vinieron a complicar aun más las cosas, pero la cuestión de la indemnización terminó definitivamente durante su gobierno. Giuseppe Aversa, que jugó un papel clave en el cierre del asunto, había reemplazado a Chapelle, el primer delegado apostólico de Cuba. Aversa era italiano y no alcanzó ni de lejos la fama de su predecesor en Cuba.

Los partidos políticos más importantes del país eran en 1908 el Conservador Nacional, presidido por el filósofo Enrique José Varona pero que tenía como caudillo al general Mario García Menocal y se nutría de miembros del antiguo Partido Moderado. Los liberales estaban divididos en Partido Liberal Nacional o partidarios de Alfredo Zayas, y Liberal Histórico o partidarios del general José Miguel Gómez. En los comicios parciales de agosto 10 de 1908, los Conservadores triunfaron gracias a la división liberal. El Partido Conservador obtuvo 3 gobiernos provinciales y 28 alcaldías. Los "miguelistas" ganaron en 2 provincias y conquistaron 35 alcaldías; los "zayistas" alcanzaron el triunfo en La Habana y consiguieron 18 alcaldías. Pero en las elecciones del 14 de noviembre de ese mismo año, al unirse los liberales y llevar la candidatura de Gómez para la Presidencia y la de Zayas para la Vicepresidencia para enfrentarse a la aspiración presidencial de Menocal que llevaba al doctor Rafael Montoro como candidato a vicepresidente, triunfaron fácilmente. El Partido Liberal obtuvo la victoria en las seis provincias y ganó todos los escaños del Senado. Los conservadores obtuvieron 32 actas de representantes, comparadas con las 51 de los liberales.

El 28 de enero de 1909, fecha escogida por ser el aniversario del natalicio de José Martí, los funcionarios de la ocupación que terminaba pusieron la Presidencia en manos de José Miguel Gómez. Se iniciaba la Segunda República cubana, como algunos la han denominado, o al menos continuaba el experimento republicano iniciado en 1902. Los protestantes, que no habían recibido ningún favor de manos de su correligionario Charles Magoon estaban ya establecidos en las seis provincias. Pronto estarían trabajando en todas las ciudades y en la mayoría de los poblados importantes del país. Los bautistas habían organizado sus dos convenciones, una junta presbiteriana había constituido un presbiterio, los episcopales contaban con un obispo, los metodistas daban forma a su Misión al igual que los cuáqueros y los adventistas. Algunos grupos demoraban en organizarse más allá de simples reuniones de misioneros.

El protestantismo debidamente organizado empezaba a tomar forma en Cuba.

NOTAS

1. Herminio Portell Vilá, *Historia de Cuba en sus relaciones con los Estados Unidos y España* (Miami: Mnemosyne Publishing Inc., 1969), p. 286.
2. Hugh Thomas, *Cuba: The Pursuit of Freedom* (New York: Harper and Row, 1971), p. 471.
3. Ibid., p. 460.
4. Harold Edward Greer, Jr., *Militarism, Merchants and Missionaries* (University of Alabama Press, 1970), p. 70.
5. Leoncio Veguilla, "Periodos de la historia bautista en Cuba Occidental" (Capítulo IV de una tesis de grado en el Seminario Teológico Bautista Mexicano), pp. 228-229.
6. Ibid., p. 233.
7. Samuel Deulofeu Pérez, *Cronología de la obra bautista en Cuba Oriental, 1898-1983* (Palma Soriano, 1983), p. 3

8. Ibid., pp. 1-5.
9. Carlos Pérez Ramos, *Un resumen de los setenta años de labor de la Iglesia Metodista en Cuba 1898-1968* (Miami: 1983), p. 16.
10. S. A. Neblett, *Historia de la Iglesia Metodista en Cuba* (Buenos Aires: El Evangelista Cubano, 1973), pp. 51-53.
11. Rafael Cepeda, *El forjador de hombres* (La Habana: Asociación de exalumnos del Colegio La Progresiva, 1973), pp. 65-66.
12. Ibid., p. 83-84.
13. Edward A. Odell, *It Came to Pass* (New York: Board of National Missions, 1952), pp. 93-96.
14. Información verbal del profesor José Garrido Catalá, del Seminario Evangélico de Matanzas, Cuba, e investigador histórico metodista.
15. "Our Overseas Mission" (Informe preparado en la oficina del director del Departamento de Ultramar del Concilio Nacional de la Iglesia Protestante Episcopal, 1964), pp. 5-6.
16. Ibid., p. 6.
17. Como hemos explicado en otro capítulo, la Iglesia Episcopal, como parte de la Iglesia Anglicana, que se considera una de las tres grandes ramas de la Iglesia Católica antigua, ha tenido la tendencia de justificar su presencia en territorios supuestamente evangelizados por otras ramas del cristianismo histórico. Esto explica en algo las palabras del obispo.
18. Francisco Castro, "La Misión Congregacional", Revista *Heraldo Cristiano*, tomo V, número 9, marzo de 1924, pp. 717-718.
19. Edward A. Odell, op. cit., p. 97.
20. Estos datos son extraídos de un informe publicado por Julio Fuentes en el *Heraldo Cristiano*, tomo V, número 9, marzo de 1924; de varios números de la revista *The Christian Evangelist* de la época y de investigaciones acerca de Roscoe R. Hill realizadas por la Sociedad Histórica de los Discípulos de Cristo en cooperación con el autor de este libro.
21. Clarence G. McClean, "Pioneer Work of Friends in Cuba", tesis para obtener la maestría de la Escuela Graduada de Divinidades de la Universidad de Chicago, en 1918.
22. Datos extraídos de fuentes cuáqueras y del libro *Sembrador a voleo* de Justo González (Miami: Editorial Caribe, 1976). También se basa en información verbal de miembros pioneros de las congregaciones cuáqueras del norte de la provincia de La Habana.
23. Antonio Pereira Alves, *Semblanzas evangélicas* (El Paso: Casa Bautista de Publicaciones, 1963), pp. 48-53.
24. E. J. Simonds, "La Asociación Cristiana de Jóvenes", revista *Heraldo Cristiano*, tomo V, número 9, marzo de 1924, pp. 701-702.
25. *Seventh Day Adventist Encyclopedia* (Washington: Review and Herald Publishing Association, 1966), p. 314.
26. J. T. Hall, "Good News from Cuba", en *The Missionary*, marzo de 1907.
27. Juan Pérez de la Riva, *La república neocolonial* (La Habana: Editorial de Ciencias Sociales, 1973), pp. 37-38.
28. Oscar Pinos Santos, *La oligarquía yanqui en Cuba* (México: Editorial Nuestro Tiempo, 1975), p. 57.

29. "A Delightful Picnic", *Havana Post*, julio 5, 1904.
30. Herminio Portell Vilá, op. cit., p. 215.
31. Ibid., p. 386.
32. Emeterio Santovenia, *Armonías y conflictos en torno a Cuba* (México: Fondo de Cultura Económica, 1956), p. 300.
33. Teresita Yglesia Martínez, *Cuba, primera república segunda ocupación* (La Habana: Editorial de Ciencias Sociales, 1976), pp. 351-352.

Capítulo XII

GENERALES Y DOCTORES, FLUCTUACIONES ECONOMICAS: LOS EVANGELICOS AVANZAN Y DECAEN, CELEBRAN UN CONGRESO INTERNACIONAL Y PASAN POR LA REVOLUCION (1909-1933)

El título de una novela histórica y de crítica social, *Generales y doctores*, de Carlos Loveira, ha sido utilizado por algunos para referirse a las primeras décadas de vida independiente de Cuba, cuando el poseer un alto rango en el ejército del país o en el de los libertadores, o un título universitario permitían ascender en la escala social a los que no procedían de las clases más altas. Entre 1909 y 1933 la nación fue gobernada por tres generales del Ejército Libertador cubano y por un intelectual graduado de la Universidad de La Habana. En medio de un proceso de relativo desarrollo económico, el país tuvo que sufrir graves crisis y dramáticos colapsos bancarios. La obra evangélica creció por un tiempo y pasó después por un periodo de estancamiento y relativa decadencia. En medio de esta situación se celebró en La Habana, en 1929, un congreso evangélico latinoamericano que puso a la Iglesia Protestante de Cuba en un lugar especial en el mapa misionero continental; y finalmente, como el resto de los cubanos, después de varias revueltas y muchos periodos de agitación, los protestantes fueron afectados por el proceso revolucionario que culminó en 1933 —a lo menos en un aspecto— con la caída del gobierno del presidente Machado, a la cual algunos de ellos contribuyeron.

EL GOBIERNO DE JOSE MIGUEL GOMEZ

José Miguel Gómez, general del Ejército Libertador, al tomar posesión a principios de 1909, se convirtió en el primer presidente cubano definitivamente comprometido desde el principio con un partido político. Tomás Estrada Palma fue elegido por una coalición en 1901 y su relación con el Partido Moderado data de su reelección en 1905. Gómez era el líder de un gran sector del Partido Liberal, pero una buena parte de sus compañeros de partido apoyaba al Vicepresidente Alfredo Zayas. No existía en Cuba la separación religiosa entre conservadores y liberales que caracterizó a varios paises latinoamericanos. Aunque las clases aristocráticas favorecían al Partido Conservador (pero no de forma abrumadora), y los católicos nominales o practicantes abundaban en esos sectores económicos, los dos partidos tenían prácticamente la misma posición en materia religiosa. Existía aproximadamente el mismo interés por el liberalismo que por el conservadurismo entre aquellos protestantes cubanos que se preocupaban por la política en aquella época. Prevalecía entre los políticos la indiferencia religiosa. En una carta de Pedro Henríquez Ureña a Alfonso Reyes, le comentaba a este lo siguiente: "Por supuesto, que para ellos la palabra conservador nada tiene que hacer con la palabra católico, y probablemente no hay católicos en el partido. Aquí no hay problema religioso. . ."[1] Se refería el gran humanista dominicano a que el jefe nominal del partido era Enrique José Varona, un filósofo positivista que secularizó hasta el máximo los estudios de bachillerato en Cuba. Y aunque Henríquez Ureña exagera con lo de "no hay católicos en el partido", al menos la presencia de estos quedaba opacada por la lista de intelectuales agnósticos o de políticos sin interés en la religión, que abundaban en los dos partidos cubanos tradicionales. Afortunadamente para Roma, las furias anticlericales de las guerras de independencia y de la Primera República parecen haber disminuido en los círculos gobernantes de la Segunda República, o etapa de los Generales y Doctores. Pero poco podía esperar el clero español, que todavía predominaba en las parroquias, de la mayoría de los miembros del gabinete de José Miguel Gómez.

El presidente liberal no tenía a su lado al gran pensador Varona, pero en su círculo de colaboradores estaban el secretario de Estado Manuel Sanguily y el representante a la Cámara Orestes Ferrara, figuras de primera magnitud en la intelectualidad cubana. Las relaciones internacionales mejoraron gracias al canciller Sanguily. La llegada de Philander Knox a la Secretaría de Estado dificultó la relación especial con Norteamérica porque este se apartó de los lineamientos de Elihu Root que prometió que el derecho de intervención mencionado en la Enmienda Platt no se extendería a intromisión o interferencia en asuntos internos cubanos. El historiador Charles E. Chapman, que en su libro *A History of the Cuban Republic*[2] depende en ocasiones de la obra del historiador cubano Rafael Martínez Ortiz: *Cuba los primeros años de independencia*,[3] señala como las principales lacras del periodo liberal las dudosas compras y ventas hechas por el gobierno, las concesiones a grandes compañías como la telefónica y la firma de contratos basados en cierto grado de deshonestidad. De especial importante es considerado el canje del Arsenal y la ley del dragado que parecen haber enriquecido a ciertos funcionarios. En una gran parte de las transacciones intervinieron empresas y ciudadanos norteamericanos. Todo eso le ganó al presidente el apodo de "El tiburón" y llevó a la creación de la frase "El tiburón se baña pero salpica". Acusaciones que sus defensores han rechazado o calificado de exageradas. El gobierno tuvo que enfrentarse a ciertas huelgas como las auspiciadas por la Agrupación Socialista de La Habana que unía a grupos anarquistas, reformistas, anarcosindicalistas y socialistas. En el aspecto social, el gobierno promulgó la Ley Arteaga que prohibía que se pagaran los salarios mediante simples vales o fichas, así como otras que establecían el cierre de negocios y el descanso dominical para los empleados. Se acordaron modestos salarios mínimos para empleados del gobierno y de obras públicas de compañías que tenían contratos con el Estado. Gómez completó la organización del Ejército poniendo en manos de una sola persona el control de ese cuerpo y de la Guardia Rural. El presidente invirtió algunos fondos en la creación de academias como la de la Historia y la de Artes y Letras, y en la reorganización de la Biblioteca Nacional y otras instituciones similares. Alguna popularidad le ganó la derogación de las medidas que prohibían las lidias de gallos y que procedían de la intervención norteamericana. Durante su gobierno fue establecida la Lotería Nacional, lo cual provocó duras críticas por parte de los protestantes del país que se oponían a la misma por considerarla un incentivo al vicio.

En 1910, el ministro episcopal Francisco Díaz Vólero fue acusado por un sacerdote católico de Baracoa, Oriente, por haber publicado un folleto polémico atacando al catolicismo. Una antigua ley de la época colonial exigía a los autores registrar sus libros y folletos ante las autoridades del gobierno provincial. Al pasar por alto esta disposición Díaz Volero, a quien también se acusaba de propagar literatura de carácter sedicioso, se enfrentó a una posible pena de cuatro meses de prisión, la cual fue solicitada durante el juicio oral.[4]

Francisco Díaz Vólero, había nacido en Cárdenas en 1872. Como ya hemos visto, se convirtió al evangelio en 1901 y sirvió a la Iglesia Metodista, de la cual fue predicador, fundando algunas congregaciones. En

1906 se unió a la Iglesia Episcopal, de la cual llegó a ser arcediano. Ocupó algunos cargos en la masonería cubana y se destacó como líder cívico en varias ciudades. En 1910 fundó una publicación religiosa titulada *Fieles a Jesús;* y en 1914 una revista literaria, *Los Pinos Nuevos,* que atrajo a muchos intelectuales. Díaz Vólero, hombre de ideas liberales, escribió varios libros atacando las costumbres y prejuicios de la sociedad, y sobre todo a la Iglesia Católica. Disfrutó de prestigio intelectual dentro y fuera de las iglesias.

La defensa de Díaz Vólero ante la Audiencia de Matanzas en 1911 estuvo a cargo del doctor Orestes Ferrara Marino, presidente de la Cámara de Representantes y coronel del Ejército Libertador. Ferrara era una figura importante del Partido Liberal y había tenido un trasfondo de ideas libertarias en Nápoles, Italia, donde había nacido en 1876. Este jurista eminente llegaría a ocupar las más altas posiciones en Cuba, con excepción de la Presidencia y escribiría importantes obras históricas y biografías de Maquiavelo, el Papa Borgia, Mirabeau, etc. Su esposa era miembro de la Iglesia Científica de Cristo, denominación que le había atraído en Estados Unidos donde residió. El doctor Ferrara mantenía cierta amistad con líderes evangélicos y su relación comercial con norteamericanos de religión protestante sería muy extensa durante el resto de su vida. Su defensa apasionada de Díaz Vólero logró la total absolución de éste y provocó que se discutiera en la Cámara de Representantes una ley de imprenta que fue aprobada y que representó un notable avance sobre las disposiciones de origen colonial. Díaz Vólero será mencionado de nuevo en este capítulo en relación a actividades revolucionarias y políticas de la época.

En 1908 se había producido la aparición de un movimiento llamado Agrupación Independiente de Color, que después se convirtió en partido político. Representaba de inmediato una amenaza para el liberalismo, que contaba en sus filas con una cifra mayor de personas de esa raza que el Partido Conservador. En 1910, el presidente del Senado, Martín Morúa Delgado, también de color, había presentado en el Congreso una ley prohibiendo los partidos basados en la raza. Esta había sido combatida por los conservadores que eran los beneficiados al disminuir el caudal de votos de los liberales, y el general Fernando Freyre de Andrade, que se había destacado en el gobierno de Estrada Palma, fue uno de los que se opuso a la llamada "Ley Morúa" que en realidad era una enmienda a las leyes electorales y que fue aprobada.

El Partido Independiente de Color, que había participado sin mayores consecuencias en las elecciones de 1908, tenía como líderes a Evaristo Estenoz, Eugenio Lacoste, Gregorio Surín, Pedro Ivonet y otros. Después de acalorados mitines en que se atacó a los blancos por discriminar a los negros y se señaló la condición de abandono en que se encontraba la raza de color, se produjo un levantamiento que había sido fijado para el 20 de mayo de 1912. El conflicto duró unos meses y algunos estiman que entre los alzados de color hubo alrededor de tres mil muertos. Los dos principales líderes de la insurrección murieron peleando: Evaristo Estenoz y Pedro Ivonet. Serafín Portuondo Linares, al igual que otros historiadores atribuye al teniente Arsenio Ortiz, que obraba bajo las órdenes del jefe del Ejército, General José de Jesús Monteagudo, el haber asesinado a Ivonet después de su captura. Se ha acusado de la guerra o de incitar a la población de color a los conservadores, los liberales, los anexionistas, a empresas extranjeras, y al propio Presidente Gómez. La revista norteamericana *Living Age* hasta llegó a acusar a la falta de moralidad y a la Iglesia Católica como los verdaderos responsables de la guerra. La lista de acusaciones sería interminable. Sergio Aguirre sostiene en un artículo publicado en 1962 que el Partido Independiente de Color estaba desorientado ideológicamente pero que el levantamiento ayudó en la lucha contra el capitalismo y el racismo. Entre las obras escritas por cubanos sobre el tema se destacan *El General Gómez y la sedición de mayo* del famoso periodista Ramón Vasconcelos, y *Política y color en Cuba*, un libro muy documentado, escrito más recientemente por Rafael Fermoselle. De acuerdo con Samuel Deulofeu Pérez, que describe el efecto de la Guerra de 1912 sobre los bautistas del Oriente:

"Se inicia la protesta armada de los Independientes de Color. Se extiende de julio a agosto. Queman las capillas de Jarahueca, La Maya. Se paralizó la obra en Santiago, Palma Soriano, Guantánamo, San Luis. Las congregaciones ayudaron a los refugiados que huían del terror de la guardia rural."[5]

Los evangélicos se enfrentaban de nuevo a la guerra y a la revolución en un país caracterizado por esos fenómenos. Aunque la mayor parte de la población negra, como sus líderes, se opuso a la rebelión, hay evidencias de que algunos protestantes de color participaron en ella pues ya había un buen número de estos en la provincia de Oriente. Como muchos evangélicos servían en los cuerpos armados del país, tendrían que tomar parte en el conflicto, pero la única participación evangélica que se conoce a ciencia cierta es el auxilio a los refugiados, citado por Deulofeu y otros autores. El daño a algunas capillas y el caos reinante ciertamente perjudicaron la obra.

Si bien la protesta armada de los Independientes de Color tiene sus raíces en 1908 y también en situaciones raciales muy anteriores, la guerra no se llevó a cabo sino hasta 1912. Años atrás, al iniciarse en 1909 el gobierno de Gómez, ocurrió un hecho que afectaría la vida de un hombre que a su vez cambiaría en muchos aspectos la historia del protestantismo en Cuba. Durante el gobierno liberal se produjeron algunos alzamientos y también un período al que se ha llamado de "agitación veteranista" debido a que muchos veteranos de la Guerra de Independencia se opusieron al manejo que se hacía de la cosa pública y a la concesión de cargos a personas que habían colaborado con las autoridades coloniales españolas. En los primeros meses del gobierno de Gómez fue cuando se produjo el famosísimo asesinato del padre del futuro líder evangélico cubano Bartolomé Gregorio Lavastida, a quien nos referiremos en este libro como B. G. Lavastida. El teniente coronel Manuel Lavastida y Miranda, del Ejército Libertador, colaborador de Maceo en 1896, había sido separado de su cargo de capitán de la Guardia Rural el 30 de enero de 1909, dos días después de la toma de posesión de José Miguel Gómez. El gobierno de este lo acusó de haber sido una de las figuras principales en una conspiración conservadora para derrocarle. De cualquier manera, Lavastida, según la versión oficial, estaba vinculado a un levantamiento llevado a cabo en Taguayabón, cerca de Remedios. El 16 de marzo de 1909, este fue asesinado en Placetas, en la misma línea de ferrocarril, por fuerzas del gobierno que lo acusaron de haber intentado fugarse. El levantamiento fue sofocado el día 18 de marzo, pero el hijo de Lavastida llegaría a ser una figura relevante aunque no en el aspecto político. Los conservadores cubanos usaron el nombre de Manuel Lavastida como un símbolo de su oposición al gobierno de Gómez. Los dos sargentos que lo mataron terminaron sus vidas de manera trágica y dolorosa.

La administración liberal duraría solamente cuatro años. En su reporte anual de 1913, publicado en la revista *Home Missions,* el misionero presbiteriano J. Milton Greene censuró duramente al Presidente Gómez por permitir el relajamiento de las costumbres en el país. Los políticos usaron otros medios para combatirle. En las elecciones parciales de 1910 se produjo una especie de repartición de actas parlamentarias por líderes locales de ambos partidos que provocó las protestas de los líderes conservadores Enrique José Varona y José A. González Lanuza que ni siquiera aprobaron la participación de su propia gente. Los liberales obtuvieron 23 representantes y 12 consejeros provinciales, entre ellos el metodista Armando del Pino, en Pinar del Río, y los conservadores 18 representantes y 12 consejeros. Pero ni las revueltas internas, ni las amenazas de intervención por parte de ciertas autoridades norteamericanas cada vez que se presentaba un problema, ni las acusaciones de corrupción como las de Greene sacudieron al gobierno, que disfrutaba de alguna popularidad. Una división en el liberalismo, creada por la aspiración presidencial del gobernador de La Habana Ernesto Asbert, hizo a éste inclinarse hacia Menocal y crear su propio partido que al unirse a los conservadores formó con estos la llamada Conjunción Patriótica Nacional que derrotó al Partido Liberal. La candidatura de la Conjunción Patriótica llevaba a Mario García Menocal como candidato a presidente y a Enrique José Varona como candidato a vicepresidente; la del liberalismo postulaba a Alfredo Zayas, acompañado de Eusebio Hernández. Los del Conjunto eligieron 11 senadores, 26 representantes, 5 gobernadores y 17 consejeros. La provincia de Matanzas se inclinó por el liberalismo y eligió un gobernador y 2 senadores de ese partido, a pesar de que el nuevo presidente, el conservador Mario García Menocal había nacido en Jagüey Grande, término municipal de esa provincia. Muchos observadores han afirmado que la enemistad política entre Gómez y Zayas, dentro del liberalismo hizo que el primero no favoreciera la elección del último, inclinando la balanza en favor de Menocal. Pero los liberales eligieron 24 representantes a pesar de la división.

El GOBIERNO DE MARIO G. MENOCAL

Mario García Menocal, otro general de la Guerra de Independencia, había estudiado en los Estados Unidos, en academias militares y en la Universidad de Cornell. Había sido condiscípulo del famoso ecumenista protestante John R. Mott. Había tenido relaciones comerciales con norteamericanos de esa religión y uno de sus principales socios lo fue el político republicano R. B. Hawley, de Galveston, Texas. Administró con éxito el Central Chaparra, donde entabló relaciones amistosas con los misioneros cuáqueros. Era católico, y estaba apoyado por sectores de la aristocracia, pero su actuación pública siguió las normas del laicismo de sus predecesores. Durante su gobierno sancionó la ley que estableció definitivamente el divorcio en el país. Su campaña política había utilizado la moralidad pública como plataforma. El lema fue "Honradez, Paz y Trabajo". En su gabinete se destacaron hombres como Cosme de la Torriente, en Estado; Leopoldo Cancio Luna, en Hacienda y Emilio Núñez, en Agricultura, Comercio y Trabajo. No siempre contó con el apoyo de su vicepresidente, el filósofo Varona, que era partidario de una administración ejemplar. Aunque en la época de Menocal se dictaron importantes medidas y se legisló en materia de derechos laborales, se dieron también pasos hacia un gobierno autoritario y se enfrentaron serias huelgas obreras. Tuvo que hacer frente a una reclamación tripartita formulada por Alemania, Francia y el Reino Unido, para lo cual contó con cierto apoyo del gobierno de Washington. Construyó un buen número de escuelas y utilizó los servicios de maestros ambulantes. Su gobierno propició la creación de la moneda nacional. Se construyó el famoso hospital Calixto García y algunos más en las provincias. El país tenía pocas reservas monetarias al hacerse cargo del poder, pero la guerra europea de 1914 hizo subir los precios del azúcar y el gobierno propició el establecimiento de centrales azucareros y miles de macheteros haitianos y jamaicanos fueron traídos al país para aprovechar su condición de mano de obra barata, lo cual enriqueció a los hacendados y a muchos grandes colonos pero perjudicó a los obreros nativos. La llegada de decenas de miles de jamaicanos aumentó la población protestante de Cuba. El fenómeno continuó durante el largo gobierno de Menocal y después siguió produciéndose en el periodo de Alfredo Zayas, su sucesor.

Coincidió la llegada de Menocal al poder con la ascensión a la Presidencia de los Estados Unidos del Partido Demócrata y su candidato Woodrow Wilson, el notable presidente de la Universidad de Princeton. Wilson escogió como su Secretario de Estado a William Jennings Bryan, tan fervientemente presbiteriano como él y que había sido amigo de la causa de la independencia de Cuba y era considerado, de acuerdo con el contexto de los tiempos, como antiimperialista. Hijo y nieto de pastores evangélicos, Wilson era también el más culto de los gobernantes en los últimos tiempos y trajo un renovado sentido de misión a los Estados Unidos, continuando la política expansionista pero adoptando nuevos rumbos. Su postulación por el Partido Demócrata fue una especie de competencia entre activistas evangélicos, porque él y su correligionario Bryan, coaligaron sus fuerzas contra Champ Clark, importante líder laico de la Iglesia de los Discípulos de Cristo. El historiador mexicano y miembro del Tribunal Permanente de Arbitraje de La Haya, Carlos Pereyra, señaló en su libro *El mito de Monroe* la combinación de gobernante y predicador, de político y moralista del nuevo presidente. En Cuba, como en el resto de la América Latina, se había dejado sentir la política de "intervención preventiva" del Presidente Taft y su secretario de Estado Knox. Ciertas formas de intervención militar, sin llegar a la ocupación total, al estilo de una realizada en la guerra racial de 1912 tuvieron lugar en tiempos del Presidente Menocal, ya que, a pesar de las diferencias de estilo, el secretario Bryan y sus sucesores mantuvieron esa política. La frecuente interferencia en los asuntos cubanos fue practicada por el ministro de los Estados Unidos Elliot González (hijo de un patriota cubano), por el general Enoch Crowder, enviado a varias misiones específicas desde principios de siglo, y por el cónsul general Henry N. Morgan. Hacia 1912-1914 se aceleraron también las inversiones norteamericanas. Nuevas y poderosas compañías, como la Cuban Cane y la Cuban Trading Company estaban formadas por accionistas cubanos y norteamericanos. Grandes empresas estadounidenses empezaron a controlar nuestros ingenios azucareros (como la del Central Hershey). Pero debe señalarse que en las frecuentes especulaciones en la industria azucarera participaron importantes capitales cubanos. Aunque existieron épocas de apreciable prosperidad, el monocultivo afectaba el futuro de la economía nacional. En 1917 el gobierno americano anunció la compra total de la zafra azucarera cubana, lo cual se planteó nuevamente en 1918. El desarrollo del país, que indudablemente se estaba produciendo, estaba estrechamente vinculado a la industria azucarera y la proximidad a los

Estados Unidos estrechaba las relaciones entre ambos paises, no solo en cuestiones económicas, sino también en las políticas por la vigencia de la Enmienda Platt.

El dudoso proceso comicial de noviembre de 1914 caracterizado por la abstención de los votantes, acusaciones de fraude y la división del liberalismo en diferentes sectores, favoreció en parte al Partido Conservador pero mostró, una vez más, que los liberales aun divididos como estaban, eran la principal fuerza política del país. En 1916, se celebraron las elecciones generales. El Partido Conservador, después de severas crisis internas, postuló de nuevo a García Menocal; y Emilio Núñez, líder de un sector de ese partido, fue postulado para la Vicepresidencia. Se trataba del mismo general Núñez que por un tiempo estuvo vinculado a una iglesia protestante en la emigración. El Partido Liberal postuló de nuevo a Alfredo Zayas, que llevó como su candidato vicepresidencial al coronel del Ejército Libertador, Carlos Mendieta Montefur. Muchos protestantes de militancia liberal que habían apoyado a García Menocal, pensando que este aboliría la lotería y moralizaría el país, regresaron a su partido al no mejorar el clima moral. En aquella época algunos pastores manifestaban abiertamente su militancia en uno u otro partido.

Se produjo entonces una crisis nacional de gran envergadura. Al no contar como antes con el apoyo masivo de los partidarios de Asbert y sus disidentes liberales, en parte porque éste se había visto involucrado en un grave incidente que deterioró su imagen política, y al haber tenido mucha oposición para obtener la candidatura reeleccionista, el Presidente García Menocal encontró difícil el triunfar de nuevo. Los primeros cómputos de las elecciones de 1916 indicaron claramente un triunfo de la candidatura liberal. Cuando más tarde empezaron a llegar resultados parciales que favorecían a García Menocal, se produjo una crisis por la negativa liberal a aceptarlos. Se celebraron comicios parciales en algunos municipios en disputa, en Las Villas y Oriente, en los cuales sospechosamente casi toda la votación se le concedió al gobierno para que ganara así esas provincias y con ellas obtuviera el triunfo nacional. Los conservadores lograron 8 senadores, 27 representantes y 15 consejeros provinciales ganando 4 gobiernos provinciales. Los liberales obtuvieron 4 senadores, 30 representantes y 15 consejeros aunque repartidos en diferentes grupos o partidos provinciales. También serían liberales los gobernadores de La Habana y Camagüey aunque el de esta última provincia no llegó a ocupar el cargo. El clima de violencia fue aumentando hasta que desembocó en una guerra civil, que llegó a ser conocida como "La Chambelona" que era el nombre de una pieza musical originaria de Santa Clara y que era utilizada por los liberales. En la breve guerra, el papel principal lo jugó el ex-Presidente José Miguel Gómez, ya que el derrotado candidato Zayas, aunque se consideraba el verdadero triunfador, no participó de actividades bélicas. A pesar de que sus enemigos lo llamaban "el kaiser", tratando de asociarlo con las potencias centrales de Alemania y Austria, el Presidente García Menocal acusó de "germanófilos" a los liberales. Los Estados Unidos enviaron tropas durante el conflicto interno para proteger los intereses de sus ciudadanos y participar así de alguna manera en el proceso. La revolución de febrero de 1917 afectó a casi todo el país y los rebeldes controlaron parte de las provincias orientales. El 7 de marzo, en un sitio conocido como Caicaje, las fuerzas gubernamentales derrotaron al general Gómez que fue puesto en prisión. "La Chambelona" fue en gran medida una rebelión militar que dividió al ejército cubano.

La guerra produjo ciertas tensiones en congregaciones evangélicas, ya que algunos de sus miembros, y hasta unos pocos pastores tomaron partido. La revolución afectó el trabajo de las iglesias, sobre todo el de los bautistas orientales y los metodistas. De acuerdo con la publicación presbiteriana *Home Missions*, fue necesario suspender diversas reuniones y otras actividades importantes. La revolución de "La Chambelona" es descrita también por el cronista A. S. Neblett:

> "Debido a la revolución que estalló, los pastores de las provincias de Oriente y Camagüey no pudieron llegar a la reunión anual que se celebró en Cienfuegos, febrero 14 a 16. El Rdo. Hopkins, superintendente del distrito de Oriente, pudo asistir por estar en occidente con los otros superintendentes en su recorrido de la isla. Un buque de guerra norteamericano estaba en el puerto de Cienfuegos, y el cónsul americano obtuvo permiso para que Hopkins fuera en él hasta Santiago de Cuba, después de la sesión. . ."[6]

Según *Home Missions*, un grupo de ministros presbiterianos trabajó ayudando a la Cruz Roja.

No fue éste el único incidente que afectó a los evangélicos. En abril de 1917, por otras razones se produjo una matanza, o asesinato en masa de un grupo considerable de jamaicanos, hecho que nunca fue ampliamente aclarado. Esto trajo como consecuencia una protesta del gobierno del Reino Unido de la Gran Bretaña e Irlanda. Casi todos los muertos eran protestantes y el acto causó gran indignación sobre todo entre los episcopales. No había ningún ribete religioso en el asunto. Todavía en 1920 las tensiones con el Reino Unido continuaban y en julio de ese año el secretario de Estado Pablo Desvernine no fue recibido en Londres, al encabezar una misión cubana.

Menocal continuó en el poder y trató de aliviar las tensiones con indultos. Otro hecho ocurrió el 6 de abril de 1917 cuando los Estados Unidos declararon la guerra al Imperio Alemán. A propuesta de Menocal, el Congreso cubano, con apoyo bipartito declaró la guerra al día siguiente convirtiendo a Cuba en el primer país de América Latina en hacerlo. Se intensificaron las relaciones con Norteamérica. En aquella época del segundo periodo de Menocal, visitó Cuba el general Enoch Crowder que había presidido con éxito la Comisión Consultiva en tiempos de Magoon. Enoch Crowder era frecuentemente calificado en la prensa de "puritano", en lo cual no intervenía necesariamente su inevitable genealogía protestante y anglosajona, sino su misión de depurar el Código Electoral como asesor supremo en esas cuestiones. Los fraudes electorales habían sido denunciados hasta por *Home Missions*, la que llegó a estimar en 200 mil los votos falsos en la elección de 1917.

El proceso de pacificación del país no incluyó el aspecto laboral ya que se realizaron grandes huelgas y se celebraron importantes congresos obreros que fueron dando forma al movimiento sindical, destacándose futuros líderes como Alfredo López, Marcelo Salinas, Juan Arévalo, José Rivero Muñiz y otros. Grupos sindicalistas, anarquistas y de tendencia socialista empiezan también a tener cierto incremento. La muerte de Luis Díaz Blanco en 1919 produjo varios choques entre la policía y la clase obrera. La prensa atacaba al gobierno y en el Congreso se hallaban críticos tan agudos como el senador Juan José de la Maza y Artola.

Las elecciones parciales de 1918 aseguraron a los conservadores su mayoría congresional aunque el liberalismo obtuvo muchos escaños en la Cámara a pesar de su división en grupos locales, sobre todo en Santa Clara y Oriente. La llegada de Crowder el 18 de marzo de 1919, acompañado de una comisión, sirvió para proveer una infraestructura legal que reduciría la posibilidad de fraudes (aunque no eliminándolos del todo). Se crearon nuevos partidos, que no lograron alcanzar mayor trascendencia y se anunciaron nuevas aspiraciones presidenciales y cismas internos. Finalmente, Alfredo Zayas, que no logró la postulación liberal, organizó con sus adherentes personales el Partido Popular Cubano. García Menocal aceptó que su Partido Conservador le apoyara y se creó la Liga Nacional que postuló a Zayas, llevando como candidato a vicepresidente a Francisco Carrillo, un líder conservador. Los liberales postularon a José Miguel Gómez y para vicepresidente escogieron al hombre de negocios Miguel Arango para contentar a varios sectores económicos. La fórmula liberal adoptó el simpático lema "Gómez y Arango le zumba el mango" y la Liga Nacional el de "Zayas y Carrillo, triunfo en el bolsillo". Menocal favoreció abiertamente a Zayas, lo cual le permitía seguir participando en las decisiones sin tener su partido las responsabilidades del gobierno ante la triste situación provocada en la economía nacional por el fin de la guerra europea. El sector partidario del gobernador Ernesto Asbert se inclinó también a la Liga Nacional. Aunque el partido de Zayas era pequeño y era popularmente conocido como "los cuatro gatos" su candidato logró la victoria con el apoyo de conservadores y de partidarios de Asbert. Los partidos de la Liga Nacional obtuvieron 11 actas de senador y 31 de representantes y los liberales 2 senadores y 28 representantes. La votación del Partido Popular Cubano dentro de la Liga Nacional fue bastante reducida comparada a la de los conservadores y sus enemigos los liberales.

EL GOBIERNO DE ALFREDO ZAYAS

Alfredo Zayas y Alfonso, licenciado en Leyes por la Universidad de La Habana, que había sufrido prisión por conspirar contra España, y uno de los fundadores del Partido Liberal, estaba situado entre los intelectuales más conspicuos en la política cubana. Probablemente le correspondió ser el gobernante de mayor cultura humanística en la república cubana. De acuerdo con el escritor Rafael Estenger, que emite un juicio equilibrado pero bastante crítico:

"Era el doctor Zayas, sin duda posible, el único presidente cubano de amplia cultura y formación humanística, aunque su obra literaria, analizada con riguroso criterio, no pase de ser la de un aficionado a cuestiones históricas, y un orador efectista que también escribió versos."[7]

Este hombre, que era lo suficientemente perseverante, flemático y calculador como para reírse de los ataques de sus enemigos, tuvo por lo general relaciones amistosas con los evangélicos. La creación de su partido abrió las puertas a un número de personas que anteriormente tal vez por falta de oportunidades no se dedicaban activamente a la política, incluyendo a muchos evangélicos que militaron en sus filas. Entre ellos el después representante Eladio González, de Matanzas; el pastor bautista J. B. Silva, de Colón, y sobre todo el famoso predicador bautista Manuel Caballería Gali que fue uno de los oradores de la campaña política de la Liga Nacional de 1920. Al triunfar ésta, rechazó un alto cargo que le ofreció el nuevo presidente, su amigo. El vicepresidente Francisco Carrillo también era amistoso con los protestantes y en una ocasión ayudó a un misionero que tenía deficiencias idiomáticas, según un artículo publicado en la revista *Home Missions*.

Zayas tenía el prestigio adicional de ser hijo de José María Zayas, colaborador de José de la Luz y Caballero en el Colegio El Salvador, y de haber publicado una conocida *Lexicografía antillana*. Su gabinete lo formaban conservadores y populares. Tenía compromisos adquiridos con Menocal que le ayudó a llegar al poder. Sus secretarios o ministros incluían a Rafael Montoro, de Estado; Erasmo Regüeiferos y Boudet, de Justicia y José Manuel Cortina, en la Secretaría de la Presidencia. Regüeiferos, a quien ya hemos mencionado, había pasado al Partido Popular Cubano. En la Cámara de Representantes figuraba desde 1914 el metodista Armando del Pino Sandrino, y en el Senado el prominente líder católico de Cárdenas, Guillermo R. Jones, benefactor del Colegio Presbiteriano de esa ciudad.

El gobierno de Zayas respetó la libertad de expresión pero fue acusado de corrupción como sus predecesores. El presidente se caracterizó por la infinidad de maniobras y arreglos con las que hizo frente a la breve rebelión llamada de "Veteranos y patriotas", al surgimiento de nuevos frentes de oposición, a la agitación estudiantil que demandaba la autonomía universitaria y a la interferencia del enviado norteamericano Enoch Crowder, a quien se enfrentó en varias ocasiones, ganando así cierta fama de nacionalista, acrecentada por haberse obtenido durante su gobierno la ratificación por el Senado norteamericano del Tratado Hay-Quesada que había sido firmado por el secretario de Estado Hay y el ministro cubano Gonzalo de Quesada en 1903, asegurándole a Cuba su soberanía sobre la Isla de Pinos.

La situación económica del país se había deteriorado desde la terminación de la Primera Guerra Mundial. En 1920-1921 se produjo una crisis inflacionaria. Grandes inversiones azucareras se habían llevado a cabo en años anteriores. La banca había adoptado una política de financiamiento a corto plazo. El gobierno tuvo que declarar el 10 de octubre de 1920 (con Menocal todavía en el poder) una moratoria bancaria. Esta fue prorrogada. En febrero de 1921 se creó la Comisión Financiera del azúcar para controlar la industria y los precios. Pero en marzo los bancos empezaron a quebrar. Para mayo los bancos cubanos en su mayoría habían quebrado. Ese mes se suicidó el principal accionista del Banco Nacional, José López Rodríguez "Pote". La alarma y la crisis continuaron hasta que empezó a mejorar la situación en 1922. Esto da una idea de los problemas a los que tuvo que enfrentarse Zayas.

Además de las imposiciones de Crowder, que le obligó a formar un "Gabinete de la honradez", el presidente se enfrentó a graves crisis internas de carácter político. En 1923 se produjo un alzamiento llamado de "Veteranos y patriotas". La intensa agitación que causó en la provincia de Las Villas afectó actividades y programas de las iglesias. Pero Zayas llegó a un arreglo político con los líderes. Los estudiantes fueron más perseverantes. En octubre de 1923 celebraron su Primer Congreso Nacional presidido por Julio Antonio Mella. El 3 de noviembre de ese año fue creada la Universidad Popular José Martí la que fue inaugurada por el líder peruano Victor Raúl Haya de la Torre. Resulta interesante señalar que Haya de la Torre era profesor del Colegio Protestante Anglo-Peruano de Lima y amigo íntimo y colaborador del famoso misionero John A. MacKay, figura fundamental del protestantismo latinoamericano de entonces. En esa época la corrupción gubernamental provocó la creación de un grupo llamado "minorista" formado por intelectuales opuestos al sistema y que buscaban nuevos rumbos para el país. En 1923 lo constituían algunos intelectuales de ideas avanzadas, como Regino Pedroso, José Z. Tallet, Andrés Núñez Olano, Rafael Esténger, Francisco Ichaso, Jorge Mañach, Luis Gómez Wanguemert, Max Henriquez Ureña, Rubén Martínez Villena, Enrique Serpa, Arturo Alfonso Roselló y otros que luego se destacaron en la vida intelectual y en la política del país. Su formación siguió a la llamada "Protesta de los Trece". Uno de los principales órganos del grupo fue la revista *Social*, en la cual el historiador Emilio Roig de Leuchsenring fungía como jefe de redacción. Mientras eso sucedía continuaba la agitación obrera, en parte por las difíciles condiciones sociales, pero también propiciada por la política de amplias libertades seguida por Zayas.

De acuerdo con sus críticos, este gobierno se caracterizó por el nepotismo y la corrupción imperante se mantuvo. Zayas demostró ser el más político de los gobernantes cubanos en el sentido de que apeló a la política y no a los alzamientos y la violencia como otros políticos de la época. A Crowder lo supo mantener bajo cierto control a pesar de todo su poder y sus constantes exigencias. En 1922, Zayas elevó la legación cubana en Washington a Embajada y los Estados Unidos tuvieron que dar el mismo paso en Cuba. Esto en realidad favoreció a Zayas porque Crowder, como embajador, desde el 14 de febrero de 1923 no podía ejercer las mismas presiones que como un enviado especial que en la práctica funcionaba como una especie de interventor. Debe reconocerse que la fiscalización de la administración pública que hizo Crowder disminuyó en algo los niveles de corrupción. Y que el cambio de "vacas gordas", o la "danza de millones", a "vacas flacas" —para usar un lenguaje popular de la época—, es decir, de prosperidad a crisis económica no puede atribuirse a Zayas. La época peor en cuanto a las "vacas flacas" llegaría plenamente en el periodo inicial de Gerardo Machado, al producirse la depresión en los Estados Unidos y Europa.

En las elecciones parciales de 1922 los conservadores y los populares fueron a las urnas por separado y los liberales eligieron 27 representantes y todos los gobernadores menos el de Pinar del Río; además, eligieron 79 alcaldes. Los conservadores eligieron al gobernador de Pinar del Río, a 26 representantes y a varios alcaldes. Los populares se conformaron con 4 representantes y algunas alcaldías. Alfredo Zayas aspiraba a la reelección en 1924 pero Menocal logró postularse por el Partido Conservador. Con el apoyo poco sustancial de los populares, el presidente estaba perdido. Es por eso que aprobó la formación de la Coalición Liberal-Popular; de esa manera podía imponer las condiciones que le fueran más satisfactorias personalmente. Los liberales, con el apoyo de los populares, postularon al general Gerardo Machado Morales, antiguo gobernador de Las Villas y alto oficial del Ejército Libertador, el cual llevó como candidato a la Vicepresidencia al alcalde de Cárdenas, Carlos de la Rosa. Fue parte de una hábil maniobra con la cual Machado logró arrebatarle la postulación al coronel Carlos Mendieta Montefur, restándole el apoyo de asambleas del partido. Menocal llevó de vicepresidente a Domingo Méndez Capote, que había ocupado el cargo en el segundo periodo de Estrada Palma. En toda Cuba triunfaron los liberales con el lema "Agua, caminos y escuelas", menos en Pinar del Río, obteniendo la elección de 7 senadores liberales y 4 populares y de 29 representantes liberales y 4 populares. Los conservadores eligieron a un senador y a 25 representantes. Se inició así un nuevo periodo, conocido históricamente como "el machadato", el cual explicaremos después de intentar describir el desarrollo de la obra evangélica de 1909 a 1933. El gobierno que terminaba había enfrentado una crisis económica que había rebajado el precio del azúcar a 2 centavos la libra, y había superado la situación con cierta habilidad que impidió la bancarrota del país. Las fluctuaciones seguirían siendo parte del paisaje, como las palmas, y la economía oscilaría desde la "danza de los millones" de la época de Menocal y la Primera Guerra Mundial hasta la depresión total de los últimos años de Machado, que coincidió con una situación mundial no muy diferente. La obra evangélica sufriría considerablemente en ese periodo.

LOS BAUTISTAS

La obra bautista en Cuba Occidental en 1909 estaba bajo el control del misionero Moisés Natanael McCall, quien en 1905 se había convertido en superintendente del trabajo. Desde entonces hasta su muerte en 1947, McCall imprimió un alto sentido de conservadurismo e identidad denominacional a la convención que rigió con gran habilidad y éxito durante ese largo periodo. En 1909 ya funcionaban el Seminario Bautista de La Habana y la Convención Bautista de Cuba Occidental y se publicaba la revista *Sión* que desde 1928 se llamó *La Voz Bautista*. Se estaba extendiendo la obra a la región asignada: las cuatro provincias más occidentales. Fue un verdadero periodo de organización. En 1911 se organizó en Sagua la Grande la Asociación de Escuelas Dominicales; en 1914, en la convención celebrada en Santa Isabel de las Lajas, quedó constituida la Sociedad Misionera de Mujeres (Unión Femenil Misionera); el Instituto para Pastores y Obreros quedó organizado en 1914. En 1919 se dio un gran paso cuando la Convención organizó tres juntas: la de Misiones, la de Educación y la de Publicaciones. Como en el caso de las otras, la importante Junta de Misiones estaba integrada por 7 miembros: 3 elegidos por la Convención, 3 nombrados por el presidente de la misma y el otro miembro era el superintendente del Home Mission Board en Cuba. McCall ocupaba ambos cargos. De acuerdo con el investigador histórico bautista Leoncio Veguilla, "desde su fundación en 1919 hasta su integración en 1950, las Juntas tuvieron pocos cambios. Hubo un grupo de miembros que casi no se alteraron en su elección cada año. Eso dio mucha estabilidad y poco cambio al programa, las funciones y el trabajo de cada junta".[8]

En 1921, para complementar el trabajo realizado por el primer seminario fundado por los bautistas en Cuba se crea una Escuela Preparatoria para Misioneras. Dos años después, en 1923, se organiza nacionalmente la Sociedad Bautista de Jóvenes (conocida después como Departamento Bautista de Preparación). Por una iniciativa del pastor Gaspar de Cárdenas en 1925 se organizó el Hogar Bautista para ancianos y huérfanos. Se compró una finca en Calabazar de La Habana y se puso el trabajo a cargo de la notable misionera Christine Garnett, que llegó a ser muy estimada durante su larga estancia en el país. En este periodo entraron varios misioneros: L. T. Mays, el doctor W. W. Barnes, Kathryn Sewell, Jennie Edwards de Lamas (la cual realizó por su cuenta una intensa labor en El Mariel), Mildred Matthews, Bessie Harrill, V. B. Clark, el doctor Walter Moore, W. B. Miller, Lucy Cunyus, Eva Inlow, Eva Smith. La primera esposa de McCall, Ruth Nelson, falleció durante sus primeros años en Cuba y este contrajo nuevas nupcias con la misionera Mabel Lipscomb. El número de obreros estadounidenses era grande pero muchos abandonaron el país en los primeros años debido al clima y a sus efectos sobre la salud, dejando a los metodistas el primer lugar que siempre ocuparon en cuanto a la presencia de un personal norteamericano permanente en su trabajo en Cuba. En 1927 se unió a la obra en Cuba Occidental Etna Moseley, viuda del doctor H. R. Moseley que había sido director de la obra bautista oriental.

Durante el periodo en que se mantuvo abierto el primer seminario, y también mediante la utilización y entrenamiento gradual de obreros laicos, se unieron varios pastores a la obra: J. B. Silva, José F. de Armas, Primitivo Navarro, Juan Bautista Ferrer, J. M. Márquez, Benigno Díaz, Heriberto Rodríguez, Alfonso Valmitjana, Ismael Negrín, Enrique Vázquez, Bibiano Molina. La lista es larga pero incluye a los ya mencionados en el capítulo anterior, graduados del primer seminario, y otros. Se destacarían los abogados Abelardo Teodoro Béquer y Reinaldo Machado, pastores con una amplia cultura humanística. El primero como líder de la Convención (vicepresidente y luego, en 1947, sucesor de McCall en la Presidencia) y profesor en Cienfuegos; el segundo, como escritor y alto funcionario del gobierno cubano. Renato Alfonso fue un cercano colaborador de McCall, Alejandro Pereira Alves, brasileño, se convirtió pronto en un prolífico escritor denominacional, como A. S. Rodríguez que también se distinguió en esas actividades. Antonio Martínez, médico español y pastor en Cárdenas por mucho tiempo, fue uno de los mejores oradores bautistas de Cuba. Moisés González, nacido en Argelia, fue uno de los pastores más respetados del país. Jacobo González se unió a los bautistas al salir de la Iglesia de los Discípulos de Cristo, y Emilio Planos al abandonar la Iglesia Metodista. En el grupo había varios pastores de formación totalmente autodidacta como Filomeno Hernández, que era hermano de otro pastor, Domingo Hernández. Edelmiro Becerra mostró gran interés por los estudios filosóficos. José B. Silva, ya mencionado, fue elegido presidente de la Junta Municipal de Educación de Colón, donde dirigió una gran escuela. Miguel Angel Calleiro fue pionero en el trabajo evangelístico. Se dedicó de tiempo completo a la labor de evangelista y se destacó también como líder. A Eduardo F. Rodríguez, el pastor filántropo le erigieron al morir un monumento en Sagua la Grande. José Victoriano de la Cova era denominado en círculos bautistas "el príncipe de los predicadores cubanos". Miguel Calejo se destacó por su interés en los estudios teológicos. En este periodo también surgieron varios líderes denominacionales, como Agustín López Muñoz, biógrafo del doctor McCall, y Arturo Corugedo, con inquietudes intelectuales, el cual fue por mucho tiempo secretario de la Convención. Entre los de mayor interés por el trabajo misionero se destacó José M. Fleites que poseía cierta erudición.

Muy pronto se dio cuenta McCall que los bautistas no podían seguir siendo considerados como "aves de paso" en algunas poblaciones, especialmente por la ausencia de edificios propios. Al principio solo se contaba con el templo de Zulueta y Dragones y con un buen número de locales alquilados. A partir de 1907 la situación cambió y se levantaron varios edificios y templos, muchos de ellos con un gran valor, otros eran modestas capillas. Los primeros fueron los de Colón, Sagua la Grande, Santa Clara, Cárdenas, Pinar del Río, Cienfuegos. Las donaciones generosas de la dama norteamericana Ida Bottoms fueron decisivas a partir de 1918. A ella se debe gran parte del esfuerzo llevado a cabo en la construcción de templos y edificios. Sus donaciones fueron muy elevadas en cuanto a dinero.

La obra se extendió por casi todo el Occidente, y por un tiempo incluyó la Isla de Pinos. Se predicaba en infinidad de poblaciones. A veces por medio de carpas, después se alquilaban locales y se edificaban capillas. El norteamericano V. B. Clark se destacó en esa labor. Como en el caso de otros evangélicos, las escuelas ayudaron en la expansión misionera. El Colegio Cubano-Americano (Cuban American College), que después se llamó Colegio Bautista de La Habana, contó con los servicios de Clark, de Sterling McCall, hijo del misionero, y de otros obreros estadounidenses y cubanos. Alberto J. Díaz había iniciado la obra educacional desde 1886 abriendo varias escuelas en La Habana. Daniel, y sobre todo McCall, la continuaron y ampliaron. Se fundaron varias escuelas más en otras partes del país; sin embargo, los bautistas no le dieron el mismo énfasis a este ministerio, como los metodistas o los presbiterianos. Varios pastores fundaron escuelas por cuenta propia, aunque con alguna relación con la obra, como Federico Rodríguez, en La Habana, J. B. Silva, en Colón y Matanzas, etc. Surgen nuevas iglesias: Santa Isabel de las Lajas, Cárdenas, Consolación del Sur, Trinidad, Cruces, Palmira, Arriete, Mariel, Camajuaní, San Juan y Martínez, Regla, Caibarién, Sancti Spiritus, Aguacate, Artemisa, Batabanó, Santo Domingo, Jovellanos.

Los bautistas sufrieron una gran crisis en 1928. La depresión económica que afectaría gravemente a Cuba y otros países estaba en proceso de desarrollo. Pero lo que más afectó a la obra fue un gran desfalco cometido por el tesorero de la Junta de Misiones Domésticas de la Convención del Sur en los Estados Unidos. Ese personaje había especulado con los fondos y llevó a la Junta a las puertas de la ruina total. Gracias al liderazgo de B. D. Gray, que era el secretario de la misma, y que fue siempre un gran colaborador de la obra cubana, se hizo frente a la situación. En Cuba los salarios se redujeron al mínimo, lo mismo de cubanos que de norteamericanos. Muchos pastores tuvieron que emplearse en trabajos seculares. McCall logró reducir al mínimo el descontento y realizó, a pesar de los factores mencionados, una labor extraordinaria en la cual se demostró el idealismo de casi todos los obreros cubanos. En medio de esa situación, en 1929 época de crisis política y económica en Cuba, los bautistas cubanos enviaron dos misioneros a iniciar la obra de su denominación en la República de Colombia: José Prado Cideres y Luciano Morín. Un colombiano, Miguel Angel del Real y Rivera, se había convertido en la iglesia de Cárdenas y al regresar a su país llevó el mensaje bautista, siendo autorizado a realizar funciones ministeriales por la mencionada iglesia. Después de una visita de McCall a Colombia, y de ofrecerse varios voluntarios, se inició el trabajo en ese país. Los bautistas occidentales, al llegar el histórico año de 1933, en medio de serias crisis nacionales, habían superado sus problemas iniciales y se enfrentaban a otros algo diferentes con apreciable madurez. Su denominación se había consolidado. En 1930 tenían 46 iglesias y 3.818 miembros mientras 47 obreros extendían la obra.

Las iglesias bautistas de Cuba Oriental continuaron multiplicándose en este periodo. Hasta 1913, la obra estuvo en manos del doctor A. B. Moseley, en su calidad de superintendente de la misma. El segundo superintendente lo fue A. B. Howell, que ocupó el cargo hasta 1918. Daniel Wilson desarrolló brevemente el cargo de 1918 a 1919. El misionero canadiense Roberto Routledge se hizo cargo de la Superintendencia en esta última fecha. La terminación de la segunda ocupación en 1909 sorprende a los bautistas en plena actividad. Se van incorporando iglesias a la Convención, misiones que se organizan tales como Maffo, Baracoa, Veguita, Barajagua, Martí, Caney del Sitio, Media Luna, Morón, Yara, Jauco, Socorro, Cascorro, La Güira, Demajagua, Florida, Majagua, Niquero, Santa Cruz del Sur, Palmarón, La Caridad, Cajobabo, Sabanillas, Veguita, Cueto, Céspedes, Bayate, Cauto, Sueño (Segunda Iglesia de Santiago de Cuba), Vista Hermosa (Tercera Iglesia de Santiago de Cuba), Sibanicú, Campechuela, San Germán, Caimanera, Holguín. La lista es muy larga. Ya en 1918, en la convención celebrada en Bayamo, habían informado 52 iglesias. Al llegar a 1933 los bautistas orientales contaban con más de un centenar de iglesias y misiones. Se llevaba a cabo una verdadera obra rural, como lo demuestran los nombres de algunas iglesias: Tronco de Mulo, Veguita de Capiro, Ceiba Hueca, Nibujón.

En 1909 la Asociación de iglesias empieza a denominarse Convención Bautista de Cuba Oriental. Se cuenta con pocos recursos económicos y los pastores sufren muchas privaciones pero trabajan para llegar al autosostenimiento y contribuyen a las misiones extranjeras. En 1911, se envía la modesta ofrenda de 437,83 pesetas a los bautistas de España. En 1924, la Junta Cubana (para misiones) recaudó 5,482 pesos y la recaudación total de 1926 sobrepasó los 40 mil pesos. En 1927 el secretario informó de 74 iglesias y 3,616 miembros activos. En 1933, la cifra de miembros activos era de 3,762, es decir, que no se aumentó mucho la feligresía entre 1927 y 1933 (como en el caso de muchas otras iglesias evangélicas) y se sufrió mucho económicamente en ese último periodo, debido a las crisis financieras del país. En 1932 la Junta de Misiones llegó a deber los salarios de 7 meses a los pastores. Algunos de ellos tuvieron que ser dados de baja, en tanto que otros se emplearon secularmente, haciendo frente a la situación como sus hermanos de las iglesias occidentales. Nuevos obreros se unen al trabajo: Federico Franco, Rafael Delgado, Luis Molina Valdés, Abelardo Rodríguez, Juan Cabrera, José Rodríguez, Ray Ortiz de León, Antonio Martínez (ya mencionado como médico y orador al haberse unido a la Convención Occidental), Saturnino Matos, Joaquín Barrios, Joaquín Antúnez, José Martínez Chávez, Rafael Siria, Vicente Bartutis, Mariano Duque de Estrada, Luis Pavón, Arsenio Fernández, Adolfo Camacho, Donaciano Carballido. En este periodo surgen líderes llamados a ocupar importantes lugares en el liderazgo de la obra: Francisco Sabas, Manuel Caballería Gali, José Serra Padrisa, Maximino Montel Fragoso, Víctor Lobaina, Alfredo Santana, Guillermo Rodríguez, Cirilo de Roux, Rafael Gregorich, Gabriel Jardines y sobre todo Agustín González Seisdedos (ordenado en 1933). En 1911 fue ordenado el intelectual Enrique J. Molina que uniría su vida a la de la hija de un notable pastor que se incorpora a la obra a principios de siglo, Francisco País. Sara País de Molina sería una de las más eminentes líderes bautistas de toda la Isla.

En este periodo la obra bautista oriental toma su forma definitiva. En 1909 se abre la Escuela de Teología de los Colegios Internacionales del Cristo con un programa de tres años. Se inician también las Conferencias para desarrollo de la vida espiritual, conocidas más tarde como Institutos de Verano o Retiros. Se envían ofrendas misioneras a Palestina, España, Siria, Haiti y otros paises. En 1914 se organiza la Asociación Bautista de Escuelas Dominicales de Cuba Oriental. Se dan pasos hacia la creación de otras sociedades. Es interesante notar que en 1917 se hacen intentos por unificar las dos convenciones bautistas, la Oriental y la Occidental. En 1915 se fusionaron las revistas *El Mensajero y Sión*, órganos de las respectivas convenciones. La nueva publicación unificada, *El bautista* se publicó algún tiempo como la revista de ambos grupos, pero en 1921 *El mensajero* vuelve a ser el órgano oficial de los orientales. En la Convención de 1918, los bautistas orientales deciden suspender el proceso de fusión de las dos organizaciones. Los de Occidente están en la misma situación pues no miran con igual entusiasmo las estrechas relaciones con grupos no bautistas que los de Cuba Oriental favorecen. Pero en el aspecto eclesiástico prevalece otro énfasis, el de llegar al sostenimiento propio de las iglesias. En 1918, la American Baptist Home Mission Society estableció que la ayuda económica sería enviada a los fondos de la Convención para que esta la distribuya entre los obreros. Se da un paso que revela una actitud misionológica progresista: los misioneros serían simplemente consejeros u obreros fraternales y no pastorearían iglesias. El propósito parece haber sido el de robustecer la obra nacional. En 1923 el Comité de Misiones Domésticas empieza a llamarse Junta Bautista Cubana de Misiones Domésticas. Su secretario, Pedro Deulofeu fallece en 1927 y es sustituido por Juan B. Carmona que ocupó el cargo hasta 1952.

Los bautistas orientales se destacaban por su obra educacional. En 1915 ya funcionaban 14 escuelas diarias bautistas. Los Colegios Internacionales del Cristo estaban a punto de ser el plantel privado de la provincia de Oriente con mayor reconocimiento en el resto del país. El misionero canadiense Robert Routledge —quien más tarde recibiría la Orden de Carlos Manuel de Céspedes— contribuyó grandemente al mismo, como director. El doctor Enrique J. Molina se distinguiría en ese trabajo y en la enseñanza pública, pues fue Inspector Escolar de Distrito, Inspector Provincial de Educación Primaria, profesor y director de la Escuela Normal de Santiago de Cuba. Alfredo Santana dirigía un importante colegio bautista en Bayamo, conocido en toda la provincia. Otras instituciones educativas empezaban a hacer un impacto. La lista de educadores debe incluir a José Serra Padrisa, otro pastor y notable orador que había sido sacerdote católico. Ocupó altos cargos docentes en los institutos de Santa Clara y Santiago de Cuba, al servicio del gobierno cubano. Maximino Montel Fragoso, nacido en Ciego de Avila pero con antepasados filipinos, trabajó en la obra educacional y como director de *El mensajero*. Manuel Caballería Gali compartió con Enrique J. Molina el privilegio de publicar algunos artículos en los mejores periódicos y revistas del país. Era autor de himnos religiosos y poeta. Escribió "Los valdenses cubanos" el himno de los bautistas orientales, y varios libros. Fue uno de los oradores de la campaña del Presidente Zayas en 1920, como ya hemos mencionado. Un misionero bautista, Alfredo Story, además de dirigir por un tiempo los Colegios Internacionales de el Cristo, ocupó el cargo de cónsul de los Estados Unidos en Santiago de Cuba.[9] Por esa época aparecen algunos bautistas en las listas de candidatos a cargos de alcalde y concejal en algunos municipios de Oriente y Camagüey. La penetración en la sociedad de las provincias orientales comienza a notarse. En cuanto al ámbito nacional, la Convención protesta en 1909 por las lidias de gallos autorizadas por el Presidente Gómez. En 1915 la denuncia se dirige al Presidente García Menocal por el anuncio de la reanudación de las corridas de toros. En 1924 le toca el turno al Presidente Zayas pues los bautistas protestan entonces por limitaciones a la libertad de expresión por parte del secretario de Gobernación.[10]

En este periodo que termina en 1933, el entusiasmo entre los bautistas orientales era grande, aun en medio de las crisis económicas. En 1927 en la convención celebrada en San Luis, un buen número de hombres se ofreció para trabajar como misioneros y las mujeres entregaron sus joyas para que se usara el dinero en las misiones. En la década de 1920 la actividad misionera entre los haitianos es ya evidente y se ven grandes resultados (en 1965 funcionaban 33 iglesias bautistas haitianas en Cuba oriental). Se hace obra social entre estos inmigrantes y en sectores pobres (a pesar de las limitaciones de fondos). Con la creación de distritos misioneros para organizar mejor el trabajo, y con el ímpetu evangelístico, los bautistas de Oriente y Occidente mostraban la seriedad de sus intenciones en la obra cubana.

LOS METODISTAS

La Iglesia Metodista Episcopal del Sur empezó esta nueva etapa en la historia de Cuba con recursos que en muchos sentidos superaban los de otras denominaciones, y si bien era la que contaba con mayor número de misioneros extranjeros, y estos controlaban la obra, se acercaba al menos en un aspecto al ideal de la iglesia nacional: se estaba extendiendo por las seis provincias. Aunque muchos misioneros salieron del país por razones de salud, y varios trabajaron uno o pocos años, el ingreso de nuevos obreros norteamericanos en este periodo seguía siendo impresionante: H. L. Powell, O. K. Hopkins, John F. Caperton, L. H. Robinson,

Henry E. McNeel, Frances B. Moling, Manelle Forster, M. M. Marshall, George D. Naylor, H. G. Covan, M. M. Mullen, R. L. Whitehead, Junia Jones, Dreta Sharpe, Lucile Lewis, Clara Chalmers, May Johnson, Bertha Tucker, Joseph Thacker, Grace Goodwin, Beulah Hubbard, Lou White, Elizabeth Earnest. La lista es interminable, los más conocidos de este grupo pueden haber sido Carl Stewart llegado a Isla de Pinos en 1931, y Garfield Evans, que llegó por primera vez en 1924. El personal estadounidense continuaría aumentando, en parte porque un número alto estaba destinado a labores educacionales en las escuelas que se iban abriendo en todo el país. En 1909 llegó otro ministro procedente de los Estados Unidos pero no en calidad de misionero. Se trataba del emigrado y patriota Manuel Dominguez, de Key West, que pronto aprendería sobre la diferencia que hay entre un misionero y un pastor nativo. La mejor descripción de la época y de los obreros, puede ser la ofrecida en su libro por el doctor Carlos Pérez Ramos:

"...las comunicaciones entre los pueblos y provincias eran muy difíciles. Se carecía de carreteras y de las comunicaciones aéreas. La obra de los superintendentes y pastores tenía que ser a caballo, algunos automóviles, ferrocarril o por mar en barcos. Es bueno admirar los cientos de kilómetros que a caballo tuvieron que vencer algunos de estos hermanos para atender sus campos de predicación. El sistema itinerante de nuestra Iglesia movía a los obreros de pueblos y provincias, según fuera necesario. Como era de esperarse, algunas dificultades tenían que surgir entre los misioneros y los nativos. Existía una gran diferencia en educación, en la preparación eclesiástica, en la experiencia del trabajo y en la situación financiera. Algunos de los pastores cubanos sólo habían cursado la primera enseñanza y los sencillos cursos que los misioneros podían ofrecerles. Todo esto hacía una separación entre ellos y algunos pastores cubanos se sentían humillados frente a los conocimientos de aquellos misioneros graduados de Emory o de otros de nuestros seminarios. El pastor nativo recibía un salario que muchas veces representaba menos de la mitad del recibido por el misionero. Varios de los pastores cubanos ingresaron en el ministerio casados y con familia, dando esto motivo a que la familia no aceptara la itinerancia ni la vida rígida, moral y consagrada de un cristiano. La familia de un misionero era respaldada por la Junta de Misiones en todos los detalles y cada cinco años podía ir a la patria a pasar un año con los suyos. Muchos pastores nunca gozaron de vacaciones porque el salario no se lo permitía. Estas diferencias y otras hicieron que varios pastores tuvieran que dejar la itinerancia pero continuaron como predicadores locales. Varios de ellos se trasladaron a otras denominaciones. Sin embargo, a pesar de todas las dificultades siempre la obra marchó adelante. Nuevos templos se construían; nuevas casas pastorales se fabricaban, nuevas escuelas surgían y Dios seguía proporcionando obreros nacionales al extremo que al terminar la segunda década ya habían más nacionales que misioneros. Pero no debemos olvidar que el 80% del costo de las construcciones fue cubierto por las iglesias de los EE. UU."[11]

Esta descripción es prácticamente inobjetable. Al mencionar que en la segunda década ya había más nacionales que misioneros se refiere al número de cubanos, ordenados o predicadores locales, que trabajaban como pastores de iglesias, en comparación con el de misioneros ejerciendo las mismas funciones. La realidad es que, contado todo el personal misionero extranjero, incluyendo los maestros, este era una mayoría amplia, y sobre todo dominante. Acierta en cuanto a la preparación, pero no todos los misioneros eran "graduados de Emory" como el mismo advierte, ni su preparación era siempre impresionante.

Cuba era gobernada, dentro de la Iglesia Metodista, por obispos de conferencias norteamericanas a quienes se les asignaba la jurisdicción cubana. Obispos de Florida, Alabama, Georgia y Tennessee. En este periodo ocuparon el episcopado, en relación con Cuba, Warren Aiken Candler, 1898-1915; 1927-1930; W. B. Murrah, 1916-1918; W. N. Ainsworth, 1919; 1932-1937; W. N. McMurry, 1920; Jaime Atkins, 1921-1922; Jaime Cannon, 1923-1926; y E. D. Mouzon, 1931. El ambiente característico del personal misionero era definitivamente sureño y su cosmovisión también lo era. El tiempo de mayor expansión misionera parece haber sido el presidido por el obispo Candler aunque después de su salida se siguieron abriendo iglesias.

El año 1909 tuvo relativa importancia. Tres misioneros, Ludwig Oser, E. L. Lloyd y W. G. Fletcher se trasladaron a otros lugares fuera de Cuba, pero se construyeron templos en Bauta, Rincón y Baracoa, los primeros del periodo 1909-1933. J. T. Redmon logró que el 35 por ciento de los americanos que vivían en la Isla de Pinos asistieran regularmente a los cultos y que el 75 por ciento hiciera contribuciones a la obra. Esto se logró en un plan de dos años de trabajo intensivo. En la Conferencia General de 1910 de la Iglesia Metodista en los Estados Unidos se aprobó una solicitud de la Misión Cubana haciendo ley la concesión de que los ministros ordenados de Cuba, nativos y extranjeros, al reunirse como sesión anual pudieran dar licencia de predicar y renovar las licencias otorgadas anteriormente. La Misión podría hacerse representar en la Conferencia General con un delegado. En 1911 la Iglesia de Cuba estuvo representada por H. B. Bardwell en la Conferencia Ecuménica del Metodismo, celebrada en Toronto, Canadá. Otro importante acontecimiento ocurrido en 1909 es la colocación de la primera piedra del nuevo edificio para el Colegio Candler en un terreno adquirido en el Reparto San Martín en Marianao. Esto ocurría el 25 de enero de 1912. El gobierno nacional, el provincial y el municipal estuvieron representados junto al obispo Candler. Los oradores fueron, además del obispo, el Gran Maestro de la Gran Logia de Cuba, Juan de la Cruz Alsina; Fernando Figueredo, tesorero general de la República y Erasmo Regueiferos, senador por la provincia de Oriente. Los dos últimos han sido identificados como oradores oficiales de cuanto acto protestante de envergadura se celebrara. En esa época se recibió una donación en Matanzas. El doctor Pedro Tosca, catedrático del Instituto Provincial, legó una propiedad que fue usada después para el Colegio Irene Toland, el Centro de Servicio Cristiano, y eventualmente, en 1946, el Seminario Evangélico de Teología. También en 1912 se inauguró en Camagüey el Colegio Pinson. Durante este periodo se abrieron otros colegios metodistas y escuelas parroquiales de la denominación en varios lugares del país. En esa misma época ocurrió otro evento de trascendencia. En 1916 la *Revista Trimestral* empezó a llenar una necesidad en las escuelas dominicales.

Nuevos pastores se unieron al trabajo, ya sea al recibir sus licencias como predicadores o al recibir su primer nombramiento: Próspero Guerra, Agustín Nodal, Lorenzo Verdecia, Manuel J. Rodríguez, Ray Ortiz de León (que también fue bautista), Silvano Sánchez, Gerardo San Pedro, Víctor López, Ramón Moraleda, Ignacio González, Miguel Soto, Pedro José González, Faustino Carrión, Angel Virelles, Manuel B. Salabarría, Flor Reyna, Juan Alejo. Algunos de ellos se prepararon siguiendo las instrucciones de la disciplina en cursos especiales. En 1924 se creó el Departamento de Preparación Ministerial en el Colegio Candler, dirigido por B. F. Gilbert. Silvano Sánchez fue el primer graduado. Esta institución, conocida después como el Seminario Metodista, funcionó brevemente (de 1929 a 1931) en Camagüey, pero estuvo radicada en La Habana durante la mayor parte de su existencia. Por mucho tiempo E. E. Clements fue su decano y en la facultad sirvieron Luis Alonso, H. B. Bardwell, W. K. Cunningham, O. K. Hopkins, la señora de Clements y otros.

Los metodistas de Cuba cooperaron con el Congreso Evangélico celebrado en Panamá en 1916 y ese mismo año la Misión Cubana estableció vínculos con el Comité de Cooperación en la América Latina que visitó Cuba en la persona del especialista Dr. Benjamín F. Baker. Ciertas declaraciones de Baker acerca de los metodistas hicieron a la Reunión Anual ratificar su postura de cooperación y amistad hacia todas las denominaciones protestantes aunque manteniéndose aparte del concepto de la unidad visible de la Iglesia en sus aspectos orgánicos. En ese año entregó a los bautistas de Oriente la obra en Baracoa y estos cedieron Minas y Nuevitas. En 1917 celebraron con otros metodistas del mundo el Centenario de las Misiones metodistas. Para la obra general de la Iglesia y para el trabajo educacional de la división femenina se solicitaron entonces 27 misioneros nuevos, sostenimiento parcial de 25 obreros nacionales, varias casas pastorales, edificios para colegios, una casa de publicaciones y librería, así como recursos para pagar alquileres de nuevas misiones.

Desde el punto de vista organizativo este periodo se caracterizó por algunos avances. Ya en 1919 la Misión Cubana se convirtió en la Conferencia Anual de Cuba presidida por el obispo W. N. Ainsworth. En 1921 se lanzó un plan para sostenimiento propio que no fue logrado. En 1922 la Conferencia General de los Estados Unidos voto para crear la Conferencia Anual de Cuba, la cual contaba con 34 cargos pastorales, 45 iglesias, 5 mil miembros aproximadamente y gozaba de todos los derechos de las conferencias de los Estados Unidos. Cuba pasó a ser considerada entonces como una conferencia más dentro del territorio metodista norteamericano. En 1926 Ignacio González llegó a ser el primer superintendente de Distrito de nacionalidad cubana en la Iglesia Metodista en Cuba. Se le encargó el Distrito Oriental. Era el cargo de mayor responsabilidad que se ponía en manos de un cubano desde 1898. Hacía 28 años que la Iglesia Metodista se había organizado en Cuba y 43 años desde que se predicaron los primeros sermones metodistas en lengua castellana en la Isla de Cuba por Silvera y Someillán, en 1883.

El metodismo mostró cierto interés por reformar la sociedad cubana en aquellos aspectos que generalmente le interesaban en otros lugares. En 1909, el obispo Candler mencionó en un artículo publicado por el *Atlanta Journal* la difícil situación económica del pueblo cubano y atacó la lotería inaugurada por el Presidente Gómez y el uso que se hacía del presupuesto, al que el consideraba demasiado grande. En algunos diarios de La Habana se interpretaron las palabras del obispo como un ataque a Cuba, y esto fue refutado por el misionero S. A. Neblett en el diario *La Discusión* el 25 de febrero de 1910. La dirección del periódico, en una nota que precedió al artículo, consideró las críticas a Candler como "injustificadas acusaciones" y alabó la posición adoptada por el principal rector del metodismo en Cuba. Los metodistas trabajaban intensamente. Surgían en aquella epoca evangelistas como Agustín Nodal y Manuel Salabarría; reformadores sociales como Justo González Carrasco y Pedro Vasseur; educadores notables como Luis Alonso. Ya en 1925 en una sola población de Cuba, Colón, donde el metodismo no tuvo el arraigo que consiguió en otras ciudades, la congregación local incluia a un alcalde municipal y a uno de los principales líderes del pueblo, Víctor Hernández, cuyas contribuciones llevaron a las autoridades a hacerle un reconocimiento especial. Hasta 1918 había sido pastor de la iglesia de

Colón Miguel Vidaurreta Caballero, un pariente del después famoso político e intelectual Juan Marinello Vidaurreta. Al morir ese pastor el 17 de marzo de 1918 las autoridades locales y la masonería le levantaron un monumento por su labor comunitaria. En 1926 la Iglesia había mostrado cierta sensibilidad social al inaugurar en Matanzas un importante Centro Cristiano, dirigido por Bertha Tucker. Su propósito era ayudar a los necesitados ofreciendo educación, recreación y auxilio de todo tipo. En 1932 se aprobó la creación del primer dispensario metodista en Cuba en la ciudad de Pinar del Río, gracias a la iniciativa del médico metodista Máximo Martínez. Sería el primero de muchos dispensarios auspiciados por esa iglesia.

La crisis nacional de los años 1929 al 1933 afectó al metodismo, como veremos más adelante, e incluso algunos de sus líderes participaron en la revolución contra Machado. Sus finanzas y la obra evangelística sufrieron bastante en esos años. Sin embargo, por su contribución al sistema educacional del país y por la calidad de algunas de sus escuelas se dejarían sentir de cierta manera en algunos estratos de la sociedad cubana, a pesar de que su Iglesia en el país estaba casi totalmente dirigida por extranjeros. La obra metodista cubana seguiría bajo la Iglesia del Sur y sus juntas de misiones hasta 1939 cuando las iglesias del Norte y el Sur y la Iglesia Metodista Protestante se unieron en Norteamérica en un solo cuerpo. El carácter sureño de la denominación continuaría en Cuba debido a la relación muy especial con la Conferencia de la Florida y sus obispos.

LOS PRESBITERIANOS

La división denominacional en los Estados Unidos no seguiría afectando tanto a otro grupo evangélico durante este periodo. Los presbiterianos resolvieron en Cuba, en la etapa de 1909-1933 que estamos describiendo, la injustificable separación de esfuerzos de las iglesias del Norte y el Sur. A partir de 1918, los dos grupos unieron sus obras y a ellos se añadieron ese mismo año los Discípulos de Cristo. (En 1909 lo habían hecho los congregacionales). Como los metodistas, los presbiterianos ejercieron alguna influencia en la sociedad cubana mediante sus escuelas. Pero todavía en 1916, a pesar de la gran tolerancia religiosa del pueblo cubano, ciertos elementos de las clases más aristocráticas, muy inclinadas a la vida social con sus amistades norteamericanas protestantes, rehusaban contactos públicos demasiado notorios con los evangelicos. Un eminente miembro del gabinete del presidente Menocal asistió a una boda presbiteriana donde sirvió como testigo, pero le pidió cortesmente al pastor Antonio Mazzorana (que era un notable músico y el padre de un oficial del Ejército Libertador) que no revelara en público su identidad. Con aristócratas o sin ellos, los presbiterianos añadirían a su filas un buen número de profesionales y tendrían uno de los más interesantes periodos de su historia. Como veremos pronto, en 1924 ya 24 cubanos estaban a cargo de iglesias, y solo 3 americanos, avanzando hacia la meta de la iglesia nacional con paso cauteloso.

La Iglesia Presbiteriana del Sur de los Estados Unidos mantuvo su presencia en Cuba hasta 1918 y después se integró su obra con la de los presbiterianos del norte. Sus obreros se concentraron mientras tanto en las iglesias de Cárdenas, Caibarién, Placetas, Remedios, Camajuaní y Zulueta. En 1914 habían organizado el Presbiterio Central con pastores norteamericanos y cubanos. El doctor Robert L. Wharton, que fue su moderador, escribió sobre ese acontecimiento:

"En el año 1914 se organizó el Presbiterio Central, contando ya la Iglesia con pastores como Leiva, Someillán, Torres, Alvarez, Hernández, Fernández Renou, J. T. Hall, Wharton, Wardlaw y Gruyer. También se hallaba presente en aquella reunión el doctor Juan Orts y González, quien permaneció en dicho grupo trabajando con gran entusiasmo durante dos años. En la primera reunión, el Presbiterio hizo bien notoria su determinación de ser una iglesia misionera, acordando abrir un nuevo trabajo en Yaguajay, el cual sería costeado con las ofrendas de las distintas iglesias del Presbiterio. Este acuerdo fue cumplido sin dilación alguna, siendo esta la novena iglesia organizada por la denominación Presbiteriana del Sur."[13]

La conveniencia de unir los esfuerzos de las dos grandes iglesias presbiterianas de los Estados Unidos en Cuba era evidente. De esa forma la Iglesia del Sur podía dedicar sus esfuerzos a otros países. De acuerdo con Odell:

"En 1918 los discípulos de Cristo y la Iglesia Presbiteriana de los Estados Unidos (la del sur) propusieron que su trabajo se amalgamara con el de la Iglesia Presbiteriana de los Estados Unidos de America (la del norte), y que se retiraran de Cuba para invertir sus fondos y personal en otras areas misioneras. La propuesta se hizo realidad. La Junta de Misiones Nacionales de la Iglesia Presbiteriana de los Estados Unidos de America adquirió los edificios de estas dos denominaciones y asumió la responsabilidad por sus presupuestos. De acuerdo con los términos de la transferencia."[14]

Importantes consecuencias se derivarían de este hecho. La Iglesia del Norte ha tenido en sus campos misioneros una política más progresista en cuanto al trato de los obreros nacionales. Por otra parte, el presbiterianismo en Cuba no tendría una prevaleciente influencia cultural sureña aunque la Iglesia del Sur mantuvo su interés y envió ayuda al Colegio La Progresiva. Por otro lado, la Iglesia del Sur traspasaba a la del Norte algunos obreros valiosos y capaces, sobre todo a Robert L. Wharton, que había sido superintendente y puede considerarse como uno de los misioneros más notables en la historia de las misiones en Latinoamérica.

La Iglesia Presbiteriana del Norte inició el periodo 1909-1933 al recibir los templos y obreros de la Iglesia Congregacional. Esta última se integró en Cuba a la Iglesia Presbiteriana de los Estados Unidos de América por decisión de la Sociedad Misionera Doméstica Congregacional (Congregational Home Missionary Society). La decision fue tomada en 1908 y se llevo a cabo en 1909. Según la revista *Home Missions*, este fue un paso dado "en la convicción de que la eficiencia y la economía en la administración serían alcanzadas". Los presbiterianos recibieron 4 iglesias organizadas: las de Guanabacoa, Matanzas, San Antonio de los Baños y Guanajay; la misión de San Francisco en La Habana y más de 250 miembros. Para esa fecha, los presbiterianos del Norte acababan de abrir misiones en San Cristóbal, Artemisa, Cayajabos y Carlota. Se notaba entre ellos gran optimismo por las nuevas iglesias y miembros que se sumaban, por la unión con los congregacionales, y por sus propias misiones que seguían extendiendo la obra hacia Occidente. Los congregacionales habían dejado además miembros en Cienfuegos y otras ciudades, pero ninguna propiedad, ya que la obra se había realizado en edificios alquilados.

En 1910, los presbiterianos del Norte recibieron otros 150 miembros, haciendo llegar el total a 1,350. Contaban con propiedades en La Habana, Nueva Paz, Cabaiguán, Sancti Spíritus. La asistencia a la escuela dominical había alcanzado un promedio de 2,623 personas. Ese mismo año, la revista *Home Missions* informó de las actividades de Alberto J. Díaz, el fundador de la obra bautista en Cuba, que colaboraba con los presbiterianos predicando en los parques con H. B. Someillán y del trabajo del antiguo misionero congregacional E. P. Herrick que quedó a cargo de la obra en Matanzas. En 1912, J. Milton Greene informaba acerca del ministerio dentro de la obra presbiteriana del Norte. Lo integraban 2 americanos, 2 ingleses, 5 españoles (de ellos 4 habían sido sacerdotes católicos) y 6 cubanos. Se contaba además con 6 cubanos laicos que trabajaban como auxiliares, y con los servicios de Díaz, encargado de una misión. Las 36 capillas eran atendidas por 19 ministros. En 1914 el informe menciona 14 escuelas diarias, 3 de las cuales estaban a cargo de la Junta Femenina (Women's Board). El Presbiterio de La Habana estaba formado en esa fecha por 15 ministros ordenados y 7 licenciados. Desde 1912 se publicaba en español la revista *Manzanas de Oro* para uso de la escuela dominical y traducida por Greene, la cual era utilizada por varias denominaciones. También se contaba con la revista mensual *Cuba Cristiana* dirigida por C. Vega, antiguo sacerdote católico. La obra de Camagüey estaba a cargo de otro ex-sacerdote, Salvador Cornejo. Avanzaba también la obra en Cienfuegos, compuesta inicialmente por congregacionales. En 1915 se tuvo que reducir el presupuesto, lo cual afectó el plan de extensión. El informe de 1916 se refiere a 2 mil personas asistiendo a las 27 escuelas dominicales. El de 1917 menciona 20 iglesias, 15 misiones y 18 escuelas de instrucción general. En ese mismo número se informa que hasta 1914 la Junta Presbiteriana había invertido en Cuba US$377,741.35, una buena suma para aquella época.

En 1919 el doctor Edward A. Odell se hizo cargo de la obra como superintendente, sustituyendo a J. Milton Greene. 1918 es el año de la unión con los presbiterianos del Sur y con los Discípulos de Cristo. La unión con los presbiterianos del Sur representó un buen número de ministros añadidos a la Iglesia del Norte. La unión llevada a cabo con los Discípulos es descrita por Julio Fuentes, el único pastor cubano de esa obra que pasó a los presbiterianos:

"En vista de que no era posible sostener el número suficiente de misioneros para extender y dar auge al trabajo de cooperación, la Misión determinó dejar la obra de Cuba, con el fin de reducir el número de denominaciones y fortalecerse en otros lugares. La Misión Presbiteriana se hizo cargo de los edificios y propiedades todas: y las iglesias en Matanzas, Unión de Reyes, Cidra y Manguito, que eran las que quedaban organizadas, tomaron el acuerdo de prestar su cooperación a la Misión Presbiteriana para que comenzase su trabajo en dichas localidades. . ."[15]

La Junta había pagado US16,500 a la Iglesia Presbiteriana del Sur por las propiedades, y US$18,000 a los Discípulos de Cristo. El crecimiento repentino en miembros, propiedades y recursos educacionales convertía al presbiterianismo en una poderosa fuerza.

En 1921 eran construidos templos en Manguito y Sancti Spíritus y se hacían donaciones para otro edificio en Unión de Reyes. Ese mismo año la YMCA (Asociación Cristiana de Jóvenes) pidió ayuda a los presbiterianos para establecer un amplio ministerio con los estudiantes de La Habana. Mientras tanto, la publicación *Home Missions* llamaba la atención al hecho de que por esa fecha, 1921, los presbiterianos no estaban haciendo prácticamente nada con los jamaicanos. Aunque se trabajó con ellos, serían los chinos los que recibirían mayor atención y en la obra con este último grupo los presbiterianos hicieron una contribución sobresaliente. Desde 1918 se hicieron esfuerzos para alcanzar la población china, sobre todo en La Habana. Un voluntario, Pedro Tam, se ofreció para trabajar con esa comunidad, a la cual pertenecía. Después de alistar en sus esfuerzos iniciales a Genaro Mark, lograron formar un grupo que se organizó formalmente en 1923 después de haberse reunido por algún tiempo. El Presbiterio de La Habana les concedió la licencia ministerial correspondiente (que no equivale a una ordenación) y se hizo cargo del trabajo como pastor. El editor del diario chino de La Habana, W. Yee, y el cónsul de la República de China, Chon Mo Chang, fueron designados como ancianos gobernantes (cargo eclesiástico principal que puede asumir un laico en la Iglesia Presbiteriana) y se inició la Iglesia China. El protestantismo era conocido en amplios sectores de la comunidad china por ser miembros de iglesias protestantes Sun Yat-sen, Chiang Kai-shek, la poderosa familia Soong e incluso la del filósofo Lin Yu-tang. El trabajo misionero en China había llegado a los más altos círculos de ese país.

Los antecedentes de la educación teológica presbiteriana en Cuba se remontan a esfuerzos pioneros del doctor Wharton (de la iglesia del Sur) en Cárdenas, como los grupos pequeños que él educó por su cuenta en 1900 y 1903. En 1921 se llevó a cabo un esfuerzo organizado al iniciarse un seminario teológico, que algunos cronistas consideran como de tipo más bien informal. Contando con la ayuda de su esposa, el pastor H. G. Smith inició el Seminario Teológico de Cárdenas. La pequeña escuela tenía también en su facultad al doctor Wharton y al pastor Ezequiel Torres y se usaron los servicios del doctor Merlyn Chappel de la iglesia de habla inglesa en La Habana. De los siete alumnos con que se inició el seminario, dos se hicieron, dos se hicieron ministros episcopales y dos dejaron el ministerio; el resto sirvió a la Iglesia Presbiteriana. Fue un experimento de breve duración que rindió apreciables resultados en una época sin oportunidades de educación teológica formal en el país. La iglesia enviaba sus estudiantes a otros lugares, sobre todo al Seminario Evangélico de Río Piedras, Puerto Rico. Alrededor de 1928 se abrió un Hogar Universitario para estudiantes del interior que cursaban estudios en diversas carreras en La Habana.

A pesar de esfuerzos de breve duración y de las lecciones de escuela dominical traducidas por el doctor Greene, la Iglesia Presbiteriana necesitaba una publicació;n regular. En 1910 el doctor Wharton publicó el *Heraldo Evangélico*, el cual sirvió para estrechar lazos entre los dos grupos presbiterianos que trabajaban entonces en el país. El experimento duró cinco años. En 1919 se fundó la revista *Heraldo Cristiano*, considerada por algunos como la más permanente e importante publicación regular del protestantismo cubano. En su primera etapa, se trató de hacer de ella un verdadero órgano interdenominacional. Por un tiempo fue en realidad la revista de los presbiterianos y los cuáqueros. El primer director fue Ezequiel Torres, a quien sustituyó H. B. Someillán; después, la dirección pasó a manos del doctor José Marcial Dorado, de la Sociedad Bíblica Americana. El administrador por algún tiempo fue Sylvester Jones, el misionero cuáquero que trabajaba en empresas de cooperación interdenominacional como la librería La Nueva Senda. A partir de 1933, bajo la dirección de J. Mauricio Hernández, la revista queda definitivamente como el órgano de la Iglesia Presbiteriana de Cuba. Se destacaron en aquella época, entre sus principales colaboradores, H. G. Smith, Pedro J. Hernández y José Marón Cela, que se hizo cargo de la Imprenta Heraldo Cristiano, la cual fue de gran importancia para la Iglesia y aun para autores seculares que la usaron para publicar sus libros. La revista y la imprenta, dos importantes agencias de la Iglesia, fueron en gran parte el resultado de las iniciativas o el impulso del doctor Odell, quien trató de darles un carácter interdenominacional. La librería, dirigida por Sylvester Jones, fue uno de los más importantes esfuerzos interdenominacionales en aquella época.

En 1924 fue nombrado superintendente de la obra de la Iglesia Presbiteriana de Cuba el misionero H.G. Smith. El doctor Odell fue designado secretario ejecutivo para las Indias Occidentales de la Junta de Misiones Nacionales de la Iglesia Presbiteriana de los Estados Unidos de América, organización misionera que empezó a usar ese nombre desde 1923. Las personalidades de Greene, Odell y Smith presidieron los esfuerzos de la Iglesia en el período 1909-1933; pero hay que añadir a ese grupo el nombre de Robert L. Wharton, que además de servir como superintendente de la obra de la Iglesia del Sur en Cuba hasta 1918 se convirtió, a partir de esa fecha, en la máxima figura del trabajo educacional de la Iglesia Presbiteriana. Excepto La Progresiva, que pasó a su jurisdicción en 1923, las escuelas habían estado hasta entonces en manos de la Junta Femenina.

La época se caracterizó por campañas evangelísticas dentro del presbiterianismo y por esfuerzos de expansión. Entre los más notables evangelistas estuvo H. B. Someillán. A partir de 1920 (y por varios años) se distinguió en esa actividad Bartolomé G. Lavastida, que ingresó ese año al ministerio cubano. Lavastida será mencionado más adelante en relación a la nueva obra evangélica que él inició por cuenta propia. Otro obrero que se unió a los esfuerzos de la época fue Ricardo Jorge, quien hizo apreciables aportes al trabajo al igual que su familia, muy conocida entre los presbiterianos.

La Iglesia Presbiteriana de Cuba surgió a partir de 1918 como una sola denominación, como resultado de la unión de cuatro denominaciones y una junta misionera adicional: la Iglesia Presbiteriana de los Estados Unidos (Sur), la Iglesia Presbiteriana de los Estados Unidos (Norte), la Iglesia Discípulos de Cristo, la Iglesia Congregacional y la Junta Femenina de la Iglesia Presbiteriana del Norte.[16] Hasta 1923, la Iglesia del Sur mantuvo cierta presencia en el Colegio La Progresiva. A partir de esa fecha solo permaneció en Cuba la Iglesia Presbiteriana del Norte, mediante su Junta de Misiones Nacionales y la Junta Femenina. La calidad de sus colegios y escuelas les ganaría un lugar de importancia en la educación privada en Cuba. En 1924 tenían colegios en La Habana, Güines, Nueva Paz, Cárdenas, Camajuaní, Caibarién, Placetas, Cabaiguán y Sancti Spíritus y algunas escuelas parroquiales muy pequeñas en iglesias rurales. Contaban entonces con 36 iglesias y misiones en 30 poblaciones, así como con una iglesia de habla inglesa en La Habana y las misiones china y jamaicana.

Según un informe algo optimista, tenían 2,500 miembros y 3,000 alumnos de escuela dominical. El carácter de iglesia abierta que hombres como Greene y Odell le dieron al presbiterianismo en Cuba quedó demostrado entre otras razones por el hecho de que los cuatro fundadores más conocidos del protestantismo cubano —aparte de Joaquín de Palma, que solo laboró en el extranjero— terminaron sus vidas como miembros de la Iglesia Presbiteriana, o trabajando en cooperación con ella: Alberto J. Díaz, Evaristo Collazo, H. B. Someillán y Pedro Duarte.

De 1924 a 1933 la Iglesia continuó evangelizando y extendiéndose pero en los informes no se nota el mismo crecimiento. En la década de 1920 y principios de la de 1920 surgen pocos ministros: José Acosta, Manuel J. Osorio, Ferreol Gómez y José M. Fernández, del Seminario de Cárdenas; Eladio Hernández, procedente de Ibor City en Tampa; Pablo Emilio Veitía y Francisco García Serpa, del Seminario Evangélico de Puerto Rico; José Mauricio Hernández y Abelardo Loza, procedentes del metodismo. En esta época desarrolló su ministerio en Cuba Primitivo M. Acosta, puertorriqueño graduado en Mayagüez y en el Seminario McCormick y que fue secretario permanente del presbiterio, cargo en el cual realizó una contribución apreciable.

Además de los primeros misioneros, destacaron otros como Lucy Hammond, Gertrude Cowan, Mary Alexander, Alley May Arey, Edith Sloan. La señorita Margaret Craig continuó siendo una figura fundamental en la obra educacional. Pero la obra no pudo extenderse de manera permanente hacia Oriente y Occidente como se había esperado. Las iglesias de Pinar del Río y Cienfuegos fueron entregadas a los metodistas. Al cerrarse después la obra en Paso Real, en la provincia de Pinar del Río, y la de Camagüey, la Iglesia Presbiteriana quedó limitada a las provincias de La Habana, Matanzas y Las Villas. No fue sino hasta décadas después que se iniciaron misiones en la provincia de Oriente. Pero ya en 1924 sus escuelas tenían 1,400 estudiantes y el Colegio La Progresiva 500, siendo considerado uno de los mejores del país. Varios presbiterianos ocupaban cargos públicos en algunas poblaciones del país. Muy pronto algunos de los miles de estudiantes de las escuelas presbiterianas de este periodo estarían ocupando posiciones mucho más importantes. Entre ellos un ex alumno de La Progresiva, que sirvió como profesor de esa escuela y que asistía a las iglesias evangélicas, el doctor Medardo Vitier, que estaba a punto de convertirse en una de las figuras centrales de la intelectualidad cubana.

Además de intelectuales, el presbiterianismo formaba a infinidad de profesionales, siendo la denominación con mayor número de estos. Algunos, como el doctor Domingo Gómez Tejera contribuían al trabajo misionero. En este periodo, a finales del mismo, este notable médico fundaba con su colega, el doctor José Rodríguez Betancourt, el "Centro Evangélico de Beneficencia", dispensario auspiciado por la Asociación de Ministros y Obreros Evangélicos de La Habana.

LOS EPISCOPALES

La Iglesia Episcopal continuó su obra de expansión en la primera parte del periodo 1909-1933. Bajo la dirección del obispo Albion W. Knight se produjeron cambios en la misma agenda que el prelado estableció al llegar al país. En vez de continuar teniendo como énfasis principal el ministrar a los residentes de habla inglesa, se hicieron serios aunque insuficientes esfuerzos por alcanzar a los que no estaban relacionados con iglesia alguna, e incluso a los católicos. Pasarían muchos años antes que la iglesia llegara a ser predominantemente cubana en cuanto al clero. Las congregaciones más nutridas eran por lo general las de americanos o jamaicanos. Por ejemplo, el arcediano W. W. Steel realizó una obra apreciable en Isla de Pinos, sobre todo en Nueva Gerona y Santa Fe. A pesar de un ciclón que afectó a la mencionada isla y a las capillas episcopales, la obra recibió cierto impulso y se reconstruyeron los edificios destruidos en 1909.

Siguieron llegando misioneros: Charles B. Ackley, C. E. Snavely, D. W. Bland, George B. Myers. Se preparaban obreros jamaicanos para el trabajo de la iglesia, mediante autorización para oficiar como lectores laicos en sus congregaciones. El seminario fundado en 1907 en Jesús del Monte en La Habana, tuvo poca duración, pero permitió formar algunos ministros; otros, antiguos lectores laicos, recibieron las órdenes como diáconos o presbíteros. Se ordenaba en esos años a otros cubanos y a clérigos de habla inglesa residentes en el país: Guy Henry Frazer, Cristóbal B. Castro, Sergio Ledo, Simón E. Carreras, Francisco Herrera y al ex líder bautista Vicente Tuzzio. Al terminar el episcopado de Albion W. Knight en Cuba (1914) la Iglesia contaba con 18 ministros ordenados (entre ellos 16 que no estaban trabajando en el país a su llegada en 1905). A pesar de la partida de algunos, se había experimentado progreso. La iglesia contaba ya con 1,723 miembros y 1,121 estudiantes matriculados en escuelas parroquiales. Las cifras en 1905 habían sido 226 y 70, respectivamente. Además, las escuelas dominicales tenían 1,657 alumnos.

Desde un punto de vista misionológico, la evangelización se llevaba a cabo de una manera algo uniforme. Se abría una misión para personas de habla inglesa residentes en el país (americanos, canadienses, jamaicanos), se iniciaba poco después una congregación de habla española en el mismo edificio —cuando el ministro aprendía castellano— o se conseguía a un clérigo o lector laico cubano. En muchos casos era el ministro americano el que iniciaba los primeros esfuerzos entre las gentes de la ciudad o poblado. Los arcedianos eran americanos como W. W. Steel, C. M. Sturges, Charles B. Ackley. De la misma manera que el obispo Knight encontró en La Gloria, en 1905, a un grupo que estaba siendo atendido por el juez H. W. O. Margarry y que necesitaba un lugar de culto, este prelado, ante situaciones similares, continuó tratando de conseguir los recursos para edificar capillas. Algunas compañías norteamericanas o británicas, incluso nacionales, le ayudaron a resolver ese problema. También se recibían donaciones de la iglesia en el exterior. No puede, sin embargo, afirmarse que los vastos recursos de la Iglesia Protestante Episcopal de los Estados Unidos y de su iglesia madre, la de Inglaterra, o de la Comunión Anglicana, a nivel internacional, se vertieron generosamente sobre Cuba. Las misiones en la India o China eran mucho más atractivas para los anglosajones que los esfuerzos en un país supuestamente cristiano como Cuba. Se construían nuevas capillas como las de Santa Fe, Columbia, McKinley y Santa Bárbara en Isla de Pinos. En 1910 se edificó en Guantánamo el templo de la Iglesia de Todos los Santos, y el de la Iglesia de Cristo (Episcopal) en Ensenada de Mora. Esta última era propiedad de un central azucarero y al ser nombrado administrador del mismo una persona de religión católica le retiró a los episcopales el uso de la propiedad, perdiéndose así un magnífico edificio y una amplia casa pastoral. También se construyeron templos en Los Arabos y otros lugares. Se estableció o reabrió obra en varias poblaciones de Oriente: Antilla, Banes, Preston, Felton, Paso Estancia, Bayate, Firmeza, Chaparra. En Occidente se destacó como fundador de iglesias y misiones Francisco Díaz Volero que dio comienzo a congregaciones en Macagua, Los Arabos, Colón, Cárdenas y Santa Cruz del Norte. Se inauguró otro colegio en Santiago de Cuba. Un paso atrás lo representó el cierre del Seminario en 1913. Había sido dirigido por A. T. Sharpe y contó en su facultad con varios clérigos norteamericanos como Steel y Colmore, así como con el ex jesuita Esteban Morell.

En 1914, el obispo Albion W. Knight fue nombrado vice canciller de la prestigiosa Universidad del Sur, de Sewanee, Tennessee, un bastión de la aristocracia sureña. Al presentar su renuncia en la Cámara de Obispos, esta le pidió que esperara por algún tiempo supervisando el Distrito de Cuba. Charles Colmore, que había sido hasta entonces el Deán de la Catedral de La Habana fue elegido obispo de Puerto Rico y para sustituirle en Cuba fue designado George B. Myers. William Watson fue enviado al trabajo del distrito cubano. En octubre de 1914 fue elegido obispo de Cuba Hiram R. Hulse. El 12 de enero de 1915 fue consagrado en la histórica Catedral de San Juan el Teólogo en Nueva York. Por 23 años dirigiría la Iglesia de Cuba el clérigo que en 1904 había sido enviado a estudiar la situación religiosa del país y el futuro del episcopalismo en Cuba. Hulse poseía una vasta cultura que había adquirido no solamente en cursos en las escuelas y seminarios, sino por cuenta propia pues era en cierta forma un estudioso constante y un autodidacta. Era considerado como un pensador cristiano y un clérigo de ideas avanzadas. Algunos como Juan Ramón de la Paz le identifican como un socialista cristiano. En el contexto episcopal de la época puede ser considerado como de espíritu liberal.

En 1915 se inicia, pues, una nueva etapa en la vida de la Iglesia Episcopal. El obispo recorrió toda la Isla y visitó a los 15 presbíteros y 4 diáconos. Su clero lo componían entonces 11 americanos, 1 inglés y 7 cubanos. Sus palabras fueron definidamente dirigidas al futuro de la Iglesia: "Lo primero y más importante es la obra en castellano. A fin de llevar a cabo la obra debemos tener un ministerio cubano debidamente entrenado en la obra de la Iglesia". Esa fue su primera alocución a la Convocación del clero. Nuevos ministros se añadieron a la Iglesia: Ramón C. Moreno, M. J. Mesegué Tomás, Hipólito Jáuregui, Salvador Berenguer, Ignacio Guerra, Ricardo D. Barrios, Angel Ferro, Manuel Rodríguez Ponce, Guillermo Zermeño, Jorge Hernández Piloto, Pablo Muñoz. Ferro y Muñoz eran ex-sacerdotes católicos, Rodríguez Ponce y Zermeño habían sido ministros bautistas, Barrios procedía del ministerio metodista. En esa época, los ministros cubanos José M. López Guillén y Francisco Díaz Vólero se convierten en arcedianos y reciben entonces mayores responsabilidades. El doctor Romualdo González Agüeros, futuro obispo de Cuba y que había trabajado en la escuela de Morón, cursó estudios teológicos en los Estados Unidos durante ese periodo. Muchos lectores laicos fueron utilizados en la obra, tales como S. F. Hugh Miller, Segundo Luya Barberá (después ordenado), Percival E. Sayers, el doctor Carlos Llanes y el futuro ministro Cyril S. Piggott. Además de los ya existentes, se desarrollaron colegios o escuelas como el Colegio La Trinidad en Morón, y los de Santiago de Cuba, Guantánamo, donde se empezó a dar clases a alumnos cubanos en el Colegio de Todos los Santos y a los británicos occidentales en el de San Cipriano; y Camagüey (el Colegio San Pablo funcionaba en esa última ciudad desde 1928 bajo la dirección de Paul Alexander Tate, educador muy conocido en la ciudad). Se hicieron esfuerzos de tipo escuela parroquial en otros lugares.

El trabajo en Camagüey prosperó y en la capital provincial se edificó un templo. Aparte del amplio trabajo con jamaicanos en la provincia, se organizaron congregaciones de habla española en Ceballos, Morón, Ciego de Avila, La Esmeralda, Florencia, Perea, Nuevitas, Jiquí, Céspedes, Florida, Sibanicú, Minas, Sola. Se reabrió el trabajo en Manatí y se abrió obra en Palma Soriano, Bayate, Paseo Estancia, Central Miranda, Jobabo, el Central Chaparra; se construyó una capilla en San Manuel y un templo en Santiago de Cuba desde donde se abrieron algunas misiones. Estos lugares están situados en la provincia oriental. En 1917 se consagró en la provincia de La Habana la Iglesia de Santa Cruz del Norte y se reconstruyó la de Bacuranao. En 1918 se adquirió una residencia para el Deán de la Catedral de La Habana. La obra en Isla de Pinos sufrió como consecuencia de cambios en la economía y la retirada de muchos residentes de habla inglesa. En Matanzas se abrieron misiones en Recreo, Itabo, Jovellanos, etc., así como varias estaciones de predicación. La obra en Las Villas no se desarrolló mucho y las congregaciones de Cienfuegos y Sagua la Grande tuvieron en definitiva que contentarse con ser atendidas por el mismo ministro. Como se puede apreciar, la mayor contribución del obispo Hulse a la expansión de la obra tuvo lugar en la provincia de Camagüey. Al sumar las nuevas iglesias a las congregaciones ya existentes en otras partes del país, la Iglesia Episcopal quedaba establecida firmemente en Camagüey y Matanzas, contando también con un buen número de misiones en Oriente y algunas en La Habana y Las Villas. Pinar del Río no fue alcanzada.

Entre los benefactores de la iglesia estuvieron unos pocos pero prominentes hombres de negocio, tales como el administrador del Ferrocarril de Guantánamo y Occidente, William Osment, que construyó la capilla de Boquerón en Oriente; y el famoso financista, coronel José Miguel Tarafa que cedió los terrenos para el Colegio La Trinidad de Morón, la capilla en Woodin, Esmeralda, etc. Se contó con la cooperación de varias empresas extranjeras que promovieron la llegada de un número muy elevado de braceros procedentes de las Antillas británicas. Misiones que habían sido cerradas fueron abiertas. Como el obispo Hulse hacía énfasis en la obra en castellano se prepara con ello el camino para futuras iglesias y misiones cubanas.

Debe tenerse en cuenta que con excepción de algunas congregaciones de habla inglesa, las congregaciones episcopales en Cuba eran pequeñas en esta época y no serían mucho mayores en épocas futuras, sino más bien al contrario. Los episcopales bautizaban a muchos cubanos y sus hijos, pero no era grande el número de los que asistían regularmente a los cultos y muchos se perdían para la iglesia después de poco tiempo.

Se destacaron varios nuevos misioneros en el episcopado de Hulse: John H. Townsend, Juan McCarthy, quien fue ordenado en Cuba; y Reese F. Thornton, los cuales sirvieron como arcedianos en algún momento. Pablo Alexander Tate fue director del Colegio San Pablo en

Camagüey y por algún tiempo fungió como cónsul de los Estados Unidos en esa ciudad. En 1927 llegó a Cuba Alexander Hugh Blankingship que sería el sucesor de Hulse, y que sustituía como Deán de la Catedral de la Santísima Trinidad en La Habana a Harry Beal. William Watson, que fue nombrado misionero en Cuba en 1914 se destacó en la zona de Guantánamo, donde también atendió espiritualmente a los soldados norteamericanos de la base naval. Sarah Ashurst se distinguió en el colegio e iglesia de Guantánamo donde también sirvieron Eleanor Lane Clancy y María Ledesma de Davies. Gertrudes Lester laboró en el colegio de Jesús del Monte, y Florence K. Harris en la Rama Auxiliar de Mujeres, donde se distinguió después, a nivel nacional, Julia de la Rosa, la esposa de Jorge Hernández Piloto. Contrastando con el predominio de misioneros en la dirección de escuelas, Rosa María Laguillo tuvo a su cargo la escuela de Matanzas desde 1919.

En 1924, la Iglesia Episcopal contaba con 42 estaciones misioneras (iglesias, misiones o puntos de predicación), 18 ministros y 2,019 miembros; tenía 17 templos propios y varias rectorías, así como 12 escuelas. Las ofrendas recaudadas en el país alcanzaron ese año a US$16,071.53; las propiedades tenían un valor de US$197,328.00.[17] Al terminar el episcopado de Hulse en 1938 no había aumentado apreciablemente el número de clérigos, que era de 19, pero ya 16 de ellos eran nacionales y solo 3 de habla inglesa, con cargos pastorales. Hulse logró que la obra pasara a ser de habla española en la mayoría de las iglesias, aunque en un momento dado de su larga gestión funcionaban 11 congregaciones jamaicanas en Camagüey y 13 en Oriente. Gracias a un buen número de laicos instruidos privadamente en teología y a los estudiantes enviados a Norteamérica, el ministerio cubano llegó a prevalecer en cuanto a número. Y las escuelas de la iglesia, mientras tanto, alcanzaban prestigio académico en La Habana, Camagüey, Guantánamo y Morón.

Los episcopales sufrieron, como los demás, las crisis económicas de fines de la década del 20 y principios de 1930. Muchos norteamericanos habían abandonado el país, incluso durante la Primera Guerra Mundial. Al descender los precios del azúcar después de 1920, la situación se agravó y muchos norteamericanos y jamaicanos abandonaron el país. La obra en Isla de Pinos decayó y quedó casi completamente destruida. Pero con más iglesias y clérigos cubanos, la obra garantizaba su supervivencia.[18]

En esta época, Francisco Díaz Vólero, el primer arcediano cubano, era quizás el ministro más conocido de la iglesia. También se había unido a su ministerio el doctor Loreto Serapión, nacido en Congojas, Las Villas, en 1892. Serapión fue ganado para el evangelio por el pastor bautista O'Halloran pero eventualmente se hizo episcopal. Fue enviado a estudiar en la Universidad del Sur, en Tennessee y trabajó como misionero en las

Filipinas, ocupando allí importantes cargos y escribiendo en la prensa secular de ese país. Cursó después estudios de Derecho en Norteamérica. En Cuba se dedicó a la enseñanza y al periodismo, colaborando con *Excelsior, El Mundo*, etc. Escribió folletines y novelas y fue alta figura de la masonería y el oddfelismo. Su actividad como pastor episcopal no fue demasiado intensa, pero su prestigio intelectual y dentro de la sociedad le convirtió en una figura de cierta relevancia en la comunidad protestante del país.[19]

LOS DISCIPULOS

Los Discípulos de Cristo mantuvieron su presencia en Cuba hasta 1918. Desde la salida del misionero Lowell C. McPherson en 1906, la obra estaba bajo la supervisión de Melvin Menges y los principales centros de predicación habían estado en La Habana, Matanzas y Unión de Reyes. El equipo misionero se redujo nuevamente con la salida de Roscoe R. Hill en 1908 ó 1909. En esa época surgió un prometedor obrero cubano en la iglesia de Matanzas, Julio Fuentes, quien en un momento u otro cumplió misiones de predicación o estuvo encargado del trabajo pastoral en Cidra, Manguito, Jovellanos y Unión de Reyes. La obra en Manguito se inició en 1910 mediante visitas del misionero Menges. Fuentes predicó allí con frecuencia hasta que en 1914 la obra quedó organizada formalmente. En 1911 fue establecida una misión en Jovellanos, con Jacobo González y Julio Fuentes a cargo de la predicación. En Cidra se reabrió una pequeña obra que ya había sido iniciada. El misionero Elmer Griffith llegó a Cuba en 1917 haciéndose cargo de un ministerio social en Matanzas, a la vez que empezó la preparación teológica de José y Jorge Hernández Piloto. La obra en esa ciudad había prosperado algo y en 1914 se había abierto una nueva escuela dominical en el barrio de "La Loma" gracias a los esfuerzos de Agustina Quintana. Unión de Reyes fue el sitio de más rápido crecimiento en este periodo.

Desde 1913, la obra había quedado bajo la supervisión de W. L. Burner que sustituyó a Menges. Se siguió utilizando a Matanzas como sede de la obra misionera pues se había concentrado el trabajo en la provincia de ese nombre. Era difícil sostener al equipo misionero, ya bastante reducido, y lograr una expansión significativa. Por razones que se mencionaron al referirnos a la unión de varias denominaciones con la Iglesia Presbiteriana del Norte, los Discípulos terminaron su presencia en la Isla en 1918. Las iglesias cubanas habían aceptado con anterioridad esa decisión de la Junta, debido a que el sistema de gobierno eclesiástico de los Discípulos es congregacional. Las iglesias organizadas: Matanzas, Unión, Cidra y Manguito tomaron el acuerdo y las juntas misioneras iniciaron el proceso de transferencia de propiedades.[20]

Los presbiterianos recibieron la Iglesia Central de Matanzas (ahora denominada Iglesia Central Presbiteriana) y su edificio, la iglesia de Unión de Reyes y su edificio, la congregación de Cidra y la de Manguito (que ya disponía de algunos fondos para construir una capilla). Jacobo González había renunciado en 1917 y la obra en Jovellanos había sido ya entregada a la Iglesia Metodista. González llegó a ser un pastor bautista. Julio Fuentes, el más conocido de los obreros, se convirtió en pastor presbiteriano, llegando a ser, más adelante, el primer superintendente cubano de la obra de la Iglesia Presbiteriana en Cuba. Algunos Discípulos, acostumbrados a celebrar la comunión todos los domingos, pasaron a la Iglesia Episcopal donde se observa también esa práctica. Jorge Hernández Piloto llegó a ser un prominente ministro de esa denominación. Los Discípulos de Cristo terminaron su presencia oficial en Cuba pero sus miembros y obreros sirvieron a las iglesias Presbiteriana, Metodista, Episcopal y Bautista. A partir de 1971, los Discípulos de Cristo de los Estados Unidos establecerían relaciones fraternales de cooperación con la Iglesia Cristiana Pentecostal de Cuba.

LOS CUAQUEROS

La Iglesia de los Amigos, también conocidos como Cuáqueros, sufrió en algunos aspectos por cambios en la obra misionera en Norteamérica. En 1907 se habían unido varias pequeñas juntas cuáqueras de misiones de los Estados Unidos, incluyendo la de Iowa, pero no habían aumentado los recursos económicos de la flamante y consolidada Junta de Misiones Extranjeras de los Amigos Americanos (American Friends Board of Foreign Missions). En 1905 los Amigos de Cuba habían tenido que enviar, a instancias de la Junta de Richmond, a Sylvester Jones a buscar fondos en las iglesias norteamericanas. La crisis mayor se iniciaría en 1920 cuando el presupuesto de la Misión de Cuba tuvo que ser recortado de US$58,477.50 a US$38,477.50. Hasta la unificación de las juntas misioneras, Iowa, Wilmington, Indiana y la Reunión Anual del Oeste habían apoyado la obra cubana. En todo caso la ayuda fue siempre escasa para la magnitud del empeño en el aspecto educacional. Los que más sufrieron fueron los obreros cubanos, escasamente remunerados por sus labores.[21]

Pero en este periodo continuó el proceso de enviar misioneros, para evangelismo y labores educacionales. A los fundadores ya mencionados se unieron otros, a partir de 1902: Charles C. Haworth, Clotilde L. Pretlow, Edith Eva Terrell, Mary Ellis, Jennie E. Joyce, Joseph Purdie, Henry D. Cox, Ina Ratliff, Bertha O. Lawrence, Alma Welch Cox, Clarence G. McClean, Lena Hadley, Carrie E. Haviland, Sarah A. Lindley, Lloyd J. Mendenhall, Iva Pickering, Mary Pickett, Emma Reeder, Mary B.

McCracken, Esther Farquhar, Ora E. Wright, Merle L. Davis, Evalena Macy, Roy C. Votaw. También vinieron algunas misioneras mexicanas, como Josefa Sánchez y Luisa Guijarro. Después de 1933 no se produciría ningún ingreso notable a no ser el de Hiram B. Hilty, el autor del libro *Friends in Cuba*. Como el grupo incluía a las esposas de los misioneros casados, el número era apreciable. En 1924, contando esposos y esposas, habían trabajando en Cuba 32 misioneros americanos y una misionera mexicana. Se habían construido 10 edificios para iglesias, 5 para escuelas, 5 casas de residencia para pastores y misioneros; funcionaban 10 congregaciones organizadas y se predicaba en otros lugares. La obra misionera sostenía 4 escuelas de primera enseñanza y una de segunda enseñanza. Esta última, como algunas de las principales instituciones evangélicas de enseñanza, estaba incorporada a un Instituto Provincial y los estudiantes podían obtener el título de bachiller. Contaban con 20 escuelas dominicales, 5 sociedades de Esfuerzo Cristiano para mayores y 3 para intermedios y 1,100 miembros asociados y candidatos, 1,219 matriculados en la Escuela Dominical, 287 miembros de Sociedades de Esfuerzo Cristiano. Las escuelas que ofrecían exclusivamente la primera enseñanza tenían 187 alumnos, y el Colegio "Los Amigos" de Holguín, donde se estudiaba también el bachillerato, contaba con 258. Zenas Martin, quien ofrece las estadísticas en un informe publicado en *Heraldo Cristiano*, afirma lo siguiente:

"El año 1922 a 1923 fue el mejor de todos pues el total de las ofrendas ascendió a más de US$13,000. La Junta de Misiones Extranjeras envió menos de US$2,000 para los pastores, completándose lo necesario para ese objeto con las ofrendas de las iglesias en Cuba. En Septiembre de 1923 se introdujo un nuevo departamento bíblico en el colegio de Holguín, bajo la dirección de Henry D. Cox. Seis obreros han aprovechado la oportunidad de tomar cursos en este departamento. Actualmente existen ocho misioneros en el campo, aunque hay algunos tomando su vacación fuera de la isla."[22]

Es evidente que los fondos de la Junta eran destinados casi totalmente a los colegios y a los misioneros, y muy poco a los obreros cubanos. Esto causó algunas fricciones menores. Los cuáqueros cubanos habían decidido sostenerse a sí mismos, y por lo menos en la obra pastoral iban asumiendo responsabilidades que les llevarían en la práctica a independizarse de la Junta. La realidad es que los misioneros norteamericanos se inclinaban también a favorecer el desarrollo autóctono y estaban dispuestos a ceder sus lugares al menos en el aspecto pastoral.

Martin señalaba en 1924 los lugares donde se hacía la obra: Gibara, Holguín, Banes, Puerto Padre, Velasco, Chaparra, Jaruco y otras "subestaciones" en Oriente y la provincia de La Habana. (Después mostraremos por separado el progreso de la obra en esa provincia y el Occidente de Cuba donde Arthur Pain jugaba un papel más bien independiente dentro del movimiento cuáquero.) Además de Francisco González Calá, habían surgido otros obreros: Juan Francisco Gálvez, Alfredo Santana (que se pasó a los bautistas pero cooperó ocasionalmente con los cuáqueros), José Reyes Almaguer, Juan Guzmán, José Angulo, Arsenio Catalá, Francisco González, Pedro Font, Alberto López, Armando Tauler, Rafael Márquez, Ventura Martínez, Jesús Rodil, Alvaro Segura, José Reyes López, José García. Algunos pasaron a otras iglesias como Alfredo Santana, que en realidad desarrolló su ministerio dentro de la obra bautista oriental, Juan Francisco Gálvez y José Reyes López pasaron al ministerio metodista y Ventura Martínez predicó en la obra de esa iglesia. Otro obrero, Alberto López se hizo ministro presbiteriano y Francisco González, que fue pastor de varias iglesias y profesor en las escuelas cuáqueras, sirvió muchos años como profesor del Candler College en La Habana. Debe tenerse en cuenta que ciertos líderes cuáqueros, como Manuel Santana, que era director de una oficina de correos en Santa Lucía, sirvieron como pastores sin dejar sus trabajos, y que muchos de ellos, como Miguel Angel Tamayo, prominente farmacéutico y hombre público que dirigió la escuela en Banes, y Ramón Morell Agramonte, que trabajó en Holguín en la obra educacional, nunca fueron en realidad pastores de iglesias. En esta época, Juan Sierra, que después se destacó en la obra, era un líder juvenil, al igual que Floro Pérez que fue asesinado en la revolución contra Machado, en la cual se distinguió, como Sierra y otros cuáqueros, en las filas revolucionarias.

En la obra educacional, los misioneros cumplieron un papel decisivo hasta las décadas de 1920 y 1930 cuando los cubanos empezaron a tomar las posiciones principales. En Gibara, Iva Pickering permaneció hasta 1926 aun cuando, a partir de 1925, dejó de recibir salario de los Estados Unidos; en Holguín, el Colegio de los Amigos logró construir excelentes edificios gracias al apoyo de distintas fuentes, entre ellas la Junta cuáquera, y el Comité de Cooperación en la América Latina (empresa protestante interdenominacional). Entre sus más conocidos maestros y administradores estuvieron Clarence McClean, Merle Davis y Henry Cox. El Colegio de Banes estuvo muy vinculado a la United Fruit Company, más que las otras escuelas. El plantel, como el resto de Banes, estuvo aislado varias veces durante la Revolución de "La Chambelona" en 1917. Se distinguieron allí, entre otros, Raymond Holding, Clotilde Pretlow y Charles Haworth, que lo dirigió por mucho tiempo. En Puerto Padre, Emma Phillips de Martínez, Henry Cox, Lena Hadley, Mary Pickett y otros trabajaron intensamente, siendo Emma Phillips de Martínez la de mayor influencia. No eran las únicas escuelas cuáqueras ya que otras más pequeñas funcionaban en El Fusil, Mulas, Retrete, Los Pasos, etc.

El liderazgo de la Misión recayó inicialmente en el superintendente Zenas Martin. Sylvester Jones tuvo también gran influencia. Este realizó muchos viajes y representó a Cuba en acividades y congresos. Los dos fueron en el país los más prominentes misioneros cuáqueros, pero sus estilos fueron algo opuestos. Jones era intelectual de cuerpo entero y Martin un hombre de acción que no abandonó sus negocios aunque trabajó mucho en la obra. El primero no favorecía la antigua costumbre cuáquera de utilizar en el ministerio a personas que trabajaban en otros menesteres (como fue siempre el caso de Martin). Los dos sirvieron como superintendentes de la Misión. A partir del Congreso de Panamá, realizado en 1916, y sin abandonar la obra cuáquera, Jones participaría en empresas interdenominacionales y les dedicaría tiempo como en el caso de la librería La Nueva Senda, el Comité de Cooperación en la América Latina (oficina de Cuba), la revista *Heraldo Cristiano*.[23] La situación económica afectó gravemente la obra, y eventualmente causó en gran medida la partida de casi todos los misioneros, al decidir la Junta entregar las responsabilidades a los cubanos. En una ocasión la Junta favoreció la obra africana a expensas de la cubana. Los norteamericanos vieron como los cubanos se esforzaban en sostener su obra y hasta enviaban ofrendas a la obra misionera en el extranjero, habiendo enviado incluso una ofrenda al cuáquero Herbert Hoover y su programa de ayuda. En 1927 se organizó la Reunión Anual de la Iglesia de los Amigos en Cuba. A partir de entonces, la obra se fue convirtiendo en una denominación con raíces cubanas. Algunos de los últimos misioneros en trabajar en Cuba, como Roy Votaw e Hiram Hilty fueron testigos excepcionales de grandes cambios y de una mayor autonomía. Henry Cox, pastor en Holguín y que dirigió por un tiempo el programa de entrenamiento ministerial en Cuba, con sede en ese plantel, sirvió por elección a la obra nacional como superintendente de la Reunión Anual de Cuba, cargo que ocupó hasta su retiro en 1942. Era también el representante de la Junta, pero sin usar oficialmente el título de "misionero", obsoleto desde 1927.

Entre los alumnos de las escuelas dominicales cuáqueras en la década de 1910 estuvo un joven llamado Fulgencio Rubén Batista Zaldívar, nacido en Banes de familia humilde. Batista Zaldívar recibió ayuda de misioneros cuáqueros con los que se relacionó en una misión de la Iglesia de los Amigos situada en el barrio de La Güira donde vivió, y de esa forma estudió en el Colegio de los Amigos de Banes. Hay constancia oficial de su condición de estudiante que cursó allí por lo menos el cuarto grado y su relación con el plantel también asumió otras formas pues llegó a ser su principal benefactor cubano.[24] Al terminar este periodo en 1933, Fulgencio Rubén Batista Zaldivar se convirtió en el hombre más poderoso de Cuba. A partir del 4 de septiembre de 1933 fue el jefe del Ejército y en algunas ocasiones ocupó la Presidencia de la República hasta su derrocamiento en 1959.

La obra de los cuáqueros de la Junta de Richmond se limitaba al norte de Oriente, y desde 1927 sería la denominación con mayor autonomía respecto de las juntas misioneras. Pastores y laicos cubanos empezaron a ocupar la Presidencia de la iglesia. El proceso, que ya ha sido mencionado, se produjo cuando la independencia financiera parecía inminente, aunque en forma precaria. En 1926 se nombró un comité cubanoamericano en el cual Zenas Martin fungió como presidente y lo integraron Francisco González, Arsenio Catalá, Ramón Morell, Alberto López, Alvaro Seguar y Merle L. Davis. Si tenemos en cuenta que las otras denominaciones, aunque organizadas en distritos, diócesis, conferencias, convenciones o presbiterios operaban dependiendo en gran parte, y sobre todo en lo económico, de las juntas misioneras, la constitución de la Reunión Anual de la Iglesia de los Amigos en Cuba en 1927 fue un acontecimiento histórico, aunque no marcó el fin de la relación con la Junta.

Los cuáqueros en Occidente estaban bajo la dirección de Arthur L. Pain, quien tenía vínculos con la Reunión Anual de Carolina del Norte pero trabajaba de manera independiente, relacionándose en cuestiones fraternales con los otros cuáqueros. Teniendo como su base a Jaruco, Pain y algunos colaboradores extendieron la obra a lugares distintos a Madruga y Aguacate donde se había predicado al principio de la presencia cuáquera en Cuba. Entre los sitios donde se realizaban labores de predicación estaban el Central Hershey, Santa Cruz del Norte, Jibacoa, Arcos de Canasí, San Antonio de Río Blanco, Bainoa, Caraballo. Se realizaban campañas evangelísticas en carpa, a veces con predicadores extranjeros y cada cierto tiempo se efectuaban convenciones a las que concurrían creyentes de la región e invitados de otras partes de Cuba y del exterior.

Justo González, en su libro *Sembrador a voleo*[25] dedicado a la vida y obra de Pain, describió en breves palabras su estilo de trabajo, ya reflejado en el título del libro: "No edificaba templos. No esperaba nada. Se limitaba a esparcir la simiente del evangelio por doquier, sin reparar en si el terreno era fértil o estéril". Aun así, Pain auspició una escuela bíblica y logró con esos y otros esfuerzos formar un grupo de pastores y obreros cubanos: Félix Manuel Arias, Faustino Carrión, Juan Carrión y otros. Justo González Carrasco fue producto de su obra, pero pronto se unió al ministerio metodista. Algunos estudiantes fueron al Colegio Candler, que tenía un departamento ministerial, pero Pain se encargó personalmente de darles instrucción en los principios que profesaba. Contó con la ayuda de su esposa, Ellen ('Elenita') y de sus hijos, pero la presencia de personal misionero disminuyó y la obra tenía ciertas características de control personal. Sin duda fue un hombre de gran piedad y estuvo ubicado, como la mayoría de los cuáqueros en Cuba, en la llamada ala "evangélica" del movimiento de los Amigos.

EL DESARROLLO DEL PROTESTANTISMO

Las principales agencias interdenominacionales de inspiración protestante que existían en tiempos de la Primera República y la segunda intervención continuaron sus labores. Bajo la dirección de Elmer E. Hubbard, su fundador, el Asilo-Casa-Industrial expandió su benéfica obra en Cárdenas con el auxilio de algunas iglesias, del Ayuntamiento y de prominentes ciudadanos como Luis del Valle. La Asociación Cristiana de Jóvenes amplió sus actividades deportivas, educacionales y de promoción intelectual. Entre sus colaboradores estuvo el joven B. G. Lavastida. A principios de la década de 1910, se adquirió un edificio propio de dos pisos en la capital. Entre los donantes y colaboradores estuvieron en primer lugar el Comité Central de la YMCA en los Estados Unidos y un número apreciable de personalidades locales. Los presidentes José Miguel Gómez y Mario García Menocal se mostraron simpatizantes e hicieron algunos aportes a la institución en este periodo en forma de contribuciones. En 1920, la Asociación Cristiana de Jóvenes de La Habana, con ayuda del Comité Internacional, logró abrir una sucursal en la calle habanera de Compostela para realizar trabajo con los marinos. El pastor E. A. Earns se hizo cargo de esa labor después de haber realizado un trabajo parecido en el famoso barrio "Bowery" en Nueva York. En ese esfuerzo se distinguió también el pastor E. Bratzel, y se contó con alguna colaboración de las iglesias, extendiéndose el ministerio realizado por la institución hasta las cárceles cubanas, donde ya las denominaciones evangélicas habían empezado a trabajar. Tanto el gobierno nacional como el Ayuntamiento de La Habana brindaron alguna cooperación. La creación de otros clubes deportivos y la depresión económica hicieron cerrar la sucursal de la YMCA en Cuba. Esto ocurrió en el año 1932.

La Sociedad Bíblica, en la que habían laborado agentes como W. F. Jordan, José M. López Guillén y Pedro Rioseco, estuvo bajo el liderazgo de dos importantes misioneros evangélicos ya mencionados. Estos eran los doctores S. A. Neblett y E. A. Odell, muy esforzados en el trabajo de la Sociedad Bíblica que fue de apreciable importancia para la obra en el periodo 1915-1923. Se hizo cargo entonces del trabajo el doctor José Marcial Dorado, un notable intelectual español que se había destacado en su país en el periodismo y la política, aparte de sus actividades de predicador en la obra evangélica de España. Como representante de la Sociedad Bíblica Americana en la Agencia de las Antillas, Marcial Dorado realizó notabilísimas contribuciones en el resto del periodo 1909-1933; es decir, en la última década del mismo. Sus labores fueron interrumpidas brevemente al proclamarse la República española y ser elegido a las Cortes Constituyentes en Madrid. A su regreso a Cuba en 1931, la prensa habanera destacó incluso en primera plana, su labor como diputado. Entre esos periódicos estaban *El Mundo, El País, Diario de la Marina* y *Heraldo de Cuba*. Este último le dedicó la mayor atención y el *Diario de la Marina* hizo una excepción al mencionar el nombre de uno de los más ilustres protestantes de Cuba, ya que esa publicación no hacía referencia alguna a personalidades y actividades evangélicas del país pues era el más importante vocero del catolicismo conservador en Cuba. En 1924, la Sociedad Bíblica contaba con 37 corresponsales y 11 colportores en todo el país. En un informe presentado ese año, se daba a conocer el inmenso interés que la distribución bíblica estaba despertando en Cuba. En el periodo 1880-1924 se habían distribuido 500,700 Biblias, ejemplares del Nuevo Testamento y otras porciones escriturales.[26]

MISIONES DE FE Y GRUPOS DE SANTIDAD

Aparte de estos esfuerzos de carácter interdenominacional, o simplemente no denominacional, continuaron visitando la isla predicadores independientes y alguna exploración de su territorio, con el propósito de iniciar obra fue llevada a cabo por "misiones de fe", es decir, que no contaban con el apoyo de una denominación o secta. La Misión Pentecostal, que ya hemos aclarado era un grupo de santidad y no una organización pentecostal en el sentido al que estamos acostumbrados, cerró su campo misionero en Cuba en 1920 y la señorita Leona Gardner permaneció por algún tiempo en calidad de misionera independiente. La Misión Pentecostal de los Estados Unidos se integró en 1915 en la Iglesia del Nazareno, y esta abrió de nuevo la obra en Cuba en 1945.[27]

ADVENTISTAS DEL SEPTIMO DIA

La Iglesia Adventista del Séptimo Día era en Cuba, en 1909, un movimiento compuesto por unas pocas docenas de miembros y un grupo de simpatizantes. La mayor parte de los adventistas eran norteamericanos o jamaicanos. La Misión Cubana de esta iglesia funcionaba desde 1904 y había sido organizada debidamente el año siguiente por E. W. Snyder; los otros obreros eran por lo general voluntarios, algunos de los cuales vinieron a Cuba a trabajar secularmente. La obra estaba concentrada en algunas comunidades de habla inglesa en el interior y en La Lisa donde se había organizado la Iglesia Adventista de La Habana. Los primeros conversos cubanos, Pedro Cruz y Manuel Avila, empezaron a ayudar en la obra con los de habla castellana, y algunos obreros extranjeros aprendieron español, realizando mayormente labores de colportaje y organizando minúsculas escuelas sabáticas y "compañías" o grupos de creyentes que no constituían todavía una iglesia formal. La iglesia de La Lisa se convirtió en una congregación bilingüe pero con escasos miembros cubanos.[28]

De 1911 a 1914 la obra estaba limitada principalmente a los residentes americanos y de habla inglesa. En 1917 se llevaron a cabo 47 bautismos y el total de miembros era de 173, con una cifra mayor de alumnos de escuelas sabáticas y de simpatizantes. Por esa misma época se organizaron otras congregaciones en Guanabacoa, Las Minas, El Cerro, Santiago de Cuba, Matanzas, etc., aunque todas las iglesias eran pequeñas. En 1911, H. A. Birbeck-Robinson, misionero procedente de la obra en México, llegó a Cuba para impulsar la publicación y distribución de materiales impresos, actividad en la que sobresalen los adventistas utilizándolos como medio de penetrar las comunidades con su mensaje. Todo indica que la obra en español comenzó a adquirir un verdadero impulso en la década de 1920. Era difícil convencer a los cubanos de guardar estrictamente el sábado como dia de reposo y aceptar la rigurosa dieta enseñada por la Iglesia Adventista. Pero eventualmente la obra creció de forma apreciable.

El primer esfuerzo educacional puede haber sido el llevado a cabo en 1906 cuando O. Walcott y otro obrero voluntario abrieron una escuela, muy pequeña, en Santa Lucía, Camagüey. En 1909 se estableció una escuela en Omaja en la provincia oriental, donde la compañía que operaba allí donó un terreno para tal propósito. Se puso como condición que el plantel desarrollara el terreno, estipulándose que en el espacio de un año se limpiara la tierra y se plantaran naranjales. Al efecto, se recibió una donación para iniciar el proyecto. Con la donación de otros 40 acres por parte de un adventista de Texas, la escuela inició su labor con propiedades calculadas en US$2,300. De acuerdo con otras fuentes adventistas, la primera escuela funcionó en San Claudio en Pinar del Río dirigida por S. H. Carnahan en la cual se ofrecían clases bíblicas a los obreros laicos y programas elementales de educación cristiana para niños y jóvenes. Para 1922 ya existían otras escuelas, todas muy pequeñas. En el verano de 1922 se estableció la primera escuela de enseñanza secundaria en una finca cerca de Bartle, Oriente. Los primeros edificios fueron construidos por Charles J. Foster, su primer director. En esta escuela surgió el Colegio Adventista de Las Antillas, que en 1940 fue trasladado a Santa Clara y por los años 60, a Puerto Rico. En Bartle funcionó un seminario o programa de entrenamiento que a mediados o a finales de la década de 1920 ya contaba con alumnos, aumentando así el número de los obreros nacionales. El primer graduado fue el pastor Miguel Vázquez.

Al terminar este periodo, en 1933, ya existía un grupo de iglesias de habla española, además de las de habla inglesa, y el adventismo empezaba a expandirse con algún vigor por toda Cuba. En 1932 tenía 1,001 miembros en el país.

LOS LUTERANOS

La Iglesia Luterana parece haber tenido actividades en Cuba desde el año 1912 o tal vez desde 1907. Las primeras reuniones comprobables parecen haberse efectuado en Isla de Pinos. La existencia de luteranos en Cuba se remonta al siglo XIX, cuando se radicaron en el país personas de origen alemán. Es probable que se celebraran algunos cultos ocasionales en los consulados. Un pastor luterano alemán estuvo detenido en Cuba durante la Primera Guerra Mundial, lo cual pudiera sugerir la realización de algún tipo de trabajo o actividad, al menos de visitación pastoral a la colonia extranjera. Lo que sí está comprobado es el inicio de cultos entre los caimaneros radicados en Isla de Pinos. Entre estos inmigrantes procedentes de la Isla de Gran Caimán se celebraban servicios regulares por pastores luteranos en la Costa Sur y mucho tiempo después en Nueva Gerona. Se afirma que se trataba de clérigos alemanes. La primera iglesia funcionó en un hotel en el poblado de Jacksonville. Hasta 1933 los pastores se apellidaban Ortel, Precope, Nestle, Hoffner, Keller, Labranze, Norman, Hartman y Finnegnmer, en ese orden.[30] En la década de 1920 ya funcionaba una pequeña escuela a cargo del pastor luterano. Estos clérigos u obreros religiosos en algunos casos parecen haber sido estudiantes recién graduados de seminarios o a punto de ordenarse y que hacían su práctica o iniciaban su trabajo en Cuba. Muchos eran pastores ordenados. Trabajaban para el Sínodo de Missouri y su Distrito Sur.

LOS SALVACIONISTAS

El Ejército de Salvación inició oficialmente su trabajo en Cuba en 1918, aunque hay evidencias de que con anterioridad a esa fecha algunas avanzadas salvacionistas estuvieron en el país, con carácter exploratorio. Por ejemplo, el comisionado John J. Allan lo inscribió en el Gobierno Provincial habanero en 1912. Algunos usan la fecha de 1920 para indicar el inicio de las primeras labores oficiales. De acuerdo con un informe salvacionista publicado en 1942:

"El ejército de Salvación comenzó sus actividades en Cuba durante el año 1920. En aquella época limitó su radio de acción a las colonias jamaiquinas, y constituía una Misión operada desde Jamaica, Cuartel General del Territorio de Centro América y las Antillas. Con la gran aceptación que tuvo se sintió la urgencia de abrir la obra propiamente entre los cubanos. Así que en el año 1926 el Brigadier Walker y señora fueron enviados desde la Argentina para enarbolar la bandera salvacionista en la Perla de las Antillas. Estos camaradas iniciaron los primeros trabajos en Santiago de Cuba. Más tarde en 1927, se trasladaron a la capital, donde pronto establecieron dos o tres Cuerpos o Centros de Evangelización (iglesias), el primero en la calle Gloria No. 82."[31]

De acuerdo con Armando A. Ginard, antiguo oficial salvacionista que después fue un respetado misionero de la Junta de Misiones Domésticas de los bautistas del Sur entre los hispanos en los Estados Unidos: "El pionero de la obra del Ejército de Salvación entre los cubanos fue un oficial llamado Comandante Perry, por los años 1925. Este oficial se estableció en Santiago de Cuba y la obra que comenzó desapareció". Ginard señala que el brigadier José Walker fue en realidad el organizador de la obra y que ésta recibía ayuda de Jamaica, lo cual indicaba, según él, que era patrocinada desde Inglaterra en aquella época. En Jamaica residía la jefatura territorial. De acuerdo con el informe salvacionista mencionado al principio:

"En el 1928 los Brigadieres Walker, ya con la ayuda de la Capitana Maud Hall y los Capitanes Walford, Amos y Campbell, siguieron extendiendo el trabajo. En dicho año el Ejército cuidó de unos 300 niños en el Campamento de Tiscornia, financiado por el Club Rotario. En 1929 se fundó el Hogar Evangelina, asilo para niñas, bajo los auspicios del Community Chest, y no obstante no haber recibido ningún auxilio por muchos años de esta sociedad, continúa, con otras tantas, cuidando niños y ancianos. Poco a poco se fue esparciendo la obra por el interior de la República."[32]

Aunque la relativa expansión salvacionista se intensificó después de 1933, debe señalarse que ya en este periodo hicieron algún impacto con su obra social, aunque no ganaron muchos miembros. Ginard, que también menciona entre los pioneros al capitán Bennett, señala la apertura de un centro en la calle de Jesús del Monte, pero advierte que estos cuerpos, como se les llama a sus iglesias, no prosperaron mucho. También se refiere a la creación de una pequeña Escuela de Cadetes, o instituto bíblico, en el cual se graduaron como oficiales dos checoslovacos residentes en Cuba: Juan Pavlovich y Pablo Zemanovich. Esto ocurrió a finales de este periodo. A estos les atribuye gran parte del avance salvacionista. Mientras Miguel Mariano Gómez fue alcalde de La Habana (1926-1929) mantuvo relaciones amistosas con el Ejército de Salvación y les encomendó el cuidado de campamentos de personas indigentes como el mencionado en el informe salvacionista. El alcalde era hijo del ex-Presidente José Miguel Gómez y también fue Presidente de la República en 1936.

LOS PENTECOSTALES

Los orígenes del movimiento pentecostal en Cuba pueden ofrecer cierta confusión. Personas con doctrina pentecostal e incluso pentecostales que predicaban el don de lenguas, existían en número reducido entre los jamaicanos y otros británicos occidentales en la década de 1920. Hemos aclarado la diferencia entre la Misión Pentecostal, que inició trabajo en Cuba en 1902, y los pentecostales más conocidos, los cuales tienen como característica principal su creencia en el don de lenguas. En 1910, la Isla fue visitada por el evangelista Sam C. Perry, de la Iglesia de Dios, denominación pentecostal que tiene su sede en Cleveland, Tennessee. De acuerdo con el historiador oficial de esa denominación, el doctor Charles W. Conn, "después del gran avivamiento en Dahlonega, Georgia, Sam C. Perry visitó a Cuba y puso las bases para la obra pentecostal allí, pero no estableció iglesias". El dia primero de abril de 1910, la publicación *The Evening Light and Church of God Evangel* daba a conocer la presencia del evangelista Perry. Se hablaba entonces de cierta esperanza de que "una llama de fuego pentecostal en Cuba se expandirá y arderá hasta el regreso de Jesús". La visita de Perry fue breve y los pocos resultados que debe haber tenido pueden ser comprendidos a la luz del desconocimiento del idioma y las costumbres. Fue una actividad exploratoria pues no sería sino hasta 1943 que la Iglesia de Dios, con sede en Cleveland, Tennessee, establecería su obra en el país.

Las Asambleas de Dios, el más numeroso movimiento pentecostal de Norteamérica, inició sus actividades en Cuba en 1920. La misionera norteamericana May Kelty y su madre realizaron reuniones evangelísticas en carpas en la provincia de La Habana por espacio de dos años. En 1927, o tal vez en los alrededores de 1930, según otras fuentes, regresó la señorita Kelty acompañada de Anna Sanders, nacida en Dinamarca, la cual era misionera de las Asambleas de Dios pero sin nombramiento específico a Cuba, debido tal vez a su avanzada edad. El trabajo se inició como un esfuerzo de fe, ya que no existía un compromiso formal de apoyo por parte del Departamento de Misiones de esa organización. Amy Ausherman también fue uno de los primeros misioneros con vínculos con las Asambleas que predicó en Cuba por esa época. Se celebraron reuniones y abrieron pequeñas misiones o puntos de predicación en la capital y sus alrededores. El escritor y folklorista cubano Samuel Feijóo, de origen metodista, menciona esas actividades en su autobiografía *El sensible zarapico*:

> "También llegaron a La Habana en esos dias los Pentecostales, que hablaban "en lenguas" y que también tenían cultos. Mi católica tía Herminia se convirtió a los pentecostales y quemó sus santos. Después pasó al servicio de una vieja

misionera danesa, Anna Sanders, la cual la alojó con su esposo en el local de una iglesia que tenía por la calle de Figuras."[33]

El escritor, sobrino de Felicitas Hernández de Feijóo, una de las figuras más veneradas por los metodistas de la época, y su hermana Norka, una de las predicadoras más conocidas del país, fue uno de los asistentes asiduos a esos cultos y menciona en su libro las visitas de predicadores americanos y canadienses a la Isla. Se refiere al primer predicador pentecostal cubano que se conoce, Roberto Reyes, que en aquellos tiempos cursó estudios en un Instituto Bíblico en San Antonio, Texas. La obra estuvo en esta época bajo la dirección de Teodoro Bueno. May Kelty y Anna Sanders eran misioneras de ese distrito cuando trabajaban en Cuba. La señorita Kelty había trabajado anteriormente en la Argentina.

Lázaro Domínguez, que se convirtió en colaborador de las misioneras Sanders y Kelty desde su conversión en 1933, y es uno de los pioneros pentecostales, afirma que llegaron a Cuba a fines de la década de 1920 y se establecieron en Monte y Figura 7 en La Habana. Domínguez pertenecía al movimiento ABC Radical que se opuso al gobierno del Presidente Machado. Al caer este el 12 de agosto de 1933 se encontraba persiguiendo a un oficial de la policía cuando entró en el hogar de las misioneras, convirtiéndose en su colaborador hasta la partida de éstas. También fue amigo de Roberto Reyes que procedía de la pequeña congregación y menciona otras ubicaciones de la misión como la de la Avenida Santa Amalia y el barrio de Arroyo Apolo. Su obra se identificaba como Iglesia Evangélica, pero, como hemos visto, existían algunos vínculos con las Asambleas de Dios. Las misioneras hablaban español e hicieron contacto con otros evangélicos, llegando a predicar en lugares cercanos a la capital cubana.

En 1933 llegó a Cuba el pastor pentecostal Francisco Rodríguez, conocido popularmente como "Panchito". Rodríguez pertenecía por entonces a las Asambleas de Dios. El relato del inicio de sus labores, publicado en el libro *Pioneros de pentecostés*[34] de Roberto Domínguez (que no es familiar de Lázaro Domínguez), menciona a las dos norteamericanas, que por entonces vivían en la Avenida Santa Amalia y habla, de su "bautismo en el Espíritu Santo". La información disponible indica sin embargo que las dos misioneras ya eran pentecostales antes de la llegada de Rodríguez. Este parece haber cooperado con ellas o haber disfrutado de su hospitalidad hasta pasar a la villa de Regla, situada al otro lado de la bahía de La Habana. Rodríguez extendió el alcance de la predicación pentecostal en Cuba, sobre todo en la provincia de La Habana, pero su ministerio en el país pertenece al periodo posterior a 1933. También se menciona una visita a Santiago de Cuba de su suegra, Angela García, una pentecostal puertorriqueña, y el hecho de que esta realizó algún esfuerzo personal de testimonio durante su estada en el país en 1920.

LOS PINOS NUEVOS

En 1928 se fundó en Cuba la Escuela Bíblica "Los Pinos Nuevos", resultado de los esfuerzos independientes de dos notables personajes en la historia del protestantismo en Cuba: Bartolomé Gregorio Lavastida y Elmer V. Thompson. Esta institución sería conocida después como el Seminario Evangélico Los Pinos Nuevos, y las iglesias que serían abiertas por sus maestros y alumnos constituirían la Asociación Evangélica de Cuba, actualmente denominada Convención Evangélica Los Pinos Nuevos. Nacía, pues, en territorio cubano, una denominación religiosa más o menos autóctona que extendería su influencia por numerosos paises. Para muchos, es el único movimiento netamente evangélico en su teología que surgió en Cuba con dimensiones internacionales.

Bartolomé Gregorio Lavastida nació en 1887 en Guanes, provincia de Pinar del Río, en el seno de una distinguida familia. Su padre fue el famoso teniente coronel Manuel Lavastida, asesinado en los inicios del gobierno del Presidente Gómez y que se convirtió en una figura simbólica dentro de las filas de los partidarios del general Mario García Menocal y el Partido Conservador. Su hijo, a quien a partir de ahora denominaremos B. G. Lavastida, estudió en Troy, Nueva York, donde cursó la carrera de Ingeniería Civil. Regresó a Cuba algún tiempo después de la muerte de su padre y trabajó brevemente como químico azucarero en el Central Chaparra, administrado por el general García Menocal, amigo y correligionario de su padre. Antes de terminar sus estudios, y poco después de la muerte de su padre, había llegado a conocer el evangelio mediante la lectura de la Biblia, y según sus propias palabras, "me convertí dentro de un tranvía", pues fue en uno de esos vehículos donde oró a Dios pidiéndole el perdón de sus pecados. Lavastida se hizo miembro de la Iglesia Presbiteriana y fue usado por el misionero J. Milton Greene en el trabajo de la escuela dominical de la iglesia de la capital. Había abandonado el trabajo en Chaparra. Según varios relatos, el general García Menocal le ofreció usarlo en sus campañas políticas, pero el joven declinó la oferta. A pesar de la oposición de su familia, cursó estudios teológicos en el Seminario Presbiteriano McCormick y en 1920 se unió al ministerio presbiteriano en Cuba, convirtiéndose pronto en el más activo y popular evangelista de esa denominación. Después de su matrimonio con una joven norteamericana, Elsie Lines, y de algunos pastorados, fundó en 1923 una escuela para niños en Jagueyes, cerca de Placetas, donde era pastor. En 1928 tomó la iniciativa en la fundación de "Los Pinos Nuevos", escuela que después dio lugar a la formación de una denominación o movimiento evangélico en territorio cubano (aunque ellos la consideraban como una obra interdenominacional o no denominacional). Lavastida continuó como ministro presbiteriano hasta el año

1936 cuando fue bautizado por inmersión, decidiendo dedicarse totalmente al Seminario y a la obra de las iglesias fundadas por sus estudiantes: la Asociación Evangélica de Cuba.[35]

Elmer V. Thompson nació en los Estados Unidos y cursó estudios en el Midland Bible Institute, de Kansas City, y en el Simpson College, de Seattle, Washington. En los años de 1920 trabajaba como profesor en el Instituto Bíblico Prairie, en Three Hills, Canadá, cuando supo de la obra en Jagueyes encabezada por Lavastida. La noticia le llegó a través de su novia, Evelyn, sobrina de la misionera canadiense Hattie Monge (esposa de un costarricense), la cual había colaborado con Lavastida. Thompson fue a Cuba invitado por Lavastida, con el propósito de colaborar con él en la escuela bíblica. Llegó a principios de 1928 acompañado del canadiense Roger Kirk. En Cuba contrajo matrimonio con Evelyn, también de nacionalidad canadiense. La ceremonia fue oficiada por Lavastida, en la Iglesia Presbiteriana de Placetas. El 25 de septiembre se inició la obra de la Escuela Bíblica Los Pinos Nuevos en Jagueyes.

Entre los primeros colaboradores de Lavastida y Thompson estaban Isabel Miralles (conocida como "la madre Junco" por los estudiantes) y su hijo, Juan Junco. El trabajo de la escuela era en realidad el de una "misión de fe", es decir, lo sostenían las ofrendas voluntarias que se enviaban para tal fin, sin el apoyo oficial de una denominación, y en este caso en particular, ni siquiera con el apoyo de la junta de misiones independiente. La quiebra del Banco de Placetas y la pérdida de los pocos fondos allí guardados por la naciente misión afectaron el trabajo. La situación política del país era también inestable. La presencia de su esposa y de una hermana de esta, fue de gran ayuda para el misionero Thompson. Lavastida continuó por algún tiempo como pastor y evangelista presbiteriano. La obra recibió después la colaboración de otros misioneros, entre ellos Clara, la hermana de Evelyn de Thompson, y John Montgomery. Muy pronto el Seminario fue trasladado a Oliver, en el municipio villareño de Placetas, donde se adquirió una finca. El traslado se efectuó en 1930. Los materiales fueron llevados por carretas tiradas por bueyes. Se trataba de un esfuerzo completamente rural y con escasos recursos. Para la adquisición de los terrenos fue necesario un préstamo del padre del misionero Thompson y los ahorros de la esposa norteamericana de Lavastida.

A partir de 1928 la obra se fue extendiendo en lugares donde predicaban los fundadores, sus colaboradores o los alumnos. Predominaban las fincas y los caseríos: Nazareno, La Legua, La Sierra No. 1, La Sierra No. 2, La Luz; y pueblos como Santo Domingo. Surgen los primeros obreros: Rafael Rodríguez Josué, Eusebio Gorrín, Tomás Ventura, Macedonio Leiva, entre otros. Este último jugó un papel sobresaliente en la extensión inicial del movimiento, que alcanzaría su desarrollo en el periodo

siguiente, no solamente por extenderse más allá de la antigua provincia cubana de Las Villas, sino por alcanzar la forma y organización de una asociación de iglesias a partir de 1936. De acuerdo con Luis Manuel González Peña, en su prólogo al trabajo histórico *Una obra de fe* de Rafael Zulueta:
"Las denominaciones establecidas desde el siglo pasado temblaban ante el poderoso ímpetu evangelístico que se adentraba en la entraña de nuestro pueblo. Aquella pléyade no se detenía ni se arredraba ante nada... Lo que comenzó como un seminario, desembocó a una denominación. Y cosa curiosa: vino a nutrir de sangre nueva las denominaciones evangélicas de Cuba. Y en su Seminario se preparó un gran porcentaje del ministerio cubano..."[36]

A pesar de las fricciones causadas por iglesias que atraían a personas ya afiliadas a otras iglesias y al reclutamiento de estudiantes procedentes de las denominaciones ya establecidas, el movimiento que se iniciaba, y al que se denomina popularmente como "pinero", representó una avanzada evangélica en regiones poco alcanzadas, o totalmente abandonadas por el protestantismo organizado. Era el primer esfuerzo organizado de carácter autóctono destinado a sobrevivir en Cuba dentro de las filas evangélicas. Su teología marcadamente fundamentalista y sobre todo cierto pietismo llevó a exigir a sus miembros, sobre todo en las primeras décadas de su existencia, una vida llena de rigor moral, en la cual es posible que se percibiera algún grado de legalismo. Se tenía, sin embargo, un sentido de la misión evangelizadora del cristianismo que invitaba a la imitación. No faltaba tampoco un elemento patriótico. Lavastida, a la hora de darle un nombre a su escuela bíblica, y al movimiento que surgió de ella, escogió el de un discurso de José Martí a los emigrados cubanos que luchaban por la independencia: "Los Pinos Nuevos". Como en el caso del Apóstol de la Independencia, le preocupaba la formación o el surgimiento, de una nueva generación que completara la labor. En este caso, la iniciada por los pioneros del protestantismo cubano.[37] La primera escuela de Lavastida fundada en 1923 marca el inicio de este esfuerzo.

LOS GEDEONISTAS

Un grupo independiente que a partir de 1930 se convirtió en una denominación religiosa es el Bando Evangélico Gedeón. En 1922 el comerciante estadounidense Ernest William Sellers, establecido por esa época en La Habana, abrió un centro de predicación en su propio negocio en la capital cubana situado en la calle Habana. Contaba con la colaboración de algunas mujeres de origen jamaicano, Mable G. Ferguson, Muriel C. Alwood y la "hermana Sara". La joven Muriel C. Alwood le sirvió de intérprete a Sellers porque el español de este era limitado. Más tarde los dos contrajeron matrimonio.

Ernest William Sellers nació en Portage County, Wisconsin, el 30 de agosto de 1869. Pertenecía a una denominación metodista y estuvo afiliado por algún tiempo a los "Gedeones Internacionales", organización de hombres de negocio de carácter interdenominacional que se ocupa de distribuir las Escrituras. Era conocido como "Gedeón" y después, debido a una revelación que la hermana Sara afirmó haber tenido, cambió su nombre por el de "Daddy John" ("Papito John"). La pequeña congregación de la calle Habana se había convertido en la "Misión Gedeón" y por esa causa, y el uso frecuente de ese nombre, han sido confundidos con los "Gedeones Internacionales".

Un predicador independiente, que creemos era de origen pentecostal o había adoptado elementos de esa doctrina, George Smith, procedente de Worcester, Massachusetts, visitó La Habana y encontró a Sellers a quien consideró desde el primer momento un escogido de Dios. Hasta entonces este último había observado el domingo como dia de reposo. Al parecer bajo la influencia de Smith, que le convenció acerca de ciertas doctrinas, adoptó la práctica y observancia estricta del sábado, decidiendo renunciar a sus posesiones terrenales para dedicarse tiempo completo a la obra misionera (principios estos que Smith había llegado a adoptar), siendo además bautizado por inmersión. El 8 de julio de 1924 afirmó haber recibido el bautismo o promesa del Espíritu Santo. Smith regresó a los Estados Unidos y cuando volvió a Cuba encontró que "Daddy John", es decir, Sellers, estaba en una gira de exploración misionera por varios paises de América. Existen indicaciones de que Smith partió para la China como misionero.

En 1930, la obra que "Daddy John" llevaba a cabo en la Misión Gedeón y otros lugares quedó organizada como Bando Evangélico Gedeón, siendo inscrita, con su respectivo reglamento, el 25 de marzo de 1930 en el Gobierno Provincial de La Habana. Se inició así un proceso de expansión que les llevaría a varios lugares del país. En el mismo año de 1930 se llevó a cabo una campaña evangelística que incluía sanidad divina. "Daddy John", que afirmaba haber sido sanado de una seria enfermedad, creía firmemente en la eficacia de la oración por los enfermos. La campaña tuvo lugar en la ciudad de Matanzas, donde, según informes denominacionales, cientos de personas fueron bautizadas en el río San Juan orándose por millares de enfermos. Actividades similares se efectuaron con gran éxito en Monte Alto, municipio de Los Arabos, donde, en una ceremonia bautismal, fueron bautizadas, en un solo dia 70 personas. En la avenida 1 y calle 36 de Miramar, Marianao, se estableció una iglesia y un centro de actividades, y puntos de predicación en Matanzas, Bauta, Cascajal, Monte Alto, Zulueta, Cabaiguán y otros sitios. Todo esto en los primeros años del movimiento.[38]

La organización tenía entre sus activistas, aparte de "Daddy John", al grupo mencionado de creyentes jamaicanas. El 17 de marzo de 1933 fueron nombrados los primeros misioneros cubanos: Blanca Ceballos y Angel Hernández. Este último llegó a ser uno de los obispos de la denominación. Blanca Ceballos, de la zona de Arcos de Canasí y el Central Hershey, procedía de la obra cuáquera de Arthur Pain y es prima del pastor presbiteriano Raúl Fernández Ceballos. Entre los primeros obreros debe mencionarse también a Charles Kelly, de una de las Antillas Británicas, como uno de los primeros colaboradores. El cubano Lucas Ponce Frias y algunos miembros de la familia Mondéjar de Los Arabos estuvieron entre los primeros obreros nacionales.

Aparentemente el movimiento surgió por la iniciativa de Sellers y la inspiración de Smith. No hay evidencias de que sea el producto de un cisma en un grupo pentecostal o adventista a pesar de que algunas características y doctrinas den la impresión de haberse originado en esos sectores. Al avanzar la década de 1930 desarrollarían su sistema de organización y se extenderían a gran parte del país. Al convertirse más adelante en un movimiento internacional con sede en Cuba y al no estar identificados plenamente con los otros grupos evangélicos, algunos les han considerado la primera religión o secta cristiana surgida en Cuba con una organización internacional en manos de cubanos. Esto último ocurrió a partir de 1953.

LA IGLESIA DE DIOS

En 1930 se radicó en Cuba Etta Faith Stewart, de la Iglesia de Dios con sede en Anderson, Indiana. Había sido misionera en la India, donde realizó una intensa labor. Ciertos problemas de salud imposibilitaron su nombramiento como misionera en Cuba, pero decidió trabajar en forma independiente aunque manteniéndose en lo personal y en lo teológico dentro de su denominación y sus principios. Tenía alrededor de 55 años de edad al llegar a Cuba. Sus primeras labores fueron con la comunidad de habla inglesa, sobre todo jamaicanos y con la fundación de un pequeño orfanatorio en la capital cubana.[38] La señorita Stewart trabajó en el barrio de Almendares, en La Habana, donde fundó una iglesia de habla inglesa, la cual ministró después a los de habla española. El desarrollo de este pequeño esfuerzo se produjo unos años después al establecerse misiones en otras partes del país. La Iglesia de Dios de Anderson, Indiana, no quedó establecida formalmente en Cuba sino hasta la llegada de un misionero oficialmente reconocido, pero las labores de la señorita Stewart y sus colaboradores sirvió de base a parte de ese trabajo. La denominación no es de teología pentecostal, sino del grupo de "santidad", por lo tanto, se le debe diferenciar de la Iglesia de Dios de Cleveland, Tennessee, ya mencionada. Dentro del movimiento evangélico, los de la Iglesia de Anderson han sido más moderados que otros grupos de santidad y han estado dispuestos a ciertas formas de cooperación interdenominacional, como fue el caso de la misionera Stewart.[39]

GRUPOS ANTILLANOS DE HABLA INGLESA

Aparte de los esfuerzos de la Iglesia de Dios y de las denominaciones históricas, la naciente Asociación Evangélica de Cuba y otros movimientos trabajaron con la comunidad jamaicana y con los otros antillanos de habla inglesa. Ya en esta época funcionaban entre ellos algunas congregaciones independientes, y ciertos movimientos autóctonos de Jamaica realizaron algún trabajo en el país. Entre las iglesias o grupos independientes debe mencionarse la Misión del Tabernáculo del Evangelio e Iglesias Unidas, una pequeña misión dirigida en el Reparto Buena Vista y otros lugares por el pastor George L. Durant, que por un tiempo trabajó con los bautistas del sur. La Iglesia Ortodoxa Africana, de teología y forma de gobierno episcopal y con iglesias de británicos occidentales, entró en Cuba en 1920 y llegó a tener 5 congregaciones. En Isla de Pinos, en la costa sur y en Nueva Gerona, funcionaban algunas iglesias formadas por caimaneros. La mayor parece haber sido la llamada Pilgrim Holiness. Este grupo de santidad era fuerte en Gran Caimán y se desarrolló por bastante tiempo en Isla de Pinos, aunque el trabajo más importante realizado allí fue el de los luteranos.

LA COOPERACION INTERDENOMINACIONAL

En el periodo 1909-1933 se intensificaron algunos esfuerzos de cooperación interdenominacional y se celebraron actividades de cierta importancia que afectaron a todas o a la mayoría de las denominaciones y grupos. Aparte de las Convenciones Evangélicas, que cada cierto tiempo se celebraban, se dejó sentir la actividad de la Convención Nacional de Escuelas Dominicales y Sociedades de Jóvenes, iniciadas en el periodo anterior. En 1909, la tercera de estas convenciones acordó organizar la Asociación Nacional de Escuelas Dominicales y Sociedades de Jóvenes. Oradores extranjeros como T. V. Ellzoy, de Louisiana; A. Lucas, de la Asociación Internacional de Escuelas Dominicales; Marion Lawrence, secretario general de esa organización; y Eucario Sein, de la Asociación de México, visitaron el país y ofrecieron conferencias y discursos. Los más entusiastas por ese tipo de cooperación fueron los metodistas, presbiterianos, cuáqueros y bautistas orientales. En 1909, se organizó también la Primera Conferencia de Trabajadores para el desarrollo de la Vida Espiritual que luego se llamaría Instituto de Verano, conferencia que se celebraba anualmente, sobre todo en los Colegios Internacionales del Cristo, con la presencia de oradores nacionales e internacionales y de algunos profesores y eruditos de cierto relieve. Esta actividad consistía en una especie de retiro con énfasis educacional y de estudio bíblico, y su existencia fue de una larga duración en el ambiente evangélico.

En 1915 se produjo la visita del gran ecumenista, doctor John R. Mott, conocido metodista, el cual fue recibido por las iglesias y dirigió la palabra a un auditorio de más de 2,000 personas en el Teatro Payret, siendo agasajado por el Presidente Mario García Menocal, su ex-compañero de clases en los dias juveniles. Mott explicó los planes para un congreso latinoamericano del movimiento protestante. Este tuvo lugar en Panamá en 1916 y contó con una representación cubana compuesta por misioneros extranjeros como A. S. Neblett y Sylvester Jones. De los 230 delegados oficiales, solo 149 eran de América Latina y unos 27 eran en realidad latinoamericanos, lo cual hizo que la composición étnica de la delegación de Cuba no llamara la atención.

El Congreso de Panamá fue un evento impulsado por el rechazo que hizo la Conferencia Mundial de Edimburgo de 1910 a la América Latina como un campo legítimo para la actividad misionera del protestantismo. Se la consideraba una región ya cristianizada. Un comité formado por delegados opuestos a esa posición inició el proceso que supuestamente debía lograr para la América Latina los resultados que la conferencia de Edimburgo estaba consiguiendo para el resto de la obra misionera. Se celebró entonces una consulta en Nueva York con la asistencia de 30 organizaciones y se formó un llamado "Comité de Cooperación en Latinoamérica", encabezado por el doctor Roberto Speer. El Comité llegó a incluir, a pesar de ser boicoteado por misiones de fe como la Misión Centroamericana, unas 30 juntas misioneras y organizaciones protestantes, contando con la colaboración de un comité de apoyo en Europa.[40]

En cuanto a Cuba, los preparativos del Congreso permitieron una mayor visibilidad para la obra evangélica en la prensa y en círculos oficiales. John R. Mott, al hablar en el Teatro Payret fue presentado por el general Fernando Freyre de Andrade, y la prensa acogió el evento. También se habló de la presencia de representantes de las iglesias del país en el Congreso de Panamá. Cualquier análisis serio del evento revela que se trataba simplemente de una reunión dominada por misioneros y ejecutivos de las juntas, a pesar de la elección del catedrático Eduardo Monteverde, del Uruguay, como presidente del mismo. Samuel Guy Inman, nombrado secretario ejecutivo, llegaría a ser una figura fundamental del protestantismo en el continente como el más notable integrante del Comité de Cooperación en Latinoamérica. Además de un importante informe original titulado "Congreso de Panamá de 1916", verdadera fuente de información para cualquier investigador del fenómeno misionero en la región, y de haber llamado la atención a las necesidades de la obra, el Congreso fue al menos una forma elaborada y seria de cooperación interdenominacional en la cual fueron mencionados los graves problemas políticos y económicos de América Latina sin demasiada profundidad.[41]

Sylvester Jones, que se distinguió en el Congreso, fue designado para encabezar como secretario general el trabajo del Comité de Cooperación en Cuba. El doctor Samuel Guy Inman visitó frecuentemente el país y ayudó en varios proyectos interdenominacionales de publicación, como así también en la obra educacional, y particularmente en el Colegio Los Amigos de Holguín para cuyo edificio se hicieron sustanciales contribuciones (para mencionar solo un caso). En 1920 se inicia la publicación de *La Nueva Democracia*, fundada por Samuel Guy Inman y dirigida por el doctor Juan Orts González, notable hombre de letras español, antiguo sacerdote católico. Orts González había cooperado en la obra presbiteriana de Cuba y participado en cierta forma en la organización del Presbiterio Central de los presbiterianos del sur en Cuba. Estuvo muy relacionado con Cuba desde la sede de Nueva York. *La Nueva Democracia*, que después sería dirigida por el intelectual mexicano Alberto Rembao, fue una revista que ejerció una apreciable influencia sobre el sector intelectual del protestantismo cubano y ayudó a crear un clima de cooperación. Sylvester Jones, como administrador del *Heraldo Cristiano* (entonces de carácter interdenominacional) y como gerente de La Nueva Senda, una librería que se abrió en La Habana en aquellos años inmediatamente posteriores al Congreso, puede ser considerado un pionero de la obra interdenominacional en el país, especialmente en el aspecto estructural. La Iglesia Presbiteriana puso a disposición de esos esfuerzos su Imprenta, a cargo de José Marón Cela.

A partir de 1916 se realizaron muchos esfuerzos de esa índole, con relación al Congreso o sin ella. En ese mismo año, al celebrarse la convención de la Asociación Nacional de Escuelas Dominicales, el ilustre patriota e historiador Fernando Figueredo Socarrás, que había ocupado altos cargos en el gobierno, dio la bienvenida a los delegados. Como persona vinculada estrechamente al protestantismo cubano desde los días de la emigración, y que conocía de primera mano el tipo de reunión que se celebraba afirmó emocionado:

"Me sentí conmovido cuando en 1900 tuve el alto honor de pronunciar el discurso de apertura de la Convención Constituyente de la República de Cuba en el Teatro Martí. Pero en esta convención ahora, que representa una norma de excelencia, y que tiene como su objeto la dirección de la conciencia de Cuba en canales sanos, me siento no solamente conmovido sino también orgulloso."[42]

Los "canales sanos" mencionados por Figueredo Socarrás tenían relación estrecha con la dirección que iba tomando la cosa pública en el país: corrupción administrativa, crisis frecuentes, fluctuaciones económicas, gobiernos que no podían ser considerados propiamente como dictatoriales pero que adoptaban formas autoritarias. La necesidad de dirigir la conciencia de Cuba le correspondía a fuerzas como la representada por los evangélicos. Hasta qué punto esa pequeña minoría podía cambiar el destino del país era realmente una interrogación pertinente y válida.

En 1923, en reuniones celebradas en los Colegios Internacionales del Cristo en Oriente, se organizó la Asociación Nacional de Ministros Evangélicos de Cuba. José Mauricio Hernández fue elegido presidente y Alfredo Santana pasó a ser el primer secretario. Al día siguiente, 14 de julio, se fundó, allí mismo, la Asociación Nacional de Maestros Evangélicos de Cuba. Para presidirla fue elegido el doctor Robert L. Wharton.

Mientras tanto, la Asociación de Ministros y Obreros Evangélicos de La Habana continuaba funcionando. A través de su historia, esta organización había logrado algunas realizaciones importantes. Entre sus presidentes estuvo hasta el doctor Moisés N. McCall, pues los bautistas del sur, que encontraban difícil pertenecer a ciertas organizaciones interdenominacionales, cooperaban a título personal con asociaciones ministeriales, aunque algunos preferían el separatismo absoluto. El templo bautista de Zulueta y Dragones era uno de los lugares preferidos para las reuniones. La tribuna de la Asociación atraía a importantes personalidades públicas. Una nota acerca de esas actividades puede servir más o menos de ilustración de este último aspecto:

"En la reunión mensual de la Asociación de Ministros y Obreros Evangélicos de La Habana, celebrada en el templo Bautista de la capital el día 4 de febrero, el doctor Antonio Iraizoz, cultísimo Sub-secretario de Instrucción Pública, dió lectura a un Código Moral Infantil, redactado por él. En dicho Código aparecen 12 leyes encaminadas a formar el carácter de los que en el porvenir, serán los conservadores de nuestras instituciones e intereses nacionales."[43]

La Sociedad Bíblica, promoviendo días de la Biblia y asambleas para impulsar la venta de la Biblia; y las sociedades femeninas, varoniles y de jóvenes, toman gran impulso en este periodo. Las iglesias históricas ponen sus esperanzas en las sociedades juveniles de Esfuerzo Cristiano, compuestas por miembros de la nueva generación que va surgiendo en el ambiente evangélico. El predominio de las iglesias tradicionales del protestantismo, a pesar del conservadurismo teológico que les caracterizó en su obra misionera en Cuba en aquella época, permite que la sociedad cubana no considere a los protestantes como un grupo totalmente aislado. Los esfuerzos a favor de la temperancia, es decir contra las bebidas alcohólicas y la prédica contra los juegos de azar, están entre las mayores contribuciones del púlpito evangélico a la sociedad. Pero algunas voces empiezan a ver más allá, hacia las raíces de los otros problemas que afectaban al país y también a la iglesia.

En 1926, Sylvester Jones pronunció una histórica conferencia ante la Asociación de Ministros y Obreros Evangélicos de La Habana. Fue tal vez la más profunda y controversial en la historia de la asociación ministerial habanera, iniciada desde principios del siglo. Al ser pronunciada, el día 8 de noviembre de 1926, el presidente de la Asociación era el doctor J. Marcial Dorado y el pastor Flor F. Reyna fungía como secretario. La conferencia fue publicada en forma de folleto. Jones la inició presentando al protestantismo como una religión revolucionaria, aventurera, que reconoce la supremacía de la personalidad del individuo y se esfuerza por hacer extensivos a toda la sociedad los privilegios religiosos de cada individuo y el concepto de la igualdad. Esos fueron los encabezamientos de los cuatros primeros puntos. Más adelante recordó la situación de incertidumbre en que se encontraba el cubano al iniciarse la obra de las juntas misioneras en Cuba (1899); se refirió a la forma ansiosa y abierta con la que el protestantismo, o más bien su mensaje, fue recibido en muchas partes de Cuba, incluso por personas importantes, pero que en veinticinco años no se había podido hacer el impacto que esperaban los pioneros y los dirigentes de las juntas misioneras. Los métodos, según él, estaban atrasados, seguían siendo los mismos de los primeros años. No se estaba usando debidamente la radio, el fonógrafo y el cinematógrafo que estaban transformando en el medio ambiente. No se había establecido un diario evangélico de alta calidad. Las damas continuaban marginadas del púlpito, lo cual le hería personalmente por sus convicciones personales favorables a la prédica de las mujeres. Ciertos cristianos con influencia económica, por lo general norteamericanos, no estaban dando el testimonio que debían en cuanto a compenetrarse con las necesidades del pueblo. Pero lo más importante fue el planteamiento de la siguiente crítica a la obra misionera:

> "...hay que decirlo con amor en el corazón. El más grande enemigo del Protestantismo en Cuba, fuera del pecado mismo, es el dominio extranjero. No es que nosotros los extranjeros seamos malos. Lejos de eso. Aunque debemos confesar nuestras faltas. Es que tal dominio no cuadra con el Protestantismo. Los evangélicos cubanos están amarrados por el dinero del extranjero. El setenta y cinco por ciento de los sueldos de los obreros protestantes procede directamente de corporaciones extranjeras y son administrados por extranjeros. El hecho de que tales administradores se reservan el derecho de pagar o no pagar los sueldos, es una preocupación

aparentemente necesaria para evitar la mala fe y la mala conducta, pero por eso no deja de ser una especie de tiranía. Es una tiranía benévola pero siempre es una tiranía. Es más que una cuestión de ser empleado de una corporación extranjera. Es que la libertad de acción del individuo en cuanto a la forma de organización que él prefiere y el modo de exteriorizar su fe que él escoge, se determina, no por él mismo en unión de sus compatriotas sino por un Board que se reune en New York, Nashville o Richmond. El Protestantismo no puede arraigarse en el suelo cubano mientras continúen tales limitaciones. . . Creo también que, dada una concordancia de ideales, incumbe a los protestantes de Cuba determinar las bases sobre las cuales se reciben auxilios de afuera. Es de una ética dudosa y un alejamiento del espíritu de Cristo que una corporación extranjera imponga como condición que los auxiliados sigan cierto régimen determinado en su aplicación de los principios de Cristo. . . Una iglesia con autoridad arbitraria como la Romana podrá imponer con éxito su régimen pero tales procedimientos no encuadran con el espíritu del Protestantismo y siempre fracasarán. Jamás Cuba será evangelizada así."[44]

Jones continuó criticando en su conferencia la pasión exagerada por los números y la asistencia en los informes misioneros. Se refirió a que en los latinos el sentimiento prevalecía sobre la eficiencia. No planteó la salida de los misioneros ni la suspensión de la ayuda, sino métodos misionológicos que son generalmente aceptados en muchos sectores en nuestro tiempo, pero su conferencia se pronunciaba en 1926. Por otra parte, reconocía lo mucho que se había logrado y terminó la conferencia invitando a los ministros cubanos que, según él, habían "aprendido a predicar con palabras elocuentes", a anunciar un mensaje adecuado para el tiempo que les había tocado vivir. Estas ideas y críticas acerca de la obra evangélica en Cuba, sin contener ataques innecesarios a los misioneros o a su país de origen, expresó una nueva proyección que demoró mucho en ser adoptada, o por lo menos aceptada en principio. A pesar de que algunos aspectos de la misma pueden cuestionarse, y en algunos casos, como la prédica por las mujeres, caen dentro de la esfera de la interpretación particular de iglesias e individuos, no debe escaparse a la realidad de que fue una oportuna crítica a la labor misionera de un cuarto de siglo.

Por aquella misma época, la denominación de Jones, la Sociedad de los Amigos, mediante su Junta de Misiones, estaba considerando, por las difíciles situaciones económicas por las que se estaba pasando en los Estados Unidos y en Cuba (1926) retirarse del país y entregar la obra a una junta más poderosa, lo cual no llegó a materializarse. El ejemplo de

Jones hace resaltar cierta variedad en el pensamiento cristiano, e incluso de ideología, en el personal misionero que se empleaba en la obra cubana. No puede acusarse de retardatarios a todos los misioneros como grupo si se tiene en cuenta que algunos de los obreros estadounidenses, dentro de su ortodoxia doctrinal y convicciones personales, sustentaban principios relativamente progresistas para la época, o hasta realmente avanzados como los de Jones.

Durante la discusión acerca de la Enmienda Platt por el Congreso norteamericano, tema que ocupó buena parte de la época y que terminó con la abolición de la misma en 1934, algunos misioneros testificaron ante ese cuerpo legislativo solicitando el fin de esa relación especial y abogando a favor de la plena independencia y libertad de acción para los cubanos. Entre ellos estuvo en primer lugar May Mather Jones,[45] y la esposa del misionero Sylvester Jones, la cual testificó ante un comité senatorial en Washington. Si bien es cierto que iglesias y escuelas protestantes pueden haber esparcido directa o indirectamente el sistema de vida de los misioneros norteamericanos, no debe generalizarse en cuanto a actitudes y posturas políticas y sociales, cualesquiera que sean. En la bibliografía sobre la lucha por mantener a Isla de Pinos bajo la soberanía cubana, se citan frecuentemente artículos por autores de formación protestante o de filiación evangélica, tanto nacionales como extranjeros que defendieron la causa de la soberanía cubana en la vecina isla, la cual contaba con el apoyo de los cubanos, protestantes o no. Luis Machado Ortega, un graduado del Colegio Candler y sin duda el más escuchado consejero de su director, el doctor Bardwell, y que en una etapa futura de su vida sería embajador de Cuba en Washington, publicó su libro *La enmienda Platt, estudio de su alcance e interpretación y doctrina de su aplicación*, uno de los documentos más apreciados por los estudiosos por rechazar la imitación de la soberanía cubana que la misma representaba. Incluso un conocido trabajo de Herminio Portell Vilá, oponiéndose firmemente a la famosa enmienda fue publicado por la Imprenta Heraldo Cristiano, de los presbiterianos de La Habana. Ese libro, *Cuba y la Conferencia de Montevideo*, es fundamental en los estudios sobre la materia.

HACIA EL CONGRESO EN LA HABANA

El asunto de la influencia norteamericana en el protestantismo y el creciente deseo de los latinoamericanos por una mayor participación, salió pronto a la luz en otra actividad internacional. En 1925 se celebró el Congreso de Montevideo, el cual, a diferencia del de Panamá de 1916, se caracterizó por una mayor presencia latinoamericana, aunque esta no puede ser exagerada de manera alguna. De 165 delegados, solo 45 eran latinoamericanos. El único cambio significativo fue en la proporción. De un 12% en Panamá, los de América Latina pasaron a ser el 27% en Montevideo. El moderador de las sesiones fue el intelectual brasileño Erasmo Braga. Fue aquel más bien un congreso sudamericano que latinoamericano por los temas que se discutieron. De nuevo se trataba más bien de un congreso misionero. Entre los participantes estuvo el doctor John A. Mackay, joven escocés que llegó a ocupar una cátedra en la Universidad de San Marcos en Lima, Perú y que jugó un importante rol en la carrera política e intelectual de Víctor Raúl Haya de la Torre, a quien situó en un cargo docente en el Colegio Anglo-Peruano de Lima (auspiciado por la Iglesia Libre de Escocia, de teología presbiteriana). El doctor MacKay había logrado en 1919 que el Concilio Misionero Internacional, reunido en Jerusalén, anulara la decisión de la Conferencia de Edimburgo que había prescindido de América Latina como campo de trabajo de las iglesias protestantes. La carrera del misionero MacKay se distinguió, entre otras cosas, por defender los derechos de los latinoamericanos en la obra evangélica. Eventualmente fue el presidente del Seminario Teológico de Princeton. Pero la voz de MacKay no era todavía decisiva. La latinoamericanización se manifestó, sin embargo, con el uso del español en el Congreso pues en Panamá se utilizó solamente el inglés.

Sería en La Habana donde tendría lugar un congreso en el que se escucharía con mayor fuerza la voz latinoamericana dentro del protestantismo de la región. La Asociación de Ministros y Obreros Evangélicos de la capital cubana propició con su iniciativa e invitación de que se celebrara en Cuba un congreso que originalmente estaba fijado para 1926 en México. La situación creada en esa nación por el rechazo de la jerarquía católica a la Constitución de 1917, de carácter revolucionario, había provocado un clima de violencia en el cual el anticlericalismo era un ingrediente fundamental. En la última sesión de la Junta Organizadora se acordó como nombre oficial el de Congreso Evangélico Hispanoamericano de La Habana. La Junta Cubana Organizadora, compuesta por 26 miembros y representando a 12 denominaciones y agencias (bautistas del norte y del sur, cuáqueros, episcopales, metodistas, presbiterianos, Sociedad Bíblica, Asociación Nacional de Escuelas Dominicales, Unión Cristiana Femenil de Temperancia, Asociación Cristiana de Jóvenes, Asociación de Ministros e Iglesia Unida o Union Church) tuvo un papel significativo en todo el proceso. El presidente de la Junta Cubana, J. Marcial Dorado, y el secretario de la misma, Ricardo Barrios, visitaron México, mientras Samuel Guy Inman, del Comité de Cooperación en Latinoamérica visitó dos veces La Habana. Otros organizadores fueron Eduardo Zapata, de México y Philo W. Drury, de Puerto Rico. Se decidió celebrar el congreso en junio de 1929.[46]

De acuerdo con Gonzalo Báez Camargo, "...desde el comienzo de los trabajos de organización, durante las sesiones y hasta su clausura, los evangélicos de Estados Unidos dejaron la responsabilidad de la dirección en hombros de los latinoamericanos". Guy Inman describió francamente la situación: "En Panamá dominaron los anglosajones... En Montevideo los latinoamericanos jugaron un papel más importante... En La Habana el papel de los norteamericanos fue como el de los latinoamericanos en la reunión de Panamá" (lo cual indica un papel secundario). Los 169 delegados representaron a 13 naciones: Cuba, México, Estados Unidos, Puerto Rico, Panamá, El Salvador, Guatemala, Nicaragua, Brasil, Honduras, Colombia, Venezuela y la República Dominicana. Estuvieron presentes 86 latinoamericanos, 44 misioneros y 39 especialistas y representantes de juntas misioneras. Cuba, México, los Estados Unidos y Puerto Rico fueron los paises con mayor representación. Las sesiones se celebraron en dos colegios metodistas contiguos, Candler y Buenavista, aunque se convocaron otras para atraer público local y se efectuaron en varios templos. La última reunión se llevó a cabo en el Hotel Plaza y la inaugural en el Teatro Martí.

El Congreso que se iniciaba indicó cierto grado de madurez por parte de las iglesias de Cuba. La Junta Cubana Organizadora se comprometió a contribuir con US$3,500, una suma apreciable para la época, y el Comité de Cooperación con unos US$7,500. Debe recordarse que el peso equivale al dólar norteamericano. El gobierno de Cuba, mediante la Comisión Nacional de Turismo aportó US$1,000. Las iglesias cubanas proveyeron alojamiento y asistencia sin costo alguno a los que se acogieron a su oferta y las Juntas Misiones cubrieron en parte los gastos de los delegados. La Junta Cubana Organizadora, que había sido reconocida por la Asociación de Ministros y Obreros Evangélicos a propuesta del doctor Luis Alonso, que acogió y promovió desde el principio la idea del Congreso, llevó a cabo una extraordinaria labor.[47]

Aunque los gobiernos de Panamá y Uruguay usaron de cierta cortesía para su trato con los delegados de los congresos respectivos, el de la República de Cuba, a pesar del laicismo oficial y aun sin apartarse de él, ofreció las mismas atenciones y reconocimiento que a cualquier acto internacional de envergadura. El Presidente de Cuba, Gerardo Machado se hizo representar por el secretario de Estado, Francisco María Fernández, quien pronunció el discurso de apertura en el Teatro Martí, haciendo un gran elogio de los delegados y de las iglesias evangélicas cubanas. El introductor de embajadores, R. Martínez Ibor también representó al gobierno en las reuniones. El gobernador de Matanzas, Juan Gronlier invitó a los delegados a visitar la capital de su provincia, conocida como "la Atenas de Cuba". Al llegar a la ciudad de Matanzas fueron recibidos por la Banda Militar y se presentó una ofrenda floral ante la estatua de José Martí. Para hacer su invitación de manera oficial, el gobernador había enviado a La Habana al legislador matancero Eladio

González, miembro de la Cámara de Representantes por el Partido Popular Cubano y prominente bautista, quien estuvo acompañado del pastor presbiteriano Eduardo Gálvez. El gobernador Gronlier, tenía una buena relación con la comunidad protestante la que se había iniciado en sus días juveniles en Manguito, donde conoció los esfuerzos pioneros de los Discípulos de Cristo y luego de la Iglesia Presbiteriana.

Después de los actos inaugurales y de protocolo, se eligió una junta directiva compuesta por 25 personas, de las cuales todas eran latinoamericanas menos el secretario de estadísticas y 3 vocales. Como presidente fue elegido Gonzalo Báez Camargo, de México; los vicepresidentes eran Angel Archilla Cabrera, de Puerto Rico, Natalia G. de Mendoza, de México, Alfredo Santana, de Cuba y Alberto Rembao, de México. Además de esto, tres prominentes delegados: J. Marcial Dorado, de Cuba, Juan B. Huyke, de Puerto Rico y Erasmo Braga, de Brasil fueron elegidos presidentes de honor. Entre los cubanos en la directiva estaban Ricardo Barrios, uno de los secretarios de actas y Arsenio Catalá, tesorero. Se destacaron en las sesiones por su trabajo en la directiva Arturo Parajón, de Nicaragua, Ismael García, de El Salvador, Abelardo Díaz Morales, de Puerto Rico. Báez Camargo, una de las figuras más importantes del protestantismo latinoamericano en toda su historia, llegó a ser miembro de la Academia Mexicana de la Lengua y con su seudónimo "Pedro Gringoire" se convirtió tal vez en el principal crítico literario de su país, o por lo menos en uno de los más reconocidos y respetados. Juan B. Huyke era comisionado de Instrucción Pública de Puerto Rico y una figura fundamental del movimiento evangélico insular. Abelardo Díaz Morales, director de la revista *Puerto Rico Evangélico* y notable periodista, era el padre de Abelardo Díaz Alfaro que llegó a ser uno de los cuentistas más importantes de su país. Alberto Rembao, notabilísimo intelectual mexicano, editor de *Nueva Senda*, publicación evangélica para los protestantes hispanos en Norteamérica, llegó a ser el director de *La Nueva Democracia*. Angel Archilla Cabrera llegó a ser uno de los grandes oradores protestantes de América.

Los delegados procedían de diversas ocupaciones, desde la política hasta el púlpito, e incluían en su número a profesores de importantes universidades, sobre todo de los Estados Unidos, y a algunas figuras que ya sobresalían en el movimiento misionero internacional. Las ponencias y discursos revelaron gran erudición. Se destacaron Luis Alonso, el metodista cubano; Juan Orts González, Gonzalo Báez Camargo, José Marcial Dorado, Vicente Mendoza, Herminio S. Rodríguez, Alberto Rembao, Angel Archilla Cabrera, Elisa S. de Pascoe.

Uno de los temas que se discutieron fue el de los aranceles que algunos hacendistas de los Estados Unidos habían propuesto y que podían arruinar la industria azucarera de Cuba. El doctor Erasmo Braga, de

Brasil atacó la propuesta, al igual que el doctor Alva W. Taylor, catedrático de la Universidad de Vanderbilt y notable internacionalista. Este último atacó duramente a los remolacheros de los Estados Unidos. El diario cubano *Excelsior-El País* recogió sus palabras en su edición de junio 27. El diario *El Mundo* aplaudió la decisión unánime de la delegación norteamericana, invocando una resolución del Concilio Federal de Iglesias de Cristo (precursor del Concilio Nacional de Iglesias) de marzo de 1929 en que se condenaba la legislación arancelaria a nombre del pueblo cristiano, recogió las palabras de Taylor y las hizo suyas en acuerdo firmado por Charles S. Detweiler y George W. Brown, presidente y secretario respectivamente de la delegación norteamericana.[48]

En ese mismo espíritu se discutieron los problemas entre misioneros y obreros nacionales. Algunos hasta hablaron de la "Norteamérica imperialista". Pero se expresaron dudas acerca de la madurez de los obreros nacionales, aunque solo un sector entre los misioneros compartió esos comentarios. Más de cincuenta años después, en un documentado artículo publicado en la revista *Mensaje*, Rafael Cepeda, el conocido historiador protestante cubano, reconociendo lo que califica de "sus logros más loables", emite una opinión crítica del Comité de Cooperación en Latinoamérica, y del Congreso de La Habana por considerar sus enfoques de la realidad latinoamericana y las posibles soluciones como insuficientes. Tanto los críticos respetuosos de este evento como los más entusiastas cronistas del mismo (como Báez Camargo) han reconocido que fue un paso de avance en la estructura misionera de la región.

Algunos invitados importantes, como el senador norteamericano William Borah no pudieron asistir y las ponencias del misionero John A. MacKay y de Andrés Osuna, el notable educador y alto funcionario gubernamental mexicano, fueron leídas sin la presencia de sus autores. El eminente jurista Emilio del Toro, que fue presidente de la Corte Suprema de Puerto Rico, un eminente presbiteriano, tampoco pudo asistir. Se lamentó mucho la ausencia de Miguel de Unamuno, quien por razones de salud no pudo participar como se había planeado, junto a sus amigos los evangélicos de Hispanoamérica. Unamuno, el más alto pensador español de este siglo, era considerado casi como una especie de "protestante honorario" por sus estrechos vínculos con la pequeña Iglesia Evangélica en España y por su simpatía hacia los teólogos liberales del protestantismo y sus pensadores y filósofos como Soren Kierkegaard.

La prensa cubana recogió este evento con más frecuencia e intensidad que cualquiera otra actividad auspiciada por las iglesias evangélicas del país. Sobresalieron por su labor informativa *Excelsior-El País*, *El Heraldo de Cuba*, *El Mundo*, *Havana Post*, los cuales recogieron las informaciones hasta en primera plana. El *Diario de la Marina* se excusó de publicar noticias sobre el Congreso, aunque prometió, sin que nadie lo solicitara, no atacarlo. Su silencio se había extendido por más de un cuarto de siglo a todo lo relacionado con los protestantes. El *New York Times,* la United Press y la Associated Press se encargaron de llevar el acontecimiento a un plano noticioso internacional.[49]

Los protestantes cubanos salieron fortalecidos del Congreso en el aspecto de relaciones públicas. Algunas ideas como la propuesta "Federación Internacional Evangélica", sueño del doctor Luis Alonso, no se materializaron debidamente, pero se añadía una nueva perspectiva internacional a la experiencia de muchos pastores y líderes laicos. La nación se acostumbró por obra y gracia de la prensa, a las actividades internacionales de los protestantes de América Latina. Mientras todo eso sucedía (1929), el país estaba pasando una de sus más agudas crisis.

EL GOBIERNO DE GERARDO MACHADO

El 20 de mayo de 1925 tomó posesión de la Presidencia de la República de Cuba el general Gerardo Machado Morales. El alcalde de Cárdenas, Carlos de la Rosa, ascendió a la Vicepresidencia. Machado, como José Miguel Gómez, era nativo de la provincia de Las Villas y había alcanzado el rango de general en el Ejército Libertador. Fue uno de los fundadores junto con Gómez del Partido Republicano Federal de Las Villas y fue elegido alcalde de Santa Clara en 1900. Participó en la revuelta del Partido Liberal en 1906. En el gobierno de Gómez ocupó el cargo de brigadier inspector general de las Fuerzas Armadas y la Secretaría de Gobernación. Con Machado regresó al poder, después de 12 años en la oposición, el mayoritario Partido Liberal, apoyado por el minúsculo Partido Popular Cubano, de Alfredo Zayas.

El gobierno despertó grandes esperanzas en la población. Entre los secretarios de despacho en el gabinete estaban, en los primeros años, Carlos Manuel de Céspedes y Quesada, Jesús María Barraqué, Carlos Miguel de Céspedes y Ortiz, Guillermo Fernández Mascaró, Rafael Iturralde y Viriato Gutiérrez. Se realizaron en los primeros años del gobierno machadista un número considerable de obras públicas. Pocos gobiernos cubanos han realizado obras de la magnitud de las llevadas a cabo por Machado: la carretera central que abrió sendas a los productos agrícolas e industriales del interior y revivió comunidades enteras; el Capitolio Nacional, verdadero orgullo arquitectónico; la transformación de la ciudad de La Habana mediante importantes construcciones y calles. El gobierno recibió, en sus inicios, tanto apoyo popular y político que fue hasta posible mediante hábiles maniobras, la formación de un sistema nuevo en la política nacional, el llamado "cooperativismo", inventado con gran astucia por el senador pinareño Wilfredo Fernández, por medio del cual los tres partidos políticos: Liberal, Conservador y Popular, formaron parte del régimen. Un sector importante de la opinión pública puso una nota discordante: los estudiantes de la Universidad de La Habana que empezaron a disentir y se opusieron a la investidura del gobernante como Doctor Honoris Causa en Derecho Público, el 31 de mayo de 1926, hecho propiciado por beneficios concedidos por el primer mandatario a la alta casa de estudios. El gobierno adoptó algunas medidas que pueden ser calificadas abiertamente como nacionalistas en cuanto a la economía pero el descontento empezó a manifestarse en las clases obreras, insatisfechas con sus salarios. El 16 de julio era asesinado el dirigente obrero Alfredo López. El gobierno trató de resolver sus diferencias con los trabajadores atrayendo al dirigente Juan Arévalo, pero los obreros y estudiantes seguían presentando serios problemas, como en el principio. El anticlericalismo era también evidente en ambos sectores en tanto que muchos trabajadores se seguían vinculando a movimientos anarquistas y socialistas, y los estudiantes, en agosto de 1926 apoyaron, mediante una resolución de la FEU (Federación de Estudiantes Universitarios), la política anticlerical del Presidente Plutarco Elías Calles, de México.

Machado había enfrentado algunas crisis bancarias con cierta habilidad. El 10 de abril de 1926 depositó US$100,000 en el Royal Bank of Canada en La Habana para desmentir rumores de quiebra bancaria. El 3 de mayo de ese año fue aprobada la llamada Ley Verdeja, permitiendo al presidente decidir el inicio de la zafra azucarera en los años 1926 y 1927, con facultades de limitar el monto de la misma. La situación económica no era grave al inicio de su gobierno y faltaba aun algún tiempo para la depresión que conmovió a los Estados Unidos. En 1926, el ilustre filósofo británico y alto prelado de la Iglesia Anglicana (Episcopal) W. H. Inge, Deán de la Catedral de San Pablo en Londres, afirmaba en un diario londinense que la riqueza *per capita* en la República de Cuba superaba a la del Reino Unido y era inferior solamente a la de los Estados Unidos. El eminente predicador protestante no era economista, pero el país estaba en mejor situación que otros muchos en aquella época en que la miseria prevalecía en Latinoamérica y en gran parte del mundo.

El año de 1925 no fue importante en la historia de Cuba solo por el hecho de ocupar Machado la Presidencia. En 1923 se había constituido la Agrupación Comunista de La Habana, dirigida por José Peña Vilaboa y Carlos Baliño. En los meses siguientes se organizaron otras agrupaciones similares en Manzanillo, San Antonio de los Baños, Guanabacoa y Media Luna, así como en la colonia hebrea radicada en el país. El 16 de agosto de 1925 se fundieron esas agrupaciones en el Partido Comunista de Cuba. El líder estudiantil Julio Antonio Mella fue uno de los secretarios nombrados por el Pleno del partido. Entre los miembros suplentes del Comité Central estaba el conocido intelectual Alfonso Bernal del Riesgo.

Mientras tanto el gobierno logró detener la caída de los precios hasta 1927. En ese mismo año se creó la Comisión Nacional de Defensa del Azúcar y la Comisión Exportadora del mismo producto, integrada por hacendados. El poderoso industrial José Miguel Tarafa propugnaba un acuerdo internacional para restringir la producción de las áreas azucareras y la distribución del mercado entre ellas. La crisis económica avanzó sin embargo desde 1927. Por esa época, Machado intentó favorecer la diversificación agrícola e industrial mediante una legislación arancelaria orientada a promover el desarrollo de las producciones agrícolas e industriales. Esto no fue suficiente, dada la crisis económica, para permitir que todas las nuevas industrias sobrevivieran. Pero tratar de romper la dependencia absoluta del azúcar, es decir, del monocultivo, no era cosa fácil, y no fue formalmente intentado pues las circunstancias no eran propicias. El aumento de la producción relativa y la acumulación excesiva de inventarios, el proteccionismo norteamericano en un periodo en que importantes políticos pedían que este se intensificara, más la competencia internacional hicieron que se sintiese con rigor extraordinario, en territorio cubano, la crisis económica que a partir de 1929 haría cundir el pánico a lo largo y ancho de la geografía universal. En su segundo periodo, el gobierno de Machado aprobó el llamado Plan Chadbourne para regular la industria azucarera, utilizando la Corporación Nacional Exportadora de Azúcar y el Instituto Cubano de Estabilización del Azúcar. La primera de estas agencias estaba presidida por el propio Thomas L. Chadbourne y la segunda, por Viriato Gutiérrez. Ni el Plan Chadbourne ni el Convenio Internacional Azucarero, firmado en Bruselas en 1931, pudieron detener la caída de los precios, y esto hundió más el ya precario nivel de vida de los cubanos y su capacidad de consumo se redujo de manera impresionante. Ni el plan de obras públicas que logró por un tiempo disminuir ligeramente el desempleo en el país, ni la Reforma Arancelaria de 1927 que fomentó la producción nacional de numerosos objetos y productos, tendrían efectividad en los últimos años del gobierno de Machado.

La creciente política autoritaria del régimen provocó numerosos incidentes de represión, los cuales eran a su vez estimulados por las constantes protestas y denuncias. Como ya el país era regido políticamente por el "cooperativismo", fue posible la reforma de la Constitución de 1901, y el 14 de abril de 1928 se inauguró una Convención Constituyente presidida por el jurisconsulto Antonio Sánchez de Bustamante, que había presidido el Tribunal Internacional de Justicia de La Haya. Se prohibió la reelección presidencial, pero se extendió el periodo del gobierno a seis años, concediéndole a Machado el derecho de aspirar en 1928. Se suspendió el cargo de vicepresidente y la alcaldía de La Habana, que pasó a ser un Distrito Central.

En las elecciones parciales de 1926, el Partido Liberal triunfó en todo el país menos en Pinar del Río. A pesar de la oposición a su candidatura, sobre todo por parte de Machado, fue elegido alcalde de La Habana por el Partido Popular Cubano, el doctor Miguel Mariano Gómez, hijo del general José Miguel Gómez. Los conservadores consiguieron el gobierno provincial de Pinar del Río, 29 representantes, 21 consejeros provinciales y 17 alcaldes; los liberales, 5 gobiernos provinciales, 36 representantes, 31 consejeros y 102 alcaldes; y los populares, 5 representantes, 2 consejeros y 4 alcaldes. El líder laico bautista Eladio González, antiguo concejal y ex alcalde interino de Matanzas, fue elegido primer suplente cameral por el Partido Popular Cubano. Poco después pasó a ocupar un acta de representante. En las elecciones generales de 1928, Machado fue reelegido como candidato único por seis años. Los otros cargos habían sido prorrogados. En las parciales de 1930, el Partido Liberal eligió 18 senadores y 28 representantes; el Partido Conservador, 6 senadores y 23 representantes; y el Partido Popular Cubano, 8 representantes. Los conservadores se beneficiaron de la nueva ley que permitía la minoría senatorial (un senador por provincia al partido que quedara en segundo lugar). Ni en las elecciones presidenciales de 1928, ni en las elecciones parciales de 1930 y 1932 participó el Partido Unión Nacionalista, fundado por los liberales Carlos Mendieta, Federico Laredo Brú y Roberto Méndez Peñate, entre otros, por haberse prohibido la organización de nuevos partidos y la reorganización de los ya existentes. En las últimas elecciones parciales celebradas en la era de Machado, las de 1932, el Partido Liberal eligió senador por Camagüey a Carlos Miguel de Céspedes y Ortiz y obtuvo 5 gobiernos provinciales, 35 representantes, 28 consejeros y 84 alcaldes. Los conservadores eligieron un senador en Pinar del Río y ganaron allí el gobierno provincial, y en todo el país 25 representantes, 18 consejeros y 33 alcaldes. Los populares obtuvieron 9 representantes, 7 consejeros y 3 alcaldes. Un partido provincial, el Progresista, logró 2 alcaldías y 1 consejero provincial. Por primera vez en la historia de Cuba se emitieron votos por candidatos comunistas, pero en la columna en blanco, ya que ese partido no había sido legalizado.

Importantes sectores conservadores y liberales empezaron a manifestar su oposición aun antes de terminar el primer periodo de Machado. Los elogios que le tributaban las instituciones cívicas, la masonería, e incluso algunos prelados católicos eran numerosos; también lo eran los títulos que le concedían: "El Egregio", "Salvador de la Patria", "Primer Obrero de Cuba". Sus enemigos le llamaban el "Asno con garras". Es probable que sus simpatizantes le hicieran perder contacto con la realidad. Se produjeron durante su gobierno varios asesinatos de líderes obreros, estudiantes y políticos como Armando André, Margarito Iglesias, Enrique Varona, Alfredo López, Julio Antonio Mella. El líder estudiantil Rafael Trejo murió en una manifestación anti-gubernamental y entre los personajes del gobierno que fueron asesinados estuvo Clemente Vásquez Bello, a quien se consideraba como un probable sucesor de Machado.

En agosto de 1931, Mario García Menocal y Carlos Mendieta se alzaron en Río Verde en la provincia de Pinar del Río, pero fueron capturados. Se efectuaron varios alzamientos en el país, como los de Roberto Méndez Peñate en Las Villas y los hermanos Alvarez, en Matanzas. En esos días se produjo la toma de Gibara, donde habían desembarcado varios jóvenes dirigidos por Emilio Laurent, Carlos Hevia y el periodista Sergio Carbó, que desde su publicación *La Semana* atacaba duramente al gobierno. Un alzamiento de campesinos al mando del coronel Manuel Balán ("Lico"), respaldó a los expedicionarios pero las tropas gubernamentales les obligaron a retirarse. La represión se incrementó, destacándose en ella el oficial Arsenio Ortiz en Oriente. La organización ABC, compuesta por células secretas y dirigida por Joaquín Martínez Sáenz, realizó múltiples actos terroristas y movilizó a muchos activistas. Otros grupos eran el ABC Radical, la Organización Celular Radical Revolucionaria (OCRR) y sobre todo el poderoso Directorio Estudiantil. Estos y otros grupos eran hostigados y perseguidos por los más fervientes partidarios del gobierno, llamados "porristas" por pertenecer a un grupo paramilitar conocido como "la Porra".

El gobierno norteamericano había tenido relaciones normales con Machado. Crowder siguió de embajador en Cuba hasta 1927 y fue sustituido por Noble B. Judah. A este le sucedió en 1930 Harry G. Guggenheim, quien, de acuerdo con los cronistas de la época, mantuvo estrecha amistad con Machado. En 1928 se reunió en La Habana la Sexta Conferencia Panamericana y Cuba fue visitada por el Presidente Calvin Coolidge. Machado trató de modificar, sin éxito, el tratado de reciprocidad comercial entre Cuba y los Estados Unidos. Los aranceles proteccionistas de este último dañaban la economía nacional cubana y sobre todo su comercio. Pero la situación política en Cuba se fue agravando con los años y la preocupación del Departamento de Estado aumentó. La Junta Revolucionaria de Nueva York, compuesta por miembros del ABC, Unión Nacionalista, profesores universitarios, políticos liberales y conservadores opuestos a Machado, etc., ejercía presión política y diplomática en contra del gobierno. En abril de 1933 se anunció la designación como embajador en Cuba de Benjamín Sumner Welles, que era enviado a Cuba para buscar un arreglo entre el gobierno y la oposición, gestión conocida como "La mediación". Se creó al efecto un Comité Conjunto de la Mediación en que participaron varios grupos, personajes del gobierno y sectores oposicionistas: ABC, OCRR, Unión Nacionalista, Acción Republicana (partidarios de Miguel Mariano Gómez), el Grupo

Conservador Ortodoxo, etc. No participaron en ella el ABC Radical, el Ala Izquierda Estudiantil, el Directorio Estudiantil, el Conjunto Revolucionario Cubano y el Partido Comunista de Cuba. Las gestiones de Welles fueron intensas pero el gobierno maniobró de diversas formas. Machado tenía en su equipo gobernante de los últimos años a figuras como Gustavo Gutiérrez, Octavio Zubizarreta, Eugenio Molinet y dos de los más altos intelectuales del país: Orestes Ferrara, su secretario de Estado, y Ramiro Guerra, el maestro de la historiografía cubana, secretario de la Presidencia. El clima de terrorismo agravaba la situación. El embajador Welles era un hombre brillante, frío y calculador que nunca disfrutó de demasiada popularidad en Cuba y se inclinaba a un gobierno de transición, favoreciendo para encabezarlo a figuras como Carlos Manuel de Céspedes y de Quesada. Welles era íntimo amigo del Presidente Roosevelt, desde sus días escolares pues ambos asistieron a las mismas escuelas y se desenvolvían en los círculos sociales dominados por anglosajones protestantes de ideas más o menos liberales en el estado de Nueva York y sus alrededores. El movimiento ABC y otros grupos realizaron en agosto de 1933 una gran agitación. El Ejército, en medio de una huelga laboral que afectaba a la capital, decidió deponer a Machado y este huyó a Nassau, en las Bahamas, acompañado por algunos de sus seguidores. Al renunciar Machado, asumió el poder el secretario de Guerra y Marina, Alberto Herrera. El Presidente Herrera nombró secretario de Estado a Carlos Manuel de Céspedes y de Quesada y este asumió la Presidencia de la República por sustitución constitucional al renunciar Herrera. Aquel día, el 12 de agosto de 1933, la multitud se lanzó a la calle y algunos partidarios del régimen, acusados de "porristas" y de "apapipios" fueron asesinados. El periódico liberal *Heraldo de Cuba* fue destrozado. Actos similares ocurrieron en oficinas gubernamentales y hogares de partidarios connotados del gobierno en la capital y el exterior.

La república, que había sido gobernada por generales y doctores, se enfrentaba a una nueva etapa en su desarrollo histórico. Por el momento se ocupaba del poder el escritor y diplomático Carlos Manuel de Céspedes y de Quesada, que contaba con el apoyo del embajador Welles. Era hermano de Carlos Manuel de Céspedes y Céspedes, el hijo mayor de Carlos Manuel de Céspedes, considerado en Cuba como el Padre de la Patria, que había muerto en la lucha contra España. Carlos Manuel de Céspedes y Céspedes fue uno de los cubanos de la Iglesia Episcopal de Key West que habían pedido al obispo de la Florida que facilitara la obra entre los cubanos. Pero su hermano, el nuevo gobernante, no era evangélico.

No existe duda alguna acerca del hecho de que la mayoría de los evangélicos interesados en cuestiones políticas se habían opuesto a

Machado en los últimos años de su gobierno. En el movimiento ABC militaron varios evangélicos, así como en el Directorio Estudiantil Universitario. Antes de considerarse el tema, debe tenerse en cuenta que en los años de la década de 1920 y el 1930, y aun antes, muchos de los que se distinguirían después en la vida política o revolucionaria del país estudiaban en colegios evangélicos, asistían a escuelas dominicales, tomaban parte en cultos y actividades relacionadas con las iglesias, e incluso eran miembros de iglesia o de sus sociedades de jóvenes. Aníbal y César Escalante Dellundé, hijos del capitán del Ejército Libertador Aníbal Escalante Beatón, alcanzaron posiciones de liderazgo entre los jóvenes bautistas de La Habana. Aníbal, graduado y alumno eminente de los Colegios Internacionales del Cristo, fue presidente de las Uniones de Preparación en la provincia habanera. Como es bien conocido, estos dos hermanos se destacaron después entre los principales líderes del Partido Socialista Popular y su predecesor, el Partido Unión Revolucionaria Comunista, ocupando cargos de representantes a la Cámara y concejal. Aníbal fue director del periódico comunista *Noticias de Hoy*. Todas esas actividades las desarrollaron después de salir ambos de las filas evangélicas. Pablo de la Torriente Brau, revolucionario nacido en Puerto Rico, que participó en la lucha contra Machado y murió en las Brigadas Internacionales durante la Guerra Civil española era hijo de un maestro de los Colegios Internacionales del Cristo y fue alumno del plantel. Salvador García Agüero, el más elocuente orador de las izquierdas en la Cuba anterior a 1959 se inició en la oratoria en actos patrióticos celebrados en iglesias evangélicas en su más temprana juventud. Herminio Portell Vilá, que además de estar incluido entre los principales historiadores del país formó parte de la delegación cubana a la Conferencia de Montevideo para plantear la derogación de la Enmienda Platt, había sido alumno del Colegio Presbiteriano La Progresiva en Cárdenas. Pedro López Dorticós, uno de los colaboradores del periódico *Acción* del ABC, activo en la política del país como senador, estudió en el Colegio Bautista de Cienfuegos. Un número aun mayor militó después en los partidos tradicionales. A pesar de que la mayoría de los líderes y creyentes evangélicos trataba de mantenerse fuera de la política, por cuestiones de convicción o a veces por evitar críticas, los participantes en la Revolución contra Machado no incluirían exclusivamente a alumnos de colegios evangélicos o simpatizantes del protestantismo, sino a algunos hombres de reconocida militancia religiosa en su época.

En ese último grupo debe incluirse a Emilio Planas, ministro episcopal de Limonar, donde también dirigía una escuela. Planas, primer hombre de la raza de color en ordenarse como ministro protestante en Cuba, participó activamente en la lucha contra Machado. En aquella época se había agrupado en torno del clérigo un grupo de jóvenes que se destacarían en la vida política o cultural: Nicolás Castellanos, después alcalde de La Habana; Mario y Gabriel Villar Roces —el primero ha sido un político, revolucionario, y experto en cuestiones de reforma agraria y el segundo, educador—; José Agustín del Toro, después representante a la Cámara, y muchos más. Ese grupo, la Juventud Renovadora de Guamacaro, dirigido por el clérigo protestante, conspiraba con el Directorio Estudiantil de Matanzas. Planas estuvo a cargo de la formación de un número considerable de jóvenes de la región y disfrutaba en ella de gran prestigio. Había sido un revolucionario en época de emigración durante la Guerra de Independencia y se convirtió nuevamente en conspirador en la década de 1930.

En Oriente, varios alumnos de las escuelas cuáqueras, es decir, de planteles como el Colegio de Los Amigos, de Holguín, participaban en actividades revolucionarias, entre ellos el después senador Emilio Ochoa ("Millo") de la Sociedad Juvenil Esfuerzo Cristiano. Hasta personas comprometidas con el movimiento cuáquero, en calidad de miembros activos de iglesia, como Juan Sierra, del Directorio Estudiantil Universitario en La Habana, que también desarrolló actividades en su provincia nativa de Oriente; y, sobre todo, Floro Pérez, líder juvenil cuáquero de Velasco que perdió la vida en la lucha insurreccional a manos de las fuerzas de Arsenio Ortiz convirtiéndose en uno de los principales mártires de la Revolución en Oriente. Miguel Angel Tamayo, que fue director del Colegio Cuáquero Los Amigos, de Banes, ocupó la Alcaldía de ese municipio al caer el gobierno de Machado. Fue escogido por los grupos de acción debido a sus méritos revolucionarios. Varios cubanos de padres extranjeros protestantes se distinguieron también en la lucha, como Wycliffe D. Grafton de Gibara, el cual era de origen inglés.

Algunos pastores y líderes laicos de casi todas las denominaciones participaron a nivel local en actividades de ese tipo, como el pastor bautista Agustín López Muñoz en Colón, y un grupo numeroso de bautistas orientales. Pero la principal contribución, aparte de los anteriores esfuerzos, fue tal vez la de los evangélicos que conspiraban en el movimiento ABC. Justo González, que había sido pastor de una iglesia y a la sazón era director de la Escuela de Comercio del Colegio Metodista Candler, fue miembro de la célula directriz del ABC y por un tiempo estuvo a cargo de la edición del primer periódico publicado por la organización llamada *Denuncia*. Pedro Vasseur, subdirector del Colegio Candler y padre del conocido pastor metodista Ernesto Vasseur, fue el sustituto en la célula del líder Joaquín Martínez Sáenz, jefe del ABC. El doctor Vasseur colaboró activamente en *Denuncia*. Otro conocido abecedario (como se les llamaba a los del ABC) fue el abogado y poeta presbiteriano David Mestre del Río.

Algunos evangélicos ocupaban cargos burocráticos aunque no a nivel de gabinete y unas pocas posiciones electivas como representantes, consejeros provinciales o alcalde en el gobierno de Machado. El número de los verdaderamente comprometidos en la política oficial no era elevado. Otros, como el doctor César Ortiz, juez en Oriente, se enfrentaron a las exigencias de algunos militares. Según el historiador Hiram Hilty, Ortiz, miembro de la Iglesia de los Amigos (cuáqueros) insistió en la celebración de juicios imparciales cuando eran detenidos los revolucionarios. Otro caso interesante fue el de Francisco Díaz Vólero, ministro episcopal y hombre de letras, que en una ocasión escondió, para protegerle, al líder estudiantil y fundador del Partido Comunista de Cuba, Julio Antonio Mella, involucrado en actividades contra Machado, Díaz Vólero y Mella tuvieron íntimas relaciones de amistad.[50]

El profesor Justo González, fundador del movimiento alfabetizador continental conocido con el nombre de ALFALIT y padre del historiador del mismo nombre, relató algunas de sus experiencias en el movimiento revolucionario anti-machadista en su libro *Historia de un amor*[51] y en otros escritos. Como detalle interesante, según González su militancia en el ABC se debió en parte a coincidencias ideológicas con su fundador, Joaquín Martínez Sáenz (después director del Banco Nacional de Cuba y eminente político), pues ambos eran, para aquella época admiradores de Mahatma Gandhi. Su movimiento, al apelar al terrorismo, se alejó de esa ideología. Martínez Sáenz era también graduado del Candler College.

EL DESARROLLO DEL PROTESTANTISMO

Al terminar el periodo 1909-1933 los evangélicos como comunidad continuaban apartados de la política, pero muchos de sus pastores y líderes se habían identificado con ella y compartido la suerte de otros activistas revolucionarios y políticos en el país. Las estadísticas y los informes revelan que a partir de 1925 ó 1926 la obra evangélica decayó parcialmente, al menos en números y finanzas, coincidiendo con la crisis que afectó al país. Muchos líderes abandonaron la obra, incluso algunos pastores, dedicándose a otras actividades. De la misma forma que muchos evangélicos de los días de la emigración en las guerras de independencia regresaron a Cuba y no participaron de las iglesias, miles de creyentes que formaron parte de ellas en algún momento entre 1899 y 1933 se convirtieron en simples simpatizantes, o en individuos con un pasado evangélico y un presente de indiferencia religiosa.

Muchos factores habían favorecido a los primeros evangélicos cubanos. La mala fama de gran parte del clero, acusado de lealtad a España, les había ayudado. El laicismo de los libertadores se inclinaba en su dirección. Cuando se colocó la piedra angular del Colegio Metodista Candler, en Marianao, en 1912, la Gran Logia de Cuba fue la encargada de colocarla. Las relaciones con la masonería eran casi a nivel de aliados. Los primeros pastores eran, casi todos ellos, masones activos y hasta jerarcas de esa orden que era poderosa en Cuba. Muchos libertadores simpatizaban con los protestantes. Los elementos liberales les consideraban hombres y mujeres progresistas, comparándolos con el clero español que habían conocido. Se justificaba la presencia de misioneros norteamericanos y su control de la obra porque en definitiva el país había sido ocupado y gobernado por compatriotas de los predicadores con un acento y unas costumbres diferentes. Las escuelas protestantes por ser consideradas como "americanas" atraían alumnos y simpatizantes.

El historiador estadounidense Harold E. Greer en su trabajo *Militarists, Merchants and Missionaries* afirma que existió una especie de alianza o entendimiento entre los elementos liberales de la sociedad cubana, por lo menos algunos de ellos, y los líderes protestantes, pues en momentos dados de la historia habían tenido intereses comunes. Señala la fecha de 1916 como la que marca aproximadamente el principio del fin de esa alianza. Recuerda como en los primeros años de la obra misionera en Cuba surgían simpatizantes inesperados:

"En muchas ocasiones los obreros bautistas recibieron ayuda y aliento de funcionarios cubanos. En Santa Clara las reuniones estaban colmadas de personas con alto rango en la comunidad asistiendo a los cultos. Un teatro fue prestado a los bautistas sin costo alguno, y uno de los periódicos les dejó usar libremente sus columnas. Un general en el pueblo de Caibarién ofreció el uso de su casa, y el alcalde de Camajuaní les permitió a los bautistas predicar en el ayuntamiento. El alcalde, general Clemente Gómez, y el ayuntamiento prepararon un lugar y participaron en los servicios bautistas especiales en Jovellanos."[52]

También señala la popularidad de los primeros protestantes en Cuba, expresada por el misionero H. R. Moseley, en Cuba Oriental. Todo eso coincide con informes de misioneros que hasta hablaban de un "alcalde protestante" en Cienfuegos en los primeros años del siglo, refiriéndose con toda probabilidad a un simpatizante.

Pero eventualmente, sin que se dejara de obtener conversiones y reconocimiento, las aguas fueron tomando su nivel, y el movimiento, aunque cada día más conocido, e incluso respetado en muchas poblaciones, no logró convertirse en la fuerza abrumadora que cambiaría las creencias del pueblo cubano, caracterizado por la indiferencia y por un catolicismo nominal que pudo sin embargo reorganizarse y obtener algunas victorias en las siguientes décadas del desarrollo del país. Muy pocos evangélicos pasaron al catolicismo por la vía de la conversión, pero muchos lo hicieron por la del matrimonio en un país donde por cada protestante vivían docenas de católicos nominales. El carácter de extranjeros de gran parte del clero evangélico ayudó en algunas ocasiones, por aportar éstos cierta preparación y recursos, pero causó otro tipo de problemas. No todos los cubanos veían con simpatía una iglesia controlada por norteamericanos, aunque esto era atenuado por la tradicional hospitalidad de la población hacia los extranjeros y los estrechos y generalmente amistosos vínculos entre segmentos de la sociedad cubana y el pueblo estadounidense.

A pesar del patriotismo de muchos líderes evangélicos, el movimiento protestante seguía siendo percibido en parte como extranjerizante por algunos sectores. Los protestantes cubanos fueron ardientes partidarios de la prohibición de las bebidas alcohólicas en la década de 1920 y eso no era comprensible para los cubanos. El puritanismo de muchos misioneros no era bien recibido en una sociedad que tenía como una de sus publicaciones más populares a *La política cómica* en la que no solo se ridiculizaba a los gobernantes y políticos sino que se daba rienda suelta al característico buen humor que caracteriza al pueblo cubano, no demasiado impresionable por actitudes graves. La oposición evangélica a la lotería, al baile nocturno, a los juegos de azar, e incluso en ciertos casos a las peleas de gallos, confundía bastante. Al mantener sus estrictas convicciones, los misioneros y pastores nacionales, así como los miembros más piadosos de las iglesias, les resultaban bastante sospechosos a muchos ciudadanos del país. Sus himnos, muy hermosos para algunos, no dejaban de ser para otros canciones extranjeras con palabras no siempre pertinentes o significativas. Su carácter de pequeña minoría, que no contaba como los pequeños partidos y grupos de izquierda con intelectuales de renombre como Rubén Martínez Villena, uno de los poetas de la época, o como los sectores masónicos con una lista impresionante de miembros eminentes, les limitaba, en cuanto a alcance, a los contactos más o menos efectivos que se tenían en la sociedad local o en el barrio donde se trabajaba. Sus periódicos, ninguno de los cuales era de publicación diaria, no llegaban a las grandes masas, eran más bien para el consumo de fieles y simpatizantes.

Pero si algunos pensaron que el protestantismo era una experiencia pasajera al estilo de "aves de paso" estaban totalmente equivocados. Si imaginaron que el movimiento evangélico no podía adaptarse al país y contribuir al mismo, su error fue bastante grande. Erraron los que pensaban que el protestantismo se mantenía únicamente a base de la ayuda económica extranjera, que en muchos casos era extremadamente reducida, y en los otros no tan impresionante como se pensaba. Los que menospreciaron al nuevo movimiento religioso desconocían que este permanecería en el país en medio de las más grandes transformaciones imaginables y a pesar de ellas. Se perdían cientos de jóvenes pero se creaba una amplia comunidad de personas que continuaron teniendo alguna relación y sobre todo se mantuvieron activos miles de creyentes a pesar de que el crecimiento, a partir de mediados de la década de 1920, no sería ya tan rápido ni se abriría hasta décadas futuras, un número apreciable de nuevas iglesias.

La indiferencia del cubano hacia la religión obró a favor y en contra del protestantismo. Les permitió ser aceptados más fácilmente y con menos controversia, pero les condujo después a la experiencia de perder a millares de fieles que se sumergieron de nuevo en el ambiente que les rodeaba y que no favorecería la práctica religiosa y mucho menos la militancia. En medio de la amplia libertad de cultos prevaleciente, ciertos sectores privilegiados de la sociedad rechazaron al protestantismo como religión de gente pobre, o si acaso de miembros de la clase media baja. No se alcanzaba sino a individuos aislados de las clases altas. Las iglesias se nutrían de personas modestas, aunque no tanto de los sectores más menesterosos. Los métodos misionológicos en Cuba fueron parecidos a los aplicados en la América Latina. No se llevó a cabo un plan ambicioso que alcanzara a todos los estratos de la sociedad. Y entre los católicos muchos recibieron fraternalmente a los protestantes, como el licenciado Jones, en Cárdenas, mientras otros les despreciaron como herejes y como agentes de un imperialismo extranjero. Samuel Deulofeu Pérez cita una anécdota que involucra a un pastor protestante y a un sacerdote católico en Oriente. Este último le decía al pastor:

"Mire, amigo mío, la causa de ese movimiento evangélico no es religiosa, sino netamente política. Esos ministriles que usted ve por todas partes no son más que espías pagados por el Gobierno Americano en los propósitos que tiene para anexionarse a Cuba. Cuando los yanquis obtengan o abandonen su propósito, y, desde luego, el cheque deje de venir de Norteamérica, ese movimiento se esfumará como esas nubes que usted contempla ahora en el espacio."[52]

Pero en 1933, pocos meses antes de la abrogación de la Enmienda Platt, al terminar una Revolución e iniciarse el proceso que conduciría al control del país por una nueva generación, cincuenta años después de la llegada de los misioneros patriotas a Cuba, y con treinta y cinco años de obra misionera extranjera, a pesar de reducciones sustanciales en la ayuda económica y de todos los problemas imaginables, el protestantismo se había quedado definitivamente en el país y ni siquiera cambios mayores en el futuro, incluso la salida del personal extranjero, primero por etapas y luego casi por completo, alterarían el propósito de los evangélicos cubanos, los cuales, en el periodo que hemos descrito, empezaban a cantar algunos himnos propios, y hasta en algunos casos a componer la letra de unos pocos, como *Cuba para Cristo*, y las estrofas escritas en 1914 por el doctor Reinaldo Machado:

> Oh, cristianos cubanos
> Soldados de Jesús.
> Luchemos por la Patria
> y el triunfo de la Cruz,
> que Cuba redimida
> Conozca la verdad;
> Que cese para siempre
> El odio y la maldad.
>
> Oh, compañeros,
> Luchemos sin cesar,
> Que Cuba para Cristo,
> Tenemos que ganar.

NOTAS

1. Pedro Henríquez Ureña y Alfonso Reyes, *Epistolario íntimo* (Santo Domingo: Universidad Nacional Pedro Henríquez Ureña, 1981), tomo I, p. 111.
2. Charles E. Chapman, *A History of the Cuban Republic* (New York: Octagon Books, 1969).
3. Rafael Martínez Ortiz, *Cuba: los primeros años de independencia* (París: 1921), 2 volúmenes.
4. Audiencia de Matanzas, causa 353/910, enero 24 de 1911.
5. Samuel Deulofeu Pérez, *Cronología de la obra bautista en Cuba Oriental, 1898-1983* (Palma Soriano: 1983).
6. S. A. Neblett, *Historia de la Iglesia Metodista de Cuba* (Buenos Aires: Evangelista Cubano, 1973), tomo I, p. 75.
7. Rafael Estenger, *Sincera Historia de Cuba* (Medellín: Editorial Bedout, 1974), p. 267.
8. Leoncio Veguilla, "Periodos de la historia bautista en Cuba occidental" (Capítulo IV de tesis de grado en el Seminario Teológico Bautista Mexicano), pp. 234-238.
9. Información verbal del doctor Mario Casanella, prominente líder de la obra bautista de Cuba oriental.
10. Samuel Deulofeu Pérez, op. cit., p. 12.
11. Carlos Pérez Ramos, *Un resumen de los setenta años de labor de la Iglesia Metodista en Cuba* (Miami: 1983), pp. 19-20.
12. Ibid., p. 24.
13. Robert L. Wharton, "La misión de la Iglesia Presbiteriana del Sur" en *Heraldo Cristiano*, tomo V, número 9, marzo de 1924, p. 706.

14. Edward A. Odell, *It Came to Pass* (New York: Board of National Missions, 1952), p. 97.
15. Julio Fuentes, "La misión de los Discípulos" en *Heraldo Cristiano*, tomo V, número 9, marzo de 1924, p. 718.
16. Edward A. Odell, op. cit., pp. 97-98.
17. Hiram R. Hulse, "La Misión Episcopal" en *Heraldo Cristiano*, tomo V, número 9, marzo de 1924, pp. 713-715.
18. "Our Overseas Mission" (Informe preparado en la oficina del director del Departamento de Ultramar del Concilio Nacional de Iglesia Protestante Episcopal, 1964), p. 8.
19. Antonio Pereira Alves, *Prominentes evangélicos de Cuba* (El Paso: Casa Bautista de Publicaciones, 1936), pp. 117-123.
20. Julio Fuentes, op. cit., p. 718.
21. Hiram H. Hilty, *Friends in Cuba* (Richmond: Friends United Press), pp. 89-97.
22. Zenas L. Martin, "La Misión de los Amigos" en *Heraldo Cristiano*, tomo V, número 9, marzo de 1924, pp. 703-704.
23. Jones estuvo dedicado la mayor parte del tiempo en el periodo 1917-1927 a actividades ecuménicas o al menos de tipo interdenominacional. Fue secretario general del Comité de Cooperación, secretario de la Asociación de Escuelas Dominicales, administrador de *Heraldo Cristiano* (en esa fase) y representante de la Asociación Internacional de Escuelas Diurnas Bíblicas de Vacaciones en Cuba.
24. Hiram H. Hilty, op. cit., p. 60.

Fulgencio Batista aparece en un programa impreso de la reunión de la clase 1912-1913 del Colegio de "Los Amigos" de Banes. Parte del programa es un tributo al entonces Jefe del Ejército Cubano (el homenaje fue realizado en 1938), aparecen en él estas palabras: "Como antiguo alumno hay una característica que resalta en Fulgencio Batista y es ésta su entrañable cariño por su antiguo colegio, puesto en manifiesto en muchos de sus viajes a esta ciudad" (archivado el 18 de enero de 1940) parte de una nota de Hilty en su libro *Friends in Cuba*. Existe una apreciable cantidad de datos que ratifican la vinculación de Batista con la escuela y con el movimiento cuáquero en el Norte de Oriente, aparte de varias declaraciones del antiguo gobernante cubano y el testimonio de infinidad de ex-alumnos de la escuela dominical de La Güira y del Colegio de Los Amigos, de Banes.

25. Justo González, *Sembrador a voleo* (Miami: Editorial Caribe, 1976).
26. Informe de la Agencia Bíblica en *Heraldo Cristiano*, tomo V, número 9, marzo de 1924, pp. 722-724.
27. Paul R. Orjala, *Cristo en el Caribe* (Kansas City: Casa Nazarena de Publicaciones), p. 16.
28. Información verbal de Emilio Girado, antiguo pastor de la Iglesia Adventista del Séptimo Día en Cuba.
29. Información verbal de José Hernández, antiguo funcionario de la Iglesia Adventista del Séptimo Día en Cuba y Puerto Rico.
30. Información verbal de Herman Glienke, antiguo misionero luterano del Sínodo de Missouri, Isla de Pinos.
31. Programa de la Convención Magna de Cristianos Evangélicos de Cuba, publicado por el Concilio Cubano de Iglesias Evangélicas en 1942, pp. 65-66. La

inscripción en el Gobierno Provincial no se menciona, pero ésta puede hallarse en el folio 102, libro 8, expediente 2989, y la fecha de inscripción es 26 de enero de 1912.

32. Ibid.
33. Samuel Feijóo *El sensible zarapico* (Santa Cruz: Signos, 1981), p. 287.
34. Roberto Domínguez, *Pioneros de Pentecostés* (Miami: 1971), pp. 321-216.
35. Rafael Zulueta Viart, *Una obra de fe* (Placetas: 1978), pp. 1-23.
36. Ibid.
37. Información verbal de Bartolomé Gregorio Lavastida.
38. Datos proporcionados por la oficina de la Iglesia Evangélica Internacional de los Soldados de la Cruz (Bando Evangélico Gedeón) con sede en los Estados Unidos.
39. Programa de la Convención Magna de Cristianos Evangélicos de Cuba, publicado por el Concilio Cubano de Iglesias Evangélicas en 1942, pp. 53-55. La información fue ampliada por datos verbales del pastor Ellsworth Palmer, antiguo misionero en Cuba.
40. *De Panamá a Oaxtepec*, Edición especial de Pastoralia, San José, Costa Rica, publicada por CELEP, año 1, número 2, noviembre de 1978, p. 5.
41. Ibid., 10-14.
42. S. A. Neblett, op. cit., p. 73.
43. Nota publicada en la página 691 de *Heraldo Cristiano*, tomo V, número 9, marzo de 1924.
44. Sylvester Jones, *Ideas y críticas acerca de la obra evangélica en Cuba* (La Habana: 1926, pp. 8-9).
45. Hiram H. Hilty, op. cit., p. 181.
46. Gonzalo Báez Camargo, *Hacia una renovación religiosa en Hispano America* (México: Casa Unida de Publicaciones, 1930), pp. 31-38.
47. Ibid., p. 32.
48. Ibid., p. 66-69.
49. Ibid., pp. 72-75.
50. Producto de investigaciones del Venerable Juan Ramón de la Paz.
51. Justo González Carrasco, *Historia de un amor* (Miami: Editorial Caribe, 1979).
52. Harold E. Greer, Militarists, Merchants and Missionaries(University of Alabama Press, 1970), p. 68.
53. Citado por Samuel Deulofeu Pérez en su op. cit., lo extrae de la revista *El mensajero*, publicada por los bautistas de Oriente, julio de 1954, p. 5.

CUARTA PARTE

Rompió de pronto el sol sobre un claro del bosque, y allí, al centelleo de la luz súbita, vi por sobre la yerba amarillenta, erguirse, en torno al tronco negro de los pinos caídos, los racimos gozosos de los pinos nuevos. ¡Eso somos nosotros: pinos nuevos!
>*José Martí en un discurso sobre el 27 de noviembre de 1871 y el fusilamiento de los estudiantes. Sus palabras inspiraron a B. G. Lavastida en la fundación en 1928 del Seminario Evangélico Los Pinos Nuevos.*

La Iglesia Evangélica Cubana que ha sido siempre como lo es ahora y será por todos los años venideros, baluarte firmísimo de la democracia cubana porque en nuestros colegios y en nuestras iglesias se enseña a la juventud...
>*Alfonso Rodríguez Hidalgo en el cincuentenario de la entrada en Cuba de la Junta Presbiteriana del Norte, celebrado el 2 de diciembre de 1949 en el Teatro Fausto de La Habana.*

Las Iglesias Protestantes de Cuba... integran una poderosa sección religiosa del país, que en conjunto puede situarse en segundo lugar, superada solo por el catolicismo.
>*El periodista Rine R. Leal en la revista* **Carteles,** *febrero 17 de 1957.*

Apretando en su mano la Biblia de negras tapas y finas páginas, el varón de Dios recorrió los caminos de Santiago a El Cristo, el Alto de Villalón y El Escandel, intercambiando mensajes entre Castro y Rego Rubido.
>*El periodista Vicente Cubillas en la revista* **Bohemia,** *refiriéndose a gestiones de mediación del pastor bautista Agustín González Seisdedos en la rendición de Santiago de Cuba.*

B. G. Lavastida, entrevistado por el autor

Convención de la obra de Los Pinos Nuevos (al fondo el antiguo edificio del Tabernáculo)

El ex-vicepresidente de EE.UU. Henry Wallace en la escuela metodista en Playa Manteca, Oriente

Obra rural presbiteriana. El teólogo Sergio Arce en su juventud

El alcalde de Yaguajay con M. A. Calleiro y J. M. Sánchez

Izquierda: Domingo Fernández a su regreso de España
Derecha: Luis Manuel González Peña

Junta Cubana de Misiones en el Campamento Bautista de Yumurí

Cecilio Arrastía y su familia

Izquierda: Alfonso Rodríguez Hidalgo y su familia
Derecha: Razzíel Vázquez

Vista aérea del Colegio Adventista de
Las Antillas, Santa Clara

Vista parcial del Seminario Evangélico de Teología, Matanzas

Invitación a la inauguración del Seminario (1946)

Junta directiva del Seminario Evangélico de Teología. La foto incluye profesores y algunos líderes de la Iglesia en Cuba (década de 1950).

Asociación Cristiana de Hombres de Negocios en La Habana. En el centro su líder Jaime Santamaría (1957)

Izquierda: Luis Machado, ex-embajador en Washington
Derecha: Joaquín González Molina

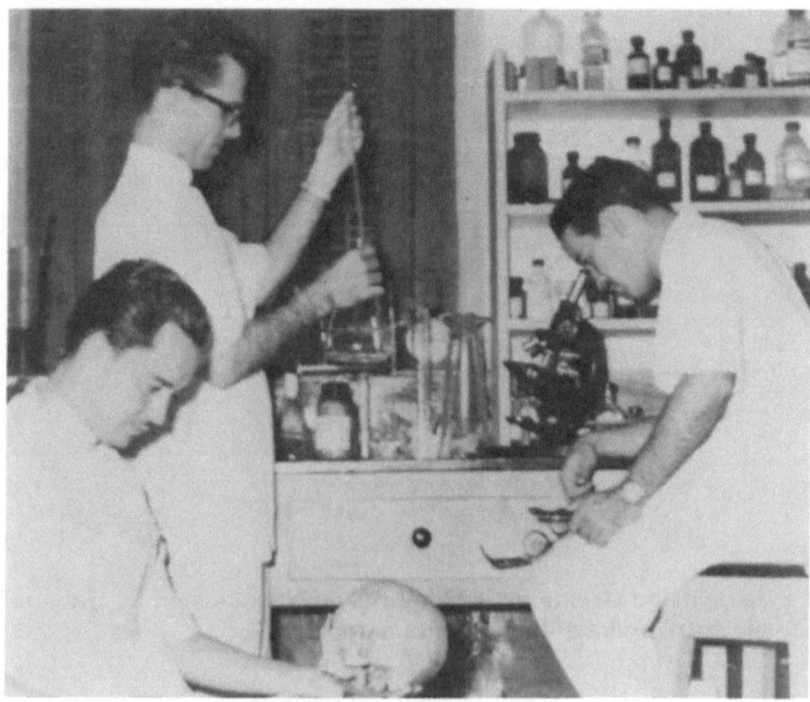

Dispensario presbiteriano de La Habana: Elpidio Padilla, Faustino Pérez y Orlando Ponce de León

Reunión de obreros bautistas libres con Thomas Willey en Pinar del Río

Izquierda: Pablo Sánchez y Rafael Rodríguez Josué
Derecha: Ezequiel Alvarez

Iglesia Evangélica Pentecostal de La Habana (Infanta y Santa Marta)

Gabriel Caride y su familia

Iglesia Presbiteriana de Cabaiguán

Iglesia Evangélica Los Pinos Nuevos en Santa Clara

Iglesia y Colegio Metodista en Santa Cruz del Norte

Moisés Boudet y Edmundo Morgado en conferencia internacional del metodismo, Kansas City

Misioneros bautistas del sur en Cuba (1959). Herbert Caudill último a la derecha

Sixto López y obreros pentecostales de la provincia de Matanzas (Iglesia Bethel)

Agustín González **Frank País**

Mario Casanella

Capítulo XIII

UNA NUEVA GENERACION EN CUBA: EL MOVIMIENTO EVANGELICO SE DIVERSIFICA Y RENUEVA. EL PERIODO ENTRE LAS REVOLUCIONES (1933-1959)

Con la Revolución de 1933 se inicia un nuevo periodo en la historia de Cuba. La llamada generación del 30 empieza a ascender gradualmente en la vida pública. El 4 de septiembre de 1933 se produce un golpe de estado que instaura en el poder un breve experimento revolucionario y se efectúan grandes cambios en la composición de la oficialidad y los mandos en el Ejército. La Enmienda Platt es derogada en 1934. Algunos cambios económicos y sociales tienen lugar en el país, que continúa dentro de la esfera de influencia de su vecino cercano, los Estados Unidos. La confrontación con España pasa a ser cosa del pasado remoto. La nueva dinámica es más bien hacia cambios de tipo revolucionario en los problemas internos del país. Periodos de autoritarismo y de democracia liberal se suceden con frecuencia. A partir de la era de Machado se crea un nuevo ambiente político y social. Las dos figuras más importantes de la época serían Fulgencio Batista y Ramón Grau San Martín, hasta el derrocamiento del último gobierno de Batista en enero de 1959. Los evangélicos, que habían sufrido cierto retraso en sus planes de expansión y pasado por una etapa de relativa decadencia en la segunda mitad de la década del 20 y a principios de la del 30 se van recuperando. Surgen nuevas denominaciones y sectas que desafían a las ya existentes. El Seminario Los Pinos Nuevos, fundado en 1928, realiza grandes esfuerzos por la evangelización de las zonas rurales y la preparación de nuevos obreros religiosos. Los protestantes de las iglesias históricas crean nuevas agencias de servicio al país y fundan en 1946 una institución de nivel universitario: el Seminario Evangélico de Teología de Matanzas. La década de los 50 es ciertamente de avance y consolidación para varios grupos, y el movimiento pentecostal, hasta entonces reducido, se convierte en un factor de importancia numérica en el protestantismo. Las denominaciones norteamericanas, y sus juntas que trabajaban en Cuba, empiezan a entregar importantes responsabilidades a los cubanos, que van constituyendo una abrumadora mayoría, en cuanto a pastores, en todas las denominaciones. La Iglesia Metodista mantiene en el país una numerosa presencia misionera cuando otras iglesias históricas reducen su personal extranjero al mínimo. Y finalmente, la Iglesia Evangélica de Cuba pasaría por otra revolución, mucho más radical que la anterior, en la cual muchos de sus miembros y algunos pastores no serían simples espectadores.

LOS GOBIERNOS PROVISIONALES

El apasionado defensor del gobierno de Machado, Alberto Lamar Schweyer, un notable intelectual cubano, describió con su estilo característico el proceso que llevó a Carlos Manuel de Céspedes al poder en Cuba:

"Mientras tanto, a la luz de una ventana abierta sobre el jardín, Herrera designaba secretario de Estado a Céspedes y al mismo tiempo renunciaba a la Presidencia provisional, que todavía no ocupaba legalmente, puesto que faltaba que el Congreso concediera a Machado la licencia pedida. Mister Sumner Welles podía ya sonreír tranquilo, mientras Céspedes se iluminaba al ver satisfecha su ambición de toda la vida. Torriente asentía complacido y los militares Sanguily y Delgado se frotaban las manos creyendo que habían cumplido su deber y salvado la República de la intervención. La noticia de lo que estaba sucediendo en casa del general Herrera se extendió primero por toda la ciudad y después a toda la Isla. Desde los balcones de la Embajada se dió la noticia de que sería presidente provisional Carlos Manuel de Céspedes."[1]

El gobierno de Céspedes, en el que participaron varios políticos tradicionales y el ABC, duró muy poco. Los sectores revolucionarios no eran en modo alguno unánimes en el apoyo que le concedían. Muchos creían que el nuevo gobernante se limitaría a hacer regresar la República a los días de Gómez, Zayas y Menocal. El nuevo presidente derogó la Reforma Constitucional de 1928 y restableció la Constitución de 1901 pero su control sobre el país era limitado. En el interior se proclamaban alcaldes revolucionarios por parte de los grupos de oposición a Machado. El Directorio Estudiantil que como otros grupos revolucionarios se oponía a Céspedes, impulsaba a los militares a tomar parte en el proceso. El 4 de septiembre de 1933 se produjo un movimiento interno en las Fuerzas Armadas que culminó con la proclamación de uno de sus líderes, el sargento Fulgencio Batista Zaldivar, como jefe del Estado Mayor. Era el mismo alumno de una escuela dominical cuáquera y del Colegio de Los Amigos en Banes que ya hemos mencionado. Se integró un gobierno colegiado formado por Ramón Grau San Martín y Guillermo Portela, profesores universitarios; José María Irisarri, prominente abogado; Porfirio Franca, importante banquero y Sergio Carbó, uno de los periodistas más influyentes. Fue Carbó el que anunció, como nuevo secretario de Guerra y Marina, que Batista había sido ascendido a coronel. Pero ese ascenso se produjo el 8 de septiembre. El día 5 se le comunicó a Cespedes que su gobierno había sido derrocado. Carlos Prío Socarrás, líder del Directorio Estudiantil, y que encabezaba la Junta Revolucionaria, le comunicó al presidente que debía entregar el poder. Al hacerlo así, el hijo del Padre de la Patria cubana abandonó su despacho y la Presidencia de la República que había ocupado por unas pocas semanas. Triunfaban el Directorio Estudiantil, otros grupos revolucionarios y sobre todo, la llamada "Revolución de los Sargentos".

El gobierno de la llamada Pentarquía, o ejecutivo colegiado, duró brevemente pues uno de los pentarcas, el doctor Ramón Grau San Martín, profesor que se había opuesto a Machado, fue proclamado Presidente de la República. De los otros integrantes de la Pentarquía el más destacado fue probablemente Sergio Carbó, que terminó sus días en la ciudad de Miami en 1971 después de haberse convertido allí al protestantismo y ser miembro activo de una iglesia pentecostal. El día 10 de septiembre de 1933 juró el cargo desde la terraza norte del Palacio Presidencial, el nuevo presidente, Ramón Grau San Martín. Se negó a jurar la Constitución de 1901 (y por lo tanto la Enmienda Platt) y su juramento lo prestó ante la multitud congregada, proclamando que asumía el poder a nombre de un movimiento auténticamente revolucionario (sus partidarios formarían el Partido Auténtico).

Ramón Grau San Martín nació en la provincia de Pinar del Río en 1882. Doctor en Medicina y en Ciencias por la Universidad de La Habana, con estudios avanzados en Europa, fue profesor de la Universidad de La Habana y participó en movimientos de oposición a Machado. Después de su breve gobierno (1933-1934) se fundó el Partido Revolucionario

Cubano "Auténtico" del que fue la figura principal y ocupó la Presidencia por elección de 1944 a 1948. Representó en un momento dado el ala socialdemócrata de la política cubana, pero su gobierno fue censurado por la corrupción generalizada y por tolerar ciertos abusos de pandillas. Respetó la libertad de expresión y el proceso electoral y se le atribuyen numerosas leyes sociales.

La figura más importante del gobierno revolucionario de Grau lo fue su secretario de Gobernación, Antonio Guiteras Holmes, fundador de la organización revolucionaria "Joven Cuba". A Guiteras se le atribuyen el carácter nacionalista del gobierno revolucionario y ciertas medidas. Grau y Guiteras no tuvieron el apoyo del embajador Welles, y su gobierno no fue reconocido por los Estados Unidos. El nuevo régimen estableció la jornada máxima de ocho horas y decretó la intervención provisional de la Compañía Cubana de Electricidad. Se concedió autonomía plena a la Universidad de La Habana y se promulgaron varias leyes sociales. La más importante fue la Ley de Nacionalización del Trabajo, o "ley del 50 por 100" que establecía la obligatoriedad de emplear al menos una mitad de ciudadanos cubanos en los centros laborales. Esta medida afectó sobre todo a los españoles residentes en el país.

Graves desórdenes públicos, atribuidos al ABC y al resto de la oposición al gobierno Grau-Guiteras, y el cambio de posición del entonces coronel Fulgencio Batista, principal figura del Ejército, que le retiró su apoyo a los nuevos gobernantes, así como la postura contraria a los mismos de la embajada norteamericana, provocó la caída de Grau que entregó el poder el 15 de enero de 1934 a un miembro del gabinete, el ingeniero Carlos Hevia. En todo este proceso jugaron un papel decisivo el embajador Sumner Welles, consejero áulico del Presidente Roosevelt para la política latinoamericana y su sucesor Jefferson Caffery. Bajo la influencia de ambos se formaron y cayeron los gobiernos provisionales. Sumner Welles tenía entre sus consejeros más respetados a Samuel Guy Inman, profesor de la Universidad de Columbia y arquitecto de los proyectos ecuménicos del protestantismo en América Latina.

Durante el gobierno de Grau se produjo el regreso de los restos de Julio Antonio Mella, asesinado en México, que fueron llevados a Cuba por Juan Marinello y Mirta Aguirre, conocidos intelectuales marxistas. Una manifestación que se organizó en homenaje a Mella terminó en altercados con la fuerza pública y en tiroteos. Se produjo, sin relación con ese suceso, un ataque al Hotel Nacional, donde se había acuartelado un grupo de oficiales descontentos con la nueva situación y con los ascensos de sargentos como Batista a los altos rangos militares. Los soldados del gobierno atacaron el hotel que también fue bombardeado por el crucero "Patria" de la Marina de Guerra.

Pero el suceso más importante del gobierno revolucionario de 1933 fue tal vez la presencia y el trabajo de una delegación cubana en la Séptima Conferencia de Estados Americanos realizada en Montevideo a partir del 3 de diciembre. La delegación cubana la presidía Angel Alberto Giraudy y la integraban Carlos Prio Socarrás, Alfredo Nogueira, Juan Antonio Rubio Padilla y Herminio Portell Vilá. El secretario de Estado norteamericano Cordell Hull reconoció con su voto el principio de no intervención y manifestó la disposición de su gobierno a abrogar la Enmienda Platt.

Carlos Hevia, que sustituyó a Grau, ocupó el poder los días 16 y 17 de enero de 1934. Había sido escogido por la Junta Revolucionaria ya mencionada, conocida históricamente como la Junta Revolucionaria de Columbia (sede del Ejército). El embajador en Washington, Manuel Márquez Sterling fue designado secretario de Estado. El Presidente Hevia, que solo contaba con 34 años de edad, trató de hacerle frente a una difícil situación. La falta de respaldo le impidió proseguir su labor. Varios factores propiciaron que el coronel Carlos Mendieta, fundador del Partido Unión Nacionalista asumiera el poder con el apoyo del Ejército. Una junta de sectores políticos eligió a Mendieta y Hevia renunció a la Presidencia, ocupándola brevemente el secretario de Estado, Manuel Márquez Sterling, quien, como embajador en Washington, periodista y hombre público, fue una de las figuras más importantes y respetadas del país en la primera parte de la historia de la República. El ascenso de Mendieta a la Presidencia provisional se le atribuye en parte a la influencia del embajador Benjamín Sumner Welles.

Carlos Mendieta nació en 1873 en Vueltas, Las Villas. Fue coronel del Ejército Libertador y co-fundador con José Miguel Gómez del Partido Republicano Federal de Las Villas. Fue representante y candidato vicepresidencial y escribió en el periódico *Heraldo de Cuba*. Había militado en las filas liberales y se destacó como uno de sus líderes. En 1924 fracasó en su aspiracion presidencial dentro de ese partido, al ser derrotado por Machado. Fue uno de los más tenaces opositores del mismo durante su gestión gubernativa.

El gabinete de Mendieta estuvo compuesto mayormente por sus compañeros del Partido Unión Nacionalista, los "marianistas" (del Partido Acción Republicana de Miguel Mariano Gómez), los abecedarios, sobre todo Joaquín Martínez Sáenz y el historiador Emeterio Santovenia y otros. El doctor Medardo Vitier, ex profesor del Colegio Presbiteriano La Progresiva ocupó la cartera de Educación.

El 3 de febrero de 1934 fue promulgada una Ley Constitucional, estableciéndose, además el Consejo de Estado (organismo de carácter legislativo formado por figuras notables). Durante el mes de mayo de 1934 se produjo la abolición definitiva de la Enmienda Platt, menos los derechos sobre la Base de Guantánamo y en agosto del mismo año se logró la sustitución de la Tarifa Arancelaria Hawley-Smoot que había dañado la economía nacional. El senador por el estado de Utah, Reed Smoot, que ostentaba el título de apóstol de la Iglesia de Jesucristo de los Santos de los Ultimos Dias (mormones) y que, por lo tanto, era uno de los más altos jerarcas internacionales de esa Iglesia desde 1900, sirvió en el Senado de los Estados Unidos por 30 años y su defensa de la industria remolachera le había llevado junto con el congresista por Oregón Willis Hawley a lograr la aprobación en 1929 de la Tarifa arancelaria Hawley-Smoot, muy desfavorable para los intereses cubanos. Ya en 1921 había presionado a Enoch Crowder, enviado especial del gobierno norteamericano en Cuba para asegurar que la zafra cubana estuviese limitada a dos millones y medio de toneladas. Como principal figura del Comité de Finanzas del Senado su actitud hacia Cuba fue lamentable. La política del "buen vecino" inaugurada por Roosevelt hacia la América Latina fue parcialmente responsable por la eliminación de estos obstáculos al desarrollo político y económico de Cuba. En cuanto a la Enmienda Platt, muchos misioneros radicados en Cuba, cada vez que había problemas políticos o revueltas en la Isla, mencionaban en sus informes, con gran alivio, la existencia de esa cláusula que estimaban protectora. Pero otros, como la misionera cuáquera May Jones (la esposa de Sylvester Jones) adoptaron militantemente la causa de la abolición de la Enmienda como un asunto propio y promovieron abiertamente la desaparición de la misma.

El coronel Batista continuó influyendo decisivamente en la política nacional, sobre todo en el gobierno de Mendieta. Una huelga política, conocida como la "huelga de marzo" de 1934, fue reprimida violentamente por el Comandante Militar de la provincia de La Habana José Eleuterio Pedraza, investido de amplias facultades al asumir ese cargo. El 8 de mayo, el Ejército sorprendió al ex-secretario de Gobernación Antonio Guiteras y sus partidarios de la organización revolucionaria antigubernamental "Joven Cuba" cuando partían hacia el exterior en El Morrillo, cerca de la bahía de Matanzas. La muerte de Guiteras y la de algunos colaboradores causó gran indignación y se le hicieron varias acusaciones a Batista por parte de los sectores que le atribuyeron el hecho.

Se inicia con Mendieta el proceso electoral, constituyéndose los partidos Acción Republicana dirigido por Miguel Mariano Gómez, la Unión Nacionalista, fundada por Mendieta; el Conjunto Nacional Democrático (partidarios de Menocal), y resucitándose el antiguo Partido Liberal, en parte gracias a las gestiones del periodista Ramón Vasconcelos y el pequeño Partido Unionista Cubano del ex-gobernador Asbert. Otros movimientos políticos como el ABC y el Partido Comunista se inclinan al abstencionismo o no encuentran abierta la vía de la participación electoral. Habiendo sido postulado por el Partido Liberal (que a pesar de su participación en el gobierno de Machado era tal vez el principal partido político del país) Carlos Manuel de la Cruz como candidato presidencial, amplios sectores —y sobre todo el coronel Batista— trataron de que el liberalismo postulara a Miguel Mariano Gómez y a Federico Laredo Brú, como candidatos a la Presidencia y a la Vicepresidencia, respectivamente, uniéndose a la coalición de los de la Unión Nacionalista (partidarios de Mendieta y Laredo Brú) y los de Acción Republicana ("marianistas"). Para resolver el problema legal planteado por la presencia de un candidato ya postulado y la situación interna del partido, se utilizan los servicios del presidente de un antiguo bastión presbiteriano, la Universidad de Princeton, Harold Willis Dodds, notable experto en ciencias políticas. El famoso "Laudo Dodds" fue pronunciado, permitiendo a los compromisarios designados por el Partido Liberal proceder a la designación de un nuevo candidato. Constituida de esa forma la llamada Coalición Tripartita (liberales, nacionalistas y marianistas) se enfrentó a la candidatura de Mario García Menocal para presidente y Gustavo Cuervo Rubio, para vicepresidente, apoyados por el Conjunto Nacional Democrático y el Partido Unionista Cubano. Pero acusado de ser parcial a la candidatura de Miguel Mariano Gómez, Mendieta prefiere renunciar para que otro gobernante presida las elecciones. El Consejo de Secretarios y el Consejo de Estado se constituyeron en Colegio Electoral y escogieron para ocupar la Presidencia de la República al diplomático José Agripino Barnet quien asumió el poder el 13 de diciembre de 1935. Barnet había nacido en Barcelona, España, de padres cubanos y representó a su país en numerosos lugares: París, Liverpool, Hamburgo, Berlín, Pekín, Río de Janeiro. En 1935 fue nombrado secretario de Estado por el gobierno de Mendieta. Fue escogido como presidente para que gobernara durante el periodo electoral. Se pasaba por alto la demanda de "Constituyente primero y elecciones después" que hacía un amplio sector de la política nacional.

El Partido Revolucionario Cubano, que agrupaba a un buen número de miembros de la "generación del 30" y a importantes líderes revolucionarios de la lucha contra Machado, no participó en las elecciones, aunque se iba convirtiendo en una de las principales fuerzas políticas del país y contaba entre sus principales líderes al doctor Ramón Grau San Martín, Carlos Hevia, Félix Lancis, Carlos Prio, Ramiro Casablanca, Manuel Arán, Enrique Fernández, Gustavo Moreno, Conchita Castanedo, etc. La Conjunción Centrista Nacional, que llevaba como candidato al ex-Presidente Carlos Manuel de Céspedes y de Quesada decidió también no concurrir. Otros partidos, con excepción de los ya mencionados ABC y Comunista, eran de muy escasa fuerza electoral. Por esa época surge el Partido Unión Revolucionaria, de izquierda, que después se fundiría con el Partido Comunista.

EL GOBIERNO DE MIGUEL MARIANO GOMEZ

En enero de 1936 se celebraron las elecciones, siendo elegido Miguel Mariano Gómez y su candidato vicepresidencial Federico Laredo Brú. Obtuvieron la victoria en todas las provincias, derrotando a la candidatura García Menocal-Cuervo Rubio. La triunfante Coalición Tripartita obtuvo 24 escaños en el Senado, de los cuales 10 eran liberales, 9 nacionalistas y 5 de la Acción Republicana; y 90 representantes de esos tres partidos. El Conjunto Nacional Democrático de García Menocal logró elegir 12 senadores y 70 representantes. Su aliado, el Partido Unionista Cubano obtuvo 2 representantes. En estas elecciones fue elegido a la Cámara Julio Chacón, profesor de los Colegios Internacionales del Cristo. Mediante una fórmula llamada por la prensa oposicionista "El Decreto-Regalo", se decidió conceder dos senadores por provincia al partido perdedor aunque no existía una minoría senatorial en la ley electoral vigente. Por esa razón el Conjunto obtuvo 12 escaños en el Senado. La Coalición Tripartita alcanzó el control de 67 alcaldías y el Conjunto, de 56. Se eligieron 3 alcaldes independientes. Maximiliano Salvador, antiguo pastor metodista que fue ordenado ministro episcopal en 1938, fue candidato a la Alcaldía de Matanzas en estas elecciones.

El 20 de mayo de 1936 tomaron posesión de sus cargos el Presidente Miguel Mariano Gómez y el Vicepresidente Federico Laredo Brú. Gómez procedía del Partido Liberal pero había fundado el Partido Acción Republicana, que con Unión Nacionalista y el liberalismo formaron la Coalición Tripartita. La realidad era que los tres partidos procedían del antiguo liberalismo al cual se le habían añadido algunos factores adicionales al constituirse los partidos. Fulgencio Batista seguía siendo la principal figura del país, con más influencia que el presidente que acababa de ser elegido. El gabinete lo integraban figuras políticas importantes, la mayoría de las cuales había estado activa por muchos años pero no había participado en los últimos años del gobierno de Machado. José Manuel Cortina era secretario de Estado; Luciano Martínez, de Educación; Rafael Montalvo, de Defensa; José Gómez Mena, de Agricultura; Estanislao Cartañá, de Justicia, etc. Wolter del Río, secretario de Hacienda realizó una labor que algunos cronistas han calificado de eficiente. Pero el nuevo gobierno no tuvo tiempo para demostrar sus condiciones.

En el Senado de la República se presentó una ley que establecería un impuesto de 9 centavos por cada saco de 325 libras producidas en el país, lo cual sería destinado para mantener las escuelas cívico-rurales auspiciadas por el Ejército bajo la inspiración del general Batista. El Ejército, bajo su inspiración, creó un cuerpo de maestros rurales con rangos y disciplina militar. Al ser aprobada la ley, incluso con el apoyo del Partido

Acción Republicana, Gómez vetó la ley al entender que las actividades educacionales y la lucha contra el analfabetismo correspondían al poder civil y a la Secretaría de Educación y no a las fuerzas armadas. El presidente fue acusado por la Cámara de "coaccionar a los congresistas e interferir con el libre funcionamiento del Parlamento", por lo cual fue juzgado ante el Senado. La defensa del primer mandatario estuvo a cargo del senador José Manuel Gutiérrez. El doctor Gutiérrez había sido alcalde de Colón y pertenecía al Partido Acción Republicana. El 24 de diciembre de 1936, siete meses después de su toma de posesión, el presidente fue destituido por el Senado y reemplazado por su vicepresidente, el coronel Federico Laredo Brú.

Miguel Mariano Gómez, a quien hemos identificado como hijo del Presidente José Miguel Gómez, nació en Sancti Spiritus en 1890. Era abogado de profesión y entre los cargos que ocupó estuvo la Alcaldía de La Habana, en cuya posición utilizó los servicios del Ejército de Salvación en programas de asistencia social. Algunos le consideraron un alcalde modelo y el Presidente Machado maniobró para reemplazarle mediante la creación de un Distrito Central que sustituyó al municipio de la capital. El 20 de diciembre de 1950 se promulgó una ley echando abajo la acción del Senado al destituirlo. Se hizo con carácter póstumo, pues el doctor Gómez murió dos meses antes de su reivindicación oficial.

EL GOBIERNO DE FEDERICO LAREDO BRU

Federico Laredo Brú, nacido en Remedios en 1875, era también abogado como su predecesor y alcanzó el grado de coronel del Ejército Libertador. Fue fiscal y magistrado y José Miguel Gómez lo nombró secretario de Gobernación. Estuvo al frente de la breve revuelta de Veteranos y Patriotas durante el gobierno de Zayas, la cual fue resuelta por medios políticos por el entonces gobernante cubano. Fue uno de los fundadores del Partido Unión Nacionalista de Carlos Mendieta y fue elegido vicepresidente del país por la Coalición Tripartita que incluía a su partido. Le correspondió ser el único vicepresidente cubano en ocupar la Presidencia por sustitución constitucional. Su gabinete incluyó a Rafael Montalvo como secretario de Estado; Manuel Castellanos, de Justicia; Eduardo I. Montoulieu, de Hacienda; José A. Casas, de Obras Públicas; Amadeo López Castro, de Agricultura; Juan Miguel Portuondo Domenech, de Trabajo; Fernando Sirgo, de Educación; Juan J. Remos, de Defensa y Zenón Zamora, de Sanidad y Beneficencia (Salubridad). Zenón Zamora era un metodista que tenía muy estrechos vínculos con figuras relevantes del protestantismo, sobre todo con su cuñado Luis Alonso, que en esta época desempeñaba importantes cargos como director de la Escuela Normal de La Habana, y Superintendente Provincial de Escuelas en

Matanzas y que después ocupó una cátedra en el Instituto del Vedado. Alonso, además de ministro de la Iglesia Metodista, había sido una de las figuras principales del Congreso Evangélico Hispanoamericano celebrado en La Habana en 1929.

Durante el gobierno del Presidente Laredo Brú se incrementó el programa de educación rural del Ejército, se crearon numerosos institutos de Segunda Enseñanza, se aprobó una importante ley de Coordinación Azucarera que garantizaba a los colonos el disfrute de las tierras que trabajaban, se promulgó una amnistía política y se organizaron numerosos sindicatos por iniciativa de varios grupos. Se creó en 1939 la Confederación de Trabajadores de Cuba (CTC) que fue dirigida por el dirigente obrero comunista Lázaro Peña. El Partido Comunista quedó oficialmente reconocido en 1938.

En las elecciones parciales de marzo de 1938 se abstuvieron auténticos, comunistas, abecedarios y un sector partidario de Menocal. Este había salido del Conjunto Nacional Democrático y formado el Partido Demócrata Republicano. Justo Luis del Pozo, después alcalde de La Habana en 1952, fundó el Partido Social Demócrata al salir de la Unión Nacionalista. Uno de los líderes y candidatos del partido fue el doctor Luis Alonso, el conocido líder metodista. El resultado electoral fue el siguiente: Partido Unión Nacionalista, 22 escaños; Conjunto Nacional Democrático, 23; Partido Liberal, 25; Social Demócrata, 6; Popular Cubano, 3 y Unionista Cubano, 2.

El 28 de octubre de 1939 aparecieron los cadáveres del doctor Julio Cociña Abad y de Ernesto Fernández Ceballos. Este último había sido sargento del cuerpo de maestros cívico-militares y pertenecía a una conocida familia evangélica que procedía del esfuerzo misionero del predicador cuáquero Arthur Pain en la zona de Arcos de Canasí y sus alrededores. Fernández Ceballos era un conocido activista del movimiento "Joven Cuba". El asesinado era hermano del pastor presbiteriano Raúl Fernández Ceballos, que sería una de las figuras más famosas en la historia del protestantismo cubano, entre otras cosas por su participación en el proceso revolucionario que derrocó al Presidente Batista en 1959. La madre del joven, Herminia Ceballos, era una activa líder laica presbiteriana, y su prima, Laura Ceballos, estaba casada con Pablo Sánchez, líder liberal en Arcos de Canasí y un futuro dirigente de la denominación bautista libre en Cuba.

El hecho más importante del gobierno de Laredo Brú fue la celebración de la Asamblea Constituyente que promulgaría la famosa Constitución de 1940. Las elecciones para delegados a la Constituyente se efectuaron en 1939 y resultaron electos 18 delegados por el Partido Revolucionario Cubano (Auténtico), 17 por el Demócrata Republicano, 6 por Acción Republicana, 4 por el ABC. Estos partidos integraban el llamado

Block Oposicionista y la suma de sus delegados fue de 45. El gobierno eligió 36 delegados: 17 por el Partido Liberal, 6 por el Partido Unión Revolucionaria Comunista, 9 por Unión Nacionalista, 3 por el Conjunto Nacional Democrático y 1 por el Partido Nacional Revolucionario Realista. Otros partidos no alcanzaron factor para obtener representación en la Constituyente. Algunos evangélicos participaron en el proceso electoral como candidatos, incluyendo a Justo González Carrasco, que había presidido brevemente el partido ABC y aspiró, con resultados negativos, en su columna. También fue en una ocasión candidato a representante a la Cámara, a solicitud del Partido.

Varios historiadores y comentaristas han calificado a la Constitución de 1940 como una de las más progresistas de América, pues estableció normas avanzadas que no siempre se llevaron a la práctica. Su primer presidente fue el doctor Ramón Grau San Martín, elegido por el Block Oposicionista. Al retirarse García Menocal y su Partido Demócrata Republicano de ese grupo de partidos de oposición, el Frente Gubernamental pasó a ser mayoría. El segundo presidente de la Convención Constituyente, y que como tal firmaría la misma, habiendo contribuido de manera apreciable a las sesiones, era el doctor Carlos Márquez Sterling, miembro de una ilustre familia, de la cual la figura más conocida era Manuel Márquez Sterling.

La nueva constitución se iniciaba con palabras que incluían una invocación a Dios. En materia religiosa dos artículos eran fundamentales. El número 35 establecía la libertad de cultos y la separación de la Iglesia del Estado:

"Es libre la profesión de todas las religiones, así como el ejercicio de todos los cultos, sin otra limitación que el respeto a la moral cristiana y al orden público. La Iglesia estará separada del Estado, el cual no podrá subvencionar ningún culto."[2]

En cuanto a la educación religiosa en las escuelas, se aclaraba el carácter absolutamente laico de la misma. El artículo 55 decía:

"La enseñanza oficial será laica. Los centros de enseñanza privada estarán sujetos a la reglamentación e inspección del Estado; pero en todo caso conservarán el derecho de impartir, separadamente de la instrucción técnica, la educación religiosa que deseen.[3]

La aprobación de estos artículos no fue difícil ya que la mayoría abrumadora estaba a favor de la separación de la Iglesia y el Estado y el laicismo, pero se expresaron diversos puntos de vista. Los protestantes de Cuba, al igual que la mayoría en la Constituyente, favorecían el laicismo. Las iglesias evangélicas dieron la bienvenida a la nueva constitución y a lo que se había establecido acerca de la relación con las religiones y escuelas religiosas. Líderes católicos hicieron presión durante las sesiones tratando de que se permitiera de alguna forma enseñar religión en las escuelas públicas a lo cual los evangélicos reaccionaron con protestas que por lo general se limitaron a declaraciones.

Para las elecciones de julio de 1940 se organizaron dos poderosas coaliciones o alianzas. El sector gubernamental estaba representado por los partidos Demócrata Republicano, Unión Nacionalista, Liberal, Conjunto Nacional Democrático, Unión Revolucionaria Comunista, Nacional Revolucionario Realista y Popular Cubano, que formaron la Coalición Socialista Democrática. La oposición la formaban los partidos Revolucionario Cubano, ABC y Acción Republicana. La Coalición obtuvo el triunfo para su candidato Fulgencio Batista Zaldívar que llevaba a Gustavo Cuervo Rubio como su candidato a la Vicepresidencia, y el Frente Oposicionista fue derrotado en las personas de sus candidatos Ramón Grau San Martín y Carlos E. de la Cruz, que aspiraban a la Presidencia y a la Vicepresidencia, respectivamente. El pequeño Partido Agrario Nacional cuyo líder era el ex-alcalde habanero Alejandro Vergara había lanzado la candidatura de Reinaldo Márquez. Los resultados congresionales fueron los siguientes: Coalición Socialista Democrática, 22 senadores y 95 representantes; Frente Oposicionista, 14 senadores y 67 representantes. Entre los nuevos senadores estaba el metodista Luis del Valle, elegido por Matanzas y reelecto en 1944. El Partido Unión Revolucionaria Comunista, resultado de la unión del Partido Comunista y el Partido Unión Revolucionaria obtuvo 10 representantes a la Cámara y 2 alcaldías. La de Manzanillo la obtenía el líder socialista Francisco Rosales, activo dirigente local. El partido, que formaba parte de la Coalición Socialista Democrática, no apoyó al candidato triunfante postulado por ese grupo para alcalde de La Habana, Raúl García Menocal, hijo del presidente del mismo apellido. Los comunistas habían llevado como su candidato alcaldicio a Juan Marinello.

EL PRIMER GOBIERNO DE FULGENCIO BATISTA

Fulgencio Rubén Batista Zaldívar nació en Banes, en 1901. Procedía de las clases más humildes, y, como ya lo hemos señalado, estudió por algún tiempo en el Colegio Los Amigos, auspiciado por la iglesia cuáquera en esa ciudad. También fue alumno de la escuela dominical en la misión de La Güira. Católico por bautismo, el Presidente Batista intensificó sus lazos con la Iglesia Católica después de su divorcio y su nuevo matrimonio con Marta Fernández Miranda, su segunda esposa, situación ocurrida después de completar su primer periodo que estamos cubriendo ahora (1940-1944). Sus vínculos con los cuáqueros permanecieron siempre vigentes en aspectos fraternales y mediante varias contribuciones económicas que hizo a su escuela de Banes. Además de sus estudios de escuela primaria, cursó taquigrafía. Fue sargento-taquígrafo del Ejército, y en 1933, al destacarse como líder de la llamada "Revolución de los Sargentos" se convirtió en jefe del Estado Mayor. Alcanzó después los rangos de coronel y mayor general.

El nuevo presidente, elegido por los partidos de la Coalición Socialista Democrática, tuvo en su primer gabinete a Carlos Saladrigas, de origen abecedario, como Primer Ministro, cargo creado por la nueva constitución; José Manuel Cortina, en Estado; Víctor Vega Ceballos, en Justicia; José T. Oñate, en Comercio; Juan J. Remos, en Educación; Domingo F. Ramos, en Defensa y Aurelio Fernández Concheso, como secretario de la Presidencia. Andrés Domingo Morales del Castillo, sería uno de sus más importantes colaboradores. Remos, que ocupó varias carteras, era un intelectual de primer orden. El ministro Oñate era profesor de los Colegios Internacionales del Cristo en tanto que el vicepresidente Cuervo Rubio, de la aristocracia cubana, era primo del famoso líder evangélico B. G. Lavastida.

El gobierno de Batista se caracterizó por continuar su énfasis en la educación rural, aunque sus críticos afirmas que esos esfuerzos no siempre fueron eficientes; se llevaron a cabo algunas obras públicas y fueron creadas cajas de retiro para algunas ocupaciones. Se produjeron también desórdenes públicos y asesinatos como el de Sandalio Junco, un líder obrero, así como un intento de golpe de estado por parte del general José Eleuterio Pedraza. En diciembre de 1941 Cuba declaró la guerra a las potencias del Eje, Berlín-Roma-Tokio y se decretó el Servicio Militar Obligatorio, lo cual en realidad no se llegó a consumar en la práctica.

En las elecciones parciales de 1942 el Partido Liberal eligió 21 representantes; el Demócrata, 21; el Comunista, 3; el Auténtico, 10 y el ABC, 2. En 1943 se puso en vigencia un nuevo Código Electoral más estricto, y se realizó un censo de población. En ese mismo año se formó —debido a la guerra mundial— un Gabinete de Unidad Nacional, que incluyó por primera vez en la historia de Cuba, al Partido Comunista, que por esa época cambió de nombre, convirtiéndose en el Partido Socialista Popular. Además de los intelectuales marxistas Carlos Rafael Rodríguez y Juan Marinello, el gabinete de Batista contó con otros prominentes hombres de letras, como Juan J. Remos y Emeterio Santovenia, y también participaron en el gobierno con rango de ministros el culto periodista Ramón Vasconcelos, el historiador Carlos Márquez Sterling y el más famoso intelectual de Cuba en aquellos momentos, Jorge Mañach que procedía del ABC. El cargo de Primer Ministro lo ocuparon, además de Saladrigas, Ramón Zaydín y Anselmo Alliegro.

En materia religiosa dos acontecimientos merecen ser señalados en forma especial. Los católicos y otros sectores protestaron por el nombramiento del doctor Juan Marinello, líder del Partido Unión Revolucionaria

Comunista, como presidente del Comité de Escuelas Privadas, un organismo consultivo del Ministerio de Educación. La posición personal de Marinello acerca de las escuelas privadas le causó problemas con la prensa, aunque no pidió que éstas fueran cerradas. Se llevó a cabo una campaña "Por la Patria y por la Escuela" dirigida por el intelectual católico Angel Fernández Varela, que contó con amplio apoyo. Marinello había sido invitado en algunas ocasiones a pronunciar conferencias culturales en el Colegio Candler y otras escuelas privadas. En aquella época ocupaba una cátedra en el Colegio Candler el doctor José Antonio Portuondo, que después llegaría a ser un famoso intelectual marxista y que sería también embajador en el Vaticano en la década de 1970. La llamada Ley Marinello, que limitaba en algunos aspectos la enseñanza privada, fue combatida sobre todo por escuelas religiosas católicas y algunas protestantes. En la polémica participó, atacando a Marinello, el periodista Pepín Rivero, del poderoso *Diario de la Marina*, de inspiración católica conservadora.

El otro acontecimiento relacionado con la religión que debe ser mencionado es uno que ha pasado casi desapercibido. El Presidente Fulgencio Batista y su gobierno hicieron varias contribuciones económicas a los cuáqueros. En el presupuesto para la construcción de un nuevo edificio para el Colegio Los Amigos de Banes, que menciona las contribuciones al mismo y fue publicado en el Reporte Anual de los cuáqueros (1944-1945) se recibieron entre otras de diverso origen, las siguientes: el general Batista donó US$2,000 de su propio bolsillo y el gobierno cubano hizo en aquella época dos donaciones, una de US$25,000 y otra de US$15,000.[4]

La de US$2,000 fue hecha poco antes de asumir Batista la Presidencia. Durante su periodo presidencial concedió al Colegio participación en las ganancias de un sorteo de la Lotería Nacional, institución rechazada por la mayoría de los evangélicos pero aceptada por buena parte de la sociedad de la época y que empezó a usarse para fines benéficos aparte de haber sido desde el principio un sistema para recompensar a activistas políticos. Esta parece haber sido la principal función de la misma durante casi toda su larga existencia. El gobierno no podía subvencionar directamente las escuelas o instituciones religiosas y de ahí la decisión espontánea de Batista y su selección de la Lotería como el medio de contribuir a la escuela donde había cursado estudios. El doctor Miguel Angel Tamayo, director del plantel, discutió la proposición gubernamental con la iglesia de Banes y el dinero fue aceptado, pero no por la iglesia, sino por un patronato que recababa fondos para la escuela y que aceptó la iniciativa de Batista. Este fue el giro que se le dio al asunto para resolverlo y evitar así una crisis de conciencia. La decisión fue criticada por muchos evangélicos pero no causó división en la comunidad protestante, debido al alto prestigio de las escuelas e instituciones cuáqueras en el país.

Una de las personas influyentes en los círculos cercanos a Batista en el periodo 1933-1944 y que no tuvo relación alguna con la decisión anterior, lo era el coronel Joaquín Antonio Bolet y Tremoleda, ingeniero militar que había sido capitán-ayudante del Presidente Grau en su breve gobierno revolucionario de 1933-1944. Bolet y Tremoleda era hermano del mundialmente famoso pianista Jorge Bolet y de la misionera evangélica María Josefa Bolet. Pertenecía a una de las más prominentes y respetadas familias presbiterianas de Cuba. Otra de sus hermanas, Hortensia Bolet, contrajo matrimonio con el educador cuáquero Juan Sierra. Entre los cargos que ejerció el coronel Bolet estuvo el de encargado de la coordinación de la defensa en la región del Caribe, representando a Cuba, durante la Segunda Guerra Mundial. Disfrutó siempre de gran prestigio y de amplio reconocimiento por su apreciable capacidad intelectual.

Grandes sectores habían manifestado descontento con el gobierno de Batista a pesar del título de "mensajero de la prosperidad" que muchos de sus partidarios, incluyendo a importantes líderes de la izquierda cubana, le habían dado. Al convocarse a elecciones para el primero de junio de 1944, se formaron dos frentes: la Coalición Socialista Democrática y la Alianza Auténtico-Republicana. La Coalición representaba el sector gobiernista y la integraban el Partido Liberal, el ABC, el Partido Socialista Popular (antiguo Unión Revolucionaria Comunista) y el Partido Demócrata (integrado por un amplio sector de partidarios de García Menocal y de los partidos que este formó). La Alianza oposicionista la integraban el Partido Revolucionario Cubano (Auténtico) y el Partido Republicano (otro sector menocalista). La Alianza triunfó en cinco provincias y perdió en la de Pinar del Río. Fue elegido presidente su candidato, el doctor Ramón Grau San Martín, acompañado en la boleta por el aspirante vicepresidencial Raúl de Cárdenas. Fueron derrotados los candidatos de la Coalición Carlos Saladrigas y Ramón Zaydín. La Coalición eligió 30 senadores y 43 representantes y la Alianza 24 senadores y 27 representantes. Grau iniciaba su mandato sin mayoría parlamentaria. La Coalición logró obtener 2 gobiernos provinciales y la Alianza 4. En Pinar del Río, única provincia donde triunfó Saladrigas fue elegido gobernador el prominente laico metodista Armando del Pino Sandrino que había sido consejero provincial, representante a la Cámara y líder liberal. También se distinguió como benefactor de la obra metodista. Era un hombre de amplios recursos económicos y procedía de Herradura donde se organizó una iglesia metodista a inicios de la República. Otros evangélicos fueron elegidos a diversos cargos en estas elecciones, que los auténticos bautizaron como "la jornada gloriosa". El Partido Socialista Popular, además de representantes, eligió a 3 senadores.

EL GOBIERNO DE RAMON GRAU SAN MARTIN

Ramón Grau San Martín asumió la Presidencia el día 10 de octubre de 1944. Para algunos representaba la llamada izquierda democrática. Los sectores conservadores se sentían complacidos sin embargo, por haber escogido como su vicepresidente al doctor Raúl de Cárdenas, de procedencia conservadora. La elección se debió en gran parte a que un sector menocalista (conservador) organizó el Partido Republicano, dirigido por el culto y hábil político Guillermo Alonso Pujol, y el alcalde de La Habana, Raúl García Menocal, hijo del famoso ex-presidente, los cuales se aliaron a Grau. El autenticismo llegó al poder en compañía de un partido de ideas conservadoras pero trató de mantener su imagen revolucionaria. Entre los principales colaboradores del gobierno a nivel de gabinete estuvieron Félix Lancís y Carlos Prío, que ocuparon el premierato; Gustavo Cuervo Rubio, (ex-vicepresidente de Batista que había pasado a la oposición), Alberto Inocente Alvarez, José San Martín, Evelio Alvarez del Real, Segundo Curti y Messina, Manuel Fernández Supervielle, Germán Alvarez Fuentes, César M. Casas, Román Nodal, Luis Pérez Espinós, Octavio Rivero Partagás, Sergio I. Clark, Salvador Menéndez Villoch y José Manuel Alemán. Este último fue frecuentemente acusado de corrupción administrativa pues se le atribuye, durante su ejecutoria como ministro de Educación el haber usado los fondos del famoso "Inciso K" para aumentar su fortuna en forma impresionante. En este gobierno el prominente laico bautista, doctor Alfredo González ocupó la Dirección General de Servicios Públicos de Cuba, una posición de gran importancia.

El nuevo presidente logró con gran habilidad conseguir apoyo parlamentario para sus leyes, a pesar de su minoría en ambas cámaras. Su administración proyectó una imagen nacionalista. Se dictaron varias leyes de orden social. Se preocupó también de mejorar los índices económicos. Las cláusulas impuestas por Grau en las ventas globales de azúcar a los Estados Unidos permitieron mejorar los salarios en la industria azucarera. También se estableción un famoso "diferencial" que benefició a los trabajadores del azúcar. Se respetó la libertad de expresión, pero se desató una ola de gangsterismo y criminalidad que culminó con un famoso incidente de pelea entre pandillas en el reparto Orfila en la capital. Se prestó ayuda a combatientes contra el gobierno del Presidente Trujillo en la República Dominicana, pero la presión del gobierno norteamericano obligó a cancelar la famosa expedición de "Cayo Confites". Durante el gobierno de Grau, elementos auténticos sacaron de la Secretaría General de la Confederación de Trabajadores de Cuba (CTC) al dirigente comunista Lázaro Peña provocando reacciones por parte del sector que le apoyaba. Por otra parte, el líder sindical comunista Jesús Menéndez, que tenía gran arraigo entre los trabajadores azucareros, perdió la vida en un altercado con la fuerza pública. Ese hecho se le atribuyó al capitán, y después coronel, Joaquín Casillas Lumpuy, quien disparó su arma contra Menéndez, alegando después que el líder obrero, que era representante a la Cámara, había extraído la suya disparando y matando a un soldado. Casillas Lumpuy[5] estaba casado con una dama bautista y asistió frecuentemente a los cultos y actividades, además de contribuir a la obra financieramente. Continuó como oficial del Ejército. En este periodo se produjo también el asesinato del dirigente estudiantil Manolo Castro. La agitación en el sector estudiantil se vio considerablemente incrementada.

En cuanto a materia religiosa, o al tema de Iglesia y Sociedad, en este periodo se organizó la Juventud Obrera Católica, JOC, fundada el 23 de enero de 1947 con la aprobación del arzobispo de La Habana, Manuel Arteaga y Betancourt, primer cubano en recibir el capelo cardenalicio. Hasta fines del año 1947, de acuerdo con el *Diario de la Marina*, el gobierno auténtico había concedido a la Iglesia la cantidad de US$12,288,659. El dinero había sido distribuido entre asilos, creches, instituciones benéficas, comunidades religiosas, etc. Se atribuye en parte esa generosidad, manifestada mediante numerosos sorteos de la Lotería Nacional, a la Primera Dama de la República, la señora Paulina Alsina viuda de Grau (cuñada del presidente, que era soltero). Debe reconocerse que el gobierno ofreció ese tipo de ayuda, en menor escala por supuesto, a las iglesias evangélicas o, más bien, a sus instituciones educacionales y benéficas, también por medio de sorteos de la lotería, pero estas la declinaron cortesmente. Otro evento que merece atención es la fundación, en 1947, por un sector del autenticismo descontento de la política del gobierno de Grau, del Partido del Pueblo Cubano (Ortodoxo). Su principal líder fue Eduardo R. Chibás, senador de gran ejecutoria y orador con cierto apelativo para las masas populares. Entre sus principales colaboradores estaba Emilio Ochoa ("Millo") a quien ya hemos mencionado como alumno del Colegio Los Amigos de Holguín y antiguo miembro de la organización juvenil de la iglesia cuáquera. Si bien es cierto que algunos líderes evangélicos, incluyendo a pastores como el metodista Manuel Viera, el presbiteriano Raúl Fernández Ceballos y el bautista oriental Guillermo Rodríguez habían militado abiertamente en el autenticismo, la creación de la Ortodoxia atrajo hasta a pastores y líderes que tal vez nunca antes se habían dedicado a la política o no habían militado activamente en ningún partido. Entre los más prominentes simpatizantes o activistas deben destacarse, extraídos de una lista demasiado larga, Rafael Cepeda, Emilio Rodríguez Busto, y sobre todo Rolando Espinosa Carballo. Cepeda era el director de Educación Cristiana de la Iglesia Presbiteriana y un conocido intelectual, líder ecuménico y ministro ordenado de la Iglesia; Rodríguez Busto ocupaba la dirección del Colegio Presbiteriano La Progresiva en Cárdenas, tal vez la principal institución educacional protestante del país; Espinosa Carballo, de extracción presbiteriana en San José de los Ramos, era profesor del Colegio Candler de La Habana y líder laico metodista, además de dirigente magisterial a nivel nacional; fue nombrado director del Departamento de Asuntos Campesinos del Partido.

Las elecciones parciales de 1946 dieron el triunfo al autenticismo. La Alianza Auténtico-Republicana obtuvo 37 escaños en la Cámara y 90 alcaldías; los partidos que habían formado la Coalición Socialista Democrática eligieron 29 miembros de la Cámara y 30 alcaldías. El Partido Socialista Popular obtuvo 5 representantes y un alcalde. La desaparición del ABC como una importante fuerza política era para entonces evidente. En las elecciones presidenciales de 1948 se unieron en coalición el Partido Liberal y el Demócrata. Había fracasado un intento de formar un llamado Tercer Frente encabezado por el influyente senador auténtico Miguel Suárez Fernández, y que uniría a la mayor parte de la oposición, incluyendo a la ortodoxia. El Partido del Pueblo Cubano, fue solo a las elecciones, al igual que el Partido Socialista Popular. La Alianza Auténtico-Republicana postuló para la Presidencia a Carlos Prío Socarrás y para la Vicepresidencia a Guillermo Alonso Pujol. El Partido del Pueblo Cubano (ortodoxo) a Eduardo R. Chibás y a Roberto Agramonte (uno de los más conocidos intelectuales del país). La coalición liberal-demócrata postuló a Ricardo Núñez Portuondo (hijo del general Emilio Núñez, que había tenido vínculos con el protestantismo durante la lucha contra España) y a Gustavo Cuervo Rubio. El Partido Socialista Popular postuló a Juan Marinello (también uno de los más prominentes intelectuales de Cuba) y al líder obrero Lázaro Peña, que era de la raza de color. La Alianza Auténtico-Republicana derrotó al candidato presidencial liberal-demócrata Ricardo Núñez Portuondo. En tercer lugar quedó Chibás seguido de Marinello. La Ortodoxia y el Partido Socialista Popular quedaron en desventaja al no ir en coalición con otros partidos. La Alianza Auténtico-Republicana obtuvo 36 senadores, 40 representantes y 4 gobernadores; la Coalición Liberal-Demócrata, 18 senadores, 21 representantes y 2 gobernadores. El Partido Ortodoxo logró elegir a 5 representantes y el Socialista Popular, a 4. La importante alcaldía de La Habana había quedado en manos de Nicolás Castellanos, antiguo alumno del ministro episcopal de Limonar, Emilio Planas, que le inició en las luchas revolucionarias. Había llegado al cargo en 1947 al morir el alcalde Manuel Fernández Supervielle, que se suicidó ese año al no poder cumplir su promesa de mejorar el servicio de acueductos en La Habana. En lo nacional, llegaba pues al poder Carlos Prío Socarrás, a quien Grau, de manera simbólica, entregó según sus palabras, "la antorcha de la cubanidad".

Durante la campaña electoral, la militancia católica del candidato Ricardo Núñez Portuondo fue utilizada ampliamente por sus partidarios mientras los auténticos acusaban al Partido Liberal que lo postulaba de todos los crímenes atribuidos al gobierno de Machado. Los auténticos se refirieron a las donaciones hechas por Grau a las instituciones benéficas católicas y a una Medalla Benemérita del Vaticano entregada a la Primera Dama, señora Alsina viuda de Grau. Los ortodoxos fueron acusados por algunos de partidarios del comunismo. El tema religioso surgía por primera vez de manera apreciable en una campaña nacional. Era el resultado de la relativa recuperación del catolicismo, sobre todo en la capital. Aunque las masas campesinas y la mayoría de la población se limitaban, si acaso, a bautizar sus hijos, a veces cuando ya eran adolescentes.

EL GOBIERNO DE CARLOS PRIO SOCARRAS

Carlos Prío Socarrás asumió la Presidencia de la República el 10 de octubre de 1948. Su vicepresidente era el doctor Guillermo Alonso Pujol, hombre de vasta cultura y uno de los políticos más hábiles en la historia del país, y cuyos cambios de posición alteraron dramáticamente, en algunas ocasiones, el curso de los eventos de tipo político y electoral. El Presidente Prío nació en La Habana en 1903. Sus antepasados fueron patriotas cubanos, algunos de los cuales perdieron la vida en la guerra contra España. Su padre, Francisco Prío participó de la emigración en la Florida donde asistió por algún tiempo a una iglesia metodista, en la cual, según una carta, se sentó en más de una ocasión junto a José Martí. El doctor Prío cursó la carrera de Derecho y fue secretario de la Juventud Universitaria Nacionalista y dirigente del Directorio Estudiantil Universitario. Jugó un papel importante en los acontecimientos que condujeron a la caída de Machado y sobre todo, a la toma del poder por elementos revolucionarios en septiembre de 1933. Fue senador de la República y primer ministro del gabinete del Presidente Grau. Durante su juventud asistió por algún tiempo a la Iglesia Presbiteriana de Luyanó, que era pastoreada por Vicente Diestro, un notable ministro de la raza de color. Como casi toda su familia, Prío era católico por bautismo.

El nuevo gobernante se había presentado al electorado como "un presidente cordial" y siguió en parte la política populista de su predecesor, el Presidente Grau, que gustaba de lemas tales como "la cubanidad es amor" y "las mujeres mandan". En su gobierno ocuparon el premierato Manuel Antonio de Varona, Félix Lancís y Oscar B. Gans; confió el ministerio de Estado a varios importantes políticos: Carlos Hevia, Miguel A. Suárez Fernández, Oscar B. Gans y Aureliano Sánchez Arango, y el intelectual Ernesto Dihigo y López Trigo. Entre sus ministros estuvieron Ramón Corona, Rubén de León, Tebelio Rodríguez, Lomberto Díaz,

José Alvarez Díaz, Eduardo Suárez Rivas, Virgilio Pérez, Sergio Megías, José Raimundo Andreu, Ramón Zaydín, Edgardo Buttari, Arturo Hernández Tellaeche, Juan Antonio Rubio Padilla, Román Nodal y Luis Casero Guillén. Este último, un famoso alcalde de Santiago de Cuba y el subsecretario de Gobernación Alfredo González habían estudiado en los Colegios Internacionales del Cristo en Oriente. González era, como ya hemos señalado, un conocido bautista, graduado de honor de los Colegios Internacionales. Entre sus ministros sin cartera, Prío incluyó al periodista Ramón Vasconcelos, figura importante de muchos gobiernos de diferente ideología; a una mujer (nombramiento no muy frecuente en Cuba) Mariblanca Sabas Alomá; y al comentarista radial Primitivo Rodríguez, que disfrutaba de cierta popularidad y que en una ocasión había propuesto la reelección de Grau.

Durante el gobierno de Prío se llevaron a cabo numerosas obras públicas, se aprobaron varias leyes complementarias de la Constitución y se pusieron en funcionamiento el Banco Nacional de Cuba y el Tribunal de Cuentas. También se crearon nuevas cajas de retiro para varias profesiones y ocupaciones. En 1949 se rebajaron los alquileres urbanos y se emitieron dos decretos, en 1950 y 1951 suspendiendo los frecuentes desahucios de campesinos precaristas. El Banco de Fomento Agrícola e Industrial, cuyas labores se iniciaron en este periodo, sirvió de aliciente a actividades económicas de varios sectores. El gobierno se propuso estimular la producción agrícola nacional mediante la Comisión Nacional de Fomento y el Ministerio de Agricultura. Se firmaron importantes convenios con el Reino Unido de la Gran Bretaña.

Pero se produjeron acusaciones de nepotismo, sobre todo por la designación de Antonio Prío Socarrás, hermano del presidente, como ministro de Hacienda. Se hicieron nuevas denuncias de corrupción administrativa, sobre todo por parte del doctor Eduardo R. Chibás, líder del Partido Ortodoxo. El vicepresidente, Guillermo Alonso Pujol planteó por otros motivos varias situaciones difíciles al gobierno y eventualmente pasó a la oposición, generalizándose la expresión "ojo con el vice". Se produjeron varias huelgas y la agitación estudiantil y el gangsterismo político continuaron preocupando a la opinión pública. El gobierno organizó un nuevo gabinete al que se denominó "de los nuevos rumbos" y varios ministros que aspiraban a posiciones electivas en las elecciones de 1950 fueron sustituidos al presentar sus renuncias de acuerdo con las disposiciones vigentes al respecto.

Las elecciones parciales de 1950 fueron en cierto sentido una derrota para el gobierno aunque este obtuvo el mayor número de congresistas. En La Habana, Chibás obtuvo un escaño que había quedado vacante en el Senado, derrotando a varios candidatos, entre ellos Virgilio Pérez, del partido oficial que tenía el respaldo de liberales y demócratas y Guillermo

Belt, del recién fundado Partido Acción Unitaria, compuesto mayormente por partidarios del ex-presidente Fulgencio Batista. El ex-líder de las uniones de preparación bautistas, Aníbal Escalante Dellundé fue el candidato del Partido Socialista Popular para ese escaño y aunque fue derrotado obtuvo una votación sorpresivamente alta, 73,359 votos. El Partido Revolucionario Cubano (Auténtico) obtuvo 28 actas de representante, el Partido Demócrata 6, el Partido Liberal 8, el Ortodoxo 9, el Republicano 7, el Acción Unitaria 4 y el Socialista Popular 4. El gobierno logró 106 de las 126 alcaldías en disputa. La derrota de Virgilio Pérez, que alcanzó una notable votación podía atribuirse a la gran popularidad de Chibás, pero la derrota del hermano del presidente, Antonio, aspirante a la alcaldía de La Habana causó una impresión apreciable al electorado. Nicolás Castellanos le había derrotado. Prío había tenido el apoyo de importantes elementos y organizaciones de filiación católica, acusándose al candidato Castellanos de inclinaciones comunistas por estar apoyado, entre otros, por el Partido Socialista Popular. La Iglesia tuvo que explicar que no tomaba partido en las elecciones, aunque aprovechó para condenar al comunismo y prohibir a los católicos votar por los candidatos de esta ideología. El aspirante senatorial Guillermo Belt dio a conocer que había recibido la Gran Cruz de la Orden de San Silvestre, otorgada por el Papa Pío XII. En estas elecciones, resultó electo concejal en el municipio de Los Arabos, Armando Rodríguez Borges,[6] que después sería, en la década de 1960, el primer obispo cubano de la Iglesia Metodista, y que fue candidato del Partido Ortodoxo, al cual por aquella época se le habían seguido uniendo varios líderes evangélicos en todo el país.

El Partido Liberal, que había sido atacado frecuentemente por los auténticos, acusados de "machadistas" formó —algún tiempo después de las elecciones— una coalición con el gobierno que atrajo también al Partido Demócrata y a otros sectores. La oposición más abierta que se le hacía a Prío provenía de los ortodoxos. En 1951, después de unas declaraciones controversiales contra el ministro de Educación, profesor universitario Aureliano Sánchez Arango, se suicidó el autor de las mismas, senador Eduardo R. Chibás. No había logrado sustanciar con pruebas las acusaciones que había hecho. A sus funerales asistieron más de 300 mil personas.

Para las elecciones generales de 1952 el gobierno había logrado formar una impresionante coalición al atraer a partidos como los mencionados Liberal y Demócrata, recibir de nuevo el apoyo del Republicano y hacer coalición con un partido formado por Grau (que había salido temporalmente del autenticismo), y con otro integrado por seguidores del vicepresidente Alonso Pujol y del alcalde de La Habana, Nicolás Castellanos. La Ortodoxia, es decir, el Partido del Pueblo Cubano, postuló al prominente intelectual Roberto Agramonte como su candidato presidencial y a

Emilio Ochoa ("Millo") para vicepresidente. El doctor Ochoa, como hemos explicado, había sido alumno del Colegio Los Amigos, de Holguín y miembro de la sociedad juvenil cuáquera. La coalición oficialista postuló al ex-Presidente Carlos Hevia como candidato presidencial y a Luis Casero para la Vicepresidencia. Aunque católico, Casero había sido alumno de una escuela bautista. El Partido Acción Unitaria postuló a Fulgencio Batista para la Presidencia y a Carlos Miguel de Céspedes Ortiz, para la Vicepresidencia. A ellos se enfrentaría, de celebrarse las elecciones, el candidato del Partido Socialista Popular, Juan Marinello, que había ocupado la Vicepresidencia del Senado durante el gobierno de Grau.

El número de evangélicos en las postulaciones ortodoxas era elevado, teniendo en cuenta el pequeño porcentaje de protestantes en el país (nominales, practicantes, de iglesias históricas o de grupos nuevos) que no era todavía del 6% (como en 1954). Aunque esa situación se reflejaba sobre todo en cargos locales, varias figuras evangélicas así como otras de tradición o formación protestante eran escogidas para las candidaturas al Congreso o a cargos provinciales. En la provincia de Matanzas figuraban en los primeros planos Emilio Rodríguez Busto (solo se discutía si sería candidato a gobernador provincial o a senador de la República), Julio del Valle, Ossorio Dávila, Humberto Cardounel, Rolando Espinosa Carballo, que habían sido escogidos como candidatos a cargos públicos u ocupaban importantes posiciones en el partido. Una tendencia en que Rodríguez Busto jugaba un papel principal había ganado la reorganización ortodoxa en Cárdenas en 1951. El partido pasó en la provincia por algunos problemas internos en la reorganización: en un grupo figuraba el presbiteriano Rodríguez Busto y en otro el metodista Julio del Valle. Uno de los líderes ortodoxos de Matanzas, Humberto Cardounel, había sido presidente de la Liga de Jóvenes Metodistas en Cuba.[7] La tendencia hacia la ortodoxia se había iniciado con su fundación en 1947. Raúl Fernández Ceballos, pastor presbiteriano y militante auténtico así como funcionario municipal en Encrucijada, Las Villas, pasó a ese partido. Así como el doctor Joaquín Añorga, tío del pastor presbiteriano Martin Añorga, y que era uno de los más eminentes gramáticos del país. Otro evangélico prominente, el doctor Pedro Vázquez López, profesor del Colegio La Progresiva y de procedencia abecedaria había pasado a la ortodoxia. Ocupaba un cargo de concejal en Cárdenas. En Oriente un buen número de cuáqueros y bautistas militaba también en los cuadros ortodoxos.

No debe limitarse al Partido Ortodoxo el entusiasmo de algunos evangélicos por la política. El alcalde de Cárdenas, Bathuel Posada, militaba en las filas oficialistas y era presbiteriano. Fue elegido en las elecciones de 1950. Otro concejal cardenense era un activo presbiteriano, Benito

Garmendía. Un alto funcionario del Ministerio de Comercio, Liberato Vega era también presbiteriano y el subsecretario de Gobernación, Alfredo González, bautista. En el Partido Acción Unitaria militaba el doctor Rafael Díaz Balart, graduado del Colegio Presbiteriano La Progresiva y que había sido formado inicialmente en el Colegio Los Amigos. Díaz Balart estudió teología por algún tiempo en los Estados Unidos, en el Seminario de Princeton, adonde le llevó el doctor Alfonso Rodríguez Hidalgo, que cursaba entonces estudios avanzados de teología y había sido escogido para encargarse del rectorado del Seminario de Matanzas. Díaz Balart era uno de los principales líderes del recién creado Partido Acción Unitaria de Fulgencio Batista.[8]

Los gobiernos auténticos habían logrado atraer el apoyo de amplios sectores pero todavía en 1952 se nota un apreciable descontento en el país. Los evangélicos aprobaban las medidas del ministro de Gobernación Lomberto Díaz y el cierre de numerosos prostíbulos pero al igual que los católicos, lamentaban la corrupción administrativa que era denunciada vigorosamente por los ortodoxos. La izquierda cubana, fraccionada en cuanto a tendencias, estaba dividida en cuanto a su actitud hacia el gobierno auténtico. La CTC ya no era dirigida por Lázaro Peña y el periódico del Partido Socialista Popular *Noticias de Hoy* había sido clausurado en algunas ocasiones. Era difícil determinar quién obtendría la victoria en las elecciones: Carlos Hevia, el candidato oficialista, o Roberto Agramonte, heredero político de Eduardo R. Chibás. Después de la muerte de éste, los ataques contra el gobierno, por parte de la ortodoxia, y su vocero, el representante José Pardo Llada habían seguido igualmente fuertes y con una frecuencia inusitada. Pardo Llada había quedado en primer lugar en votación en todo el país, en las elecciones parciales y era el comentarista radial más escuchado en aquellos momentos.

Los gobiernos auténticos mantenían buenas relaciones con los Estados Unidos a pesar de las graves diferencias iniciales del Departamento de Estado con los principales voceros de ese movimiento político, sobre todo con Grau, cuyo gobierno revolucionario de 1933 no fue reconocido diplomáticamente por Norteamérica. La administración Roosevelt había establecido, como lo hizo su sucesor Harry S. Truman, relaciones cordiales con Grau. Los embajadores norteamericanos siguieron disfrutando de enorme influencia, pero no como en los días de Benjamín Sumner Welles y James Jefferson Caffery. Al unirse los gobiernos auténticos a la política de la llamada "Guerra fría" y la definida posición contraria al comunismo del Presidente Prío, el antagonismo entre el vecino del Norte y el Partido Auténtico que afirmaba ser "nacionalista, socialista y antiimperialista" no fue apreciable. El ministro de Estado, Carlos Hevia, graduado de la Academia Naval de Annapolis y veterano de la Primera

Guerra Mundial, fue bien aceptado en Norteamérica. Oscar B. Gans, embajador en Washington tuvo que maniobrar de manera hábil durante las crisis causadas por cambios en la cuota azucarera cubana y el proteccionismo. Las relaciones entre el embajador norteamericano Roberto Butler y el Presidente Prío que fue invitado como huésped oficial del gobierno norteamericano en 1948 eran buenas. La posición cubana, favorable a la independencia de Puerto Rico, fue causa de fricciones y el gobierno intercedió por las vidas de Pedro Albizu Campos y sus compañeros participantes en un movimiento de tipo revolucionario. El doctor Luis Machado, a quien ya hemos identificado como el principal consejero del doctor Bardwell, el director del Colegio Candler, era el embajador en Washington en aquellos momentos (1950) y tuvo que maniobrar en medio de situaciones desagradables, como la provocada por la negativa norteamericana a permitir la visita a Puerto Rico de congresistas cubanos, incluyendo al escritor Enrique C. Henríquez, hijo de un expresidente de la República Dominicana y cuñado del Presidente Prío. Sin embargo, Cuba apoyó a los Estados Unidos en su posición en la guerra de Corea, lo cual causó algunas protestas en sectores de la izquierda y de grupos partidarios de la paz que se habían organizado en el país. Muy pocos clérigos protestantes firmaron manifiestos pacifistas. Fue en el gobierno de Prío que se firmó un convenio con Gran Bretaña reduciendo los derechos arancelarios a 82 productos británicos a cambio de la adquisición por ese país de 500 mil toneladas de azúcar y 500 mil dólares en tabaco. Esta medida había estado en el tapete por cincuenta años, al intentarse una similar en época de Estrada Palma. Los problemas y tensiones más frecuentes eran con el gobierno del presidente dominicano Trujillo, a quien los auténticos querían derrocar.

Aunque el gabinete de "los nuevos rumbos" y ciertas rectificaciones del gobierno habían cambiado su imagen en algunos sectores y las elecciones de 1952 estaban al celebrarse, se produjo un golpe de estado el 10 de marzo de ese año. Oficiales del Ejército, que conspiraban contra el gobierno de Prío, ofrecieron el liderazgo de su movimiento golpista al ex-Presidente Fulgencio Batista y éste fue proclamado como Jefe de Estado. Solo opusieron resistencia los jefes militares de Santiago de Cuba y Matanzas, los coroneles Manuel Alvarez Margolles y Eduardo Martín Elena, produciéndose actos de resistencia por parte de la Federación de Estudiantes Universitarios, FEU. El Presidente Prío, afirmando que no quería el derramamiento de sangre cubana, abandonó el país. El nuevo gobierno culpó a Prío de corrupción administrativa, de gangsterismo político y estudiantil y de un fraude que se planeaba para las elecciones. Terminaba la vigencia de la Constitución de 1940 la cual fue sustituida por unos Estatutos Constitucionales y se abría un nuevo proceso político en Cuba al cual nos referiremos después de considerar el desenvolvimiento de los evangélicos a partir de 1933.

Antes de analizar el movimiento protestante en Cuba durante este periodo, debe tenerse en cuenta el resurgimiento del catolicismo en el país. Durante el gobierno de Prío se aprobó oficialmente la formación de una nueva universidad, la Universidad Católica de Santo Tomás de Villanueva, a cargo de los padres agustinos. Aunque en ese periodo se abrieron otras dos universidades, en este caso de carácter público, las de Marta Abreu en Santa Clara y la de Oriente, el paso que se estaba dando indicaba la relativa fortaleza del catolicismo en Cuba después de la primera etapa de la República. Otro indicio ya fue mencionado en relación con la política. La participación de católicos militantes en las elecciones de 1948 y 1950 y los enormes beneficios concedidos a la Iglesia y sus instituciones benéficas y educacionales por el Presidente Grau fueron continuados por sus sucesores en el poder, aunque no siempre en la misma escala.

En los últimos meses del gobierno de Grau una gran cantidad de materiales impresos procedentes del extranjero y enviados para el uso de las iglesias evangélicas fueron retenidos en la aduana de La Habana y las numerosas gestiones que se hicieron para sacarlos no prosperaron sino hasta la llegada al poder del Presidente Prío a fines de 1948. Estas complicaciones de tipo burocrático han sido atribuidas a una tendencia poco favorable al protestantismo por parte del equipo gobernante de Grau, pero esto ha sido negado por otros evangélicos.[9] Gestiones infructuosas para hacer oficial la celebración del Dia de la Caridad del Cobre (Virgen patrona de Cuba) tuvieron lugar en el gobierno auténtico y en ellas se destacó en el Congreso de la República el representante Manuel Dorta Duque, de recia militancia católica, y durante la campaña electoral de 1952 (que no llegó a consumarse por el golpe de estado) varios líderes evangélicos se entrevistaron con los candidatos para interrogarles sobre su posición acerca de la separación de la Iglesia y el Estado. La alianza de masones y evangélicos a favor de ese principio se mantuvo a pesar de que en este periodo (1933-1959) no se repitió literalmente la situación anterior cuando prácticamente todos los líderes protestantes eran masones, pero al menos un buen número permaneció dentro de la masonería o se unió a ella, en el caso de la nueva generación de pastores y líderes, mayormente de las iglesias históricas.

En 1954 la Agrupación Católica Universitaria llevó a cabo el que ha sido probablemente el mejor sondeo de la opinión y de la práctica religiosas en el país.[10] El 19% de los entrevistados afirmó no pertenecer a ninguna religión, el 72.5% se identificó como católico y el 6% como protestante. Otras religiones no alcanzaron un porcentaje apreciable pero el 25% afirmó haber consultado con espiritistas y adivinos y el sondeo reveló una vez más la gran influencia de las creencias afro-cubanas en la población. La influencia del catolicismo, manifestada en esta y otras investigaciones, revela que las clases aristocráticas o de mejor posición económica eran abrumadoramente católicas. La práctica religiosa del catolicismo en Cuba seguía siendo baja, solamente el 24% de los entrevistados que se identificaron como católicos practicaba con alguna regularidad esa religión. En las regiones rurales esa práctica era casi inexistente, en parte por la ausencia de capillas y sacerdotes. La asistencia regular a misa era seguramente mucho más baja que ese 24%. El 6% de los protestantes incluía a todo tipo de creyentes religiosos que podían ser identificados como tales en alguna forma; es decir, no se trataba solamente de evangélicos en el sentido más estricto, pero la gran mayoría sí lo eran. Resulta evidente que se incluía a evangélicos de las diferentes denominaciones históricas y de grupos más recientes como los pentecostales y el Bando Evangélico Gedeón, e incluso a los Testigos de Jehová. La cifra del 6% incluía también a practicantes y no practicantes, a los hijos de los creyentes y sus familiares inmediatos. Pero la cifra de alrededor del 4% revelada por otros sondeos y cálculos hablaba más adecuadamente del número de protestantes realmente vinculados por su afiliación o actividad a las iglesias evangélicas del país, que son objeto de la atención de este libro. Como la mayoría de los miembros de iglesias evangélicas eran practicantes, en mayor o menor grado, el protestantismo, a pesar de haber perdido gran parte de sus jóvenes y a muchos estudiantes de sus escuelas, ya era un sector de cierta influencia. Sobre todo si se tiene en cuenta que Cuba ha sido por mucho tiempo un país de poca práctica religiosa. En Cuba el catolicismo era débil comparado al de otros países latinoamericanos. El autor de este libro, al trabajar en un sondeo de opinión religiosa en 1960 cuando era un estudiante de bachillerato, descubrió en el municipio de Colón, provincia de Matanzas, que las tres cuartas partes de los que se habían identificado como católicos no consideraban tener relación alguna con el Papa y la mayoría afirmaba ser "católicos, apostólicos y cubanos" negando su filiación romana. Sin embargo, en esa misma ciudad de Colón, gracias al esfuerzo de misioneros canadienses que abrieron allí una escuela, la práctica del catolicismo había mejorado considerablemente en comparación con décadas anteriores aunque solo en el sector urbano. La creación de las organizaciones de Acción Católica en 1929 había dado resultado. Cuando el arzobispo de La Habana, Manuel Arteaga y Betancourt recibió el capelo cardenalicio en 1946, el catolicismo en Cuba merecía ese reconocimiento. No se había ganado la mayoría de la población para la práctica religiosa, ni realizado esfuerzos apreciables en el campo, casi totalmente desatendido por el escaso número de sacerdotes dedicados a labores pastorales, pero el catolicismo había pasado a ser de nuevo una fuerza influyente en el país, aunque los ataques al protestantismo en cartas pastorales o documentos similares no habían causado el más mínimo efecto fuera de las clases altas.

Instituciones como la Academia Católica de Ciencias Sociales, dirigida por el doctor Mariano Aramburu, el Instituto Católico de Altos Estudios, proyectado por el ilustre hispanista cubano José María Chacón y Calvo, la Universidad de Santo Tomás de Villanueva y la Universidad de La Salle, creada después, se unieron a la Agrupación Católica Universitaria y el Colegio de Belén en el propósito de hacer resurgir la contribución católica a la cultura nacional, que había sido apreciable en los siglos XVIII y XIX pero que había disminuido con el laicismo de fines del siglo XIX y sobre todo de la primera parte del siglo XX. Varios sacerdotes cubanos, en un clero de mayoría extranjera, se destacaron en la política, como el padre Viera y el padre Pastor González, activista y líder revolucionario del ABC. El cardenal Arteaga había sido concejal en Camagüey. Movimientos de tendencia socialcristiana o socialcatólica empezaron a formarse en el país pero no llegaron a tomar la forma de un partido político de tipo electoral. Lo más difícil de justificar en los aspectos puramente nacionales, es decir cubanos, era la ausencia de vocaciones sacerdotales, muy escasas, y la presencia de un clero extranjero.

En medio de ese cuadro, el movimiento evangélico empezaba a representar una verdadera amenaza para lo que consideramos el resurgir católico, con todo lo relativo que este último pueda ser considerado. A los sondeos como el anterior, de origen católico, se sumaban otros también apreciables. En las zonas rurales de Las Villas los protestantes constituían en 1958 el 3.7% de la población masculina y el 3.9 de la femenina, cifra no despreciable si se tiene en cuenta la poca práctica religiosa rural en Cuba. Las estadísticas eran aun más interesantes cuando se tenía en cuenta que revelaban que casi todos los protestantes entrevistados en el campo eran practicantes. El prestigioso manual publicado por la Asociación Evangélica de Misiones Extranjeras con el título de *Protestant Missions in Latin America*,[11] publicado en 1961 con información de unos pocos años atrás, sin ofrecer cifras sobre Testigos de Jehová o el Bando Evangélico Gedeón, y ni siquiera sobre todas las sectas, es decir, limitándose en la práctica al protestantismo histórico, los pentecostales, la obra de "Los Pinos Nuevos" y los adventistas, se refería a una cifra de 54,646 miembros adultos en plena comunión en las iglesias y a una comunidad protestante total de 278,244 personas, más del 4% de la población. Siguiendo aproximadamente la misma metodología, en un cuadro publicado en la obra *El protestantismo en la América Latina* (Friburgo: Oficina Internacional de Investigaciones Científicas) de Prudencio Damboriena, la cifra de evangélicos, poco antes de 1961, era de 264,927. La población protestante, considerada con una perspectiva amplia, podía ser de 6%, según la encuesta católica, o de 4%, según otras.

Por lo menos sobrepasaba el 4% y estaba compuesta abrumadoramente por practicantes. La partida de un gran número de jamaicanos, y la no inclusión en algunas encuestas de ese sector protestante, no reflejaba en cuanto a porcentaje, un aumento grande comparado con la situación en 1924, pero mostraba crecimiento en lugares del país donde no había obra evangélica en esa última fecha. De 1933 a 1959 se había producido un cambio en las estructuras del protestantismo y en el programa de expansión misionera.

LOS BAUTISTAS

La obra bautista de Cuba Occidental llegó al año 1933 después de una grave crisis económica que todavía la afectaba. En 1935 se reabrió el Seminario y en 1937 se inició el programa radial "La Hora Bautista", otra audición se transmitía desde una emisora local en Cruces, Las Villas. El programa de La Habana se transmitió por la potente emisora RHC (Cadena Azul) y después por otra estación cubana con alcance internacional, la CMQ (desde 1954). Su primer predicador fue el doctor Moisés Natanael McCall y a su muerte, fue designado para sustituirle Domingo Fernández Suárez, nacido en España, que contó con la colaboración ocasional de Antonio Hernández Loyola, un pastor y locutor que le sustituiría en 1961. Este programa dio gran impulso a la obra, pues gracias a él, sobre todo en el periodo en que estuvo a cargo de Fernández, es decir de 1947 a 1961, hizo extender las labores a algunos sitios apartados como la Ciénaga de Zapata, ayudó a otra denominación, los Hermanos de Plymouth a abrir obra en la Sierra Maestra y alcanzó la región mexicana de Yucatán donde se inició gracias a esas emisiones la obra bautista y un grupo de iglesias de la denominación. Esfuerzos de evangelización fueron llevados a cabo en 1938 y 1939, abarcando todo el territorio del occidente de Cuba. José M. Fleites, Agustín López Muñoz, José Prado Cideres y Arturo Corugedo se destacaron en los mismos. Visitaron 68 iglesias y 25 misiones, repartiendo 30 mil tratados y obteniendo 1,330 conversiones. En el futuro cercano los bautistas realizarían continuos movimientos de esta naturaleza y organizarían un Departamento de Evangelismo a partir de 1950. Los líderes de evangelismo fueron muchos, incluyendo a algunos de los mencionados, y también a Juan F. Naranjo, Andrés Rodríguez y otros. Un nuevo líder que surge a principios de la década de 1930, Luis Manuel González Peña, se convierte en uno de los evangelistas más apreciados. Juan Naranjo, José M. Sánchez, Andrés Rodríguez, Antonio Hernández Loyola y otros tienen una popularidad comparable en cuanto a invitaciones para predicar en campañas evangelísticas, incluso al entrar en la década de 1960. Dos líderes que merecen una mención especial en el progreso de la obra son Agustín

López Muñoz, en la promoción del evangelismo y Juan F. Naranjo en la mayordomía, es decir, en la recaudación de fondos para el sostenimiento del trabajo. Domingo Fernández, mediante su programa radial y clases en el Seminario, recogería la tradición del doctor McCall en cuanto a fijar los parámetros de la ortodoxia doctrinal. Al apreciable trabajo de la Unión Femenil Misionera se une, a partir de 1945, el de la Unión Varonil o Sociedad Bautista de Hombres. En 1940 se había organizado a nivel convencional una asociación de ministros y en 1943 las contribuciones al fondo convencional (aparte de gastos locales) fueron de US$2,932.60. Esa cifra se multiplicaría varias veces en los años siguientes al surgir los promotores como Naranjo y otros. En 1953 las recaudaciones para la obra convencional (aparte de gastos locales) superaban los US$15,000, cifra considerable porque la casi totalidad de fondos recolectados por las iglesias eran para cubrir sus gastos locales y no todas podían contribuir apreciablemente a la obra convencional. Pero en 1953 ya 20 iglesias se sostenían a sí mismas sin auxilio externo. En 1939 la única había sido la Iglesia El Calvario de La Habana.

En 1947 falleció el doctor Moisés Natanael McCall y la obra se enfrentó a una especie de crisis de sucesión ya que éste controlaba la mayor parte de los cargos importantes, al estilo de los misioneros de la época que le tocó vivir. En 1945 el Presidente Grau le había otorgado la Orden de Carlos Manuel de Céspedes, la más alta distinción civil de la nación. Su sepelio se efectuó en el estado de La Florida y su deceso constituyó un duelo del cual los bautistas cubanos demoraron en recuperarse. Hombre de su tiempo, era un típico caballero del Sur de los Estados Unidos, con las características de esa región en cuanto a la interpretación de la vida y las relaciones humanas, y con sus prejuicios normales, pero con un espíritu abierto. Inflexible en materias doctrinales como los del sector conservador de su denominación pero listo a cultivar buenas relaciones con otros creyentes en el plano personal y fraternal. No participó en el movimiento ecuménico pero permitió que el templo de La Habana, de cuya congregación era pastor, fuera utilizado para actos de esa naturaleza. Entre sus colaboradores más estrechos estuvo el doctor Martín Rodríguez Vivanco que dirigió el Colegio Cubano Americano, después Colegio Bautista, y que era un reconocido educador, profesor de la Universidad de La Habana y decano de la Escuela de Pedagogía. La secretaria de McCall, Edelmira Robinson, estuvo en ese círculo de colaboradores, así como el pastor Nemesio García Iglesias, infatigable evangelista y promotor de mayordomía, y el doctor Herbert Caudill que le sustituyó. Muchos jóvenes intelectuales recibieron su estímulo y cooperación, entre ellos el doctor Sidney Orret, alto funcionario del gobierno en materia de sanidad en épocas más recientes y subdirector del importante Hospital Psiquiátrico de La Habana.

Herbert Caudill nació en Virginia en 1903. Desde los 11 años de edad vivió en Georgia, graduándose de la Universidad de Mercer donde obtuvo grados de Bachiller universitario y de Maestría y que le confirió en 1949 el grado honorífico de Doctor en Divinidades. Fue ordenado en 1926 cuando empezaba su formación teológica. Obtuvo su graduación en Teología en el Seminario Bautista del Suroeste en Fort Worth, Texas. Trabajó en Cuba como misionero desde 1929, y en 1947 asumió el cargo de Superintendente del Trabajo del Home Mission Board o Junta Doméstica de los bautistas del sur. Su esposa Marjorie fue una gran colaboradora durante todo el tiempo de su labor misionera y superintendencia, contribuyendo grandemente a la música sagrada entre los bautistas. Se hacía cargo, el nuevo superintendente, de 62 iglesias, 54 pastores y misioneros y 5,673 miembros. Muy pocos obreros eran norteamericanos para esa época. Funcionaban 13 colegios con 45 maestros y 780 alumnos, 159 escuelas dominicales, 141 sociedades femeniles y 60 uniones de preparación.

Entra entonces la obra bautista en un periodo nuevo. McCall la había extendido por casi todo el Occidente y ahora Caudill consolidaría y ampliaría la labor. Algunos llaman a estos años, sobre todo a la década de 1950, los años de oro de los bautistas occidentales. El doctor Abelardo Teodoro Béquer, pastor, intelectual, abogado y profesor, pasa a ocupar la Presidencia de la Convención en sustitución de McCall. El doctor Joaquín Aurelio Travieso ocupa en sustitución de McCall el pastorado de la Iglesia El Calvario, principal congregación bautista del país, contribuyendo al desarrollo de la obra al permitir que las misiones de la misma se constituyeran en iglesias, multiplicándose entonces la presencia bautista en la capital cubana hasta incluir un número relativamente grande de iglesias. Domingo Fernández, su sustituto en la radio y en la cátedra de Teología del seminario recoge, como hemos afirmado ya, el manto doctrinal de McCall añadiendo un nuevo énfasis, el escatológico, mediante sermones y libros sobre la segunda venida de Cristo, y escribiendo sobre temas doctrinales y de controversia. A partir de la reapertura del Seminario, en 1935, el número de pastores crece considerablemente, hasta el punto que solo pueda mencionarse algunos, graduados en Cuba o en el Seminario Bíblico Latinoamericano de San José, Costa Rica, aparte del grupo de evangelistas y promotores de mayordomía ya incluidos: Enrique Piña, Rafael Alberto Ocaña, Miguel Angel Calleiro, hijo; Luciano Márquez, Rafael Fraguela, Rogelio Paret, Anibal Espinosa, Reinaldo Medina, Daniel Rodríguez Oramas, David Torres, Rubén y Reinaldo Machado, hijos del doctor Machado; José Reyes Caballero. A partir de 1950, el Seminario tendría un nuevo edificio en terrenos adquiridos en los años veinte, y que eran originalmente destinados a una universidad que no llegó a abrirse. El doctor José Manuel Sánchez, una de las principales figuras en los aspectos intelectual y organizativo dentro de la obra, y que había obtenido un grado de Maestría en el Seminario de Fort Worth, desarrolló un programa completo de educación religiosa. Una líder bautista, de una familia muy influyente, Marta Cabarrocas, donó el terreno para el Campamento Bautista en el valle de Yumurí, Matanzas, que empieza a funcionar en 1949. Ese año se inicia el trabajo organizado entre estudiantes universitarios en La Habana. Nace la Unión Bautista de Estudiantes Universitarios (UBEU) presidida inicialmente por Cirilo Alemán, pastor que cursaba estudios de Filosofía y Letras. A partir de 1952 se hace cargo de la labor como directora la doctora Ondina Maristany. En 1957 se inauguró para la UBEU, un amplio edificio en la calle J 555 en el Vedado. El costo entre edificio y terreno fue de US$160,000. Se creó también la Unión Bautista de Estudiantes de Segunda Enseñanza (UBESE). La Librería Bautista abrió sus puertas en 1955 en la capital. En los bajos del templo de Zulueta y Dragones funcionaba una imprenta a cargo de la familia Brown. En 1958 se inauguró un nuevo local del Hogar Bautista, dedicado al trabajo con ancianos solamente, pues no se siguió con los huérfanos. Se designó para el cargo a la misionera doctora Juana Luz García, intelectual procedente de la obra presbiteriana de Placetas que había llegado a ser colaboradora en varias actividades culturales del doctor Jorge Mañach, para algunos la figura intelectual más prestigiosa del país en esos momentos.

Los bautistas se habían extendido realmente por casi todo Occidente y en Las Villas, la provincia central del país tenían su bastión más importante aunque en La Habana su presencia en cuanto a iglesias se extendía por casi todos los barrios. Se construyeron, a fines de los años cuarenta, y sobre todo en los cincuenta, edificios de gran importancia, algunos ya mencionados, y templos de cierta amplitud como los de Marianao, Iglesia McCall (en Jesús del Monte), Párraga, iglesia de habla inglesa en Miramar, capilla del Hogar Bautista. Se reconstruyó el templo de Santa Clara y en 1959 se levantó uno de los edificios de culto más amplios, modernos e impresionantes de cualquier religión establecida en la Isla, el de la Iglesia Bautista de Colón, Matanzas. Se edificaban capillas y se adquirían terrenos para futuros edificios. También se edificaron casas para residencias pastorales. A fines del periodo se unieron nuevos misioneros a la obra en Cuba: Tom Low, David Fite y Hubert O. Hurt, entre otros. Hurt llegó a ser superintendente de la obra hispana en la Florida, Estados Unidos, desde 1965.

En 1957 fue inaugurada la Clínica Bautista en La Habana. Su director lo fue el doctor Pascual Herrera, un prominente bautista. El más famoso de sus médicos lo fue el doctor Faustino Pérez Hernández, procedente de una familia presbiteriana de Cabaiguán y una de las figuras principales de la revolución que derrocó en 1959 al Presidente Batista. Se contaba con un camposanto, el Cementerio Bautista de La Habana, fundado por Alberto J. Díaz. Aunque nunca pudo regresarse a la época del fundador, cuando se enterraba en el Cementerio Bautista a la tercera parte de la población habanera, en los días antes de la Guerra de Independencia de 1895, era todavía una institución bien conocida.

Algunos pastores trabajaban también como maestros de primaria y secundaria, y otros como Moisés González en Santa Clara, el doctor Antonio Martínez, de Cárdenas, el doctor Abelardo T. Béquer, en Cienfuegos, eran pilares de las comunidades donde residían. Raúl Freire era secretario de la Junta Municipal Electoral de Cruces y pastor de una iglesia. El doctor Reinaldo Machado ocupó en este periodo cargos de abogado del Ministerio de Hacienda y de abogado-jefe del Fondo Especial de Obras Públicas. La mayoría de los bautistas eran de origen humilde o de clase media, pero se había alcanzado un relativo progreso en educar a las nuevas generaciones. Disminuyó el número de escuelas y ese no fue el interés especial de la obra. Por iniciativa personal de algunos pastores, se habían levantado escuelas que no se identificaban necesariamente como tales, como la "Academia Avellaneda" de Federico Rodríguez, en La Habana, y el "Colegio Martí" en Colón y en Matanzas, que alcanzaron cierta relevancia pero dejaron de funcionar en este periodo, permaneciendo el Colegio Bautista de La Habana y otros de igual nombre en el interior. Se trabajaba con cubanos, norteamericanos y jamaicanos, y hasta por un tiempo se hizo con rusos blancos y con judíos, pero la obra era predominantemente cubana y el esfuerzo mayor y organizado entre los haitianos se realizó en la parte oriental de Cuba. Al llegar el año 1959 había en Occidente de Cuba más de 8 mil miembros de iglesia y una comunidad total entre tres o cuatro veces mayor.

Puede hablarse de un periodo de relativa "cubanización" de la obra bautista occidental en la década de los cincuenta. La Junta Cubana de Misiones, puesta a funcionar debidamente, en época de Caudill, era un organismo integrado primordialmente por cubanos, aunque bajo la influencia del superintendente estadounidense, que controlaría el trabajo realizado en el país. La Convención reflejaría más marcadamente las características específicas de los bautistas cubanos al no estar bajo la supervisión paternal e indiscutible de McCall.[12]

La obra bautista de Cuba Oriental inicia el año 1933 en medio de una crisis financiera considerable, pero con 3,762 miembros activos. Continuó durante todo este periodo la apreciable labor de expansión misionera y el proceso de organización de instituciones, distritos misioneros y nuevas iglesias en el que se distinguen hombres como Agustín González y Francisco País. En 1939 Wilbur Larson sustituyó a Roberto Routledge como misionero general, principal cargo ejecutivo de la Convención. Ese mismo año se informó de un buen número de "iglesias independientes" es decir, que habían alcanzado el sostenimiento propio. Congresos juveniles bautistas, celebrados en distintas ciudades del país agruparían a las juventudes de las convenciones de Oriente y Occidente, creando una atmósfera fraternal entre los dos grupos establecidos en el país. Pero la Convención continúa adquiriendo una fisonomía diferente a la de Occidente, sobre todo en el aspecto de las relaciones con otras denominaciones. La participación en los Congresos de la Juventud Evangélica era abundante y frecuente entre los bautistas orientales interesados en organismos de cooperación interdenominacional.

La Convención de Iglesias Haitianas fue organizada en mayo de 1939 y una Escuela Bíblica para ese grupo en 1941, la que estuvo dirigida por Anastasio Díaz. Algunos años después, en 1948, funcionaban 37 congregaciones haitianas que estaban desplegando una actividad incesante y llevando a cabo un programa de extensión con recursos muy limitados en el aspecto financiero. Durante ese periodo se formó también una organización de iglesias independientes en la zona norte de Oriente, mayormente en Baracoa, que se separó de la Convención Oriental y no funcionaba dentro del contexto de la misma, como lo hacían las iglesias haitianas que eran parte del programa convencional. Ese grupo, totalmente independiente, estaba capitaneado por el pastor Cirilo De Roux y era de naturaleza aun más conservadora que las iglesias bautistas orientales (cubanas o haitianas). Esa situación terminó en 1968 al reintegrarse esas congregaciones a la Convención.

Desde 1932 se inició en Santiago de Cuba el ministerio radial con emisiones a cargo del prominente pastor y líder de la obra Francisco Sabas. Más tarde se hicieron esfuerzos similares en estaciones locales. En los años 1956, 1957 y 1958 se iniciaron horas radiales en Santiago, Morón, Baracoa, etc. La obra, que consistía en 1938 de 91 iglesias y 4,004 miembros, se expandió considerablemente. Se construían nuevos templos, como el de la Primera Iglesia de Santiago en 1938, mucho más amplio que el anterior. Varios templos destruidos por ciclones tuvieron que ser reconstruidos. Cada iglesia empieza a organizar misiones y llega el momento en que funcionan varias en cada ciudad importante. El ministerio educacional complementa los esfuerzos evangelísticos y en 1943 se informa de 17 escuelas con 1,465 alumnos.

En 1940, la Convención ratifica su identificación con el Concilio Cubano de Educación Cristiana, formado anteriormente y en el cual habían colaborado. En 1942 los bautistas orientales se unen oficialmente al recién creado Concilio Cubano de Iglesias Evangélicas que en este periodo se reune con frecuencia en la parte oriental del país, en los Colegios Internacionales, en Holguín, etc. En 1942 el pastor Agustín González asiste a la Conferencia Mundial de Educación Cristiana reunida en México. En el año 1951 se organiza en la Primera Iglesia

Bautista de Santiago de Cuba el Movimiento Estudiantil Cristiano, y el 22 de julio de ese año queda organizado en la Iglesia de Victoria de las Tunas, el movimiento Acción Social Evangélica.

En 1946, el misionero general Wilbur Larson fue nombrado secretario para la América Latina de la Junta de Misiones de la Convención Bautista Americana y es sustituido en su cargo en Cuba por el doctor Oscar Rodríguez, procedente de Puerto Rico. Era este el primer hispanoamericano en ocupar la posición más importante del trabajo misionero en Cuba Oriental. Bajo su supervisión la obra avanzó de manera apreciable. En 1948 se creó la Junta de Educación Cristiana y en 1949, el año del cincuentenario se inauguró en Santiago de Cuba el Seminario Bautista de Cuba Oriental, continuando los esfuerzos del Departamento de Teología o Entrenamiento Ministerial de los Colegios Internacionales y atrayendo a un buen número de estudiantes. En 1951 se adquiere la propiedad en el kilómetro 13 y medio de la Carretera Central que fue destinada para uso del Seminario. En 1953 la estación de televisión CMQ transmitió varios aspectos de la graduación del Seminario. Ese año, en la Convención de Bayamo, se informó de una recaudación de US$104,115.30 por las iglesias y aportes de US$11,488.57 al Fondo Unido; además, se publicó un libro por la Junta de Educación Cristiana y Publicaciones y se inició la publicación de la revista *El Eco*, de la Federación de Jóvenes, que conmemoraron debidamente, ese mismo año, el natalicio del Apóstol de la Independencia José Martí. Desde principios de la década de los cincuenta, se estaba destacando como líder juvenil el hijo del pastor Francisco País, Frank País, elegido para varios cargos en algunas organizaciones denominacionales.

En 1954 el doctor Mario Casanella es nombrado director de los Colegios Internacionales de El Cristo, evento considerado importante para el ministerio nativo del país. Ese año se adquirió una imprenta que fue instalada en el Seminario y se nombró un Comité Editorial integrado por los doctores José Luis Molina, Oscar Rodríguez y Samuel Deulofeu. En 1952 renunció a la Secretaría de la Junta Cubana de Misiones Juan B. Carmona. En 1957 se compraron los terrenos de "Villa Teresita" en Céspedes, Camagüey, para ser usados en un campamento de retiros.

Al llegar el año 1958 la provincia de Oriente estaba en medio de un estado de guerra. Desde fines de 1956 se habían alzado en armas, en la Sierra Maestra, el doctor Fidel Castro y un grupo de revolucionarios. En ese proceso perdieron la vida numerosos evangélicos, muchos de los cuales eran líderes de organizaciones denominacionales. Entre los que combatían al gobierno de Batista estaban Frank y Josué País, Oscar Lucero, Joel Jordán, Salvador Rosales Clavijo, Fabio Rosell, Angel Froilán Guerra, Daniel Rendigos, Rubén Casaus Cruz. Otros activos participantes en el proceso fueron Rosalio Rosell, Andrés Terrero, Marta

Prado, Elena Alameda, que no usaron armas sino que se dedicaron a distribuir escrituras entre los alzados y en los sectores controlados por estos.

Algunos pastores bautistas prestaron servicios como capellanes. Víctor Toranzo fue el primer capellán evangélico en la Sierra Maestra; Carlos Herrera lo fue en la Columna 9 "Antonio Guiteras" y permaneció en el Ejército Rebelde como oficial. Varios pastores prestaron servicios voluntarios en lugares donde había grupos de alzados, predicando y realizando visitación pastoral. Agustín González, importante figura de la obra, sirvió en algunas ocasiones de mediador entre el Ejército Rebelde y las Fuerzas Armadas del país. Estaba identificado con los esfuerzos de los hermanos País que dirigieron actos de resistencia en la provincia.

Al terminar el año de 1958, muchos bautistas orientales habían llegado a alcanzar cierta prominencia en la región. Además de varios que ocupaban cargos en los ayuntamientos, en la fuerza pública y el poder judicial, algunos cargos importantes de alto nivel habían sido encomendados a miembros de las iglesias. Por citar algunos casos: el doctor Gelasio Ortiz Columbié, notable educador que después fue ordenado pastor, era el superintendente provincial de Escuelas en Oriente; Víctor De Roux, hijo del pastor Cirilo De Roux era representante a la Cámara por esa provincia desde el año 1950 y Bonifacio Haza fue, por un tiempo, en ese periodo, el jefe de la Policía de Santiago de Cuba.

Los bautistas de Oriente, en su mayoría no tenían participación en actividades políticas, pero la Convención mostró cierta preocupación por algunos problemas nacionales. En 1936 protestó por el nombramiento de un embajador de Cuba en el Vaticano; en 1940 se cursó un telegrama a la Asamblea Constituyente de la nación, abogando por la libertad de cultos y enseñanza laica en las escuelas públicas; en 1944 se protestó oficialmente ante el gobierno nacional por el aumento del juego y la prostitución en el país; en 1951 se envió, por parte del presidente de la Convención, una carta a los presidentes del Senado y la Cámara en protesta por el intento de declarar Fiesta Nacional el 8 de Septiembre, día de la Caridad del Cobre, patrona de los católicos cubanos; ese mismo año los delegados bautistas orientales participaron en la discusión del tema "El cristiano y los problemas sociales" adoptado por la reunión del Concilio Cubano de Iglesias Evangélicas en los Colegios Internacionales del Cristo; en 1949, el Presidente Carlos Prio otorgó al misionero Roberto Routledge la Orden de Carlos Manuel de Céspedes.

En el periodo 1933-1959 surgen nuevos pastores, una lista muy larga que no puede ser incluida en su integridad pero que contiene nombres como Pedro, Augusto, Eligio y Angel Abella; Ramón Fumero, Anastasio Díaz, Delfín Brooks, Mario Casanella, Juan Ortiz, Pedro Azahares, Santiago y Juan Entenza, Pedro Tamayo, Eliseo Rodríguez, Luis Pavón,

Celestino González, Juan Pablo Tamayo, Adolfo Ham, Orlando Perdomo, Marino Santos, Orlando Colás, José Ramón Prieto, Bernardino Martínez. Algunos eran graduados del Departamento de Teología de los Colegios Internacionales, otros del Seminario Evangélico Los Pinos Nuevos, del Seminario Evangélico de Matanzas, de seminarios extranjeros y del Seminario Bautista de Cuba Oriental, abierto en 1949. Entre ellos había hombres con inquietudes intelectuales que continuaron su educación en universidades y seminarios, dentro y fuera del país como Adolfo Ham, Juan Pablo Tamayo, José Ramón Prieto, Bernardino Martínez. Mario Casanella llegó a dirigir la obra, como también lo hizo Marino Santos. Orlando Perdomo llegó a encabezar el trabajo de la Sociedad Bíblica en Cuba; Augusto Abella y Orlando Colás ocuparon importantes responsabilidades directivas en la obra.

En 1958 renunció a su cargo como misionero general el doctor Oscar Rodríguez. El pastor Augusto Abella, presidente de la Convención, asumió responsabilidades de tipo eclesiástico conectadas con ese cargo y el doctor Mario Casanella las de carácter administrativo hasta que en 1961 este último fue nombrado secretario ejecutivo y asumió las funciones que hasta entonces habían sido entregadas al misionero general. La obra de Cuba Oriental quedaría, entonces, en manos cubanas.[13]

LOS METODISTAS

La Iglesia Metodista Episcopal del Sur recibió 351 nuevos miembros en Cuba en 1933, que sustituyeron a algunos de los que se perdieron en los difíciles años anteriores. Al siguiente año se elevó un memorial a la Conferencia General pidiendo se hiciera un estudio que condujera a la formación de una iglesia nacional. En 1935, Carlos Pérez Ramos fue nombrado director del Colegio Pinson, empezando a distinguirse como uno de los principales líderes de las escuelas metodistas en el país. Muchos pastores se habían unido al ministerio metodista en esos primeros años del periodo iniciado en 1933: Carlos Pérez Ramos, Edmundo G. Morgado, Angel E. Fuster, Humberto Carrazana, Moisés Boudet, Francisco Reynaldo, José Reyes López, Carlos Prado, entre otros. Mientras tanto, seguían llegando misioneros, como Paul D. Mitchell y Agnes Malloy. Mauricio Daily llegó en 1937, sirvió en Cárdenas y edificó un templo en Mayarí. En 1946 fue rector pro-tempore del Seminario Evangélico de Matanzas, dirigiéndolo hasta la llegada del rector Alfonso Rodríguez Hidalgo. También fue superintendente del Distrito Occidental. Favoreció la participación creciente de los cubanos.

En la Conferencia Anual celebrada en Matanzas los días 12 al 15 de enero de 1939, se celebró la última reunión del metodismo cubano como Iglesia Metodista Episcopal del Sur. La unión de tres grupos metodistas en los Estados Unidos había dado lugar a la creación de la Iglesia Metodista, que después sería conocida como Iglesia Metodista Unida. Habían transcurrido 40 años desde el inicio de las labores de la Misión fundada por Candler y sus colaboradores y 56 años desde la predicación de Someillán y Silvera en La Habana. Ese año se celebraron reuniones evangelísticas en el país como parte de la Cruzada de la Juventud programada por la Conferencia General en 1938 y que también se celebraban en todos los Estados Unidos. Miles de jóvenes y otras personas asistieron a las reuniones. En 1940 visitaron Cuba los doctores John R. Mott y W. Stanley Rycroft, y los metodistas les ofrecieron todo tipo de agasajos, al igual que otros evangélicos. En 1942 se organizó el Hogar Estudiantil Universitario para estudiantes metodistas. En los informes de la época se leen los nombres de varios jóvenes, hijos de misioneros en Cuba, que sirvieron a los Estados Unidos durante la Segunda Guerra Mundial.

Además de Mott, estadista misionero, y W. Stanley Rycroft, secretario general del Comité de Cooperación en América Latina, la década de los cuarenta se caracterizó por numerosas visitas de importantes líderes a Cuba, muchos de ellos metodistas como E. Stanley Jones que fue presentado públicamente por Fernando Ortiz, el prominente intelectual cubano. Nuevos pastores se unen al ministerio metodista en esa década: Luis Díaz de Arce, José R. Morales, Jorge Leyva, Ornán Iglesias, Juan Sanfiel. La doctora Graciela Leza viuda de Prieto, maestra graduada en Cuba y con estudios en la Universidad de Columbia, recibió licencia para predicar, siendo la primera mujer cubana en recibir tal credencial. Algún tiempo después, en este mismo periodo, fue ordenada al ministerio local de la Iglesia Metodista la primera mujer cubana, Petronila Carballido de Reyes Monzón, esposa de un ministro metodista y procedente de la obra bautista oriental. Surgen también dos importantes líderes: Razziel Vázquez, uno de los más notables evangelistas de la iglesia, y Manuel Viera Bernal, promotor de cooperativas y fundador de grupos de acción social cristiana. Es importante señalar que por un tiempo la figura intelectual más destacada del ministerio metodista cubano lo fue el doctor Luis Alonso. En este periodo otros ministros obtienen grados doctorales: Humberto Carrazana, Edmundo Morgado, Flor Reyna, Carlos Pérez Ramos, Angel Fuster. Todos ellos se destacaron en el ministerio o en la administración de escuelas. Reyna y Morgado fueron líderes comunitarios en Pinar del Río y Santa Cruz del Norte, y el primero fue, además, catedrático en una escuela profesional de comercio.

En 1943, llega a Cuba un notable misionero, el doctor John E. Straub, que había servido en la China y que abrió la Escuela Agrícola Industrial de Playa Manteca, la cual funcionó plenamente desde 1945. Con la ayuda de la United Fruit Company que donó 300 acres de tierra en la región de

Mayarí y Preston, se convirtió en una realidad esa escuela agrícola vocacional que llenó una gran necesidad no solo en la iglesia sino en toda esa región. El Dispensario Médico de Mayarí fue otra institución misionera que se desarrolló ampliamente durante este periodo. Predicadores laicos trabajaban en las comunidades de jamaicanos y británicos occidentales. También se estaba realizando una labor intensa en regiones rurales como la de Omaja (u Omaha) donde trabajaban misioneras como Lorraine Buck, Frances Gaby y Sara Fernández, procedente esta última de Tampa. Otro importante campo donde se desarrollaba labor misionera y de tipo social era Báguanos. Allí se levantó un amplio templo, una escuela y un campo de recreo. Se contaba con la colaboración de los administradores del ingenio. Se destacó en la obra rural la misionera Eulalia Cook. Un buen número de graduadas del Scarritt College para Obreros Cristianos en Tennessee trabajaba en el país. Muchas misioneras fueron ordenadas al ministerio local en Cuba: Lorraine Buck, Frances Gaby, Sara Fernández, Eulalia Cook, Leona Shanks. Sus esfuerzos fueron especialmente fructíferos en regiones rurales como las mencionadas y también en las de Santa Rosa, Herradura, etc. En este periodo resaltó entre los misioneros la labor de Carl Stewart, quien como Straub, Evans, Clements y otros, servían como líderes y superintendentes de distrito. El misionero S. A. Neblett, además de sus importantes labores administrativas, fue uno de los pioneros del movimiento ecuménico en Cuba por su participación en proyectos como el Seminario Evangélico de Matanzas y el Concilio Cubano de Iglesias Evangélicas. El doctor Bardwell, director del Colegio Candler fue designado Hijo Adoptivo del Municipio de Marianao y se le dio su nombre a un parque en esa ciudad. En 1944, se le otorgó la Orden de Carlos Manuel de Céspedes. A fines de esta década fue sustituido por el doctor Carlos Pérez Ramos, su subdirector, que pasó a ocupar la más importante posición educacional de la Iglesia Metodista . No creemos que antes de Pérez Ramos algún cubano haya ocupado una posición de esa importancia dentro del metodismo en el país, ni siquiera los primeros nacionales en ser designados superintendentes de distrito. El Colegio Candler era la principal institución metodista de Cuba y bajo su dirección aumentaría considerablemente su alumnado y su alcance. Los misioneros lo controlaron hasta la llegada de Pérez Ramos.

En la década de los cuarenta y principios de los cincuenta, se perfilan notables líderes en el metodismo en Cuba. Además del doctor Pérez Ramos y de los que van ocupando cargos de superintendente de distrito, se han mencionado evangelistas como Razziel Vázquez y promotores de causas socialcristianas como Manuel Viera. El doctor Humberto Carrazana realiza una labor de promoción intelectual y ocupa importantes cargos en instituciones académicas del protestantismo, como el Seminario de Matanzas. Un caso similar es el del doctor Edmundo Morgado, que ocupa por algún tiempo la Secretaría Ejecutiva del Concilio Cubano de Iglesias y fortalece en Santa Cruz del Norte una escuela metodista iniciada por Humberto Carrazana a la que popularmente se llama "El colegio de Morgado" y se convierte en uno de los principales líderes comunitarios de toda esa región. Algunas mujeres metodistas, como Milagros, la esposa de Morgado, pertenecían al ministerio local de la iglesia. El doctor Moisés Boudet, hijo de un pastor que peleó en la Guerra de Independencia, Jorge Washington Boudet, se distingue en la promoción y organización de los Boy Scouts en Cuba. Educadoras cubanas, como Nize Fernández, del Colegio Irene Toland, alcanzan gran relieve en su comunidad, en este caso la ciudad de Matanzas. El pastor e intelectual Miguel Soto hace un importante aporte en la revista *El Evangelista Cubano* que amplía su distribución en el país. Luis Díaz de Arce, destacado líder juvenil de años atrás, se convierte en un importante promotor de educación cristiana dentro de la Iglesia en Cuba. Norka Feijóo, la hermana del famoso literato cubano Samuel Feijoo, además de predicadora, realiza una labor de gran magnitud entre los jóvenes. Los metodistas adquieren y equipan en esta época su Campamento de Manicaragua, cooperando al auge de ese tipo de actividades. Otro campo de recreación funcionaba en Guaro, cerca de Mayarí.

Entre los líderes que van surgiendo en la década de los cincuenta y que empiezan a ocupar pastorados y otros cargos están Reinaldo Toledo, graduado en la Universidad de Emory de la Escuela de Teología; Jorge León, que cursó estudios en Matanzas y luego en la Universidad de La Habana para continuarlos en el Seminario de Montpelier, Francia, donde se doctoraría unos años después. León ha sido sicólogo y educador teológico, además de pastor y escritor; Armando Rodríguez, que en la década de los sesenta se convierte en el primer obispo cubano de la iglesia, involucrado a fines de este periodo, en la década de los cincuenta, en planes de evangelización en Oriente.

Ernesto Vasseur, hijo del antiguo líder revolucionario y profesor del Colegio Candler, Pedro Vasseur, se distingue dentro de la iglesia y es nombrado para ocupar el pastorado de la Iglesia Metodista Universitaria. En 1944 y 1945 la iglesia adquirió dos solares unidos a dos calles en el barrio donde está radicada la Universidad de La Habana. El propósito era erigir un templo para la congregación universitaria y la de habla inglesa, con un edificio dedicado a centro universitario. En 1949 se incluyó entre los proyectos de la "Semana de Dedicación" recoger US$150,000 al efecto. La suma que se proyectó era de US$250,000 y una parte debía de proceder del país. En 1951 se construyó el edificio convirtiéndose en uno de las principales y más modernos templos de la capital urbana, ganando ese año un premio de arquitectura por la calidad del trabajo. Está situado en las calles K y 25 en el Vedado. El centro universitario atrajo a estudiantes metodistas y de otras denominaciones. A partir de 1955 se empezaron a utilizar los apartamentos para estudiantes, hombres y mujeres. En el Hogar Universitario realizaron importantes labores Vasseur, Díaz de Arce y otros ministros.

El doctor Angel Fuster se convirtió en esta década en uno de los principales líderes de la Iglesia Metodista cubana. Era un predicador inspiracional en gran demanda, además de administrador de escuelas en el interior. La obra educacional se había ampliado. Además de planteles famosos como Candler, Buenavista y el Metodista Central en La Habana, Irene Toland, en Matanzas, Elisa Bowman, en Cienfuegos, Pinson, en Camagüey, funcionan colegios o escuelas parroquiales en Santa Cruz del Norte, Motembo, Holguín, Nuevitas, Mayarí, Buenaventura, Cacocum y se hacen planes para abrir otras. La División Femenina de Servicio Cristiano realizó un gran aporte a escuelas como Buenavista, Irene Toland, Elisa Bowman, etc. La División también sostenía a varias misioneras que han sido mencionadas, y a muchas otras.

La iglesia mantenía dispensarios médicos o clínicas en Pinar del Río, Jovellanos, Mayarí, Morón, Omaja y a fines de la década de 1940 se planeaba abrir otro en Santiago de las Vegas, donde funcionaba el Colegio Wesley, otra institución educacional metodista. En 1949 se celebró el cincuentenario de la organización del metodismo en Cuba por el obispo Candler. El doctor Pérez Ramos describe los eventos:

> En el año 1949 nuestra iglesia cumple los cincuenta años de establecida oficialmente en Cuba. Un programa especial se preparó, en el que participaron un buen número de obispos, oficiales de Juntas Generales, visitantes de otros paises y misioneros jubilados. . . Los Colegios Candler y Buenavista ofrecieron sus servicios. . . Cinco de nuestros obispos asistieron al Cincuentenario, fueron ellos: C. J. Harrell, P. B. Kern, F. P. Corson, R. H. Short y Eleazar Guerra, de México. . ."[14]

En 1950, al año siguiente del cincuentenario, ocupaban cargos de superintendente de distrito en Cuba Garfield Evans, Moisés Boudet, Luis Díaz de Arce, M. C. Daily, C. D Stewart. La Liga de Jóvenes la dirigía Jorge León y la Sociedad Femenil Adolfina del Pino de Vasseur. Los hombres metodistas tenían como líder al doctor Moisés Boudet. Soto dirigía el *Evangelista Cubano*, Díaz Arce la *Revista Trimestral* de estudios bíblicos. Las Juntas Conferenciales de Trabajo eran presididas por Flor Reyna, Carlos Pérez Ramos, Manuel B. Salabarría, Faustino Carrión, Edmundo Morgado, Luis López Silvero, José N. Concepción y José Reyes López. En el Comité de Coordinación figuraba un número extraordinario de misioneros y los cubanos Angel Fuster, Moisés Boudet, Luis Díaz de Arce, Edmundo Morgado, su secretario; Humberto Carrazana, su presidente; Milagros Morgado, Josefa de Carrión, Caridad de Sánchez, Graciela Leza de Prieto, Generoso Pérez, Faustino Carrión y Miguel Soto. Entre los suplentes estaban José Reyes López, Juan G. Muñoz, Estrella V. de Carrazana y Luis López Silvero.

La década de los cincuenta se inició con 31 miembros a plena conexión en la Conferencia Anual de Cuba, pero 8 estaban jubilados y 4 eran misioneros. En la obra rural y en los colegios metodistas trabajaban unas 23 misioneras, a la vez que 59 predicadores locales servían a la obra, muchos de ellos como pastores suplentes y algunos ordenados al ministerio local. En esta década sobresaldrían ministros anteriormente ordenados y otros que se unirían al trabajo como pastores suplentes o graduados del Seminario de Matanzas: Ornán Iglesias, César M. Benitez, procedente de Puerto Rico; Ovidio Amaro, Germinal Rivas, intelectual que después se destacaría como profesor de seminarios en los Estados Unidos; Manuel Salabarría hijo, pastor de gran relieve en la comunidad cubana en los Estados Unidos y muy conocido como los anteriores —Benítez y Amaro— a partir de la década de 1960 hasta que pasó al presbiterianismo; Julio Gómez, Cándido Lucena, Jorge Cortizo, Antonio Villavicencio, Eloísa Toledo, primera mujer superintendente en el metodismo; Moisés Virelles, Mario Fernández, Francisco Reynaldo, Francisco Sanfiel, María Olmo, Migdalia Abreu. Un ministro con inquietudes intelectuales, Angel Fernández, se trasladó a los Estados Unidos para cursar estudios avanzados en la Universidad Metodista del Sur y su seminario. No regresó a Cuba. Angel Virelles y Flor Reyna se convirtieron en importantes líderes de la iglesia cubana. Ponciano Alfonso Reyes Monzón, graduado del antiguo Seminario Metodista, realiza en el periodo trabajos pastorales en varias iglesias junto a su esposa, la doctora Petronila Carballido. Reyes Monzón se destacó en el trabajo social y su esposa en la educación. Otros dos ministros, Jorge y Justo González llegarían a ser de los intelectuales más prominentes del protestantismo cubano.

El número de misioneros empieza a descender en la década de 1950 y estos desaparecerían de la escena en 1960. Ya en 1950 algunos de los grandes pioneros habían muerto o regresado a su país: S. A. Neblett, E. E. Clements, B. J. Gilbert, O. K. Hopkins, Garfield Evans, H. B. Bardwell. El Seminario de Matanzas, fundado en 1946, estaba produciendo una nueva generación de ministros. En 1957, la iglesia había fundado la primera universidad protestante de Cuba y la América Latina, la Universidad Metodista Candler, organizada e iniciada por el doctor Carlos Pérez Ramos. De acuerdo con este último, en su resumen de la obra metodista en Cuba, la iglesia contaba en 1959 con 1 universidad, 9 colegios, 11 escuelas parroquiales, 1 escuela agrícola, 6 dispensarios, 2 campos de recreación para la juventud, 88 predicadores locales, 51 ministros a plena conexión, 9 pastores jubilados, 150 lugares de predicación, 5 trabajos rurales misioneros, 6 distritos eclesiásticos, 1 seminario, en cooperación con presbiterianos y episcopales; 1 periódico, 1 revista trimestral para la Escuela Dominical, 9,209 miembros y 11,596 alumnos de escuela dominical. Los metodistas habían abierto obra entre los coreanos en la provincia de Matanzas. Las propiedades, sin contar los centros educacionales, mucho más valiosos todavía, ascendían a US$1,162,353. La obra educacional seguía siendo la principal contribución del metodismo y en 1959 estaba en su momento más fuerte. Los laicos asumieron una mayor responsabilidad en la misma y José Blanco, director del Colegio Pinson fue el primer laico cubano en ocupar esa posición.

A pesar de la continua presencia de misioneros en el país, su influencia fue limitada en algunos aspectos desde la década de los cuarenta, al ser considerados más bien como colaboradores que trabajaban en la Conferencia Anual. A pesar de eso, muchos siguieron ocupando cargos de importancia decisiva. Algunos hablaban de un nuevo estilo de misioneros que se produce en este periodo. Entre los que llegan al país, aparte de Mitchell y Agnes Malloy, están Richard Miek, Mary Woodworth, Victor Rankin, Carl Shafer y Lloyd Knox. Richard Flatt, que había llegado antes, realizó un estudio sobre los cambios que debían introducirse en la relación entre los misioneros y la iglesia nacional. Mary Woodworth se destacó en el Colegio Elisa Bowman, Victor Rankin y Carl Shafer estuvieron entre los últimos que contribuyeron al desarrollo de la obra, al igual que James Lloyd Knox, considerado como de ideas progresistas en cuanto a la iglesia nacional, el cual después de su trabajo en Cuba, sobre todo en Santiago de Las Vegas, dirigió en la década de los sesenta, la obra con los cubanos en la Florida, ocupó cargos de superintendente de distrito en ese estado y llegó a ser obispo de Alabama y el Oeste de la Florida a partir de 1984. Duvon Clough Corbitt fue a Cuba a trabajar en la obra educacional, fue profesor de Candler y escribió un magnífico trabajo sobre los chinos en Cuba. Durante la Segunda Guerra Mundial se habían establecido como misioneras educacionales en el país Esther Laura Hulbert, que había trabajado en Corea y Barbara May Bailey, que lo había hecho en el Japón.

La supervisión episcopal de la iglesia en este periodo estuvo a cargo de los obispos W. N. Ainsworth (1932-1937), H. H. Dobbs (1938), P. B. Kern (1939-1944), C. J. Harrell (1945-1949), R. H. Short (1950-1952) y J. W. Branscomb (1953-1959). Las circunstancias de carácter histórico y político impedirían que la supervisión extranjera durara mucho a pesar de la abundante presencia misionera norteamericana en el metodismo de este periodo.[15]

LOS PRESBITERIANOS

La Iglesia Presbiteriana de Cuba estaba mucho más adelantada que la Metodista en el proceso de transferir el control administrativo a los cubanos. Hubert G. Smith era en 1933 el superintendente de la obra. Ese año un ciclón azotó la parte occidental de Cuba y ciudades como Cárdenas y Sagua la Grande fueron dañadas enormemente. Roberto L. Wharton fue designado presidente del Comité de Auxilios en Cárdenas y logró administrar un fondo de US$50,000 en efectivo y US$20,000 en medicinas, ropas y alimentos. De 1934 a 1936 se lleva a cabo una actividad evangelística con el lema "Toda Cuba nuestro campo" y se emprenden varias actividades similares en la década de los treinta. La publicación de *Heraldo Cristiano* se había reanudado después de un receso iniciado en 1932. En abril de 1933, con José Mauricio Hernández como director, la publicación continúa su labor. Este notable ministro murió en un accidente en 1940, y fue sustituido por José Acosta, que había sentido un llamado especial al periodismo, pues fundó publicaciones locales en San José de los Ramos, Manguito y Guanabacoa. H. G. Smith, siendo superintendente, estuvo también a cargo de la administración de la revista de 1937 a 1940.

En 1938, una donación del millonario norteamericano Irenée Du Pont que tenía grandes inversiones en Cuba permitió al Colegio La Progresiva añadir dos alas más al dormitorio central. Se ampliaron las instalaciones físicas del importante plantel. La Segunda Guerra Mundial interrumpió los planes que se venían haciendo para establecer una gran Escuela Vocacional en Cárdenas. Se amplió la Escuela de Comercio. En 1938 se habían adquirido terrenos adicionales. Desde 1931 se había erigido un edificio en el barrio llamado "El Fuerte" que se usaba como templo, casa social y sucursal de La Progresiva. Se llevaron a cabo ampliaciones y mejoras en los colegios presbiterianos en Caibarién, Caibaguán, Guines. En este periodo surgen grandes líderes cubanos de la obra educacional: los doctores Emilio Rodríguez Busto en el Colegio de Cárdenas, Raúl P. Guitart, un notable intelectual y científico, en el Colegio de Guines; Agustín Pascual, otro intelectual, en el de Cabaiguán. Pascual ocuparía una cátedra en la Universidad de Dubuque, a partir de la década de los sesenta. Hasta la fundación del Seminario Evangélico en Matanzas, los pastores eran formados en Puerto Rico o los Estados Unidos, sobre todo en el Seminario de Río Piedras y en Princeton. Entre los nuevos ministros estaban: Sergio Manejías, Raúl Fernández Ceballos, Ernesto Sosa, Rafael Cepeda, Ezequiel Alvarez, Cecilio Arrastía, Oroente Palacio, Sergio Arce, Alfredo Chao, Raúl Pedraza. A mediados de la década de los cuarenta, un notable educador, el doctor Alfonso Rodríguez Hidalgo, que después sería escogido para el rectorado del Seminario de Matanzas, cursa estudios teológicos en Princeton y es ordenado al ministerio. Muy pronto sería evidente que el clero presbiteriano era el más educado, o de mejor formación teológica, del país.

Un hecho histórico ocurre en 1940. Al retirarse del cargo Hubert G.

Smith, el pastor Julio Fuentes se convierte en el primer superintendente cubano de la obra de la Iglesia Presbiteriana. Fuentes, como hemos señalado, procedía de la Iglesia de los Discípulos de Cristo y recibió su formación teológica de los misioneros de esa obra. Al ser designado, era tesorero del Presbiterio de Cuba. Al igual que el doctor Odell, se preocupó por defender al ministerio cubano y mejorar sus condiciones de vida y de trabajo, y administró sabiamente los fondos disponibles. Ocupó el cargo hasta 1949 y realizó las funciones propias del mismo hasta 1950. Durante esa década se reconstruyeron numerosos templos y capillas y se compraron varias propiedades. Contó con el doctor Edward A. Odell que le sirvió de consejero durante el periodo de sus labores a cargo de la obra.

Dos grandes líderes, surgidos en este periodo, deben ser mencionados de una manera muy especial porque se convertirían pronto en los presbiterianos cubanos de mayor fama y prestigio internacional: Alfonso Rodríguez Hidalgo y Cecilio Arrastía.

Alfonso Rodríguez Hidalgo nació en Sancti Spiritus en 1906. Se doctoró en la Universidad de La Habana y cursó estudios en la Universidad de Nuevo México y en el Seminario Teológico de Princeton, donde recibió su doctorado en Teología. En 1949 fue ordenado ministro presbiteriano pero ya había realizado una amplia labor como educador y predicador laico. Su esposa Matilde Lutzen, misionera norteamericana conocida como "Mother" había hecho también importantes aportes a la obra presbiteriana. El doctor Rodríguez Hidalgo fue encargado de la dirección del recién creado Seminario Evangélico de Cuba en Matanzas, y se convirtió en una de las figuras de mayor relieve en la historia del protestantismo cubano. Logró el más alto reconocimiento de parte de casi todos los evangélicos del país y fue aceptado en círculos intelectuales de Cuba, siendo invitado a la prestigiosa hora de radio "La Universidad del Aire" por el doctor Jorge Mañach. Al salir de Cuba en 1962 trabajó para la Junta de Misiones Nacionales de la Iglesia Presbiteriana y ocupó altos cargos en organizaciones ecuménicas, incluyendo el Concilio Mundial de Iglesias, en el que fue miembro de la Comisión de Fe y Orden y las Sociedades Bíblicas Unidas de las cuales fue vicepresidente. Fue designado presidente emeritus del Seminario Evangélico de Matanzas. Ha escrito considerablemente sobre temas teológicos y educacionales. Pocos líderes han tenido el poder de convocatoria y la facilidad de agrupar a los evangélicos del doctor Rodríguez Hidalgo.

Cecilio Arrastía nació en la provincia de Pinar del Río en 1922. Estudió en el Colegio Presbiteriano La Progresiva y en el Seminario Evangélico de Río Piedras, Puerto Rico. En épocas más recientes ha realizado estudios avanzados para maestría en el Seminario Teológico McCormick y en Princeton, donde obtuvo el grado de doctor en ministerio. También estudió por algún tiempo en la Universidad de La Habana. Arrastía ha sido sin duda el más importante orador religioso producido por el protestantismo cubano y algunos lo consideran el más elocuente predicador evangélico en la América Latina. También ha escrito algunos ensayos. Ocupó importantes posiciones en la Iglesia Presbiteriana de Cuba y en 1960 fue elegido presidente del Concilio Cubano de Iglesias Evangélicas. Sus sermones de las siete palabras pronunciados en La Habana fueron transmitidos los viernes santos por la televisión cubana por varios años. También trabajó para el Comité de Cooperación en la América Latina y editó el último número de la revista *La Nueva Democracia*, al morir Alberto Rembao, en 1962. Además de ocupar los más altos púlpitos del continente y ser predicador de grandes campañas de evangelización, algunas de ellas multitudinarias, ha ocupado altos cargos en la Iglesia Presbiteriana en los Estados Unidos y en la Asociación Americana de Escuelas Teológicas.

En 1949 fue designado superintendente de la obra de la Iglesia Presbiteriana en Cuba el pastor Francisco García Serpa. Julio Fuentes, que había anunciado su retiro, estuvo a cargo de esas funciones hasta 1950, pues García cursó un año de estudios avanzados en el Seminario de Princeton antes de asumir el cargo. El segundo superintendente cubano de la iglesia, además de tener una buena formación académica era un buen administrador y un líder destacado dentro y fuera del presbiterianismo, pues era uno de los principales puntales del movimiento ecuménico en Cuba.

Desde principios del periodo 1933-1959, las iglesias presbiterianas inician una serie de proyectos de acción social. Se abren algunos dispensarios médicos, uno de los cuales funcionaba en la iglesia de La Habana. Una cooperativa de consumo se abrió en la iglesia de Encrucijada bajo el liderazgo del pastor Ferreol J. Gómez y fue continuada por su sucesor el pastor Raúl Fernández Ceballos. Allí funcionaba otro dispensario médico. Fernández Ceballos compró un terreno en el centro de la ciudad para ser usado, entre otras cosas, como escuela e iglesia, y dirigió un proyecto para construir una carretera en Encrucijada y Calabazar, en la provincia de Las Villas. En el Colegio Presbiteriano Carlos de la Torre, de Sancti Spiritus fue instalada una estación meteorológica. El pastor Cecilio Arrastía desarrolló en esa iglesia un ministerio pastoral impresionante y amplió considerablemente la actividad y el ministerio de la misma, aumentando también la feligresía y la obra misionera. El doctor Santiago B. Gallo estaba a cargo de la escuela de Sancti Spiritus y en esa ciudad funcionó un dispensario presbiteriano. En Cabaiguán la influencia de la iglesia era determinante y los pastores Antonio Sentí, Julio Fuentes, Ricardo Jorge, Raúl Fernández Ceballos, y otros, fueron pilares de la comunidad. El Colegio Presbiteriano, dirigido por Agustín Pascual, produjo algunos de los principales dirigentes municipales y provinciales y hasta de nivel nacional, siguiendo la tradición del Colegio La Progresiva de Cárdenas. En unas elecciones para alcalde los cuatro candidatos eran miembros de la Escuela Dominical. Algunos presbiterianos ocuparon la Alcaldía de esa ciudad y muchos otros gobernantes locales fueron estudiantes del Colegio o alumnos de la Escuela Dominical. El doctor Pablo Emilio Veitía, pastor de la iglesia de Caibarién y el director, doctor José Ramón Vásquez lograron grandes progresos en el Colegio Presbiteriano de Caibarién. En esa ciudad se organizó un dispensario médico y se abrió una panadería de emergencia durante una huelga de panaderos que afectó a la población. La panadería se convirtió en una cooperativa permanente. El Colegio La Progresiva en Cárdenas se convirtió en este periodo en el plantel privado más importante del interior del país, y sin dudas el principal de la provincia de Matanzas. Al cumplir sus 50 años en 1950 el gobernador provincial y el alcalde municipal de Cárdenas, parte de los legisladores que representaban la provincia y concejales de la región eran graduados del colegio. A principios de la década de los cincuenta se abrió en Matanzas la Librería Odell, en homenaje al famoso misionero.

La iglesia continuó ministrando a los chinos y a los de habla inglesa. Por un tiempo el trabajo con los norteamericanos se hizo en colaboración con creyentes de otras denominaciones, funcionando una iglesia unida o "Union Church" al estilo de las colonias estadounidenses en paises extranjeros. Uno de sus pastores fue el doctor Merlyn A. Chappel. La señora de Frederick Snare creó en la capital una sociedad filantrópica denominada "Book and Thimble Society" para ayudar a los necesitados y a los pastores y sus familias, la cual funcionó por varias décadas. También se volvió a trabajar con los estudiantes en un centro universitario. Los pastores Antonio Sentí, Primitivo Acosta, Manuel Osorio y Raúl Fernández Ceballos eran bien conocidos en la ciudad. La iglesia de Luyanó se desarrolló ampliamente en ese barrio y alrededores.

Pocos misioneros presbiterianos lograron alcanzar tanto el afecto de los cubanos como Robert L. Wharton. Su esposa falleció en 1953. El se retiró en 1940 y en 1941 fue sustituido por el doctor Emilio Rodríguez Busto, el cual también ocupó el cargo de superintendente de las escuelas presbiterianas y la obra educacional en Cuba. En 1949, se celebró el cincuentenario de la obra presbiteriana en el país. El comité organizador estaba formado por el doctor Rodríguez Busto como presidente; el doctor Alfonso Rodríguez Hidalgo, como secretario; y el pastor Julio Fuentes, como tesorero. Los vocales eran Carlos M. Camps, moderador del Presbiterio de Cuba; Sergio Manejías, Francisco García, Rafael Cepeda, José Acosta, Oroente Palacio, Alberto Aizcorbe y Edward A. Odell, como miembro ex-oficio. El doctor David Mestre del Río jugó también un papel en la organización. Un acto fue la culminación de los festejos. Se llevó a cabo en el Teatro Fausto de La Habana el 2 de diciembre de 1949 y el senador de la República Rubén Mendiola impuso la Orden de Carlos Manuel de Céspedes, concedida por el Presidente Prio, al doctor Edward A. Odell. El misionero doctor Robert L. Wharton, al retirarse en 1940, recibió también tal distinción, concedida por el Presidente Batista, siendo declarado Hijo Adoptivo de Cárdenas. Los actos del cincuentenario incluyeron un homenaje al doctor Odell.

En los últimos años de este periodo, a partir de 1953, se construyeron algunos nuevos edificios y se recibieron en el Presbiterio varios ministros y obreros, entre ellos a la primera mujer con rango de obrera comisionada, Josefa Núñez. Los nuevos ministros eran por lo general graduados del Seminario de Matanzas: Manuel Rodríguez, Martín N. Añorga, Samuel Osorio, Egidio Ramos, Carlos M. Camps, hijo; Orestes González, Osvaldo García de Paula, Raúl Martínez Ramos, Abí Castro, Julio Delgado.

En este periodo desarrolla su labor en el campo de la educación cristiana el doctor Rafael Cepeda Clemente, considerado por un amplio sector como uno de los más notables eruditos e intelectuales del protestantismo cubano en toda su historia. Rafael Cepeda nació en Cabaiguán en 1918. Estudió en el Colegio Presbiteriano de esa ciudad, en el Instituto de Sancti Spiritus, el Colegio La Progresiva y en la Universidad de La Habana donde se graduó como doctor en Filosofía y Letras. Fue profesor del Colegio Candler y por un breve espacio de tiempo fue miembro de la Iglesia Metodista. Partió a principios de la década de los cuarenta hacia los Estados Unidos para cursar allí una maestría en Educación Religiosa en el Seminario McCormick. Fue sustituido en su cátedra de Historia y Literatura en Candler por el doctor José Antonio Portuondo. Al regresar en 1945, ya graduado, trabajó como director de Educación Cristiana y misionero de escuelas dominicales sirviendo como profesor en el Seminario Evangélico de Matanzas, donde obtuvo un grado en teología, ordenándose en 1949. En su carrera ministerial alcanzó altos cargos en la Iglesia Presbiteriana y militó en el movimiento ecuménico, asistiendo como delegado a numerosas reuniones internacionales. De 1953 a 1960 fue secretario general de la Comisión de Cooperación Presbiteriana en la América Latina y más adelante fue designado secretario ejecutivo del Concilio Cubano de Iglesias Evangélicas. En la década de los ochenta fue elegido coordinador de la Comisión de Estudios de Historia de la Iglesia en la América Latina, CEHILA. Ha publicado *El forjador de hombres, Cruz y corona, Temas navideños, 100 preguntas sobre Escuela Dominical,* un trabajo sobre el general Eusebio Hernández y estudios importantes sobre Manuel Sanguily, el notable patriota cubano, en cuyo tema ha sido tal vez el especialista más acucioso en nuestro tiempo. Como investigador histórico y literario de temas cubanos, ha escrito en infinidad de publicaciones eruditas, nacionales y extranjeras y es miembro de la Unión Nacional de Historiadores de Cuba. Fue colaborador de la revista *Bohemia* y de *Heraldo Cristiano*. A pesar de su actividad literaria y erudita ha ocupado varios pastorados. Su aporte al estudio de la historia del protestantismo en Cuba es evidente y se aprecia fácilmente al leer las notas bibliográficas de este libro.

Además de la educación cristiana, los presbiterianos atienden el desarrollo de la juventud. En 1959 inauguraron un campamento o centro de actividades en Santa Clara. La Unión Nacional de Jóvenes Presbiterianos contó entre sus presidentes de 1932 a 1959 a Domingo Gómez Tejera, Jacobo Reyes, Evelio Casañas, Rafael Cepeda, René Castellanos, Ezequiel Alvarez, Roberto Porto, Isaac Jorge, Liberato Vega, Erasmo Reina, Pedro Vicente Aja, Orlando Gómez Gil, Manuel Rodríguez, Enrique Hernández, Orestes González, Martín Añorga, Nicolás Andrez, Ezequiel Hernández, Abi Castro, Osvaldo García de Paula y Carlos M. Piedra. Pedro Vicente Aja, líder juvenil presbiteriano, nacido en 1921, fue uno de los más notables intelectuales cubanos de su generación. Abogado y doctor en Filosofía y Letras, ha sido considerado uno de los más importantes cultivadores de temas filosóficos en el país y se destacó en la Sociedad Cubana de Filosofía y en el Congreso por la Libertad de la Cultura, con sede en París. Colaboró extensamente en la prensa cubana y en la revista *Cuadernos*. Fue profesor de Historia en el Instituto de La Habana y enseñó Filosofía en otras instituciones. Orlando Gómez Gil llegó a ser un destacado antólogo y profesor de literatura cubana en universidades norteamericanas. Martín Añorga se convirtió en uno de los más elocuentes oradores del protestantismo hispano en los Estados Unidos. Isaac Jorge fue director de *Heraldo Cristiano* y uno de los principales líderes presbiterianos de Cuba, así como un intelectual de amplia cultura. Liberato Vega, alto funcionario del gobierno en otras épocas, se dedicó a la obra misionera en Colombia. Orestes González sustituyó a Raúl Fernández Ceballos en la iglesia de La Habana y es un prominente líder ecuménico. Todos los otros que han sido mencionados se han destacado en la Iglesia y en la Sociedad. El doctor Elpidio Padilla, médico, jugó un gran papel en los planes del campamento y trabajó en los dispensarios de la iglesia en Cuba.

La Iglesia Presbiteriana de Cuba, al terminar este periodo, era una de las fuerzas más notables en el país. Sus colegios estaban entre los mejores de Cuba. Había logrado alcanzar no solamente las clases modestas y la clase media, sino también la clase media alta y figuraban en sus filas infinidad de profesionales, intelectuales y hombres de negocio. En este aspecto, la tradición del presbiterianismo en otras latitudes se mantuvo, aunque en menor escala en territorio cubano.[16]

LOS EPISCOPALES

La Iglesia Episcopal estaba en 1933 bajo la supervisión del obispo Hiram R. Hulse; los primeros años del periodo 1933-1959 fueron los últimos de su episcopado. De acuerdo con el historiador Juan Ramón de la Paz, durante su gestión "muchas iglesias fueron catedral de civismo y patriotismo, los diarios de la Convención nos revelan la profundidad de su pensamiento". Romualdo González Agüeros, según comenta el mismo historiador, afirmó que "en su periodo episcopal la temática social, cultural, política, se debatió con altura teológica en la diócesis". El 20 de abril de 1938 falleció el ilustre prelado al que algunos clérigos consideraban casi como un santo. Charles B. Colmore, obispo de Puerto Rico se hizo cargo de la diócesis cubana por 9 meses y reorganizó la obra educacional. En ese periodo se produjo la ordenación, en mayo de 1938, de Maximiliano Salvador, procedente del ministerio de la Iglesia Metodista y que por algún tiempo había estado dedicado a la oratoria y a actividades cívicas de carácter político. El 24 de febrero de 1939 fue consagrado como obispo de Cuba Alexander Hugh Blankingship que desde 1927 ocupaba el cargo de Deán de la Catedral. En el último informe enviado por Hulse en 1937, la obra que heredaba el nuevo obispo consistía de 75 iglesias, misiones y estaciones con 3,906 miembros comulgantes, 16 sacerdotes —de los cuales solo 4 eran norteamericanos— y 1 diácono. Funcionaban 14 escuelas y la iglesia poseía 19 templos propios. La consagración de Blankingship fue histórica. Había sido elegido como sus predecesores por la Cámara de Obispos de la Iglesia Protestante Episcopal de los Estados Unidos. Al decidirse que su consagración se celebrara en Cuba se dio un importante paso. Fue la primera consagración de un obispo episcopal o anglicano realizada en el territorio de un país independiente de la América española. El obispo presidente y otros 8 prelados participaron en la ceremonia.

Rápidamente se dieron otros pasos de cierta importancia. Se celebró una convocación de la iglesia tres días después de la consagración. Se creó un Departamento de Educación Religiosa y se aprobó la publicación de la revista *Heraldo Episcopal* como el órgano oficial de la iglesia en Cuba. El primer número apareció al año siguiente, 1940, bajo la dirección de Jorge Hernández Piloto. En 1940 la obra se dividió en cuatro arcedianatos: el de Oriente, a cargo de Romualdo González Agüero; el de Camagüey, a cargo de J. H. Townsend; el de Matanzas, a cargo de Jorge Hernández Piloto y el de La Habana, a cargo de Ricardo D. Barrios. En 1946 Ramón C. Moreno, un cubano, fue nombrado arcediano de Camagüey. El clero norteamericano quedó reducido a 3 ministros y en 1942 fue ordenado Cyril S. Piggot, un lector laico y catequista procedente de las Antillas inglesas. Las congregaciones americanas se redujeron también a

3, aunque funcionaban 24 compuestas por súbditos de las Antillas inglesas y que eran atendidas por lectores laicos británicos occidentales o por clérigos cubanos que dominaban el inglés. En 1943 se creó una sociedad de jóvenes. En 1949, se creó una organización o sistema de escuelas parroquiales. En la Rama Auxiliar de Mujeres se destacaron Julia de la Rosa de Hernández Piloto, Eleanora de Jongh, Esther Díaz de Camejo, Luz Cañizares de Fernández, Flora González de Salvador, etc. En la organización juvenil jugaron importantes papeles los ministros Ignacio Guerra y Maximiliano Salvador. Paul Alexander Tate fue nombrado secretario de Escuelas Parroquiales al organizarse estas nacionalmente en 1949. En este periodo, Romualdo González Agüeros fue designado Deán de la Catedral de La Habana y fue sustituido en el arcedianato de Oriente por el doctor Loreto Serapión. Al ser nombrado Ricardo Barrios como ministro de la Iglesia de San Pablo, en Camagüey, González Agüero fungió como arcediano de La Habana y Santa Clara.

En 1945 se vendió la propiedad donde se levantaba la Catedral de la Santísima Trinidad en La Habana, ya que las calles Neptuno y Aguila, situadas en el mismo centro de la capital estaban colmadas de tráfico y la iglesia necesitaba un edificio moderno para sus oficinas nacionales. Mediante la venta de las residencias del obispo y del deán, y generosas contribuciones, se inauguró el 20 de noviembre de 1947 el imponente edificio de la Catedral en las calles 13 y 6, en el Vedado, en el cual funcionaba también el Colegio de la Catedral ("Cathedral School"), las residencias del obispo y del deán, un salón de actos y varias oficinas. Ocuparon el cargo de Deán de la Catedral, aparte de los mencionados en otros capítulos, R. G. Gooden, Elden B. Mowers, Alexander DuBose Juhan y Edward Pinkney Wroth. Después de González Agüeros, nacido en España y ciudadano cubano, los deanes serían cubanos.

Se construyeron, además, otros edificios. En 1939 fue consagrado el templo de San Lucas, en Ciego de Avila, a cargo de Guillermo Zermeño, ex-ministro bautista; en 1941 se compró un templo en Florida, que había sido propiedad de la Iglesia Católica. Se adquirió otro en el Central Vertientes. En la misión de Ceballos, originalmente formada por británicos occidentales se levantó un edificio con donativos de un grupo de antiguos seminaristas de Filadelfia. La Iglesia de San Jorge en Chaparra fue terminada en 1947. También fueron construidas capillas en otros lugares, como San Blas, Itabo, Rodas, Jiquí, La Gloria, Jobabo, y fueron adaptados algunos edificios para la celebración del culto. En Bolondrón se abrió un dispensario médico. En ese aspecto la Iglesia en Cuba no realizó mayores contribuciones.

El Colegio de la Catedral ("Cathedral School"), bajo la dirección de Bettie Sams, adquirió independencia económica desde su mudanza al nuevo edificio en 1947-1948. En 1943 fue ampliado el Colegio San Pablo, de Camagüey, edificándosele un dormitorio más, para niñas. En 1947 el nuevo edificio del Colegio de Guantánamo permitió que se aumentara el número de alumnos; en 1956 fue adquirida una propiedad para actividades recreacionales. En La Habana, Camagüey y Guantánamo las escuelas se sostenían a sí mismas, aunque en estas dos últimas, los salarios de los directores, que eran misioneros laicos, provenían de los Estados Unidos. En una situación similar estaba el Colegio de la Trinidad, en Morón, que disfrutaba de independencia económica bajo la dirección de Obdulia López de Moreno. Su esposo, Ramón Moreno, conocido en la ciudad como "el señor Moreno" era una de las principales figuras de Morón. En 1959, la matrícula de las escuelas episcopales de Cuba, incluyendo el número de sus maestros, era como sigue: San Pablo, en Camagüey, 15 maestros y 335 alumnos; Sarah Ashhurst, en Guantánamo, 39 maestros y 530 alumnos; Catedral de La Habana, 19 maestros y 234 alumnos; Calvario, en Jesús del Monte, 3 maestros y 35 alumnos; Finca Arango, en Los Arabos, 1 maestro y 46 alumnos; San Andrés, en Manatí, 2 maestros y 38 alumnos; San Jorge de Matanzas, 4 maestros y 27 alumnos; La Trinidad, en Morón, 17 maestros y 197 alumnos; San Miguel, en Nuevitas, 2 maestros y 20 alumnos; Santa María, en San Manuel, 1 maestro y 32 alumnos; San Lucas, en Santiago de Cuba, 7 maestros y 65 alumnos; Santa María, en Santiago de Cuba, 1 maestro y 4 alumnos; San Juan, en Vertientes, 7 maestros y 47 alumnos; el Colegio de Guantánamo, Sarah Ashhurst, fue el primero de los centros episcopales en ofrecer el grado de Bachiller en Ciencias y Letras. Su edificio, nuevo, costó en 1947, la suma de US$170,000. Llegó a tener 614 alumnos y 37 maestros. En 1954 la iglesia tenía casi 2 mil estudiantes matriculados (en 1939 el número era de 1,123). Los ingresos en esas escuelas eran en 1939 de US$37,622.46 y en 1954 de US$171,907.43.

En este periodo se realiza un intento para resolver el grave problema de la escasez de literatura en español en la Iglesia Episcopal, forzada a depender de materiales en inglés, traducciones rápidas y publicaciones de otras iglesias. En parte se debe al "Comité para el Movimiento de Avance", elegido en 1935 y dirigido por el arcediano Townsend y por Hernández Piloto. En 1942 se empezó a llamar "Comité para el desarrollo del Plan Decenal". Se publicaron varios folletos de gran utilidad para nuevos miembros de la iglesia y otros de carácter provisional. En 1944 se celebró una reunión compuesta por representantes de las diócesis de Puerto Rico, México y Cuba para revisar el Libro de Oración Común. Blankingship presidió la comisión revisora y Ricardo Barrios fungió como secretario. La revisión fue publicada en 1947. Junto a la reunión mencionada se celebró otra de educación religiosa, pero sin resultados apreciables.

El clero episcopal seguía estando compuesto por graduados de seminarios norteamericanos, ex-sacerdotes católicos, lectores laicos con largos años de servicio y pastores de otras denominaciones que pasaban al anglicanismo. En este periodo, además de los ya mencionados, se incorporan al trabajo, entre otros: Pedro José González, Dionisio de Lara, José Agustín González, Hermes Fernández Díaz, Manuel Chávez, Frederic Ralph Davies, Angel Ferro, Anselmo Carral, Alonso González y Joaquín Valdés. Ferro y Valdés eran ex-sacerdotes católicos, Pedro José González había sido pastor metodista; De Lara era un conocido intelectual. A partir de 1951, al unirse la Iglesia Episcopal al Seminario Evangélico de Teología de Matanzas, el clero aumentaría paulatinamente de número. Entre los graduados estaban Max I. Salvador, Jorge Pereda, Miguel García, Martín Farrey, José Ramón Gutiérrez, Emilio Hernández.

En 1950, el secretario de Misiones de la Iglesia Protestante Episcopal de los Estados Unidos notificó al obispo Blankingship la aprobación de un plan que permitía a la Iglesia en Cuba integrarse al Seminario Evangélico de Teología de Matanzas, que hasta entonces estaba en manos de las iglesias Presbiteriana y Metodista. El obispo Blankingship, en la tradición de Hulse, se había ocupado del problema de la formación de un clero verdaderamente cubano. Cinco episcopales pasaron a ser parte de la administración del nuevo Seminario. Tres profesores episcopales se unieron a la institución en la primera etapa: Milton R. LeRoy, Romualdo González y Ramón Viñas. LeRoy fue ordenado por Blankingship en Virginia en 1950, González era arcediano de la iglesia, el doctor Viñas había sido sacerdote católico y por un periodo muy largo fue el profesor de Historia de la Iglesia del Seminario. La iglesia contribuyó financieramente al Seminario y en 1955 se construyó con sus fondos la capilla de la Resurrección. Más adelante se unió a la facultad del Seminario el doctor Dionisio de Lara, otro episcopal, considerado como un pensador y un notable profesor de filosofía.

En 1954 el clero episcopal estaba compuesto por el obispo, 21 clérigos cubanos y 2 norteamericanos. En los 15 años de episcopado de Blankingship habían sido bautizadas 41,198 personas y 5,846 habían sido confirmadas. Debe entenderse que la política anglicana hacia el bautismo es parecida a la católica y se hacían incluso recorridos para bautizar en algunas regiones a los niños y a otras personas. Debido a que las zonas rurales estaban casi totalmente desatendidas por la Iglesia Católica por falta o escasez de clero, muchos padres bautizaban a sus hijos y familiares con ministros episcopales. El autor de este libro pudo comprobar esa situación en varias fincas del municipio de Los Arabos, provincia de Matanzas, en sus días de estudiante. Algunos campesinos preferían bautizar allí mismo a sus parientes sin tener que pagar los estipendios al sacerdote católico. El número de los confirmados, que pasaban a ser miembros comulgantes, es mejor indicio que los bautizados de la verdadera comunidad episcopal. La iglesia, según algunos informes, tenía alrededor de 80,000 miembros bautizados en 1959. La feligresía activa y comprometida con la iglesia era menor que esa cifra. El número de bautizados era, sin embargo, de decenas de millares.

No encontramos en este periodo de 1933-1959 la misma intensidad en el proceso de expansión que en épocas anteriores. El trabajo se concentró en iglesias o misiones establecidas y en promover la obra en español en aquellas capillas predominantemente de habla inglesa. La población jamaicana y estadounidense disminuyó en varias regiones del país. Sin embargo, se abrieron algunas nuevas obras, aunque no muchas. Una de ellas fue la iglesia Jesús Nazareno de Santa Clara, organizada por Max I. Salvador en 1954, años después de que se cerrara allí una misión. En 1954 este ministro adquirió en Manajanabo un terreno para campamento y edificó un templo en 1960. El campamento no se pudo desarrollar. Los episcopales celebraban sus cursillos y campamentos en el Colegio Episcopal San Pablo, de Camagüey o en el Seminario de Matanzas.

La iglesia no había alcanzado en 1959 el sostenimiento propio, solo la Catedral de La Habana lo había conseguido de manera consistente desde 1944. Las contribuciones locales en Cuba sobrepasaban los US$30,000, pero esa cantidad era insuficiente. De 1945 a 1960, la iglesia de los Estados Unidos invirtió en el país US$1,957,716 para sueldos, edificios, reparaciones y proyectos. La obra educacional tuvo más éxito en alcanzar el sostenimiento propio, aunque no en todos los casos. En la Catedral de La Habana, la única parroquia con sostenimiento propio, predominaba en cuanto a asistencia y ofrendas la congregación de habla inglesa, a la que asistían industriales, negociantes y diplomáticos extranjeros, además de británicos occidentales. Pero en 1958, el obispo Blankingship, al hacer su informe anual, había expresado su sentimiento de que el próximo obispo de Cuba debía ser cubano. Estaba anticipando correctamente el futuro del país y de la Iglesia Episcopal de Cuba, una diócesis anglicana en un país de habla española, en época de revolución. La iglesia que se proclamaba "protestante por los errores de los hombres y católica por la verdad de Dios", con sus iglesias y capillas que llevaban nombres como "San Francisco de Asís", "Santa María Vírgen", o simplemente "Santa María", había logrado construir muchos de sus primeros edificios gracias a donaciones de compañías americanas o benefactores de esa nacionalidad. En 1959 hacía tiempo que había dejado de ser una iglesia mayoritariamente de habla inglesa. Siempre se ha mantenido en plena comunión con el arzobispo de Canterbury y como la voz cubana en la comunión anglicana.[17]

LOS CUAQUEROS

La Iglesia de los Amigos (cuáqueros) estaba al iniciarse el periodo 1933-1959 en manos cubanas aunque con cierta dependencia fraternal y económica de los cuáqueros de Norteamérica. Henry y Alma Cox permanecieron de forma prolongada, al igual que Emma Phillips de Martínez. Hiram Hilty, que después se convertiría en el historiador del movimiento, llegó en 1943 y permaneció hasta 1948 con su esposa Janet. Fueron los últimos misioneros cuáqueros en Cuba. Desde 1927, los extranjeros eran en la práctica obreros fraternales aunque se les consideraba como misioneros. Los cubanos mantuvieron a Henry Cox como una especie de superintendente hasta su retiro en 1942. De 1932 a 1942 fue en realidad el vínculo con la Junta de Misiones y su personalidad se dejó sentir en la obra, en el sentido de que realizó aportes sustanciales. Enseñó religión a un grupo de futuros pastores en el Colegio de Holguín y supervisó el trabajo en general. Hilty menciona una carta que recibió de Cox:

"El trabajo de la Sociedad de los Amigos en la Isla de Cuba está indudablemente caracterizado por sus contribuciones al bienestar del pueblo cubano. Cualquier departamento de servicio que pueda ser objeto de énfasis, ya sea de religión o de educación, ha tenido siempre como propósito formar caracteres."

Van surgiendo nuevos pastores, como Juan Sierra, Maulio Ajo, Rodolfo Crawford, Manuela Garrido de Catalá, que es la primera mujer reconocida como ministro; José Díaz Leyva. Fueron utilizados, en este periodo, algunos obreros graduados del Seminario Los Pinos Nuevos y se empezó a enviar a algunos estudiantes al Seminario de Matanzas, como Elohim Ajo, Nancy Torres, Yolanda Pupo. Continuaron utilizándose líderes laicos como José Cañete y Evangelista Díaz, que se hicieron cargo de iglesias. Líderes como Juan Guzmán, Pedro Font, Arsenio Catalá y otros que fueron mencionados en el periodo anterior, continuaron ofreciendo liderazgo pastoral. Los doctores Miguel Angel Tamayo y Ramón Morell Agramonte sirvieron como directores de las escuelas de Holguín y Banes, respectivamente. La esposa de Morell, Rosa Blanca Ortíz, que también obtuvo un doctorado, contribuyó a la obra educacional. Juan Sierra y su esposa Hortensia Bolet aumentaron sus responsabilidades educacionales en Banes y en la obra pastoral. Sierra se convirtió en uno de los principales líderes de la Iglesia de los Amigos de Cuba. Pioneros como Emma Phillips de Martínez y María de los Santos Treviño estaban todavía activas. La última permaneció en Cuba durante todo este periodo y aun después.

Se levantaron nuevos edificios en los colegios de Banes, Holguín, Puerto Padre y otros lugares. En 1952 se construyó un nuevo templo para la iglesia de Banes. En la mayoría de las iglesias y misiones se continuó el trabajo abriendo nuevos puntos de predicación. A fines de la década de los cincuenta, Nancy Torres abrió una iglesia en La Habana debido a que varios cuáqueros se habían mudado para la capital. Fue de breve duración. Los triunfos más sonados, sin embargo, fueron los obtenidos en las escuelas. En 1954 la de Banes tenía más de 400 alumnos en su plantel central, y en 1957 los nuevos dormitorios albergaron a 50 muchachos y 20 muchachas. En el curso de 1949-1950 la escuela de Holguín matriculó a 467 estudiantes. La de Puerto Padre logró inscribir, en 1951, a 174. Las conferencias juveniles en Gibara lograban atraer a grupos apreciables de estudiantes y otros jóvenes, sobre todo porque se invitaba para tales ocasiones a importantes conferenciantes extranjeros. En Gibara funcionaba un buen centro de conferencias dedicado a campamentos y otras actividades.

En 1938, Sylvester y May Jones visitaron de nuevo Cuba y ofrecieron conferencias en Gibara. Otros misioneros habían igualmente visitado la isla en este periodo, como la familia Jones. Francisco Estrello, el poeta cuáquero mexicano estuvo en Cuba en 1945. Un acontecimiento importante tuvo lugar en Holguín en 1941. Se celebró allí la reunión del Comité Mundial de Los Amigos con amplia representación de paises extranjeros. En 1955, el intelectual español Domingo Ricart que por entonces era profesor de la Universidad de Kansas, estuvo en el país dando una serie de conferencias en Gibara, escribiendo después con entusiasmo acerca de los cuáqueros y su obra.

Desde 1951, Juan Sierra, secretario de la Reunión Anual de la Sociedad de los Amigos funcionaba en la práctica como superintendente. Sierra nació en el municipio de Banes en 1908 y procedía de una familia distinguida de la clase media. Era pariente del gobernador de Oriente, José R. Barceló. Estudió ingeniería en la Universidad de La Habana y se distinguió, como hemos mencionado, en el Directorio Estudiantil y en la lucha contra Machado. Fue maestro y director de escuela en La Habana y eventualmente se dedicó a la obra educacional entre los cuáqueros, ocupando la dirección y subdirección de algunas de sus escuelas así como cargos pastorales y otras responsabilidades en la obra. Fue pastor en Gibara de 1936 a 1939, reorganizando la escuela cuáquera. En 1946 fue designado director del Colegio Los Amigos, de Puerto Padre. Su esposa, Horténsia Bolet, miembro de una de las más prominentes familias evangélicas del país, le ayudó en las actividades docentes y en el ministerio de la música (su hermano Jorge es uno de los más famosos pianistas del mundo). Sierra fue subdirector de la escuela de Banes. Junto con Pedro Font, Juan Guzmán, Arsenio Catalá y Maulio Ajo fue uno de los pilares de la obra cuáquera en este periodo. Dirigió el programa radial en Puerto Padre y una pequeña publicación informativa.

Dos acontecimientos relacionados con la historia de Cuba deben ser señalados al estudiarse la actividad de los cuáqueros en este periodo. En los años inmediatamente anteriores a la Segunda Guerra Mundial, el

Comité de Servicio Cuáquero de Filadelfia (American Friends Service Committee) utilizó los servicios de la misionera Esther Farquhar para trabajar con los judíos que huían de la Alemania de Hitler y se refugiaban en Cuba o hacían escala en el país. La señorita Farquhar pertenecía a la familia de Percival Farquhar, el famoso industrial e inversionista norteamericano que jugó un importante papel en la economía cubana de principios de siglo. El trabajo de la misionera Farquhar se realizó en cooperación con la cuáquera alemana doctora Krauss y el pastor Juan Sierra. Varios judíos fueron albergados en una finca en Calabazar de La Habana, propiedad del general Alberto Herrera y que fue alquilada con ese propósito. Numerosas gestiones fueron hechas por cuáqueros norteamericanos y cubanos ante el gobierno de Cuba a favor de los judíos, incluyendo los del barco "St. Louis" que no fueron admitidos en 1939. El político cubano Emilio Ochoa participó en esas gestiones. En 1958, un grupo de cuáqueros integrado por Herberto Sein, de México; Miguel Casado, de Wichita, Kansas, y el misionero Hiram Hilty intentó entrevistarse con el Presidente Fulgencio Batista, antiguo alumno de una escuela cuáquera, y con el líder de la revolución, Fidel Castro. El país estaba en estado de guerra y la misión no pudo consumarse. La comisión envió una carta dirigida a Fidel Castro, Fulgencio Batista, Andrés Rivero Agüero, Carlos Márquez Sterling, Ramón Grau San Martín y Alberto Salas Amaro, el 14 de septiembre de 1958 pidiendo un cese a las actividades bélicas que estaban teniendo lugar en el país. Los últimos cuatro nombres mencionados en relación con la carta eran los de los candidatos presidenciales en las elecciones a celebrarse el 3 de noviembre de 1958.[18]

La suerte de los cuáqueros de Occidente tuvo relación directa con su principal líder, el misionero Arthur L. Pain. Este murió en enero de 1938. Al fallecer en el Hospital Anglo-Sajón de La Habana, ya su obra había disminuido en número y entusiasmo. Su fortaleza física se había ido deteriorando. Pain fue enterrado en Aguacate, donde por primera vez había predicado el evangelio de Cristo. Su esposa Elena continuó trabajando. La última actividad importante del consagrado misionero fue una "invasión evangelística" de Oriente a Occidente con motivo de la inauguración de la Carretera Central en época del Presidente Machado. Fue precisamente el evangelismo lo que destacó a Pain, no la formación de una obra permanente, firmemente estructurada. Su hijo Arthur W. Pain, formado en los Estados Unidos y que había trabajado por algún tiempo con la Compañía Cubana de Electricidad, organizó con su esposa un grupo evangelístico y mediante viajes en auto o motocicleta y predicación en carpas (muy al estilo de su padre) estuvo activo en la obra de Cuba desde 1929 hasta bien avanzado este periodo. El 20 de mayo de 1934 inició un programa radial en la estación CMQ de La Habana llamado "Momentos con la Biblia". Colaboró con el doctor R. E. Neighbour de la

Primera Iglesia Bautista de Elyria, Ohio, en la distribución de escrituras en Cuba, recibiendo cargamentos de la organización "Scripture Gift Mission" de Londres, Inglaterra. Al igual que su padre, trabajó en la zona de Jaruco y sus alrededores y abrió varios puntos de predicación, haciendo giras por toda Cuba. Entre sus colaboradores tuvo a Alejandro Márquez, que había sido un activista de la izquierda en los alrededores de La Habana, y a José Manuel Ramos, José y Constantino Requejo, Ricardo Betancourt, J. Hernández, etc.

Su hermano Hugh Pain (conocido en Cuba como Hugo), que había sido formado en el Instituto Bíblico de Toccoa Falls y otras instituciones, dirigía en esa época la Asociación para la Evangelización de Cuba (Cuba Evangelization Association) con sede en Jaruco, donde dirigió una pequeña escuela bíblica. Sus esfuerzos tienen relación directa con los de su padre y los de su hermano pero cada uno parece haber tenido su propia organización independiente aunque en ocasiones trabajaron en forma conjunta. A principios de la década de los cuarenta, contaron con la colaboración de Thomas y Mabel Willey, fundadores de la obra bautista libre en Cuba.

Otro hijo de Arthur Pain, Samuel, fundó en este periodo una misión en Matanzas y un hospicio cerca de Guanábana, donde atendió a numerosos huérfanos. En todo el proceso, los esfuerzos del fundador y sus hijos Arthur, Hugo y Samuel tuvieron relación y contaron a veces con los mismos colaboradores. Lo que resulta evidente es que el carácter cuáquero de la obra iniciada en la zona de Jaruco y sus alrededores disminuyó y eventualmente se convirtió en una serie de esfuerzos independientes tipo "misión de fe" en el que colaboraban personas de diferentes procedencias.[19] En 1946 ya la obra había terminado.

Al partir Hugo en 1942, los bautistas libres se hicieron cargo del trabajo en lugares como Jaruco, Jibacoa, Arcos de Canasí, etc. Otros grupos pasaron a los metodistas. Muchas familias fueron uniéndose durante este periodo, y aun antes, a los presbiterianos y los bautistas occidentales. Puede decirse que en cierto sentido los bautistas libres de las provincias de La Habana y Matanzas son tal vez una continuación del esfuerzo de Pain porque se hicieron cargo de la obra en Jaruco y de la famosa casa del Padre Vivó que fue el centro de la misma. Pain realizó una labor extraordinaria a pesar de que no existió continuidad en su gestión misionera. Además de cientos de miembros de iglesia, y tal vez de miles de conversos, muchos líderes salieron de su obra, como algunos ya mencionados y obreros como Justo González Carrasco, Vicente Izquierdo, que fundó la Misión Evangélica al Interior; Blanca Ceballos, pionera del Bando Evangélico de Gedeón; la familia Fernández Ceballos, muy famosa en la Iglesia en Cuba; Pablo Sánchez, uno de los grandes líderes del movimiento bautista libre en el país; Magdalena Hernández, esposa del mayor Noda, del Ejército de Salvación, y que fue una figura importante de esa organización en Cuba. Otro conocido cubano que por un tiempo trabajó con la obra de Pain fue el periodista Ramiro Boza, que desempeñó entonces funciones de predicador.

LA SOCIEDAD BIBLICA

La Sociedad Bíblica estaba —al iniciarse este periodo en 1933— bajo la dirección del doctor José Marcial Dorado, que desde 1926 contaba con la colaboración del doctor Joaquín González Molina. Desde el principio de su trabajo, González Molina contribuyó grandemente a la causa de la distribución de las Escrituras. Al morir José Marcial Dorado, en 1941, la circulación de las Escrituras alcanzó ese año la cifra de 5,104 Biblias, 7,716 Nuevo Testamentos y 51,792 porciones bíblicas, haciendo un total de 64,612 unidades. Las iglesias evangélicas del país contribuyeron ese año con US$525.59 a los gastos de la Agencia que era sostenida por la Sociedad Bíblica Americana a la cual pertenecía. La sede de la Sociedad estaba en Neptuno 629 en La Habana y en 1941 servían en su obra dos oficiales de secretaría, 9 colportores, 148 corresponsales y 4 obreros voluntarios.[20] En 1961 se distribuyeron 36,180 Biblias completas.

Joaquín González Molina, el sucesor de José Marcial Dorado, y quien dirigió la Agencia durante la mayor parte de este periodo, era español como su predecesor. Nació en Padul, Granada, España, y se educó para el sacerdocio católico. Se convirtió al protestantismo y fue pastor de una iglesia evangélica española. Era miembro de la Iglesia Presbiteriana en Cuba, y llegó a ser en ese país una figura aglutinadora dentro del protestantismo. Como su predecesor, era un magnífico orador. Su don de gentes le permitió relacionarse con todos los grupos establecidos en el país. Fue invitado a hablar en convenciones y asambleas de todo tipo de movimientos evangélicos, incluso algunos que estaban cerrados a otras vertientes del pensamiento cristiano. Bajo su dirección, la Agencia, que atendía también a algunos paises de la región del Caribe, se extendió considerablemente en cuanto a alcance. En este periodo se fundó en Cuba la revista *La Biblia en la América Latina*, que a principios de la década de los sesenta se trasladó a México. González Molina fue el iniciador de la misma. La fecha de fundación fue 1946.

LOS GRUPOS DE SANTIDAD

La Misión Pentecostal, un grupo de santidad que no debe ser confundido con los pentecostales más conocidos, había cerrado su obra en Cuba en 1920, aunque la misionera Leona Gardner permanecio en el país por varios años. La Misión había tenido congregaciones en la Capital, en

Cárdenas y en Trinidad. Otros grupos de santidad habían visitado la Isla, explorándola y hasta llegando a organizar campañas. Entre ellos estuvieron predicadores negros de los Estados Unidos, y sobre todo de Jamaica y el Caribe inglés, que creían en la doctrina de la santidad o entera santificación. En la década de los treinta, la Iglesia Metodista Episcopal Africana estableció obra en Cuba y en julio de 1939 inauguró un templo en la calle Arbol Seco 63 en la capital. La obra quedó a cargo de Joseph Wentworth Jarvis, como superintendente. En 1940 lo sustituyó el doctor Arturo Téllez de la Torre como pastor. El 24 de noviembre de 1940 el obispo A. J. Allen, designado por el Concilio de Obispos de esa denominación negra estadounidense visitó Cuba, repitiéndose la visita en 1941. Téllez de la Torre fue reconocido como ministro de la iglesia y el trabajo se concentró en los de la raza negra. Este fue solamente uno de los varios grupos de santidad que trabajaban en Cuba entre las gentes de habla inglesa y otros. Ninguno adquirió dimensiones apreciables, a excepción de la Iglesia de Dios, que es considerada aparte en este libro, y la Pilgrim Holiness en Isla de Pinos.

LOS NAZARENOS

La Iglesia del Nazareno fue la continuadora de la Misión Pentecostal ya que los misioneros de esa organización se habían unido a esa iglesia en los Estados Unidos a principios de siglo. En 1945 la Iglesia del Nazareno envió a Cuba al misionero Lyle Prescott y su esposa. Estos obreros trabajaron al principio con los pocos creyentes que quedaron de la obra de Leona Gardner. Muy pronto hicieron contacto con obreros cubanos, algunos de ellos procedentes del Seminario Evangélico Los Pinos Nuevos. En 1951 abrieron un instituto bíblico en La Chorrera, en las inmediaciones de La Habana que llegó a ser conocido como Seminario Nazareno. Esta institución se mudó a la finca "La Niña", en Punta Brava, en la década de los sesenta.

Ya en 1947 un cubano se matriculó en el instituto bíblico para hispanoamericanos que se había abierto hacía poco en San Antonio, Texas. La obra se extendió por varias regiones de Cuba edificándose varios templos pequeños y capillas, el mayor de los cuales está en La Ceiba, en Marianao. Las iglesias fueron abiertas en algunos barrios de La Habana, Marianao, Mantilla, Santiago de las Vegas, Batabanó, Arroyo Hondo, Santa Clara, Cienfuegos, Camagüey, Manzanillo, Holguín. Algunos líderes surgidos en Cuba se radicaron en los Estados Unidos donde fueron a estudiar, como el doctor Ricardo Fernández. Otros se dedicaron a la obra en Cuba en este periodo, como Hermenegildo Paz, Hildo Morejón, etc.

El programa radial "La Hora Nazarena", con grabaciones del predicador mexicano Honorato Reza, fue presentado dominicalmente en el país y la revista *Heraldo de Santidad* publicada en Kansas City, fue distribuida igualmente con profusión. También se celebraron campamentos en el Seminario y otros lugares, y convenciones nacionales que atrajeron a obreros y creyentes de las provincias de Pinar del Río, La Habana, Las Villas, Camagüey y Oriente. Varios cientos de cubanos se hicieron miembros de las iglesias nazarenas en Cuba o de sus escuelas dominicales. Prescott abandonó Cuba en 1957, trasladándose a la obra en Puerto Rico, pero John Hall y su esposa, que habían llegado al país en 1947 permanecieron aquí hasta 1960, cuando la iglesia pasó a ser dirigida por cubanos. Para entonces funcionaban 21 congregaciones, todas ellas pequeñas.[22]

LOS ADVENTISTAS

La Iglesia Adventista del Séptimo Dia empezó a alcanzar a la población nativa de Cuba en una forma apreciable en 1933. Ya se habían graduado los primeros pastores de su pequeño seminario en Bartle y funcionaban algunas congregaciones de habla española en el país, aparte del grupo de iglesias de habla inglesa. La Misión Cubana se reorganizó como una conferencia adventista y adoptó el nombre de Asociación Cubana de la Iglesia Adventista del Séptimo Dia. En las sesiones celebradas del 31 de enero al 9 de febrero de 1935, fue elegido como primer presidente un misionero, E. J. Lorntz, de origen noruego, que en 1933 había sido elegido presidente de la Misión Cubana. En 1937 la iglesia ya contaba con 2,108 miembros. Se había duplicado la obra en unos cinco años. Los cubanos empezaban a responder al mensaje adventista. En una conferencia extraordinaria celebrada de diciembre de 1940 a enero de 1941 se decidió dividir la obra en Asociación Occidental y Asociación Oriental. Habría, por lo tanto, dos conferencias adventistas en el país. La Asociación Oriental incluía Camagüey y Las Villas (división similar a la adoptada por los bautistas).

La obra radial fue iniciada en 1935 y era conocida inicialmente por "La Voz del Centinela" y después, como "La Voz de la Profecía", igual que el programa radial adventista en Norteamérica. Los pastores Emilio Girado y Miguel Vázquez estuvieron a cargo de esa programación local hasta que en 1942 se hizo cargo del programa el pastor Braulio Pérez Marcio, nacido en España y que había trabajado en la obra en Argentina. Se le dio un nuevo nombre a la audición, llegando a ser conocida ahora como "La Voz de la Esperanza", transmitiéndose por varios años en Cuba. Después pasó a Los Angeles, California, junto con su predicador. Este programa, iniciado en Cuba, se convirtió en uno de los más escuchados en todos los países del continente y su predicador, en una de las figuras fundamentales del movimiento adventista. Hombre de vasta cultura, estilo suave y profundo y con un mensaje generalmente apartado de los énfasis denominacionales, atrajo gran radioaudiencia en el país y en el extranjero. La estación utilizada por Pérez Marcio en Cuba fue la CMQ y las transmisiones se hacían el dia domingo. En el país se preparaban cursos por correspondencia, los que posteriormente empezaron a ser preparados y distribuidos desde California.

Pérez Marcio dio gran impulso al trabajo evangelístico. Había ido a Cuba como evangelista de la organización y se utilizaron, como en el pasado, grandes carpas durante su trabajo en la década de los cuarenta. En esta época, el adventismo se hace visible en el país como nunca antes. Deja de ser predominantemente de habla inglesa y se extiende por todo el país. Las oficinas, que estaban en Matanzas desde 1913, se mudaron para las nuevas sedes de las dos asociaciones: la Occidental en Rancho Boyeros y la Oriental en Camagüey. Cuba se había convertido en la sede de la Unión Antillana de los Adventistas del Séptimo Dia e incluso por un tiempo lo fue de la División Interamericana, que incluye los países de América en toda la zona del Caribe y sus alrededores. La Unión Antillana se limita a las Antillas y es parte de la División Interamericana. En Rancho Boyeros radicó continuamente la Unión Antillana hasta alrededor de 1960. La División Interamericana se había trasladado antes de esa fecha a Panamá para posteriormente establecerse en Miami.

A partir de 1933, aumentó el número de pastores adventistas de tiempo completo. Muchos de los que eran obreros laicos hasta esa época reciben la correspondiente ordenación. En este periodo, es decir, 1933-1959 surgen, entre muchos otros: Juan Bautista Sales, Jaime Zaragoza, Miguel Vázquez, Enmanuel Pupo, el pastor Broche, Ignacio Vázquez, Reinaldo del Sol, Rufino Vázquez, Emilio Girado, Isacio Mateo Vázquez, Eladio Ceballos, Valeriano Vázquez, José Hernández, Pedro de Armas. Algunos eran obreros laicos antes de este periodo y ya estaban activos en la obra, otros se graduaron del Seminario de Bartle antes de ser ordenados. Un grupo procedía del Seminario trasladado a Santa Clara en 1940 con el Colegio Adventista de las Antillas. La iglesia utilizaba numerosos colportores, maestros y otros obreros laicos. Entre los obreros adventistas estuvo Antonio Lores, un hermano del famoso predicador y líder evangélico, Rubén Lores.

Los primeros cubanos en presidir la iglesia en Cuba fueron Juan Bautista Sales y Miguel Vázquez. Sales ya era un obrero activo en la década de 1920 y fue ordenado después. Vázquez fue el primer graduado del Seminario. Muchos de los primeros pastores mencionados fueron presidentes de la iglesia a nivel nacional o de las dos asociaciones en que esta quedó dividida en 1941. Algunos de ellos sirvieron fuera de Cuba, en Santo Domingo, Puerto Rico, Honduras y otros países de la región de la que formaban parte. También recibieron la colaboración de obreros norteamericanos, argentinos y de otras nacionalidades que eran enviados a Cuba por la iglesia.

En febrero de 1940 se había comprado, por parte de la Unión Antillana, un terreno en Santa Clara, cerca del sitio donde está situada la Universidad Central Marta Abreu, y en mayo de 1940 empezó a funcionar allí el Colegio Adventista de las Antillas y su Seminario. En 1945 la escuela recibió autorización para ofrecer dos años de estudios avanzados en teología y educación elemental. Dos años después se gradúan los primeros estudiantes de esos nuevos niveles. En 1947 se estableció una industria de envases. Los estudiantes trabajaban dentro del plantel en una vaquería, una imprenta, una fábrica de alimentos, en el proceso de envasar dulces y alimentos, en el cultivo de los campos, etc. Se hacía énfasis en el cultivo y envase de vegetales, dieta favorita de los adventistas. En cierta forma, además de escuela primaria, secundaria, de maestros y seminario teológico, era una escuela agrícola e industrial. Alcanzó cierto prestigio en el país y llegó a tener más de 300 alumnos. A fines de este periodo funcionaban alrededor de 26 escuelas adventistas en Cuba, pero la mayoría de ellas eran muy pequeñas.

Además de las iglesias abiertas anteriormente, se iniciaron otras congregaciones y se edificaron numerosos templos, capillas y edificios. La obra cubrió las seis provincias del país y la Isla de Pinos, con iglesias en El Cerro, Marianao, La Habana, La Lisa, Guanabacoa, Mantilla, Alquízar, Bauta, Güines, Matanzas, Mendoza, Colón, Cárdenas, Unión de Reyes, Pedro Betancourt, Pinar del Río, Los Palacios, San Luis, San Juan y Martínez, Mendoza, Artemisa, Santa Clara, Cienfuegos, Cruces, Fomento, Placetas, La Esperanza, Manacas, Santo Domingo, Sancti Spíritus, Sagua la Grande, Camagüey, Baraguá, Céspedes, Ciego de Avila, Esmeralda, Florida, Morón, Nuevitas, Vertientes, Santiago de Cuba, Banes, Velasco, la zona de Baracoa, Chaparro, Veguita de Galo, Reparto Sueño en Santiago de Cuba, Puerto Padre, El Bonete, Guantánamo, Isla de Pinos, etc. A finales de este periodo funcionaban en el país alrededor de 126 iglesias y "compañías" o misiones. Las iglesias tenían cerca de 6 mil miembros y una cantidad mucho mayor de alumnos de escuelas sabáticas. Un buen número de pastores, ordenados o licenciados, atendía el trabajo. Estos datos estadísticos son tomados del informe *Protestant Missions in Latin America*. Fuentes adventistas calculan en 80 las iglesias, pero parecen limitarse a las organizadas.

El nivel del Colegio Adventista de las Antillas mejoró aun más a fines del periodo. Ya en 1949 se ofrecían cursos de comercio y secretariado. En 1950 se logró afiliar la institución al Union College de Lincoln, Nebraska, para la acreditación de los estudios. En 1952, el Colegio fue elevado oficialmente al nivel secundario por el gobierno cubano, al ser incorporado formalmente a un Instituto. A partir de 1955 se inició el proceso para un programa completo de colegio universitario (solo se funcionaba a ese nivel en el programa de teología que en 1958 fue elevado de categoría académica por el Departamento de Educación de la Iglesia y por la División Interamericana). Se hacían planes para ofrecer la carrera de Pedagogía. En 1959, se adquirieron nuevos terrenos ampliando así el plantel. Sirvieron como directores o presidentes del Colegio en este periodo, después de Charles J. Foster, G. T. Vore, C. L. Pohle y J. D. Livingston. Estuvieron a cargo del mismo hasta 1931, los siguientes misioneros: J. S. Marshall, F. G. Drachenberg, R. L. Jacobs, Walton J. Brown. En 1960 el misionero argentino Alfredo Aeschlimann se hizo cargo de la Dirección. En el periodo siguiente, el Seminario quedó totalmente en manos de cubanos, que ya se habían distinguido en la obra educacional o ministerial: Manuel Carballal, Vicente Rodríguez, Isaías de la Torre, Pedro de Armas.

El ministro adventista recibía una preparación básica suficiente para sus labores y la calidad académica del entrenamiento teológico iba en aumento. Si a eso se suma la excelente organización que les caracteriza puede considerarse esta obra como plenamente consolidada al terminar este periodo, sobre todo en las provincias de La Habana, Camagüey, Pinar del Río y Oriente, donde contaban con el mayor número de fieles.[23]

LOS LUTERANOS

La Iglesia Luterana continuó su obra en la Isla de Pinos y su modesta presencia creció en esa ínsula alcanzando a la reducida población de algunos poblados en la costa sur como Jacksonville y Palm Grove donde sus pastores atendían pequeñas congregaciones y diminutas escuelas. El trabajo se había extendido a Nueva Gerona. Los pastores luteranos, a partir de los inicios de la década de 1930, tenían como apellidos Hartman, Finnegnmer, Brunig, Abehallemant, Noll, Tippin, Rush, Oermann, Delgado y Glienke. En 1940 se edificó una capilla en Nueva Gerona donde ya se trabajaba desde el pastorado de Hartman (O Hartnann). Además de ese templo, se edificó después una casa pastoral en la costa sur. Un solo pastor atendía todo el trabajo con el auxilio de algunos estudiantes ministeriales que trabajaban brevemente allí. En la década de los cincuenta, un pastor cubano, Zoilo Delgado, trabajó en la Isla, también con los de habla inglesa. Delgado estuvo al servicio de la Iglesia Luterana solo por algún tiempo.

Alrededor de 1946 se inició el trabajo de la Iglesia Luterana del Sínodo de Missouri en la Isla de Cuba. Hasta entonces este se había concentrado en Isla de Pinos. Los primeros misioneros en Cuba fueron Ray Bowles y Federico Pankow. En 1952 se les unió Herman Glienke y en 1956 Eugene Gruell. En la década de 1950 se unen a la Iglesia Luterana como pastores u obreros laicos algunos cubanos como Blas Serrano, Eduardo Llerena y Gustavo Puerto. Los dos primeros procedían del Seminario Evangélico Los Pinos Nuevos, y Puerto de una iglesia de santidad. En 1952 se abrió una congregación hispana en el Reparto Martí en La Habana, donde se fundó también la escuela "Clara Más", de enseñanza primaria. Ya se estaba ministrando desde el principio a los de habla inglesa y alemana y se organizó una iglesia en el Vedado, donde en 1956 se inició también una obra hispana. La congregación del Vedado fue trasladada a la Sierra en Marianao y después a Miramar, donde se edificó en 1958 el hermoso templo de la Iglesia Luterana Cristo Redentor. El pastor Glienke, al ser trasladado a Isla de Pinos en 1956, inició allí la obra en castellano. En 1959 edificó el templo de la Iglesia Luterana de San Juan, en Nueva Gerona, otro edificio de grandes proporciones.

En el ministerio luterano en Cuba sobresalió el pastor Eduardo Llerena, a quien se le entregaron responsabilidades de cierta importancia como la iglesia y la escuela en el Reparto Martí. Tanto él como los otros obreros cubanos trabajaban más bien como laicos aunque con funciones de tipo pastoral y algunos se integraron al ministerio ordenado de la Iglesia al salir de Cuba a partir de la década de los sesenta. El misionero Gruell trató de formar un ministerio nacional utilizando a estos obreros y a otros a quienes instruyó en los principios del luteranismo. Esa parece haber sido la meta de algunos de los otros misioneros. Congregaciones o puntos de predicación de habla española funcionaron no solamente en el Reparto Martí y en las iglesias de Miramar y Nueva Gerona, sino también en Buenavista y en Bocas de Galafre, Pinar del Río y el Central Hershey, aunque en ese último lugar parece que se hizo en realidad énfasis en el trabajo de los jamaicanos.

Los orígenes del luteranismo en Cuba pueden atribuirse al interés en las comunidades extranjeras por parte del Distrito Sur de la Iglesia Luterana del Sínodo de Missouri, que al recibir el informe de un visitante sobre la situación de los caimaneros (de habla inglesa) en Isla de Pinos a principios de siglo, decidió ministrarles, aunque eran mayormente de origen presbiteriano. La obra en territorio de la Isla de Cuba, iniciada alrededor de 1946, respondió en gran parte a la presencia de norteamericanos, alemanes y escandinavos en la zona de la capital y de algunos caimaneros que allí se habían mudado. En Boca de Galafre, Pinar del Río, se inició una misión en casa de una familia procedente de Isla de Pinos. En la década de 1950, el interés por los cubanos aumentó y se realizaron algunas actividades significativas aparte del trabajo de hombres como Pankow, Gruell y Glienke con los nativos. Se hicieron arreglos para transmitir en Cuba el programa "Cristo para todas las naciones", cuyo predicador en español era entonces el doctor Andrés Meléndez, de origen puertorriqueño y radicado en Norteamérica. Federico Pankow llegó a escribir artículos en revistas cubanas de importancia. Herman Glienke logró exhibir la película "Martín Lutero" en teatros como "La Rampa" en la capital cubana, y en muchos otros lugares del país, atrayendo como espectadores hasta a algunos sacerdotes católicos. Contó con la colaboración del doctor Joaquín González Molina, de las Sociedades Bíblicas, pero fue atacado por el *Diario de la Marina*. El periódico de lengua inglesa *Havana Post* defendió la película en un artículo intitulado "Cuba teaches Canada a Lesson", porque en poblaciones del Canadá francés la presión del clero católico había impedido la proyección de la misma. Las condiciones en ambas regiones eran sin embargo tan distintas y las culturas tan diferentes que la lección no era tan evidente.

El luteranismo llegó tarde a Cuba, por lo menos a la obra en idioma español. Lograron, sin embargo, alcanzar unos pocos de cientos de cubanos con su mensaje y ministrar a la población extranjera y a la comunidad diplomática de países luteranos. Sus escuelas, muy pequeñas, en Isla de Pinos y "Clara Más" en el Reparto Martí, así como los esfuerzos iniciales para entrenar un ministerio cubano eran las mejores evidencias de un deseo de permanecer en el país. A fines del periodo 1933-1959 la obra que ya se había inscrito debidamente en el gobierno provincial de La Habana, se organizó como Iglesia Luterana de Cuba y eligió como su primer presidente al pastor Eugene Gruell.[24]

LOS SALVACIONISTAS

El Ejército de Salvación, con el impulso que le dieron sus pioneros y los cadetes formados en Cuba como Pavlovich y Zemanovich, los oficiales checoslovacos residentes en el país que fueron anteriormente mencionados, logró extenderse por otros lugares de Cuba. En 1942 ya estaban establecidos no solamente en la capital y sus alrededores, sino en lugares como Santiago de Cuba, Holguín, Banes, Cienfuegos, Matanzas, etc. Se había adquirido el edificio de la antigua YMCA (Asociación Cristiana de Jóvenes) convirtiéndolo en un Centro de Servicio Social en La Habana que cerró en 1941. En esa época se abrieron cuerpos o avanzadas en Párraga, Marianao, Central Tacajó, Manzanillo. En 1942 se trabajaba en cinco provincias y se contaba con 23 centros. Se había abierto con anterioridad a esta fecha la Escuela de Cadetes y se graduaron algunos oficiales cubanos. En este periodo se unen a la obra salvacionista Alfredo Noda, Moisés Suárez, Ernestina Hernández, Armando Ginard, etc. Se destacaron oficiales extranjeros enviados a Cuba a ocupar importantes cargos en la obra, como el mayor William Effer, inglés que había trabajado en el Brasil. Este oficial dominó pronto el español y fue uno de los más apreciados obreros extranjeros de su época en la obra nacional. De acuerdo con Armando Ginard: "Era un verdadero hombre de Dios que actuó siempre con gran rectitud y espíritu de justicia. Cometió el error de entregar el magnífico edificio de Egido y Apodaca y alquilar para el Cuerpo Central una modesta casa de altos en la calle Monte". Al dejar Cuba para trabajar en Brasil como Jefe Territorial, fue ascendido al rango de teniente coronel. Otros comandantes divisionales del periodo lo fueron el mayor Booth, inglés nacido en Argentina; el mayor Tobías Martínez, californiano de origen mexicano, y el teniente coronel Legstra, argentino de origen escandinavo. El cargo de comandante divisional, el más alto de la obra salvacionista en Cuba, no fue ocupado por oficial cubano alguno en este periodo. Los oficiales Noda y Suárez se distinguieron en la dirección del trabajo, así como el oficial Ginard, pero este último adoptó la teología bautista y abandonó el Ejército de Salvación, fundando una iglesia en La Habana.

La obra del Ejército de Salvación se realizó con muchos sacrificios ya que era poca la ayuda económica procedente del exterior. Tenían que depender de la caridad pública y de las reducidas ofrendas de los pocos cientos de creyentes que congregaban en sus cuerpos y avanzadas. Sin embargo, realizaron notables contribuciones a la asistencia social por medio de instituciones como el Asilo de Ancianos en Jesús del Monte, el Albergue "El Gallito" en Matanzas, el Hogar Anna Walker, en Holguín, el Asilo Manzanillo, el Hogar del Necesitado en Banes, el Hogar Evangelina, etc. Se prestó atención a pobres, vagabundos, huérfanos, ancianos, etc. El Asilo para Niñas en Rancho Boyeros puede considerarse como modelo en su clase. Proyectos de tipo social fueron desarrollados en varias partes del país.

En el aspecto evangelístico, los salvacionistas predicaban en las calles y en sus locales de cuerpos y avanzadas (equivalentes a iglesias y misiones); publicaban la revista *El Grito de Guerra* y las damas funcionaban mediante la Liga del Hogar. También hicieron trabajo con la juventud. Además de los mencionados, trabajaban en este periodo oficiales como Maud Hall, José Ríos, Karin Kach, Virginia Melville, F. J. Castrillejo, M. Argüelles, Rufus Whitaker, Vicente Hernández, Miguel López, etc. El Cuartel General Divisional y por lo tanto la Comandancia Divisional no pasaron a manos cubanas sino hasta la década de los sesenta.[25]

LOS PENTECOSTALES

Las Asambleas de Dios en Cuba estuvieron hasta 1936 bajo la jurisdicción del Distrito Latinoamericano de esa denominación en los Estados Unidos. El californiano Teodoro Bueno supervisó la obra hasta que fue sustituido por Kenzy Savage. En mayo de 1936, la obra pasó a ser responsabilidad del Departamento de Misiones Extranjeras de las Asambleas de Dios de los Estados Unidos. Hasta ese momento había sido parte del esfuerzo que se hacía con los hispanos en los Estados Unidos y México —y por un tiempo El Salvador y Guatemala— en el Distrito del Concilio Latinoamericano, antes conocido como la Convención Mexicana.

El doctor Lawrence Perrault fue designado entonces superintendente de la obra en Cuba. Era nativo del Canadá. Algún tiempo después, el nuevo superintendente reclutó a un graduado del Seminario Los Pinos Nuevos que se convertiría pronto en un prominente líder pentecostal en Cuba, Gabriel Caride, que en cierta forma fue su ayudante. Las Asambleas tenían en aquella época tres obreros principales en La Habana: Perrault, Francisco Rodríguez y May Kelty. Muy pronto reclutarían a otros. Perrault fue sustituido como superintendente por Louis Stokes, que después sería misionero en Argentina, y en 1942, Hugh Jeter, conocido en Cuba como Hugo Jeter, fue designado superintendente. Otro misionero que tuvo relaciones estrechas de supervisión sobre la obra en Cuba fue Henry C. Ball ("Enrique" Ball), secretario para la América Latina y las Indias Occidentales de las Asambleas de Dios.

Un grupo de predicadores puertorriqueños se fue sumando a la obra en Cuba. Ya se ha mencionado al primero en llegar, Francisco Rodríguez ("Panchito") que llegó en 1933. Después vinieron Melitón Donato, Ramón L. Nieves, Belén Nieves, Manuel Díaz Beltrán. Años después llegaron Luis M. Ortiz y otros. Se destacó también Pedro Torres, de origen mexicano y nacido en Nuevo México. Francisco Rodríguez se separó de la obra en época de Perrault uniéndose a otra denominación, convirtiéndose después en misionero independiente y asociándose con algunas iglesias de Norteamérica. Se inició una práctica que después fue muy frecuente en el movimiento pentecostal en Cuba, la de "formar un concilio aparte", es decir, juntar los esfuerzos de algunos líderes para organizar un movimiento separatista o independiente. Esta práctica. que no se limita a Cuba (ni tampoco a los pentecostales), tiene sus peligros, pero en algunos casos ha ayudado a multiplicar las iglesias, obreros y creyentes.

En los primeros años de este periodo se unieron al trabajo en Cuba varios misioneros norteamericanos y de otros orígenes, así como pastores cubanos: el doctor Enrique Rodríguez López, Pedro Carbonell, Abelardo Rodríguez, Miguel Matute, Mercedes Matta, Henry Mock, Kenneth McIntyre, Panchita Rodríguez, Hilda Reffke, Dolores Redman, Heriberto Ortega, Einar Peterson, Roberto Géliz, Avilius Santiago, L. L. Grosnickle, etc. Brevemente colaboró en Cuba el pastor Frank Finkenbinder. El superintendente Perrault había entrenado a algunos obreros de una escuela bíblica que funcionó en su hogar. Entre ellos estaba Olallo Caballero que muchos años después sería superintendente de la obra. Los obreros norteamericanos generalmente eran apoyados directamente aunque de forma modesta por el Departamento de Misiones en Springfield,

Missouri. Los puertorriqueños recibían alguna ayuda de los distritos o concilios hispanos en Norteamérica y de iglesias y creyentes, pero existía cierta diferencia en cuanto al nivel de sostenimiento. Los obreros cubanos recibían una ayuda mínima de los misioneros, y la mayoría de sus ingresos provenía de sus pequeñas congregaciones. Muy pronto se extendió la obra por La Habana y sus alrededores: Bauta, San Antonio de los Baños, San José de las Lajas, Madruga e incluso en Palma Soriano y Santiago de Cuba en Oriente. Se abrió una iglesia en Camagüey. En La Habana, Camagüey y Oriente había varios puntos de predicación.

Las Asambleas de Dios pasaron a ser conocidas como la Iglesia Evangélica Pentecostal en Cuba y se inscribieron así ante las autoridades del país. La situación política en China trajo a algunos misioneros a Cuba, como Walker y Nell Hall, Ruth Melching, Lula Ashmore, iniciándose entonces el trabajo con los chinos en La Habana. También llegaron al país, procedentes de la India, Ellen Esler y Kathryn Long. Continuaron llegando misioneros: Ethel McClendon, Ellis Stone, Ruth Weitkamp, Roy Dalton.

En 1943 se fundó oficialmente el Instituto Bíblico de las Asambleas de Dios en El Cotorro, cerca de La Habana, pero no pudo funcionar en 1945 ni en 1946. En 1947 se mudó a una finca adquirida en Manacas, provincia de Las Villas, finca que tenía 1,500 naranjos. Kenneth McIntyre y su esposa Martha se hicieron cargo de la escuela hasta 1951 en que fueron designados Luisa Jeter de Walker como directora y su esposo Alva Walker como administrador. Los Walker habían llegado a Cuba en 1947. Luisa realizó promociones de escuela dominical a la vez que preparaba materiales para las mismas. Entre los profesores cubanos del Instituto, los más conocidos parecen haber sido Andrés B. Coucelo y Heriberto de la Teja.

En el mismo año 1943 se había abierto una librería en La Habana, llamada "La Antorcha", a cargo de Victoria Schott y luego de Gabriel Caride. Se decidió publicar una revista llamada *La Antorcha Pentecostal,* la cual por mucho tiempo fue dirigida por el pastor cubano Kerry González. Perrault había iniciado la obra radial y Hugh Jeter fundó la "Hora Evangélica", que después fue continuada por Gabriel Caride. El evangelista puertorriqueño Luis M. Ortiz utilizó también la radio. En numerosos lugares se empezaron a trasmitir programas locales, siendo quizás el más importante el de Camagüey, donde se llegó a tener una programación diaria y variada. La denominación y sus iglesias hicieron un uso muy frecuente de las estaciones locales.

En 1950 se incorpora a la obra de las Asambleas de Dios el pastor Ezequiel Alvarez, una de las principales figuras del movimiento pentecostal en Cuba. Alvarez nació en Remedios, Las Villas, en 1918, y se graduó del Seminario Evangélico de Río Piedras en Puerto Rico. Contrajo matrimonio con Haydée Sosa, hija del director del programa de bachillerato del Colegio La Progresiva, el doctor Ignacio Sosa. Fue ordenado como ministro presbiteriano, pero durante su estada en Puerto Rico recibió la experiencia pentecostal. Al no ser aceptadas sus ideas y sus planes en el Presbiterio de Cuba, se entregó a la obra pentecostal en Nueva York. Había sido pastor presbiteriano en Sancti Spíritus. Al regresar a Cuba ocupó el pastorado de la iglesia de las Asambleas de Dios en Camagüey, sustituyendo a Pedro Torres.

Ese mismo año de 1950 marca el inicio de una nueva etapa para el movimiento pentecostal y para la obra evangélica en Cuba. La Isla fue visitada por el evangelista norteamericano T. L. Osborn, quien llevó a cabo campañas de evangelización y sanidad divina en la forma tradicional de los predicadores pentecostales. El centro de sus actividades fue la ciudad de Camagüey y el pastor Ezequiel Alvarez jugó en dicho esfuerzo un papel trascendental. En esa ciudad se utilizó el Stadium Guarina y la primera noche más de 10 mil personas escucharon al predicador. Al difundirse la noticia de que habían ocurrido casos de sanidad divina, la asistencia continuó aumentando. Una estación de radio promovió el evento y la prensa se hizo eco de ello. Por varias semanas toda la atención estuvo puesta en la campaña y esta llegó a ser objeto de reportajes de la prensa nacional. También fue utilizado el anfiteatro de La Habana. Alcaldes municipales en Oriente y Camagüey ofrecieron stadiums e invitaron al evangelista a visitar sus ciudades y pueblos. En Puerto Padre, de acuerdo con un relato del pastor Vicente Concepción, la asistencia a los cultos llegó casi a superar en número a la población urbana del lugar. En esa y otras ciudades predicó el evangelista Richard Jeffrey. En otros lugares se realizaron también campañas multitudinarias: Holguín, Palma Soriano, Santiago de Cuba, Sancti Spíritus. En Camagüey tuvieron la cooperación de un ministro episcopal y en Sancti Spíritus del pastor presbiteriano Cecilio Arrastía. El ministro episcopal Maximiliano Salvador tradujo, en algunas campañas, los sermones al español. En el norte de Oriente, se contó también con la cooperación de algunos cuáqueros. El grupo menos cooperativo fue el de los bautistas, ya que estos entendieron desde el principio que se trataba de una actividad puramente pentecostal y no de carácter interdenominacional como algunos afirmaban. Osborn fue a Cuba como independiente pero tenía auxiliares que pertenecían a las Asambleas de Dios y otros movimientos pentecostales. Las Asambleas de Dios fueron las más beneficiadas con las campañas pues eran el grupo pentecostal con mayores recursos y un número considerable de obreros.

Al impulso del éxito de Osborn y otros evangelistas en el avivamiento pentecostal de 1950-1951, el movimiento creció sobre todo en Camagüey y Oriente. Estudiantes del Instituto Bíblico de Manacas fueron enviados a abrir iglesias en lugares donde no existía trabajo pentecostal o evangélico. Muchos miembros de otras denominaciones se pasaron al pentecostalismo. Se ganaron miles de nuevos creyentes. La Iglesia Católica se opuso firmemente a la campaña de Osborn y a las de los otros evangelistas pero en ningún caso que se conozca esa oposición disminuyó la asistencia, sino que por el contrario, en algunas ciudades contribuyó a aumentarla en forma considerable. El anuncio de milagros y sanidades atrajo a miles. En Santiago de Cubas predicó por esos dias A. A. Allen, un controversial evangelista independiente de los Estados Unidos quien atrajo a una elevada concurrencia.

En Camagüey, como consecuencia de la campaña, el pastor Ezequiel Alvarez, que hasta entonces pastoreaba una modesta iglesia en la calle Maximiliano Ramos, decidió construir un nuevo edificio. El alcalde de Camagüey, Francisco Arredondo ayudó en la adquisición de un terreno. De esa forma se convirtió en realidad el Templo Aleluya, principal congregación pentecostal del país, con capacidad para cerca de mil personas. De acuerdo con el testimonio de la viuda de Alvarez, Haydée Sosa, la iglesia abrió multitud de misiones y puntos de predicación y logró atraer a la esfera de influencia de sus cultos y actividades a miles de personas. También se vendieron miles de ejemplares de la Biblia y el Nuevo Testamento en este periodo de avivamiento religioso.

La expansión de las Asambleas de Dios continuó después del avivamiento aunque no se conservaron todos los frutos. Aumentó el número de estudiantes al ministerio y de misiones y puntos de predicación. Se construyeron nuevos edificios en Victoria de las Tunas, Ciego de Avila, Cienfuegos y otros lugares. El más importante fue un centro evangelístico en La Habana: la Iglesia Evangélica Pentecostal de Infanta y Santa Marta, inaugurado el 23 de abril de 1954. En su construcción participó el importante misionero inglés Ralph Williams que entonces trabajaba en Cuba. El pastorado estaba a cargo de Gabriel Caride, que ya para esa época era uno de los pastores más conocidos del país y muy apreciado en círculos evangélicos.

En la década de los cincuenta, surgen otros líderes importantes en las Asambleas de Dios, como Gerardo de Avila, pastor de Santa Clara, que después se convertiría en uno de los evangelistas más famosos de América Latina; Andrés Román, graduado del Instituto La Puente, en California, y que después cursó estudios superiores, fue designado presidente de los "Pescadores de hombres" nombre de la Sociedad de Caballeros. Contrajo matrimonio con la misionera Hilda Reffke; Fernando Nieto, casado con la misionera Raquel Maser, fue nombrado presidente de los "Embajadores de Cristo", nombre de la Sociedad de Jóvenes y trabajó en actividades radiales y de literatura. Era, además, el corresponsal de la revista denominacional *Poder*, para los hispanos de América Latina y los

Estados Unidos. Después fue misionero en Honduras; Avelino González, maestro de escuela y pastor en la iglesia de la calle Zanja, participaba en el ministerio de radio y otras actividades. En 1941, la señora Einar Peterson organizó el Concilio Misionero Femenil. Más tarde, Hilda Reffke de Román fue nombrada presidenta. Pedro Placeres, de origen metodista y pastor en El Cotorro fue, durante este tiempo, uno de los más conocidos evangelistas de la denominación.

Muchos misioneros vinieron al país a fines de la década de los cuarenta y en los cincuenta: Virginia Carpenter, Roy Nylins, Waldo Nicodemus, Maxine Richardson, Verlin Stewart, Floyd Woodworth. Muchos estaban relacionados con la obra del Instituto Bíblico de Manacas. Floyd Woodworth se hizo cargo, en 1957, de la dirección de la escuela. Si tenemos en cuenta que en la mayoría de los casos debe añadirse el número de esposas de misioneros, la cifra total de misioneros de las Asambleas de Dios en el periodo 1933-1959 es muy elevada, casi comparable a la de los metodistas.

En 1957, funcionaban 25 iglesias organizadas y 143 puntos de predicación o misiones. 130 obreros nacionales trabajaban junto a 16 misioneros norteamericanos. Las cifras de asistencia eran de un promedio de 6,500 personas en los cultos del dia domingo y tenían una matrícula de 12,590 en sus escuelas dominicales. 50 estudiantes se preparaban para el ministerio. La obra se había extendido por todas las provincias, menos Matanzas, donde solo tenían una misión. La cifra de 2,600 miembros en plena comunión puede parecer algo confusa. La única explicación es que varios miles asistían a las iglesias sin estar inscritos o sin haber sido aceptados como miembros. Para fines del periodo es probable que unas 20 mil personas, si son incluidos los niños, tenían relación con las Asambleas de Dios como miembros, asistentes más o menos regulares a los cultos y miembros de sus escuelas dominicales. Las exigencias de vida estricta limitaban el número de creyentes que eran reconocidos como miembros. Algunas iglesias eran grandes, como las de Holguín, Camagüey, La Habana, Victoria de las Tunas, Nuevitas, Ciego de Avila, etc. Algunos han estimado para 1958-1959 la existencia de unas 500 escuelas dominicales, aunque muchas de ellas eran sencillos esfuerzos de iglesias locales que tenían lugar en hogares; sin embargo, el crecimiento era enorme.

En 1956 el pastor Ezequiel Alvarez fue designado superintendente de la Iglesia Evangélica Pentecostal en Cuba, que empezó a conocerse como Iglesia Evangélica Pentecostal de Cuba. Tal vez como indicio de su carácter cada vez más nacional, es decir, ya no solamente era una denominación que estaba *en* el país, sino que pretendía ser *del* país. La superintendencia de Alvarez, el primer cubano en el cargo fue breve, regresando a la Iglesia Presbiteriana sin renunciar a su experiencia pentecostal. Pedro Torres fue también superintendente por un tiempo y al terminar el periodo en 1959 el cargo lo ocupaba el pastor puertorriqueño Ramón L. Nieves. La designación de Alvarez había marcado una etapa de transición. Todavía llegarían algunos misioneros pero la política adoptada de que las iglesias se sostuvieran a sí mismas, y una visita en 1949 de Melvin Hodges, un funcionario misionero de gran importancia en la denominación, para instruir en una especie de seminario sobre la iglesia nacional y los llamados principios "indígenas" de sostenimiento propio, fueron más que oportunas en vista de los acontecimientos de fines del periodo y el futuro inmediato del movimiento pentecostal en Cuba.[26]

A fines de la década de los treinta, el pastor Francisco Rodríguez ("Panchito"), misionero puertorriqueño, abandonó, como hemos explicado, las Asambleas de Dios y se unió por algún tiempo a la Iglesia Cuadrangular, con sede en Los Angeles, California. Esa relación no fue permanente. A principios de la década de los cuarenta, se fundó la Primera Iglesia Pentecostal de Cuba. Su fundador había sido el primer misionero puertorriqueño del movimiento pentecostal y la iglesia por él fundada en la capital tenía cierta antigüedad que le permitió darle ese nombre a la nueva organización.

Teniendo como su centro la Iglesia de Lawton, una congregación bastante grande, Rodríguez extendió su movimiento a las provincias de La Habana, Pinar del Río y Matanzas. Se establecieron iglesias en el Reparto Párraga, Lawton, el Reparto Rosario, Guanabacoa, Guines, San José de Las Lajas, El Moro, Luyanó, El Cerro, San Nicolás de Bari, Güines, Santiago de las Vegas, Remates de Guane, Guane, Artemisa y Matanzas. Así como otros puntos de predicación, Octavio Espinosa dirigió un instituto bíblico y algunos programas radiales. Rodríguez sirvió también como evangelista en campañas de sanidad divina. Entre los obreros más conocidos de su movimiento estaban: Rafael Lima, Armando Sánchez, Joaquín Dueso, Julio Miró, María Luisa Cabrera, Ramón Herrera, etc. Con la ayuda de estos obreros y de su esposa Esther, Rodríguez había logrado fundar y extender el primer movimiento pentecostal independiente en Cuba.[27]

Los orígenes de la Iglesia de Dios de la Profecía en Cuba presentan algunas dificultades al historiador. Puede afirmarse que la obra formal se inició con el nombramiento en 1935 de C. H. Holley como primer supervisor. En aquella época la Iglesia era conocida como Iglesia de Dios de Tomlinson, y a partir de 1953 como Iglesia de Dios de la Profecía. Su sede ha sido Cleveland, Tennessee y su historia y la de la otra Iglesia de Dios radicada allí tienen antecedentes comunes. Fuentes cubanas identifican a la misionera jamaicana Irene Taylor, que trabajó en Cuba en la década de los veinte, como la precursora de la iglesia en el país. Sus labores, y las de la iglesia, fueron originalmente con jamaicanos y otros británicos occidentales. Desde 1948 se ha realizado trabajo con cubanos y esto se intensificó con el avivamiento pentecostal de 1950-1951. Aunque se citan cifras mayores, la iglesia parece que logró tener al menos 1,000 miembros, sobre todo de habla inglesa. En algún momento pudieron tener unas docenas de pequeñas congregaciones. En la década de los sesenta tenían unas 11. Los supervisores han sido: C. H. Holley, de 1935 a 1944; Walter C. Bates, de 1944 a 1948; Zenén González, de 1948 a 1951; Carlos Colón, de 1951 a 1954; Antonio Ledezma Soto, de 1954 a 1963, y Roberto Lam, desde 1963.

González y Colón procedían de Puerto Rico e iniciaron la obra en español. En época de Colón ésta se extendió a varios lugares. Tenían inicialmente una iglesia bastante conocida en Marianao y varias misiones, sobre todo en La Habana. En la década de 1950 llegaron a tener congregaciones en La Habana, Pinar del Río, Oriente y Camagüey. En Güines funcionaba una iglesia en español, pero la obra en esa provincia era predominantemente en inglés. En Oriente se trabajaba en creóle —entre las congregaciones haitianas—, inglés y español. La sede se fijó eventualmente en Güines, pero tuvieron su centro por algún tiempo en el Barrio Lotería en El Cotorro y en Buenavista de Marianao. La obra oriental tenía su centro en Puerto Padre. Allí jugó un gran papel la señora Carolina Cardet de Concepción, ministra de la iglesia, hija de José Antonio Cardet, quien había sido presidente de la Cámara de Representantes de Cuba en 1940 y era un líder menocalista. Otro miembro de la familia, Vicente Concepción, fue uno de los principales líderes de la denominación en Cuba.

La iglesia llegó a tener una escuela primaria en Güines. Los obreros recibían instrucción bíblica en un programa o campo de entrenamiento que radicó en La Habana y Oriente. Transmitían programas de radio por la estación Radio Cramer y otra emisora en La Habana (en inglés y español) y en español por CMKY en Puerto Padre. "La Voz de la Salvación" era el nombre del programa radial en Oriente. La obra era gobernada por supervisores designados desde Cleveland.[28] En la iglesia, según los sevicios prestados, los ministros tienen rangos como evangelista, pastor, diácono y aun obispo. Las mujeres son ordenadas también, pero tienen atribuciones limitadas. El código de conducta es sumamente riguroso para todos.

La Iglesia de Dios, con sede en Cleveland, Tennessee, la segunda denominación pentecostal en número de miembros en los Estados Unidos, inició formalmente su obra en Cuba en 1942 aunque en 1910, como ya lo hemos mencionado en otra parte de este libro, el evangelista de esa denominación Sam C. Perry hizo una visita a la Isla, predicando incluso en algunos lugares. En 1938, J. H. Ingram, representante de la Junta de

Misiones Extranjeras de la Iglesia de Dios para el área visitó Cuba acompañado del supervisor general, J. H. Walker. Ambos recorrieron la Isla haciendo contactos y completando una exploración de tipo misionero que les llevó a Santiago de Cuba, en la parte oriental, donde entraron en conversaciones con Alberto Blanco, un sacerdote católico convertido al protestantismo, quien mostró interés en la obra misionera de esa iglesia.

En 1942 Hoyle Case y su esposa Mildred fueron escogidos para ser los primeros misioneros nombrados por la Iglesia de Dios de Cleveland, Tennessee, para trabajar en Cuba. Los Case habían trabajado durante 4 años en la India. Llegaron a Cuba en enero de 1943. De acuerdo con Charles W. Conn, el historiador de la denominación en los Estados Unidos

> "...encontraron completa libertad religiosa y no se les molestó en su trabajo. Se establecieron en Santiago de Cuba, en la parte este de la Isla, situada entre dos cadenas montañosas en la Provincia de Oriente. J. H. Ingram pasó el mes de enero con los esposos Case, ayudándoles a establecer su misión.[29]"

En Santiago de Cuba parecen haber tenido algunas dificultades con maestros de escuelas parroquiales católicas que castigaban a los niños que asistían a la escuela dominical. De cualquier forma, el crecimiento de la obra fue relativamente lento. Organizaron una iglesia central y abrieron tres puntos de predicación en Santiago y sus alrededores, de los cuales el más fructífero parece haber sido el de Santa Bárbara.

En 1944 llegaron Dewey Herron y su esposa, pero los Case se fueron ese mismo año, atendiendo a una invitación para enseñar en el Lee College, la escuela de la denominación, en Cleveland. Los Herron salieron del país en 1945 y Carl M. Hughes y su esposa fueron ese año a sustituirles, concentrando sus actividades en la ciudad de Camagüey. El representante de la Junta para la región, J. H. Ingram, designado como supervisor de la obra en Cuba, se radicó en La Habana donde un jamaicano, Ruby Lewis, fundó la primera congregación de la Iglesia de Dios de Cleveland en la zona metropolitana. La iglesia estaba situada en Buenavista.

Al salir Ingram de Cuba en 1948, Alberto Blanco se hizo cargo de la supervisión de la pequeña obra que se había extendido a La Habana, Camagüey y Santiago de Cuba. Su trabajo, sin embargo, fue temporal. En 1950, el misionero Edward F. McLean se radicó en la Isla, como supervisor. McLean fundó una iglesia en El Cristo, Oriente, donde levantó un edificio con ayuda de la Iglesia Riverside, de Atlanta, Georgia, de donde procedía el misionero. Muy pronto abrió misiones en Alto Songo, La Maya y San Benito y también unas 15 escuelas dominicales de barrio.

La obra se benefició en algo del avivamiento pentecostal de 1950-1951.

Además, en 1953, el pastor Sixto Molina, de Puerto Rico, que había asistido al Lee College se ocupó de la supervisión de la obra en el Occidente del país después de trabajar unos meses en Santiago de Cuba. En La Habana, aparte de la iglesia en Buenavista, se abrió otra en el Reparto Lotería, donde se construyó otro edificio.

Al salir McLean de Cuba en 1955, Hoyle Case regresó para compartir con Molina la supervisión de la obra que por entonces estaba dividida en Oriente y Occidente, con sedes en Santiago de Cuba y La Habana. Ese mismo año se unió a ellos una congregación de 120 personas en Trinidad, en la provincia de Las Villas, y el pastor Agapito Gómez que estaba a cargo de la misma, con ellos. Gómez llegó a ser uno de sus principales líderes. En el proceso de unión participó Gilberto Scotti, que había conocido la Iglesia de Dios en California.

A partir de 1956, Case quedó a cargo de la obra en toda la Isla. Molina regresó a los Estados Unidos. Se abrieron iglesias en Barajagua, Sancti Spíritus, Cabaiguán, Casilda y Matanzas, aumentándose el número de miembros en La Habana, llegando a funcionar 9 congregaciones pequeñas en la capital y sus alrededores. Al no contar con un instituto bíblico, sino simplemente con cursos de verano, la obra reclutó algunos obreros de otras denominaciones, entre ellos a Ramón Herrera, predicador y periodista de Vueltas, que había trabajado con la Primera Iglesia Pentecostal de Cuba, dirigida por Francisco Rodríguez y había cursado estudios en el Seminario Nazareno de La Habana y en otras instituciones.

La construcción de un edificio educacional en Santiago de Cuba significó un paso de avance en la obra, e indicó la determinación de la Iglesia de Dios de Cleveland de permanecer en el país. En 1947, Alberto Blanco había fundado el Colegio Ingram en Santa Bárbara. En 1959 funcionaban alrededor de 10 iglesias organizadas y varios puntos de predicación y escuelas dominicales de barrio, pero solo había podido llegar a ganar algunos cientos de miembros.[29]

Los orígenes de la Iglesia Evangélica Bethel se sitúan en el año 1944, cuando un misionero pentecostal, nacido en Puerto Rico, Sixto M. López, se radicó en Cuba. El pastor López procede de la Iglesia de Dios Pentecostal y tiene vínculos con el Instituto Bíblico Elim, de Lima, Nueva York. Su esposa Ruth, es cuñada del doctor Carlton Spencer, presidente de esta institución. También estaba relacionado con el grupo de "Las lluvias tardías" dentro del movimiento pentecostal en Norteamérica. Llegó a Cuba como misionero independiente pero pertenece a la "Elim Fellowship", una comunión de predicadores pentecostales relacionados con el Instituto Bíblico Elim, y que se conoce también como Asambleas Misioneras Elim.

Aunque predicó al principio en otras regiones del país, López se estableció pronto en la ciudad de Matanzas donde fundó la Iglesia Bethel, que llegó a tener una numerosa congregación y un templo. A partir de 1944, la obra se extendió por Ceiba Mocha, Cárdenas, Pedro Betancourt, Cabezas, Alacranes, Cidra, Limonar y otros lugares en la provincia de Matanzas, y se abrió una iglesia, el Templo Voz de Fe, en La Habana. Se levantaron algunas capillas y se usaron locales alquilados.

Entre los obreros más conocidos del movimiento se contaban en aquella época Miguel Angel García, Raúl Trujillo, Héctor García, Luisa Salmerón y los hermanos Estrada, sobre todo Carlos y Modesto. La obra de evangelización utilizó grandemente la radio, especialmente el programa "La Voz de la Fe", transmitido por Cadena Oriental de Radio y luego por Unión Radio, así como Radio Matanzas, donde se inició la programación en marzo de 1944 y se continuó hasta 1961, al igual que la de Unión Radio. Un accidente automovilístico ocurrido en 1950 recibió atención en la prensa nacional. Un grupo de creyentes era transportado en un camión, con el propósito de ser bautizados. Iban por un camino que conducía a Cidra cuando se produjo el accidente. Murieron 9 personas y el chofer, de nombre Alfonso Ojeda, permaneció en prisión hasta que se le eximió de responsabilidad en el hecho. La pequeña obra dirigida por López sufrió mucho por esta desgracia.[30]

En 1956 se inició en la ciudad de Colón una congregación relacionada con las iglesias supervisadas por López. El iniciador de esa obra fue el pastor Carlos Estrada, quien con su esposa Celia habían llegado de Nueva York. Estrada se había convertido bajo el ministerio de López en el Central Socorro, en Pedro Betancourt, estudiando posteriormente en el Instituto Bíblico de Manacas, provincia de Las Villas. La obra en Colón tenía carácter independiente, pero colaboraba con la de López en Matanzas. Bajo el liderazgo de Carlos y Modesto Estrada, y sus respectivas esposas, se abrieron puntos de predicación en toda esa zona. Usando las ondas de Radio Menocal transmitieron un programa llamado "Palabras de Vida". Para sus cultos, y como centro de la obra, utilizaron las instalaciones del antiguo teatro "Averhoff" de Colón.

La Iglesia de la Biblia Abierta inició su obra en Cuba de manera formal en mayo de 1945 con la llegada del misionero Paul Hartman. En 1937 se había realizado alguna labor exploratoria. Se sabe de unos misioneros que visitaron el país pero que poco tiempo después fallecieron en un accidente aéreo. Hartman, al llegar a Cuba, convirtiéndose en director del nuevo campo misionero representaba una denominación que es considerada como pentecostal y cuyo nombre oficial es "Open Bible Standard Churches". Su Junta de Misiones radica en Des Moines, Iowa.

A partir de entonces, varios misioneros fueron enviados a Cuba: Louis Miller, Audrey Hefflin, Donald Smith, Loyda Staton, Margaret McGown. En los primeros meses de Hartman en Cuba se abrió una iglesia en Rancho Grande, provincia de La Habana, cerca de Ceiba del Agua, donde en 1950 fue levantado un templo. Se abrieron otras congregaciones en Rancho Boyeros, Ceiba del Agua, Guanajay, Corralillo (en Bauta, provincia de La Habana), en el Reparto Martín Pérez, Artemisa, Puerta de la Güira, San José de las Lajas, La Habana. Una congregación se les unió en El Corojo, Pinar del Río. Las congregaciones mencionadas fueron fundadas entre 1945 y 1959 por los misioneros y por obreros nacionales. En la mayoría de los casos se edificaron templos o capillas. Varios fueron edificados entre 1950 y 1957.

En 1952 el Instituto de la Biblia Abierta abrió una escuela bíblica en Rancho Boyeros, donde se formaron numerosos obreros, en tanto que otros procedían de denominaciones establecidas con anterioridad. Entre los pastores estaban: Silvano Urra, José Rijo, José M. Vera, Nemesio Vidal, Adelaida Vidal, José Collado, María Luisa Jacobo, Antonio Luis Pio, José Luis García, Leonell Pérez, Alberto González, Luis Chong, Fernando Domínguez quien había venido de Puerto Rico. A fines de este periodo colaboraba con la obra el predicador Rodolfo Loyola, conocido evangelista de la provincia de Pinar del Río, que procedía del Bando Evangélico de Gedeón y que más adelante se unió a la Iglesia de la Biblia Abierta convirtiéndose en uno de sus líderes más conocidos. Vera y Fernando Lamigueiro, mencionado en un apéndice de este libro, son también conocidos en la comunidad evangélica.

La expansión fue relativamente rápida y la obra se organizó con cierta efectividad. Además de abrir congregaciones y edificar templos, se preocuparon del ministerio radial. Tenían programación en la Estación C.O.C.O. y en Radio García Cerra. El programa más conocido era "El mensaje de la Biblia abierta". No hubo expansión fuera de Pinar del Río y La Habana sino hasta la década de los sesenta.[31]

La Iglesia Santa Pentecostal, conocida en los Estados Unidos como la Iglesia de la Santidad Pentecostal y cuya sede se encuentra actualmente en Oklahoma City, Oklahoma, inició sus labores en Cuba en 1952. Ese año llegaron dos misioneros: James Williams y Elvin Thornton, así como sus respectivas esposas. Unos pocos años después se les unieron Robert Houf y su esposa. En un momento u otro estas tres parejas estuvieron a cargo de la obra. El trabajo misionero se extendió desde los primeros años, organizando iglesias o abriendo misiones en varios lugares de Oriente: Bayamo, Veguita de Galo, cerca de Santiago de Cuba; Palma Soriano, Baire, Santa Rita, Minas de Charco Redondo, Guisa, Cueto y Santiago de Cuba.

El trabajo se extendió por otras provincias al abrirse misiones en Pinar del Río, Marianao, provincia de La Habana; el Central Macareño en Camagüey, etc. Además de la característica de concentrarse en la parte oriental, los miembros de la Iglesia Santa Pentecostal —como se llamó en Cuba— se caracterizaban por su prédica que combina elementos de doctrina pentecostal y de santidad. En un momento dado, la obra tuvo en Cuba 16 misiones o puntos de predicación y cerca de 500 miembros.[32]

La Iglesia Congregacional Pentecostal entró un poco después al trabajo misionero, sobre todo en la parte oriental. En 1955 llegó a Oriente el misionero Hugh B. Skelton para iniciar obra y hacer contacto con creyentes pentecostales. B. L. Cox y B. L. Woodruff fueron a Cuba en 1957 para organizar la iglesia en forma de Conferencia. Entre los primeros pastores que trabajaron con la obra se encontraba Víctor Badillo, procedente de las Asambleas de Dios que pastoreó una iglesia en Oriente. La obra se concentró en la capital de Oriente y en otros lugares de esa provincia, como San Luis, donde eventualmente se radicó la sede del trabajo; Holguín, etc. Para la evangelización, se hizo uso de la radio. Según un informe, pareciera que en un momento dado tuvieron, dentro de este periodo, unas 21 congregaciones, aunque todo indica que en esta cifra fueron incluidas algunas de las 40 escuelas dominicales y lugares donde se efectuaban cultos de barrio; en todo caso, el número de iglesias y misiones era bastante limitado. En 1959 tenían 21 obreros, 5 edificios propios y una finca con 7 acres de tierra. Entre los pastores estaban Ismael Galano, Enrique Ortiz y otros.

Debe aclararse que esta denominación es compatible doctrinalmente con la Iglesia Santa Pentecostal. Skelton fue enviado por la Iglesia Congregacional de Santidad (Holiness Congregational Church), que tiene su sede en Griffin, Georgia. Hugh Skelton llegó a ser superintendente para misiones extranjeras de esa pequeña denominación. A pesar de su nombre en idioma inglés, son pentecostales y aunque aceptan el sistema congregacional, tienen un obispo en Norteamérica. Salieron de la Iglesia de Santidad Pentecostal. En Cuba se nombró una Junta de Directores, integrada en su mayoría por cubanos.[33]

La Iglesia Cristiana Pentecostal de Cuba tiene sus orígenes en el año 1956. El predicador puertorriqueño Luis M. Ortiz, uno de los más conocidos líderes de las Asambleas de Dios, decidió separarse de la Iglesia Evangélica Pentecostal y formó un movimiento bajo su propia dirección. Entre sus partidarios estaba su cuñado, el pastor José Rivera Montalvo. Iglesias que se habían separado de las Asambleas de Dios y algunos grupos de creyentes de iglesias en otras ciudades organizaron la Iglesia Cristiana Pentecostal de Cuba, de la cual Luis M. Ortiz fue designado superintendente general.

Las principales congregaciones estaban en Santiago de Cuba, Camagüey y Bayamo, y se abrieron otras en La Habana, Alquízar, Caimito, Bejucal, Santa Clara, Placetas, Yaguajay, Sancti Spíritus, Zulueta, Morón, Florida, Sibanicú, Victoria de las Tunas, Alto Cedro, Sagua de Tánamo, La Maya, Nicaro, Baracoa, Ciego de Avila, Artemisa, etc. Tomó aproximadamente la misma configuración geográfica que la Iglesia Evangélica

Pentecostal (Asambleas de Dios), pues se extendió por las regiones donde ésta era fuerte y no se realizó tampoco un trabajo apreciable en la provincia de Matanzas. En los últimos años de esta época se llevó a cabo un plan de expansión y en 1959 funcionaban más de 30 congregaciones, de las cuales la mayor parte eran pequeñas.

En la obra de expansión se utilizaron las campañas de sanidad divina de Ortiz, que era evangelista, y su programa de radio "Nuevas de liberación" transmitido por Cadena Oriental de Radio. Se publicó una pequeña revista, y en Camagüey funcionó un instituto bíblico. El principal líder pentecostal que se sumó al nuevo movimiento fue el pastor Avelino González en La Habana, compartiendo el ministerio radial con Ortiz.[34]

El movimiento pentecostal se desarrolló con bastante amplitud en este periodo. Además de las denominaciones de origen extranjero y de los movimientos que surgieron en Cuba y que ya han sido mencionados, sería difícil encontrar un grupo pentecostal importante de Norteamérica que, en un momento u otro, no haya tenido alguna presencia en Cuba. La Iglesia Cuadrangular, con sede en Los Angeles, California, volvió a tener cierta actividad en la Isla después que Francisco Rodríguez abandonó su contacto con ellos, pero fueron esfuerzos breves y no se produjo una expansión apreciable. La Iglesia de Dios en Cristo, denominación pentecostal negra de los Estados Unidos, realizó labores entre la población jamaicana y británica occidental, e incluso entre cubanos, pero con resultados exiguos. Uno de sus pastores tuvo el rango de obispo en la denominación. Otra iglesia negra con obra en Cuba fue la Iglesia de Cristo de la Fe Apostólica, de teología unitaria.

Las iglesias pentecostales unitarias que no aceptan el dogma de la Trinidad tuvieron una presencia mínima en el país en la década de los cincuenta. Este movimiento fue el resultado del trabajo de iglesias denominacionales o independientes con una teología como la de la United Pentecostal Church (Iglesia Pentecostal Unida) de los Estados Unidos. Su obrero más conocido es el pastor Humberto Cantillo, que antes de unirse al movimiento pentecostal unitario, conocido también como los "Solo Jesús" o "Jesus Only" estudió en el Seminario Los Pinos Nuevos. Entre los más conocidos están los misioneros Nevers.

Además de las Iglesias de Dios que han sido identificadas claramente como la de Cleveland, Tennessee; la de Anderson, Indiana; la conocida como Iglesia de Dios de la Profecía; y la Iglesia de Dios en Cristo; han trabajado en Cuba varias iglesias pentecostales o de santidad con ese nombre. También grupos jamaicanos o de británicos occidentales se han identificado con ese nombre. En todo caso, ninguna pudo hacer un gran impacto numérico en el país. La Iglesia Misionera de Dios es un pequeño grupo de santidad con sede en Pennsylvania, que no se ha desarrollado mucho en Cuba. Su más conocido líder es el Pastor Seymoure.

Un fenómeno interesante es el de las iglesias puertorriqueñas. Casi todas las denominaciones pentecostales importantes han tenido entre sus misioneros a un buen número de puertorriqueños que, como Francisco Rodríguez, Sixto M. López, Ramón L. Nieves, Luis M. Ortiz, etc., han tenido cierta jerarquía denominacional. Este último fundó una denominación en Cuba que en el extranjero ha continuado como Movimiento Misionero Mundial, después de adquirir otras formas. Pero iglesias fundadas en Puerto Rico o por puertorriqueños radicados en los Estados Unidos han abundado en Cuba. Ya sea en forma de "iglesias independientes" o de "concilios", es decir, de grupos de ministros e iglesias.

Entre las iglesias de origen puertorriqueño establecidas en Cuba deben mencionarse la Iglesia de Dios Pentecostal, fundada en Puerto Rico y que estuvo vinculada allí por mucho tiempo a las Asambleas de Dios hasta que se constituyeron en un movimiento separado; la Iglesia Cristiana Damasco, dirigida por la predicadora Leoncia Rosado, de Nueva York; y la Iglesia de Cristo Misionera. La Iglesia de los Defensores de la Fe, que no es oficialmente un grupo pentecostal pero que incluye a muchos creyentes de esa teología en sus filas, tuvo una breve presencia en Cuba. Fue organizada en Puerto Rico por un respetado predicador y escritor evangélico puertorriqueño, el doctor Juan F. Rodríguez, fundador del Seminario Defensores de la Fe, en Río Piedras. También trabajó en Cuba la Iglesia Cristiana Behemot.

De estos y otros grupos surgieron iglesias independientes como la Iglesia de Dios en Cristo Jesús, la Iglesia del Refugio, la Iglesia de la Nueva Jerusalén, etc. La mayoría de las iglesias jamaicanas, negras, puertorriqueñas e independientes funcionaban en el área metropolitana de La Habana y sus alrededores. Las iglesias de origen jamaicano o de negros norteamericanos no atrajeron a muchos cubanos aunque una de ellas, la Iglesia de Dios en Cristo, dirigida en Cuba por el obispo Phillips contó con un predicador conocido, Isidro Ramos, que después desarrolló funciones de misionero internacional en Colombia y otros lugares. En 1959-1960 Ramos recorrió todo el país, como evangelista.

En el interior de Cuba fueron iniciadas varias iglesias pentecostales independientes, aparte de las dirigidas por Sixto M. López, Luis M. Ortiz y otros. Algunas estaban en Pinar del Río, en Las Villas y otros lugares. En esta última provincia, el misionero Pablo Northrup inició una en Sancti Spíritus. Otras funcionaban en Remedios, Santa Clara, Encrucijada, Cifuentes, Cienfuegos, Camajuaní, etc. En Cifuentes y sus alrededores trabajaron misioneros canadienses, entre ellos Leonardo Hearn, David Fost y John Gillette.

El movimiento pentecostal en Cuba, difícil de estudiar por el número considerable de denominaciones, sectas y grupos independientes, y por cuestiones tan complicadas como los cismas y el cambio de ubicación denominacional de los obreros, líderes, y aun de las congregaciones, presenta características de sumo interés. Fue recibido con entusiasmo por algunos sectores evangélicos que se sintieron atraídos por una nueva experiencia; fue rechazado por las iglesias históricas y aun por otros grupos que vieron en él una desviación emocional e incluso un competidor. Los obreros nacionales, con excepción de casos aislados o de pastores de las principales iglesias, tuvieron que sufrir muchas penurias en el aspecto económico o trabajar secularmente parte del tiempo. Los recursos eran escasos aunque el entusiasmo era grande.

Los cubanos pronto les rebautizaron con el nombre de "aleluyas", como en otros países de América Latina, a causa del uso constante de expresiones como "aleluya" y "gloria a Dios" en sus cultos, cargados de emocionalismo. Unicamente las clases más pobres del país fueron alcanzadas por el movimiento en este periodo. Muy pocos profesionales u hombres de negocio. Incluso los evangélicos que se les sumaron de otras denominaciones eran de extracción humilde. Es importante señalar, igualmente, que casi todos los misioneros procedían de las clases humildes en los Estados Unidos; y, por otra parte, al no poder sostener adecuadamente a los obreros nacionales tuvieron que permitirles cierto grado de independencia a estos, preparando el camino para el control cubano de la obra.[35]

LOS PINOS NUEVOS

Por 1933, la Asociación Evangélica de Cuba iba tomando forma. Estaba dando sus frutos la obra de los obreros del Seminario Evangélico Los Pinos Nuevos, fundado en 1928 por B. G. Lavastida y Elmer V. Thompson, y que tenía sus antecedentes en una escuela fundada por Lavastida en 1923. En 1936 quedó oficialmente constituida la West Indies Mission (Misión a las Indias Occidentales) bajo la dirección de Elmer V. Thompson. Hasta entonces, ésta se reducía mayormente a la Escuela Bíblica Los Pinos Nuevos. Se decidió iniciar trabajo en Haití y otros lugares del Caribe. La obra que era conocida como la Asociación Evangelística Los Pinos Nuevos fue registrada en el Gobierno provincial de Las Villas en mayo de 1936 como "Asociación Evangélica de Cuba".

En 1932 se compró una máquina impresora usada, naciendo así la Imprenta Bíblica Los Pinos Nuevos. Más tarde los equipos fueron modernizados y ampliados. Ese mismo año se empezó a publicar la revista *El Misionero Bíblico* en español y *The Whitened Harvest*, en inglés. En 1932 se empezó a transmitir un programa radial por la estación CMHW de Santa Clara. Todavía en 1961 se escuchaba "La hora de Dios" por esa emisora. En 1942 se inició un amplio ministerio radial a nivel nacional por la CMQ, cambiándose posteriormente a Unión Radio Cadena Nacional. La hora de las transmisiones era temprano en la mañana y el nombre de las mismas era "Alas del alba". Se logró gran aceptación de creyentes y no creyentes. En 1936 tuvo lugar una especie de avivamiento en el Seminario Los Pinos Nuevos durante una serie de cultos a cargo de un misionero en la India de apellido Hamilton. El pastor B. G. Lavastida, que hasta entonces había sido presbiteriano, se bautizó por inmersión junto a un grupo de creyentes. Como se recordará, esa obra había sido iniciada por el misionero Thompson, de teología bautista y por el pastor presbiteriano Lavastida. Con el tiempo, prevalecería en líneas generales la teología bautista, no obstante que iba tomando forma, sin apartarse del sistema, una teología muy propia dentro del movimiento, al que ya muchos llamaban "pinero".

Entre los misioneros extranjeros más prominentes en el trabajo deben ser mencionados, además de Thompson y su esposa Evelyn, a Alejandro Mersdorf, a Wolfe Hansen, casado con una hermana de Evelyn llamada Clara, Louis Markwood, John Montgomery y Robert Dalke. Evelyn, Clara, Montgomery y Dalke eran canadienses. Hansen nació en Dinamarca. Se incorporaron en diversas etapas George Winfrey, Burt Jackson, J. K. Jespersen, Patrick Arnold, Elizabeth Parkhurt, Delma Jackson, Pablo Hart, Lila Ross y los hijos de Thompson: Leslie y Allen, entre un número de misioneros. Debe destacarse el papel jugado por el misionero Louis Markwood, que después fue una figura fundamental en la obra en Haití.

En 1934 la obra se extendió a la provincia de Pinar del Río. El pastor Macedonio Leyva, que después fundó el Colegio Betania, cerca de Santa Clara, se trasladó a Cabañas, en la costa norte de la provincia más occidental. En 1935, Lavastida, que enviudó y contrajo nuevas nupcias con Josefa Alfonso, de San José de los Ramos en la provincia de Matanzas, envió al pastor José Ferrer a esa población. Pronto la obra se inició en la finca Progreso, situada en las inmediaciones de San José, y en Oliva, Echevarría, Batey Nuevo, Colón, La Siega y Las Piedras, el Central España, Coliseo, Perico, Cárdenas, etc. Permanecieron las iglesias en Progreso, Colón y Perico y varios puntos de predicación. En la provincia de La Habana el trabajo se inició en 1938 con la colaboración de una miembro de la Iglesia Presbiteriana, enviándose a las misioneras cubanas Amelia Hernández y Liduvina Martínez que recibieron la colaboración de otros evangélicos como las familias Bolet y Salom. La obra se inició en el Cerro, pero eventualmente se cambió a otros lugares, permaneciendo la ubicación en la calle Factoría en la capital. El pastor Orestes Cancio desarrolló por algún tiempo las funciones de superintendente de zona en La Habana y Pinar del Río, extendiendo la obra a otros lugares. Cuando la misión funcionaba en Peñón 60, tuvo entre sus pastores a Eduardo Llerena, hermano del notable intelectual cubano Mario Llerena. Eduardo Llerena fue uno de los primeros graduados del Seminario Los Pinos Nuevos. Se abrieron misiones en Bauta, Almendares y otros sitios.

En 1935 el misionero George Winfrey inició obra en Chambas, Camagüey y se inició el trabajo allí y en Falla, Ranchuelo, Tamarindo, Guadalupe, Montes Grandes, Cristales y Santa Ana, todas las cuales son regiones rurales. La obra se extiende también al Central Lugareño, Ciego de Avila, Camagüey, Florida y otros lugares. Algunas misiones no permanecieron mucho tiempo, sobre todo en las ciudades, mientras la obra rural florecía continuamente. En 1937 se inicia un esfuerzo misionero en Oriente, aunque desde 1928 había en el poblado de Vázquez algunos creyentes relacionados con la obra. Una pequeña misión presbiteriana que allí había pasó eventualmente a la Asociación Evangélica de Cuba. También se empezó la predicación en Yarey, Maniabón, Puerto Padre, La Farola, Chaparra, Los Alfonsos, Velasco y Gibara. En Victoria de las Tunas se realizó una amplia labor y años después se adquirió un edificio para templo durante el largo pastorado de Eusebio Gorrín, procedente de las Islas Canarias, notable obrero que se destacó desde el principio junto a su esforzada familia.

En cuanto a la obra en Las Villas, el bastión inexpugnable de esa obra, se abrieron allí docenas y docenas de iglesias, misiones y puntos de predicación. Aun después que se organizaba una iglesia o misión, se empezaba a predicar en casa de creyentes y simpatizantes de la región cercana. Ofrecer aquí una lista de los lugares donde se abrió obra en este periodo sería difícil. Entre las de mayor permanencia pueden citarse: Placetas, Santa Clara, Cabaiguán, Santo Domingo, Quemado de Güines, Cifuentes, Vueltas, Manicaragua, Falcón, Fomento, Báez, Zulueta, Guayos, Sancti Spíritus, Zaza del Medio, Meneses, Mayajigua, General Carrillo, Trinidad. Pero debe añadirse un número increíble de puntos de predicación en las regiones rurales alrededor de esas poblaciones.

Los obreros norteamericanos recibían salarios modestos, al igual que el fundador Lavastida. Dependían de ofrendas recibidas del exterior y canalizadas por medio de la recién fundada West Indies Mission. Pero los obreros nacionales recibían una ayuda insignificante. Si no tenían ayuda de la congregación que fundaban o que se les encomendaba, les era casi imposible subsistir. Necesitaban comer en casa de los creyentes o amigos, y la situación se les aliviaba con los regalos que recibían. Como los fieles de sus iglesias y misiones eran también muy pobres, era poco lo que estos podían ofrendar y sus regalos eran modestísimos. Sin embargo, según crecían las iglesias, la situación iba mejorando. Con excepción de algunos obreros encargados de responsabilidades especiales de superintendencia o enseñanza, los pastores y las misioneras de origen cubano vivían casi en la miseria y aun cuando llegaban a recibir un salario, este era muy modesto. Vivían pues "por fe". Pero esa había sido la política adoptada por los fundadores desde el principio y tal vez impuesta hasta cierto punto por las circunstancias. Es probable que los norteamericanos fallaran al no haber tratado con más intensidad de mejorar en algo esa situación, pero nunca lo hubieran podido hacer en forma definitiva. Al menos en una ocasión una organización de Estados Unidos ofreció sostener a los obreros nacionales, pero la obra prefirió sostenerse a sí misma.

Se puede insistir en un detalle: ellos estaban listos para vivir bajo cualquier sistema económico. La Asociación Evangélica prácticamente dependía de sí misma. La ayuda extranjera era casi inexistente en lo económico y se limitaba a los gastos básicos de misioneros, algunos obreros, el Seminario, algún dinero para edificios, etc. Siempre en cantidades reducidísimas. Se disponía de pocos vehículos de transporte y se carecía de edificios amplios y adecuados. El mismo plantel del Seminario estaba compuesto por edificaciones modestísimas, de tipo rural. Su famoso "Tabernáculo", donde se celebraban actos y convenciones, era una estructura grande pero sencilla.

El trabajo se dividió originalmente en 14 zonas a cargo de superintendentes, pero el número fue reducido después a 6. La obra de la Asociación Evangélica de Cuba, es decir, las iglesias, estaba en manos cubanas y presidida por Lavastida hasta 1953 cuando se acogió a retiro, aunque siguió predicando. Surgieron muchos líderes en el movimiento: Secundino Bermúdez, Rafael Zulueta, Tomás Ventura, Mario Grillo, Juan Marante, Macedonio Leyva, Juan Junco, Félix Velázquez, Eugenio Castañeda, Delfín Brooks, Máximo Alvarez, Eusebio Gorrín, los hermanos Toirac, especialmente Florentino, que fue enviado a Haití; José Ferrer, Eduardo Llerena, Ruperto Sarduy, Ramón Fumero, Orestes Cancio, etc. La lista es larga.

En el Seminario estudiaron hombres que después se destacaron o realizaron labores en otras denominaciones evangélicas, prácticamente en todas ellas. Los bautistas orientales, los cuáqueros, grupos pentecostales, algunas iglesias de Santidad, la Iglesia de Dios de Anderson, etc., enviaron por un tiempo a sus estudiantes al Seminario en Placetas. Muchos estudiantes demostraron condiciones suficientes y hasta excepcionales para la obra misionera: Efraín Raimundo, Alejandro Mersdorf, Zeida Campos. El evangelista Regino Loyola fue solamente uno de los predicadores conocidos en toda América que se graduaron de dicha escuela. Rubén Lores, una de las figuras más sobresalientes del protestantismo latinoamericano, estudió allí aunque procedía de la Convención Bautista Oriental. Pastores prominentes de esa denominación como Eligio y Angel Abella, Anastasio Díaz, Evelio Jardines y muchos otros recibieron su formación en Los Pinos Nuevos, sobre todo cuando su propio seminario no funcionaba. Muchos trabajaron, años después, con los bautistas del sur, en la Convención Occidental en Cuba o en los Estados Unidos: Cleofás Castaño, Eliseo Toirac, José y Carlos Corrales, Ernesto Peraza, Nicomedes Flores, que fue un misionero en el Norte de Africa y Eloy Cruz, gran amigo personal del ex-presidente norteamericano Jimmy Carter, Rafael Rodríguez Josué, figura prominente de los bautistas libres en Cuba, fue el primer graduado. Moisés Toirac, muy conocido en esa última obra y trabajador social en Cuba, se graduó del Seminario siendo de procedencia bautista oriental. Juan Rojas Mayo, que se graduó en 1960, llegaría a ser uno de los editores evangélicos más reconocidos y eficaces en toda América Latina y un prominente ministro de los bautistas del Sur. Puede afirmarse categóricamente que no existe ninguna obra importante en Cuba donde no haya trabajado como ministro o misionero algún graduado de Los Pinos Nuevos, con la probable excepción de la Iglesia Presbiteriana, la denominación del fundador del Seminario, B. G. Lavastida.

Después de un viaje de exploración a la República Dominicana, a cargo de Alejandro Mersdorf, se decidió iniciar obra en Haití, país visitado también por éste. Se notó que muchos creyentes haitianos convertidos en Cuba estaban regresando a su país. La obra se inició en 1936, con la misionera cubana Zeida Campos. Otro misionero, enviado poco después, fue Florentino Toirac, que se convirtió en un famoso personaje en la obra misionera en Haití, misionero en Francia y conocido predicador del programa radial "El Camino de la Vida". Otros enviados por la obra fueron Cecil Samuels, Efraín Raimundo, Georgio Morell, Hilario Díaz, Secundino Bermúdez, los cuales trabajaron en la República Dominicana, un campo misionero desde 1939. En el Norte de Africa laboraron Rubén Lores y Nicomedes Flores. En Islas Canarias, Emiliano Acosta hizo una gran labor. Otros misioneros al extranjero fueron Félix Velázquez, Joel Bermúdez, Juanita Toirac, etc. La contribución cubana a la obra misionera en el extranjero fue evidente en este periodo: España, Africa del Norte, las Antillas, Sudamérica, etc. fueron el lugar de destino de estos obreros que vivían por la fe y disponían de casi inexistentes recursos económicos.

En la década de los cincuenta continúa la actividad misionera, pero algunos obreros abandonan la obra para pasar a otras denominaciones o se han tenido que dedicar a otro tipo de trabajo, por razones económicas. Las convenciones de la Asociación Evangélica, celebradas en los primeros días del año siguen atrayendo a grandes concurrencias. También lo hacían los campamentos de jóvenes. La obra se reorganiza en varias ocasiones. Se crean retiros espirituales para pastores. Mario Grillo es elegido para organizar las Uniones de Jóvenes y en 1955 se crea el

Departamento de Jóvenes a cargo de Eugenio Castañeda. Este pastor se destaca dentro y fuera de la obra como predicador y líder. En 1955 se inscribe en el Registro de Asociaciones de Las Villas la Asociación Evangélica de Cuba. Tenía su oficina en el templo situado en Paseo de la Paz 61, en Santa Clara. El Departamento de Educación Cristiana se había creado en 1954 y al año siguiente se organizan las Escuelas Bíblicas de Verano a nivel nacional. Elizabeth Parkhurst, Bertha Hernández y Rosa Luz Morejón, secretaria de Lavastida, se destacan en esas actividades de educación cristiana.

Al terminar este periodo en 1959 estaban funcionando normalmente el Seminario Los Pinos Nuevos, el Colegio Betania donde funcionó un instituto bíblico y el Orfanatorio Salem, que aunque relacionado con una institución misionera canadiense, Mission to Orphans, había sido fundado por el misionero John Montgomery, continuado por George McKerihan y dirigido posteriormente por otros notables misioneros, Donald y Elsie Elliott. La actividad radial tenía como su principal predicador primero a Lavastida y posteriormente a Rafael Zulueta, mientras que Mario Grillo predicaba en el programa radial de Santa Clara. Rafael Zulueta, nacido en Colón, Matanzas, fue el último director de "Alas del alba" y una figura importante en la obra como pastor y maestro, así como redactor de algunos materiales usados en las iglesias. Louis Markwood y el músico Robert Dalke, así como otros misioneros, jugaron un gran papel en el programa.

En un sentido, la obra se había visto reducida en cuanto a número de obreros y puntos de predicación. No asistían tantos estudiantes al Seminario Los Pinos Nuevos; sin embargo, en otros se había consolidado. Entre sus principales líderes estaba Secundino Bermúdez, pastor en La Habana y antiguo misionero en República Dominicana. Y la Asociación Evangélica de Cuba, es decir, la obra de Los Pinos Nuevos, acostumbrada a trabajar con recursos limitados y casi sin ayuda financiera del exterior, era tal vez la obra más preparada en cuanto a enfrentar el futuro.[36]

EL MOVIMIENTO DE CLUBES BIBLICOS

Muy relacionados con la obra de Los Pinos Nuevos, pero con carácter independiente se iniciaron en la década de los cuarenta los esfuerzos del Bible Club Movement. Este movimiento de clubes bíblicos era representado en Cuba por la misionera norteamericana Hellen Black, la cual decidió echar su suerte con el pueblo cubano, pues todavía en la década de los ochenta continuaba en el país. La misión principal era el trabajo con jóvenes y adolescentes. En ese periodo se abrió "Mi campamento" en las inmediaciones de Manajanabo, no lejos de Santa Clara, institución que sigue funcionando en 1986. La misionera Black ha trabajado en cooperación con casi todos los grupos evangélicos, especialmente en actividades inspiracionales y de estudio bíblico.[37]

LOS GEDEONISTAS

El Bando Evangélico de Gedeón se convierte, en el periodo 1933-1959 en una iglesia nacional en cuanto a extensión geográfica. Al mismo tiempo va formando su teología. La sede de la iglesia estaba al principio en Miramar, Marianao, pero el 13 de julio de 1942 es trasladada a Playa Baracoa, también en la provincia de La Habana. Ya en 1939 había iniciado la publicación de la revista *El mensajero de los postreros días*, en español y en inglés. Sus filas se nutren no solamente de jamaicanos y británicos occidentales, sino, sobre todo, de cubanos de las clases más pobres. En las regiones rurales el progreso es impresionante. Para hacer avanzar el trabajo y mejorar la preparación bíblica de los obreros, se funda en 1942 la Escuela Preparatoria de Discípulos en Playa Baracoa.

En 1947, el fundador y líder de la obra, "Daddy John" fue elegido Apóstol de la Iglesia y se nombra una Junta integrada por 3 obispos. Hasta entonces el fundador había sido el obispo. En 1951, Angel María Hernández es elegido "obispo en gran escala" y se le entregan grandes responsabilidades. Este Angel Hernández no debe ser confundido con aquel primer misionero del mismo nombre, que llegó también a ser obispo. En ese año se llevó a cabo una campaña de evangelización por toda Cuba. Los planes eran construir un gran centro de conferencias en la ciudad de Colón, donde, desde 1953 se celebraron las convenciones generales de la iglesia.

La teología gedeonista queda bien definida en este periodo. Debe ser explicada en sus lineamientos generales, pues este grupo surge en Cuba no solo como movimiento, sino como un sistema religioso completo. Analizado desde el punto de vista de las denominaciones ya establecidas, combina elementos de adventismo: énfasis en el regreso de Cristo; sabatismo: observancia estricta del sábado como día de reposo; y pentecostalismo: sanidad divina y el don de lenguas. A todo esto se añade, como en el caso de El Ejército de Salvación, un uniforme. Los gedeonistas deben vestir de blanco si están dedicados a la obra misionera. Se hace, además, cierto énfasis en los dones de profecía. Los creyentes pueden seguir su vida normal, en cuanto a trabajo, pero deben renunciar a todos los placeres mundanos, aun aquellos entretenimientos o prácticas aceptados por la generalidad de los evangélicos. Tienen eso en común con los grupos de santidad. De igual manera que el movimiento llamado "Gedeones internacionales", al que "Daddy John" perteneció, se dedican a distribuir la Biblia como asimismo sus publicaciones y porciones escriturales. Cuando una persona decide dedicarse a la obra misionera, se viste con el uniforme blanco y recibe un entrenamiento como discípulo, pudiendo recibir los rangos eclesiásticos de maestro, pastor, pastor-evangelista o evangelista. El rango siguiente es el diaconado. La mujer solo puede llegar a diaconisa. A partir de entonces, vienen otros rangos superiores, reservados a los hombres únicamente: supervisor, superintendente, obispo de una diócesis, obispo en gran escala, arzobispo y apóstol. El rango de arzobispo fue adoptado después de este periodo. Para los efectos de su trabajo, dividieron la Isla en tres diócesis: Oriental, Central y Occidental. La Oriental incluía a Camagüey y Oriente, la Central a Las Villas y Matanzas y la Occidental a Pinar del Río, La Habana e Isla de Pinos.

En 1950, la iglesia comisionó como los primeros misioneros al extranjero a Arturo Rangel, enviado a Panamá, y a Arnoldo Socarrás, a cargo de la obra en México. Algunos esfuerzos exploratorios habían sido realizados con anterioridad. El 24 de febrero de 1953 falleció Ernest William Sellers, "Daddy John", apóstol y fundador del Bando Evangélico de Gedeón. Su testamento fue leído al día siguiente, designando a Angel María Hernández como el nuevo Apóstol de la iglesia.

Angel María Hernández nació en El Cano, provincia de La Habana, en 1900. Se bautizó en 1933, incorporándose activamente al movimiento. A partir de 1940 trabajó como discípulo, siendo ascendido a obispo en 1947 y a "obispo en gran escala" en 1951. Durante el tiempo en que fue el jefe de la iglesia, se construyeron varios edificios, sobre todo el de Colón, Matanzas, y edificaciones en la sede de la iglesia en Playa Baracoa. Se extendió la obra a varios países de la zona del Caribe y a Nueva York. Al terminar este periodo, Hernández estaba en funciones. De 1954 a 1957 se llevó a cabo otra campaña nacional que estuvo a cargo de Florentino Almeida.

Al llegar el año 1959, los gedeonistas afirmaban haber atraído a cerca de 20 mil personas a sus filas, como miembros o simpatizantes. 600 obreros trabajaban como ministros de tiempo completo, usando vestimentas blancas, en el momento de mayor auge de la obra. Se reunían en 325 iglesias o misiones establecidas en todo el territorio nacional. Puede afirmarse categóricamente que en algunas secciones rurales del país eran el movimiento religioso más activo, superando a la Iglesia Católica y a las principales denominaciones protestantes. Conocidos en algunos lugares como "los vestidos de blanco" y hasta por nombres algo despectivos, su vida estricta les había ganado la admiración de muchos, mientras otros les consideraban unos fanáticos. Una característica no mencionada hasta ahora es la de que los creyentes, al dedicarse al ministerio, deben entregar todas sus propiedades y tenerlo todo en común. En otro aspecto, lo más interesante de todo es que desde 1953 pertenecían a un movimiento gobernado por cubanos, dentro y fuera de Cuba.[38]

LA IGLESIA DE DIOS

La Iglesia de Dios, establecida en Cuba por una misionera que había trabajado con la denominación de ese nombre con sede en Anderson, Indiana, se había extendido por algunos lugares de Cuba a principios de este periodo. En 1942, los esfuerzos de la misionera Faith Stewart habían producido algún fruto. Funcionaban iglesias en Santiago de Cuba, en Camagüey (Punta San Juan), La Habana (Almendares y Bauta y misiones en La Habana y el Central Habana), Pinar del Río (Cayaguasal y misiones en San Juan y Martínez), Oriente, con misiones en Bartle, Jacobo y el Central Elia. Contaban con algo más de 200 miembros y unas 500 personas matriculadas en la Escuela Dominical.

La señorita Stewart había fundado, en la década de los treinta, un orfanatorio y se había dedicado bastante a esa obra. Desde 1934 contaban con obra en la radio. En 1942 su programa se transmitía desde la CMX, Radio Lavin en La Habana todos los domingos y era de una hora de duración. Su obrero más conocido era el pastor Francisco Orret que atendía la iglesia de Almendares en La Habana. Otros pastores y obreros eran Erasmo Texidor, María Luisa Paz, Jesús Martín, José Suárez, Rafael Campos y Samuel Griffith. Tenían algunos estudiantes para el ministerio pastoral en una escuela bíblica en Almendares la que en 1942 contaba con 6 estudiantes.

La obra parece haber decaído en la década de los cuarenta, en parte debido a la partida del pastor Francisco Orret, cubano que pertenecía a una familia conocida en círculos evangélicos y que no continuó en sus funciones ministeriales. En realidad, la obra que se realizaba, aunque doctrinalmente ubicada dentro del sistema teológico de la Iglesia de Dios de Anderson, Indiana, era en la práctica, independiente. Por los años cuarenta, la iglesia envió a un misionero oficialmente reconocido en Cuba, o más bien reconoció a un pastor cubano dentro de esa categoría. Se trataba de José Manuel Rodríguez, que trabajó en la zona de Matanzas y en Cárdenas, donde también predicaba. Su esposa Grace era de nacionalidad norteamericana. Después de varios años con la Iglesia de Dios, fundaron una iglesia bautista independiente en Matanzas.

Con la llegada del misionero Ellsworth Palmer, nacido en Portland, Oregón, y que había estudiado en el Anderson College y en el Seminario Bautista del Oeste (Western Baptist Theological Seminary), se inicia una etapa de organización formal y de reconocimiento denominacional. Palmer se radicó en Cuba en 1950 y llegó a casarse con una dama cubana. Había sido enviado por la Junta Misionera de la Iglesia de Dios y encontró funcionando algunas congregaciones relacionadas con la misionera Stewart y otros obreros, entrando en relación con algunos de ellos y sus esfuerzos pero sin interferir con esa obra en sentido general. Se le unieron Andrés Hines, que había pastoreado la iglesia de Almendares y era jamaicano y Esther Greer, una dama norteamericana de color, que atendía una pequeña iglesia en el Reparto Diezmero, en la capital. Allí inició sus labores y después de lograr que aumentara la congregación, la dejó en manos del pastor Antonio Grisell.

En 1952 inició obra en la ciudad de Matanzas donde trabajó por espacio de 8 años, llegando a edificar un templo. La obra se extendió también a Guanábana, en la misma provincia, a la Isla de Pinos, donde llegaron a funcionar dos congregaciones, y a Cascorro, en Camagüey. Se mantuvieron las congregaciones de Marianao y Diezmero y se abrieron algunos puntos de predicación adicionales. Palmer inscribió legalmente la iglesia en los gobiernos provinciales de Camagüey, Matanzas y La Habana. Durante el periodo en que coordinó el trabajo, la obra se convirtió, de forma predominante, en un trabajo entre los cubanos, aunque funcionaban algunas misiones bilingües. Otro misionero que fue enviado a Cuba fue Earl Carves, y por esta época surgieron varios obreros como Arturo Fumero, Gerino Blanco, Jaime Bell y Remberto Ortiz. La obra envió a algunos estudiantes al Seminario Los Pinos Nuevos, en Placetas. Otros, como Andrés Hines y Esther Greer, habían tenido relaciones con la obra de la misionera Stewart. Esta última permaneció hasta los años sesenta en su orfanatorio y realizando algún trabajo evangelístico. Algunas congregaciones decidieron no cooperar con Palmer, identificados como la Primera Iglesia de Dios, es decir, la fundada por la misionera Stewart.

La obra tenía programas de radio en una cadena nacional en La Habana y en una estación en Matanzas, y se publicaba además un boletín mimeografiado y alguna literatura de escuela dominical. Antes de salir Palmer, quedó organizada la obra nacional de la Iglesia de Dios en Cuba. La ciudad de Matanzas fue escogida para ser sede de la misma.[39]

LOS HERMANOS LIBRES

Los hermanos de Plymouth —en este caso un grupo de los llamados "hermanos libres"— empezaron a trabajar en Cuba en 1939. La Guerra Civil Española hizo que se trasladara al país Thomas Smith, que había servido en Málaga, España. Este escocés llegó a Cuba desde el Canadá. Este movimiento, doctrinalmente parecido a los bautistas pero con un sentido más pronunciado de la autonomía de la iglesia local y cierta tendencia al separatismo, ya había florecido en España, Argentina y otros lugares de Hispanoamérica. La organización Christian Missions in Many Lands, con sede actual en Spring Lake, Nueva Jersey, tiene relación con la obra en Cuba, pero cada obrero e iglesia disfruta de total autonomía.

En 1940 llegó a Cuba George Walker, nacido en Chicago y con antepasados en Irlanda del Norte. Mientras Smith trabajaba en La Habana,

Walker se estableció en La Salud, cerca de San Antonio de los Baños y predicó en varias regiones rurales, estableciendo congregaciones en La Salud, Gabriel, Güira de Melena y otros sitios. Incluso participó en una campaña de Pinar del Río a Oriente, recorriendo la Isla en un camión. Las primeras congregaciones se organizaron en el Vedado, La Habana, en 1940, la Salud en 1942, Güira, alrededor de 1945; Pinar del Río, en 1951 y algunas en Oriente en la década de 1950: Bayamo, Holguín, Confín, en una zona montañosa de la provincia. A fines del periodo funcionaban 12 congregaciones identificadas públicamente como "Salas evangélicas", al estilo de ese movimiento en otros lugares.

A partir de la época de Smith y Walker, y su llegada a Cuba, trabajaron en el país varios predicadores o misioneros, por lo general procedentes del Canadá: Arnold Adams llegó en 1941, David Adams en 1945, Patricia Ritche, en la década de los cincuenta, al igual que Catherine Hamilton y Vernon Markel. El movimiento de los "hermanos libres" no hace presión alguna para que sus obreros estudien en seminarios o escuelas teológicas aunque muchos lo han hecho así, incluyendo en sus filas a algunos de los maestros bíblicos más famosos de nuestro siglo, con y sin preparación académica formal. Cada congregación elige sus "ancianos" y usa a aquellos que tienen dones de predicación, más que emplear pastores de tiempo completo. En este periodo surgen algunos líderes cubanos como Ovidio Díaz, Francisco Sotelo, nacido en España; José González, etc. Se usó la radio, sobre todo por Smith y Walker. Curiosamente el programa radial "La hora bautista" y su predicador, Domingo Fernández, contribuyeron indirectamente a la obra, ayudando a iniciar el grupo en las montañas de Oriente, con la conversión, a través de sus audiciones, de varios oyentes. Pero las mejores relaciones eclesiásticas las tuvieron tradicionalmente con la obra del Seminario Los Pinos Nuevos y con predicadores independientes.[41]

LOS BAUTISTAS LIBRES

En 1941 se inicia en Cuba el trabajo de los bautistas libres. Thomas Willey, un notable misionero que había trabajado en Perú y Panamá llegó al país ese año, como consecuencia de una invitación de Hugo Pain. Tenía intenciones de conseguir una visa para Panamá de donde había tenido que salir. En Jaruco, provincia de La Habana, trabajó en una escuela bíblica para obreros nacionales auspiciada por la Asociación para la Evangelización de Cuba, dirigida por Pain. Un grupo de pastores de las iglesias de la Asociación Nacional de Bautistas Libres de los Estados Unidos, denominación con muchas iglesias en el sur y en otras regiones, visitó Cuba en 1942 y recomendaron a la Junta de Misiones Extranjeras que apoyara a Willey en su trabajo. Willey, que estaba visitando la provincia de Pinar del Río con planes de iniciar trabajo permanente allí, había logrado reclutar a dos obreros nacionales: Pedro Oliva y Luis Díaz y a dos estudiantes ministeriales, José Oliva y Rufino Ojeda. Además, había encontrado grupos de creyentes en algunas poblaciones de esa provincia, entre ellos a los ganados por la obra independiente —y por un tiempo relacionada con los Pain— de un jugador norteamericano convertido al evangelio, llamado Clarence Vanderbeg, quien trabajaba utilizando los servicios de un intérprete. Dos misiones celebraban servicios en San Juan y Martínez y Sabalo y entre los primeros conversos estaban Benito Rodríguez, Melitino Martínez, Mario Pérez, Osmundo Corrales y Santos Romeo. Todos ellos se distinguieron grandemente en la obra bautista libre en Cuba. Se iniciaba un movimiento de gran influencia sobre todo en la provincia más occidental.

Thomas Willey había nacido en Florencia, New Jersey —algo al norte de Filadelfia— en 1898. De origen metodista, aunque descendiente por línea materna de hugonotes franceses, Willey cursó estudios en el Asbury College, conocida institución universitaria metodista y tomó cursos en la escuela misionera de la Alianza Cristiana y Misionera en Nyack, Nueva York. Trabajó con esa organización en el Perú. Después contrajo matrimonio con Mabel Bailey, miembro de una iglesia de la Alianza. Hicieron intentos para unirse a la Misión Latinoamericana, pero por diversas circunstancias se unieron a los Bautistas del Libre Albedrío (Free Will Baptist) y en 1935 se convirtieron en misioneros de su Junta al Extranjero. Sirvieron por algún tiempo en Panamá hasta que echaron su suerte con la obra en Cuba, en 1941.

Al decidir Pain retirarse de Cuba para realizar otras labores misioneras en América Latina, algunas de las iglesias y grupos que trabajaban con él, como resultado de la obra de su padre, se sumaron a los esfuerzos de Willey. En 1943 ya la obra bautista libre incluía pequeños grupos en Pinar del Río y algunas iglesias en la provincia de La Habana, sobre todo la de Jaruco que había sido la sede del trabajo de los Pain. En total contaban con 5 iglesias organizadas y 34 puntos de predicación. Willey organizó inmediatamente la Asociación de Bautistas Libres de Cuba, conocida también como Iglesia Bautista Libre de Cuba, con 76 miembros y 200 candidatos al bautismo. Contaba también con 6 pastores cubanos, una misionera nacida en el país, y, como dice una biografía suya, "8 caballos y 7 monturas" para que los obreros recorrieran las regiones rurales. Los lemas misioneros de Willey, para recaudar fondos en los Estados Unidos fueron, primeramente, "caballos para Cuba" y luego "capillas para Cuba".

En 1944 se inició una escuela bíblica en El Cangre, cerca de la ciudad de Pinar del Río. Para esa época había logrado reclutar a un destacado graduado del Seminario Los Pinos Nuevos, Rafael Rodríguez Josué, que le ayudó grandemente en lo que se convirtió en un centro de entrenamiento para los nuevos misioneros bautistas libres que cooperaron brevemente con él, como Wesley Calvary, pionero de los bautistas libres en el norte del Japón, y Dave Franks, que abrió la obra denominacional en el Brasil. Entre los misioneros que trabajaron en Cuba, procedentes de los Estados Unidos, pueden mencionarse a Bessie Yeley, Damon Dodds, Bob Wilfong, Herbert Phenicies, Lucy Wisehart de Lima, Esther Ruehle.

Los obreros cubanos eran formados en el Seminario Los Cedros del Líbano o habían recibido su entrenamiento en Los Pinos Nuevos. Además de los pioneros ya mencionados, deben incluirse Moisés Toirac, Antonio Echevarría, Conrado Martínez, Maximina Sánchez, Pedro Rojo, Estenio García, Lucio Vallar, Raúl Castillo, Víctor Pedroso, Ramón Giniebra, etc. De este grupo, por lo menos uno, Benito Rodríguez, realizó después estudios superiores en el Colegio Bíblico de la denominación en Nashville, Tennessee. Rafael Rodríguez Josué participó en actividades de cooperación interdenominacional, sobre todo como tesorero del Concilio Cubano de Iglesias Evangélicas por muchos años. Se abrieron muchas iglesias además de las ya mencionadas, siendo la de la ciudad de Pinar del Río la mayor de todas, edificándose allí un amplio edificio. Otras iglesias: Puerto Esperanza, Viñales, San Francisco de Paula, La Lisa en Marianao, Jaruco, Jibacoa, Arcos de Canasí, Matanzas, Las Martinas, Minas de Matahambre, etc. En 1959 tenían unas 20 iglesias, muchas misiones rurales y más de 1000 miembros, sobre todo en la provincia de Pinar del Río.

El estilo misionero de Willey y su esposa Mabel, entre los mejores misioneros que sirvieron en Cuba, era de contacto con todos los pastores y líderes laicos. Durante sus recorridos convivían con los creyentes en sus propios hogares. Su hijo Thomas Willey sirvió en la obra misionera en Cuba a fines de este periodo y después ha sido alto funcionario de World Relief, una organización evangélica de auxilio a refugiados en el mundo. Antes de eso, logró realizar un sueño de su padre, abrir la obra bautista libre en Panamá y organizarla debidamente. Willey hijo, al regresar a Cuba en 1956, después de graduarse del Colegio Bíblico en Nashville, tenía planes de expansión del Seminario que no llegaron a realizarse plenamente.

Los bautistas libres llenaron una gran necesidad al ocuparse de regiones desatendidas de la provincia de Pinar del Río. Transmitieron programas radiales por la estación CMAB de Pinar del Río, e iniciaron una revista denominacional *El mensajero fiel*, que dirigió por mucho tiempo Benito Rodríguez.[41]

LOS CRISTIANOS REFORMADOS

En 1944 se inició el trabajo organizado de la Misión Evangélica al Interior, que después pasó a la Iglesia Cristiana Reformada, con sede en Grand Rapids, Michigan. La obra fue fundada por el pastor Vicente Izquierdo, graduado del Seminario Los Pinos Nuevos y procedente de la zona de Arcos de Canasí y de la obra cuáquera de Arthur Pain. Su esposa Bessie Vander Valk, que había venido a Cuba como misionera independiente, ya había iniciado grupos locales en Jagüey Grande y pertenecía a la Iglesia Cristiana Reformada Bethel de Patterson, Nueva Jersey. Izquierdo, de teología básicamente bautista, y su esposa reformada iniciaron la organización de un movimiento evangélico con base en Jagüey Grande, provincia de Matanzas.

Partiendo de Jagüey Grande, centro de la obra, ésta se extendió a poblaciones de la provincia de Matanzas como Amarillas, Calimete, Agramonte, Torriente, Bolondrón, Güira, Navaja, Alacranes, El Estante, Central Australia, etc. Se construyeron templos y capillas en Jagüey Grande, Agramonte, Torriente, etc. En Jagüey Grande se fundó una escuela primaria, el Colegio Ebenezer, que también ofrecía clases de secretariado, música e inglés, bajo la dirección del profesor Armando Acuña. Entre los obreros de este periodo se encontraban Benito Acebo, después pastor metodista; Ramón Borrego, José Solís, Diego Romero, Félix Reinoso, Mariano Morejón, etc. Un estudiante, Herelio Martínez, fue enviado al Seminario Bautista de Cuba Occidental en La Habana al terminar este periodo. Los otros obreros eran graduados del Seminario Los Pinos Nuevos, con cuya obra se mantenía una estrecha relación. Izquierdo participaba también en actividades evangelísticas en otras iglesias y como representante en Cuba de la Liga Bíblica Mundial en el Hogar, dedicada a distribución de las Escrituras.

En 1957 la Misión Evangélica al Interior decidió unirse a la Iglesia Cristiana Reformada, la cual la adoptó a fines de ese año y envió representantes a trabajar en el país. En 1958 se estableció en Cuba el misionero Clarence Nyenhuis, que jugó un papel en la transición teológica de la Misión, que de básicamente bautista fue adoptando la teología y forma de gobierno de las iglesias reformadas, es decir, la teología calvinista y el gobierno presbiteriano. Otro misionero, Jerry Pott, trabajó en la traducción de materiales al español. Por algún tiempo se hicieron gestiones para unir esta obra a la Asociación Evangélica Los Pinos Nuevos y a la Convención Bautista Occidental, pero esas iniciativas, iniciadas por pastores de esas denominaciones no prosperaron y terminaron al unirse la Misión a la Iglesia Cristiana Reformada.

Vicente Izquierdo permaneció como director de la obra de 1944 a 1962, fecha esta última cuando abandonó Cuba. Durante su estada en territorio cubano, Nyenhuis fungió como misionero y representante de la Junta de Misiones de Grand Rapids. Aunque algunos confundían desde el principio esta Misión con las iglesias de la Asociación Evangélica por estar pastoreadas las congregaciones por graduados del Seminario de Placetas, la misma fue adoptando una fisonomía propia. El proceso de cambio teológico, que no fue fácil, se inició desde el arreglo con la Iglesia Cristiana Reformada en 1957, pero se hizo por etapas.[42]

MISION MUNDIAL

La Misión Mundial (United World Mission) entró a Cuba en 1944. En enero de ese año el director de la misión, Sidney Correll, visitó con su esposa la Isla y se interesó en la provincia de Pinar del Río, poco evangelizada por los protestantes en aquella época, enviando a Ralph y Stella Correll para que compraran una finca en una zona rural e iniciaran un instituto bíblico. La escuela fue abierta en 1947 bajo la dirección de Alvin Fast en una finca de Cabañas, Pinar del Río.

Ralph y Stella Correll coordinaron los esfuerzos desde Caimito del Guayabal, en la provincia de La Habana, aunque el centro de la obra era realmente Cabañas y el Instituto Bíblico de Las Palmas, allí fundado. Se organizaron varias iglesias pequeñas y puntos de predicación, sobre todo en regiones rurales de la provincia de Pinar del Río. Los primeros obreros y maestros cubanos eran graduados del Seminario Los Pinos Nuevos, como Alfonso Guevara. Entre los líderes estaba Antero Acoy, que se convirtió en uno de los directivos del movimiento de iglesias fundadas por la misión, los cuales se han identificado en Cuba como la Misión Mundial. Entre los misioneros que llegaron al país a partir de 1944 deben mencionarse Edward y Maxine Sorensen, Milton y Betty Dresselhaus, Arthur y Veda Mae Salyer, Jesse e Irene Nicholson, Roy y Marjorie Ackerle, Roy y Ethel Nelson, Esther Blanco, Norma Stoffl, Louise Stepulla, Eileen Oswald, Mary Flynn, Thelm Wagner, Alvin y Olga Fast y los mencionados pioneros Ralph y Stella Correll. Cuba fue el primer campo misionero de la United World Mission y los misioneros enviados allí sirvieron después en otros lugares de la América Latina.[43]

LOS INDEPENDIENTES

La obra evangélica no se limita a denominaciones, asociaciones de iglesias o misiones extranjeras. Durante este periodo se desarrollaron varias iglesias independientes. Si bien algunas de las iniciadas a principios de siglo desaparecieron, incluso casi sin dejar huellas, otras de las establecidas en las décadas de los cuarenta y los cincuenta se mantienen todavía en funcionamiento o se han unido a denominaciones o asociaciones de iglesias. Ya se ha hecho referencia a iglesias independientes de doctrina pentecostal o de santidad pero no son las únicas. En La Habana se fundó, en los años cuarenta, el Centro Evangélico, una congregación de teología bautista, pastoreada por Armando A. Ginard, que posteriormente trabajó con los bautistas del sur en los Estados Unidos. Con la cooperación de una iglesia con gran visión misionera en Fort Wayne, Indiana, Ginard expandió la obra y se edificó una capilla en el Wajay, a cargo del pastor Cesar Vicente y algunos puntos de predicación. El pastor Ginard y su esposa María del Carmen Pérez, que estudió en el Seminario Los Pinos Nuevos aunque de procedencia bautista oriental, realizaron una gran labor en la zona metropolitana de La Habana. Otros obreros que trabajaron con ellos fueron Humberto Cantillo, Antonio González, Elpidia Bello, etc. Cantillo abandonó esta obra para unirse al movimiento pentecostal unitario. La programación radial ayudó a ganar muchas personas que se incorporaron a diversas iglesias en La Habana. Ginard trabajó de cerca con obras de teología compatible, como los bautistas de Oriente y Occidente y el Seminario Los Pinos Nuevos y mantuvo, por sus inquietudes intelectuales, continuo contacto con algunos de los principales pensadores evangélicos de América Latina que visitaron Cuba, como Alejandro Clifford, de Argentina y otros, y cooperó en los empeños evangelizadores de Juventud para Cristo y la Asociación de Hombres de Negocio Cristianos. También fue miembro de la Junta Consultiva de la Sociedad Bíblica en Cuba. La iglesia central de la obra radicaba en la calle Barcelona en La Habana.

El pastor Danilo Gonzalo, que había trabajado con el Ejército de Salvación, fundó en esa misma época una iglesia en Marianao, conocida con el nombre de la organización por él iniciada, la Liga Evangélica. Se construyó un templo y se abrieron varios puntos de predicación en la zona metropolitana. La iglesia de Marianao llegó a tener una congregación bastante numerosa. El pastor José Manuel Rodríguez, como hemos mencionado anteriormente, abrió una iglesia bautista independiente en Matanzas y en Oriente funcionaron por muchos años varias iglesias bautistas que se separaron de la Convención Oriental pero regresaron a ella en el periodo siguiente. Un estudio completo de las iglesias independientes resulta casi del todo imposible por las razones que se han ido mencionando.

LAS IGLESIAS DE CRISTO

También en la década de los cuarenta, cuando se fundan varias congregaciones independientes en Cuba, se va desarrollando en el país el trabajo de las iglesias de Cristo. La fecha de su entrada parece haber sido el año 1939. José Ricardo Jiménez, procedente de la Florida, pero de origen cubano, se establece en La Habana y organiza una congregación en esa ciudad, la cual todavía funciona en 10 de Octubre 64. Las iglesias de Cristo proceden del movimiento que también integraban originalmente los Discípulos de Cristo, son frecuentemente identificadas por los historiadores como "campbellistas", por haber sido Alexander y Thomas Campbell dos de los principales líderes del llamado Movimiento de Restauración. Las iglesias de Cristo afirman ser una continuación de las iglesias del primer siglo y no se caraterizan por mantener relaciones con otros evangélicos, aunque eso depende de la congregación local y de sus líderes.

La obra en Cuba parece haber estado desde el principio bajo la dirección de cubanos o personas de origen cubano, aunque la Iglesia Central de Cristo de Miami y otras congregaciones norteamericanas aportan ayuda económica. Un caso casi similar dentro de ese movimiento es el de España, donde las iglesias de Cristo han estado bajo el liderazgo de un nativo, el notable intelectual Juan Antonio Monroy. Otro pionero del trabajo en Cuba lo fue Ernesto Estévez. Jiménez se concentró en la provincia de La Habana y Estévez en Pinar del Río. En Matanzas surgieron otros dos líderes importantes: Juan y Reinaldo Manrique. Jiménez y otro predicador, de apellido Muñiz, dirigieron horas de radio, las primeras en la capital y las de Muñiz desde la estación Radio Menocal, en Colón, provincia de Matanzas, donde transmitía el programa "El evangelio del Reino". Otros obreros de este periodo fueron Isidro Fraga, Roberto Flores, Dionisio Solonkovski, de origen ruso; Fernando Oliver, Francisco Fernández, Rafael Díaz, Emilio Prieto, Andrés González, procedente de Los Pinos Nuevos; un predicador de apellido Moreno, etc. Se abrieron 51 locales de predicación y se compraron algunos edificios, levantándose templos en Jovellanos, Matanzas, Consolación del Sur, etc.

La obra se extendió po las provincias de La Habana, Pinar del Río y Matanzas, con congregaciones en Oriente y Las Villas. Entre las iglesias estaban las de Bauta, La Habana, La Sierra, San Antonio de los Baños, Santa Cruz del Norte, Cienfuegos, Agramonte, Jovellanos, Matanzas, Santiago de Cuba, Arroyo de Guano, Arroyo Arenas, Caiguanabo, Colmenar, Consolación del Sur, El Tigre, Pelarejal, Puertecita, Santa María y otros lugares. La mayoría de las iglesias que perduraron fueron las situadas en la provincia de Pinar del Río. Las últimas en mencionarse en la lista corresponden a esa provincia y muchas de las cuales están ubicadas en zonas rurales. Algunas congregaciones que estaban situadas en la provincia de Matanzas, y que no fueron mencionadas, tuvieron que cerrar o fueron simplemente puntos de predicación que funcionaron por breve tiempo. La primera congregación con el nombre de Iglesia de Cristo, aparte de una parroquia católica en Cuba fue la congregación de Lowell MacPherson en La Habana, a principios de siglos, pero estaba vinculada con los Discípulos de Cristo.[44]

LA MISION BEREANA

Los primeros misioneros de la Misión Bereana llegaron a Cuba en 1945. Eran las misioneras Ruby Miller y Lucille Kerrigan, que se establecieron en Cabañas, Pinar del Río. Una pareja misionera, compuesta por Enoch Sanford y señora trabajaron también allí, pero al pasar las dos misioneras mencionadas a trabajar con la Convención Bautista de Cuba Occidental (se unieron al Home Mission Board de los bautistas del sur) se trasladaron a Oriente. Los primeros misioneros bereanos en llegar a Oriente fueron Clifford Hanhan y Gerald Sandall, con sus respectivas esposas, además de Sanford. Allí abrieron una escuela bíblica en Auras y establecieron varios puntos de predicación entre Holguín y Gibara. Después se les unieron Robert y Lorena Miller y John y Mary Lou Thiessen. El pequeño Seminario Bíblico Bereano fue de corta duración y la obra fue cerrada por los misioneros alrededor de 1960. La Misión Bereana es una organización no denominacional, compuesta mayormente por misioneros fundamentalistas y tiene su sede en St. Louis, Missouri.[45]

LOS BAUTISTAS CONSERVADORES

La Sociedad Misionera de los Bautistas Conservadores de los Estados Unidos inició sus labores en Cuba en 1957, enviando al pastor José A. Colmenero y su esposa a abrir una misión en el Reparto Fontanar en La Habana, lugar escogido por ellos pues deseaban trabajar entre personas de las clases media alta y alta. La Iglesia Bautista Fontanar se organizó en 1958 y llegó a contar con 30 miembros. La obra fue descontinuada a inicios del periodo siguiente, en el año 1960. Es difícil determinar cronológicamente el momento en que los bautistas conservadores entran en Cuba, pues en la década de los cincuenta algunos de los misioneros independientes que ingresan en la obra eran miembros de iglesias bautistas conservadoras en Norteamérica y mantuvieron esa afiliación. La presencia bautista conservadora puede entonces iniciarse bien temprano en la década. Colmenero fue, sin embargo, el primer misionero enviado por la Sociedad Misionera de los bautistas conservadores a Cuba.[46] Alrededor de 1959 se estaban haciendo planes para enviar al país al misionero cubano Osvaldo Martínez, graduado de Los Pinos Nuevos y con estudios en los Estados Unidos, quien abrió iglesias en Tampa y Miami. Esos planes no culminaron por la situación iniciada en 1959.

LOS MENONITAS

La Iglesia Menonita, mediante la Conferencia Menonita de Franconia, con su sede actual en Souderton, Pennsylvania, entró en Cuba en 1954, convirtiendo a esa nación en el primer campo misionero de ese distrito de la Iglesia Menonita en Norteamérica (en México la obra fue iniciada en 1958). Henry P. Yoder, que es actualmente el secretario para misiones de la Conferencia de Franconia, fue el primer misionero y trabajó con su esposa en territorio cubano a partir de octubre de 1954. En noviembre de ese año se establecieron en el pueblo de Rancho Veloz, en la provincia de Las Villas, invitados por la obra de Los Pinos Nuevos y un creyente radicado alli. El trabajo se llevó a cabo inicialmente en los poblados de Sierra Morena, Corralillo, Palmasola y en el Central Ramona. Aaron y Betty King llegaron al año siguiente y abrieron una obra en Sagua la Grande, extendiéndose después al puerto de La Isabela, Sitiecito y otros poblados.

Varias misioneras solteras, además de Margaret Derstine, que permaneció algunos años, trabajaron en el periodo 1955-1959. En 1959 fueron nombrados como misioneros, sustituyendo al matrimonio Yoder que fue a descansar a los Estados Unidos, Lester y Mary Lou Blank. La obra consistía de pequeños grupos de creyentes, a veces de una sola familia en cada poblado. Las congregaciones con miembros activos y bautizados eran las de Rancho Veloz, Corralillo y Sagua la Grande. Se bautizaron 25 creyentes y unas 125 personas asistían regularmente a los estudios bíblicos.

Los misioneros hicieron esfuerzos por dar entrenamiento a algunos obreros cubanos, pero el proceso fue interrumpido en 1960. También transmitían, por una emisora villareña, el programa radial "Luz y Verdad" preparado en Puerto Rico. En los últimos años del gobierno del Presidente Batista trataron de inscribir la iglesia, pero al parecer, el funcionario que estaba encargado de la inscripción no la consumó, creándole problemas a la iglesia en el siguiente periodo. Además de la influencia ejercida en los poblados, alcanzaron a otras personas por medio del programa radial y los cursos bíblicos por correspondencia. Utilizaban los de la estación evangélica La Voz de los Andes de Quito, Ecuador, como otros programas radiales evangélicos en Cuba.

Debe aclararse que los menonitas, como los bautistas, pertenecen a la familia de los anabautistas de Alemania, Suiza y Holanda. Pero se caracterizan por su pacifismo y vida estricta. Algunos grupos prefieren vivir separados en sus propias comunidades. No así los que se establecieron en Cuba.[47]

EL CONCILIO CUBANO DE IGLESIAS

Los esfuerzos de cooperación interdenominacional se vieron incrementados en la década de los cuarenta. Hasta entonces, la institución más antigua y respetada en ese tipo de labor había sido la asociación ministerial en La Habana. Las convenciones evangélicas, a principios de siglo habían ayudado a crear un ambiente fraternal. La conferencia misionera en Panamá en 1916 había tenido efecto en Cuba, creando un clima de acercamiento que propició la labor de hombres como Sylvester Jones en La Habana. El Congreso Evangélico Hispanoamericano en La Habana también ayudó a crear condiciones propicias. Según Rafael Cepeda

> "A Luis Alonso hay que darle créditos singulares: fue el pionero de la idea —precisamente de forjar una Federación de Iglesias Evangélicas de Cuba (la cual no tomó forma hasta 1941, con el entonces llamado Concilio Cubano de Iglesias Evangélicas)—, y en el propio Congreso libró sus mejores batallas por la creación de un organismo latinoamericano de iglesias protestantes, como una consecuencia inmediata de la reunión habanera."[48]

En marzo de 1938 se celebró en La Habana una reunión interdenominacional, con carácter voluntario, a la cual asistieron pastores y misioneros de la gran mayoría de los grupos que trabajaban en el país. El Dr. R. M. Hopkins, secretario general de la Asociación Mundial de Escuelas Dominicales la presidió. Entre los participantes estaba el doctor Francisco Sabas, prominente líder bautista oriental el cual instó a la concurrencia a propiciar el acercamiento entre las iglesias evangélicas. El 10 de octubre de ese año se organizó en el Templo Bautista de Camagüey el Concilio Cubano de Educación Cristiana.

Un hecho importante ocurrió en 1940, aparte del primer Congreso de la Federación Cubana de la Juventud Evangélica celebrado en agosto. En marzo había llegado a La Habana el doctor John R. Mott. En abril se celebró una conferencia misionera a la cual asistieron numerosos líderes evangélicos. Quedó formado un comité presidido por el misionero S. A. Neblett, de la Iglesia Metodista. El secretario escogido fue el doctor Joaquín González Molina, de las Sociedades Bíblicas, miembro de la Iglesia Presbiteriana. El doctor W. Stanley Rycroft, secretario general del Comité de Cooperación en la América Latina sirvió de intérprete para las reuniones y sesiones públicas. Durante su estada en Cuba, Mott predicó en las iglesias de la capital, sobre todo en la Iglesia Metodista Leland Memorial y en el Templo Bautista de Zulueta y Dragones, donde pronunció un discurso de despedida en una reunión magna. Había disertado también en el anfiteatro del edificio de Educación de la Universidad de La Habana, a los estudiantes de la misma. Lo más importante de todo parece haber sido una reunión que sostuvo con dos ministros de cada denominación, invitados por él, en el Hotel Presidente, donde se organizó un almuerzo. Los presentes estuvieron de acuerdo con el estadista y misionero en la necesidad de una organización nacional e interdenominacional que tuviera vínculos con el Concilio Internacional de Misiones (precursor del Concilio Mundial de Iglesias). Los comensales constituyeron un Comité de Continuación a cargo de la preparación del proyecto de constitución que debía ser sometido a las denominaciones.

El 29 de mayo de 1941, en la Primera Iglesia Presbiteriana de La Habana, después de la celebración, la noche anterior, de una reunión magna, se reunieron representantes oficiales de las iglesias Metodista, Presbiteriana, Episcopal, Bautista Oriental, los Amigos, y la Iglesia de Dios, así como el Ejército de Salvación y la Sociedad Bíblica Americana. Quedó ratificada la constitución del organismo y quedó constituido el Concilio Cubano de Iglesias Evangélicas. La directiva que fue elegida fue la siguiente: Presidente, S. A. Neblett; vicepresidente, Silvano Sánchez; secretario, Francisco García; tesorero, Ricardo D. Barrios. Se acordó celebrar al año siguiente una convención magna de cristianos evangélicos de Cuba, en la ciudad de Cárdenas. Promover convenciones fue una de las funciones del Concilio. Después de muchos años sin convenciones evangélicas como las de las primeras décadas, estas ayudarían a fortalecer el movimiento de cooperación interdenominacional o ecuménico, como preferían llamarle algunos. Un golpe que enlutó al movimiento ecuménico fue la muerte el 9 de octubre de José Mauricio Hernández, presidente del Concilio Cubano de Educación Cristiana. Hernández murió a causa de un accidente que sufrió el bus en que viajaba a Holguín. El vehículo chocó cerca de Coliseo, en Matanzas. La muerte de este pastor presbiteriano, procedente del ministerio metodista, llenó de consternación a la obra evangélica, pues se había relacionado con casi todos los grupos principales.

La Convención Magna se efectuó del 10 al 14 de agosto de 1942. El comité local lo presidía Silvano Sánchez y Sergio Manejías era el secretario. Los delegados fueron recibidos por el alcalde municipal y el Ayuntamiento en pleno. Aunque los bautistas occidentales no pertenecían al concilio, el discurso de bienvenida en una de las sesiones lo pronunció el doctor Antonio Martínez, pastor de la Iglesia Bautista de Cárdenas. Las aulas del Colegio La Progresiva y los templos de las iglesias Bautista, Metodista, Presbiteriana y Episcopal sirvieron de local para las reuniones. Entre los disertantes estuvieron Humberto Carrazana, Carlos Pérez Ramos, Alfonso Rodríguez Hidalgo, Rafael Cepeda, Emilio Rodríguez Busto, Pedro Vicente Aja, Enrique y Luis Molina, Luis Díaz Arce, Hortensia Bolet, M. J. Ossorio, Justo González Carrasco, Mario Casanella, Luis Alonso y Luis Pavón. Entre los líderes que tomaron parte estaban Miguel Soto, Raúl Fernández Ceballos, Ernesto Vasseur, Carlota Gutiérrez y otros. El secretario de la Sociedad de Misiones Domésticas de los bautistas del norte (bautistas americanos) doctor Charles S. Detweiler pronunció uno de los discursos. Se prepararon informes y en cursillos y reuniones se evidenció el relativo progreso que había alcanzado el movimiento evangélico en Cuba. El programa, publicado en forma de folleto, contenía amplia información sobre el evento y los temas tratados, que abarcaban asuntos devocionales y teológicos, de educación cristiana, de la mujer, la literatura, la evangelización, los problemas sociales, etc. También incluían datos mínimos sobre las iglesias del país.

EL DESARROLLO DEL PROTESTANTISMO

En 1941, el Concilio Cubano de Iglesias Evangélicas publicó una traducción del libro *The Cuban Church in a Sugar Economy*. El doctor J. Merle Davis acababa de terminar una investigación sobre las condiciones de las iglesias en Cuba. Este erudito trabajaba para el Departamento de Investigación y Consejo del Concilio Internacional de Misiones, y la traducción de ese libro estuvo a cargo del doctor Enrique J. Molina y los pastores Francisco García, Ricardo Barrios, Francisco Orrett y José Acosta. Durante su investigación en Cuba, el autor contó con la colaboración de líderes del Concilio de Iglesias, así como del obispo episcopal y los dirigentes de las iglesias Bautista Oriental, Metodista, Presbiteriana, Los Amigos, Ejército de Salvación, West Indies Mission y la Iglesia de Dios. Altos empleados de la United Fruit Company y algunos intelectuales cubanos, como Enrique Noble y Fernando Ortiz brindaron su cooperación. Este último era una figura fundamental de la intelectualidad de la época.

En relación con la economía cubana, identificó el problema básico del monocultivo, la industria azucarera, y afirmó que la inversión de capitales extranjeros era un factor dominante en la vida del país. Usando el informe de una comisión de la Foreign Policy Association de Nueva York, reconoció que las inversiones del extranjero, particularmente en el azúcar habían estimulado un desarrollo económico perjudicial tanto para extranjeros como para cubanos. La siguiente observación ayuda a entender la filosofía detrás de la interpretación:

"El hecho de que hay razones históricas, políticas y económicas del desamparo de su patria no disminuye la amargura con que muchos cubanos contemplan su "status". La posición de ser en efecto un menor bajo la tutela de los Estados Unidos, con respecto de estas relaciones fundamentales, ha creado una atmósfera y un estado de ánimo en el pueblo cubano a los cuales los fundadores de la Iglesia Evangélica tienen que hacer frente en sus esfuerzos de fundar un movimiento que se sostenga, se gobierne, y se propague."[49]

J. Merle Davis analizó los problemas del desempleo, el tiempo muerto, las limitaciones de la zafra azucarera, etc. En Cuba se llama "tiempo muerto" al periodo de tiempo durante el año en que no funcionan los centrales azucareros y una gran parte de los obreros no tienen trabajo. El libro demostraba una investigación seria. Logró utilizar con bastante pericia los datos disponibles, no siempre exactos. Dependió, para entender la idiosincrasia del pueblo, y sobre todo el problema de las religiones afrocubanas y el espiritismo, entonces muy populares en el país, de artículos del intelectual metodista Luis Alonso y del erudito Fernando Ortiz.

En cuanto a las iglesias, el estudio incluyó las siguientes organizaciones misioneras con obra en Cuba: la Convención Bautista del Norte, la Iglesia de Dios, la Sociedad de los Amigos, la Iglesia Protestante Episcopal, la Junta Metodista de Misiones y Construcciones de Templos, la Junta de Misiones Nacionales de la Iglesia Presbiteriana, el Ejército de Salvación y la Misión de las Indias Occidentales (West Indies Mission). Mencionando también algunos datos de los bautistas del sur y los adventistas del Séptimo Día. Calculó en 35 mil el número de miembros activos de las iglesias evangélicas tradicionales y en 5 mil el de grupos independientes. Estimando que la comunidad evangélica era entre 70 y 80 mil personas incluyendo a los niños, y un gran total de 150 mil si se incluía a simpatizantes y asistentes esporádicos. Un análisis de gran importancia es el siguiente:

"El movimiento evangélico cubano es notable por el pequeño número de sus obreros misioneros extranjeros; y por la retirada de una gran proporción de los obreros misioneros evangelísticos, con la consiguiente entrega de la responsabilidad de este aspecto del trabajo, a la dirección ejecutiva de los cubanos. Solamente 47 misioneros extranjeros estaban trabajando en Cuba, en conexión con las ocho denominaciones que estudiamos, nueve misioneros de la Iglesia Bautista del Sur, y seis obreros extranjeros de los Adventistas del Séptimo Día, trabajando en Cuba. De todas las denominaciones principales que trabajan en Cuba, solo los Metodistas han seguido la política de continuar empleando sus obreros evangelísticos. De los veinticuatro obreros extranjeros, doce estaban directamente relacionados con las iglesias locales y siete de éstos estaban sirviendo como pastores de iglesias. Exceptuando el grupo Metodista, una gran mayoría de los misioneros que quedan en Cuba, están relacionados con instituciones o trabajo administrativo, especialmente escuelas."[50]

Reveló la existencia de grupos independientes sobre los cuales tenía pocos datos y enumeró importantes características del trabajo misionero en Cuba: propiedades de las iglesias casi siempre a nombre de las juntas cuando estas han pagado la mayor parte del costo, señalando excepciones; muy pocas iglesias con sostenimiento propio; adelantos en el sostenimiento propio del trabajo educacional; no se estaban reduciendo los subsidios en la época; diferencias en cuanto al entrenamiento de los obreros rurales, con algunos grupos entendiendo que estos necesitaban estudios superiores; creación de juntas misioneras domésticas, dentro de Cuba, por algunas denominaciones, señalando a la de los bautistas orientales como ejemplo.

El estudio mostró las diversas opiniones acerca de la mayordomía del dinero y la recaudación de fondos y los diversos conceptos de los miembros acerca del pastor y sus necesidades. Los obstáculos al desarrollo de una iglesia autosuficiente en Cuba eran económicos, sociales, culturales y espirituales. En gran parte, al encontrar las poblaciones en Cuba en un estado deprimente al terminar la Guerra Hispano-Cubano-Americana, los misioneros no habían tenido muchas esperanzas en cuanto a la capacidad de los cubanos de sostener sus iglesias e instituciones. De esa forma, según J. Merle Davis:

"Así sucedió que la iglesia que surgió en Cuba es una iglesia demasiado costosa para mantenerse con el poder económico de su membresía, y que requiere una organización, programa, rito y disciplina un tanto extraños a la herencia del pueblo cubano."[51]

Además del problema mencionado: inversión de dinero en edificios y entrenamiento de un clero que no podía ser sostenido adecuadamente por los cubanos, las iglesias que no habían entrenado bien a sus ministros afrontaban el problema de que algunos intelectuales y profesionales en las congregaciones superaban en cultura al pastor. En los casos contrarios, la preparación del pastor era demasiado elevada para sus congregaciones. Un señalamiento adicional al respecto por parte del autor dice que

"El tipo de la iglesia americana no se adapta a la economía cubana por ser esencialmente una institución de la clase media, con un sostenimiento sólido de la clase media. Se ha establecido en Cuba una institución de la clase media en un orden social y económico en el que la clase media, como se conoce en los Estados Unidos, no existe prácticamente. Y ha sucedido lo inevitable. La iglesia cubana se ha sostenido mayormente con donativos de los cristianos de clase media en los Estados Unidos."[52]

Un aporte importante fue el identificar adecuadamente un gran problema, el de la pérdida de la juventud. Los jóvenes, al llegar a cierta edad, seguían más al padre que a la madre y este generalmente no era religioso. Aunque por lo menos unos 400 evangélicos estudiaban en 1940 en la Universidad de La Habana, muchos eran atraídos por un ambiente nada favorable al evangelio en los círculos en que se desenvolvían. Las prohibiciones que se hacían en la mayoría de las iglesias en relación con el juego, el baile, la lotería, el fumar y otros entretenimientos o prácticas alejaban a muchos. Deficiencias en el trabajo con la juventud por parte de las congregaciones. El matrimonio de evangélicos con católicos, agnósticos e indiferentes era frecuente, porque la comunidad evangélica, según los cálculos más optimistas, era solo del 4% en 1940 (tal vez 6% algún tiempo después).

La realidad es que casi no quedó un problema importante que no fuera considerado en el estudio. La falta de instrucción en los campos, el desempleo entre la juventud, etc., recibieron atención especial. Por otra parte, el estudio enfocó posibles soluciones y los numerosos aspectos positivos, tanto del país como de la comunidad evangélica. La creación de cooperativas y centros sociales por parte de iglesias como la Metodista, la Presbiteriana y la Bautista Oriental, los dispensarios médicos evangélicos que empezaban a popularizarse, la notable obra educacional de las iglesias evangélicas mediante escuelas de buena calidad, el interés en la obra rural de grupos como la obra de Los Pinos Nuevos, los pujantes esfuerzos por mejorar la recaudación de ofrendas en las iglesias y el autosostenimiento (aunque con relativo resultado, por no decir exiguo).

Debe reconocerse que las iglesias evangélicas superaron muchas dificultades en los años posteriores, aunque estuvieron muy lejos de enfrentar todas las situaciones. Se crearon nuevas instituciones, mejoraron las ofrendas, se ganaron nuevos jóvenes para reemplazar al menos a los que se iban, se llevaron a cabo algunos proyectos de ayuda social, desarrollo agrícola, alfabetización, etc. A pesar de todo lo afirmado en el estudio de J. Merle Davis, los evangélicos, al perder la ayuda norteamericana en la década de los sesenta, le hicieron frente al sostenimiento propio, aunque el asunto se desarrolló en otro contexto.

En realidad, en la segunda parte de este periodo —las décadas de los cuarenta y los cincuenta— encontramos a algunos ministros evangélicos involucrándose en trabajo comunitario. El doctor Wharton impulsó el "Comité de los 1000" para mejorar la ciudad de Cárdenas y fue el fundador del primer Comité pro-calles. Actividades similares fueron desarrolladas por Edmundo Morgado, pastor metodista en Santa Cruz del Norte; el misionero educacional episcopal Paul Alexander Tate, en Camagüey; el pastor episcopal Ramón Moreno, en Morón; el pastor Raúl Fernández Ceballos, presbiteriano, experimentó con cooperativas, dirigió un comité para construir una carretera en Las Villas y desde la década de los cuarenta, con la participación de otros evangélicos, promovió a nivel nacional una campaña de alfabetización, inspirada en parte por los esfuerzos de Frank Laubach, que en aquella época visitó Cuba y a las iglesias evangélicas.

Frank Laubach había sido misionero metodista en las Islas Filipinas. En Cuba logró alguna cooperación del Ministerio de Agricultura, donde trabajaba el líder metodista Justo González Carrasco como alto funcionario También lo recibió de la Universidad de La Habana y del Concilio

Cubano de Iglesias Evangélicas, para difundir sus métodos. Las iglesias de Cuba incorporaron los mismos en un programa de alfabetización, mayormente en las comunidades rurales con algunos resultados. Entre las misioneras que se dedicaron a alfabetizar estuvo Eulalia Cook, que junto con Justo González Carrasco y su esposa Luisa García Acosta fundarían en la década de los sesenta en Costa Rica el movimiento ALFALIT para alfabetizar en el continente con inspiración evangélica.

El Concilio Cubano de Iglesias Evangélicas, además de proyectos como el de evangelización, promovía reuniones y transmitía programas radiales por la emisora Unión Radio y participaba en los recibimientos a figuras internacionales que visitaban el país, como Stanley Jones, T. Z. Koo, Frank Laubach y R. A. Felton. Este último visitó Cuba en 1944 y se celebraron reuniones en las que dio conferencias sobre la obra rural, en Holguín y otros lugares. Stanley Jones, el famoso místico, erudito, misionero y amigo del Mahatma Gandhi, atrajo a grandes audiencias en 1943 en La Habana, Matanzas, Santa Clara, Camagüey, Holguín, Santiago de Cuba. En el Centro Asturiano habló a una concurrencia de intelectuales y fue presentado por Fernando Ortiz. En 1946 visitó el país el doctor T. Z. Koo, secretario de la Federación Mundial de Estudiantes Cristianos y fue recibido por el embajador de China, celebrándose reuniones en el Templo Bautista y en la Universidad de La Habana, auspiciadas por la Asociación de Estudiantes Evangélicos de la Universidad de La Habana.

Del 4 al 11 de agosto de 1946 se celebró en los colegios Candler y Buenavista de Marianao, el Segundo Congreso Internacional de la Juventud Evangélica de las Américas. Unas 7 mil personas asistieron al anfiteatro municipal de La Habana. Participaron figuras como John A. Mackay, Gonzalo Báez Camargo, Alberto Rembao, Lurá Villanueva, Luis Odell y Chester S. Miao. Todos ellos líderes de importancia en la obra evangélica en el continente, con excepción de Miao, un líder juvenil chino.

Para ese año de 1946, caracterizado por visitas de personajes ilustres, el movimiento evangélico se había recuperado ya de la difícil década de los treinta. La Asociación de Estudiantes Universitarios Evangélicos era una de las instituciones que había adquirido cierto vigor. El Concilio Cubano de Iglesias era presidido desde 1945 por un cubano, Francisco García, y hombres como Raúl Fernández Ceballos y Edmundo Morgado ocuparían la Secretaría Ejecutiva en los próximos años. Cobraban impulso varias iniciativas evangélicas y las iglesias habían crecido o se habían recuperado bastante de las pérdidas sufridas en la década anterior. Algunos líderes laicos, e incluso pastores, empezaban de nuevo a interesarse por los asuntos del país, incluso por la política. Hasta algunos líderes de los movimientos de teología muy conservadora, como Pablo Sánchez, líder laico de la obra de Arthur Pain y después una figura clave de los bautistas libres, participaban en esta década en actividades políticas. Sánchez fue candidato liberal a la alcaldía de Arcos de Canasí en 1940. Como hemos explicado, muchos se sentirían atraídos a mediados de la década por la prédica reformista de Eduardo R. Chibás y su Partido Ortodoxo. Por otro lado, ya se podía hablar en 1946 de diversificación. Aunque faltaban 4 años para el avivamiento pentecostal de 1950-1951, se empezaban a ver por todas partes templos de iglesias nuevas en la obra cubana: pentecostales, "Los Pinos Nuevos", nazarenos, iglesias de Dios o de Cristo, iglesias de santidad y de misiones independientes. Los hijos de los antiguos protestantes, evangélicos de segunda o tercera generación, se integraban a la sociedad cubana como nunca antes. Algunos estaban bastante secularizados, pero otros mantenían vínculos con la obra. Hijos de pastores alcanzaban reconocimiento como líderes comunitarios. Por citar un caso, en Colón los hijos del ministro episcopal Sergio Ledo eran personajes muy conocidos en la ciudad. Isaac Ledo Collazo fue candidato a alcalde en este periodo y casi resultó electo. Su hermano Ricardo fue allí el secretario del Ayuntamiento.

Estos y otros protestantes no se limitarían al Partido del Pueblo Cubano (ortodoxo) de Eduardo R. Chibás. Evangélicos de las diferentes denominaciones militaban en partidos políticos de todo tipo, aunque, como hemos explicado, algunos de los líderes de los movimientos políticos procedían originalmente de filas protestantes, y también de los más importantes colegios católicos del país. En momentos de intenso romanticismo revolucionario, algunos evangélicos habían militado en agrupaciones juveniles más o menos consideradas de izquierda, como la Hermandad de Jóvenes Cubanos, de la cual había sido activista Miguel Pérez de Alejo, graduado del Colegio Pinson de Camagüey, y otros protestantes. Al terminar la Segunda Guerra Mundial podía afirmarse que la mayoría de los evangélicos seguían desinteresados del acontecer político pero había en muchos de ellos inquietudes sociales y el pretendido carácter apolítico de esa comunidad como lo revela la participación de miembros prominentes en movimientos de diverso tipo, de izquierda, centro y derecha.

Las iglesias tradicionales, compuestas en su mayoría por miembros de las clases media y pobre, sentían como una realidad las exigencias de los grupos de universitarios y profesionales en su seno. Para extenderse necesitaban más pastores y obreros. Existía además una necesidad de especialistas en educación religiosa. Hasta el momento, los intentos para preparación del ministerio nacional habían sido breves y limitados. Enviar jóvenes a seminarios extranjeros era costoso y no podía hacerse tampoco en gran escala, como lo exigía ya el resurgimiento protestante que era evidente. Los metodistas y los presbiterianos tomaron entonces la iniciativa para fundar una institución de estudios teológicos que fuera abiertamente de nivel universitario, con predominio del ambiente nacional y abierta a diferentes denominaciones. Nace así el Seminario Evangélico de Teología de Matanzas en un momento de cierta sofisticación intelectual y cuando un pequeño sector de las iglesias se planteaba los problemas económicos, sociales y políticos del país desde su perspectiva cristiana y espiritual.

El primero de octubre de 1946, en una reunión celebrada en el salón de actos del Colegio Irene Toland, en la ciudad de Matanzas, quedó inaugurado el Seminario Evangélico de Matanzas. Las iglesias Presbiteriana y Metodista, mediante los funcionarios más altos de sus denominaciones en Cuba y los representantes de las juntas misioneras, habían decidido llevar adelante los planes para el inicio de un seminario unido. El doctor Alfonso Rodríguez Hidalgo había sido elegido su rector, pero en aquel momento estaba terminando sus estudios en el Seminario Teológico de Princeton. Hasta entonces había tenido una brillante carrera en la obra educacional de la Iglesia Presbiteriana en Cuba, pero su decisión de ordenarse como ministro se había producido unos pocos años atrás. El misionero metodista Mauricio Daily, que poseía grados académicos de la Universidad de Emory y la Escuela Candler de Teología de esa misma universidad en Atlanta, ocupaba el cargo de vicerrector y se encargó de la dirección del plantel hasta la llegada de Rodríguez Hidalgo.

Entre los primeros profesores e instructores estaban Carl D. Stewart, Lorraine Buck, Robert Wharton, Francisco Norniella, las señoras de Stewart y Daily y otros. Se acordó que la directiva la compusiera un número igual de miembros de las iglesias Metodista y Presbiteriana con S. A. Neblett como presidente y Francisco García como secretario. Otros profesores que se destacaron en este periodo fueron Raymond Strong, Rafael Cepeda, David White. Strong se destacó después en instituciones de estudios superiores en Puerto Rico. Con la entrada de los episcopales en el seminario en 1951 se unieron a la facultad Milton R. LeRoy, Ramón Viñas y Romualdo González Agüeros.

La institución no fue desde el principio predominantemente cubana pero se fue convirtiendo paulatinamente en un centro de estudios dedicado a preparar ministros para una obra netamente nacional, lo cual era uno de sus objetivos iniciales. El rectorado de Rodríguez se distinguió por dos características sobresalientes de la personalidad del rector, aparte de su apreciable cultura: la capacidad de aglutinar elementos de diversa procedencia, y un excelente trabajo de relaciones públicas. El Seminario atrajo a estudiantes de diversas partes de América, sobre todo de la región del Caribe; cultivó excelentes relaciones aun con denominaciones que no sostenían la institución como los cuáqueros y los bautistas orientales que enviaron a algunos alumnos; logró traer profesores invitados y conferenciantes de gran prestigio, así como a dirigentes denominacionales de los Estados Unidos que intensificaron sus lazos con la institución. Alberto Rembao, el notable intelectual evangélico mexicano, visitó el Seminario como profesor de 1955 a 1956 y sus conferencias sobre Filosofía de la Religión fueron impresas. Rembao acuñó la frase "fisonomía matancera", en referencia al Seminario e indicó los tres rasgos que debía tener, o que ya poseía: lealtad absoluta e incondicional a Jesucristo y a Su Iglesia, afán a de superación por conocer la verdad que hace libre a los hombres, y espíritu de fraternidad que, en medio de un mundo dividido da sentido y realidad al mensaje cristiano.

El Seminario se propuso superar constantemente su nivel académico. Desde el principio, la mayoría de sus profesores poseían las credenciales características de instituciones similares en los Estados Unidos, lo cual permitió su reconocimiento por parte de la Asociación Americana de Escuelas Teológicas, acreditando a la institución. Se desarrollaron vínculos especiales con el Seminario de Princeton, permitiendo a los graduados continuar allí sus estudios, o conseguir igual reconocimiento de otras instituciones norteamericanas. La teología que se enseñaba tenía necesariamente que reflejar las diversas procedencias denominacionales, pero se hizo de forma respetuosa y abierta. Algunos profesores se inclinaban por escuelas teológicas como la de Barth, lo cual daba a la institución una fama de algo liberal entre los protestantes, bastante conservadores, de Cuba, pero para muchos se mantenía más bien en una posición de conservadurismo moderado al ser comparada con las instituciones similares en Norteamérica. Cuando se necesitó a un instructor para doctrina bautista, al venir algunos estudiantes de Oriente, se utilizó al pastor bautista de Matanzas, Arturo Corugedo. La facultad incluía especialistas en doctrina presbiteriana, episcopal y metodista.

En 1958, terminando este periodo, se recibió al doctor David White, que acababa de recibir su doctorado en Filosofía. Lois Davidson, que se encargó de la biblioteca, había realizado una gira por bibliotecas de seminarios y universidades en América para mejorar la existencia de libros en Matanzas. En 1957 ingresaron 25 alumnos procedentes de seis países, aparte de Cuba, y de 5 denominaciones. Venían de Costa Rica, Colombia, Guatemala, Venezuela y la República Dominicana. El alumnado había llegado a 59, de los cuales 45 estudiaban teología y 14 educación cristiana. Habían ingresado en 1957 como profesores los metodistas Herb Tavenner y su esposa, procedentes del Garrett Biblical Institute de Evanston, Illinois. Manuel Rodríguez estaba tomando un cursillo de Radiofonía en la Universidad de Columbia para compartir sus conocimientos con los estudiantes. En esa época se había inaugurado un nuevo comedor y se había mejorado la biblioteca con 900 nuevos libros, con estantes, mesas, sala de exhibición, etc. En mayo de 1958 se inauguró un Salón de Actos con el doctor Federico Huegel, de México, como conferenciante, y se equipó el aula de Radiofonía con aparatos de grabaciones del Concilio Cubano de Iglesias Evangélicas. Desde el principio el Seminario había tenido buenos edificios y la capilla de la Resurrección, construida posteriormente, se había podido edificar gracias a los fondos aportados por la Iglesia Episcopal. Las tres iglesias contribuyeron generosamente al seminario.[53]

Con el entusiasmo generado por la creación del Seminario Evangélico de Teología, las iglesias tradicionales empezaron a formular planes para alcance misionero y extensión en varios aspectos. Las iglesias más nuevas, sobre todo las pentecostales, lograron aumentar su feligresía de manera considerable, aunque según iba terminando este periodo (1933-1959), es decir, en la década de los cincuenta, se detendría el avance de la obra de Los Pinos Nuevos que había sido tan grande, especialmente en las regiones rurales. La organización Juventud para Cristo celebró importantes actividades en La Habana en esa década, visitando el país algunos de los principales líderes del movimiento, como Paul Hardford. También Arturo Savage coordinó algunas labores durante su visita a Cuba y una gran concentración en el anfiteatro de La Habana, quedando a cargo de las actividades en el país el pastor Armando Ginard, con la colaboración de Howard Coffey y Ernesto Vasseur, entre otros.

En 1953 se organizó el Movimiento Social Cristiano de Cuba, en una reunión en el Colegio Metodista Pinson, en Camagüey. Este grupo, socialdemócrata en cuanto a ideología, pero de inspiración cristiana evangélica, tenía como principal figura al pastor metodista Manuel Viera Bernal y como su ideólogo principal al pastor bautista Juan Pablo Tamayo. Viera Bernal fue elegido presidente y Tamayo secretario general. Integraban la directiva inicial Reinaldo Toledo, Francisco Lorenzo y Abelardo Pérez Proenza. Se proponían despertar la conciencia social del pueblo evangélico. Manuel Viera Bernal nació en Santiago de Las Vegas en 1922 y procedía de la clase obrera. Militó en el autenticismo y después en la ortodoxia. Desde muy joven se inició en la Iglesia Metodista y llegó al ministerio por la ruta de la licencia para predicar. Después asistió al Seminario Evangélico de Teología en Matanzas y en 1960 fue elegido secretario ejecutivo del Concilio Cubano de Iglesias Evangélicas. Se caracterizó por impulsar causas de tipo socialcristiano o socialdemócrata y por un año fue designado por la Conferencia Metodista para un ministerio entre obreros.[54]

En la década de los cincuenta, se desarrolló otra organización evangélica, la Asociación de Hombres Cristianos Evangélicos, Profesionales y de Negocios (Christian Business Men Association). El doctor Jaime Santamaría fue su principal promotor y en julio de 1958 inauguraron sus oficinas en Barcelona 106, entre Galiano y Aguila. La organización celebró cultos en las principales iglesias y atrajo a un grupo de profesionales y hombres de negocio. Su principal líder laico lo fue tal vez el doctor Rafael Silva, abogado bautista, muy vinculado al promotor Jaime Santamaría. Entre los pastores que secundaron el esfuerzo estaban Armando Ginard, Aurelio Travieso, Francisco Rodríguez, Enrique Piña y otros. Jaime Santamaría nació en Burgos en 1911 y se graduó de médico en La Habana y Burgos. Fue profesor asociado de la Universidad de La Habana y un notable director de laboratorios y científico. En Cuba se hizo miembro de la Iglesia Bautista de La Habana y su esposa Gloria se destacó después como poetisa. Fue uno de los fundadores, en los años setenta, de la Academia Norteamericana de la Lengua Española (correspondiente de la Real Academia Española) en Nueva York.

Otras organizaciones evangélicas o de las iglesias históricas: Unión Latinoamericana de Juventudes Evangélicas (luego Ecuménicas), el Movimiento Estudiantil Cristiano, así como agrupaciones de jóvenes evangélicos en la universidad, como la Asociación de Estudiantes Universitarios Evangélicos, que ya han sido mencionadas, hicieron sus aportes al trabajo estudiantil, incluyendo también en sus lineamientos alguna inquietud de tipo social. Los hogares universitarios de los metodistas, presbiterianos y bautistas occidentales jugaron un papel apreciable, así como la Unión Bautista de Estudiantes Universitarios (UBEU) en mantener una presencia evangélica en círculos de estudiantes e intelectuales. No contaban con los recursos para hacer que esa presencia que fue visible y útil, se convirtiera en una verdadera y profunda influencia. En la década de los cincuenta el número de estudiantes evangélicos en la Universidad de La Habana era de más de 700.

Varios artículos sobre la obra evangélica aparecieron a inicios de la década de los cincuenta, sobre todo en relación con la campaña de T. L. Osborn en Camagüey y el avivamiento pentecostal de 1950-1951. En su número del 17 de febrero de 1957, la revista semanal *Carteles* una de las principales que ha tenido el país en toda su historia publicó dos artículos sobre los evangélicos como parte de una serie sobre la religión en Cuba. El primero, "Las iglesias protestantes del Concilio"[55] fue escrito por Rine R. Leal, que después se destacó como historiador del teatro en Cuba y que ya en esa época era un conocido crítico teatral. El segundo, "Las iglesias evangélicas",[56] llevaba la firma de Gregorio Ortega, un periodista que después se dio a conocer como novelista. Ninguno de los dos estaba especializado en periodismo religioso, ni evidenciaba una cultura teológica. Los artículos eran, sin embargo, interesantes y bastante adecuados, desde el punto de vista del periodismo de la época, para reflejar algunas características del movimiento evangélico.

Según los artículos, el Concilio de Iglesias lo integraban las iglesias Episcopal, Metodista, Presbiteriana, Ejército de Salvación, Sociedad Bíblica Americana, los Amigos (o cuáqueros), el Seminario de Teología de Matanzas y los bautistas orientales. Los datos que ofrecía sobre estas y otras organizaciones, aunque dispersos y no siempre exactos, podían reflejar la situación de la obra evangélica al terminar este periodo.

De acuerdo con estos periodistas, la Iglesia Episcopal tenía en Cuba 71 iglesias y 9 mil miembros; sus escuelas eran 14, con 109 maestros y 1,936 alumnos; su clero lo integraban 1 obispo y 23 ministros, 21 de los cuales eran cubanos; los fondos venían en un 60% de los Estados Unidos. La Iglesia Presbiteriana contaba con 58 templos y capillas propios que albergaban a iglesia y a misiones; 5,800 cubanos eran miembros de la iglesia, y ésta tenía 6 escuelas misioneras con 3,500 alumnos y 7 escuelas parroquiales con 1,500; su revista *Heraldo Cristiano* ya tenía 3 mil suscriptores. La iglesia pertenecía al Sínodo de Nueva Jersey, uno de los 39 que integraban la Asamblea General de la Iglesia Presbiteriana de los Estados Unidos de Norteamérica; el número de iglesias era de 38 y el de misiones, 42. El Ejército de Salvación contaba con 350 soldados y 500 reclutas (y unos 4,500 "fieles" que en realidad debían ser simpatizantes, porque el Ejército nunca tuvo esa feligresía en Cuba); sostenía 4 escuelas en Manzanillo, Holguín, Banes y el Hogar Evangélico de Rancho Boyeros, con un total de 300 alumnos, 1 clínica dental en Manzanillo, un hospital y un dispensario público; 5 hogares para niños y 1 hogar para ancianos en Guantánamo; 9 misiones, de las cuales 5 estaban en La Habana, un seminario (escuela de reclutas) en Marianao, un departamento en la prisión de La Habana y una editorial que publicaba dos veces al mes *El grito de guerra* y *El joven soldado*, con una distribución de 4 mil ejemplares, que eran vendidos por la calle. Cuba era una división en el territorio de Centro América y las Antillas con jefatura en Kingston, Jamaica. El Cuartel General en La Habana controlaba 43 centros de predicación o asistencia en el país. La Iglesia Metodista tenía 8,600 miembros y 210 iglesias y lugares de predicación (se mencionan 11 capillas en la Isla de Pinos); contaba con 26 escuelas y 4,500 alumnos; sostenía 4 dispensarios médicos en Pinar del Río, Jovellanos, Mayarí y Holguín; una escuela agrícola industrial en Preston, con nueve caballerías; el país estaba dividido en 6 distritos y una Conferencia anual que los agrupaba; Cuba y la Florida pertenecían a una misma área (en realidad estaban bajo la misma supervisión episcopal). La Asociación Evangélica de Cuba contaba con 40 "templos autónomos" y 500 miembros (la feligresía era de miles y miles de personas) y tenía un Seminario en Placetas ("Los Pinos Nuevos"). Los cuáqueros trabajaban en el norte de Oriente, en Banes, Holguín, Puerto Padre, Gibara, Chaparra y Velasco, y tenían 2 colegios y mil alumnos (la cifra de colegios era mayor). Sobre los bautistas ofrecían datos muy confusos pues se referían indistintamente a la Convención Oriental y a la Occidental y mencionan por todo unos 15 mil miembros activos. Se mencionaba el Cementerio Bautista, el programa "La hora bautista", las revistas *El mensajero* y *La voz bautista*, los dos seminarios, los Colegios Internacionales del Cristo, etc. Los Adventistas del Séptimo Día también eran mencionados. La iglesia estaba dividida en Asociación Oriental y Occidental. La Oriental tenía 32 iglesias y la Occidental, 30; la feligresía era de 4,910. Sostenían numerosos colegios, sobre todo el Colegio Las Antillas en Santa Clara. Tenían cadetes médicos adiestrados en primeros auxilios, etc., y las sociedades "Dorcas" para ayudar a los necesitados. Los pentecostales eran mencionados, sobre todo las campañas de Osborn en Camagüey y en el Anfiteatro de La Habana. El informe, en realidad, se limitaba a las Asambleas de Dios y se menciona en él un número de 50 pastores y 2,100 miembros en plena comunión, así como del Instituto de Manacas. En cuanto al Bando de Gedeón, publicaban *El mensajero de los postreros días* y *El heraldo de la juventud gedeonista*, mencionándose 650 iglesias, misiones y ramas y 13 mil miembros bautizados, así como la observancia del sábado, la sanidad divina, etc.

Los artículos o reportajes en la revista *Carteles* mencionaban a dos grupos que no pueden ser incluidos como evangélicos. Los Testigos de Jehová que, según Ortega, habían llegado a Cuba en 1943 (sus primeros misioneros, porque algunos creen que ya había algunos testigos de Jehová en 1925); contaban con 307 salones del Reino en toda Cuba y más de 10 mil miembros activos. Celebraban estudios bíblicos en los hogares de 7,500 simpatizantes, distribuían las conocidas revistas, publicadas en los Estados Unidos, *Atalaya* y *Despertad*. La Iglesia Científica de Cristo había llegado a Cuba en 1920 y funcionó en la colonia de habla inglesa hasta 1942 cuando se extendió también a los cubanos; se mencionaban la iglesia de la Avenida de Columbia y dos sociedades en La Habana y Guantánamo que no tenían categoría de iglesia (una funcionaba con personal de la Base de Guantánamo).

Un informe, al parecer procedente de las oficinas del doctor González Molina, daba a conocer que en 1956 se distribuyeron en Cuba, a través de iglesias, escuelas y vendedores (colportores), 15 mil Biblias, 20,951 Nuevo Testamentos y 353,894 evangelios (o porciones bíblicas). En el mundo se habían vendido ese año más de 16 millones de ejemplares del libro sagrado. En lo afirmado acerca de la Sociedad Bíblica, y en los dos reportajes completos, se evidenciaba un respeto esencial y el deseo de informar correctamente, complicado todo esto por los diferentes métodos estadísticos de las iglesias y la ausencia de entrenamiento especializado de los periodistas.

En el periodo de 1933-1959, la Iglesia Evangélica de Cuba era más visible que nunca antes, por lo menos en los años finales. Había pasado el periodo de los pioneros y fundadores, e incluso ya se contaba con evangélicos de tercera generación. Los jóvenes de la llamada "generación del

30", que en el país habían ocupado puestos públicos importantes a partir de 1933 y sobre todo a partir del gobierno de Grau en 1944, eran de la misma edad de los que empezaban a dominar los círculos directivos de las iglesias evangélicas. La influencia norteamericana continuaba manifestándose en la obra, pero cada año pasaban nuevos cargos a manos de los nacionales. El protestantismo en Cuba se había diversificado, y, como el norteamericano, que en parte había sidoreproducido en el país por los misioneros, estaba compuesto por numerosas iglesias, sectas y organizaciones. Docenas y docenas de grupos trabajaban en la Cuba de 1959, cuando el panorama del protestantismo y del país en general estaba a punto de cambiar de forma dramática y acelerada. La nación, en ciertos aspectos estaba progresando. Muchos problemas fundamentales estaban a la espera de soluciones. La situación era compleja, mucho más que el simple explicar por qué, en 1956, el salario de un ministro presbiteriano promedio en Cuba era, según el artículo de Rine R. Leal, de US$225 al mes, si estaba casado y sin hijos, y el de un segundo teniente, su equivalente eclesiástico, en el Ejército de Salvación, era de US$14,80 a la semana.

OTRO CONGRESO INTERNACIONAL

En 1956, Cuba ya no era provincia exclusiva de católicos y protestantes históricos y esto quedó bien claro cuando Placetas fue escogida para ser sede de un congreso internacional auspiciado por juntas misioneras independientes o de grupos fundamentalistas. La Evangelical Foreign Missions Association (Asociación Evangélica para Misiones Extranjeras) y la Interdenominational Foreign Missions Association (Asociación Interdenominacional para Misiones Extranjeras) habían formado un Comité Evangélico para América Latina (Evangelical Committee for Latin America), parecido al Comité de Cooperación en América Latina de las iglesias históricas. En 1955 convocaron una Conferencia Preliminar sobre Literatura en San José, Costa Rica y luego se llamó a una asamblea constituyente de una nueva organización llamada LEAL (Literatura Evangélica para América Latina) a celebrarse en Placetas, Las Villas, en mayo de 1956. La comisión organizadora la componían Alejandro Clifford, de Argentina; Francisco Cook, de Ecuador; John Davey, de Trinidad; Guillermo Davis, de Colombia; Raúl Echeverría, de Guatemala; Tomás Fountain, de México; Israel García, de Puerto Rico y Costa Rica; Virgilio Gerber, de Costa Rica; David Glass, de Brasil; Louis Markwood, de Cuba; Dayton Roberts, presidente, de Costa Rica; Roberto Searing, de Colombia; Pablo Sheetz, de Costa Rica; Ignacio Zúñiga, de Perú; y Alejandro Yabrudy, de Venezuela y Costa Rica. La decisiva presencia de organizaciones como la Misión Latinoamericana era evidente.[57]

A esta reunión, en la cual el Seminario Evangélico Los Pinos Nuevos jugó el papel de anfitrión, asistieron 163 delegados, representando a 48 organizaciones consideradas miembros activos. Allí surgió LEAL y se acordó la publicación de la revista *Verbo* para venderse en lugares públicos de venta de periódicos y revistas. Los servicios ofrecidos por LEAL crecieron grandemente en toda la región. Virgilio Gerber e Israel García pasaron a ser coordinadores de tiempo completo. Gerber llegó a ser alto funcionario de la Sociedad Misionera de los bautistas conservadores e Israel García, graduado del Seminario Bíblico Latinoamericano, ha sido un notable abogado en su país y un evangelista de fama internacional. Las iglesias históricas brillaron por su ausencia en las reuniones, a las que contribuyeron pastores cubanos como Armando A. Ginard, Max Salvador y otros que asistieron a título personal.

La presencia en Cuba del notable predicador Israel García fue utilizada para una gran campaña bautista en La Habana, donde cantó el famoso tenor Antón Marco. Los líderes mencionados en el Comité organizador visitaron iglesias como predicadores invitados y también el doctor Juan F. Rodríguez, fundador del movimiento de los Defensores de la Fe en Puerto Rico, y otros.

Desde 1952, con el derrocamiento del gobierno del Presidente Prío Socarrás, Cuba experimentaba otra crisis nacional. La nación había prosperado relativamente y sus niveles de vida superaban a los de otros países latinoamericanos. Pero, además de problemas ancestrales y de injusticias sociales, la inestabilidad política reinaba rampante. La Universidad de La Habana fue cerrada en los últimos años de este periodo y surgieron universidades privadas, como la Universidad Metodista Candler, creada en 1957. Pero mucho más allá de simplemente incluir una universidad en su lista de logros, líderes evangélicos estaban a punto de ser protagonistas, no necesariamente de segunda fila, en un proceso que sacaría de la inercia política a muchos cubanos de todos los credos. Ese proceso se inició con el golpe de estado del 10 de marzo de 1952.

NOTAS

1. Alberto Lamar Schweyer, *Como cayó el Presidente Machado* (Madrid: Espasa-Calpe, S. A., 1934), pp. 204-205.
2. Hortensia Pichardo, *Documentos para la historia de Cuba* (La Habana: Editorial de Ciencias Sociales), Volumen IV, segunda parte, p. 337.
3. Ibid., p. 342.
4. Citado por Hiram Hilty en *Friends in Cuba* (Richmond: Friends United Press, 1977), p. 63. Extraído del reporte anual, XVI (1944-1945).

5. Información verbal de los pastores Rogelio Paret y Razziel Vázquez Viera. Comprobado con entrevistas con pastores evangélicos (bautistas y metodistas) de lugares donde estuvo destacado.

6. Información verbal de funcionarios municipales de Los Arabos de la época y de pastores metodistas.

7. Información verbal de Rolando Espinosa Carballo, ex-director o secretario del Buró Campesino del Partido del Pueblo Cubano (Ortodoxo), que conoció a los mencionados evangélicos.

8. Información verbal de los doctores Alfonso Rodríguez Hidalgo y Rolando Amador.

9. Aunque el hecho es cierto, existe confusión acerca de los detalles y las opiniones vertidas sobre el mismo son relativamente contradictorias.

10. Encuesta nacional sobre el sentimiento religioso del pueblo de Cuba (La Habana: Agrupación Católica Universitaria, 1954).

11. Clyde Taylor y Wade T. Coggins, *Protestant Missions in Latin America* (Washington: Evangelical Foreign Missions Association, 1961).

12. Leoncio Veguilla, "Períodos de la historia bautista en Cuba Occidental" (Capítulo IV de una tesis de grado en el Seminario Teológico Bautista Mexicano), pp. 238-255.

13. Samuel Deulofeu Pérez, *Cronología de la obra bautista en Cuba Oriental* (1898-1983), pp. 16-35.

14. Carlos Pérez Ramos, *Un resumen de los setenta años de labor de la Iglesia Metodista en Cuba* (Miami: 1983), p. 33.

15. Los datos de la Iglesia Metodista para este capítulo, además de extraídos de las actas de la Conferencia Anual proceden de distintos capítulos o partes del trabajo de Pérez Ramos (nota 14) y del libro de S.A. Neblett, *Historia de la Iglesia Metodista de Cuba* (Buenos Aires: Evangelista Cubano, 1973), así como de información verbal del profesor metodista Reinaldo Toledo.

16. Los datos de la Iglesia Presbiteriana para este capítulo proceden de fuentes denominacionales, sobre todo del libro *It Came to Pass*, de Edward A. Odell (New York: Board of National Missions, 1952) y de información verbal de los doctores Pablo Emilio Veitía y Alfonso Rodríguez Hidalgo.

17. Los datos de la Iglesia Episcopal para este capítulo, proceden mayormente de un informe preparado en la oficina del director del Departamento de Ultramar del Concilio Nacional de la Iglesia Protestante Episcopal "Our Overseas Mission" (New York: 1964), del "Bosquejo de la historia de la Iglesia" de Hugh Blankingship y Romualdo González Agüero en *Heraldo Episcopal,* Epoca IV No. 58, febrero de 1954.

18. Hiram Hilty, op. cit. Complementado por información verbal del pastor Juan Sierra.

19. Los datos sobre la obra cuáquera independiente de la familia Pain proceden del libro *Sembrador a voleo* (Miami: Editorial Caribe, 1976) de Justo González, de la biografía escrita por la señora de Arthur W. Pain, hijo, *Echoes of His Love*(Berne: Light and Hope Publications, 1947); e información verbal de Justo González y Laura Ceballos viuda de Sánchez.

20. Programa de la Convención Magna de Cristianos Evangélicos de Cuba, publicado por el Concilio Cubano de Iglesias Evangélicas en 1942, pp. 67-68.

21. Ibid,m p. 62.

22. Ruth Vaughn, *Cristo para América Central* (Kansas City: Casa Nazarena de Publicaciones), pp. 93-96.

23. *Seventh Day Adventist Encyclopedia* (Washington: Review and Herald Publishing Association, 1966) p. 314. Complementado con información verbal de los pastores adventistas Miguel Vázquez, Emilio Girado, José Hernández y Nicolás Chaij.

24. Información verbal de los pastores Herman Glienke y Eugene Gruell y de Lola Watler, antigua residente de Isla de Pinos, y activa en la comunidad luterana.

25. Datos sobre el Ejército de Salvación en este capítulo han sido extraídos de revistas y anuarios salvacionistas y de información verbal del ex-oficial Armando A. Ginard.

26. Datos sobre las Asambleas de Dios (Iglesia Evangélica Pentecostal de Cuba) proceden de informes denominacionales publicados por la sede denominacional en los Estados Unidos, radicada en Springfield, Missouri, y de información verbal o escrita de Luisa Jeter de Walker, Ramón L. Nieves, Andrés Román, Gabriel Caride y Lázaro Domínguez.

27. Roberto Domínguez, *Pioneros de Pentecostés* (Miami 1977), pp. 191-196; e información verbal del pastor Ramón Herrera.

28. Investigación en los archivos de la Church of God of Prophecy en Cleveland, Tennessee, por el bibliotecario de la denominación, e información verbal del pastor Vicente Concepción.

29. Charles W. Conn, *Where the Saints Have Trod* (Cleveland: Pathway Press, 1959), pp. 98-101. Complementado por información verbal del pastor Ramón Herrera.

30. Información verbal del pastor Sixto M. López, fundador del movimiento.

31. Datos de la sede de la denominación en Des Moines, Iowa, e información verbal del pastor José M. Vera.

32. Datos de la sede de la denominación, Oklahoma City, Oklahoma.

33. Datos de la sede de la denominación en Griffin, Georgia e información verbal del obispo y del director del Departamento de Misiones Extranjeras.

34. Entrevistas con antiguos miembros de la Iglesia Cristiana Pentecostal.

35. Para obtener datos sobre iglesias pentecostales independientes y movimientos de origen puertorriqueño que se establecieron en Cuba se hicieron entrevistas a un gran número de personas.

36. Datos sobre Los Pinos Nuevos proceden de capítulos del libro *Una obra de fe*, de Rafael Zulueta Viart (Placetas: 1978) y de información verbal del fundador B. G. Lavastida, de los pastores Norberto Quesada, Osvaldo Martínez y Daniel Raimundo y de la misionera Zeida Campos.

37. Información verbal de la misionera Delma Jackson y varios campamentales.

38. Datos ofrecidos por la sede internacional de los gedeonistas e información verbal del arzobispo Florentino Santana.

39. Información verbal del ex-misionero en Cuba doctor Ellsworth Palmer.

40. Información verbal de George Walker, uno de los primeros misioneros de los hermanos.

41. Datos de *Never Say Can't*, libro de Jerry Ballard (Carol Stream: Creation House, 1971) e información verbal de Thomas Willey, hijo, y de los pastores

Benito Rodríguez y Mario Pérez.

42. Información verbal del fundador Vicente Izquierdo y el pastor Ramón Borrego.

43. Informe de Carl Walter, secretario para América Latina de United World Mission.

44. Datos de directorio de Iglesias de Cristo e información verbal de Rafael Díaz.

45. Información verbal de la primera misionera Ruby Miller y del misionero Clifford Hanhan.

46. Informe preparado por el doctor Rafael Silva con datos del misionero José A. Colmenero.

47. Informe preparado especialmente por Henry Paul Yoder, ex-misionero en Cuba y actual secretario para Misiones de la Conferencia Menonita de Franconia en Souderton, Pennsylvania.

48. Rafael Cepeda en *Mensaje*, números 3 y 4, 1982, p. 9.

49. J. Merle Davis, *La iglesia cubana en una economía azucarera* (La Habana: Concilio Cubano de Iglesias Evangélicas, 1941), p. 15.

50. Ibid., p. 50.

51. Ibid., p. 73.

52. Ibid., p. 74.

53. Datos sobre la fundación y desarrollo inicial del Seminario Evangélico de Teología de Matanzas proceden de op. cit., de S. A. Neblett, del Informe del director del Departamento de Ultramar de la Iglesia Protestante Episcopal (op. cit.), de artículos en *Heraldo Cristiano* entre 1946 y 1953 y de información verbal del doctor Alfonso Rodríguez Hidalgo, presidente emérito de esa institución.

54. Información verbal del pastor Manuel Viera Bernal, fundador del MSC.

55. Rine R. Leal en *Carteles*, La Habana, Año 38, número 37, pp. 50-53.

56. Gregorio Ortega en *Carteles*, La Habana, Año 38, número 37, pp. 53-55 y 82.

57. W. Dayton Roberts en *De Panamá a Oaxtepec*, edición especial de *Pastoralia*, San José Costa Rica, publicada por CELEP, Año 1, número 2, noviembre de 1978, pp. 41-42. (Complementado por información verbal de Armando A. Ginard, participante.)

Capítulo XIV

LOS EVANGELICOS
EN LA HORA DE LA REVOLUCION
(1952-1959)

No es posible estudiar la historia de Cuba sin cubrir el periodo 1952-1959 de una manera especial. La década de 1950 se caracterizó por el avance numérico y la consolidación institucional en el movimiento protestante, pero el golpe de estado y la consiguiente interrupción del ritmo constitucional afectaron a todo el país, y los evangélicos, tanto en el gobierno como en la oposición, e incluso los indiferentes a la política, por cierto un sector enorme, fueron sacudidos por los eventos de la historia.

EL NUEVO GOBIERNO DE BATISTA

El 10 de marzo de 1952 se inició el nuevo gobierno. El general Fulgencio Batista asumió la jefatura del Estado y prometió acabar con el cuasi impune gangsterismo que afectaba al país y con la corrupción administrativa. En la primera etapa fungió como su propio primer ministro y se crearon los ministerios de Información y Transporte. A partir de 1955 fungirían como primeros ministros los doctores Jorge García Montes, Andrés Rivero Agüero, Emilio Núñez Portuondo y Gonzalo Güell. En 1952 nombró como ministros a dos mujeres: María Gómez Carbonell y

Julia Elisa Consuegra. Como jefe del Estado Mayor del Ejército se nombró al general Francisco Tabernilla. Muy pronto, el nuevo gobierno recibió el apoyo de una lista impresionante de figuras de los sectores económicos, mientras líderes de los partidos Auténtico, Ortodoxo, Nacional Cubano, Liberal, Demócrata, Socialista Popular, y muchos congresistas depuestos, se unían al estudiantado universitario en la protesta contra el golpe de estado.

Batista organizó un Consejo Consultivo con facultades cuasi legislativas al cual fueron nombrados políticos, periodistas, líderes obreros, hombres de empresa y algunos intelectuales. El 4 de abril fueron dictados unos Estatutos Constitucionales que numerosos alcaldes y funcionarios juraron, permaneciendo así muchos de ellos en el ejercicio de sus funciones. Otros fueron sustituidos mediante decreto. La mayoría de los líderes de los partidos Liberal y Demócrata, como del Partido Acción Unitaria por él fundado y que cambió su nombre por el de Acción Progresista, apoyaron el nuevo régimen, organizándose después un nuevo partido oficialista: el Unión Radical. Eusebio Mujal, secretario general de la Confederación de Trabajadores de Cuba, decidió apoyar también al gobierno. Batista prometió respetar las conquistas obreras y propiciar otras; rebajó los alquileres e inició un vasto plan de obras públicas, logrando así algún apoyo. También convocó a elecciones generales para el futuro inmediato.

Además de la Federación de Estudiantes Universitarios (FEU) y de los partidos Auténtico y Ortodoxo, se crearon numerosos grupos y frentes de oposición, unos partidarios de la insurrección y otros en busca de soluciones electorales. Un intento de golpe por parte del recientemente creado Movimiento Nacionalista Revolucionario de Rafael García Bárcenas, un conocido profesor e intelectual fracasó al ser detenido su líder el 5 de abril de 1953. Entre los dirigentes del movimiento estaba el doctor Mario Llerena, graduado de la Universidad de La Habana y del Seminario Presbiteriano de Princeton, el cual había decidido no dedicarse al ministerio evangélico, a pesar de haber terminado su preparación teológica. Llerena escribía para las revistas *Bohemia* y *Carteles*, y era considerado uno de los principales intelectuales de su generación.

El gobierno intentó convencer a un sector oposicionista de que la única oportunidad de cambio estaba en las urnas. Un sector de la ortodoxia y otro del autenticismo empezaron a recorrer ese camino, pero eventualmente solo un grupo de partidarios del ex-Presidente Ramón Grau San Martín, y otros electoralistas que reorganizaron el Partido Revolucionario Cubano (Auténtico) se prepararon para concurrir a las urnas. El Partido Socialista Popular había sido ilegalizado como partido político aunque continuó funcionando. Sus publicaciones como el periódico *Noticias de hoy* y la revista *Mella* fueron clausurados en 1953, pero editaron un seminario mimeografiado, *La carta semanal*, y el quincenario

Mella logró salir esporádicamente.¹

Desde el 31 de abril de 1952 estaban rotas las relaciones con la Unión Soviética que habían sido establecidas en 1942 por el propio Presidente Batista, en su primer periodo en la Presidencia. Fueron normalizadas el 7 de abril de 1943. El primer embajador soviético había sido Maxim M. Litvinoff, y el primer cubano en ostentar el cargo de embajador en la Unión Soviética fue el doctor Aurelio Fernández Concheso. Años atrás, el 4 de diciembre de 1926, al tocar en La Habana el barco en que viajaba a México la famosa diplomática soviética Alexandra M. Kollontai, las autoridades de Cuba no le permitieron desembarcar en el país y visitarlo durante esa breve escala. Desde el mismo 10 de marzo de 1952 el gobierno de Batista sostenía relaciones normales con el de los Estados Unidos y sus oponentes utilizaban a esa nación como centro de actividades contra su régimen.

En 1953 varios sectores oposicionistas firmaron el famoso Pacto de Montreal que llevaba las firmas de Carlos Prio, Emilio Ochoa, Manuel A. De Varona, José Pardo Llada, Guillermo Alonso Pujol, Isidro Figueroa, Carlos Hevia, José M. Gutiérrez y Eduardo Suárez Rivas (Emilio Ochoa había sido activista de la juventud de la iglesia cuáquera en Oriente).

Pero la más importante actividad insurreccional que se estaba llevando a cabo era la dirigida por el doctor Fidel Castro, un conocido dirigente estudiantil. El 26 de julio de 1953, acompañado de un grupo de sus partidarios, atacó el Cuartel Moncada en Santiago de Cuba. Uno de los principales asaltantes y líderes del movimiento insurreccional era el doctor Mario Muñoz Monroy, un médico prominente en la ciudad de Colón, Matanzas y quien perdió la vida en el asalto, convirtiéndose en uno de los héroes del naciente Movimiento 26 de Julio. El doctor Muñoz era el médico que representaba en esa ciudad a la Clínica Bautista de La Habana.² En dicho movimiento militaron, desde el principio, varios evangélicos. Como dato curioso debe añadirse que en su famoso discurso "La Historia me absolverá" pronunciado durante el juicio que se le siguió, Fidel Castro citó a varios teólogos católicos y protestantes. Entre estos últimos hizo referencia a Martín Lutero, Felipe Melanchton, Juan Calvino, Juan Knox, Jorge Buchman y Juan Poynet, y también al poeta protestante John Milton.³ Durante una visita al Seminario Teológico de Princeton,⁴ donde estudiaba teología un cuñado suyo, había conocido y elogiado años atrás el libro *El otro Cristo español* de John A. MacKay, el famoso misionero escocés. Pero su procedencia religiosa era definidamente católica; había sido formado por los jesuitas en los colegios "Dolores" de Santiago de Cuba y "Belén" de La Habana. Su hermana menor había sido educada en los Colegios Internacionales de El Cristo, Oriente, institución bautista.

A pesar de ese intento de derrocamiento, de las actividades de los ortodoxos y auténticos, de los seguidores de Aureliano Sánchez Arango y de los nuevos grupos como el Movimiento Nacionalista Revolucionario y el Movimiento Liberación Radical, Batista pudo mantenerse en el poder y convocar a elecciones generales para noviembre de 1954. En medio de las acusaciones más bien cautelosas que continuamente se hacían al gobierno en la prensa, y sobre todo en la revista *Bohemia*, el país seguía disfrutando de una relativa prosperidad y sus relaciones con los Estados Unidos, como hemos aclarado, eran intensas y amistosas.

El proceso electoral prometido se llevó a cabo en 1954. El año anterior se había hecho un censo el cual reveló que la población del país era de 5,829,029 habitantes. Las provincias de La Habana y Oriente eran tan populosas que en ellas residía mucho más de la mitad de la población total. El 57% vivía en ciudades y el 43% en los campos. El 72.8% de la población afirmaba ser blanca, el 12.4% negra y el 14.5% mestiza. De raza amarilla afirmaba ser el 0.3% del total. Sin embargo, el número de negros, mestizos o mulatos y chinos era muy superior a esas cifras, sobre todo los mulatos. El 55.6% de los niños asistía a escuelas y el 76.4% de la población sabía leer y escribir.

Se inscribieron para las elecciones los siguientes partidos: Acción Progresista, Liberal, Unión Radical y Demócrata que integraron la llamada Coalición Progresista Nacional, partidaria de Batista. El Partido Revolucionario Cubano (Auténtico) que también se inscribió era, como hemos explicado, un sector del autenticismo compuesto por partidarios de Grau San Martín y por auténticos electoralistas.

Durante el proceso electoral, Batista entregó la Presidencia de la República, por unos meses, al doctor Andrés Domingo Morales del Castillo, secretario de la Presidencia en su gabinete. La Coalición Progresista Nacional postuló para presidente a Fulgencio Batista Zaldivar y para vicepresidente al líder liberal doctor Rafael Guas Inclán. El Partido Revolucionario Cubano (Auténtico), al doctor Ramón Grau San Martín para la Presidencia y al doctor Antonio Lancís, para la Vicepresidencia.

Antes de realizarse las elecciones, el candidato auténtico decidió retraerse acusando al gobierno de no ofrecer suficientes garantías. El Tribunal Superior Electoral no había concedido la "paridad", es decir, distribuir de forma aceptable para la oposición la directiva de las mesas de los colegios electorales. Esto beneficiaba al gobierno, que contaba con 4 partidos y perjudicaba al autenticismo que era un solo partido. Tampoco hubo tiempo de sacar al partido opositor de las boletas electorales, a pesar del "retraimiento" oposicionista.

Las elecciones de noviembre de 1954 tuvieron pues, como resultado, la victoria de la candidatura de Batista y Guas Inclán. Parte de los auténticos permaneció en sus casas, pero muchos de ellos votaron atraídos por elecciones parlamentarias o de alcaldes y concejales. La Coalición obtuvo 36 escaños en el Senado y el Partido Revolucionario Cubano (Auténtico) los 18 reservados por la ley electoral en ese cuerpo para la minoría. En la Cámara la Coalición obtuvo 114 y el autenticismo, 16. La Coalición obtuvo todos los cargos de gobernador y alcalde en el país y la gran mayoría de las actas de concejales en todos los municipios.

Un número apreciable de evangélicos o personas vinculadas con iglesias o escuelas protestantes fue elegido en estas elecciones. Entre ellos el representante a la Cámara por el Partido Unión Radical Víctor De Roux, hijo de un pastor bautista de Oriente, que resultó electo por esa provincia (había sido elegido por primera vez por el Partido Republicano en las elecciones de 1950). Varios activistas de iglesias evangélicas pasaron a formar parte de las cámaras municipales. Un caso interesante fue el de Clotilde Quiñones de Rodríguez, del Partido Liberal, que obtuvo una enorme votación en el municipio de Vueltas, Las Villas, llegando a ocupar la presidencia del ayuntamiento. Era una figura importante en la iglesia evangélica Los Pinos Nuevos de esa localidad.

El número de graduados de escuelas protestantes era especialmente visible en el nuevo Congreso. Solamente de un solo colegio, La Progresiva, de Cárdenas,[5] fueron elegidos, entre otros, los siguientes legisladores: Juan Caballero Brunet (Acción Progresista), Rafael Díaz Balart (Acción Progresista), Fernando Rodríguez de Aragón (Liberal), Roberto Rodríguez de Aragón (Acción Progresista). Durante el periodo 1955-1959 llegó a ocupar un escaño en el Senado la poetisa Isa Caraballo, miembro de la Iglesia Episcopal de Bolondrón, Matanzas.[6]

Debe tenerse en cuenta que había aumentado el número de evangélicos en el país y también el nivel educacional y social de los mismos, aunque no en una forma demasiado dramática. Algunos ocupaban desde antes de este periodo cargos importantes en el poder judicial (que no dependía directamente de la política del país) como el doctor Taurino Rodríguez, presbiteriano, que era magistrado en audiencias provinciales, uno de los cargos más altos en el poder judicial del país. Un buen número había llegado a cargos de alto nivel en el Ministerio de Educación por escalafón o por designación. El prominente líder bautista oriental doctor Gelasio Ortiz Columbié, uno de los más conocidos educadores de la provincia de Oriente, ocupaba allí, en este periodo, el cargo de superintendente provincial de Escuelas. Por otra parte, por designación del Presidente Batista, ocuparon cargos de ministros en los gabinetes que se formaron entre 1952 y 1958: Mario Cobas Reyes, ministro de Transporte, vinculado desde su juventud con la Iglesia Bautista de Cruces en Las Villas, y que fue alumno de escuela dominical en la misma[7] y Ramiro Oñate, ministro de Obras Públicas, antiguo profesor de los Colegios Internacionales del Cristo en Oriente.[8] El doctor Rafael Díaz Balart, padre, que ocupó también un cargo de ministro, tenía estrechos vínculos con la comunidad cuáquera del norte de Oriente, y su hijo Rafael Díaz Balart, fue subsecretario de Gobernación y líder del Partido Acción Progresista —principal fuerza política del gobierno— en la Cámara de Representantes y había sido estudiante de teología en el Seminario Presbiteriano de Princeton.

Cargos de alcalde en manos de evangélicos o de personas vinculadas al movimiento protestante eran bastante comunes, entre ellos importantes alcaldías. La de Cárdenas la ocupaba, desde 1950, Bathuel Posada, un presbiteriano,[9] y la de Holguín la desempeñó hasta 1955 Eduardo Ochoa ("Guarro"),[10] que había tenido vínculos con los cuáqueros y llegó después a ser miembro de la Iglesia Metodista.

En las Fuerzas Armadas, desde antes del gobierno de Batista, varios evangélicos tenían altos rangos en la oficialidad como el coronel Bonifacio Haza, un diácono bautista, que fue jefe de la Policía en Santiago de Cuba por algún tiempo durante este periodo. También continuaba en el Ejército el famoso teniente coronel Joaquín Casillas Lumpuy, que asistía con su esposa a iglesias evangélicas en los lugares donde era asignado como militar. El número de funcionarios públicos de extracción evangélica seguía aumentando y estos podían hallarse en todos los departamentos oficiales.

Un reducido grupo de intelectuales con formación evangélica era utilizado en labores más o menos equivalentes a la de consultor, como Miguel Pérez de Alejo en el Ministerio de Información creado por Batista en 1952, lo cual no implicaba necesariamente afiliación partidista, al menos en ese caso. Justo González Carrasco era un alto funcionario del Ministerio de Agricultura desde mucho antes. En realidad, esa participación aumentó desde la década de los cuarenta y sucedió de forma espontánea, sin que haya existido un movimiento entre los evangélicos para alcanzar cargos. Aquellos que los obtuvieron habían seguido los mismos procedimientos que el resto de la ciudadanía. Las posiciones las ocupaban también familiares de algunos de los principales líderes protestantes del país; un hermano del doctor Alfonso Rodríguez Hidalgo era concejal en La Habana, cargo tan importante como un escaño en el Parlamento debido a la importancia de la Capital en todos los órdenes. El concejal José Rodríguez Hidalgo asistía a la iglesia bautista de Zulueta y Dragones.

Para esa época, las relaciones con la Iglesia Católica habían mejorado, pero muy poco para que ellas ameriten un estudio profundo. En los círculos más cultos dentro del catolicismo llegó a tener gran popularidad una publicación continuadora del *Semanario Católico*, es decir, la revista *La quincena*, dirigida por el padre Ignacio Biaín, franciscano y que tenía como jefe de redacción al periodista Rodolfo Riesgo. Las referencias a los protestantes y sus iglesias en esa publicación eran por lo general respetuosas. La llegada de misioneros canadienses, para remediar la casi escandalosa escasez de clero cubano en la Iglesia Católica ejerció una influencia más bien conciliadora al reemplazar estos a clérigos españoles procedentes de regiones de España donde el protestantismo era considerado en la práctica, en cuanto al tratamiento que se les daba en el púlpito, al nivel de vicio, prostitución, y otros males de la época.

El gobierno de Batista fue sumamente generoso con la Iglesia Católica. La segunda esposa del presidente, Marta Fernández Miranda, tenía excelentes relaciones en círculos eclesiásticos y las donaciones que se le hicieron a la Iglesia fueron muy elevadas y no se limitaron a las instituciones educacionales y benéficas. Batista continuó ayudando esporádicamente a su antigua escuela en Banes, la de los cuáqueros, pero, por lo general, los evangélicos no aceptaron ningún tipo de ayuda oficial, continuando una vieja tradición en Cuba y otros países.

Las relaciones entre la Iglesia Católica y el gobierno del Presidente Batista son tal vez menos interesantes que las existentes entre aquella y la embajada norteamericana. Muy al contrario, de lo que algunos han tratado de presentar, desde diferentes perspectivas, hemos explicado que las relaciones entre los embajadores norteamericanos y la Iglesia Católica eran mucho más estrechas que las sostenidas con las iglesias evangélicas en el país. La asistencia de muchos de esos embajadores a las iglesias protestantes de habla inglesa en la capital cubana era simplemente por sus antecedentes familiares o sus preferencias personales en materia de religión. Algunos ministros o misioneros protestantes norteamericanos o cubanos que poseían la ciudadanía norteamericana fueron funcionarios consulares honoríficos en Cuba (Alfredo Story, Paul Alexander Tate y otros, incluso tal vez Roscoe Hill durante su estada en Matanzas). Otros, como la misionera bautista Lucille Kerrigan, ocuparon modestos cargos en la Agencia de Información de los Estados Unidos (USIA). El obispo episcopal, así como los capellanes de la colonia extranjera o pastores de iglesias de habla inglesa, disfrutaron de lo que los cubanos llaman "derecho de mampara" (que es la oportunidad de visitar a un personaje importante) en la Embajada, pero no era frecuente que un embajador recibiera personalmente a un dirigente cubano de las iglesias protestantes establecidas en el país. Por las memorias de los embajadores norteamericanos se sabe que existía contacto frecuente entre la embajada y la jerarquía católica, lo cual, por otra parte, era de esperarse en un país de tradición católica. El embajador Spruille Braden, en la década de los cuarenta había mantenido contacto frecuente con el cardenal Manuel Arteaga Betancourt, quien le informó de algunas situaciones para que el embajador interviniera a su favor ante el gobierno cubano. Uno de esos casos, relacionado con el Ministerio de Defensa y el pago a capellanes católicos, es relatado con detalles en su libro *Diplomat and Demagogues* (New Rochelle: Arlington House, 1971) por el ex-embajador Braden.[11] Es interesante hacer notar que en 1954 el obispo episcopal Hugh Blankingship, que también recibió la Orden de Carlos Manuel de Céspedes fue honrado por los embajadores de Inglaterra, Canadá y Estados Unidos en un acto imponente en el cual se le hicieron importantes regalos.

Las actividades de órdenes católicas dirigidas por el clero norteamericano eran evidentes desde principios de la República. Algunas de ellas realizaron aportes sustanciales a la educación en este periodo, sobre todo la orden de los agustinos y su Universidad de Santo Tomás de Villanueva (vinculada a Villanova University en los Estados Unidos). La aristocrática Iglesia del Cristo, una parroquia católica, albergaba una considerable congregación de habla inglesa. Mientras la parroquia contaba entre sus fieles con algunos de los más eminentes miembros de la colonia norteamericana, la Universidad de Villanueva atrajo a su facultad a intelectuales y profesionales cubanos de la talla de José María Chacón y Calvo, Mercedes y Rosaura García Tuduri, Raúl Cárdenas, etc. Su creador, el padre Lorenzo Spirale, italiano naturalizado norteamericano, era una de las figuras más influyentes entre la alta sociedad cubana.

Pero los líderes laicos católicos del país y gran parte de la aristocracia cubana vinculada a esa iglesia por tradición o por práctica religiosa, a pesar de los donativos y otras concesiones del gobierno del Presidente Batista, decidieron bien temprano oponerse al mismo, aunque como otros sectores religiosos, estuvieron divididos en partidarios y opositores. Eminentes intelectuales católicos como Angel del Cerro, Amalio Fiallo y Andrés Valdespino se distinguieron por una postura intransigentemente oposicionista. Eventualmente, el movimiento laico conocido como Acción Católica, se unió en su actitud al Concilio Cubano de Iglesias Evangélicas y las otras instituciones del país que componían el Conjunto de Instituciones Cívicas para pedir la renuncia de Batista.

El proceso que condujo al derrocamiento de Batista es complicado y no es posible describirlo adecuadamente en una obra de esta naturaleza, pero resalta a primera vista la participación católica y protestante en el mismo. Algunos estudios superficiales, por autores de ambas vertientes religiosas, pasan por alto que un sector apreciable de miembros y líderes de las dos iglesias apoyaron al gobierno o tenían vínculos con el mismo, como era de esperarse, pero no se ha exagerado la gran participación de católicos y protestantes en el proceso revolucionario. En el caso de los católicos, por su superioridad numérica, la lista de contribuciones y participantes puede ser más larga, pero si se tiene en cuenta la proporción más reducida de protestantes en la población del país, se descubre fácilmente que la participación evangélica era mucho más intensa.

Por primera vez en la historia de Cuba, evangélicos cubanos con una intensa vinculación con sus iglesias ocuparían no solo posiciones importantes como en el pasado, sino los cargos más elevados en un movimiento político nacional que estaba surgiendo en los primeros años del segundo gobierno del Presidente Batista: el Movimiento 26 de Julio.

Tan pronto fue puesto en libertad y abandonó la prisión en Isla de Pinos, adonde había sido enviado después de su condena por su participación como líder del asalto al Cuartel Moncada, Fidel Castro organizó a nivel nacional el Movimiento 26 de Julio. En la dirección del mismo figuraba desde el principio un médico de formación presbiteriana, que había trabajado en el dispensario de la Iglesia Presbiteriana de La Habana, el doctor Faustino Pérez, procedente de Cabaiguán, que fue designado jefe de propaganda. Otros movimientos de oposición eran el Directorio Revolucionario, compuesto por estudiantes universitarios, entre ellos el católico José Antonio Echevarría y dos graduados del Colegio Presbiteriano La Progresiva: José A. Naranjo ("Pepín") y Rolando Cubela. El grupo armado que en abril de 1956 atacó el cuartel Goicuría en la ciudad de Matanzas tenía entre los activistas que participaron en el mismo a un líder del sindicato de empleados de la compañía de electricidad, René L. Díaz, miembro de la iglesia Bautista El Calvario, de La Habana. En el desembarco de la expedición del barco Corinthia, que intentó establecer un foco guerrillero en la Sierra Cristal en 1957, cuando Castro estaba en la Sierra Maestra, perdió la vida otro miembro conocido de la misma iglesia, Luis Vázquez Roque, que colaboraba con las actividades de la Organización Auténtica de Carlos Prío Socarrás.

En Oriente, un joven maestro bautista había organizado el movimiento Acción Revolucionaria Oriental. Frank Isaac País García, conocido en la historia de Cuba simplemente como Frank País, nació en 1934. Su padre, Francisco País, nacido en España, fue un conocido pastor de la Primera Iglesia Bautista de Santiago de Cuba; su madre, Rosario García, era una inmigrante española con la que su padre se casó después de enviudar. La hermana mayor de Frank, nacida en el primer matrimonio de su padre, era una de las más importantes líderes evangélicas de Cuba, la doctora Sara País de Molina. Sus otros dos hermanos eran Josué y Agustín. El joven País ocupó varios cargos en la iglesia y en la Convención Bautista Oriental. Se graduó de maestro y cursaba estudios universitarios de Pedagogía. Opuesto al gobierno de Batista desde el principio, había militado en el Movimiento Nacional Revolucionario ya mencionado, y en Acción Libertadora, un grupo organizado por el ex-presidente del Banco de Fomento Agrícola e Industrial (BANFAIC), doctor Justo Carrillo, revolucionario de la generación que se opuso a Machado. El movimiento Acción Revolucionaria Oriental se extendió a otras provincias y pasó a ser conocido como Acción Revolucionaria Nacional. País se integró al Movimiento 26 de Julio y se convirtió en su principal organizador en la provincia de Oriente. La persona que probablemente ejerció mayor influencia sobre su vida fue el pastor Agustín González Seisdedos, director del Colegio Bautista "El Salvador" donde País fue maestro. González Seisdedos fue uno de los dirigentes del Movimiento de Resistencia Cívica de Santiago de Cuba.

Fidel Castro había firmado con el presidente de la Federación de Estudiantes Universitarios, el líder católico José Antonio Echevarría, un acuerdo conocido como el Pacto de México, y se hicieron planes para la preparación de una huelga general. Hechos aislados evidenciaban la tensión imperante en el país. El 25 de noviembre de 1956 partió hacia Cuba una expedición armada compuesta por 82 hombres dirigidos por Castro. Entre ellos figuraba el médico argentino Ernesto Guevara, conocido como el "Che", y entre los principales jefes estaban, además de Castro, Juan Manuel Márquez y el médico de origen evangélico Faustino Pérez. El desembarco se esperaba el día 30 de noviembre y las milicias del Movimiento 26 de Julio se lanzaron a atacar objetivos militares en Santiago de Cuba. Pero el desembarco se efectuó el 2 de diciembre en Playa Las Coloradas, cerca del poblado de pescadores conocido por Belic, al sur de Niquero, en la provincia de Oriente. El doctor Pérez revelaría después a la revista *Bohemia:*

"Los planes habían fracasado. Inicialmente se pensó en desembarcar en Niquero en la madrugada del 30 de noviembre; Crescencio Pérez, con camiones y un centenar de hombres, nos esperaba en los alrededores. Tomaríamos Niquero y saltaríamos sobre Manzanillo al mismo tiempo que estallaba la rebelión en Santiago. A partir de ese momento, se iniciaría un proyecto de agitación y sabotaje que culminaría en una huelga general. Pero todo salió mal... El desembarco se demoró y tuvo lugar en un sitio inapropiado, sin el beneficio del impacto de la toma de una población..."[12]

Efectivamente, las circunstancias en que se realizó el desembarco fueron trágicas; y si a ello se agrega el enfrentamiento en total desventaja con las fuerzas oficialistas que los esperaban, dando muerte o tomando prisioneros a un gran número de rebeldes, entenderemos por qué el proyecto estuvo a punto de convertirse en un total fracaso; sin embargo, los sobrevivientes siguieron adelante. Faustino Pérez pasó a ser el segundo al mando de la expedición, al morir en combate Juan Manuel Márquez. Eventualmente fue enviado por Castro a hacerse cargo de la resistencia en las ciudades del país.

Otros evangélicos alcanzaron altas posiciones dentro del Movimiento 26 de Julio. Entre ellos Marcelo Salado, que fue uno de los capitanes a cargo de acción y sabotaje en la capital y quien murió durante la lucha. Salado procedía de Caibarién, Las Villas.

Pero aparte de Frank País a quien algunos consideran la segunda figura de todo el proceso revolucionario contra el gobierno de Batista, y de Faustino Pérez, que llegó a dirigir el clandestinaje en las ciudades, la figura evangélica de más importancia en el proceso parece haber sido por un tiempo el doctor Mario Llerena. Con la credencial de poseer una cultura muy variada, el ex-seminarista presbiteriano que era generalmente respetado en círculos intelectuales, y en la comunidad evangélica del país, a la cual siguió perteneciendo, había sido uno de los líderes del Movimiento de Liberación Radical fundado por un grupo de líderes católicos como Andrés Valdespino y Amalio Fiallo, y contaba en su directiva con Leví Marrero, considerado como uno de los principales intelectuales del país. Llerena participó en las reuniones de la Sociedad de Amigos de la República (SAR), dirigida por Cosme de la Torriente, un coronel del Ejército Libertador y ex-presidente de la Liga de las Naciones, que buscaba un arreglo entre el gobierno y la oposición para resolver la crisis nacional. Trabajaba para la revista *Carteles*, donde estaba a cargo de la sección "Nuestra América", y para el Comité Mundial por la Libertad de la Cultura, con sede en París, en su oficina de La Habana. En septiembre de 1956 viajó a México, al ser designado por el Comité Cubano del Congreso Mundial por la Libertad de la Cultura como uno de sus tres representantes a una reunión de delegados del Hemisferio Occidental a celebrarse en Ciudad de México ese mes. Los otros dos delegados eran el profesor de historia y filosofía, también presbiteriano, Pedro Vicente Aja; y el doctor Raúl Roa, decano de la Escuela de Ciencias Sociales de la Universidad de La Habana y futuro ministro de Relaciones Exteriores del Gobierno Revolucionario en 1959. En México hizo contacto con Castro por medio de Teresa Casuso, la viuda de Pablo de la Torriente Brau, quien había muerto en la Guerra Civil española peleando por las Brigadas Internacionales, y que ya ha sido mencionado en este libro. Llerena le llevaba un mensaje de Enrique Oltuski, uno de los líderes revolucionarios. Eventualmente se unió al Movimiento 26 de Julio y redactó el famoso manifiesto revolucionario *Nuestra razón*.[13]

Llerena tuvo una participación decisiva en lograr que los periodistas estadounidenses Robert Taber y Wendell Hoffmann de la CBS, Columbia Broadcasting System, la cadena de televisión, se entrevistaran con Castro en la Sierra, para lo cual contó con la ayuda del pastor Raúl Fernández Ceballos. Contribuyó también a conseguir el apoyo directo para la Revolución del influyente pastor bautista negro, Adam Clayton Powell, quien después se opuso a los envíos de armas norteamericanas al gobierno del Presidente Batista. Para estas gestiones Llerena contó con la ayuda de Arnold Johnson, amigo del congresista y pastor. El doctor Llerena, que había decidido exiliarse, ocupó el cargo de secretario de Relaciones Públicas del Comité de Exilio del Movimiento 26 de Julio y fue designado presidente del Comité, fungiendo también como representante del Movimiento ante la Junta Cubana de Liberación en Miami, formada por diversos grupos oposicionistas. En 1958 renunció a sus cargos, debido a críticas y conflictos internos. También ha mencionado en algunos escritos su disgusto ante ciertos acontecimientos. En la práctica, había sido por un tiempo el vocero del 26 de Julio en el exterior. No obstante su renuncia, siguió oponiéndose al gobierno, aunque ya no dentro de la estructura. Otros dos evangélicos permanecían en la más alta dirección del Movimiento; ambos eran de origen presbiteriano: Faustino Pérez, coordinador nacional y el ingeniero Manuel Ray Rivero, coordinador de Resistencia Cívica.

Mientras tanto, las actividades guerrilleras en la Sierra Maestra se extendían a otras regiones en Oriente e iban en aumento. Los alzados, en sus primeras etapas, dependían casi exclusivamente de la ayuda de campesinos que les suministraban alimentos. Entre ellos estuvieron varios evangélicos que se habían convertido como resultado de las actividades misioneras de algunas denominaciones. Los adventistas del séptimo día prestaron importantes servicios al comandante Ernesto "Che" Guevara y otros alzados. Guevara tuvo relaciones amistosas con esos evangélicos que le protegieron.[14] Además, varios oficiales y soldados eran miembros de iglesias evangélicas, sobre todo bautistas. Se conoce bien el caso del comandante Huber Matos, miembro de una muy conocida familia de origen bautista. Abundaban los creyentes de otras denominaciones.

El primer capellán evangélico en la Sierra Maestra lo fue el seminarista bautista Víctor Toranzo, a quien se unió pronto Carlos Herrera, también bautista, que sirvió en la columna 9. Varios pastores residentes en áreas afectadas por la guerra en Oriente prestaron servicio, aunque no como capellanes de tiempo completo. Entre ellos pueden mencionarse, siguiendo una lista preparada por el historiador bautista Samuel Deulofeu, los siguientes: Ebenezer Lobaina, en Mayarí Arriba y Alto Songo; Ramón Fumero, en Sagua de Tánamo; Eliaquim Hernández, en Puriales de Caujerí; Pedro Azahares, en Maffo y Brazo Escondido; Pedro Tamayo, en Jiguaní y Santa Rita; Anastasio Díaz, en Yara y Las Mercedes; Pedro Abilio Soria, en la Sierra Maestra y La Uvita; Mario Casanella, en El Cristo; Agustín González, en Santiago de Cuba, y los mencionados Toranzo y Herrera.[15] Los capellanes distribuían ejemplares de la Biblia o porciones escriturales, celebraban cultos y hasta bautizaban y solemnizaban algunos matrimonios.

El número de clérigos bautistas que ayudaron o predicaron a los alzados es muy alto, debido a la atención esmerada que la Convención Oriental daba a las zonas rurales de la provincia, incluyendo sectores aislados y áreas montañosas que solo veían a un sacerdote católico una vez al año (por la escasez de clero dedicado a trabajo pastoral en el campo).

El más famoso sacerdote católico que participó en este tipo de actividades fue el Padre Guillermo Sardiñas, comandante del Ejército Rebelde. Herrera y otros pastores evangélicos también recibieron rangos militares. El pastor Ramón L. Nieves, superintendente de la Iglesia Evangélica Pentecostal de Cuba, recorrió varias veces la zona de operaciones en la región de Mir, al oeste de Holguín, para llevar medicinas a los alzados.[16] Situaciones similares ocurrieron en la Sierra del Escambray, en Las Villas, donde funcionaba el Segundo Frente Nacional del Escambray, otra organización revolucionaria de tipo insurreccional.

En Pinar del Río, el misionero norteamericano Thomas Willey, director de la obra misionera de los bautistas libres en Cuba, auxilió al aventurero norteamericano Neill Macaulay y a otros extranjeros y nativos que combatían contra Batista en esa región. De acuerdo con el relato de Macaulay en su libro *A Rebel in Cuba* (Chicago: Quadrangle Press, 1970), Willey tenía fama de ayudar a los alzados. Esto lo pudo comprobar un día en que al pedir instrucciones a agentes revolucionarios en Nueva York se le dijo que en caso que tuviera problemas en Pinar del Río podía refugiarse en el Seminario Bautista Libre Los Cedros del Líbano. Macaulay, además de participar en la rebelión en Cuba, se convirtió años después en un conocido profesor de historia y en autor de importantes trabajos sobre personajes latinoamericanos, siendo considerado actualmente como un importante erudito.

La lista de participantes evangélicos es demasiado larga para incluirla en su integridad; pero, al mismo tiempo, numerosos protestantes formaban parte, con otros cubanos, de las Fuerzas Armadas del país. Por un tiempo había sido el jefe de operaciones del Ejército en la Sierra Maestra el comandante Joaquín Casillas Lumpuy, a quien hemos identificado como vinculado por cuestión familiar con el protestantismo y que asistía regularmente a iglesias evangélicas dondequiera que era asignado como militar (en Aguada de Pasajeros fue considerado como un pilar de la Iglesia Metodista de esa localidad).

En la obra de Los Pinos Nuevos se habían producido algunos incidentes. Antonio Duménico, uno de los obreros de la imprenta del Seminario, murió durante la lucha contra el régimen y en 1958 al ser inspeccionado el plantel por soldados del gobierno, éstos tomaron en prenda al misionero norteamericano David Wittemberg que se ofreció para tomar el lugar del pastor Rafael Zulueta cuando se hicieron acusaciones de que algunas armas estaban escondidas en el Seminario y solicitaron un rehén. La realidad es que, con desconocimiento de los directores del Seminario, existía allí un depósito de armas que no fue descubierto.[17] El misionero Wittemberg fue puesto en libertad poco después. Estudiantes del seminario habían enterrado las armas. Algunos de ellos, como Norberto Quesada y Quirino Baró, cooperaban directamente con los alzados. Arnaldo Quesada, que por algún tiempo fungiera como pastor, fue parte del Segundo Frente Oriental Frank País y estuvo bajo las órdenes de Camilo Cienfuegos.

El 30 de junio de 1957 había muerto en acción Josué País, hermano menor de Frank. Al fallecimiento de este joven bautista siguió el de su hermano mayor. El 30 de julio de 1957, exactamente un mes después, fuerzas del Ejército, la Marina y la Policía, al mando del coronel José María Salas Cañizares, rodearon la residencia de Raúl Pujol donde se ocultaba Frank País. Ambos fueron detenidos y asesinados. El sepelio de Frank País fue el más impresionante celebrado en Cuba desde el fallecimiento de Eduardo R. Chibás, fundador del Partido del Pueblo Cubano (Ortodoxo). La procesión fúnebre partió de casa de su novia, América Domitro Terlebauca, donde hizo uso de la palabra el pastor Agustín González Seisdedos. Las honras fúnebres evangélicas se celebraron en el Cementerio de Santa Ifigenia, donde también oficiaron los pastores Mario Casanella y Eliseo González. El duelo fue despedido por el doctor Lucas Morán. Había sido el más grande entierro de un protestante en la historia de Cuba.[18] Asistió prácticamente la ciudad entera y País fue enterrado con el uniforme de coronel, siendo éste el más alto rango rebelde concedido durante el proceso revolucionario que condujo al derrocamiento del Presidente Batista. El embajador de los Estados Unidos, Earl Smith había llegado a Santiago de Cuba ese día y presenció una protesta de las mujeres santiagueras a la cual hizo frente la policía. Sus declaraciones condenando la protesta y la actitud de la policía fueron criticadas por los partidos del gobierno tanto como por los de la oposición.

La situación era cada día más tensa. Buena parte del país estaba prácticamente en estado de guerra, aunque las fuerzas rebeldes solo controlaban algunas regiones rurales. En las ciudades se realizaban continuos actos de sabotaje y resistencia. Varios pastores usaron sus buenos oficios para evitar que fueran detenidos jóvenes oposicionistas de militancia evangélica. En un conocido caso, el educador Emilio Rodríguez Busto, de La Progresiva, se enfrentó a las autoridades policiacas.

En un encuentro con la policía, perdió la vida un maestro del Colegio La Progresiva, el joven Esteban Hernández, hijo del pastor Eladio Hernández.[19] En Placetas, un laico evangélico, Jorge Alvarez, empleado bancario, se alzó junto con un grupo.[20]

Entre los caídos más famosos en el proceso estuvo Oscar Lucero Moya, quien el 28 de abril de 1958 fue conducido al Buró de Investigaciones en la Décima Estación de Policía donde se le quitó la vida. Sus compañeros le llamaron "el mártir del silencio", porque no reveló ningún nombre de otro conspirador. Lucero nació el 30 de abril de 1928 en el Central Miranda, en Oriente, y cursó estudios en el Colegio Bautista "El Sinaí", de Palma Soriano. Era miembro activo de una iglesia bautista. Mientras cursaba estudios en Santiago de Cuba se hizo colaborador de Frank País. Fue presidente de la juventud de la Primera Iglesia de Santiago de Cuba. Se convirtió en activista del Partido del Pueblo Cubano y de la Juventud Ortodoxa, y posteriormente se unió al Movimiento 26 de Julio. Era conocido en el clandestinaje como "Omar Sánchez", "Héctor García" y "Noel" y se destacó sobre todo en Holguín donde sus hombres dieron muerte al coronel Fermín Cowley. Al trasladarse a La Habana, participó en actividades de todo tipo con otros dos líderes de origen evangélico: Faustino Pérez y Marcelo Salado. Participó de manera decisiva, encabezándolo, en el secuestro, el 23 de febrero de 1958, del famoso deportista argentino Juan Manuel Fangio que iba a intervenir en una carrera automovilística en Cuba. El secuestro llamó la atención de la prensa internacional puesto que Fangio también se convirtió en vocero del movimiento revolucionario.

Terminada la revolución, en la convención celebrada por los bautistas orientales en 1959 fueron mencionados los nombres de varios miembros de iglesias bautistas que se destacaron en el proceso como líderes: Frank y Josué País, Oscar Lucero Moya, Joel Jordán, Salvador Rosales Clavijo, Fabio Rosell, Angel Froilán Guerra, Daniel Rendigos, Rubén Casaus Cruz y otros, incluyendo predicadores laicos y misioneras: Andrés Terrero, Rosalio Rosell, Juan Pagés, Marta Prado, Elena Alameda, etc.[21]

Desde el inicio del movimiento insurreccional, numerosos ministros protestantes tuvieron participación, directa o indirecta, por medio de contribuciones importantes o como activistas. La inmensa mayoría del clero evangélico no participó en forma directa. Algunos hicieron aportes dentro de la zona donde desarrollaban su trabajo, como el pastor Juan F. Naranjo, en Colón y sus alrededores, y el ministro episcopal Alonso González. Otros, como el doctor Mario Casanella fueron importantes colaboradores de líderes del movimiento revolucionario como Frank País y Huber Matos. Tres pastores presbiterianos prestaron importantes servicios a la revolución: el doctor Rafael Cepeda Clemente, una de las figuras fundamentales de la intelectualidad evangélica del país, fue miembro del Comité que dirigió la resistencia en la ciudad de Matanzas y en la provincia del mismo nombre. Estuvo a cargo de la tesorería y de actividades de información y propaganda. Al exiliarse, se vinculó a importantes actividades en los Estados Unidos hasta el triunfo de la revolución.[22] Cecilio Arrastía, el más elocuente de los oradores religiosos del país, llevó casi US$10,000 a Castro y a los expedicionarios que se preparaban a salir de Cuba en el barco "Granma", para ayudar en los preparativos. El dinero había sido recolectado expresamente para ese propósito.[23] El otro pastor presbiteriano, Raúl Fernández Ceballos será mencionado aparte, al igual que el pastor bautista Agustín González Seisdedos.

Raúl Fernández Ceballos nació en Arcos de Canasí en 1911. Su familia era de clase pobre. Después de asistir a la iglesia católica de su pueblo, empezó a relacionarse con protestantes en Matanzas donde asistió a la Iglesia Episcopal y otras iglesias evangélicas. Por un tiempo cooperó con el Ejército de Salvación en su obra social y se convirtió en pastor laico de la obra cuáquera independiente de la familia Pain atendiendo a grupos de creyentes en el Central Hershey, Santa Cruz del Norte, Jibacoa, Jaruco, Arcos de Canasí, etc. Luego de etapas de cooperación con bautistas y metodistas echó su suerte con la Iglesia Presbiteriana, de la cual llegó a ser ministro después de estudios en el Seminario Evangélico de Río Piedras, en Puerto Rico, al que fue enviado con posterioridad a su graduación como bachiller en el Instituto de Segunda Enseñanza de Matanzas. En Puerto Rico contrajo nupcias con la hija de un pastor. Fue ministro de iglesias presbiterianas en Calabazar de Sagua, Encrucijada, Cabaiguán y La Habana. Durante su trabajo en la zona de Calabazar de Sagua y Encrucijada, provincia de Las Villas, promovió la construcción de una carretera y en Encrucijada ocupó cargos en la administración municipal. Era hermano de un combatiente de la organización "Joven Cuba", Ernesto Fernández Ceballos, asesinado en la década de 1930. Su inclinación por la izquierda fue evidente desde su juventud.[24] Militó en los partidos Auténtico y Ortodoxo.

Este pastor presbiteriano era un cercano colaborador de Faustino Pérez, con quien le unían múltiples lazos, amparó a este en sus actividades y participó de ellas. En una casa propiedad de la iglesia, que estaba situada en Salud 222 en La Habana, donde era pastor, estuvieron prácticamente los cuarteles generales del Movimiento 26 de Julio en la capital. Allí residía Pérez, que había trabajado en el dispensario presbiteriano y en la Clínica Bautista. Faustino Pérez fue responsable de la operación que permitió al periodista Herbert Matthews entrevistarse con Fidel Castro en la Sierra Maestra, un hecho noticioso que sirvió de tremenda publicidad al movimiento revolucionario. La operación que permitió llevar a la Sierra a los periodistas Taber y Hoffmann fue dirigida por Mario Llerena y Fernández Ceballos, quienes usaron, sin que él se diese cuenta, al superintendente de la obra presbiteriana en Cuba, Francisco García Serpa, invitándole a recibir a "misioneros presbiterianos" que visitarían la Isla. Era evidente que la presencia del superintendente en el aeropuerto evitaría sospechas.[25] Del templo, los periodistas partieron hacia la Sierra Maestra. En un edificio contiguo al templo fue encontrado, durante el proceso bélico, un importante cargamento de armas.[26] Fernández Ceballos, un líder del Concilio Cubano de Iglesias Evangélicas y que llegó a formar parte de la directiva del Conjunto de Instituciones

Cívicas de Cuba, jugó algún papel en lograr que esa última organización pidiera la renuncia del Presidente Batista.

Agustín González Seisdedos nació en Fermoselle, provincia de Zamora, España. En 1923 emigró a Cuba siendo todavía un adolescente. Después de trabajar en el comercio en Santiago de Cuba empezó a cursar estudios académicos y conoció el evangelio, uniéndose a la Primera Iglesia Bautista en esa ciudad. Cursó estudios de bachillerato en los Colegios Internacionales del Cristo, donde también se graduó de ministro en 1932. Inició su ministerio en Bayamo, sustituyendo al pastor Alfredo Santana, de quien había sido auxiliar. Realizó una gran labor allí y en Palma Soriano, donde fundó el Colegio Bautista El Sinaí y una cooperativa de consumo para personas pobres. Fue pastor en El Cristo y director de los Colegios Internacionales radicados en esa ciudad. Para esa época era ya uno de los líderes principales de la Convención Bautista de Cuba Oriental. Fue su tesorero por espacio de treinta años, y fue elegido a las directivas del Concilio Cubano de Iglesias Evangélicas y de la Sociedad Bíblica. A partir de 1948 desempeñó el pastorado de la Iglesia Bautista del Reparto Sueño, en Santiago de Cuba y fue director del Colegio Bautista El Salvador, uno de cuyos maestros era Frank País, de quien González se había convertido en amigo íntimo y protector (País era huérfano de padre). González se consideraba hijo espiritual del padre de Frank, el pastor Francisco País, que le había ayudado en su vida religiosa.[27]

Al intensificarse el proceso revolucionario después de 1953 por el ataque al Cuartel Moncada, González ya era reconocido por muchos en la región como el principal líder protestante de Oriente. A él se refirió Herbert L. Matthews, el periodista del New York Times que entrevistó a Castro en la Sierra Maestra, al referirse a su visita a Santiago de Cuba:

"Uno de los que comió conmigo en un restaurante público fue un sacerdote católico quien es dirigente de un movimiento juvenil católico. Y en la misma mesa había un ministro protestante que encabezaba la comunidad protestante de Santiago. Muchos creen que la policía no respetará ni al clero. . ."[28]

González, el ministro que "encabezaba la comunidad protestante", era líder del Movimiento de Resistencia Cívica en Santiago de Cuba, además de ser la persona más estrechamente ligada a Frank País, en cuyo sepelio predicó. Era considerado por algunos como jefe intelectual del Movimiento 26 de Julio en Santiago de Cuba, la segunda capital cubana. González Seisdedos negoció la rendición pacífica de las Fuerzas Armadas de esa ciudad, al producirse la caída del Presidente Batista el 1o. de enero de 1959.

El año 1958 se caracterizó por graves acontecimientos. El 13 de marzo de 1957 había fracasado un ataque al Palacio Presidencial dirigido por el joven católico José Antonio Echevarría, presidente de la Federación de Estudiantes Universitarios (FEU). También fue derrotada una rebelión en la base naval de Cienfuegos. Pero fue en 1958 que la situación se convirtió en insostenible para el gobierno. Los católicos, que habían tenido una participación decisiva en el proceso, incluyendo un número elevado de sacerdotes cubanos y hasta extranjeros, presionaron a sus dirigentes. El 11 de febrero, la Juventud de la Acción Católica dirigió un manifiesto público al país en el que se pedía el restablecimiento de un régimen de derecho. El 6 de marzo de 1958, bajo la mediación de los obispos católicos, que el 28 de febrero habían firmado una Carta Pastoral pidiendo la solución del conflicto, se creó una Comisión de la Armonía Nacional para alcanzar un alto al fuego. El 15 de marzo, el Conjunto de Instituciones Cívicas de Cuba, entre cuyos miembros estaba el Concilio Cubano de Iglesias Evangélicas y la Acción Católica, pidió la renuncia del Presidente Batista y la disolución del Congreso. El 9 de abril se produjo una huelga revolucionaria que no logró sus objetivos. El 20 de julio se firmó en Caracas un pacto de unidad creando el Frente Cívico Revolucionario Democrático, nombrando al doctor José Miró Cardona coordinador, y a Fidel Castro como comandante en jefe de las fuerzas de la revolución. Manuel Urrutia Lleó fue proclamado Presidente de la República. Urrutia era un magistrado que había votado contra la condena a los expedicionarios del Granma. Frentes armados dirigidos por Raúl Castro, Camilo Cienfuegos, Ernesto "Che" Guevara, Huber Matos y otros líderes, así como fuerzas alzadas en las montañas de El Escambray, Las Villas, donde operaba una organización dirigida por Eloy Gutiérrez Menoyo, el Segundo Frente Nacional del Escambray habían logrado controlar grandes sectores rurales del país. Nuevas bases guerrilleras se formaban en el país. Una expedición había arribado a Nuevitas al mando de Faure Chomón de la cual formaban parte Rolando Cubela, el metodista Armando Fleites y otros. Entre los miembros del Directorio Revolucionario que se alzaron en El Escambray estaba José A. Naranjo ("Pepín") de formación presbiteriana, a quien ya hemos mencionado. El Movimiento 26 de Julio aseguraba por día su control de amplias zonas de la provincia de Oriente y aumentaban los guerrilleros del Partido Socialista Popular.

La prensa estaba dividida en partidarios y enemigos del gobierno. La revista *Bohemia,* en los periodos en los cuales no existía algún tipo de censura, atacaba denodadamente al régimen, sobre todo en aspectos puramente políticos, no tanto en cuestiones económicas fundamentales o de corrupción administrativa. La mayoría de los articulistas de oposición se referían a "la solución de la crisis cubana" pero no pedían la caída del régimen en sus artículos. Los comentaristas radiales de oposición, como Luis Conte Agüero y José Pardo Llada ya no transmitían. Conte Agüero se exilió y Pardo Llada se alzó en la Sierra Maestra. Entre los defensores del gobierno se destacaron Rolando Masferrer, Otto Meruelos y Luis Manuel Martínez. También lo hacía Rafael Díaz Balart.

El 3 de noviembre de 1958 se celebraron las elecciones. La Coalición Progresista Nacional compuesta por los partidos de gobierno: Acción Progresista, Liberal, Unión Radical y Demócrata eligió como presidente al doctor Andrés Rivero Agüero y como vicepresidente al doctor Gastón Godoy. En segundo lugar, quedó la candidatura del doctor Carlos Márquez Sterling, que llevaba como vicepresidente al doctor Rodolfo Méndez Peñate. Ambos habían sido postulados por el Partido del Pueblo Libre dirigido por Márquez Sterling. La candidatura de Ramón Grau San Martín y el doctor Antonio Lancís quedó en tercer lugar: habían sido postulados por el Partido Revolucionario Cubano (Auténtico). En cuarto lugar quedó la candidatura del pequeño Partido Unión Cubana, que llevaba como candidatos al periodista Alberto Salas Amaro y al doctor Miguel Angel Céspedes. La votación en Las Villas y Oriente fue exigua, pues en esas provincias prevalecía el estado de guerra. De acuerdo con el embajador norteamericano Earl Smith, Márquez Sterling ganó en aquellos lugares donde la votación fue apreciable. El gobierno insistía en el triunfo de Rivero Agüero. La Coalición obtuvo 42 escaños en el Senado, el Partido Revolucionario Cubano (Auténtico) obtuvo 15 y el Partido del Pueblo Libre otros 15 (se habían creado dos minorías senatoriales en vez de una y aumentado el número de senadores a 72). En la Cámara, la Coalición obtuvo 133, el Partido Auténtico 17, el Partido del Pueblo Libre 14, y el Partido Unión Cubana 2. Algunos evangélicos fueron elegidos al Senado y la Cámara de Representantes, y muchos a cargos municipales.

Entre las misiones de paz o reconciliación que estuvieron activas en este periodo, debe tenerse en cuenta una enviada por los cuáqueros de los Estados Unidos y mencionada en otro capítulo. En el verano de 1958 trataron de entrevistarse con Batista y Castro, pero no lograron hacerlo. Los cuáqueros habían hecho gestiones en el Departamento de Estado y la Organización de Estados Americanos en busca de información sobre la situación cubana. Al no poder materializarse sus gestiones en Cuba, enviaron copia de sus manifiestos pro paz a los periódicos cubanos en Cuba y el exilio y a las personas que ocupaban altas posiciones en el gobierno o la oposición, incluyendo a los candidatos presidenciales.

Desde el 24 de febrero de 1958 las transmisiones de Radio Rebelde, desde la Sierra Maestra, habían movilizado gran parte de la opinión pública y creado un ambiente de confusión en las filas gubernamentales. El 12 de marzo, Castro anunció la huelga general y el inicio de una lucha total contra el gobierno. El día 14 el gobierno norteamericano, en parte por la presión del reverendo Adam Clayton Powell y otros congresistas, embargó las armas destinadas al gobierno. La huelga del 9 de abril de ese año que ya ha sido mencionada, fracasó. El 24 de mayo se había iniciado una ofensiva contra los guerrilleros en la Sierra Maestra, pero las tropas del gobierno fueron derrotadas. Dos columnas al mando de Ernesto "Che" Guevara y Camilo Cienfuegos inician, en el mes de agosto, la marcha hacia Las Villas.

En los días finales de noviembre de 1958 el embajador Earl Smith, en una ceremonia celebrada en la Catedral Episcopal de la Santísima Trinidad en La Habana, leyó como era costumbre, una proclama del Presidente de los Estados Unidos, Dwight D. Eisenhower, un presbiteriano devoto, con motivo del Día de Acción de Gracias, la vieja fiesta de los puritanos de Nueva Inglaterra convertida en fecha nacional. Smith había reemplazado a Arthur Gardner en 1957, el cual era considerado por muchos como partidario, o al menos como amigo, de Batista. Durante su periodo como embajador, Smith había cultivado la amistad de algunos cubanos prominentes, como el doctor Luis Machado, ex-embajador en Washington y figura influyente en el Colegio Candler desde sus días de estudiante, y que era su compañero en sus juegos de golf. Machado era uno de los que estaban buscando soluciones al problema político, como el padre John Kelly, presidente de la Universidad de Villanueva, y otros que tocaban a la puerta del embajador. Pero el 17 de diciembre, Smith le comunicó a Batista que, basado en instrucciones del Departamento de Estado, podía afirmarle que los Estados Unidos no creían que el gobierno pudiera mantener el país bajo control y que sería mejor que el presidente abandonara el mismo para evitar más derramamiento de sangre, ya que no recibiría más ayuda de Norteamérica.[29] Mientras esa entrevista se desarrollaba, se estaban efectuando conspiraciones militares contra Batista y la inestabilidad reinante había llevado a muchos a pensar que la causa oficialista estaba perdida.

A las 9 de la noche del 31 de diciembre de 1958, un adolescente de alrededor de 14 años de edad recorría las calles de la ciudad de Colón, en la provincia de Matanzas. Acababa de desearle felicidades en el nuevo año a una tía que había criado a su madre y había ayudado a criarle a él mismo en sus primeros meses, en una vieja casona de la calle San José. En el recorrido hacia su propia casa, mientras el año 1958 estaba en sus últimas horas, escuchó a unos creyentes cantar un himno religioso. Era uno de los pocos grupos que se había arriesgado a despedir el año, y él tendría que regresar pronto para no alarmar a sus padres.

El país estaba ya, casi en su totalidad, en estado de guerra. El embajador que había hablado con el presidente no se daba cuenta que la larga y profunda influencia que su nación había ejercido en Cuba en cuestiones políticas y económicas estaba terminando. Los protestantes no comprendían que la Revolución que estaba a punto de triunfar cambiaría casi totalmente las estructuras del país, incluyendo el ambiente religioso.

Mucho menos se les hubiera ocurrido pensar que aquel que escribiera en el futuro la historia del protestantismo en Cuba tendría que detenerse en esa fecha para terminar todo un periodo, que había sido sin dudas el último para prepararse para una iglesia sin misioneros extranjeros, sin escuelas parroquiales o colegios secundarios pero igualmente comprometida con la causa del Carpintero de Nazaret.

De momento, solo una cosa parecía cierta e inminente: la caída del gobierno del Presidente Fulgencio Batista. Aquel niño que recorría las calles de Colón, y que 26 años después terminaría de escribir esta historia del protestantismo en Cuba, recuerda todavía una de las estrofas que cantaban los evangélicos dentro de su modesto templo:

> Tronos y coronas
> pueden perecer,
> De Jesús la Iglesia
> constante ha de ser[30]

NOTAS

1. Artículo sobre periodismo en *Diccionario de la literatura cubana* (La Habana: Editorial Letras Cubanas, 1984), p. 773.
2. Información verbal del pastor Juan F. Naranjo que trabajaba en Colón en esa época. El autor del libro fue paciente del doctor Muñoz, y durante su infancia, amigo de la familia.
3. Fidel Castro en su discurso "La Historia me absolverá", *Documentos de nuestra historia* (La Habana: Ediciones Políticas, 1967), pp. 99-101.
4. Información verbal del doctor Rolando Amador, abogado internacionalista, a quien Castro regaló el libro después de leerlo.
5. Información verbal del ex-representante a la Cámara, Roberto Rodríguez de Aragón, antiguo líder estudiantil del Colegio La Progresiva.
6. Información verbal del ministro episcopal Max I. Salvador.
7. Información verbal de varios ex-pastores de la Iglesia Bautista de Cruces y del pastor y líder masónico Rogelio Paret, corroborando una entrevista con Mario Cobas Reyes, realizada por el autor.
8. Información verbal del doctor Mario Casanella, líder de la obra bautista en Cuba Oriental y ex-director de los Colegios Internacionales del Cristo.
9. Información verbal de varios familiares y amigos de Posada. No es seguro que fuera un miembro de la iglesia de forma oficial pero sí graduado del Colegio La Progresiva, y de familia presbiteriana, y se identificaba públicamente a sí mismo como presbiteriano. Además de alcalde de Cárdenas de 1950 a 1959, fue elegido senador de la República en las elecciones del 3 de noviembre de 1958.

10. Información verbal del doctor Rolando Espinosa Carballo.
11. Spruille Braden, *Diplomats and Demagogues: The Memoirs of Spruille Braden* (New Rochelle: Arlington House, 1971), p. 291.
12. Declaraciones de Faustino Pérez a la revista *Bohemia* (La Habana), año 51, número 2, 11 de enero de 1959.
13. Mario Llerena, *The Unsuspected Revolution* (Ithaca y Londres: Cornell University Press, 1978), pp. 81-131.
14. Información verbal del pastor José Hernández. Coincide con menciones dispersas en libros, biografías, etc.
15. Samuel Deulofeu Pérez, *Cronología de la obra bautista en Cuba Oriental* (Palma Soriano, 1983), pp. 34-35.
16. Vicente Cubillas en *Bohemia* (La Habana), año 51, número 5, 1 de febrero de 1959, p. 110.
17. K. Wolfe Hansen, *A Sketch of the History of the Association of Evangelical Churches in Cuba during Ten Years of Revolution* (manuscrito), p. 8.
18. Información verbal del doctor Mario Casanella, testigo presencial e íntimo amigo de la familia País.
19. C. Alton Robertson "The Political Role of the Protestants in Cuba, 1959 to 1962", publicado por el *Occasional Bulletin* (New York: Missionary Research Library, volumen XVIII, número 1, enero de 1967), parte I.
20. Ibid.
21. Samuel Deulofeu Pérez, op. cit., p. 35.
22. C. Alton Robertson, op. cit.
23. C. Alton Robertson, op. cit.
24. Gran parte de la información acerca del líder revolucionario Raúl Fernández Ceballos procede de su propio discurso contenido en *Mensaje* (La Habana) 1981-1982, pp. 16-20 y en información verbal de su prima Laura Ceballos viuda de Sánchez e innumerables familiares.
25. Mario Llerena, op. cit., pp. 104-108.
26. Vicente Cubillas en *Bohemia* (La Habana), año 51, número 5, 1 de febrero de 1959, p. 110.
27. Datos del folleto biográfico *Te escribiré un poema* escrito por su viuda Adela Mourlot.
28. Artículo de Herbert L. Matthews en el New York Times en junio de 1957, citado por Carlos Franqui en su *Diario de la Revolución Cubana* (Barcelona: Ediciones R, 1976), p. 257.
29. Earl E. T. Smith, *El cuarto piso* (México: Editorial Diana, 1968), pp. 172-176.
30. Una estrofa del himno "Firmes y Adelante", incluido en todos los himnarios evangélicos tradicionales.

APENDICES

"Los protestantes en Cuba son ciudadanos respetados. Por ejemplo, siempre hay protestantes en la Cámara de Representantes".
        Emilio Rodríguez Busto en **Presbyterian Life,** *1958.*

"Fieles a su lucha sostenida durante siglos por la libertad religiosa, los bautistas creen que la Iglesia debe estar separada del Estado. Se oponen a las ceremonias religiosas en los actos oficiales y no aceptan subvenciones económicas de ninguna clase".
        El periodista Gregorio Ortega en su artículo "Las Iglesias Evangélicas", revista **Carteles,** *año 38, número 7.*

"Tampoco tuvo éxito la gestión de dos honestos cuáqueros nombrados Robert Cuba Jones y John Nevin Sayre, quienes buscaron a la esposa de Sandino y le explicaron su plan pacificador. Blanca escribió a sus compañeros transmitiéndoles la proposición de aquellos señores, de que se depondrían las armas si los marinos desalojaban Nicaragua."
        Edelberto Torres en su biografía **Sandino,** *refiriéndose a esfuerzos pacificadores del evangélico cubano Roberto Cuba Jones, hijo del misionero cuáquero Sylvester Jones y su relación con César Augusto Sandino en la Nicaragua de 1927.*

"Del mismo modo, refrescando las lecturas bíblicas de su formación protestante, se enfrasca en coloquios y discusiones con

Dios que lo apartan de su verdadero diálogo, que es el que sucede en el llamado misterioso, implícito, y en el desconocimiento y aun en el abandono, sin ideologías superpuestas..."

> Cintio Vintier en su libro **Lo cubano en la poesía,** refiriéndose al escritor y poeta cubano Samuel Feijóo.

"Ningún sistema político es tan bueno como para confundirse con el Reino de Dios y ningún sistema es tan malo como para entorpecer el Reino de Dios".

> Rafael Cepeda, pastor presbiteriano, crítico literario y antiguo colaborador de la revista **Bohemia.**

"La mayoría de los pastores y líderes de las iglesias protestantes históricas han salido del país y una buena parte de la feligresía ha tomado ese camino".

> El autor de este libro, en "Un cuarto de siglo de una Iglesia Centenaria".

"Mr. Knox se ocupaba de recibirnos, alojarnos y resolvernos problemas... fue él quien propició la vinculación del Rev. Gerardo Martínez con ALFALIT, así como la del Capellán Roberto Pérez, espejo y ejemplo de cuantos voluntarios ALFALIT ha tenido".

> Justo González (padre) relatando impresiones de su vida fuera de Cuba en el libro **Historia de un milagro.**

Raúl Fernández Ceballos haciendo declaraciones para la revista *Bohemia* (1959)

Convocación del clero episcopal (1959-1960)

Directiva del Consejo Ecuménico de Cuba (1984). Obispo Armando Rodríguez, Raúl Suárez Ramos, Adolfo Ham, etc.

Bautismos por inmersión (de la película cubana *Memorias del subdesarrollo*)

Pastores en La Habana (década de 1980)

Estudiantes y maestros del Seminario Nazareno de Cuba (década de 1970)

H. B. Bardwell entrega la dirección del Candler College a Carlos Pérez Ramos (década de 1940)

Robert L. Wharton, Medardo Vitier, Leopoldo Vega y Emilio Rodríguez Busto en graduación de La Progresiva, Cárdenas (1949)

Rafael Cepeda explicando tema de educación cristiana

Justo L. González

Antonio Pereira Alves

Rubén Lores

Elmer Thompson con misioneros cubanos en la República Dominicana (1960)

Cubanos que han sido obispos episcopales en el país o el extranjero: José Agustín González, Anselmo Carral, Emilio Hernández, Hugo Pina, Leopoldo Frade

Pastores cubanos en Miami: Martín Añorga, Elohím Ajo, Juan Sierra, José Reyes, José M. Vera, Manuel Viera Bernal, Reinaldo Toledo.

Organización de la Primera Iglesia Presbiteriana Hispana en Miami (1958)

Apéndice I

HACIA UN FUTURO ESTUDIO DEL NUEVO PANORAMA DEL PROTESTANTISMO EN CUBA A PARTIR DE 1959

Nuestro *Panorama del protestantismo en Cuba* termina propiamente con el capítulo XIV. La historia sigue su curso y la Iglesia Evangélica persiste en su labor bajo un nuevo sistema político y económico. Será un esfuerzo completamente separado de éste el que se ocupe del nuevo periodo histórico o del nuevo panorama del protestantismo en Cuba a partir de 1959. Pero nos referiremos en este apéndice a los acontecimientos inmediatamente posteriores al triunfo de la Revolución y a los cambios que afectarían en años posteriores al movimiento protestante en Cuba. En el siguiente apéndice ofreceremos notas y datos que permitirán tener una idea bastante clara del desarrollo de las iglesias en el periodo 1959-1986.

Al conocerse la renuncia del Presidente Batista, se constituyó un gobierno provisional que solo contaba con el apoyo de algunos líderes militares participantes en conspiraciones de última hora. Lo presidió un magistrado del Tribunal Supremo de Justicia, el doctor Carlos M. Piedra, nombrado mediante un oscuro precepto constitucional reservado para situaciones de emergencia. Su gobierno duró unas horas. El 8 de enero de 1959, Fidel Castro, líder de la Revolución triunfante, entró en La Habana y se dirigió a una enorme multitud congregada para recibirle. En la plataforma había un número apreciable de ministros protestantes, incluyendo al pastor Raúl Fernández Ceballos y al obispo episcopal Hugh Blankingship. Habían sido invitados para la ocasion.[1]

Así, de repente, ascendían a altas posiciones numerosos evangélicos. No era la primera vez que estos ocupaban cargos de primer orden, pero su número ahora parecía hasta superior al porcentaje que les correspondía en la población total del país. La mayoría de los nuevos gobernantes eran católicos nominales pero entre ellos había varios que se identificaban a sí mismos como protestantes. Unos eran miembros de iglesias, otros habían estudiado en escuelas evangélicas o procedían de familias protestantes. En 1957, Mario Casanella había escrito en la revista *Missions*, al celebrarse el 50 aniversario de los Colegios Internacionales del Cristo, que "muchos antiguos alumnos ocupan hoy posiciones de responsabilidad en el gobierno".[2] Emilio Rodríguez Busto había dicho en 1958, según *Presbyterian Life*: "Los protestantes en Cuba son ciudadanos respetados. Por ejemplo, siempre hay protestantes en la Cámara de Representantes".[3] Esas declaraciones se basaban en hechos reales pero ahora esa presencia resultaba mucho más evidente que antes.

En 1959 ocuparon posiciones en el gabinete: el doctor Faustino Pérez, ministro de Recuperación de Bienes Malversados (después ocuparía otras carteras); el ingeniero Manuel Ray Rivero, ministro de Obras Públicas; y José A. Naranjo ("Pepín"), ministro de Gobernación (después de haber ocupado el cargo de comisionado provincial —o gobernador— de La Habana). José Aguilera Maceira era subsecretario de Educación. Además de estos dirigentes que se identificaban como protestantes, otros evangélicos habían sido designados como subsecretarios. El pastor presbiteriano Daniel Alvarez ocupaba un cargo con esa categoría en el Ministerio de Bienestar Social y en ese departamento fueron nombrados numerosos evangélicos. Manuel Salabarría, padre, un ministro metodista, fue designado director del Reformatorio para Jóvenes en Torrens, y el oficial del Ejército Rebelde, Carlos Herrera, capellán bautista en la Sierra Maestra, recibió un nombramiento parecido. El pastor Raúl Fernández Ceballos y el doctor Emilio Rodríguez Busto, prominentes presbiterianos, fueron designados para cargos relacionados con la alfabetización. Si bien los nombramientos a nivel de gabinete fueron entregados a presbiterianos o a personas que se identificaban como tales, evangélicos de otras denominaciones recibieron cargos de subsecretario, comisionado provincial, comisionado municipal, etc. Los comisionados municipales o alcaldes evangélicos eran muchos. Graduados de escuelas protestantes como Rolando Cubela, presidente de la Federación de Estudiantes Universitarios, eran escogidos para importantes posiciones. Los miembros del Colegio Nacional de Pedagogos (doctores en Educación) de Cuba eligieron al metodista, líder ortodoxo, Rolando Espinosa Carballo, como su nuevo presidente. Los protestantes estaban

en todas partes, hasta en la comisión encargada de promover el turismo.
Los católicos no se quedaban atrás. De hecho, nunca antes en la historia de Cuba un número tan elevado de católicos que asistían regularmente a misa o se destacaban en organizaciones católicas recibían cargos importantes en todos los niveles que se han mencionado hasta ahora. Algunos de los más prestigiosos líderes laicos eran nombrados subsecretarios o eran asignados a posiciones de alto nivel, como Antonio Jorge, notable economista que recibió un alto nombramiento como director de Asuntos Económicos del Ministerio de Hacienda; José M. Illán, otro especialista en cuestiones económicas, fue nombrado subsecretario de Hacienda; Andrés Valdespino, uno de los más prominentes intelectuales católicos del país fue nombrado para otro cargo de subsecretario en ese mismo ministerio. El Presidente de la República, Manuel Urrutia Lleó, era católico.

Ernesto "Che" Guevara contrajo matrimonio con una activista revolucionaria que era presbiteriana, Aleida March, su segunda esposa. En cuanto al jefe del Gobierno (Castro fue designado Primer Ministro en febrero, reemplazando al renunciante José Miró Cardona) era católico de origen y formación; su hijo Fidel había estudiado en el Colegio Metodista Candler y fue bautizado en 1959 dentro de la Iglesia Metodista.[4] Una hermana del Primer Ministro, Agustina Castro, era miembro de la Iglesia Bautista William Carey, en La Habana, de la cual era pastor el predicador radial y escritor Domingo Fernández.[5]

Un evangélico, Frank País, hijo de un ministro bautista, y antiguo líder juvenil de su denominación en Oriente, había sido declarado héroe de la Revolución y la fecha de su muerte se conmemoraría oficialmente todos los años. Otros protestantes, como Marcelo Salado y Oscar Lucero eran considerados también mártires de la Revolución.

Un ministro presbiteriano, Raúl Fernández Ceballos, colaborador del diario *El Mundo*, en el que redactaba la sección "Notas Evangélicas", era un personaje con influencia en el nuevo gobierno, tal vez como ningún otro ministro evangélico en la historia del país. Su largo historial revolucionario ha sido mencionado en otros capítulos y apéndices.

Las iglesias evangélicas no tuvieron que reorganizarse inmediatamente, como sucedió en cierta forma dentro de la Iglesia Católica. En ésta, se nombró un nuevo obispo para la diócesis de Cienfuegos debido a ciertas acusaciones que se le hacían por la prensa a su predecesor. Existió la necesidad de nombrar un nuevo rector para la Universidad Católica de Santo Tomás de Villanueva, cargo que se entregó a un clérigo de familia ilustre, monseñor Eduardo Boza Masvidal. Al cardenal Manuel Arteaga Betancourt se le designó un coadjutor para que se hiciera cargo de la arquidiócesis habanera el académico de la Lengua, doctor Evelio Díaz Cía, antiguo obispo de Pinar del Río.

El precipitado comentario de ciertos cronistas daba a entender en la prensa religiosa y secular que todos o casi todos los ministros evangélicos y sacerdotes católicos habían estado con la Revolución. Esa generalización constituye una inexactitud flagrante. Muchos pastores tenían familiares en el gobierno anterior y parientes en las Fuerzas Armadas. En algunos casos sus esposas trabajaban como maestras o en ayuntamientos. Dentro del clero católico muchos tenían las mejores relaciones en esferas oficiales. Esos errores de apreciación son parecidos al de los que calificaban a todos los evangélicos como "apolíticos", cuando la realidad era que por lo general aquellos que subían en la escala social cambiaban también su actitud hacia los problemas políticos del país, y aquellos a quienes se les ofrecían cargos públicos no los rechazaban afirmando como la razón su militancia religiosa.

El entusiasmo era grande. Los ministros evangélicos homenajearon al comandante Raúl Castro en un acto celebrado en el Colegio Candler, en Marianao. Raúl Fernández Ceballos tuvo a su cargo las palabras con las que se le ofreció el homenaje. Miles de evangélicos se congregaron en un parque de La Habana para celebrar un acto cívico-religioso a favor de la Revolución ese mismo año de 1959. Los principales líderes de la Revolución, incluyendo a Fidel Castro, participaron en una comida vegetariana en el Colegio Adventista de las Antillas, en Santa Clara. Un coro adventista causó sensación con sus interpretaciones. Mientras tanto, organizaciones católicas celebraban actos aun mayores y recibían una más amplia difusión.

La Iglesia Presbiteriana Unida de los Estados Unidos, por medio de su fondo "One Great Hour of Sharing" ("Una gran oportunidad para compartir"), invirtió grandes cantidades de dinero en Cuba para ayudar a los huérfanos de la guerra civil, sobre todo en Oriente, donde se establecieron dos campamentos en El Caney y en Sagua de Tánamo, a cargo de los pastores Martín Añorga y Pablo Emilio Veitía. También dirigió el programa de El Caney el laico Gustavo Labrador.[6]

Al iniciarse el proceso de la reforma agraria, numerosas congregaciones locales y denominaciones protestantes donaron tractores, implementos agrícolas y dinero y los evangélicos intensificaron sus programas sociales y de alfabetización, a la vez que se hacían grandes esfuerzos para extender el programa de evangelización a lugares hasta entonces poco alcanzados. Parecía como si los evangélicos estuvieran resueltos a evangelizar el país como nunca antes.

Pero el año 1959 tuvo sus incidentes de confrontación. A principios de enero fue fusilado el coronel Bonifacio Haza, un prominente bautista, que había sido jefe de la Policía de Santiago de Cuba en los últimos meses del gobierno del Presidente Batista. Gestiones infructuosas de pastores bautistas integrantes de la resistencia cívica no tuvieron fruto.[7] Por otro lado, los cuáqueros enviaron una carta al gobierno pidiendo que se suspendieran los fusilamientos de oficiales y soldados acusados de crímenes de guerra. Los cuáqueros, por lo general se oponen a la pena de muerte. La carta firmada por Francisco R. Carbon González y Nancy Torres Gómez de Cadiz Cobas en representación de la Sociedad Religiosa de "Los Amigos" en Cuba y el Comité de Servicios de "Los Amigos" y por Robert A. Lyon, del Comité de Servicios de "Los Amigos" americanos, decía: "A causa de nuestra fe en la Santidad de la vida humana, nos sentimos impelidos a poner delante de usted nuestra profunda preocupación por la vida de los hombres acusados de crímenes y que son juzgados ahora por los tribunales revolucionarios".[8] Estas fueron en un sentido confrontaciones locales y sin mayor eco en los medios de difusión o en el seno de la comunidad evangélica del país.

El más importante enfrentamiento en que se vieron involucrados los protestantes en 1959 fue en relación con la Iglesia Católica y la demanda, por parte de líderes laicos y prelados de la misma, de que se enseñara religión en las escuelas públicas. Importantes órganos de difusión se hicieron eco de la propuesta que era de origen católico. Las iglesias evangélicas reaccionaron negativamente. La medida permitiría a todas las religiones enseñar a los niños, en las escuelas públicas, la doctrina preferida por sus padres. Los evangélicos pensaban que la misma favorecía al catolicismo que adquiriría así una influencia más decisiva en la educación del país por contar con mayores recursos. Por otro lado, muchas denominaciones evangélicas han defendido tradicionalmente el laicismo en las escuelas públicas y para los bautistas ese es prácticamente un principio denominacional. En todo caso, los evangélicos presentaron un frente unido.

En la revista *Bohemia*[9], en un reportaje especial que se encomendó al periodista protestante Vicente Cubillas, hicieron declaraciones los siguientes pastores: Agustín González Seisdedos, bautista oriental; José M. Sánchez, bautista occidental; Joaquín Valdés, episcopal; Ernesto Vasseur, metodista; Raúl Fernández Ceballos, presbiteriano y Gabriel Caride y Ramón L. Nieves, pentecostales. Todos ellos rechazaron enérgicamente la propuesta y solicitaron aclaraciones al respecto.

Los sectores más opuestos a sustituir el laicismo por la enseñanza de la religión en las escuelas públicas fueron los masones, los evangélicos y el Partido Socialista Popular, pero también gran parte de los políticos tradicionales del país, de formación laica, invocaron los principios constitucionales. El diario *Noticias de hoy* dirigido por Aníbal Escalante Dellundé, líder marxista que había presidido las Uniones de Preparación de los jóvenes bautistas en la provincia de La Habana antes de convertirse en dirigente del Partido Socialista Popular, adoptó la posición más contraria a la medida. También lo hizo así el periodista Euclides Vázquez

Candela, del diario *Revolución*, órgano del Movimiento 26 de Julio, quien escribió artículos condenándola como penetración clerical. El Gobierno Revolucionario aclaró que ciertas declaraciones habían sido malinterpretadas por la prensa y que se insistiría en el principio constitucional que establecía el laicismo en las escuelas públicas.

Pero la influencia del catolicismo aumentaba en muchos sectores. En los sindicatos obreros, importantes laicos católicos alcanzaban posiciones de dirección y la Juventud Obrera Católica nutría sus filas. Reynol González, Rodolfo Riesgo, José de Jesús Planas, y otros, alcanzaban posiciones en la Confederación de Trabajadores de Cuba (CTC). Las organizaciones católicas evidenciaban un vigor extraordinario. Contaban también, como los evangélicos, con una larga lista de contribuciones al proceso revolucionario. Los días 28 y 29 de noviembre se celebró un gran Congreso Católico Nacional al cual asistieron importantes figuras del gobierno, incluyendo al Primer Ministro Castro y al Presidente Osvaldo Dorticós (el Presidente Urrutia había renunciado a mediados de año). Pero ya empezaban a aparecer ciertas tensiones entre la Iglesia y el Estado.

Los religiosos del país habían contribuido al proceso revolucionario pero cuando este se fue radicalizando se produjeron numerosas confrontaciones. El Gobierno Revolucionario se identificó con el socialismo, las relaciones con los Estados Unidos se deterioraron y se establecieron relaciones diplomáticas con la Unión Soviética. La mayoría de los líderes de las iglesias habían apoyado la reforma agraria, los programas de alfabetización, las promesas de eliminación de la corrupción administrativa, pero no estaban en disposición de cambiar la estructura política y económica de la democracia liberal, con la que aparentemente simpatizaban, por un sistema socialista. En 1961 se proclamó el carácter marxista de la Revolución y a fines de ese año se dejó conocer el propósito de adoptar un sistema marxista-leninista. La Revolución había tomado un camino radical y las estructuras del país iban a ser totalmente transformadas en la mayoría de los aspectos.

De cómo esos acontecimientos modificaron el panorama de la Iglesia Católica y del protestantismo da testimonio la historia contemporánea de Cuba. Casi todos los misioneros extranjeros abandonaron el país y las escuelas religiosas, menos los seminarios, fueron nacionalizadas. Las iglesias nacionales disminuyeron sus vínculos con las sedes denominacionales en los Estados Unidos. Gran parte de los ministros y los feligreses de las iglesias abandonaron el país. Los medios de comunicación no continuaron en manos de propietarios privados, y por lo tanto no fueron tampoco accesibles a la iglesia, como antes. La enseñanza del materialismo histórico en las escuelas se convirtió en parte del programa educacional.

La obra quedó totalmente en manos de cubanos y las iglesias decidieron sostenerse a sí mismas para continuar su labor en un ambiente diferente. Las nuevas condiciones fueron aceptadas por algunos y rechazadas parcial o totalmente por otros. Surgieron confrontaciones entre los miembros y aun pastores que adoptaron posiciones divergentes las unas de las otras. Un sector se comprometió abiertamente con el proceso revolucionario y otro fue en dirección opuesta, como lo indican las cifras de emigrados evangélicos.

El futuro estudio que se haga de este nuevo panorama resulta imprescindible y para llevar a cabo el mismo se requieren recursos adicionales que solamente un profundo análisis histórico y aun más datos de los que aportamos en el apéndice II. Ese estudio permitirá analizar cómo la estrecha relación con las juntas misioneras se ha ido reduciendo. La manera en que se han formado las nuevas estructuras. Y el fenómeno de un pensamiento cristiano que ha adoptado nuevas modalidades en grupos minoritarios con inquietud intelectual mientras se produce una intensificación de la lealtad a elementos teológicos tradicionales por parte de importantes denominaciones.

Fue posible relacionar los eventos ocurridos en el país desde el surgimiento del protestantismo como una realidad nacional hasta 1959, pero a partir de esa fecha surgen condiciones que requieren un estudio aparte, como el surgimiento de un nuevo liderazgo. Aunque varios líderes permanecen, una nueva generación de clérigos y laicos ha tomado las responsabilidades y de su actuación, en su momento, dará fe la historia, "maestra de la vida".

NOTAS

1. Charles C. Shaw, "The Price of Freedom" en *Presbyterian Life* del 15 de febrero de 1959, p. 23.
2. Mario Casanella, "Colegios Internacionales" en *Missions* de abril de 1957, p. 44.
3. Citado en "Christians in a Troubled World" en *Presbyterian Life* del 1 de julio de 1958, p. 18.
4. Testimonio verbal de Carlos Pérez Ramos.
5. Información verbal de Domingo Fernández.
6. Información verbal de participantes del proyecto.
7. Información verbal del doctor Mario Casanella.
8. Hiram Hilty, *Friends in Cuba* (Richmond: Friends United Press, 1977), p. 178.
9. Vicente Cubillas en *Bohemia* (La Habana), año 51, número 5, 1 de febrero de 1959, pp. 108-112.

Apéndice II

NOTAS Y DATOS ACERCA DEL DESARROLLO DEL PROTESTANTISMO EN CUBA (1959-1986)

En 1959 el movimiento evangélico había llegado a alcanzar muchas de sus metas. Sin embargo, el plan inicial de evangelización de Cuba, que los misioneros habían pensado llevar a cabo en 1898 solo había dado resultados parciales. El entusiasmo político en 1959 era solamente superado por el deseo de muchas denominaciones de expandir su obra en el país. Esto fue evidente en 1959 y 1960 y en menor grado en 1961. Los conflictos y tensiones que empezaron a manifestarse desde poco después del triunfo de la Revolución harían cambiar muchos de estos planes y suspender otros. Eventos como la ruptura de relaciones diplomáticas de los Estados Unidos con Cuba a principios de 1961; la invasión de Playa Girón en abril de ese año y en la que participaron varios evangélicos; la llamada crisis de los cohetes en octubre de 1962; la salida de cientos de miles de ciudadanos del país y la radicalización del proceso revolucionario que condujo al establecimiento de un estado socialista a 90 millas de los Estados Unidos; además de cambiar, como ya hemos explicado, el panorama del protestantismo en Cuba, modificaron la forma de trabajar y el alcance de la misión de la Iglesia. En este apéndice nos limitaremos al desarrollo de la misma en ese periodo.

A partir de 1960, y sobre todo en 1961 y 1962, abandonaron Cuba casi todos los misioneros protestantes extranjeros que estaban radicados en el país. La casi totalidad era de ciudadanía estadounidense, pero también había algunos canadienses y de otras nacionalidades. Un informe publicado en 1961 por la Asociación Evangélica de Misiones Extranjeras (Evangelical Foreign Missions Association)[1] mencionaba a 383 misioneros extranjeros en Cuba, pero aparentemente se cometió un error en el mismo al atribuirle 166 misioneros extranjeros a los bautistas del sur. La de 225, que para esa época menciona el libro *El protestantismo en América Latina*,[2] de Prudencio Damboriena, parece ser una cifra más aceptable y coincide con la anterior si a aquella se le quitan los 166 misioneros bautistas del sur, los que en realidad no llegaban a 20. A cualquiera de estas estadísticas se le puede sumar un número indeterminado de misioneros independientes y se debe tener en cuenta que las cifras incluyen a las esposas de los misioneros casados, pues esa es la práctica de las juntas misioneras.

En todo caso, algunos cientos de misioneros abandonaron Cuba en 1960, 1961 y 1962. Para esa última fecha solo permanecieron en el país el doctor Herbert Caudill, su yerno David Fite y sus respectivas esposas, así como las misioneras Ruby Miller y Lucille Kerrigan, de los bautistas del sur; Lois Kroehler, presbiteriana; Floyd Woodworth y su esposa, de las Asambleas de Dios; Donald Elliot y esposa, del Orfanatorio Salem, de Santa Clara, y algunos casos aislados como las misioneras Helen Black, del Bible Club Movement y Elizabeth Parkhurst, que colaboraba con el Seminario Los Pinos Nuevos. También permanecieron algunas esposas norteamericanas de pastores cubanos y algunos pastores puertorriqueños que por supuesto poseían la ciudadanía norteamericana.

La denominación histórica más afectada por el éxodo de misioneros fue la Iglesia Metodista. Esa salida en masa significó que los cubanos se hicieran cargo de la dirección de todas las denominaciones y obras evangélicas, con excepción de la bautista occidental —por la permanencia del doctor Caudill— y aun en esta última la directiva convencional ya estaba en manos de cubanos. Se inició un proceso por medio del cual las denominaciones empezaron a reducir o liquidar sus vínculos administrativos con los Estados Unidos, y por lo general se limitaron a partir de entonces a recibir ayuda en algunos proyectos específicos y a la asistencia a las reuniones eclesiásticas internacionales cuando se obtenía el permiso correspondiente.

Debe notarse una característica que revela la perspectiva misionológica de denominaciones como la Bautista del Sur y la Presbiteriana Unida que consideraban sus obras en Cuba como misiones domésticas o nacionales y no como misiones extranjeras, como si Cuba fuera parte de Estados Unidos o no hubiese sucedido nada en 1902 al proclamarse la independencia. Este aspecto tan discutido no debe ser analizado en forma demasiado simplista ni criticado severamente, pues muchos líderes cubanos lo preferían así y significaba para ellos ventajas y relaciones que mejoraban la generalmente difícil situación del obrero nacional.

El éxodo de pastores cubanos se inició en 1960 y afectó a casi todas las denominaciones, sobre todo a las que tenían vínculos administrativos y fraternales con iglesias de los Estados Unidos, intensificándose en 1961 y 1962. Al terminar los vuelos directos a ese país, debido a la crisis de octubre de 1962, muchos pastores salieron hacia los Estados Unidos a través de terceros países, y a partir de 1965, al reanudarse los vuelos, volvió a intensificarse el proceso de salida. Este fue interrumpido durante la administración del Presidente Richard Nixon, continuando las salidas solo a través de terceros países. El llamado éxodo del Mariel en 1980 también hizo aumentar el número de pastores que abandonaron Cuba. Al principio los de las denominaciones históricas, sobre todo metodistas, presbiterianos, episcopales y bautistas occidentales, salieron en números increíblemente altos. Después se les unieron en forma apreciable los de otros grupos pero ya para entonces los seminarios e institutos bíblicos, así como el proceso de formación de predicadores laicos había aliviado la escasez de clero, que sigue siendo evidente en las denominaciones presbiteriana, episcopal y metodista, aunque en esta última se ha resuelto parcialmente por el nombramiento de pastores suplentes o predicadores locales, así como mediante el uso de obreros de otras procedencias denominacionales.

Durante los años 1959, 1960, 1961, 1962 y en otras ocasiones, el gobierno aseguró a la comunidad religiosa, mediante declaraciones oficiales o en discursos importantes, que la libertad de cultos sería mantenida. En 1962 y 1963 el Jefe del Gobierno cubano advirtió a los marxistas contra los peligros del sectarismo, recordando la participación de religiosos en el proceso revolucionario. Pero se produjeron confrontaciones, sobre todo en los años 1960 a 1962, con la Iglesia Católica, y de 1961 en adelante, y sobre todo a partir de 1963, con los evangélicos, especialmente con las denominaciones no históricas.

Después de la fracasada invasión de Playa Girón en 1961, la situación se tornó tensa. El gobierno aplicó nuevas medidas de control que afectaron diversas áreas de la vida nacional. Se suspendieron los programas religiosos en la radio y la televisión. Los medios de comunicación pasaron a manos de sindicatos, organizaciones revolucionarias y empresas estatales. El partido, que después jugaría un papel decisivo en las comunicaciones fue constituido mediante un proceso de unificación del Movimiento 26 de Julio, el Partido Socialista Popular y el Directorio Revolucionario, denominándose primero Organizaciones Revolucionarias Integradas (ORI), después Partido Unido de la Revolución Socialista (PURS), y finalmente Partido Comunista de Cuba (PCC). Al ser suspendidas las horas de radio religiosas, el proceso mencionado solamente estaba en su etapa inicial. El único programa radial que sobrevivió (hasta principios de 1963) fue "La hora bautista" cuyo predicador, Domingo Fernández, había abandonado el país en 1961 siendo sustituido por Antonio Hernández Loyola. Desde 1963 no ha habido programación religiosa regular en la radio.

A partir de la época de la crisis internacional de octubre de 1962 se suspendieron los envíos de Biblias, los cuales desde entonces serían regulados por agencias oficiales. Esto se aplicó también a la literatura religiosa en general. A finales de ese año, las actividades públicas de las iglesias se redujeron considerablemente o del todo, aunque se permitió utilizar los templos, capillas y otros edificios aprobados. Las denominaciones se dieron cuenta de la necesidad de justificar el uso de los templos y un número de capillas, sobre todo rurales, fueron cerradas por falta de uso u otras razones.

Desde el punto de vista económico, pero sobre todo en cuanto a los planes educacionales de la iglesia, en mayo de 1961 se sufrió un revés muy serio al ser intervenidas las escuelas religiosas. Por aquella época existía una asociación de escuelas evangélicas, dirigida por el doctor Carlos Pérez Ramos. Si se incluye a las escuelas adventistas y otras que eran propiedad de particulares pero en las que se enseñaba la doctrina evangélica, el número de escuelas era de alrededor de 150. La cifra utilizada ha sido generalmente la de unas 100. El valor de algunos edificios era, en ciertos casos, muy elevado. Al justificarse el uso religioso de algunos de esos edificios, fueron recuperados, pero la gran mayoría de los mismos pasó al sistema educacional público del país. El Estado ofreció empleo a los maestros y garantizó que no se intervendrían los seminarios.

Un factor que creó tensiones en la década de los sesenta, fue la demanda oficial de que las congregaciones se inscribieran como "asociaciones". Un buen número de iglesias se negó a hacerlo, lo cual conduciría en muchos casos, a la imposición de multas. Para algunos evangélicos cubanos estas inscripciones significaban el regreso parcial al sistema utilizado en la época colonial española ya que la Iglesia Católica no tenía que inscribir en esa forma sus congregaciones ni informar sobre la lista de sus miembros y sus finanzas, del mismo modo que las otras denominaciones establecidas en el país. En realidad, las iglesias evangélicas no habían tenido que ofrecer prácticamente informes hasta la fecha y ni siquiera todos los grupos se habían inscrito debidamente ante las autoridades nacionales o provinciales, como se esperaba. En el periodo 1902-1959 el gobierno cubano no había interferido con actividades religiosas internas de manera apreciable y las nuevas medidas despertaron sorpresa, recelo y preocupación, así como algunas quejas.

A principios de la década de los sesenta, se le encargó a una oficina la atención de los asuntos religiosos bajo la dirección del doctor José Felipe Carneado, prominente intelectual marxista que era el secretario del Partido Comunista de Cuba para la Ciencia y la Cultura. En 1985 su oficina de asuntos religiosos fue elevada de categoría a nivel de Departamento adscrito al Comité Central del Partido. El Dr. Carneado ha continuado ejerciendo esas funciones en el nuevo y más alto nivel de que disfruta actualmente el departamento.

La aplicación de la política oficial en materia de religión plantearía en el futuro algunas áreas definidas de conflicto, como los permisos para celebración de convenciones o actos especiales o para asistir a eventos eclesiásticos internacionales, la enseñanza del materialismo histórico en las escuelas (como en los demás paises socialistas), la limitación en ciertos casos de la participación de religiosos como estudiantes de algunas carreras o como empleados de alto nivel (lo cual crearía en la práctica una forma de discriminación de tipo ideológico), dificultad para reparar los templos, o reconstruir en el caso de aquellos que se habían ido deteriorando demasiado. Hasta llegar a la década de los ochenta, cuando se han otorgado varios permisos, el número de edificios reparados o reconstruidos no era alto.

La aplicación de la política del gobierno central y la oficina de asuntos religiosos así como del Registro de Asociaciones en una forma no siempre uniforme, debido a las diferentes actitudes de los funcionarios locales o regionales, implicaba también otra situación problemática.

A mediados de la década de los sesenta la Iglesia Católica y el Estado entraron en una etapa a la que muchos han calificado de distensión, luego de fuertes confrontaciones en el periodo 1960-1962 y aun después. No nos corresponde analizar esa situación, sino relacionarla con la aparición de otras similares o parecidas dentro del contexto protestante. Las primeras confrontaciones con grupos evangélicos, o identificados en la imaginación popular con el protestantismo, como los Testigos de Jehová, se hicieron públicas en un discurso del primer ministro Castro en marzo de 1963. En realidad se refería a actividades y creencias de los pentecostales, los Testigos de Jehová y el Bando Evangélico de Gedeón. Los Testigos de Jehová no aceptan ningún tipo de servicio militar ni saludan la bandera nacional; los gedeonistas observan rigurosamente el sábado y tienen un estilo de vida muy diferente al del resto de la población; los pentecostales, al igual que los otros grupos, trabajan intensamente en las regiones rurales del país. Se plantearon diversas acusaciones de vinculación a la Agencia Central de Inteligencia norteamericana, CIA, y a sectores opuestos a la Revolución.

En el artículo "La lucha ideológica contra las sectas religiosas", publicado en la revista *Cuba Socialista*,[3] el dirigente marxista Blas Roca, uno de los principales líderes del Partido Comunista, ofreció información detallada sobre los tres movimientos: pentecostales, gedeonistas y testigos de Jehová. Al no ser en realidad un especialista en cuestiones religiosas, mezcló algunas creencias que caracterizan a un grupo pero no tienen vigencia en otro. El artículo, sin embargo, revelaba una amplia investigación de algunos grupos religiosos.

Lo más importante es que planteaba una especie de lucha ideológica contra estos movimientos. Esta parece haber sido extendida más adelante a los adventistas del séptimo día y a otros sectores. A partir de entonces, se desarrolló cierta hostilidad entre el gobierno y estos grupos y varios funcionarios extendieron conceptos y medidas a algunas congregaciones religiosas en el interior del país con absolutamente ninguna relación con pentecostales, gedeonistas o testigos de Jehová. Eventualmente, las actividades formales de los testigos de Jehová fueron declaradas ilegales al persistir estos en su negativa a portar armas, prestar cierto tipo de servicio al Estado, saludar a la bandera, etc.

También en la década de los sesenta fue establecido el Servicio Militar Obligatorio y más adelante se crearon las llamadas Unidades Militares de Ayuda a la Producción (UMAP). Numerosos ministros y seminaristas fueron llamados al servicio militar o ingresados en las unidades militares. Testigos de Jehová, activistas católicos o protestantes, gedeonistas, etc. fueron situados en esa última institución, la UMAP, en condiciones que fueron criticadas por figuras tan favorables al Gobierno Revolucionario como el padre Ernesto Cardenal, quien hace una crítica de la misma en su libro *En Cuba* (Buenos Aires: Carlos Lohlé, 1972) dedicado al Jefe del Gobierno.[4] El Concilio Cubano de Iglesias Evangélicas también protestó por la UMAP. Eventualmente, el gobierno suspendió esas unidades militares de trabajo a las que también se había hecho ingresar a homosexuales y vagos.

Casi todos los templos y una parte de las capillas que los evangélicos tenían en 1959 continúan abiertos. Muchas misiones en áreas rurales se han descontinuado. Las iglesias han mantenido su actividad, dentro de las regulaciones existentes.

A pesar de la pérdida de misioneros y de pastores cubanos que han abandonado el país, y en medio de dificultades como las anteriores, y de otras que serán brevemente descritas al mencionar el desarrollo de las distintas denominaciones, el movimiento evangélico es todavía parte integral de la vida cubana. Las diversas reacciones ante los fenómenos anteriormente descritos serían difíciles de enumerar pero pueden apreciarse según se presenta el desarrollo del protestantismo en Cuba.

En los días finales de la redacción de este apéndice se ha publicado el libro *Fidel y la religión* (La Habana: Consejo de Estado, 1985) que contiene conversaciones del jefe del gobierno cubano Fidel Castro con el clérigo católico brasileño Frei Betto. De acuerdo con el gobernante cubano, se han cometido errores en la política hacia la religión y se hacen promesas de subsanarlos. Las menciones a los protestantes cubanos generalmente son favorables. Critica algunas instituciones como el Colegio Candler, pero reconoce la labor de las escuelas protestantes como el Colegio La Progresiva y sobre todo a su ex director Emilio Rodríguez Busto.

Todo lo relacionado con ese libro encajaría mejor en un futuro estudio del actual panorama del protestantismo cubano, ya que es imposible analizarlo en detalle sobre todo por referirse mayormente a las relaciones entre el gobierno y el catolicismo romano. Hasta qué punto se elimina todo tipo de restricción o discriminación, no es posible determinarlo ahora. Del libro se han vendido cientos de miles de ejemplares.

Pasaremos a ofrecer datos básicos sobre el desarrollo de las iglesias evangélicas en Cuba en el periodo 1959-1986 sin pretender ofrecer interpretaciones definitivas sobre su actividad y alcance en las presentes circunstancias.

LOS BAUTISTAS

La obra bautista de Cuba Occidental continuó al principio del periodo en expansión. La Convención de 1959 se celebró en Matanzas y se donó un tractor para la reforma agraria. Por sus declaraciones, la gran mayoría de los líderes denominacionales parecían apoyar entonces el proceso. En 1959 el crecimiento en número de iglesias, bautismos, membresía, obreros, finanzas, etc., de los 13 años anteriores llegó a su punto culminante. En 1960 funcionaban 85 iglesias y 196 misiones. En 1959 se bautizaron 611 nuevos miembros, elevando el total a 8,775, con una cifra mucho mayor de simpatizantes, niños, miembros de las escuelas dominicales, etc. que concedía optimismo en el futuro de la obra. Las escuelas dominicales tenían 15,020 alumnos y las congregaciones recaudaron ese año US$205,060.53. Las iglesias aportaron US$25,118.39 al fondo convencional. En 1960 se retiró de la Presidencia de la Convención el doctor Abelardo Teodoro Béquer y fue sustituido por el doctor Luis Manuel González Peña, elegido en la convención celebrada ese año en Colón. Se había abierto obra en la ciénaga de Zapata donde se construyó una capilla. En 1959 se había inaugurado en Colón un nuevo templo, uno de los edificios más modernos y amplios de cualquier organización religiosa en el país. A partir de 1962 se entró en una etapa de conflicto con la nueva situación y se cerraron, por funcionarios del Estado, las iglesias de Buenavista, Taguayabón y Vueltas, las cuales fueron devueltas después. Partieron casi todos los misioneros, con excepción del director de la obra, doctor Herbert Caudill, su yerno David Fite y sus respectivas esposas, y las misioneras Ruby Miller y Lucille Kerrigan. Estas últimas dos fueron expulsadas por el Gobierno Revolucionario en 1963. Docenas y docenas de pastores abandonaron el país a partir de 1960. El proceso se inició con la salida de los pastores Donald Levy y Aurelio Travieso. También estaban entre los primeros Daniel Rodríguez, Miguel A. Calleiro (hijo) y el conocido predicador radial Domingo Fernández. Algunos de ellos fueron criticados por sus colegas, que tenían otra actitud. En 1961 la Convención negó públicamente tener vínculos con un pastor que participó en la invasión de Playa Girón.

En 1965 se radicó causa contra 48 pastores y algunos laicos, acusados de diversionismo ideológico, actividades contrarrevolucionarias, vínculos con la Agencia Central de Inteligencia, CIA, y sobre todo de tráfico ilegal de divisas. La acusación más importante parece haber sido la de haber utilizado fondos denominacionales para cambio de moneda americana por cubana, contraviniendo las disposiciones vigentes. Entre los acusados estaban el doctor Caudill y su yerno, el pastor Fite. Ambos enseñaban en el Seminario Bautista. La defensa estuvo a cargo del abogado bautista y líder laico, doctor Humberto Ferrer. Casi todos fueron sancionados a condenas entre 2 y 30 años, cumpliéndose en algún caso condenas hasta de 12 años.[5] Muchos abandonaron el país al ser liberados años después. Para la salida del doctor Caudill se hicieron arreglos especiales, debido a que se encontraba casi ciego en prisión y en confinamiento domiciliario. También salió el pastor David Fite después de numerosas gestiones hechas a su favor por sus familiares.

La obra tuvo que ser reorganizada. A partir de 1965 quedó totalmente en manos de cubanos. La Presidencia de la Convención la han ocupado el doctor Agustín López Muñoz, Humberto Domínguez, Leoncio Veguilla, Heberto Becerra y Luis Manuel González Peña (quien la ocupa en varios periodos y por el mayor espacio de tiempo). López Muñoz y Becerra abandonaron el país. En el periodo posterior a la detención del grupo de pastores mencionados, la administración de la obra estuvo mayormente en manos de un laico, el tesorero Manuel Salom. Para hacerle frente a la emergencia fueron utilizados los pastores que no fueron puestos en prisión, como encargados no solo de sus propias congregaciones, sino de las que quedaron sin pastor, utilizando una especie de ministerio itinerante.

En el periodo 1959-1986 la figura más prominente de la obra bautista en Occidente parece serlo el doctor Luis Manuel González Peña. Este notable pastor nació en Cumanayagua, Las Villas, el 1 de abril de 1914. Se graduó de Bachiller en Santa Clara y de Pedagogía en la Universidad de La Habana, donde obtuvo su título doctoral. Se graduó en el Seminario Bautista de Cuba Occidental en esa misma ciudad. Ha sido pastor de algunas de las principales iglesias y evangelista dentro y fuera de Cuba. Además de pastor ha sido profesor en escuelas secundarias y en el seminario. Ha sido utilizado como conferenciante dentro y fuera de la obra bautista, disfrutando de buenas relaciones con otros grupos evangélicos, como los bautistas orientales y las iglesias de Los Pinos Nuevos. Es muy apreciado como predicador y orador religioso y ha escrito algunos libros incluyendo una biografía de la viuda del doctor Moseley y un estudio sobre la evolución. Ha tenido una buena capacidad de convocatoria y ha servido como aglutinador de los diferentes elementos dentro de la Convención.

Los bautistas han sufrido numerosas crisis internas, aunque ninguna como la experimentada en 1965 con los pastores enjuiciados, pero en algunos aspectos, la obra se ha mantenido relativamente activa. Algunas iglesias han podido hacer frente al éxodo de miembros hacia los Estados Unidos. El Seminario Bautista de Cuba Occidental en La Habana ha seguido funcionando y preparando nuevos ministros para reemplazar a los que mueren, se retiran o abandonan el país. Líderes tan importantes como el doctor José Manuel Sánchez, y el predicador radial Domingo Fernández, de gran influencia en el aspecto teológico, al abandonar el país no provocaron crisis de sustitución, y la obra se ha mantenido fuerte.

Un análisis desde el exterior, hecho por bautistas formados dentro de la más absoluta autonomía local, revelaría tal vez que la Convención parece limitar en algo la autonomía de la iglesia local, como si el país estuviera todavía dentro de la esfera de una junta de misiones. Pero esas conclusiones pudieran ser precipitadas y debe estudiarse más de cerca el contexto y las circunstancias.

Un sector de bautistas occidentales ha colaborado con el proceso revolucionario desde el principio. Un grupo de pastores y laicos ubicados en esa posición fundaron en 1974 la Coordinación Obrero Estudiantil Bautista de Cuba (COEBAC) que incluye en su membresía a bautistas de la Convención Occidental, la Oriental y la Convención Bautista Libre.[6] Publican *El correo bautista* y algún material esporádico de tipo social o literario. Entre sus principales líderes han estado Noel Fernández Collot, Gisela Pérez y el historiador Raúl Suárez Ramos, un conocido pastor de la Convención Occidental. Este y otros grupos han fomentado formas de cooperación en centros de estudio y trabajo, ofreciéndose para realizar trabajo voluntario o servicio social en otros paises del mundo. Entre los más conocidos participantes está el pastor Francisco Rodés, que obtuvo un grado académico en el Seminario Bíblico Latinoamericano de San José, Costa Rica, en años recientes.

La Convención Bautista de Cuba Occidental se declaró a sí misma apolítica de forma oficial. Es una organización de teología conservadora y la salida del país de docenas de pastores —y algunos miles de miembros— indicaría tal vez la actitud de un amplio sector.

Mantiene en funcionamiento su seminario, el hogar para ancianos, un boletín mimeografiado que se publica con el nombre de *La voz bautista*, y un campamento para retiros en el valle de Yumurí, en Matanzas.

El número de iglesias ha subido a 105 pero el de misiones se ha reducido de manera dramática. La membresía total es de 6,538 miembros, pero al parecer muchas personas que no se inscriben como tales asisten a los cultos regularmente; 49 iglesias se sostienen a sí mismas y 63 pastores dedican todo su tiempo al trabajo (cifra de 1984). Un fondo convencional provee para las necesidades de las iglesias que no han alcanzado sostenimiento propio. Algunos líderes han viajado al extranjero. En 1960 se recibió la visita de un grupo de más de 40 pastores norteamericanos.

La Isla ha sido visitada en varias ocasiones por funcionarios de la Alianza Bautista Mundial, con sede en Londres, y por líderes de la Junta de Misiones Domésticas de la Convención Bautista del Sur, que mantuvo el trabajo hasta la década de los sesenta. El doctor Gerald Palmer visitó Cuba en 1978. Una importante visita del notable especialista en misionología, doctor Oscar I. Romo, actual secretario del Departamento de Misiones en Idiomas de la Junta Bautista, con sede en Atlanta, Georgia, se efectuó en 1984.[7]

Es evidente que de forma gradual el liderazgo de la Convención está pasando a una nueva generación formada en el Seminario Bautista, dirigido actualmente por el doctor Leoncio Veguilla, una de las figuras más capaces que ha producido el movimiento bautista de Cuba en toda su historia. Un líder importante falleció hace varios años, el doctor Rafael Alberto Ocaña, y fue reemplazado en la Iglesia Bautista Calvario por el pastor Reinaldo Sánchez, un estudioso de la vida y obra de Alberto J. Díaz. Otro líder influyente en la obra lo es el hasta hace poco vicepresidente de la denominación, Israel Cordovés. En la Convención de 1986 se reeligió presidente al Dr. González Peña y se eligió vicepresidente al Dr. Leoncio Veguilla. Pero al renunciar este último se le sustituyó por Antonio Pérez Rabelo. La Convención no ha participado nunca de organismos ecuménicos, pero algunos pastores y líderes están vinculados al consejo ecuménico de forma indirecta por su afiliación a la COEBAC o a la CIMPEC. Eso sucede también en la convención oriental.

La obra bautista de Cuba Oriental tuvo en 1959 al último misionero general procedente de los Estados Unidos, el doctor Aaron F. Webber, de breve ejecutoria en el cargo. La obra pasó entonces a manos de los nacionales. Los pastores Augusto Abella y Mario Casanella tendrían las responsabilidades más importantes en los próximos años como explicamos en un capítulo del libro. La obra estaba pasando por un proceso de transición. Algunos edificios habían sido deteriorados por la guerra civil. En la Convención de 1959 en Guantánamo se honró a los capellanes del Ejército Rebelde y a los combatientes de la guerra. La obra la componían 117 iglesias y los ingresos habían sido de US$74,219.60. Funcionaban 22 iglesias haitianas sobre todo en Camagüey. El pleno de la Convención envió un saludo al Primer Ministro Castro por medidas adoptadas contra las bebidas alcohólicas y por haberse puesto de parte de la enseñanza laica en las escuelas públicas.

En 1960 se creó la llamada Misión Sierra Maestra para ampliar el trabajo en Manzanillo y Bayamo. La doctora Ondina Maristany fue nombrada para dirigir el proyecto. El pastor Agustín González había sido designado para distribuir en toda la Isla los alimentos, ropa y víveres enviados por Church World Service, agencia de ayuda de los Estados Unidos, con motivo de la pasada guerra civil y sus efectos en la población rural. Ese año bautistas orientales toman parte en una importante reunión del Movimiento Estudiantil Cristiano a nivel nacional celebrada en Matanzas. Se aprueba también un plan para reorganizar la obra e independizarla económicamente en 7 años.

En 1961 se consigue la devolución de varios edificios intervenidos que formaban parte de los colegios religiosos de la denominación que eran 15 en total. Ese año las iglesias tenían 7,003 miembros y una cantidad enorme de simpatizantes y alumnos de escuela dominical. Parten al extranjero los pastores Eliseo González y Pedro Tamayo. También solicitó permiso para salir el pastor Celestino González. Evelio Jardines salió en plan de estudios.

En septiembre de 1964 fueron puestos en prisión los pastores Santiago Entenza y Augusto Abella acusados, entre otras cosas, de organizar el Movimiento Demócrata Cristiano en la región.

En 1965 abandona el país el doctor Mario Casanella, secretario ejecutivo, y por lo tanto director del trabajo misionero de la obra. Es sustituido por el pastor Orlando Colás. Ese año, el doctor Adolfo Ham, rector del Seminario Bautista de Cuba Oriental es cedido al Concilio Cubano de Iglesias como su nuevo secretario ejecutivo. El doctor Orlando Perdomo había sido nombrado agente de la Sociedad Bíblica.

El pastor Orlando Colás es reclutado a a fines de ese año para prestar servicio obligatorio en las Unidades Militares de Ayuda a la Producción (UMAP) y el pastor Marino Santos es elegido para reemplazarle como secretario ejecutivo. Muchos pastores y seminaristas son también reclutados.

La oficina convencional en El Cristo, Oriente, fue cerrada por autoridades del gobierno por espacio de 68 días, pero se reabre en marzo de 1966. Más adelante fue trasladada a Santiago. Algunos de los principales líderes, sobre todo jóvenes, son llamados a prestar servicios en la UMAP:

Elmer Lavastida, hijo de B. G. Lavastida; Rigoberto Cervantes, Roy Acosta, etc. Salen de Cuba en esa época Juan Pablo Tamayo y Bernardino Martínez, dos de los intelectuales de la obra oriental. Juan Pablo Tamayo solicitó una beca para estudiar en el Seminario Bautista de Ruchlikon, Suiza. Aumenta pues el número de pastores que abandona el país.

En 1968 se producen varios acontecimientos. Las iglesias independientes de Baracoa regresan a la Convención Bautista Oriental y ésta se retira del Concilio Cubano de Iglesias Evangélicas, del cual los bautistas orientales habían sido parte desde el principio. Sin embargo, se sigue cooperando en varias actividades. Otro importante organismo, el Seminario Bautista de Cuba Oriental continuó trabajando bajo la dirección del doctor Gelasio Ortiz Columbié, quien fue ordenado al ministerio después de haber sido, en otra época, superintendente provincial de Escuelas de Oriente.

A partir de 1972 el laico Rafael Gregorich fue designado secretario ejecutivo. Hasta entonces había sido el presidente de la Convención. Ese año, una delegación procedente de la URSS y compuesta por bautistas recorre la provincia y se celebra el 75 aniversario de la obra bautista en Cuba Oriental. En 1974 se experimentan problemas con algunos permisos para convenciones y se imponen multas a misioneros y pastores por violaciones variadas de los códigos. En la década de los setenta varios delegados asisten a reuniones de la Alianza Bautista Mundial, de los bautistas de la Unión Soviética y a otras actividades internacionales.

En 1982 los bautistas orientales se unen a los occidentales para celebrar el 100 aniversario de la llegada a Cuba del doctor Alberto J. Díaz. Algunos presentan el evento como una celebración del inicio de la obra bautista en Cuba, o al menos así aparece en algunas publicaciones. En realidad el inicio formal de la obra bautista no se produce sino hasta fines de 1885 o más bien a principios de 1886. En el estudio del papel que jugó Díaz han participado los investigadores históricos Leoncio Veguilla, Raúl Suárez, Reinaldo Sánchez, Samuel Deulofeu, Dante Sánchez, entre otros. Ese mismo año, las Iglesias Bautistas Americanas de los Estados Unidos (antigua Convención del Norte) donan US$25,000 para la obra en Cuba Oriental.[8]

En medio de naturales dificultades, la obra bautista en Cuba Oriental ha mantenido su actividad. Su característico entusiasmo se mantiene en las actividades nacionales como la celebración de congresos de la Juventud Bautista. Su posición teológica se ha ido inclinando más y más al conservadurismo teológico y sigue apartada del Consejo Ecuménico de Cuba aunque mantiene un espíritu de cooperación interdenominacional como siempre lo ha hecho.

Su seminario sigue produciendo graduados y nuevos pastores. Ha estado bajo la dirección de Roy Acosta y de Samuel Entenza, su actual rector, en los últimos años. Al morir el secretario ejecutivo Rafael Gregorich fue sustituido en el cargo por el pastor Víctor Ruiz Víctores. El pastor Ariel Ortiz estuvo a cargo de la Primera Iglesia Bautista de Santiago de Cuba hasta hace poco y Elmer Lavastida es el pastor de la Segunda Iglesia Bautista de esa ciudad. El conocido predicador de origen jamaicano Jorge Wilson hace algún tiempo pasó a trabajar con la Convención Oriental, que es tal vez la más numerosa o activa de las denominaciones evangélicas históricas establecidas en Cuba en estos momentos.

LOS METODISTAS

La Iglesia Metodista era en algunos aspectos la mayor denominación protestante en Cuba en 1959, si tenemos en cuenta que los bautistas están divididos en convenciones. Según algunos informes, contaba con 21 escuelas, una universidad y cerca de 10,000 miembros y 62 pastores atendían sus iglesias. Contaban con un personal misionero integrado por docenas de obreros norteamericanos. Ninguna otra denominación, con la excepción de los adventistas, estaba distribuida geográficamente de manera tan aceptable ya que los metodistas tenían varias iglesias en cada provincia del país.

En julio de 1959 crearon el Distrito de la Sierra Maestra para alcanzar esa región con iglesias y misiones. En Holguín se había edificado un amplio templo en memoria del obispo Branscomb. El doctor Angel Fuster presentó el informe de trabajo para un "Plan de Avance". Se proponían lograr 100 nuevos predicadores locales, 100 nuevos maestros para trabajar con niños en las iglesias, 500 miembros que ganaran al menos 5 nuevos miembros cada uno para lograr un total de 2,500 de estos en un año y elevar en un 15% el sostenimiento pastoral.

En esos primeros años se dieron varias campañas de evangelismo y se usó frecuentemente al joven evangelista Adib Edén, sobre todo en Oriente. Este predicador, de origen bautista, salió pronto del país y se convirtió en un conocido evangelista en algunos países de la región. Edén no ha sido nunca metodista, sino que se ha desarrollado de forma independiente creando en el extranjero organizaciones, iglesias y estaciones radiales.

En 1960 la Iglesia contaba con 9,283 miembros y 928 candidatos, 144 predicadores locales, 11,596 alumnos de escuela dominical, 249 lugares de predicación. A partir de ese año se produjo un éxodo de misioneros norteamericanos y de pastores cubanos que dejaría la obra casi sin obreros al llegar el año 1962. Entre los que partieron estaban líderes como Razziel Vázquez, superintendente del Distrito de la Sierra Maestra y una figura fundamental en el trabajo evangelístico. Salieron de Cuba líderes educacionales como Humberto Carrazana y Edmundo Morgado. Promotores de educación cristiana como Luis Díaz de Arce y pastores bien conocidos como Ovidio Amaro, Jorge Cortizo, Manuel Viera —pastor de los obreros por nombramiento conferencial—, Manuel B. Salabarría y su hijo Manuel, Justo Luis y Jorge González —hijos del profesor Justo González—, Germinal Rivas, Eleazar Legrá, Roberto Lenz, José Ramón Morales, Ornán Iglesias y muchos otros, incluyendo a la predicadora Norka Feijóo, hermana del famoso escritor cubano Samuel Feijóo.

La intervención de sus escuelas, universidad y colegio agrícola les afectó grandemente porque gran parte de su labor pastoral estaba relacionada de forma estrecha con esas instituciones; y tuvo relación directa con la salida del país de gran parte del personal nativo y de todos los misioneros norteamericanos. Las escuelas habían contado en 1960 con 4,186 alumnos y 268 maestros.

La Iglesia fue perdiendo progresivamente su ministerio a los estudiantes en el Hogar Universitario de La Habana, que había sido muy activo en otras etapas. Perdió asimismo sus 7 dispensarios médicos.

En 1965 los superintendentes de distrito que trabajaban en Cuba eran Angel Virelles, Ponciano Alfonso Reyes Monzón, Angel Fuster, Jorge León, Reinaldo Toledo y Armando Rodríguez. El doctor Carlos Pérez Ramos permaneció unos años mas en el país después de la intervención del Colegio Candler en 1961 y ocupó el importante cargo de apoderado de la Junta de Misiones. Se le designó rector del Seminario Evangélico de Matanzas en sustitución de Alfonso Rodríguez Hidalgo. Al partir Pérez Ramos, se nombró al doctor Jorge Adalberto León, otro metodista, como rector. El profesor Reinaldo Toledo, un superintendente de distrito, y conocido intelectual cristiano al igual que León, fue nombrado miembro de la facultad del seminario.

El doctor Angel Fuster funcionaba como representante del obispo de la Florida en calidad de presidente del gabinete —el cuerpo de superintendentes—. Al morir Fuster en un accidente automovilístico en los Estados Unidos, donde visitaba a sus hijos que se habían radicado allí, la Iglesia perdió un dirigente al que muchos consideraban como el candidato indicado para ser el primer obispo. La obra estuvo en este periodo bajo la jurisdicción episcopal de R. H. Short de 1959 a 1960, y de J. W. Henley de 1962 a 1967.

Como resultado de esfuerzos realizados con anterioridad y debido a la nueva situación —que lo hacía imprescindible— se constituyó en 1967 la Iglesia Metodista de Cuba y fue elegido como obispo el pastor Armando Rodríguez Borges. La ceremonia fue oficiada por el obispo de la Iglesia Metodista de México Alejandro Ruiz. Un comité de estudios había trabajado para la redacción de la disciplina o constitución de la Iglesia y el proceso habia sido propuesto por la Conferencia de la Florida, con la cual la de Cuba mantenia vínculos formales. El fallecido pastor Angel

Fuster fue elegido como obispo póstumo.[9]

Durante las últimas décadas la Iglesia Metodista, que continuó perdiendo ministros por la salida de estos del país, ha enviado muy pocos estudiantes al Seminario Evangélico de Matanzas. Algunos líderes han salido del trabajo de tiempo completo, como el pastor Israel Batista Guerra —que se ha destacado como intelectual— y el pastor José O. Garrido Catalá —que ha realizado investigaciones históricas—, los cuales han sido profesores en el seminario y permanecen en el ministerio local.

En la última etapa han servido en el ministerio itinerante: Reinaldo Toledo, Marbelio Tamayo, Antonio Fernández, Antonio Ruiz, Aldo Martín, Humberto Fuentes, Daniel Pelay, Joel Ajo, Eloísa Toledo, Juan Domínguez, José Reyes López, José Borbón, Pedro Mayor, Roy Rodríguez y otros. Unos pocos más han podido llenar los requisitos educacionales de la Iglesia mientras que otros se han incorporado al trabajo como pastores suplentes o predicadores locales. Se han recibido de esa forma varios obreros de otras denominaciones, entre ellos varios graduados del Seminario Los Pinos Nuevos.

Existe dentro de la Iglesia un sector carismático. Las mujeres juegan un papel fundamental en la obra atendiendo iglesias. Eloísa Toledo fue la primera mujer superintendente de distrito.

Al analizarse el desarrollo del metodismo en las últimas décadas debe tenerse en cuenta que la abrumadora mayoría de los pastores a plena conexión abandonaron el país y de los que se han ido formando después también una gran parte ha salido de Cuba. Las iglesias perdieron miles de miembros que salieron de Cuba. La obra dependía grandemente de sus escuelas y de los misioneros extranjeros. A pesar de eso se han realizado esfuerzos de mayordomía para el sostenimiento propio y se han mantenido abiertas la mayoría de las iglesias. La feligresía ha disminuido considerablemente aunque en algunas iglesias ha habido alguna recuperación. En otras se ha reducido la asistencia de forma dramática y aparentemente irremediable.

El obispo Rodríguez ha sido una figura constante en el movimiento ecuménico y ha recorrido varios países en actividades eclesiásticas. Antes de llegar al cargo había ocupado dos superintendencias de distrito. Es graduado del Seminario Evangélico de Matanzas y ha realizado estudios en la Universidad de La Habana. Ha sido reelegido como obispo en varias ocasiones.

La Iglesia Metodista de Cuba se mantiene vinculada como iglesia afiliada a los organismos metodistas correspondientes fuera del país especialmente al Concilio Metodista Mundial, pero desarrolla su labor de forma absolutamente autónoma desde 1967. Ha jugado un papel central en el Consejo Ecuménico de Cuba.[9]

LOS PRESBITERIANOS

La Iglesia Presbiteriana de Cuba ha sufrido cambios como ninguna otra denominación religiosa importante en el país. A partir de 1959 han sucedido varios acontecimientos notables en su seno. Al iniciarse el Gobierno Revolucionario, la Iglesia con la cual estaban vinculados de alguna manera tres funcionarios que alcanzaron rango de ministros en el gabinete en la primera etapa, había adoptado planes de expansión con el propósito de extenderse mas allá de las provincias de La Habana, Matanzas y Las Villas. El Plan de los Cinco Años incluía esfuerzos evangelizadores, programas de asistencia social, campamentos, programas radiales, apertura de nuevas iglesias y misiones. El pastor Martín Añorga fue nombrado para abrir obra en la provincia de Oriente, donde se iniciaron campamentos y misiones y se realizó trabajo con las víctimas de la guerra civil mediante el fondo "One Great Hour of Sharing", como ya se ha explicado en otro apéndice del libro.

El pastor Francisco García Serpa continuó por muchos años como superintendente de la obra y representante de la Junta de Misiones de los Estados Unidos. El pastor Cecilio Arrastía predicaba en un programa diario llamado "El Evangelio en marcha" que se transmitía por la Cadena Oriental de Radio.

Las iglesias realizaron progresos en el periodo 1959-1961 pero a partir de fines de 1960, una gran parte de la membresía de las congregaciones empezó a abandonar el país. La intervención de las escuelas presbiterianas, que eran numerosas e influyentes, el cierre de los programas sociales y la salida del país de la mayor parte del clero de la Iglesia y de sus dirigentes laicos, determinaron un dramático descenso en la feligresía.

Al adoptar el pequeño grupo de ministros que permaneció —la mayoría de los mismos— una actitud favorable al proceso revolucionario, aun después de radicalizarse, varios miembros abandonaron sus iglesias o se unieron a otras denominaciones. Todos estos datos ayudan a entender la disminución de la actividad y feligresía del presbiterianismo en Cuba.

Entre los primeros líderes en partir estaban los dos mas conocidos fuera de Cuba, el doctor Alfonso Rodríguez Hidalgo y el pastor Cecilio Arrastía. Como ellos, lo hicieron docenas de ministros. Se utilizaron entonces los servicios de laicos en calidad de obreros comisionados a los que se encargó el cuidado de congregaciones. Se ordenó la primera mujer al ministerio de la Iglesia, Miriam Ortega, de origen episcopal. Nuevos ministros fueron formados en el Seminario de Matanzas, pero no en un número suficiente.

Entre los que permanecieron en el país estaban hombres de amplia preparación intelectual como los doctores Rafael Cepeda y Sergio Arce, los pastores Francisco Norniella, Orestes González, Oroente Palacio, Carlos M. Camps, etc. Un grupo de pastores, con una adecuada formación teológica se unió al trabajo, algunos de ellos habían sido líderes laicos antes de ingresar al seminario: Héctor Méndez, Miguel Pérez Coca, Ismael Madruga, Jose A. Padín, Julio Montes de Oca, el doctor René Castellanos, Gabriel Urbizo, Javier Naranjo, Benito Lauzurique, Carlos M. Piedra, Elier Ceballos. Algunos de los que permanecieron por algún tiempo salieron del país como Osvaldo García de Paula, Abí Castro y el propio superintendente Francisco García —ya retirado—. La misionera norteamericana Lois Kroehler permaneció en Cuba. El pastor Raúl Fernández Ceballos ha sido el más conocido de todos los pastores que decidieron permanecer en el país.

En 1967 quedó constituida la Asamblea Nacional de la Iglesia Presbiteriana Reformada de Cuba —nombre que se adoptó— estando el acto de constitución en La Habana a cargo del moderador de la Asamblea General de la Iglesia Presbiteriana Unida de los Estados Unidos, el pastor Ganse Little, y del pastor Francisco Norniella. El ejecutivo inicial quedó compuesto de la siguiente manera: Francisco García Serpa, presidente emeritus; Francisco Norniella, presidente; Emilio Rodríguez Busto, vicepresidente; Sergio Arce, secretario ejecutivo; Héctor Méndez, secretario adjunto; Raúl Fernández Ceballos, tesorero. Con el tiempo se ha modificado la composición de la directiva pero estos nombres han formado parte de la dirección de la obra aunque hayan ocupado posiciones diferentes en un momento u otro. También se ha destacado en cargos directivos el pastor Orestes González.

Se ha continuado publicando la revista *Heraldo Cristiano* y el devocionario *Su Voz*, así como la revista *Juprecu*. El doctor Isaac Jorge dirigió por algún tiempo la revista denominacional. Otros laicos han asumido importantes responsabilidades. Por un tiempo se siguió publicando la sección "Notas Evangélicas" en el diario *El Mundo*, a cargo de Raul Fernández Ceballos. La sección cesó al cerrarse ese diario habanero.

Otros líderes presbiterianos han sido utilizados en el Consejo Ecuménico en las principales posiciones del mismo. De una manera significativa han participado en esas actividades: Raúl Fernández Ceballos, Rafael Cepeda, Adolfo Ham, Orestes González, Sergio Arce. Este último es una figura importante en la teología de la liberación a nivel latinoamericano. Rafael Cepeda es el más importante investigador histórico del protestantismo dentro de Cuba.

A pesar de la salida del país de miles de presbiterianos, entre ellos numerosos profesionales, universitarios y hombres de negocio, y del cierre de sus importantes escuelas, esta iglesia no ha tenido ninguna confrontación oficial con el Estado en las últimas dos décadas.[10]

LOS EPISCOPALES

La Iglesia Episcopal tenía alrededor de 32 clérigos trabajando en Cuba en 1959. La participación en el Seminario Evangélico de Matanzas había permitido aumentar en algo el clero nacional. La Iglesia continuaba bajo el episcopado de Hugh Blankingship.

En 1961, al nacionalizarse las escuelas privadas, la Iglesia perdió 14 escuelas pero recuperó más tarde el edificio de la Cathedral School en La Habana. En 1960 algunos misioneros norteamericanos abandonaron el país. El primero en hacerlo fue el deán de la catedral E. P. Wroth que fue reemplazado en el cargo por Milton R. Le Roy, profesor del seminario que también abandonó Cuba al siguiente año. Salieron pronto Paul Alexander Tate y Eleanor Clancy que estaban a cargo de escuelas.

El obispo Blankingship anunció en febrero de 1961, durante la convocación del clero, que había decidido retirarse en diciembre y que pediría a la Cámara de Obispos de la Iglesia de los Estados Unidos que nombrara a un obispo cubano. En 1961, en la convención general celebrada en ese país, fue elegido como nuevo obispo de Cuba el doctor Romualdo González Agüeros, nacido en España pero ciudadano cubano. Era deán de la catedral desde la salida de Le Roy en 1961 y poseía grados académicos obtenidos en Cuba y los Estados Unidos —estudió en la Escuela de Divinidades de Filadelfia—. El 19 de octubre de 1961 fue consagrado como obispo en la Catedral de San Pedro en Washington.

A partir de 1961 la Iglesia empezó a perder buena parte de su clero cubano. Numerosos clérigos se radicaron en los Estados Unidos y otros países. Entre ellos líderes como Max I. Salvador, Onell Soto, Miguel García, Alonso González, Hugo Pina, Anselmo Carral. Este último era una figura de gran importancia en la Iglesia y en el Concilio Cubano de Iglesias Evangélicas que llegó a presidir. Se redujo considerablemente el número de clérigos y se encomendó a cada ministro el cuidado de dos o más iglesias. Algunas misiones tuvieron que cerrarse por falta de feligreses u otras razones similares. Disminuyó la membresía activa, es decir el número de comulgantes, como resultado del apreciable número de episcopales que han abandonado Cuba y de anglicanos procedentes de las islas del Caribe, conocidos como británicos occidentales, que regresaron a las antiguas posesiones inglesas de donde procedían, sobre todo a Jamaica.

En 1966 se le concedió autonomía a la diócesis cubana y en 1967 el distrito misionero fue convertido en diócesis extraprovincial con la venia de la Iglesia madre, es decir la de los Estados Unidos.

La Iglesia de Cuba eligió entonces a José Agustín González, nacido en Colón, Matanzas, como el primer obispo cubano por nacimiento, el primero en el país y en la historia del anglicanismo a nivel mundial. El nuevo obispo fue consagrado el día 5 de febrero de 1967 en Catedral de la Santísima Trinidad en La Habana. Se había educado en el Colegio Presbiteriano La Progresiva y recibió su formación ministerial en los Estados Unidos. Le correspondió una etapa muy complicada del trabajo. Al retirarse del cargo, 15 años después, quedaban en el país 1 obispo, 8 presbíteros y 1 diácono, así como varios lectores laicos, algunos de ellos procedentes del Caribe de habla inglesa y 43 congregaciones.

La obra fue realizada en medio de algunas limitaciones pero se lograron importantes objetivos que permitieron la continuidad del anglicanismo y las iglesias se enfrentaron a la evidente necesidad de alcanzar el sostenimiento propio, en lo cual los anglicanos de Cuba no habían logrado alcanzar éxito en el pasado.

Se han realizado esfuerzos para lograr esa meta pero alguna ayuda externa ha sido imprescindible. La reducción de la asistencia a las iglesias de habla inglesa planteó una situación difícil a la Iglesia pero esa misma disminución se ha notado en las de habla castellana. Han logrado mantener la mayoría de las iglesias y capillas funcionando pero gracias a los servicios de clérigos que atienden varias a la vez.

El número de bautizados en el país es alto. Se han ofrecido hasta cifras superiores a los 120,000 pero la vinculación de ellos a las actividades o incluso a la profesión pública de su anglicanismo presenta serios problemas al que estudie la materia. Poco más de 1,000 cubanos parecen estar activos en la Iglesia y el número total de los considerados como comulgantes no es mucho mayor. El último informe consultado arrojaba un total de 3,000 comulgantes.

El 21 de febrero de 1982, por retiro del obispo González, fue instalado como nuevo ocupante de la sede episcopal cubana, Emilio Hernández Alabate. Desde 1980 era obispo coadjutor para facilitar el proceso de sustitución del anterior prelado.

Antes de su inicio como obispo las filas del clero se redujeron con la partida a los Estados Unidos de varios ministros. Entre los que han trabajado en Cuba en los últimos años pueden mencionarse: Julio Alonso Milián, Héctor Conde Suárez, Wendell Gaskin, Odén Marichal, Juan E. Martín Farrey, Juan Ramón de la Paz, Miguel Tamayo Zaldívar, Segundo Luya Barberá, Pedro Triana, Jorge Perera y Juan Quevedo. De la Paz es el historiador diocesano, Perera ha servido como rector del Seminario de Matanzas (cargo que ahora desempeña Marichal), Gaskin trabaja en Oriente y desarrolla un ministerio bilingüe.

Algunos sacerdotes que estuvieron activos en este periodo han salido de Cuba recientemente como Manuel Chávez que fue deán de la catedral o se han retirado como Juan E. Martín Farrey y el doctor Hermes Fernández, canciller diocesano. Para suplir las necesidades de las iglesias han sido ordenados diáconos y sacerdotes obreros como Juan Antonio González, ingeniero nombrado como rector en Morón y su colega en la misma carrera universitaria Emilio Martín. Los clérigos obreros son personas que solo trabajan parte del tiempo para la Iglesia, sin abandonar sus empleos.

La Iglesia Episcopal de Cuba regresó recientemente al Consejo Ecuménico de Cuba después de haber estado fuera del mismo por un tiempo. Las oficinas del Consejo han radicado continuamente en un edificio de la catedral.

Parece existir un movimiento o corriente favorable a la ordenación de mujeres, al menos esa es la impresión que se puede captar mediante la lectura de artículos, ponencias e informes en los que se menciona que algunas damas esperan algún día poder ordenarse.

En cuanto a la actitud hacia el proceso revolucionario actual existen diversas interpretaciones y varios clérigos hacen énfasis en colaborar en la sociedad en que se desenvuelven.

La Iglesia mantiene inalterables sus vínculos con la Comunión Anglicana a nivel internacional y su comunión eclesiástica con el arzobispo de Canterbury (o Cantórbery como se escribe en algunos informes en castellano) y recibe frecuentes visitas de obispos y ministros de las iglesias hermanas, sobre todo de la Iglesia de Inglaterra y de las de Estados Unidos y Canadá. Se han estrechado relaciones con las diócesis del Caribe de habla inglesa.[11]

LOS CUAQUEROS

La Iglesia de los Amigos (cuáqueros) había mantenido su tradicional postura pacifista y reconciliadora en los días de la Revolución pero no de una forma legalista o tradicional ya que sus miembros se inclinaban según sus preferencias personales en la política del país. La nacionalización de sus escuelas en 1961 afectó grandemente su trabajo misionero. No recibían mucho apoyo financiero de las iglesias norteamericanas a no ser precisamente en ese aspecto educacional y gran parte de sus líderes se sostenían mediante empleos en esos centros docentes.

En 1961 empezaron a salir de Cuba varios de ellos. Uno de los más conocidos dirigentes de los amigos, Juan Sierra, y su esposa Hortensia Bolet estuvieron entre los primeros. Sierra era en la práctica el superintendente del trabajo misionero. Mientras muchos seguían los pasos de Sierra, otros, como el doctor César Ortiz que había estado por un tiempo a cargo de la iglesia en Holguín, buscaban fórmulas de cooperación con el Gobierno Revolucionario. Los cuáqueros cubanos eligieron a Maulio Ajo como su nuevo presidente.

El Comité de Servicio de los Cuáqueros Americanos (American

Friends Service Committee) prestó ayuda a los damnificados del huracán Flora en 1963, para lo cual contaron con la cooperación de los cuáqueros ingleses. A través de este periodo, los amigos han recibido frecuentes visitas de sus correligionarios de otros países.

En 1964 los cuáqueros del país enviaron una carta al Primer Ministro Fidel Castro conteniendo una declaración de principios en relación con el Servicio Militar Obligatorio. Una delegación fue recibida en abril 20 por el doctor José Felipe Carneado quien tuvo palabras de reconocimiento para el evidente prestigio internacional de los cuáqueros o amigos. En aquella fecha permanecían en el país unos 600 cuáqueros activos, prácticamente todos residiendo en la parte norte de Oriente.

Las iglesias han permanecido abiertas y solo unas pocas misiones han sido cerradas. El presidente es Heredio Santos Balmaceda y han trabajado, entre otros, los siguientes pastores y obreros religiosos: Juan Guzmán, Rodolfo Crawford, Ramón Longoria, Arsenio Catalá, Manuel Meneses, Pedro N. Font Hidalgo. La Iglesia pertenece al Consejo Ecuménico de Cuba.[12]

NAZARENOS Y GRUPOS DE SANTIDAD

La Iglesia del Nazareno era dirigida por los misioneros John Hall y Howard Conrad. Pero Hall salió en 1960 y Conrad en 1961.[13] La obra quedó entonces en manos nacionales y el liderazgo lo ha ejercido el pastor Hildo Morejón. Tuvieron pronto que cerrar el seminario o escuela bíblica que estaba en La Chorrera y lo trasladaron a la finca La Niña en Punta Brava en la misma provincia habanera a petición de autoridades gubernamentales, ya que se necesitaba el terreno original para otro propósito.

La Iglesia se ha mantenido activa a pesar de perder muchos miembros y ha tenido etapas de cierto progreso aunque sin lograr extenderse ni aumentar sus filas. Muchas congregaciones se han reducido considerablemente en asistencia.

Se han usado algunas mujeres en el ministerio y varios pastores y laicos han salido del país. Entre los que han trabajado en esta etapa de la obra nazarena, además del presidente y superintendente Hildo Morejón, pueden mencionarse: René Rodríguez, Hermenegildo Paz, Andrés Morejón, Eduardo Valdés, Caridad Martínez, Ernestina Díaz, Melquiades Urgellés, Adelso Rodríguez, Ramón Moinelo, Inocencia Cárdenas, José Quintana, Esdras Forcade, Arnaldo Miranda, Mery Rodríguez, Pedro Morejón, Aramís Galves, Alberto Díaz, Luciano Morejón, Ester González, Ester Rodríguez, Primitivo Morejón y Ana González. La Iglesia pertenece al Consejo Ecuménico de Cuba.

Otros grupos de santidad o que fueron fundados por misiones con esa teología, así como los remanentes de iglesias integradas por inmigrantes procedentes del Caribe de habla inglesa y que originalmente tuvieron vínculos o teología compatibles, permanecen activos o se han unido con pentecostales u otros evangélicos. En Cuba nunca existió un movimiento poderoso de iglesias de Santidad pero se mantiene al menos una presencia que toma la forma de iglesias muy pequeñas o de grupos dentro de otras organizaciones que tienen elementos teológicos parecidos.

LOS ADVENTISTAS

La Iglesia Adventista del Séptimo Día tenía una actividad incesante en Cuba en 1959. El Colegio Las Antillas era conocido en casi todo el país y sus niveles educacionales habían ido aumentando. En 1959 se adquirieron nuevos terrenos. Sin embargo, las nuevas condiciones trajeron cambios rápidos.

En 1960 se trasladó la sede de la Unión Antillana que radicaba en Cuba a Panamá. Después fue ubicada permanentemente en Coral Gables, cerca de Miami. Varios misioneros extranjeros abandonaron Cuba. Por un tiempo la dirección del Colegio Las Antillas estuvo a cargo del pastor argentino Alfredo Aeschlimann. En 1961, al ser intervenidas las escuelas privadas, unas 20 de ellas pertenecían a la Iglesia Adventista en Cuba. El Colegio Las Antillas continuó sirviendo como seminario y lo dirigieron, en una u otra etapa, Manuel Carballal, Vicente Rodríguez, Isaías de la Torre, Raúl Cruz y Virgilio Zaldívar. Eventualmente, el terreno fue intervenido por el gobierno. Había funcionado allí una finca. El seminario fue reabierto en Rancho Boyeros, cerca de la capital de Cuba, en 1967.

La expansión de la obra continuó durante los primeros años pero luego se experimentaron varios problemas relacionados con la observancia del sábado, la forma de organización de la Iglesia, la posición de esta hacia el Servicio Militar Obligatorio, etc. Se tuvieron confrontaciones con autoridades oficiales en relación con algunas actividades y el proselitismo, y muchos jóvenes fueron enviados a la UMAP (Unidades militares de ayuda a la producción) en la época en que funcionaba ese plan, que fue después suspendido. Algunos confundían a los adventistas con otros grupos religiosos como los gedeonistas y los testigos de Jehová, dos movimientos con los cuales no tienen relación. Un periodo de distensión se ha producido en los últimos años.

En medio de la nueva situación, los adventistas perdieron miles de miembros que salieron del país, incluyendo varios ministros. En 1980, al producirse las salidas por el Mariel, se redujeron sus filas por ese motivo. Sin embargo la Iglesia ha logrado añadir nuevos miembros, los cuales han tomado el lugar de los que han partido, y hasta se ha crecido relativamente.

En lugares donde funcionaban simplemente puntos de predicación, existen ahora iglesias relativamente grandes. En 1974 contaban con 109 iglesias, 8,546 miembros activos, 30 ministros ordenados, 101 ministros licenciados o maestros bíblicos. El número de fieles ha aumentado como se podrá comprobar en las estadísticas de este libro. Y debe entenderse que el número de simpatizantes y asistentes a sus escuelas sabáticas es mayor que el de miembros de la Iglesia.

Actualmente la obra funciona como Asociación Nacional de la Iglesia Adventista del Séptimo Día en Cuba. Anteriormente estuvo dividida solamente en dos conferencias: Oriental y Occidental. En 1967, para cumplir con requisitos oficiales y facilitar la relación con autoridades correspondientes a las regiones del país, la obra se dividió en 6 delegaciones provinciales para hacerse cargo de los asuntos eclesiásticos en las antiguas provincias cubanas.

Entre los presidentes de la Iglesia en los últimos años han estado: Miguel Vázquez, Pedro de Armas, Alejandro Delgado, Israel González, Juan Guerrero. Otros ministros y líderes bien conocidos han sido: José Herminio Cortés, Héctor Torres, Eddy Romero, Nicolás Bence, el pastor Novales, Ignacio Chaviano, Evaristo González, y un buen número de pastores y maestros. Hasta hace pocos años se mantuvo activo dentro de Cuba el primer graduado de su escuela de teología en el país: Miguel Vázquez.

La observancia estricta del sábado es quizás su mayor problema en la Cuba actual. Esto les ha causado dificultades con ciertas autoridades y centros de trabajo. Al no ceder en sus convicciones, por lo menos la mayor parte de los adventistas, se han hecho arreglos para sustituir a los empleados que prefieren no trabajar los domingos. Al menos en ciertos centros de trabajo. Esta situación les ha hecho perder empleos cuando no se ha buscado una solución. A pesar de todo eso, los adventistas constituyen uno de los grupos religiosos más activos y numerosos del país y su organización se extiende geográficamente por casi todo el territorio nacional.[14] No participan de actividades ecuménicas, pero esa es su política en todas partes del mundo.

LOS LUTERANOS

La Iglesia Luterana construyó uno de los más hermosos templos del país en Nueva Gerona, la capital de Isla de Pinos, en 1959. Pero en 1960 el pastor de la iglesia en ese lugar, el misionero Herman Glienke, abandonó el país y al año siguiente salio el misionero Eugene Gruell, presidente de la Iglesia Luterana en Cuba. Más adelante siguieron esa ruta los pastores cubanos Eduardo Llerena, Blas Serrano y Gustavo Puerto.

Las escuelas luteranas habían sido intervenidas como las demás en

1961. La obra de habla inglesa y el trabajo con los extranjeros residentes en La Habana e Isla de Pinos se redujo progresivamente hasta prácticamente desaparecer. La Iglesia contaba con otros pastores laicos, aparte de los que salieron del país. Entre ellos estuvieron Antonio Abad y Dubán Guerrero pero en realidad no tenían rango pastoral, de forma oficial, en la Iglesia. También colaboró con el trabajo, por un tiempo, Roberto Bartutis de origen bautista. Estos esfuerzos individuales solo sirvieron para que se ofreciera por un tiempo algún tipo de servicios pastorales a una comunidad luterana que siempre fue reducida pero que se iba limitando a unas pocas personas.

El sínodo luterano de Missouri, en los Estados Unidos, que había trabajado mediante sus misioneros en Cuba e Isla de Pinos, encargó a la Iglesia de Noruega que le representara oficialmente en Cuba. Los luteranos noruegos, aparte de sus vínculos oficiales como religión estatal en su país, poco podían hacer por la diminuta Iglesia hermana de Cuba, excepto ofrecer alguna ayuda financiera. Sin un grupo de pastores debidamente entrenados y acostumbrados a la supervisión eclesiástica luterana, la obra continuó desapareciendo y eventualmente perdió los hermosos y modernos templos de Miramar y Nueva Gerona. Las misiones habían ido desapareciendo.

Algunos luteranos se reunen todavía en Cuba pero no se está trabajando oficialmente. También residen en el país varios extranjeros luteranos, sobre todo algunos funcionarios y empleados de embajadas de los países escandinavos y de los estados alemanes, o personal técnico extranjero.[15]

LOS SALVACIONISTAS

El Ejército de Salvación era todavía dirigido por oficiales extranjeros en 1959. La situación del país dificultó la presencia de estos en Cuba y la obra pasó definitivamente a manos cubanas. Entre los que se hicieron cargo del trabajo estuvo el coronel Moisés Suárez que abandonaría después el país, al igual que un grupo de oficiales.

En la década de 1960 se suspendió la publicación de la revista *El Grito de Guerra* y se redujo considerablemente el número de instituciones de asistencia social, aunque algunas, como el asilo de ancianos en Marianao, continuaron funcionando. No se pudo continuar el trabajo con los huérfanos o con los vagabundos. También se redujo el número de cuerpos (congregaciones) y de lugares de predicación. Se descontinuó la práctica de solicitar fondos en los lugares públicos para sostener la obra y los programas de asistencia social.

Entre los que han trabajado en Cuba en este periodo han estado José Ríos Fernández, Jesús Hernández, Manuel Argüelles, Oscar López

Sánchez, Vicente Hernández, Ramón Sotolongo Rojas, Rufus Whittaker, Francisco Ramírez, César Tamayo Boris, Vicente G. Cañete, Rafael Rodríguez, Sergio Fernández y otros. La obra ha sido dirigida por los oficiales José Ríos Fernández, Jesús Santos Chaviano y otros. El cargo de comandante divisional es el más alto del Ejército de Salvación en Cuba.

Los salvacionistas del país han estado bajo la jurisdicción de los Estados Unidos, del Caribe y de México en uno u otro momento desde 1959. Actualmente pertenecen a la del Caribe, con sede en Jamaica. Se ha reanudado la publicación de una revista denominacional, pero bajo el nombre de *Salvación*. Muchos oficiales trabajan ahora en empleos seculares pero continúan predicando. La obra forma parte del Consejo Ecuménico de Cuba.[16]

LOS PENTECOSTALES

Las Asambleas de Dios experimentaron gran crecimiento en los años iniciales de este periodo. El pastor Ramón L. Nieves continuó como superintendente por algunos años y el número de pastores creció, uniéndose al trabajo varios ministros. En 1960 jugaron un papel clave en cooperar con la Asociación de Hombres de Negocios del Evangelio Completo (Full Gospel Businessmen Association) en organizar una campaña de evangelismo y sanidad divina con el evangelista puertorriqueño Raimundo Jiménez en un gran stadium en La Habana. Otras campañas similares se celebraron en stadiums y parques del interior del país, con la participación de muchos movimientos y denominaciones pentecostales.

A partir de 1961 varios pastores, incluyendo a Gabriel Caride, pastor de la importante iglesia situada en las calles Infanta y Santa Marta en la capital, salieron del país. En 1962 se redujeron las actividades públicas en parques y stadiums, utilizados con frecuencia por los pentecostales en sus asambleas y campañas de evangelismo y sanidad divina.

En 1963 fue intervenido el Instituto Bíblico de las Asambleas de Dios radicado en Manacas. Estaba dirigido por el misionero Floyd Woodworth, que fue expulsado de Cuba. Woodworth se convertiría después en una figura importante del movimiento pentecostal en Latinoamérica y se destacaría como autor de libros de textos y coordinador de programas educacionales de las Asambleas de Dios en toda la región. Otro importante líder que fue expulsado en 1963 fue Ramón L. Nieves, superintendente de la obra, que poseía la ciudadanía americana por ser nativo de Puerto Rico, y Kerry González, casado con estadounidense.

Las Asambleas de Dios, conocidas en Cuba como la Iglesia Evangélica Pentecostal de Cuba, eligieron un nuevo superintendente, el pastor

Olallo Caballero, uno de los primeros estudiantes del doctor Lawrence Perrault, y uno de los pioneros del movimiento en el país. A partir de entonces la obra ha estado bajo líderes cubanos. Se logró establecer más tarde un pequeño instituto bíblico en la capital y utilizar los campamentos de otras denominaciones para retiros, sustituyendo así al plantel de Manacas que servía esas funciones.

La mayor parte de las iglesias continúan funcionando pero se han cerrado muchas misiones pequeñas. Es probable que en un momento dado la denominación haya agrupado hasta 20,000 personas como sugieren algunos informes. El número actual de miembros no es tan alto pero han atraído a numerosos simpatizantes y a muchos jóvenes. El Templo Aleluya, en Camagüey, ha seguido siendo la mayor congregación del país. Estuvo por un tiempo bajo el pastorado de Ester Quiñones, prominente líder pentecostal. El pastor Francisco Quintero es uno de los principales dirigentes nacionales de la Iglesia.[17]

La Primera Iglesia Pentecostal de Cuba, es decir el movimiento formado por las iglesias fundadas por el pastor Francisco Rodríguez, nativo de Puerto Rico, y sus colaboradores, continuó sus labores después de la partida de este en 1960. Han logrado agrupar a otras congregaciones independientes (como también ha sucedido con grupos similares que se han unido a las Asambleas de Dios) ya que aquellas iglesias locales que no estaban inscritas legalmente en Cuba necesitan del amparo de un grupo reconocido. Por otra parte han cerrado varias misiones, en parte por falta de feligreses o de condiciones adecuadas. Se han mantenido en La Habana y sus alrededores, en poblaciones cercanas o en la vecina provincia de Pinar del Río. No han experimentado un crecimiento apreciable.[18]

La Iglesia de Dios de la Profecía también realiza su labor en Cuba. Experimentó crecimiento en 1959 y 1960 pero se ha ido reduciendo el número de sus iglesias y lugares de predicación. Sin embargo, algunas congregaciones mantienen su actividad. El pastor cubano Roberto Lam sustituyó en 1960 a Antonio Ledezma Soto como supervisor de la obra. Entre los pastores que abandonaron el país estaba Vicente Concepción que lo hizo a inicios de la década de 1960. La obra de habla inglesa también se redujo y perdieron su escuela en Güines.[19]

La Iglesia de Dios de Cleveland, Tennessee, fue afectada por los acontecimientos revolucionarios de la década de los cincuenta por estar situadas algunas de sus iglesias en Oriente. A partir de 1961 fueron cerrados varios lugares de predicación como asimismo el Colegio Ingram, en Santiago de Cuba. Líderes como Ramón Herrera y Agapito Gómez abandonaron el país. La obra continúa sin que se halla reportado mucho crecimiento en este periodo. En Cuba se identifica como la Iglesia de Dios del Evangelio Completo. Entre sus supervisores estuvo el pastor Roberto Alegre.[20]

La Iglesia Evangélica Bethel sufrió bastante con la salida, en 1960, de su fundador, Sixto M. López. Los programas radiales continuaron hasta su suspensión en 1961. Se utilizaban grabaciones de López. En 1961 abandonaron el país el pastor Carlos Estrada y su esposa Celia, que dirigían un trabajo misionero en Colón y sus alrededores. Después salieron Raúl Trujillo, Miguel A. García y otros obreros. Las iglesias se han mantenido y algunas han crecido relativamente. La de Colón fue cerrada en 1963, pues se reunía en un amplio edificio que había pertenecido a un teatro y sus miembros se integraron en una iglesia de Los Pinos Nuevos. La Iglesia Evangélica Bethel tiene buenas relaciones con otros grupos y está vinculada al Consejo Ecuménico.[21]

La Iglesia de la Biblia Abierta era todavía, en 1959, dirigida por el misionero Paul Hartman. Al salir este en 1961 fue sustituido brevemente por Donald Smith y de 1961 a 1962 por el pastor cubano José M. Vera, primer superintendente nativo del país. A este lo reemplazaron en el cargo José Rijo Pérez, David M. Moreno y Nemesio Vidal Sabera. Durante gran parte de este periodo, el cargo de secretario ejecutivo y la dirección de su escuela, el Instituto de la Biblia Abierta, los ocupó el pastor Fernando Lamigueiro, procedente de la Misión Mundial, y quien es considerado como una de las figuras de mayor capacidad en el movimiento pentecostal cubano.

En las últimas décadas varias congregaciones se han unido a la Iglesia de la Biblia Abierta en las provincias de Las Villas, La Habana y Pinar del Río. Entre los obreros independientes que pasaron a formar parte del movimiento estaba José Díaz García, de la parte norte de Las Villas, que en un momento dado en los inicios de este periodo, predicaba en 18 lugares distintos. Además de los obreros mencionados en el periodo anterior, se le unieron otros y la iglesia ha tenido cierto crecimiento. Un buen número de sus pastores ha abandonado el país.[22]

La Iglesia Santa Pentecostés perdió a sus misioneros norteamericanos a principios de este periodo, pues abandonaron pronto el país. El pastor Ezequiel Castillo se hizo cargo de la superintendencia y la obra siguió concentrándose en la provincia de Oriente, donde tienen varias congregaciones aunque funcionan unas pocas en La Habana, Pinar del Río y Camagüey. La sede de la Iglesia ha radicado en Bayamo, Oriente, y se ha logrado algún progreso en el trabajo. Es miembro del Consejo Ecuménico.[23]

La Iglesia Congregacional Pentecostal no había salido de la provincia de Oriente en 1959 y permaneció en esa región. En 1957 la obra había sido organizada como una Conferencia de la Iglesia Congregacional de Santidad de los Estados Unidos (de doctrina pentecostal). El 19 de diciembre de 1959 el misionero Hugh B. Skelton y su familia abandonaron Cuba e informaron a su denominación haber sido acusados de espías. Al salir funcionaban 21 iglesias y lugares de predicación y 21 obreros trabajaban con la iglesia, aunque la mayoría en forma parcial. Entre los líderes de la obra estaban Ismael Curbelo, Ricardo Santos, Alcides Hernández y Enrique Ortiz. Este último se convirtió en superintendente de la obra. Muchos de los grupos que funcionaban a principios del periodo se cerraron, sobre todo por ser muy pequeños. Tienen iglesias en San Luis, Santiago de Cuba, los Itabos y otros lugares en Oriente. La iglesia pertenece al Consejo Ecuménico.[24] Su actual presidenta es la pastora Margarita Silva.

La Iglesia Cristiana Pentecostal desarrolló considerable actividad en el periodo 1959-1961. En 1960 el fundador de la obra, Luis M. Ortiz, puertorriqueño, abandonó el país. El pastor Avelino González se convirtió en el predicador de la hora radial hasta su clausura en 1961. Ha sido la figura más respetada de esa obra y es conocido en todo el movimiento pentecostal en Cuba. En 1971 la iglesia estableció contacto con la Iglesia de los Discípulos de Cristo, que no es de teología pentecostal, por medio del pastor William Nottingham, que visitaba la capital cubana. Para esa fecha el presidente de la iglesia era el pastor Francisco Martínez, que fue invitado a asistir a la quinta asamblea del Concilio Mundial de Iglesias, en Nairobi, Kenya. Allí conoció al doctor Kenneth L. Teegarden, presidente de los Discípulos de Cristo en los Estados Unidos. A partir de ese momento quedaron esablecidas relaciones fraternales. Bruce Jones, del Departamento de Educación de esa denominación en los Estados Unidos y Stotrell Lowe, secretario general de los Discípulos en Jamaica visitaron Cuba para estrechar las relaciones. Delegados de la Iglesia Cristiana Pentecostal han participado desde 1977 en reuniones de los Discípulos de Cristo en los Estados Unidos y también han tenido vínculos de cooperación con la Iglesia de los Hermanos, sobre todo José Aguiar, el nuevo presidente. Martínez falleció en un accidente automovilístico.[25]

Entre los superintendentes de la Iglesia ha estado el pastor Rolando Milá Planas, y el cargo de secretario lo ha ejercido, entre otros, el pastor José Guevara. La obra se extiende por las provincias de La Habana, Las Villas, Camagüey y Oriente. Tiene algunas docenas de iglesias y de obreros, aunque sus congregaciones siguen siendo pequeñas. Las principales iglesias estaban en Camagüey, Placetas y Santiago de Cuba. En la década de los setenta adoptaron una posición generalmente favorable al proceso revolucionario del país, actitud que parece compartir la mayoría de sus pastores. Pertenece al Consejo Ecuménico de Cuba y su actual presidente es Eulalio Rodríguez.

Además de estas denominaciones funcionan en Cuba otros grupos pentecostales, como la Iglesia Pentecostal Buenas Nuevas, en la provincia de Las Villas; la Hermandad Cristiana Agraria de Cuba, también en esa provincia y con reducida membresía; el Movimiento Nacional

Apostólico de las Iglesias de Dios en Cristo Jesús y la Iglesia Apostólica de Jesucristo, del movimiento pentecostal unitario. De estas, la más importante parece ser la Iglesia Pentecostal Buenas Nuevas, a la que ya hemos identificado como el resultado de la unión de iglesias pentecostales y grupos iniciados por misioneros canadienses en la provincia de Las Villas.[26] Son de teología trinitaria.

Durante este periodo, se han producido varios cismas internos en el movimiento pentecostal. Muchas iglesias independientes no registradas se han incorporado a las denominaciones o iglesias existentes. Otras han cambiado de denominación. Existen algunas iglesias independientes y aisladas en el territorio nacional. Las divisiones en el pentecostalismo son frecuentes pero su actividad es siempre evidente. Puede afirmarse que la mayoría de las congregaciones pentecostales han permanecido. La ausencia de locales adecuados, la falta de liderazgo por la salida de los mismos, la escasez de feligreses o el desconocimiento de los orígenes de algunos grupos provocó el cierre de muchas misiones y lugares de predicación. Debe tenerse en cuenta que la mayoría de las congregaciones pentecostales han funcionado en lugares alquilados y en casas particulares, lo cual es también un factor a considerar.

No creemos que el movimiento pentecostal haya decaído mucho en Cuba, a no ser en algunas áreas rurales. En ciertos casos, se ha fortalecido por el fervor y entusiasmo de sus miembros. Han atraído a la juventud en algunos casos y les ha favorecido la alta tasa de natalidad de la familia pentecostal promedio, superior a la de la población del país. Las tensiones de la década de los sesenta han disminuido al surgir una nueva generación de líderes y miembros. Les ha ayudado también el avance relativo del movimiento carismático en otras denominaciones en Cuba. Nunca recibieron mucha ayuda del exterior, lo cual les ha facilitado adaptarse a las nuevas condiciones para el trabajo religioso. Al salir los misioneros norteamericanos y canadienses, los lazos con las sedes denominacionales no van más allá de simple fraternidad cristiana.[27]

LOS CARISMATICOS

Varios avivamientos de tipo pentecostal han ocurrido en regiones del país, incluyendo zonas aisladas. El movimiento carismático ha penetrado obras como la metodista, Los Pinos Nuevos y los bautistas orientales de manera apreciable. También a la Iglesia Católica. Sin embargo, no debe confundirse la extensión del movimiento carismático en Cuba, que es relativamente apreciable, con la que ha tenido el pentecostalismo clásico y el carismatismo dentro de muchas denominaciones históricas o iglesias fundadas por "misiones de fe" en países como Puerto Rico, Chile y los de la América Central. La Iglesia Católica cubana no ha sido penetrada tan fuertemente por el carismatismo como la norteamericana. Ni siquiera puede establecerse una verdadera comparación.

En algunas iglesias, como las de Los Pinos Nuevos, se han tomado medidas para limitar la influencia del carismatismo. Algunos incidentes importantes han ocurrido en la Convención Bautista Oriental. Y se encuentran algunas congregaciones con influencia carismática en la Iglesia Metodista y en grupos independientes que no están bajo supervisión denominacional o de juntas misioneras.

LOS PINOS NUEVOS

Al llegar el año 1959, la Asociación Evangélica de Cuba y el Seminario Los Pinos Nuevos no pasaban por una de sus mejores etapas de crecimiento, pero la obra estaba activa y existía gran entusiasmo por la nueva situación. Al iniciarse el curso 1959-1960, la matrícula fue más bien baja. Al terminar el curso se decidió interrumpir por algún tiempo el programa de estudios. Casi todos los misioneros decidieron abandonar el país. En esa época el misionero Patrick Arnold era el superintendente de la obra misionera en Cuba y Elmer V. Thompson, el director general de la West Indies Mission, que había fundado algunos años atrás. Desde 1956 la presidencia de la Asociación Evangélica de Cuba era ocupada por el pastor Tomás Ventura y el pastor Mario Grillo era el secretario. En 1959 se habían creado campamentos nacionales de jóvenes en el Seminario, y en 1960 se centralizaron todos los departamentos bajo la dirección del Comité General, incluyendo el Seminario que fue cerrado de 1960 a 1962 y sus estudiantes enviados a predicar. El pastor Juan Marante fue nombrado secretario y Ventura se mantuvo en la presidencia hasta 1962, cuando el cargo pasó a manos del pastor Secundino Bermudez, regresando la secretaría a manos del pastor Mario Grillo, quien en 1968 se convirtió en presidente, con Reynerio Santiesteban como secretario. Desde 1960 se decidió intensificar la obra y sus templos con el nombre de Iglesia Evangélica Los Pinos Nuevos. En 1970 se cambió el nombre por el de Convención Evangélica Los Pinos Nuevos.

El Seminario reanudó sus actividades docentes en 1962, bajo la dirección de Secundino Bermudez. La misionera Elizabeth Parkhurst permaneció hasta 1967. El Orfanatorio Salem en Santa Clara, fundado por misioneros canadienses de Mission to Orphans, organización que mantenía desde el principio estrechos vínculos con la obra de Los Pinos, dejó de funcionar pero fue utilizado después para campamentos y escuela bíblica para señoritas, permaneciendo los esposos Donald y Elsie Elliot a cargo del trabajo. Los misioneros Bert Warden y familia regresaron al Canadá y luego se mantuvieron activos entre los hispanos en los Estados Unidos.

Aunque algunas instituciones que cooperaban con la obra, como el Colegio Betania y el orfanatorio no siguieron funcionando, y los misioneros salieron del país, los pastores de Los Pinos Nuevos decidieron permanecer en Cuba y casi ninguno salió del territorio nacional aunque muchos graduados del Seminario que trabajaban con otros grupos o en empleos seculares sí lo hicieron. Se produjeron en la época grandes cambios. Algunas iglesias desaparecieron en las zonas rurales pero la mayoría permaneció activa. En realidad, las que se perdieron fueron más bien misiones o lugares de predicación. Una gran cantidad de campesinos se mudó a zonas urbanas, haciendo aumentar de tamaño algunas congregaciones. Subieron las contribuciones de manera sorprendente mediante el programa de mayordomía. Acostumbrados a hacerle frente a sus propios gastos locales, los miembros de las iglesias hicieron grandes esfuerzos. Se mantuvo el trabajo evangelístico. Aunque muchos miembros de iglesias abandonaron el país, las congregaciones pudieron alcanzar a otras personas. A pesar del servicio militar obligatorio y del periodo de las unidades militares de trabajo, UMAP, siguieron ofreciéndose estudiantes para el ministerio. La obra de Los Pinos Nuevos estaba al parecer preparada para los cambios que tuvieran que venir.

Tal vez por la condición de apolíticos de la gran mayoría de sus miembros, en mayor grado que los de otras denominaciones establecidas en Cuba, no existieron confrontaciones importantes, aparte de las que han sido mencionadas. Un pequeño grupo de pastores decidió integrarse en el proceso revolucionario. Otros se mantuvieron alejados de toda actividad política. La obra o al menos algunos de sus líderes empezaron a colaborar con el Concilio Ecuménico Cubano de Iglesias Evangélicas, ahora conocido como Consejo de Cuba. Uno de sus líderes más capaces, Obed Gorrín, se convirtió en uno de los intelectuales más activos del mismo.

Norberto Quesada pasó a ser director del Seminario Evangélico Los Pinos Nuevos hace varios años y sirvió como secretario de la Convención hasta su elección como presidente. Este ha sido uno de los más notables obreros producidos por el seminario y bajo su dirección se han realizado numerosos progresos. Ha sido un poder moderador en la obra. Otro obrero que ha jugado un gran papel en el desarrollo del trabajo en las últimas décadas ha sido el pastor Rafael Zulueta, que se hizo cargo del programa radial hasta su clausura en 1961 y ha ocupado importantes cargos en la Convención y el seminario. En 1978 escribió el libro *Una obra de fe*, relatando el desarrollo de la obra desde su fundación, cincuenta años atrás.[28]

Otros líderes bien conocidos son Reynerio Santiesteban, Santiago Pérez, Mario Cabrera, Otoniel Bermúdez, Ramón Jiménez y otros. Un detalle significativo es el apreciable número de profesionales universitarios afiliados con sus iglesias, lo cual constituye un cambio dramático debido al poco número de estos con que contaban antes de la década de 1970.

La denominación o movimiento religioso fundado en 1928 por el pastor presbiteriano B. G. Lavastida, el hijo del famoso coronel Lavastida de la historia de Cuba, y que tuvo como co-fundador al norteamericano Elmer V. Thompson, es hoy una de las denominaciones principales y más activas de Cuba y de ella ha surgido una poderosa misión evangélica internacional, la West Indies Mission, ahora conocida como Worldteam.

LOS GEDEONISTAS

El Bando Evangélico de Gedeón recibiría, a partir de 1959, más publicidad que nunca antes en su historia, y lo que se inició como un modesto esfuerzo del norteamericano Ernest William Sellers ("Daddy John") se convirtió definitivamente en una organización internacional. El Apóstol Angel María Hernández estaba a cargo de la dirección de la obra en esa fecha y los acontecimientos irían sucediendo rápidamente. El nuevo dirigente había expandido considerablemente el trabajo de la denominación que ya tenía iglesias en Jamaica, América Central, Haití y Estados Unidos, además de México y Panamá, donde el fundador había iniciado trabajos. En 1960 Arturo Rangel había sido designado obispo en gran escala. Hasta entonces había dirigido la obra en Panamá. La muerte de Angel M. Hernández en 1961 puso a la iglesia en manos de una junta de obispos, pero Arturo Rangel fue elegido para reemplazar a Hernández como Apóstol. Había nacido en Aguada de Pasajeros en 1920. Se había unido desde joven al movimiento y en 1950 había sido enviado a Panamá. Le correspondió presidir la más difícil etapa del Bando Evangélico de Gedeón. Las creencias y prácticas del grupo entraron en conflicto con la Revolución. Entre otros asuntos, mencionaremos los siguientes: su rechazo a participar en actividades relacionadas con el proceso revolucionario y el servicio militar, su negativa al uso de médicos y medicinas, su vida en común y su organización centralizada, su observancia estricta del sábado, el uso de vestimentas blancas por parte de los dedicados completamente al trabajo misionero, que no aceptaban dedicarse a otra actividad. En algunos discursos se les acusó de proselitismo, por su intensa labor entre la población rural, y de vínculos con los Estados Unidos. También se les confundió con la organización de origen norteamericano "Gedeones internacionales", a la que perteneció por algún tiempo su fundador, William Sellers, pero con la cual no tienen conexión alguna.

Un elevado número de gedeonistas, compuesto sobre todo de jóvenes y líderes de congregaciones fue enviado a las unidades militares de trabajo, UMAP, y se impusieron multas por violación de códigos y regulaciones.

En medio de esa confrontación algunos líderes fueron puestos en prisión por algún tiempo, especialmente por no prestar servicio militar. La mayoría de las misiones fueron cerradas, sobre todo las que funcionaban en casas particulares, y las actividades públicas fueron suspendidas. Muchos decidieron abandonar el país y según informes de la propia iglesia, su Apóstol Arturo Rangel desapareció en 1966, llegándose a pensar que quizás perdió la vida al naufragar la embarcación con la cual intentó abandonar la Isla. A fines de la década de 1970 se inició un proceso de relativa distensión. Se redujo el uso del uniforme, que les había ganado el sobrenombre de "batiblancos" y se hicieron arreglos para evitar confrontaciones con la observancia del sábado, a lo que no han renunciado, y la participación en actividades relacionadas con la producción. En el proceso, los gedeonistas mantuvieron, en la mayoría de los casos, sus firmes convicciones religiosas. La obra disminuyó en cuanto a su alcance y para facilitar la actividad misionera en el extranjero, entre otras razones, la sede fue situada en el exterior del país, primero en Tampa y luego en Miami. Ambas ciudades están en la Florida, Estados Unidos. A nivel internacional, por conflicto con el nombre de la organización "Gedeones internacionales" se hicieron cambios de nombre. Desde la desaparición de Rangel en 1966, la iglesia es gobernada por los obispos, de los cuales, Florentino Almeida y Samuel Mendiondo, recibieron el rango de arzobispos, y tienen a su cargo la presidencia o dirección de la iglesia a nivel internacional. Los dos son cubanos de nacimiento y evidentemente disfrutan de gran respeto entre los fieles de la organización.

El Bando Evangélico de Gedeón, conocido fuera de Cuba como la Iglesia Evangélica Internacional de los Soldados de la Cruz (el nombre Gilgal ha sido usado también) dejó de publicar en la década de los sesenta, a la revista *El mensajero de los postreros días*, pero la publica ahora en el exterior. El número de iglesias y misiones se ha reducido grandemente, pero todavía cuentan con un buen número de obreros religiosos, o discípulos en Cuba y varios miles de fieles. Su expansión ha ocurrido en el extranjero donde trabajan en 20 países de América Latina y en España y Alemania. Entre los edificios que han logrado mantener funcionando en Cuba está el de un asilo de ancianos en el antiguo Centro de Conferencias de la iglesia, situado en Colón, Matanzas.[29]

LA IGLESIA DE DIOS

La Iglesia de Dios en la Cuba de 1959 había dejado de ser la fundada por la misionera Faith Stewart ya que la denominación a la que ella pertenecía, la Iglesia de Dios de Anderson, Indiana, había enviado a Cuba al misionero Ellsworth Palmer y otros obreros. Los esfuerzos independientes de la Iglesia de Dios continuaron llevándose a cabo por la misionera Stewart hasta su salida en 1961, y después por algunos obreros cubanos hasta nuestros días, identificándose como Primera Iglesia de Dios, etc.

El misionero Palmer abandonó el país a fines de 1960 y la obra continuó. Había sido inscrita debidamente y contaba con líderes nacionales. De las iglesias se perdió solamente la de Cascorro, Camagüey, y varios lugares de predicación. La programación radial se interrumpió en 1961. Algunas congregaciones experimentaron disminución de fieles, pero se ha mantenido el trabajo. El pastor Remberto Ortiz ha continuado como presidente de la Iglesia de Dios en Cuba y realiza funciones de director. Algunos pastores como Antonio Grisell y Gerino Blanco salieron del país. Entre los que han trabajado en Cuba en este periodo, además de los mencionados, están Jaime Bell, Arturo Fumero, Andrés Hids, Samuel Ruiz y Romelia Páez. El doctor Julio Domínguez atendió una de las iglesias por algún tiempo. La sede de la iglesia continúa funcionando en la ciudad de Matanzas y la denominación pertenece al Consejo Ecuménico de Cuba.[30]

Existe otro grupo conocido como la Iglesia de Dios Ortodoxa.

LOS HERMANOS DE PLYMOUTH

Los Hermanos de Plymouth, o "Hermanos Libres" (grupo que trabaja en Cuba), conocidos en el país por "las salas evangélicas" debido al nombre con el que se identifican sus lugares de culto, habían logrado establecer varias congregaciones en el país. En 1961 se suspendieron los programas radiales y los últimos misioneros salieron del país, entre ellos George Walker. La obra ha continuado bajo la dirección de líderes locales que en la denominación reciben el título de "ancianos" y predicadores que en casi ningún caso han recibido preparación formal pero que hacen la obra, aparentemente con bastante éxito, pues algunas "salas evangélicas" han crecido. Celebran reuniones o convenciones nacionales para estudio bíblico y fraternidad y se han mantenido alejados del movimiento ecuménico como en otros países.[31]

LOS BAUTISTAS LIBRES

En 1959 los bautistas libres estaban bien establecidos sobre todo en varias regiones rurales de Pinar del Río. Su fundador, Thomas Willey había prestado servicios a varios alzados en la región y disfrutaba de prestigio en Pinar del Río y sus alrededores. La obra creció en 1959-1962, pero en 1961 los misioneros norteamericanos abandonaron el país, incluyendo a Thomas Willey, hijo, que se había unido hacía poco tiempo a la obra después de obtener un grado académico en los Estados Unidos. Por algún tiempo se mantuvo la actividad del Seminario Los Cedros del Líbano y de la revista *El mensajero fiel*, pero en la década de los sesenta, tuvieron que interrumpirse por falta de recursos o de condiciones adecuadas. Sin embargo, la obra contaba con un buen número de pastores y líderes y ha podido alcanzar algún crecimiento en varias iglesias locales. Muchos puntos o lugares de predicación se cerraron, pero por lo general las iglesias se han mantenido activas y las convenciones han agrupado grandes cantidades de personas en Pinar del Río y otros lugares. En la década de 1970 murió el pastor Rafael Rodríguez Josué, que había sido la figura principal después de la salida de Willey y era considerado como uno de los pilares del Concilio de Iglesias. Para esa fecha habían salido muchos pastores nacionales, como Benito Rodríguez, Raúl Castillo, Osmundo Corrales, Mario Pérez, Moisés Toirac, Conrado Martínez, Lucio Vallar, Melitino Martínez, Estenio García y otros. En este periodo han trabajado, además de los mencionados, los pastores Antonio Echevarría, Víctor Pedroso, Santos Romeu, Roberto Páez, Ramón Giniebra, Pedro Rojo y otros. Han realizado trabajos a cargo de misiones varios laicos y mujeres. La obra está presidida por el laico Gilberto Díaz y el pastor Vidal Hernández funge como secretario. Este último se ha distinguido por su actividad a favor de la obra y el movimiento evangélico. Entre los líderes bautistas libres que se han destacado en esfuerzos de cooperación interdenominacional pueden mencionarse, aparte de Rodríguez Josué, a José Alfonso Carabeo, que ya no está en el trabajo denominacional, y Vidal Hernández. La Convención Bautista Libre de Cuba pertenece al Consejo Ecuménico y cuenta con más de 1,500 miembros activos y miles de simpatizantes.[32]

LOS CRISTIANOS REFORMADOS

En 1959, la Iglesia Cristiana Reformada estaba avanzando en la provincia de Matanzas, desde su sede en Jagüey Grande. Todavía era conocida popularmente como la Misión Evangélica al Interior, nombre con el cual fue inscrita por los fundadores Vicente Izquierdo y su esposa, que después pasaron a trabajar con la Iglesia Cristiana Reformada que tiene su sede en Grand Rapids, Michigan. El misionero Clarence Nyenhuis, que había representado a la Junta de Misiones abandonó Cuba en 1961 e Izquierdo lo hizo por esa época también. El pastor Ramón Borrego se hizo cargo de la dirección, aunque años después salió del país, encargándose de la presidencia el pastor Erelio Martínez. Borrego había sido formado en el Seminario Los Pinos Nuevos y Martínez en el Seminario Bautista Occidental. En este periodo se unió a la obra el pastor Marcelo Sánchez, un intelectual que tenía vínculos familiares con las obras bautista y de Los Pinos Nuevos. Sánchez jugó un papel apreciable en la transición hacia una teología plenamente reformada. Había sido, además, el director de noticias de la estación Radio Rebelde. Salió del país en 1982. Otro obrero que abandonó Cuba en este periodo fue Félix Reinoso. Entre los jóvenes obreros que se incorporaron al trabajo en esta etapa pueden mencionarse a Víctor Reyes Sotolongo y David Lee Chang. Reyes Sotolongo partió hacia Estados Unidos y Lee Chang llegó a ser secretario adjunto del Consejo Ecuménico de Cuba. Otros obreros han sido: Luis Ramírez, Pedro Suárez, Argelio Martínez, Benito Tilán, Manuel Díaz y Maribel Toirac. En la década de los sesenta, se les unió la iglesia Centro Evangélico de La Habana y una iglesia bautista independiente en Matanzas, así como la iglesia Liga Evangélica de Marianao, aunque esta última solo por un tiempo. Actualmente trabajan en las provincias de La Habana y Matanzas y muestran bastante actividad. La Iglesia Cristiana Reformada de Cuba (Misión Evangélica al Interior) pertenece al Consejo Ecuménico de Cuba.[33]

LA MISION MUNDIAL

La Misión Mundial había concentrado sus esfuerzos en su escuela bíblica, conocida como Seminario Las Palmas, en Cabañas, Pinar del Río. En 1960-1961 los misioneros norteamericanos que trabajaban en Cuba abandonaron el país y la obra pasó a manos nacionales. El seminario funcionó por algunos años, sirviendo a varios grupos evangélicos y después la finca se convirtió en centro de actividades. Entre los obreros que han trabajado en Cuba en las últimas décadas están Antero Acoy, Pablo Rodríguez Marchante, Daniel Martínez, David Pérez y otros. Las iglesias de Artemisa, La Vigía y Bahía Honda. Tienen trabajo en Cabañas, Aguacate, Aguada de Moya (Las Villas) y otros lugares. Las oficinas han funcionado en Caimito del Guayabal. Algunos obreros como José Guevara, formado en Los Pinos Nuevos, han salido del país. Un buen número de creyentes de las iglesias de esta Misión se inclinan al pentecostalismo. La obra es fundamentalista e interdenominacional en cuanto a su filosofía. Pertenece al Consejo Ecuménico de Cuba.[34]

INDEPENDIENTES

Las iglesias independientes que funcionaban en Cuba en 1959 eran en su mayoría pentecostales pero también se habían organizado otras con ese tipo de gobierno que respondían a teologías fundamentalistas y eran el resultado de alguna división de un grupo organizado de iglesias o del esfuerzo de un misionero extranjero independiente.

Las iglesias independientes se han unido a otros grupos. Sobre todo las que no estaban inscritas en los gobiernos provinciales o en otros registros oficiales, lo cual es un requisito para funcionar.

El Centro Evangélico de La Habana se unió a la Iglesia Cristiana Reformada. La Liga Evangélica de Marianao lo hizo también pero salió de ese grupo para mantener su propia organización, inscrita con su propio nombre.

Las iglesias bautistas independientes de Oriente regresaron a la Convención Bautista Oriental de donde procedían sus organizadores.

Siguen funcionando la Iglesia Evangélica Getsemaní, la Iglesia Evangélica Libre de Marianao y otros. En la práctica pueden considerarse como independientes los esfuerzos aislados de congregaciones fundadas por algún grupo denominacional que no se extendió por otras regiones del país, como el de los Hermanos en Cristo, cuyo nombre indica un grupo de origen menonita pero con una teología que puede considerarse como de Santidad.

Es difícil determinar hasta qué punto la teología de las iglesias independientes, o de aquellas que con un origen denominacional se pueden considerar aisladas o incluso independientes, ha sido afectada por uniones o relaciones con otras iglesias independientes o con denominaciones. En algún caso parecen recibir una influencia definidamente pentecostal. En todo caso depende de la teología del pastor o encargado. Entre estas iglesias independientes algunas se han mantenido con una relativa actividad, otras han decaído. Las de origen pentecostal, al unirse a movimientos o concilios pentecostales no pueden ser examinadas individualmente. Entre las que no hemos podido identificar teológicamente está una denominada Iglesia de Jesucristo Libre.[35]

IGLESIAS DE CRISTO

Las iglesias de Cristo pueden considerarse en la práctica como independientes pero su teología y algunas actividades les hacen relacionarse con otras del mismo nombre y doctrina. En el periodo 1959-1961 siguieron extendiéndose. Desde 1962 se redujeron los lugares de predicación aparte de iglesias organizadas. Casi todas las mencionadas en el capítulo XIII del libro siguen funcionando. Varios obreros cubanos como Rafael Díaz, y otros que procedían de los Estados Unidos, aunque de origen cubano, abandonaron el país. El evangelista Muñiz, que trabajaba en Jovellanos, y algunos obreros y creyentes de las congregaciones se unieron al proceso revolucionario. Las iglesias de Cristo han seguido trabajando pero sin mucho crecimiento adicional, a no ser en algunas congregaciones. La denominación ha aceptado el rango de observador dentro del Consejo Ecuménico de Cuba.[36]

MISION BEREANA

La Misión Bereana solo duró en Cuba hasta 1960. En esa fecha los misioneros norteamericanos abandonaron el país y se cerró su escuela, el Seminario Bíblico Bereano en Auras, Oriente. Algunos puntos de predicación de esta obra fundamentalista se mantuvieron abiertos por algún tiempo pero fueron desapareciendo o sus feligreses se unieron a otras obras, sobre todo a la de los Pinos Nuevos.[37]

LOS BAUTISTAS CONSERVADORES

La Sociedad Misionera de los Bautistas Conservadores solo se mantuvo en Cuba hasta la salida del misionero José A. Colmenero en 1960. Los miembros y colaboradores se unieron a otras iglesias bautistas. La única iglesia que organizaron en Cuba, la del Reparto Fontanar, dejó de funcionar. El misionero Osvaldo Martínez, que habí solicitado trabajar en Cuba en 1959, fundó iglesias de la denominación entre los cubanos que se trasladaron a Miami.[38]

LOS MENONITAS

En el verano de 1959 el misionero Henry P. Yoder regresó a los Estados Unidos por un año y fue reemplazado por Lester Blank, nombrado para un periodo de dos años. También salieron del país en esa época el misionero King y otros obreros. Al abandonar Cuba los últimos misioneros, los nacionales que cooperaban con la obra se encontraron con una difícil situación ya que la inscripción de la Iglesia Menonita en el país, hecha durante el gobierno del Presidente Fulgencio Batista, no había sido completada por el funcionario que la inició. De esa forma se encontraron sin un verdadero status legal ya que no había posibilidades de inscribir una nueva denominación religiosa en las nuevas circunstancias. Los creyentes de Rancho Veloz, Corralillo, Sagua la Grande y otros lugares de Las Villas continuaron reuniéndose en dos hogares pero después se unieron a otras denominaciones, sobre todo a la obra de Los Pinos Nuevos o a la de los bautistas occidentales. Casi todos los creyentes permanecieron activos en otras iglesias.

En 1981, cuando el misionero Henry P. Yoder, visitó nuevamente a Cuba, acompañado por otros 6 líderes menonitas del Caribe y la América Central, fue informado de que 33 personas habían solicitado la inscripción legal ante las autoridades con el propósito de reabrir dos congregaciones. Solo en esa forma existe una presencia de la Iglesia Menonita, de tradición anabaptista, en Cuba.[39]

EL ECUMENISMO

El Consejo Ecuménico de Cuba es una continuación del antiguo Concilio Cubano de Iglesias Evangélicas. Se trata sobre todo de un cambio de nombre que ha conllevado algunos enfoques adicionales. El Concilio había sido fundado en 1941.

A partir del año 1959, el del inicio del Gobierno Revolucionario, el Concilio alcanzó bastante publicidad, ya que su secretario ejecutivo, el pastor Raúl Fernández Ceballos, jugó un papel en el proceso que condujo al derrocamiento del Presidente Batista. Además, le correspondió a esa organización enfrentarse a las demandas de establecimiento de la enseñanza de la religión en las escuelas públicas en 1959.

La importancia del Concilio crecería con los años ya que se convirtió ante los ojos del gobierno cubano en la principal representación de la comunidad protestante del país en una época en que las relaciones Iglesia-Estado iban a adquirir una nueva y más complicada dimensión.

En 1959 la directiva que se eligió en la reunión de Sancti Spíritus la componían, entre otros, Anselmo Carral como presidente; Raúl Fernández Ceballos, como secretario ejecutivo y Rafael Rodríguez Josué como tesorero. A Alfonso Rodríguez Hidalgo se le designó consejero. En 1960 la presidencia le fue entregada a Cecilio Arrastía en la reunión efectuada en La Habana, y el cargo de secretario ejecutivo a Manuel Viera Bernal. Ambos líderes abandonaron el país a los pocos meses. Lo hacían también en esa época otros importantes líderes del movimiento ecuménico: Alfonso Rodríguez Hidalgo, Anselmo Carral, Edmundo Morgado, etc. En la reunión de 1960 fueron elegidos los delegados a la Segunda Conferencia Latinoamericana de Iglesias Evangélicas, en Lima. Esta se efectuó en 1961 y asistió a ella Manuel Viera, el cual no regresó al país.

En la década de los sesenta el Concilio adopta la política de cooperar con las autoridades del gobierno en busca de una especie de normalización de relaciones. A principios de la década el doctor José Antonio Portuondo afirmó en un libro sobre literatura que existían relaciones normales entre el Estado y las iglesias protestantes. Al parecer estaba haciendo mención del Concilio.

La organización ha estado compuesta de elementos con una gran variedad de pensamientos e ideologías. Las posiciones teológicas de los integrantes han sido variadas desde el principio, en 1941. En las décadas de los años sesenta y setenta, al ingresar grupos pentecostales y de santidad, la situación pareció complicarse aun más. No sería fácil alcanzar una uniformidad de criterio en cuestiones fundamentales. Teniendo en cuenta todas esas situaciones, y para atraer a otros grupos, se cambió el nombre de Concilio por el de Consejo, y en 1977 se adoptó el nombre de Consejo Ecuménico de Cuba, para hacerlo más inclusivo. Sin embargo, aun en la época cuando se identificaban usando la palabra evangélico, fue elegido como secretario ejecutivo el doctor Julio Domínguez, de la Iglesia Ortodoxa Griega, y por consiguiente no militante en los grupos de teología protestante.

Entre los líderes del movimiento ecuménico, y del Consejo en sus diferentes etapas, pueden citarse entre otros a Raúl Fernández Ceballos, Adolfo Ham, Rafael Cepeda, José Aguiar, el obispo José Agustín González, el obispo Armando Rodríguez Borges, Jorge A. León, Juan Ramón de la Paz, Marcelo Sánchez, Uxmal Livio Díaz, Orlando Rovira, Israel Batista, Rodolfo Juárez, Rafael Rodríguez Josué, Francisco García Serpa, Jesús Santos Chaviano, Orestes González, José Alfonso Carabeo, Obed Gorrín, David Lee Chang, Julieta Pérez, Raúl Suárez Ramos, etc. Algunos abandonaron el país hace años.

La entrada en el Consejo de grupos pentecostales, de santidad, y de individuos pertenecientes a la obra de Los Pinos Nuevos cambió grandemente la fisonomía del mismo. Pero éste no ha pretendido crear una teología común, sino más bien realizar labores específicas como lo son el representar a las iglesias ante las agencias oficiales, realizar gestiones ante el Estado, resolver algunos de los problemas planteados en la relación Iglesia-Estado, promover actividades, llevar a cabo planes de investigación, estudio, etc. Por medio del Consejo se han obtenido numerosos permisos para asistir a reuniones internacionales o recibir la visita de líderes eclesiásticos y se ha coordinado la celebración de eventos, encuentros teológicos, etc. En los últimos años el Consejo ha ayudado a conseguir numerosos permisos para la reparación o reconstrucción de templos y edificios y para la adquisición de automóviles para el uso del clero y las iglesias del país. También le corresponde la distribución de Sagradas Escrituras y otros materiales. En cierta forma el Consejo trabaja en cooperación con las Sociedades Bíblicas Unidas al no funcionar una agencia de ésta en Cuba.

Si comparamos la actividad del Concilio Cubano de Iglesias Evangélicas en las décadas de los años cuarenta y cincuenta con la presente, se nota una gran diferencia. Las circunstancias sociales y políticas no son las mismas y por su comprensión o interpretación del actual proceso político del país, en algunos sectores se le señala como el vocero del gobierno en el mundo evangélico. Su posición ha sido analizada desde distintas perspectivas, lo cual ocasiona diversidad de juicios. Lo que resalta claramente es la ausencia de confrontación con las autoridades oficiales.

Otra diferencia es de carácter religioso. Nunca antes se había logrado la participación de tantos grupos en el Consejo, sobre todo en los últimos años. Algunos observadores han comentado que en el pasado el Concilio y el Seminario eran influenciados de manera algo preponderante por la

Iglesia Presbiteriana, utilizando a otras denominaciones. Hasta qué punto esa denominación prevaleció o prevalece sobre otras en nombramientos y decisiones importantes, habría que determinarlo. Pero grupos que se han sentido aislados, hasta de la sede internacional de sus propias denominaciones, se han acogido a la oferta de ayuda del Consejo en una época en la cual las situaciones han sido múltiples y complejas.

Aparte de las naturales críticas por aspectos políticos o denominacionales, el Consejo ha crecido en fuerza, influencia y alcance. Se le reconoce una actividad mucho más intensa que en el pasado, no solamente en un aspecto sino en términos generales.

Al lector le resultará tal vez difícil entender la combinación de ese incremento de los grupos de teología más conservadora con una posición hacia los fenómenos políticos como la que se sostiene en líneas generales. Pero esa situación no es exclusivamente cubana sino que coincide con una creciente diversificación de movimientos anteriormente homogéneos como lo fue en un tiempo el sector evangélico conservador o fundamentalista en los Estados Unidos. Debe recordarse que en el Consejo Mundial de Iglesias, al lado de denominaciones históricas o liberales trabajan grupos pentecostales del Tercer Mundo.

La oficina del Consejo Ecuménico radica en los edificios contiguos a la catedral episcopal de La Habana.

Otros organismos que laboran en colaboración con el Consejo Ecuménico son el Movimiento Estudiantil Cristiano, MEC; la Acción Social Ecuménica Latinoamericana, ASEL; la Comisión Evangélica Latinoamericana de Educación Cristiana, CELADEC; la Unión Latinoamericana de Juventudes Ecuménicas, ULAJE y el Seminario Evangélico de Teología, SET. Una organización que ha tenido también relación con las actividades del Concilio es la Conferencia Cristiana o Consejo de Iglesias del Caribe con la que han trabajado representando a Cuba el licenciado Uxmal Livio Díaz, bautista, y más recientemente el reverendo Odén Marichal, episcopal. La Conferencia de Cristianos por la Paz ha auspiciado también actividades ecuménicas y sus principales figuras en Cuba son el pastor Raúl Fernández Ceballos y los doctores Sergio Arce y Raúl Gómez Treto, este último, de religión católica. Fernández Ceballos y Arce han ocupado posiciones en la directiva mundial de esa organización que tiene su sede en Praga, Checoslovaquia, y Arce ha sido vicepresidente de la misma a nivel internacional. Fernández Ceballos la preside en Cuba.

El Consejo no ha sido la única organización dedicada a cooperación interdenominacional. Desde principios de la década de los sesenta, ha funcionado activamente la Confraternidad Interdenominacional de Ministros y Pastores Evangélicos de Cuba (CIMPEC). Esta tiene su sede en la calle 6 número 273, entre 11 y 13 en el Vedado. Actualmente, su presidente es el pastor Othoniel Bermúdez y el secretario es el pastor Juan F. Naranjo. Sus actividades van desde cultos y asambleas hasta la promoción de un plan para retiro de pastores y misioneros. No es en realidad un competidor del Consejo, ya que se trata simplemente de una asociación ministerial de carácter fraternal. Aunque está abierta a todo tipo de denominaciones, la mayoría de sus integrantes han sido miembros de grupos más conservadores en su teología de los que tradicionalmente formaban el Consejo. En la actualidad existen vínculos formales entre la CIMPEC y el Consejo, pero se trata de organismos totalmente autónomos.

Generalmente, algunos líderes del Consejo han visto a CIMPEC como un organismo pietista que se especializa en celebrar cultos y muchos miembros de CIMPEC han visto al Consejo como una entidad algo politizada. Los documentos de tipo social o revolucionario han caracterizado más bien al Consejo Ecuménico y a líderes denominacionales que han hecho declaraciones sobre acontecimientos internacionales y problemas sociales, políticos y económicos, mientras que la CIMPEC ha sido tradicionalmente una institución que prefiere un énfasis puramente religioso. Estos comentarios no son definitivos.

Antes de terminarse la redacción de este apéndice se produjeron cambios en el Consejo Ecuménico al ser elegido como su presidente el doctor Adolfo Ham y como secretario ejecutivo el historiador bautista Raúl Suárez Ramos. Ambos fueron reelegidos en 1985 a pesar de algunos cambios en la directiva. También fue designado un nuevo rector para el Seminario Evangélico de Teología de Matanzas, cargo que le correspondió al ministro episcopal Odén Marichal. Pero ese nombramiento procede de las denominaciones que sostienen la institución.

En cuanto a reuniones internacionales, debe tenerse en cuenta que algunas iglesias cubanas son miembros del Concilio Mundial de Iglesias y asisten a sus eventos. También las denominaciones están representadas en los organismos internacionales respectivos y eso no se limita a las iglesias del Concilio. En 1979 una delegación cubana asistió al Segundo Congreso Latinoamericano de Evangelización reunido en Lima, Perú. Entre los delegados cubanos estaban Obed Gorrín, del Seminario Los Pinos Nuevos y ministros bautistas y del Ejército de Salvación.[41] Ese congreso no está ubicado en la esfera ecuménica tradicional sino en la de los evangélicos conservadores. La asistencia a reuniones como las del Concilio Mundial de Iglesias o de la Conferencia de Cristianos por la Paz está más dentro de la línea ideológica de algunos miembros del Consejo Ecuménico. Denominaciones conservadoras como los bautistas occidentales y orientales mantienen sus vínculos con la Alianza Bautista Mundial y los episcopales, metodistas, presbiterianos, cuáqueros, salvacionistas, etc. tienen sus organizaciones correspondientes en ese nivel.

Una delegación cubana de 16 miembros participó en 1978 en la organización del Consejo Latinoamericano de Iglesias, CLAI, que trató de dar cierta unidad visible al protestantismo latinoamericano al reunirse en Oaxtepec, México.[42]

Por su parte, se han celebrado en Cuba varias conferencias o consultas internacionales o de un nivel aproximado. La Conferencia de Cristianos por la Paz de América Latina y el Caribe y el Seminario Evangélico de Teología organizaron en Matanzas, del 25 de febrero al 2 de marzo de 1979 un "Encuentro internacional de teologías" con la presencia de representantes de 25 países (católicos, protestantes, ortodoxos, etc.). Después de las reuniones entre un grupo de cubanos residentes en los Estados Unidos conocido como el Comité de los 75, y las autoridades del gobierno cubano, en 1979, se planeó y llevó a cabo un encuentro entre protestantes de dentro y de fuera de Cuba, también en Matanzas, al que asistió un grupo de protestantes cubanos radicados en Norteamérica, dirigidos por Manuel Viera, Germinal Rivas y otros. Debe señalarse que un grupo de pastores protestantes y sacerdotes católicos participó en las reuniones con el gobierno, anteriormente mencionadas, entre ellos los pastores José Reyes y Manuel Viera. El primero fungió como presidente del Comité de los 75. La mayoría de los líderes protestantes cubanos radicados fuera de Cuba ignoró esas reuniones. De otro tipo fue la Consulta "La herencia misionera de las iglesias cubanas" celebrada en 1984 y en la cual participaron representantes de las juntas de misiones que trabajaron en el país, invitados por el Consejo Ecuménico de Cuba. Pero más atención que esos eventos recibió en la prensa internacional la visita al país en 1984 del pastor bautista negro Jesse Jackson, aspirante a la nominación demócrata para presidente de los Estados Unidos. Jackson participó en una jornada de homenaje ofrecida a Martin Luther King organizada por el Consejo Ecuménico y otras agencias en la Iglesia Metodista Universitaria de La Habana y a la cual asistió el Jefe del Gobierno cubano.[40]

Las denominaciones conservadoras han tratado también de contar con participación internacional en sus convenciones, asambleas y retiros, lo cual hasta hace poco ocurría con muy poca frecuencia. Sin embargo, se producen ahora visitas de antiguos misioneros y representantes de juntas de misiones que tratan de mantener contacto con las iglesias fundadas por ellos. Debe mencionarse que algunas denominaciones pentecostales prácticamente han perdido todo contacto con las agencias que enviaron los misioneros fundadores, o el contacto es mínimo y ocasional.

Se ha afirmado que la dimensión internacional del protestantismo cubano se ha visto incrementada en parte por la colaboración de evangélicos latinoamericanos como el argentino Mauricio López y el uruguayo

Hiber Conteris en décadas pasadas. En cualquier caso es menester recordar que la iglesia es internacional como lo demuestran no solo las actitudes del Consejo sino las denominaciones históricas y también los grupos conservadores, misiones de fe y denominaciones pietistas.

Entre los vínculos ecuménicos a nivel internacional se destaca el Centro de Documentación Cubana (Cuban Resource Center), fundado en 1970 por Alice Hageman para relacionar las iglesias cubanas con las norteamericanas; y el Proyecto de Kampuchea para el envío de obreros fraternales a ese país en relación con iglesias del exterior.

Organizaciones del movimiento evangélico conservador, como Intervarsity (de trabajo con los estudiantes), diferentes en proyección a las anteriormente mencionadas, han cooperado en labores interdenominacionales compatibles con su filosofía religiosa y actividades en Cuba.

EL PROTESTANTISMO HOY

Sin embargo, la situación actual del protestantismo en Cuba no tiene necesariamente relación directa e inescapable con congresos, visitas y actividades de esa índole, sino con el desarrollo del movimiento evangélico en los últimos 25 años. Ha disminuido el número de iglesias y misiones y la membresía se ha visto reducida considerablemente en algunos casos y mantenido el mismo nivel en otros. Quizás, como la parte positiva de esto, haya que reconocer que la madurez de los creyentes respecto a la práctica de su fe ha alcanzado más altos niveles, lo que no es fácil conseguir en un ambiente donde todo resulta favorable. Ofreciendo la cultura imperante en Cuba un ambiente que no es siempre propicio o conducente a la práctica evangélica, quienes abrazan la fe cristiana lo hacen aceptando tal situación. Pero la iglesia ha mantenido su actividad dentro de los canales que han estado a su disposición. Los pentecostales siguen siendo tan pentecostales como antes; los bautistas no han modificado su conservadurismo teológico; los metodistas siguen teniendo inclinaciones pietistas en tanto que los episcopales no han abandonado su amor por el ritualismo tan típico de su liturgia. Más importante que eso, el cristiano común y corriente, pentecostal, bautista, metodista, episcopal o de cualquiera otra denominación, no ha perdido su entusiasmo por el cristianismo aun recibiendo la influencia de un sistema educacional basado en las enseñanzas del materialismo histórico, como ocurre en el resto del mundo socialista.

En 1959, el 80% de la población, cifra aproximada, era nominalmente católica. Y de ese 80%, ni los análisis más optimistas harían subir de un 20% el número de católicos totalmente comprometidos con su fe. Aun así la Iglesia de Roma ha disminuido numéricamente de forma impresionante.

Afirmar que mucho más de la tercera parte de la población se mantiene simbólica y nominalmente dentro del catolicismo sería contradecir las estadísticas del propio Vaticano, que no son nada de optimistas respecto a este asunto. Algunos hasta se sorprenderían de encontrar más católicos asistiendo a la misa dominical que protestantes que colaboren activamente en sus congregaciones. Lo contrario parece ser la regla. Este fenómeno de "descenso" no puede ser estudiado en forma simplista, pues requiere de un análisis que llegue también a las raíces mismas de la religiosidad del pueblo cubano en épocas muy anteriores y por supuesto consideraría de forma fundamental la situación actual del catolicismo.

La comunidad protestante nunca fue mayor del 6% de la población. Y para llegar a esa cifra sería necesario incluir a los niños, a los protestantes nominales y aun a las sectas que no pueden ser consideradas teológicamente protestantes (como los testigos de Jehová). El 4% es la cifra más realista y aceptable para nosotros (basándonos en muchos datos y en el promedio aceptado de 3 protestantes por cada miembro activo); sin embargo, un cuarto de millón de protestantes o evangélicos en la década de los cincuenta ya era una cifra apreciable si se tiene en cuenta que la gran mayoría de ellos tenía vínculos reales de asistencia a iglesias o a escuelas dominicales en un país de escasa práctica religiosa, como ha sido Cuba. La realidad es que con más de 10 millones de habitantes en el país la comunidad de evangélicos activos no es ahora mucho mayor de cincuenta o sesenta mil y la comunidad total puede ser hasta de 150 mil, aunque si se usa el mismo sistema que el de los católicos puede considerarse en un 2% el porcentaje de protestantes o evangélicos en la población total. En la década de los cincuenta, con 6 millones de habitantes, había por lo menos 260 mil evangélicos en el país, usando términos nominales.

Gran parte de ese descenso se debe al alto porcentaje de protestantes de iglesias históricas, y hasta de ciertos grupos nuevos, que abandonó el país a partir de 1960. Otros se han integrado dentro de la sociedad secular o en el Partido Comunista. En otros periodos se había perdido gran parte de la juventud y eso parece haber continuado en el último cuarto de siglo. Pensar que la enseñanza del materialismo histórico como parte de la filosofía de vida y de la concepción científica presentada en las escuelas no tendría ningún efecto hubiera sido ilusorio. La pérdida de las escuelas religiosas, las limitaciones a la actividad evangelística, todo eso debe ser tenido en cuenta. No para llegar a una interpretación del fenómeno político, sino simplemente para entender el descenso estadístico de la comunidad religiosa.

Otros factores son igualmente reales. Algunas denominaciones han logrado crecer y las iglesias han alcanzado el sostenimiento propio. Aunque en muchos casos sea de manera precaria, la casi totalidad de los gastos han sido asumidos por los creyentes cubanos, indicando esto un salto dramático en la mayordomía de la vida y las posesiones. La iglesia cubana ha probado poder sobrevivir y desarrollarse sin la ayuda de misiones y misioneros extranjeros, sin que esto signifique desconocer los servicios valiosos que estos prestaron en el pasado. Tampoco depende de los excelentes colegios y escuelas que una vez poseyó ni de la reducida participación que una vez tuvo en las esferas de la vida política y social del país. Cuando han surgido dificultades las ha enfrentado en muchos casos con dignidad. En otros ha fallado.

Como los cristianos de todos los tiempos, sujetos como los demás hombres a los cambios de la historia y de las estructuras políticas y sociales, así como a eventualidades que hasta han alterado el mapa religioso de la humanidad, los evangélicos cubanos han seguido viviendo y trabajando. Han perdido en el proceso a muchos de sus mejores líderes y buena parte de sus recursos, pero han surgido otros y la falta de recursos ha sido suplida con una nueva cuota de sacrificio local y personal. Y así, algunos con más gozo espiritual que otros, confiando en el Señor de la vida y de la historia, han mantenido su compromiso con la fe.

NOTAS

1. Clyde Taylor y Wade T. Coggins, *Protestant Missions in Latin America* (Washington: Evangelical Foreign Missions Association, 1961), 107-120.

2. Prudencio Damboriena, *El protestantismo en América Latina* (Friburgo: Oficina internacional de investigaciones científicas de FERES, 1963), II, p. 16-17.

3. Blas Roca en *Cuba socialista*, La Habana, Año III, No. 22, junio de 1963, pp. 28-41.

4. Ernesto Cardenal, *En Cuba*, (Buenos Aires: Ediciones Carlos Lohlé, 1972), pp. 324-329.

5. Nilo Domínguez, *Las crisis de nuestra obra*, ponencia presentada en el Campamento bautista de 1982, pp. 3-4.

6. Folleto de la COEBAC, publicado por el secretariado nacional a cargo de Noel Fernández Collot, Ciego de Avila, sin fecha.

7. Leoncio Veguilla, "Periodos en la historia bautista de Cuba Occidental" (Capítulo IV de una tesis de grado en el Seminario Teológico Bautista Mexicano), pp. 255-272.

8. Samuel Deulofeu Pérez, *Cronología de la obra bautista en Cuba Oriental (1898-1983)*, pp. 33-60.

9. Información verbal de varios pastores metodistas, sobre todo del profesor Reinaldo Toledo y el historiador José Garrido Catalá. Consultado el libro *Un resumen de los setenta años de labor de la Iglesia Metodista en Cuba*, de Carlos Pérez Ramos (Miami: 1983).

10. Información verbal obtenida de algunos pastores presbiterianos y de la

revista *Heraldo Cristiano* de La Habana.

11. Información verbal obtenida de varios ministros episcopales y sobre todo de la revista *Heraldo Episcopal* de La Habana y de trabajos y ponencias de líderes episcopales, de la profesora Nerva Cot, de Wendell Gaskins, Odén Marichal y especialmente estudios del historiador Juan Ramón de la Paz, así como informes del obispo José Agustín González, a la convención diocesana.

12. Hiram Hilty, *Friends in Cuba* (Richmond: Friends United Press, 1977), distintos capítulos, sobre todo el XII.

13. Ruth Vaughn, *Cristo para América Latina* (Kansas City, Casa Nazarena de Publicaciones, pp. 93-96).

14. *Seventh Day Adventist Encyclopedia* (Washington: Review and Herald Publishing Association, 1966), p. 314. Complementado con información verbal de los pastores adventistas Miguel Vázquez, Emilio Girado, José Hernández y Alfredo Aeschlimann.

15. Información verbal de los pastores Herman Glienke, Eugene Gruell y de Lola Watler.

16. Datos de la revista *Salvación* de La Habana y del oficial Sergio Fernández.

17. Datos sobre las Asambleas de Dios (Iglesia Evangélica Pentecostal de Cuba) proceden de informes denominacionales publicados por la sede denominacional en los Estados Unidos, radicada en Springfield, Missouri, pero la mayor parte en este apédice se debe a información verbal.

18. Información verbal de los pastores Ramón Herrera y Fernando Lamigueiro, funcionario de Editorial Vida.

19. Información verbal del pastor Vicente Concepción y datos de fuentes denominacionales en Cleveland, Tennessee.

20. Charles W. Conn, *Where the Saints have Trod* (Cleveland: Pathway Press, 1959), pp. 99-101. Complementado por información verbal del pastor Fernando Lamigueiro.

21. Información verbal del fundador de la obra, Sixto M. López y del pastor Miguel A. García.

22. Información verbal del pastor Fernando Lamigueiro.

23. Ibid.

24. Ibid.

25. Carta de William J. Nottingham, actual director del Departamento del Asia del Este y del Pacífico de la División de Ministerios de Ultramar de la Iglesia Cristiana (Discípulos de Cristo), al autor, 8 de abril de 1983.

26. Información verbal del pastor Fernando Lamigueiro.

27. Información verbal de varios pastores pentecostales independientes.

28. Datos sobre Los Pinos Nuevos proceden de capítulos del libro *Una obra de fe* de Rafael Zulueta Viart (Placetas: 1978) y del informe preparado por Wolfe Hansen *A Sketch of the History of the Association of Evangelical Churches in Cuba* y de información verbal del fundador B. G. Lavastida, de los pastores Norberto Quesada, Osvaldo Martínez, Juan Rojas y las misioneras Zeida Campos y Delma Jackson, así como de Elmer Lavastida.

29. La mayor parte de estos datos proceden de entrevistas del autor con miembros del movimiento gedeonista.

30. Información verbal del ex-misionero en Cuba, doctor Ellsworth Palmer y

del *Directorio de iglesias y pastores pertenecientes al Consejo de Iglesias Evangélicas de Cuba* (La Habana: 1971).

31. Información verbal de George Walker, uno de los primeros misioneros de los Hermanos.

32. Información verbal de los pastores Benito Rodríguez, Vidal Hernández y Tomás Willey, hijo.

33. Información verbal de los pastores Ramón Borrego, Marcelo Sánchez y Víctor Reyes-Sotolongo.

34. Informe de Carl Walter, secretario para América Latina de United World Mission y del pastor Fernando Lamigueiro.

35. Datos extraídos de conversaciones con pastores independientes o procedentes de la investigación en general.

36. Información verbal del evangelista Rafael Díaz.

37. Información verbal del misionero Clifford Hanhan.

38. Informe preparado especialmente por el doctor Rafael Silva con datos del misionero José A. Colmenero.

39. Informe preparado especialmente por Henry Paul Yoder, ex-misionero en Cuba y actual secretario para misiones de la Conferencia Menonita de Franconia en Souderton, Pennsylvania.

40. Datos extraídos de las revistas *Heraldo Cristiano, Heraldo Episcopal, Mensaje y Salvación*, publicadas en La Habana utilizando números de los últimos años. También varios folletos publicados por el Consejo Ecuménico y el libro *Evangelización y política*, editado por Sergio Arce y Odén Marichal (Matanzas: 1981). Complementado con información verbal de líderes ecuménicos de otros países. También con algunos reportajes aparecidos en el diario habanero *Granma*.

41. Artículo "The Church Finds Its Role in a Socialist State", escrito por Harry Genet en *Christianity Today*, Vol. XXIII, No. 28, 21 de diciembre de 1979.

42. Marcos Antonio Ramos, "Oaxtepec: La Iglesia Protestante y su nuevo papel", en *Opiniones Latinoamericanas* (Agencia Latinoamericana ALA), número 5, noviembre de 1978, pp. 44-47.

Apéndice III

COMENTARIOS DISPERSOS SOBRE EL PENSAMIENTO CRISTIANO EN CUBA

Sería difícil entender ciertos episodios y personajes en la historia del protestantismo en Cuba sin tener en cuenta algunos aspectos fundamentales del desarrollo del pensamiento cristiano dentro de la comunidad protestante en Cuba. Sería erroneo pensar que todos los protestantes piensan de la misma manera en un país determinado, aunque la presencia religiosa que se esté estudiando sea relativamente reducida en cuanto a tamaño y alcance. El lector acostumbrado a los informes de las juntas misioneras y a los artículos que se publican acerca de cómo piensan y actúan los creyentes puede pasar por alto que estos por lo general no pasan mucho más allá de reflejar el punto de vista del misionero, de la junta, o del periodista religioso que se ha ocupado del trabajo.

Es igualmente simplista imaginar a todo cubano evangélico como un hombre consagrado exclusivamente a la iglesia, un creyente más o menos típicamente fundamentalista, o presentarlo como una especie de teólogo de la liberación simplemente por vivir en Cuba en 1986. Cada cubano protestante vive en un pequeño mundo que ha estado expuesto a una gran variedad de experiencias y situaciones y las iglesias a las que pertenece son el producto de un proceso largo y complicado en el cual han intervenido diversos factores.

Los primeros protestantes cubanos fueron laicos que muy pronto se convirtieron en predicadores. Hombres como Joaquín de Palma, Alberto J. Díaz, Pedro Duarte, H. B. Someillán, Manuel Deulofeu, Evaristo Collazo y otros, eran más patriotas que misioneros, según una respetable interpretación; o más misioneros que patriotas, según parecen entender otros. Lo más probable es que no existiera una tensión entre ambas actividades. Como una gran parte de los pioneros del movimiento evangélico, no tenían una teología demasiado definida. Poco se conoce de la formación teológica de Joaquín de Palma, que parece haber sido un hombre de mentalidad abierta como su maestro, José de la Luz y Caballero. Alberto J. Díaz fue episcopal y bautista, además de preferir el trabajo misionero hecho de manera independiente. H. B. Someillán, debido al limitado entendimiento de la realidad cubana de los sinceros misioneros que iniciaron la obra de manera más formal, o más bien oficial, a partir de 1898, trabajó para el metodismo, el congregacionalismo y el presbiterianismo. Evaristo Collazo fue episcopal y presbiteriano. Un repaso breve y poco apasionado, de la lista de los primeros pastores permitirá notar que la mayoría trabajó con dos o tres denominaciones.

Para ellos, lo importante era el evangelio y el protestantismo. La nueva escuela de pensamiento religioso que habían conocido no contradecía sus ansias patrióticas sino que las había estimulado. Vivieron su religiosidad asechados por el inevitable trauma. Fueron obreros fundadores, hicieron el trabajo, prepararon el camino, pero terminaron como simples obreros a las órdenes de las juntas misioneras. En cierta forma no eran hombres adaptados al "trabajo en equipo", no llenaban todas las condiciones exigidas por los grandes estrategas misioneros de su época, pero fundaron el protestantismo cubano, abrieron las primeras iglesias, dieron los primeros pasos para organizar la obra, se enfrentaron a la persecución y a la burla. Hasta qué punto se les reconoció debidamente por parte de sus iglesias, se desconoce. Alberto J. Díaz terminó colaborando con la Iglesia Presbiteriana; Pedro Duarte tuvo que ubicarse en esa misma esfera denominacional; H. B. Someillán murió como ministro presbiteriano; Evaristo Collazo pudo terminar sus días como presbiteriano después de abrir la primera iglesia de esa denominación y trabajar con ella muchos años, pero pasó a ser un ministro más y en 1895 su jefe inmediato había pedido que se cerrara el campo a él asignado por los problemas que se le atribuían y que en realidad no eran diferentes de los del ministro promedio.

Sin duda la teología de estos hombres era conservadora y predicaron los principios de las denominaciones con las cuales trabajaron. La obra bautista se inició dentro de la ortodoxia denominacional, la metodista dentro de la wesleyana, la presbiteriana dentro de la calvinista y la episcopal dentro de una mezcla de iglesia baja y ritualismo, combinada con una agresividad misionera en sus primeros años no muy corriente en el anglicanismo de siglos recientes. Los misioneros se encargaron de hacer más patente el carácter conservador de sus iglesias. El episcopal de los primeros años no compartía las ideas acerca de la temperancia de los bautistas o los metodistas, pero podía ser considerado conservador en el contexto anglicano de la época.

Al tratar de ofrecer algunos datos e ideas acerca del pensamiento y la teología, la forma de preparar a los ministros y la perspectiva general de las principales denominaciones, debe tenerse en cuenta que entre los cubanos existe, como entre todos los seres humanos, el fanatismo y la indiferencia, el legalismo y el pragmatismo. Lo más importante es que no se debe generalizar ni tampoco aceptar las conclusiones de este autor con demasiada rapidez.

La obra bautista occidental es un caso interesante de fidelidad a interpretaciones y principios que han permanecido inalterables a través del tiempo. La teología bautista en Cuba llegó con Alberto J. Díaz pero la ortodoxia fue determinada por el doctor Moisés Natanael McCall. Pocos hombres han ejercido en Cuba una influencia tan grande sobre el organismo religioso que le haya sido encomendado. Como la mayoría de los misioneros que trabajaron en el país era sureña eso influyó en su perspectiva denominacional. No estamos listos para afirmar que McCall era "landmarkista", es decir, partidario de evitar todo contacto con lo que no fuera bautista. Los "landmarkistas" vuelven a bautizar por inmersión —la fórmula bautista—, a los ya bautizados así y que proceden de otra denominación. Tampoco consideran verdaderos ministros del evangelio a predicadores de otras denominaciones. Ellos no invitarían a predicar a nadie que no fuera bautista. Pero en el sector más conservador del movimiento bautista en el sur de los Estados Unidos quedaron prácticas como esas aunque aplicadas más moderadamente, cuando los "landmarkistas" tuvieron que abandonar la denominación. Libros de "landmarkistas" ilustres, como el teólogo James Pendleton, una figura central del movimiento, quedaron definitivamente como lectura obligatoria de los futuros pastores bautistas cubanos. Cualquier grado de "landmarkismo" que haya existido en McCall como en muchos misioneros de su época no puede exagerarse ni negarse. Se requiere un profundo estudio de esta materia, difícil de comprender para estudiosos dentro del país, ya que el "landmarkismo" se ha practicado sin conocer sus raíces históricas e incluso su nombre. Entre los primeros pastores cubanos, como ha señalado muy bien Leoncio Veguilla, existían hombres verdaderamente separatistas que no eran precisamente el doctor McCall y sus colegas misioneros.

El "Apóstol Bautista de la Perla Antillana", como se le ha llamado merecidamente, fue presidente de la asociación ministerial interdenominacional en La Habana y cedió el templo de Zulueta y Dragones, de cuya iglesia era pastor, para infinidad de actos interdenominacionales y hasta ecuménicos, aunque él no tomara parte directa en ellos. Cuando eso fue necesario, protegió al pastor y escritor Antonio Pereira Alves, un precursor del ecumenismo. Aun así, no debe descartarse la posibilidad de que hubiera recibido, como infinidad de misioneros de su época, la influencia "landmarkista", lo cual no debe ser motivo de escándalo, ya que se trata simplemente de una interpretación o una filosofía.

La segunda influencia teológica dentro de los bautistas occidentales lo ha sido cronológicamente la del pastor Domingo Fernández. Este conocido predicador de radio nació en España en 1909, se convirtió en Cuba, estudió en el Seminario Bíblico Latinoamericano de San José, Costa Rica en la década de los treinta, fue forzado a pelear en la Guerra Civil Española cuando fue allí en plan de visita, regresó a Cuba, sustituyó a McCall en su programa radial y se convirtió en su sucesor en materias doctrinales. Fernández no se apartó de las enseñanzas de McCall, que fue para él como un padre espiritual, pero le añadió nuevas dimensiones: el énfasis en la escatología —interpretación premilenial—, en el dispensacionalismo, y en hacerle frente a nuevas formas de religiosidad y a las sectas que se iban introduciendo en el país. Sus libros y folletos quedaron definitivamente como una norma y sus clases en el Seminario Bautista de Cuba Occidental, donde sustituyó a McCall en la cátedra de teología, constituyeron elementos decisivos en la formación de los nuevos pastores. Tan grande fue esa influencia que en 1986 los pastores que trabajan en Cuba mantienen casi intactos los principios mencionados. Es conocido el hecho de que los bautistas del Sur no han adoptado el dispensacionalismo ni una posición escatológica determinada; pero un sector de los conservadores se inclina a un premilenialismo dispensacionalista.

Durante la década de los cincuenta, los estudiantes del Seminario tuvieron algunos profesores norteamericanos como David Fite y otros que compartieron con ellos las diversas interpretaciones que son parte del pensamiento de los bautistas del sur en los Estados Unidos en nuestro tiempo y aun antes. Al llegar la Revolución de 1959, y quedar el seminario totalmente en manos cubanas, se mantuvo aun con mayor énfasis la herencia teológica que hombres como McCall y Fernández hicieron posible. El seminario no exigía para matricularse la graduación de bachillerato sino estar cursando la segunda enseñanza. Los estudiantes eran cuidadosamente seleccionados por las iglesias y por un comité de la institución. Puede hablarse de un proceso de superación lenta pero progresiva en la calidad de los estudios, que no hubieran sido aprobados por una agencia de acreditación en Norteamérica, pero que fueron lo suficientemente efectivos como para preparar un ministerio básicamente competente. No fue un centro de investigación intelectual pero sí una escuela seria. En años recientes, el profesorado lo ejercían, además de misioneros con formación teológica, pastores que aunque formados en el país, muchos de ellos tenían grados universitarios: Luis Manuel González Peña, Cirilo Alemán, Agustín López Muñoz, José Manuel Sánchez, Juana Luz García, Ondina Maristany, Rafael Alberto Ocaña y otros. En los últimos años el rectorado lo ejerció el doctor Leoncio Veguilla, a quien hemos identificado en este libro como uno de los hombres más capaces que ha producido el movimiento bautista en Cuba. De firme ortodoxia doctrinal pero con un amplio sentido de la investigación teológica y una vocación evidente por la historia, Veguilla representa intelectualmente el punto más alto que hemos conocido personalmente, en el pensamiento bautista como se manifiesta dentro de Cuba Occidental. Veguilla, Sánchez y Juana Luz García lograron ganar grados académicos en el extranjero.

La obra bautista de Cuba Oriental no se diferencia en su conservadurismo teológico de la de Cuba Occidental. Sus misioneros trajeron un sentido esencial de la ortodoxia bautista estrictamente entendida, enseñada y promovida en todos los niveles. Sin embargo, desde el principio reflejaron más bien la apertura denominacional que caracteriza a la Convención Bautista del Norte (ahora llamada Iglesias Bautistas Americanas). Por lo tanto, se establecieron vínculos estrechos con otros evangélicos. El nivel de los centros de formación ministerial ha sido tradicionalmente parecido al de los bautistas occidentales, no tanto los requisitos para la admisión que han sido más estrictos en lo académico. Ha existido también una tendencia más pronunciada a la investigación. Contaban con el Departamento Teológico de los Colegios Internacionales del Cristo y en la década de los cincuenta fundaron en Santiago de Cuba el Seminario Bautista de Cuba Oriental. Rector por varios años de esa institución lo fue el doctor Adolfo Ham, representando una posición teológica más liberal. En los últimos años Gelasio Ortiz Columbié, Ray Acosta y Samuel Entenza han sido sus rectores. Todos ellos son hombres de capacidad indiscutible.

Resulta interesante la comparación entre los bautistas orientales y los occidentales. Los primeros son más conservadores en Cuba que la denominación que estuvo a cargo de la fundación del trabajo organizado en Oriente y Camagüey. Los occidentales son también más conservadores que su denominación madre, la Convención Bautista del Sur, pero no es tanta la diferencia de grado como la que parece existir entre bautistas orientales y bautistas del norte de los Estados Unidos.

La Iglesia Metodista trajo a Cuba una tradición no demasiado alejada del fundamentalismo de los bautistas, pero una teología distinta: la arminiana wesleyana, por darle algún nombre. El énfasis pietista de los primeros misioneros fue reemplazado por una apertura teológica dentro del conservadurismo. Al mismo tiempo se caracterizaron por el ecumenismo y cierto grado de conciencia social demostrado por sus instituciones. Sus excelentes escuelas han sido acusadas de elitistas y de punta de penetración de la cultura americana por estudiosos como la doctora Margaret E. Crahan. Sin embargo, en una buena cantidad de ellas se formaron personas de escasos recursos económicos. Donde puede haber existido un problema adicional es en que no produjeron siempre líderes con una definida posición teológica. Los graduados del Seminario de Matanzas, expuestos a otras corrientes de pensamiento, eran menos conservadores que los formados mediante los cursos de entrenamiento de la conferencia para predicadores o en el Seminario Metodista, de breve existencia. Una diferencia de grado dentro del conservadurismo básico, prevaleció en el metodismo. Algunos estudiosos de la religión en Cuba, por lo general presbiterianos, identifican la teología metodista en Cuba como pietista.

Aun en los últimos años, el metodismo no ha perdido su dimensión devocional. Influencias como el carismatismo y la presencia de muchos ministros con una formación no necesariamente metodista, pueden haber contribuido a ello; sin embargo, los metodistas pudieron haber sido más conservadores, en la práctica, que los bautistas en Cuba, al menos en algunos aspectos, a principios de siglo. Pero no en 1986.

La Iglesia Presbiteriana siempre debe ser analizada con cuidado en cuanto a su posición teológica y su contribución al pensamiento cristiano o al entrenamiento ministerial. No por "caza de brujas" —labor a la que no nos dedicamos— sino por la admirable inquietud intelectual que generalmente caracteriza a los descendientes teológicos de Calvino y Knox. El calvinismo, nunca demasiado dogmático en Cuba, caracterizó la primera parte de la historia del presbiterianismo en el país. En parte, el aspecto dogmático se diluyó un poco por el énfasis en el trabajo educacional y los deseos de contribuir a la sociedad cubana que caracterizaron a algunos misioneros presbiterianos. Hombres como J. Milton Greene, Robert L. Wharton, Hubert G. Smith, Edward A. Odell y otros. El carácter sureño de la iglesia también fue disminuyendo cuando prevaleció la iglesia del Norte y absorbió a la junta de misiones del Sur en su obra en Cuba. Ninguna otra denominación hizo tanto énfasis en la preparación de sus ministros. Desde el principio, con experimentos como el Seminario Presbiteriano de Cárdenas, y el envío de jóvenes a seminarios norteamericanos o de México y Puerto Rico, se evidenciaba un profundo interés en tener un clero culto. Los bautistas tuvieron más éxito que presbiterianos y metodistas en exhibir un ministerio en el cual muchos de los pastores eran abogados o pedagogos. Pero la Iglesia Presbiteriana tenía las miras puestas no solamente en la educación universitaria sino en la teológica del más alto nivel posible. Aun después de colaborar decisivamente al Seminario Evangélico de Matanzas, con el aporte del rector y buena parte del profesorado, no se limitaron en cuanto a ambiciones y metas, y enviaron a muchos graduados a obtener una maestría en Princeton y otros seminarios. También el ministerio presbiteriano ha sido en cierta forma el más liberal en materia teológica. Y ha atraído a ministros con inquietudes intelectuales y tendencias relativamente liberales procedentes de otras denominaciones. En los últimos años la mayoría de los que se han inclinado por la teología latinoamericana en Cuba son presbiterianos, o por lo menos la de los que más se han destacado.

Por otro lado, se consideró por mucho tiempo como la figura de más quilates intelectuales en el ministerio cubano a Alfonso Rodríguez Hidalgo, que llenó toda una época del protestantismo en el país. Ningún predicador cubano ha tenido en la América Latina la fama de mayor cultura teológica, e incluso secular, que Cecilio Arrastía. Cuando se habla de teología de la liberación en Cuba, se menciona inmediatamente a Sergio Arce. Al hacerse referencia a investigaciones históricas o literarias entre el clero protestante, o a educación cristiana, se piensa casi en el acto en Rafael Cepeda. Los cuatro, a pesar de cualquier diferencia que exista en sus pensamientos, son presbiterianos.

La Iglesia Episcopal tiene una tradición intelectual con claras características teológicas y eclesiásticas. El ritualismo anglicano vive en la Iglesia Episcopal de Cuba. Tuvo una época de "iglesia baja" pero un ritualismo se ha impuesto, con evidente moderación. En cuestiones éticas han sido considerados en Cuba como liberales: no existe prohibición o crítica de las bebidas alcohólicas ingeridas con moderación, ni se critica el baile o el fumar. Su teología no ha sido, sin embargo, tan liberal como parece serlo. Han producido pensadores como Francisco Díaz Vólero, ministros cultos como Romualdo González Agüeros, literatos como Loreto Serapión, hasta filósofos o pensadores como Dionisio de Lara (gran conocedor de la doctrina mística de Swedenborg, de cuyas filas procede). En un sentido están cerca de los presbiterianos. Su ministerio ha sido generalmente bien preparado. Hasta su incorporación al Seminario Evangélico de Matanzas a principios de la década de los cincuenta prepararon a sus ministros en el extranjero, o recibieron clérigos de otras denominaciones, sobre todo sacerdotes católicos. El Seminario en Jesús del Monte fue de los primeros en Cuba, pero duró muy poco.

Los cuáqueros en Cuba han sido más evangélicos que cuáqueros. No han abandonado sin embargo su filosofía que les entusiasma y les atrae. Recibieron muchas influencias, pues sus pastores estudiaron en el Seminario Los Pinos Nuevos, el de Matanzas, o fueron autodidactas con una aceptable formación secular. Les caracteriza la tolerancia y el ecumenismo. No pueden ser considerados como liberales en cuestiones teológicas o éticas. En Cuba el movimiento cuáquero quería decir colegios en el norte de Oriente. Han sido demasiado pequeños en cuanto a cifras o situación geográfica para hacer un impacto teológico nacional, pero dos figuras fundamentales de la historia han asistido a iglesias cuáqueras y ninguno de los dos fue pacifista: Estrada Palma fue un líder revolucionario que luchó contra España, y el general Fulgencio Batista, el jefe del Ejército y dueño del poder hasta 1959.

La Convención Evangélica "Los Pinos Nuevos" dio origen a una misión internacional, la West Indies Mission, ahora conocida como Worldteam. También surgió un sistema teológico y de conducta al que podemos identificar como "pinero" ya que así se conoce en Cuba a los miembros de la denominación o movimiento. El fundador del Seminario lo fue B. G. Lavastida, un presbiteriano, y el co-fundador Elmer V. Thompson, un bautista. Ambos son fundamentalistas y entre sus colaboradores existió una tendencia al pietismo. Eventualmente prevaleció la teología bautista y el bautismo por inmersión, pero han entrado muchos elementos en el sistema. En la obra trabajaron misioneros de diferentes procedencias y elementos de arminianismo pueden encontrarse en el pensamiento de muchos "pineros". Por otra parte, desarrollaron un código de conducta mucho más conservador, o al menos más estricto, que el de grupos como los bautistas y los metodistas. En la época del apogeo de esta obra sus miembros se abstenían no solamente de fumar o de las bebidas alcohólicas y el baile, como la mayoría de los otros evangélicos, sino que la lista de prohibiciones incluía el cine y el teatro, la pintura de labios y vestimentas femeninas que no fueran al menos mucho más conservadoras que las del resto de la comunidad evangélica, con excepción de los primeros nazarenos y pentecostales. Hemos investigado tratando de determinar si los misioneros que fueron a Cuba procedían de iglesias con ese tipo de conducta y hemos encontrado la presencia de esos elementos en sus antecedentes. Sin embargo, el estilo de vida que los "pineros" desarrollaron parece haber sido mucho más estricto que el de las iglesias del misionero promedio. Si las entrevistas que hemos realizado reflejan con exactitud la situación, hasta visitar las playas estaba prohibido, lo cual no creemos existiera como prohibición en los Estados Unidos. La teología de Lavastida y sobre todo de Thompson, un buen maestro bíblico, es considerada por muchos como fundamentalista, pre-milenial en lo escatológico y dispensacionalista. Las iglesias disfrutaban de cierta autonomía pero bajo el control de la asociación de iglesias, que a la vez era influida por los misioneros norteamericanos. Otros lo niegan.

La teología de los "pineros" puede compararse a la de otros movimientos como la Misión Centroamericana o a las iglesias fundadas por misiones de fe, pero tiene suficientes elementos para ser considerada aparte, como un producto cubano de la relación entre teologías de origen extranjero. No hay duda que los principios fueron introducidos con solidez porque aquellos "pineros" que no cambiaron de movimiento o denominación se han mantenido fieles a ellos aunque han moderado el problema del legalismo ya mencionado, en relación con entretenimientos y vestimenta, demostrando de paso un valor adicional, el eclesiológico, ya que las iglesias han pasado la prueba del cambio de sistema y se han mantenido con relativa fortaleza en la Cuba de hoy como un movimiento fundado en el país y con firme base nacional.

Otro movimiento surgido en Cuba, el Bando Evangélico de Gedeón, o Iglesia Evangélica Internacional de los Soldados de la Cruz, merece al menos ser considerado a grandes rasgos en su teología. El profesor Nicolás Chaij, notable misionero adventista en Cuba, nacido en la Argentina, les definió como "adventistas" por su énfasis en la segunda venida de Cristo. Es conocido su carácter de grupo "sabatista" por su énfasis en el sábado, y su posición "pentecostal" hacia los dones del Espíritu Santo. Al igual que los salvacionistas utilizan un uniforme, de color blanco en este caso, y están organizados de manera centralizada y jerárquica, usando nombres bíblicos y no rangos militares como el Ejército de Salvación. También tienen costumbres dietéticas de tipo judío como la prohibición del consumo de la carne de puerco. Sin embargo, sus características han sido combinadas de tal manera, y se les ha añadido suficientes elementos que no se encuentran en ningún otro movimiento, como para admitir que tienen una teología que en muchos aspectos puede ser considerada como propia. Su vida en común —por lo menos la que llevan los discípulos u obreros de tiempo completo—, la obligación de vender todo y entregarlo a la obra, por parte de esos mismos discípulos u obreros de tiempo completo, así como su pietismo y sus rígidos principios morales, su separación de todo lo que consideran mundano, incluyendo la política, les reviste incluso de un carácter semi-monástico. La teología gedeonista, por darle un nombre, debe ser estudiada concienzudamente en el futuro por investigadores del fenómeno religioso en Cuba que hasta ahora han descuidado una manifestación tan interesante.

Los pentecostales en todo el mundo tienen su propia teología y la conservan en Cuba. Por otra parte, los pentecostales cubanos no son exactamente iguales que los puertorriqueños en la forma de expresar su pentecostalismo. Eso resulta interesante ya que los puertorriqueños estuvieron entre los pioneros del movimiento en Cuba y participaron en su desarrollo. Algunos han señalado al pentecostalismo cubano como más moderado que el puertorriqueño. Esa cuestión amerita consideración por parte de los estudiosos. Pero la teología pentecostal, y también la de los grupos de santidad, responde a sistemas denominacionales, o escuelas de interpretación que vienen de afuera. No se han desarrollado autóctonamente en lo doctrinal a pesar de que en lo eclesiológico y lo misionológico han surgido de esa forma varias organizaciones pentecostales en Cuba. Existe, sin embargo, una tendencia a cambiarse de "concilio" o movimiento denominacional con el cual se trabaja, que resulta también interesante. Es decir, una especie de "ecumenismo pentecostal" que no es exclusivo de Cuba pero que en el país ha tenido repercusiones importantes en la vida interna de las iglesias o grupos. En medio de ese "ecumenismo pentecostal" existe también cierta suspicacia entre los grupos que dificulta la cooperación interdenominacional aun dentro del movimiento pentecostal en Cuba.

Los adventistas, salvacionistas y miembros de otras denominaciones centralizadas no se diferencian teológicamente de los creyentes afiliados con esas organizaciones en otros países. Ellos han contribuido a su manera a la diversificación y renovación del movimiento evangélico en Cuba. De los salvacionistas puede afirmarse que su impacto ha sido más bien en cuestiones de beneficencia, no tanto en lo religioso. Los adventistas han dejado una influencia apreciable mediante sus libros y folletos sobre la salud y la filosofía de la vida, y se han caracterizado por su seriedad como organización. Su teología no se diferencia en nada de la de la iglesia en Norteamérica.

La creación del Seminario Evangélico de Teología de Matanzas significó un paso de avance para el estudio de la teología en el país, al menos desde el punto de vista académico. Hasta el momento las instituciones de estudios teológicos, por serias y eficientes que hubieren sido, no lograron subrepasar el nivel de instituto bíblico, o si acaso de colegio bíblico, el clásico "Bible College", en el mejor de los casos. Con el tiempo otras instituciones intentarían ir llegando al modelo de seminario que se conoce en Norteamérica y Europa, como lo hizo el Seminario Bautista de Cuba Oriental, e incluso el seminario que funcionaba en el Colegio Adventista de las Antillas en Santa Clara aunque sin relación con los acontecimientos relacionados con el Seminario en Matanzas.

Al exigir el bachillerato y promover estudios universitarios adicionales, el Seminario de Matanzas dio un paso decisivo hacia el nivel requerido académica y profesionalmente. Una facultad con altas o aceptables credenciales académicas, una biblioteca adecuada, el uso de métodos de investigación que salían de la simple clase, la memorización de datos, y la lectura de un texto, atrajo la atención de muchos. Por otra parte, el "liberalismo" que se le atribuía a la institución era exagerado. No creemos que haya existido en las épocas en que el Seminario tenía como rectores a Alfonso Rodríguez Hidalgo, Carlos Pérez Ramos, Jorge Adalberto León y otros ministros.

La persona que más ha sobresalido en cuanto a adhesión a la teología de la liberación en Cuba puede ser Sergio Arce, hasta hace poco el rector del Seminario, y bajo cuya dirección se promovió en su seno tal vez más abiertamente el estudio de la teología liberal y se expresó una evidente simpatía con la misma, como con una de las versiones de la teología latinoamericana. De acuerdo con el mismo Arce, en un trabajo denominado "La educación teológica y el futuro de la iglesia en Cuba" en el libro *Religion in Cuba Today* (New York: Association Press, 1971, pp. 159-188) la situación era la siguiente (antes de 1959): ". . .el pensamiento de algunos teólogos contemporáneos era estudiado generalmente en las aulas del seminario. Brunner era estudiado sobre todo, algo de Niebuhr, algo de Bultmann, Tillich era mencionado y Bonhoeffer no era tenido en cuenta. Pero aun con todo esto, esos nombres eran reducidos al aula y a la biblioteca. . ." Y más adelante: ". . .para los creyentes, la Biblia continuaba siendo un libro tabú que no había pasado a través de la crítica histórica y literaria. Era entendido en forma literal. Era predicado en un contexto anacrónico". Para el teólogo Arce, el Seminario, en sus orígenes, era conservador. Esto es en parte una exageración, pero contiene elementos que deben tomarse en cuenta. Era entonces en realidad una institución básicamente conservadora como él afirma, pero abierta a la investigación y en la cual al menos la neo-ortodoxia estaba entrando paulatinamente. Y por supuesto, algunos profesores eran sin duda liberales en su teología. De ahí la fama, bastante exagerada, de "liberal" que prevalecía entre los sectores más conservadores, y sobre todo fundamentalistas del país. Hubiera sido más exacto decir "el seminario avanza hacia el liberalismo como otras instituciones similares". Pero para algunos, la palabra "ecuménico" quiere decir "liberal" o "modernista", a veces con razón, a veces sin ella.

Los profesores llevaron al seminario sus experiencias personales, su formación académica, y su trasfondo denominacional y doctrinal. Alfonso Rodríguez Hidalgo era entonces el teólogo por excelencia del protestantismo histórico en Cuba; Rafael Cepeda el especialista en educación cristiana al igual que Luis Díaz de Arce; Jorge A. León llegó después pero contribuyó como rector y profesor, como un investigador notable que es; Francisco Norniella, un reconocido maestro de Biblia; Ramón Viñas trajo su conocimiento del catolicismo y de la Historia de la Iglesia; Graziela Leza, su capacidad para cuestiones prácticas y cada profesor, misionero o nacional, aportó algo. Lo que salió de esa combinación de experiencias fue un producto de calidad académica pero no un estudiantado uniforme en cuanto a teología. Ningún seminario interdenominacional, a menos que sea fundamentalista hubiera producido uniformidad de pensamiento.

Esa última realidad caracteriza de todas formas al ministerio cubano. El doctor Adolfo Ham señala la situación de la Convención Bautista de Cuba Oriental en cuanto a formación de sus ministros en su artículo "Factores no teológicos afectando la unidad protestante cubana" en el libro *Religion in Cuba Today*, de Alice L. Hageman y Philip E. Wheaton. Según él, los pastores de la denominación recibieron su educación en el primer seminario que funcionó en los Colegios Internacionales de El Cristo, otros en el Seminario Evangélico de Río Piedras, otros en

Matanzas, otros en Los Pinos Nuevos y otros en el Seminario Bautista de Cuba Oriental en Santiago de Cuba. Y se pregunta si es posible interpretar los principios bautistas de forma uniforme con una educación recibida en lugares tan distintos como Río Piedras, Ginebra, Texas, Los Pinos, Matanzas, Santiago de Cuba (algunos asistieron a seminarios norteamericanos y europeos).

Pero un estudio de la educación teológica no puede hacerse sin reconocer a otros seminarios o escuelas bíblicas existentes en el país. El Seminario Bautista de Cuba Occidental contó en muchas de sus etapas con un grupo de profesores competentes, como el doctor José Manuel Sánchez, otra autoridad en educación religiosa y en cuestiones administrativas y de organización, por citar solo un nombre en una larga lista y añadir simplemente el de la doctora Juana Luz García, notable intelectual. En el Seminario Evangélico Los Pinos Nuevos existía el problema de no haber requisitos académicos para la admisión de estudiantes, pero se creó una "escuela bíblica" o preparatoria para que después los alumnos entraran al seminario, parecido a un "Bible College" (Colegio Bíblico) el cual tuvo etapas no demasiado inspiradoras en lo académico, pero donde se hicieron después esfuerzos y algunos de sus profesores han sido hombres muy capaces, incluyendo excelentes maestros bíblicos como Wolfe Hansen y otros. Por lo menos el seminario cumplió una función y llenó ampliamente una necesidad. Hasta qué punto la han llenado también el Seminario Los Cedros del Líbano, de los bautistas libres; el Instituto Bíblico de las Asambleas de Dios, en Manacas y otros lugares; el Seminario Bíblico Bereano, de breve duración; el Seminario Nazareno; el Instituto Bíblico de la Biblia Abierta y otros; algunos de los cuales todavía funcionan, merecería otro estudio, sobre todo lo referente a la experiencia pentecostal. Su ministerio no ha sido desafiado a destacarse en materias académicas. Por otra parte, han apelado a un sector de la población que literalmente no se siente cómoda con pastores eruditos.

Y, por supuesto, el problema de la generalización nos acecha. Algunos ministros graduados de escuelas bíblicas, o incluso sin estudios formales, llegaron por su propia cuenta a hacerse de una aceptable formación teológica y en nuestra investigación los hemos encontrado en prácticamente todas las denominaciones o al menos en todos los movimientos, considerando al pentecostal como uno de ellos, sin olvidar que los adventistas del séptimo día preparan de forma rigurosa a sus ministros, llegando incluso a anotarles, en algunos aspectos, valiosos puntos de ventaja.

Distinguiendo entre teología y estudios teológicos en seminarios y escuelas, la inquietud intelectual ha existido desde el principio. Los primeros ministros bautistas incluían a hombres preocupados por su teología y que escribieron libros: A. S. Rodríguez y Reinaldo Machado son dos ejemplos. Antonio Pereira Alves era sobre todo un cronista y un buen moralista con innegable talento, aunque no muy cuidadoso en el uso de los datos. En la obra oriental se destacaban intelectuales como José Serra Padrisa y Enrique J. Molina. Sara País escribió mucho acerca de religión. Los metodistas siempre citan a Luis Alonso, a quien algunos han calificado de filósofo y que al menos fue un pensador religioso interesante y un hombre de capacidad extraordinaria. Los episcopales no tuvieron solamente al obispo Hiram Hulse, sino a otro pensador admirable, cubano de nacimiento, Francisco Díaz Volero, un hombre de avanzada y un literato de primera fila que escribió sobre religión. Los presbiterianos han producido una lista tan larga que hacer menciones sería prácticamente injusto, aunque eso podría decirse también de otras denominaciones. Por supuesto que no pueden compararse a Karl Barth, Cornelius Van Til, Paul Tillich, Carl Henry, o Rudolf Bultman, ni han hecho contribuciones internacionalmente aceptadas como las de Joachim Jeremías y Oscar Cullman, ni son tan conocidos como los latinoamericanos José Míguez Bonino o René Padilla. Pero eran hombres de otra época, de otras circunstancias y con otros recursos. Ha existido una verdadera inquietud intelectual limitada por horizontes cerrados en cuanto a investigación.

En épocas más recientes, los metodistas han producido a dos hermanos que han dejado huella: Justo Luis y Jorge González, hijos de Justo González Carrasco. Justo Luis es tal vez el más famoso historiador procedente del protestantismo latinoamericano en estos momentos, y su especialidad es la historia del pensamiento cristiano, en lo cual es reconocido incluso fuera de los ambientes hispánicos y es apreciado hasta por los anglosajones. Su hermano Jorge es un extraordinario erudito bíblico y profesor que ha incursionado con gran lucidez en el tema de los reformadores españoles. Jorge Adalberto León es tal vez el más conocido sicólogo entre los pastores protestantes de Latinoamérica, pero también es un pensador religioso profundo y un educador teológico notable. Otro metodista, Germinal Rivas, se ha destacado en cuestiones de ética social en Norteamérica.

En el sector más conservador ha seguido influyendo como polemista Domingo Fernández con sus libros doctrinales, pero han surgido eruditos de una nueva promoción: Moisés Silva, de origen bautista, autor de textos utilizados en seminarios teológicos; Evis Luis Carballosa, también de origen bautista, escritor sobre temas polémicos y comentarios bíblicos. Estos dos cubanos han sido profesores de universidades y seminarios fuera de Cuba al igual que el grupo de metodistas mencionado anteriormente.

Una presencia cubana en Emory, Berry College, Garrett Theological Seminary, la Universidad de Boston, el Seminario Bautista de New

Orleans, Westmont College, Westminster Theological Seminary, ya no es extraña. En infinidad de colegios universitarios norteamericanos, seminarios teológicos, escuelas bíblicas, dentro y fuera de los Estados Unidos, los cubanos han ocupado cátedras.

En Cuba muchos de los intelectuales protestantes más conocidos han girado en torno a círculos ecuménicos y al Seminario Evangélico de Matanzas, así como en relación con otros organismos de cooperación interdenominacional. Rafael Cepeda ha desplegado la actividad más constante como erudito, investigador histórico y literario, especialista en cuestiones de educación cristiana y ecumenista. Sergio Arce es el más conocido y prominente teólogo de la liberación producido por Cuba. Ha sido autor y co-autor de varias obras y de un buen número de artículos. Desde el rectorado del Seminario Evangélico de Matanzas ha dado impulso a esa interpretación de la teología latinoamericana y como Cepeda, tiene una formación académica y teológica completa. Otros pensadores religiosos conocidos son Odén Marichal, actual rector del Seminario, y el profesor Israel Batista, de la misma institución, que es autor de varios ensayos. Actualmente trabaja como subdirector de una importante biblioteca pública. Marichal es un ministro episcopal y Batista pertenece a la Iglesia Metodista de la cual fue pastor a plena conexión. Actualmente está "localizado", es decir, solo participa del ministerio local. El intelectual bautista Uxmal Livio Díaz también se ha destacado con sus ensayos, ponencias y artículos. Otra figura importante lo es el doctor Adolfo Ham, el cual tiene una esmerada formación académica y teológica, que, como en los casos de Cepeda y Arce, ha sido recibida dentro y fuera de Cuba. Profesor y ensayista, posee una amplia cultura religiosa y secular que le ha ganado mucho prestigio internacional.

Entre los bautistas orientales siempre ha existido un sector intelectual. Juan Pablo Tamayo, también con una variada y rica formación, se ha destacado como un pensador y sociólogo de firme base teológica. Se encuentra fuera del país. Roy Acosta y Samuel Entenza representan, al igual que Elmer Lavastida, a nuevos estudiosos interesados en el pensamiento cristiano dentro de esa denominación. En la obra de Cuba Occidental se destaca Leoncio Veguilla, rector del seminario y profundo pensador además de historiador. Luis Manuel González Peña ha cultivado el ensayo y la biografía y es también un pensador religioso. En la obra de Los Pinos Nuevos se destacan Obed Gorrín, como pensador y maestro bíblico y Norberto Quesada, como educador teológico. En la Iglesia Episcopal existen varios intelectuales de mérito como Jorge Perera que por un tiempo fue rector del Seminario de Matanzas. Algunos jóvenes pentecostales, con el entusiasmo que caracteriza a su movimiento, han iniciado una nueva senda de investigación teológica y bíblica que puede ser interesante y que no debe pasarse por alto.

En los estudios de historia de la iglesia existe ya cierta tradición. Entre los bautistas, A. S. Rodríguez y Agustín López Muñoz escribieron, en forma de crónica, sobre los orígenes y desarrollo de la obra. También cultivaron ese género los misioneros Moisés Natanael McCall y Herbert Caudill. En Oriente, se ha destacado de manera sobresaliente la labor investigativa de Samuel Deulofeu Pérez iniciada hace algún tiempo y que todavía está produciendo. Otro bautista oriental dedicado a investigaciones históricas es Dante Sánchez. En la Iglesia Presbiteriana, el misionero Edward A. Odell escribió una reseña de la obra cubana en inglés para su libro *It Came to Pass* y Rafael Cepeda escribió una biografía de Robert L. Wharton. El misionero A. S. Neblett y el educador Carlos Pérez Ramos escribieron crónicas del trabajo metodista utilizando las actas y otros materiales de la iglesia. El obispo Blankingship y Romualdo González Agüeros escribieron artículos sobre la historia del episcopalismo en Cuba. Un historiador episcopal más reciente, pero con una ejecutoria intensa es Juan Ramón de la Paz que ha podido relacionar algunos personajes de la Iglesia Episcopal con la historia secular del país (Agustín Santa Rosa, Francisco Díaz Volero y otros). En los bautistas occidentales se ha despertado de nuevo el interés por la historia eclesiástica que es cultivada entre otros por Leoncio Veguilla, Reinaldo Sánchez y Raúl Suárez Ramos. No puede dejar de mencionarse a José Garrido Catalá que ha tratado de relacionar personajes y eventos de la historia de su Iglesia Metodista con el desarrollo del país y ha realizado investigaciones de valor apreciable.

Esfuerzos en forma más organizada son ahora llevados a cabo en la América Latina en cuanto a investigaciones de historia de la iglesia. Se trata sobre todo del trabajo de CEHILA, la Comisión de Estudio de Historia de la Iglesia en América Latina. En Cuba ese trabajo lo coordina actualmente Rafael Cepeda. En 1984-1985, el comité directivo de CEHILA-CUBA estaba integrado por Rafael Cepeda, coordinador; Uxmal Livio Díaz, secretario de actas y de finanzas; Enrique López Oliva, Raúl Suárez Ramos y Walfredo Piñera, vocales y Nancy Sánchez Pérez y Jacobo Guiribitey con Adolfo Ham y Raúl Gómez Treto, como asesores. López Oliva, Piñera y Gómez Treto no son evangélicos ya que la organización es de tipo ecuménico e inclusivo y en otros países la participación evangélica es menor.

Existe el peligro de olvidar que viven y trabajan en Cuba una serie de intelectuales que ya sea por su excesiva modestia, o por no participar de ciertas actividades, no se han dado a conocer. En algunos casos esta situación puede estar relacionada con su postura hacia el actual panorama del país en el aspecto político. Según ha transcurrido el tiempo ha crecido el interés entre los evangélicos por los estudios eruditos y las actividades intelectuales. Siempre han existido pensadores religiosos en la comunidad protestante, también algunos intelectuales y eruditos, pero a partir de la década de los cuarenta es que se nota un incremento en el número de evangélicos con títulos universitarios o con una formación profesional. Esto no siempre se ha traducido en estudios de tipo religioso, pero ha servido al desarrollo de un sector intelectual en la iglesia.

Una gran parte de los ministros con mejor preparación intelectual ha salido del país, tales como Reinaldo Toledo, Dionisio de Lara, Samuel Osorio, Martín Añorga y Humberto Carrazana. Muchos protestantes cubanos, incluso dentro de Cuba pero por sobre todo los que han salido del país, han realizado estudios teológicos avanzados en seminarios norteamericanos, latinoamericanos y europeos. Los que viven en Cuba mediante la ayuda de permisos y becas ecuménicas; los que han salido encuentran el proceso mucho más fácil en algunos aspectos. Aparte de los que se preparan para el ministerio pastoral, muchos cubanos han obtenido grados avanzados y hasta doctorados en las mejores universidades y seminarios, incluyendo las facultades de teología de Francia y Suiza, seminarios como Emory, Princeton, McCormick y otros. Algunos pastores residentes en Cuba han obtenido grados de licenciado en el importante Seminario Bíblico Latinoamericano de San José, Costa Rica, donde, en su ya remota época de instituto bíblico, se formó buena parte del ministerio bautista y de otras denominaciones. Es interesante señalar que un protestante cubano, el doctor Cecilio Arrastía ha sido un alto funcionario de la Asociación de Escuelas Teológicas que acredita los seminarios en Norteamérica.

Con preparación teológica formal o avanzada, o sin ella, el país ha producido buenos predicadores, evangelistas y oradores religiosos. Desde los primeros tiempos surgieron hombres que disfrutaron de esa fama, como José Victoriano de la Cova, Manuel Caballería Gali, Luis Alonso, José Serra Padrisa, Antonio Martínez, Joaquín González Molina, que disfrutaron de fama de buenos oradores sagrados. Más recientemente, Alfonso Rodríguez Hidalgo, Carlos M. Camps, Luis Manuel González Peña, Razziel Vázquez, Cecilio Arrastía, Rafael Cepeda, Martín Añorga y otros. Algunos de estos ministros han sido evangelistas, actividad en la que se han destacado B. G. Lavastida, Ramón Cabrera, Manuel Salabarría, padre; Andrés Rodríguez, Jorge Wilson, Regino Loyola, Gerardo de Avila y un grupo numeroso.

Rubén Lores se convirtió desde la década de los cincuenta en una figura de gran importancia en el protestantismo latinoamericano. Formado originalmente en el Seminario Evangélico Los Pinos Nuevos y de procedencia bautista oriental, cursó estudios en el Northwestern College de los Estados Unidos, la Universidad de Costa Rica y el Seminario de Princeton. Después de ser misionero en el norte de Africa y pastor en Nueva York, ha radicado por muchos años en Costa Rica, relacionado con la Misión Latinoamericana y sobre todo, con el Seminario Bíblico Latinoamericano, del cual fue rector y creador del programa especial PRODIADIS, que facilita la educación teológica a nivel avanzado por el sistema de distancia. Actualmente tiene vínculos misioneros con la Iglesia Presbiteriana Unida y con la Iglesia Unida de Cristo. Lores se convirtió en un notable misionólogo después de haber sido reconocido como evangelista y como estadista misionero. Ha escrito importantes ensayos y es una autoridad en teología latinoamericana. Fue uno de los más conocidos estrategas de Evangelismo a Fondo en la América Latina, programa que alcanzó sus mayores éxitos en las décadas de los cincuenta y sesenta.

Como él, otros cubanos han logrado llegar a un plano de fama apreciable en el movimiento evangélico latinoamericano, que va desde una posición conservadora en lo teológico hasta la teología liberal o la teología de la liberación. Domingo Fernández es conocido en toda la América Latina como polemista que ha cultivado la apologética. Gerardo de Avila como evangelista de multitudes y orador en seminarios y talleres para pastores; Juan Rojas como editor; Cecilio Arrastía, como predicador de los más altos vuelos; Alfonso Rodríguez Hidalgo, como líder protestante cubano; Jorge Adalberto León, como sicólogo y especialista en consejería pastoral; Justo L. González, como un historiador de primera magnitud, incluso dentro del mundo protestante anglosajón; Sergio Arce, como teólogo de la liberación. Casi todos representan una escuela diferente dentro del pensamiento cristiano e incluso en aspectos sociopolíticos.

Así de variado es, necesariamente, el ambiente teológico cubano.

Aun dentro del sector conservador se han producido grandes cambios. Incluso en cuestiones fundamentales. Esos cambios no son tan intensos dentro de Cuba ya que algunas denominaciones han reaccionado manteniéndose tan firmes en su conservadurismo como lo estaban en 1955 ó 1960. La característica más conocida del protestantismo en un continente de cultura más o menos católica como el latinoamericano es su variedad, su división en sectas y organizaciones. El evangélico promedio de Cuba es conservador o fundamentalista y dentro de este sector cristiano abundan los pentecostales, aunque no son mayoría como en otros países de la región. Los protestantes más liberales, o los que políticamente se han planteado los fenómenos de forma más radical, dejan conocer su posición en medio de una sociedad socialista. Pero gran parte del protestantismo cubano está en el exterior, exiliada. Todos estos factores, y la mención de tantas personalidades y escuelas van indicando la necesidad de acometer un estudio profundo del pensamiento cristiano en la comunidad protestante cubana, que no tenga las obvias limitaciones de estos comentarios dispersos.

Apéndice IV

APUNTES SOBRE EL PROTESTANTISMO Y LA CULTURA EN CUBA

La cultura cubana es el resultado de la relación entre influencias extranjeras y elementos autóctonos. Aunque eso también pudiera afirmarse de casi cada una de las culturas nacionales alrededor del mundo, puede señalarse fácilmente desde el principio algunas características interesantes del proceso cultural en Cuba. Eliminada rápidamente la influencia y hasta la presencia de los primitivos habitantes del país, algunos elementos de la cultura india continuaron siendo parte de la herencia de los cubanos: varias palabras y unas pocas costumbres y prácticas. La conquista y colonización del país por los españoles impusieron el predominio de la cultura hispánica y la práctica o al menos la profesión pública de la religión católica. La llegada de una enorme población africana, traída al país por la esclavitud que fomentaron los colonizadores como decisivo factor económico alteró las costumbres, la música, la idiosincrasia y hasta la filosofía de vida de los habitantes de la Isla, además de crear una comunidad permanente, una enorme minoría racial, y hacer posible un mestizaje que dejó su huella no solamente en la composición étnica de un pueblo sino en su vida religiosa.

La religiosidad popular africana no fue la única influencia extranjera, aparte de la española, en la formación de la personalidad cultural de Cuba. Hubo una serie de otras pequeñas comunidades étnicas, como la china, la jamaicana, la haitiana, la norteamericana, la francesa y la inglesa que trajeron sus características propias. De todas ellas, sin embargo, quizás sea la influencia norteamericana la que se proyectó con mayor fuerza, ya que la Isla estuvo bajo su esfera de influencia en los órdenes político, económico, cultural e incluso religioso desde mediados del siglo XIX —es decir, aun bajo la dominación española— hasta comienzos de la década de los sesenta. No hay cubano que no tenga algún familiar viviendo en los Estados Unidos, además de que los factores geográficos y de otra naturaleza no solo mantienen sino que fortifican la presencia de cierta influencia cultural. Es difícil determinar todavía el resultado definitivo del contacto con naciones del área socialista y del Tercer Mundo y la participación que hayan tenido en la experiencia cultural cubana en el último cuarto de siglo.

El tema de la cultura es tan amplio y posee tantas ramificaciones que nuestros apuntes se limitarán, hasta donde sea posible, a uno de los elementos que han formado parte de la herencia del pueblo cubano: el protestantismo. La religiosidad sincrética de la población no incluye tal vez elementos importantes del mismo, a no ser dentro de algún grupo específico, como por ejemplo los jamaicanos. Pero dos naciones protestantes gobernaron a Cuba: Inglaterra, de 1762 a 1763 y los Estados Unidos de América, de 1898 a 1902 y de 1906 a 1909. Cuba está rodeada de antiguas colonias británicas, donde prevalece esa religión, como las Bahamas y Jamaica, y el estilo de vida de los cubanos ha estado influido de manera sobresaliente por costumbres, modas, palabras, conceptos y sobre todo películas y libros procedentes de Norteamérica. Estos aspectos son reales aun en el día de hoy.

El protestantismo, como cualquiera otra religión internacional, no puede ser considerado como un producto netamente norteamericano aunque muchas sectas y denominaciones nacieran en el territorio de esa nación. Tendríamos que hablar entonces de catolicismo español en Cuba, aunque en cierto sentido es necesario reconocer que la Iglesia Católica en Cuba fue española y el protestantismo fue norteamericano hasta que gradualmente los cubanos tomaron la dirección del movimiento como también los nacionales lograron el control de las sedes diocesanas católicas en el siglo XX. Factores políticos y sociales determinaron que surgiera un protestantismo cubano de forma más acelerada que un catolicismo cubano. Por citar un factor, en realidad insuficiente para probar una tesis, pero sí bastante revelador, puede hacerse referencia a la verdad innegable de que ya en la década de los veinte podía hablarse de una mayoría de cubanos en el clero evangélico y en 1940 una de las denominaciones mayores, la Iglesia Presbiteriana, estaba bajo la supervisión de un superintendente cubano aunque con vínculos con la iglesia madre, que ayudaba económicamente y de otras maneras. El presbiterianismo tenía entonces solamente 50 años de haber sido establecido en el país por Evaristo Collazo.

Por otro lado, la influencia del protestantismo desde el punto de vista cultural es mucho menor que la del catolicismo y en algunos aspectos ni siquiera comparable. Las escuelas protestantes se encargaron, sin embargo, de que las contribuciones a la educación en el país fueran significativas. La presencia de iglesias y capillas en todo el territorio nacional, incluso en lugares donde no había ninguna presencia católica organizada por la ausencia de clero convirtieron al protestantismo no solamente en parte integral del paisaje sino también en elemento de la cultura del país. Si el protestantismo no influyó más fue en parte por la mentalidad de *ghetto* religioso que trajeron algunos misioneros que en ciertos casos hasta se inquietaban si los conversos adquirían una educación superior u ocupaban cargos públicos. Pero para desligar al protestantismo de la cultura cubana sería necesario volver a escribir la historia del país. Es difícil encontrar un cubano que no tenga familiares protestantes, o que no haya convivido con evangélicos. Hasta personas que jamás han entrado a un templo protestante conocen algunas de las canciones y las expresiones cúlticas de esa comunidad.

Por supuesto que Cuba no es una nación protestante, y ni siquiera católica. Desde principios del siglo XIX la abrumadora mayoría de la población ha estado desligada de la vida religiosa, con excepción de ocasionales bautismos, matrimonios y entierros, y aun esos actos se han convertido en la práctica de una minoría en las últimas décadas. Pero negar que el catolicismo fue un factor determinante en la formación de la cultura, e incluso de la nacionalidad cubana, sería más que una exageración, sería la prueba evidente de un desconocimiento olímpico de la historia de Cuba, en cuyo proceso clérigos católicos como Fray Bartolomé de Las Casas, los obispos Compostela, Morell de Santa Cruz, Valdés, Espada y otros, y sobre todo los padres Caballero y Varela, han jugado un papel de primerísima importancia.

En estos apéndices evitamos dos extremos, o por lo menos tratamos de no quedar atrapados indirectamente por ellos. Exagerar la influencia protestante en la cultura cubana sería literalmente ridículo; tratar de minimizar demasiado su relativa pero real participación en el proceso cultural entendido en el más amplio sentido, sería absolutamente imposible sin importar quien intente hacerlo. No lo permite la cercanía del mundo protestante de Norteamérica y el Caribe. No es posible por la participación de protestantes en eventos históricos que han afectado el país desde el siglo XVI. No es ni siquiera imaginable, dentro de los límites de la razón, porque en un momento dado vivieron en el país más de 250 mil protestantes, sin contar algunas sectas. Ciertos sociólogos pudieran llegar a grandilocuentes conclusiones olvidando que para que estas sean ciertas habría que ahogar positivamente en el fondo del mar del olvido cientos de miles de personas. El protestantismo dejaría de ser parte de la cultura cubana únicamente si se pasa por alto el importante detalle de que desde el siglo XIX han vivido de manera permanente miles de protestantes en Cuba o la han visitado. El número de protestantes, nacionales o extranjeros, que han vivido en el país, si se suman los vivos y los muertos, fieles o apóstatas, pudiera acercarse al millón de personas. El país ha estado en contacto con protestantes desde el siglo XVI. Eso no es todo.

Hasta en España, la Madre Patria, los elementos no católicos de la cultura son monumentales. El país tiene origen pagano, los judíos y musulmanes vivieron y se mezclaron con los cristianos. Los moros fueron por un tiempo los reyes y señores. Los judíos fueron perseguidos y expulsados precisamente por su influencia extraordinaria en la nación. Los heterodoxos que tanto mencionó Menéndez y Pelayo, es decir cristianos poco católicos en su doctrina fueron parte importantísima del proceso cultural de una nación que cuenta en la lista de sus literatos más notables con un "heterodoxo" tan protestante y tan español como José María Blanco White (ministro ordenado de la Iglesia Anglicana) situación que ha sido descrita para los de habla inglesa por un libro llamado *La Biblia en España,* escrito por un famoso literato y distribuidor de Biblias llamado George Borrow ("Jorgito el inglés") y traducido al español por Manuel Azaña.

En la Cuba de 1986, cuando sumados los católicos y los protestantes constituyen simplemente una minoría de la población, varios funcionarios públicos son antiguos alumnos de escuelas protestantes establecidas en el país o miembros de familias evangélicas: José A. Naranjo ("Pepín"), Faustino Pérez, Julián Rizo, Ramón Sánchez Parodi, Humberto Pérez, Armando Hart, etc. La lista es larga. Más extensa todavía es la de graduados y ex-alumnos de escuelas católicas. En el caso de la pequeña comunidad protestante no pasa desapercibido el hecho de que uno de los héroes nacionales honrados desde 1959 es Frank País, el famoso hijo de un ministro bautista.

Sin pretender un estudio completo o un rigor investigativo impresionante, mencionaremos algunos aspectos de la relación entre el protestantismo y la cultura del país, incluyendo un repaso histórico de ese contacto entre el movimiento evangélico, o personas vinculadas con él por formación o militancia y el desarrollo de la educación, la literatura, el arte y otros aspectos fundamentales de la cultura en Cuba.

Hemos dado a entender que el protestantismo no es un gran factor en la religiosidad popular sincrética, mezcla de catolicismo, espiritismo y creencias africanas, que se combina con la esencial superficialidad religiosa de un pueblo cuyas creencias no han afectado mucho su conducta (lo afirmamos solamente en términos generales, no en referencia a casos específicos, por abundantes que estos sean). Las diferencias abismales entre la cultura y estilo de vida de las clases altas en el pasado, y de los sectores intelectuales, con el resto de la población son comparables a las características del protestantismo comparadas con las de la religión afrocubana y sus variantes en el país. Es necesario distinguir entre la colonización protestante del Caribe y la católica en países de esa misma región. Importantes elementos de cultura africana son visibles en la vida religiosa de la feligresía de la Iglesia Anglicana en Jamaica, pero los colonizadores trataron de reducirla al mínimo. No tanto en Cuba, a pesar de leyes y prohibiciones. En el plano de lo puramente supersticioso pueden existir coincidencias entre la religiosidad popular que se practica en Cuba y ciertos grupos protestantes pero debe reconocerse que en todo caso son mínimas. El cubano promedio afirmaba que "todas las religiones son buenas" y eso no excluye al protestantismo, muy al contrario. Pero los evangélicos han estado casi totalmente separados del movimiento favorable a lo afro-cubano y la convergencia entre ambos sectores es casi inexistente. Una separación completa es, por supuesto, imposible. Basta con citar al gran etnólogo cubano Fernando Ortiz en su obra *Africanía de la música folklórica de Cuba* (Santa Clara: Universidad de Las Villas, 1965), pp. 459-460, para tener una idea de posibles excepciones a la regla:

"La influencia protestante parece evidente en los himnos (los signos como a veces dicen ellos) de orilé. En Oriente, a raíz de la evacuación de las tropas coloniales en 1898, hubo una gran propaganda de misiones protestantes, que aún se nota. En las principales poblaciones de Oriente hay templos de varias denominaciones evangelistas. En Guantánamo, por ejemplo, hay una sola iglesia católica de pobre arquitectura; pero cuenta con sendos templos y colegios de episcopales, metodistas, adventistas, bautistas y otras sectas, donde en todo acto ceremonial se canta en lengua castellana los bellos himnos de tales religiones por la respectiva grey. A esta influencia hay que atribuir su imitación de los cánticos del orilé, cuyos textos son oraciones mixtas de teología cristiana y de la kardecista, amén de resabios de la bandú y la vodú. El influjo de los negros jamaiquinos protestantes es más disperso y tardío; pero en algunas ciudades ha tenido sendas manifestaciones, sobre todo en la región occidental de Cuba y en Isla de Pinos. En Guanabacoa, por ejemplo, fue observado por el año 1948 el entierro de un popular moreno de Jamaica al que concurrieron unos 80 de sus compatriotas. Ante la tumba, durante el sepelio, éstos entonaron cantos corales muy rítmicos, encabezados por un negro pastor. Al final, cada individuo por turno echó un puñado de tierra en la fosa y se fue retirando, despidiéndose del muerto con la mano y cantando mientras se alejaba. El pastor quedó solo entonando la última antífona funeraria. Este curioso efecto musical lo cita Curt Sachs con referencia a los negros de Abisinia, en los cantos llamados zafán. Un solista canta el versículo, el coro responde con un estribillo y mientras todos cantan juntos la coda, las voces van callando una tras otra hasta que se oye una sola, casi como en la *Sinfonía de la despedida* de Haydn, donde dejan de tocar los músicos uno a uno. Esos cantos religiosos, que sepamos, aún no han producido la sugerencia de himnos afrocubanos originales tan característicos y bellos como los de orilé."

Estos comentarios de Ortiz bastan para demostrar que es imposible aislar las influencias y las creencias pero permanece intacto el principio fundamental de la escasa relación entre protestantismo y religiosidad popular en Cuba. Otras excepciones son probablemente algunas que han sido objeto de atención en los últimos años, como la feligresía episcopal en Limonar, provincia de Matanzas, y otros casos aislados. En cuanto a la influencia indirecta ejercida sobre la religiosidad popular por los jamaicanos y otros británicos occidentales sería necesario un estudio de las denominaciones de ese origen que han trabajado en Cuba como los grupos de santidad, los pentecostales e incluso iglesias históricas como los bautistas, metodistas y anglicanos. No debe olvidarse el desarrollo de grupos más o menos nacionales y hasta autóctonos en el Caribe, siempre sujetos a influencias variadas. Ya bien entrado el siglo XX todavía laboraban en Camagüey, Banes y otras áreas, misioneros enviados directamente por los bautistas de Jamaica como los pastores Ellis Fray, W. J. Mornan, W. C. Bennet, etc. Las denominaciones establecidas en Cuba y que operaban directamente bajo las órdenes de juntas estadounidenses también trabajaron con los jamaicanos. Pero debe recordarse que el sector más evangélico del protestantismo en Jamaica siempre ha estado en confrontación con aquellas influencias que se consideran paganas y contrarias a las enseñanzas bíblicas y que en definitiva las coincidencias que señala Ortiz pueden ser más incidentales que sustanciales. Cambiando el énfasis hacia el protestantismo histórico norteamericano, tan poco dado a cuestiones como las implicadas en la religiosidad popular en Cuba, el mismo Fernando Ortiz nos recuerda en su trabajo *La música afrocubana*, dedicado a Antonio M. Eligio de la Puente, que el gran compositor cubano Eduardo Sánchez de Fuentes aplaudió un bando municipal habanero de 1900, de inspiración norteamericana —era la época de la primera intervención— prohibiendo "el uso de tambores de origen africano en toda clase de reuniones, ya se celebren éstas en la vía pública, como en el interior de los edificios". Ese fue el espíritu de la colonización protestante en el Caribe y el que trajeron los norteamericanos protestantes a Cuba. Los elementos que los movimientos más populares, como el pentecostalismo, y las iglesias del Caribe inglés, hayan tenido sobre la religiosidad popular están por establecerse con claridad, pues no se ha llegado a conclusiones definitivas, ni siquiera a fundamentar tesis iniciales. Pero los ingleses, a pesar de su etapa de abolicionismo protestante, tienen una relación estrecha con la introducción de esclavos en Cuba y sobre todo aquellos de otras regiones del Caribe, que después llegaron a Cuba y la raíz del asunto se encuentra en definitiva entre ellos. Como afirmara Aurelio Alonso en su conferencia "Religiosidad e instituciones religiosas en la Cuba actual" (La Habana: Centro de Estudios sobre América, Oficina de documentación, octubre de 1982), refiriéndose al tráfico de esclavos africanos, este "introdujo elementos culturales —y entre ellos los religiosos— que dieron lugar a modalidades de una religiosidad sincrética que habría de prevalecer en las capas más humildes de la población". Ese breve resumen del fenómeno coincide con las notables investigaciones de Fernando Ortiz y otros estudiosos. No debe pasarse por alto que uno de ellos, y que puede contarse entre los más notables investigadores de esos fenómenos y de la cultura afro-cubana en general, ha sido el profesor metodista Enrique Noble.

Otro aspecto en el cual el protestantismo no ha hecho gran efecto, es en el de la música popular. La mayoría de las denominaciones han desalentado el baile o lo han prohibido. Aunque esa prohibición no se ha extendido totalmente a la música popular, con excepción de los grupos más pietistas, es aparente que no se ha hecho una gran huella. Por otra parte, la influencia de la música norteamericana es increíblemente grande en Cuba, aun en nuestro tiempo. Es posible remontarse a la breve dominación inglesa para encontrar precedentes. El mismo Ortiz señala que la famosa contradanza cubana no es sino la folklórica "country dance" o "danza del pueblo" de Normandía, que pasó por Londres y París y fue traída a Cuba por los oficiales ingleses que tomaron La Habana en 1762 y después por españoles afrancesados. Prescindiendo del juicio que merezca la observación del gran erudito, al estudiar la inmensa contribución cubana a la música, hay que tener también en mente las contribuciones y aportes que hicieron los extranjeros. Buena parte de la herencia musical americana que conocemos hoy puede remontarse a sectas nacidas en Norteamérica y a los "espirituales negros" que se han ido transformando, renovando y adaptando a través del tiempo. Es posible encontrar una influencia indirecta. La realidad, sin embargo, indica hacia una escasa contribución protestante a la música en Cuba, con excepción de la de consumo interno en los templos, pues existen himnos y cánticos (entre ellos los "coritos") que han sido compuestos en Cuba. Los himnos de las iglesias, casi todos de origen anglosajón, alemán o europeo septentrional, han sido cantados por algunos sectores aparte de los protestantes, pero en escala muy reducida. Una excepción notable en cuanto a música popular es la pianista y compositora Aida Diestro, hija del pastor presbiteriano Vicente Diestro. También puede mencionarse a la conocida cantante Hilda Lee, procedente de la Iglesia Presbiteriana China de La Habana, o a Mara González, de la Iglesia de los Amigos. Los actores Manolo Coego y Manuel Alván se iniciaron en el arte en iglesias bautistas a las que asistían. En el estudio de la música, específicamente la investigación de las fuentes folklóricas, se tiene mucho que agradecer a un estudioso de origen protestante, Samuel Feijóo. Resulta curioso que el cantante Barbarito Diez fuera alumno de la escuela dominical episcopal en Limonar y las cantantes Xiomara Alfaro y Blanca Rosa Gil experimentaron conversiones religiosas uniéndose a iglesias evangélicas en los Estados Unidos. Pero libros tan documentados y completos como *La música en Cuba* de Alejo Carpentier, *Cuba y sus sones* de Natalio Galán, *Música cubana del Areyto a la nueva trova*, de Cristóbal Díaz Ayala no revelan en su contenido, de manera directa, el aporte protestante, que es muy limitado a no ser en cuanto a aquello que es de origen extranjero, y específicamente norteamericano.

Casi lo mismo pudiera decirse del aporte a la escultura, la pintura y otras manifestaciones del arte. En Cuba han nacido algunos escultores y pintores de religión protestante, pero el protestantismo cubano no influye en forma apreciable en esas actividades. La arquitectura de algunos templos evangélicos, que en multitud de casos revelan la influencia norteamericana, sería tal vez digna de estudiarse, pero tampoco se trata de un tema demasiado productivo. Por otra parte, James Gay Sawkins, un notable geólogo, dibujante y acuarelista inglés que vivió en Cuba hasta 1847 y dio clases que llamaron la atención a la intelectualidad cubana, fue un protegido del famoso "Lugareño" en Camagüey y fue expulsado de Cuba por repartir Biblias protestantes y difundir la religión evangélica. La presencia de artistas protestantes de cierta fama, nacionales o extranjeros, no será en todo caso demasiado impresionante, pero el talento artístico y musical ha existido entre los evangélicos en Cuba, limitados como es de esperarse en ciertos casos, por las prácticas y prédicas de sus denominaciones, al menos en algunos aspectos, pero entusiasmados por ellas mismas a poner sus dones al servicio del evangelio, como lo han hecho muchos al producir hermosos cánticos y organizar fabulosos coros, cuartetos y otros grupos musicales que se han distinguido dentro de la comunidad evangélica y aun fuera de ella. Es curioso que algunos misioneros que trabajaron en Cuba eran notables pianistas, e incluso valiosos dibujantes y artistas, que entregaron sus dones al servicio de la iglesia, circunscribiendo a ella su producción o actividad. Y con todas las limitaciones y esa escasez de contribuciones importantes el más conocido libro sobre la historia de la música en Cuba fue escrito por Alejo Carpentier, el ex-alumno de una escuela protestante; uno de los más famosos bailarines de ballet nacidos en Cuba, Fernando Bujones es el nieto de un ministro bautista, Miguel Angel Calleiro; y uno de los pianistas más notables del país y del mundo, es Jorge Bolet, el miembro más famoso de una eminente familia evangélica. Blanca Varela, la notable cantante es bautista.

¿Querrá indicar lo que hemos escrito que el protestantismo no tiene relación con la vida del pueblo de Cuba? ¿Se habrán aislado tanto los evangélicos? No necesariamente. El cubano promedio ha asimilado y utiliza palabras como "reverendo", "ministro", "pastor", "evangélico", "evangelista", "culto", y para él los nombres de las principales denominaciones no son ya palabras raras y extranjeras sino parte de su experiencia o trato con otros cubanos. También ha creado sus propias formas de identificar a los protestantes o a aquellas sectas que en la imaginación popular son asociadas con el protestantismo: "cultero", "aleluya", "atalaya", que quieren decir: protestante muy religioso, pentecostal y testigo de Jehová, respectivamente, y por supuesto, "patiblanco" o "batiblanco", designando a los gedeonistas. Algunas de estas palabras se usan en distintas regiones de América, pero otras son cubanismos y algunos de estos "cubanismos protestantes", por darles un nombre, fueron incluidos en un *Diccionario de cubanismos más usuales,* una tesis doctoral en la Universidad Central de Madrid, presentada por el profesor José Sánchez Boudy, un prolífico escritor que enseña literatura en la Universidad de Carolina del Norte en Greensboro. Rine Leal en su *Breve historia del teatro cubano* (La Habana: Editorial Letras Cubanas, 1980, p. 156) se refiere a que el tema de los testigos de Jehová ya se comienza a tratar en el teatro en Cuba. En la difundida película "Memorias del subdesarrollo" aparecen escenas de ambiente protestante como la celebración de bautismos por inmersión. Todo eso relacionado con formas de protestantismo teológico o cultural (no puede ser teológico en el caso de los testigos de Jehová que no son propiamente protestantes y mucho menos evangélicos). Cuando consideremos la relación entre el protestantismo y la literatura cubana señalaremos otros aspectos.

Desde la década de 1880, el periodismo cubano tiene una presencia protestante, al principio casi insignificante, pero que poco a poco fue descollando en el ambiente, especialmente en el contexto del periodismo religioso. Alberto J. Díaz parece haber sido el pionero, pues en 1886 ya había inscrito debidamente la revista religiosa mensual *La Buena Nueva,* dirigida por Narciso Izquierdo, uno de sus colaboradores y el primer bautizado por inmersión en Cuba de que se tenga noticia. También colaboraban en la revista J. B. Moodie, que mucho ayudó a Díaz desde la Florida; J. de J. Márquez y R. L. Arellano. En 1887 pasó a denominarse *El*

Evangelista, contando con el mismo equipo de redactores. Curiosamente, en 1888 se publicaba en Cienfuegos la revista de carácter religioso *La Bandera Evangélica*, de carácter mensual e inspirada por Carlos Boufartigue. Un notable iniciador de la obra metodista en Cuba junto a H. B. Someillán, el cubano Aurelio Silveira dirigía un semanario no religioso en Key West entre la colonia emigrada, con el título de *El Artesano*, que ya aparecía regularmente en 1879. En Tampa, en 1884, se publicaba la revista quincenal *Mensajeros del Hogar* que tenía como propósito "el adelanto de las misiones evangélicas de Estados Unidos", se distribuía mayormente entre cubanos y otros hispanos y su director era el reverendo Genaro Hernández.

Alberto J. Díaz y Pedro Duarte colaboraron ocasionalmente en periódicos seculares desde 1883, publicando notas, informaciones, contestando ataques, e incluso escribiendo algún artículo. Utilizaron *El Triunfo*, periódico autonomista habanero, y el *Correo de la Tarde* y *Aurora de Yumurí en Matanzas*, así como otras publicaciones. Las actividades patrióticas de los primeros protestantes les hicieron colaborar con *Patria* y otros periódicos de la emigración. En ese sentido habría que remontarse a Joaquín de Palma y sus esfuerzos pioneros. Alberto J. Díaz, H. B. Someillán, Clemente Moya, Manuel Deulofeu y algunos otros son mencionados en la prensa emigrada o escribieron notas y artículos. Por lo menos Díaz lo hizo también en lengua inglesa.

Al producirse la intervención norteamericana en 1898 y regresar los pastores cubanos emigrados, coincidiendo con el establecimiento en Cuba de los primeros misioneros norteamericanos con carácter permanente, se empezaron a publicar hojas y boletines. En abril de 1900 se publicó el primer número de *El Amigo* (de corta duración en esta etapa) del precursor o pionero cuáquero Francisco González Calá. El primero de julio de 1904 se inició la publicación de *El Mensajero*, bajo la dirección del misionero David A. Wilson, como el órgano de los bautistas orientales. Se publicaba inicialmente en Camagüey. En 1907 nació la revista *Sión* de los bautistas occidentales. Se editaba en Colón, en la calle Diago 34 donde residía el pastor F. J. Páez, que servía como administrador, mientras José Victoriano de la Cova la dirigía. El precio de la suscripción era medio peso plata española por un año, y treinta centavos por un semestre. Después se cobraban setenta centavos, moneda americana, por la suscripción anual. En 1911 la revista pasó a Matanzas donde residía de la Cova y en 1915 se le cambió el nombre por el de *El Bautista* para servir como órgano unido de bautistas orientales y occidentales, con de la Cova como director y Alfredo L. Story como director auxiliar. En 1923 se volvió a llamar *Sión*, al terminar el experimento unitario. Los orientales volvieron a publicar *El Mensajero*. También en 1907 se inició la publicación de otra revista *El Evangelista Cubano*, de la Iglesia Metodista. Sus ediciones constaban de 8 páginas en español y 4 en inglés. H. L. Gray y S. A. Neblett redactaban en español y E. E. Clements lo hacía en inglés. Clements también fungía como administrador. La revista nació en el local de Virtudes 10 en La Habana. Mucho tiempo después se trasladó a Cienfuegos y eventualmente regresó a La Habana al mismo lugar donde se inició. En 1910 el misionero Robert L. Wharton empezó la publicación del *Heraldo Evangélico* y el experimento duró cinco años. En 1919 se fundó el *Heraldo Cristiano*, que por un tiempo fue el órgano de presbiterianos y cuáqueros con Sylvester Jones como administrador. El doctor Ezequiel Torres lo dirigió por un año, siendo sustituido por H. B. Someillán. También José Marcial Dorado estuvo a cargo de la dirección en las primeras etapas. Muy pronto se convirtió en órgano de presbiterianos solamente aunque por mucho tiempo se consideró más bien una revista de toda la obra evangélica. En 1932 se publica, de acuerdo con Rafael Zulueta, el primer número de *El Misionero Bíblico* de la obra de la Asociación Evangélica de Cuba y el Seminario Los Pinos Nuevos. Se publicaba desde Placetas. En 1939 inicia su labor *El Heraldo Episcopal* continuando los esfuerzos aislados de los pioneros episcopales en cuanto a periodismo religioso. Matanzas es la sede escogida para la revista. Otras publicaciones denominacionales serían *El Grito de Guerra* de los salvacionistas y su revista juvenil *El Joven Soldado*; *El Amigo*, de inspiración cuáquera; *La Voz del Jordán*, de carácter independiente; *La Antorcha Pentecostal*, de las Asambleas de Dios; *El Mensajero Fiel*, de los bautistas libres. Casi cada denominación, asociación de iglesias o misión establecida en el país publicaría alguna revista, boletín o periódico ocasional.

Iniciativas individuales hacen resaltar el interés por la página impresa. En 1916 se publica en Colón el semanario religioso *Heraldo Evangélico*; en 1934 el ministro episcopal Ramón Moreno publica el *Heraldo Episcopal*, nombre que se da a partir de 1938-1939 al órgano denominacional. Jorge Hernández Piloto, que estuvo a cargo de esa publicación había fundado en 1930 el mensuario *Horizontes*. Revisando algunas de las listas de publicaciones anteriores a 1940, en los anuarios de los periodistas cubanos hay indicaciones de que *El Mensajero* se inscribió en 1903 como órgano bautista oriental y no en 1904, y que *El Misionero Bíblico* ya se publicaba en 1930 bajo la dirección de Clara McElheran. Todo depende de las fuentes consultadas. Sin embargo, resulta interesante el estudio de la prensa evangélica en Cuba y ese campo amerita investigación adicional.

Las imprentas que se fueron adquiriendo, como la presbiteriana, a cargo de José Marón Cela; la bautista, de Angel Brown; la del Seminario Los Pinos Nuevos y otras, contribuyeron a la impresión de folletos, tratados y libros, incluyendo algunos de carácter secular como uno de Herminio Portell Vilá que se menciona en este libro. En un sentido fueron un gran adelanto ya que llegaban al país muchos folletos y tratados mal traducidos, aun con errores descomunales causados por el desconocimiento de la lengua española de algunos redactores norteamericanos, que usando el diccionario de forma inadecuada produjeron hasta incidentes simpáticos. Las iglesias usaban inicialmente las lecciones *Manzanas de Oro* para la escuela dominical hasta que cada denominación produjo sus propios materiales o se usaban los de editoriales interdenominacionales del extranjero. Denominaciones como la presbiteriana, se ocuparon bastante de producir sus propios materiales en el país. Entre los evangélicos con inquietudes intelectuales, las revistas *La Nueva Democracia*, editada por Alberto Rembao en Nueva York, o *Pensamiento Cristiano* dirigida por Alejandro Clifford en la Argentina, llenaban una necesidad.

En el periodismo secular se mantuvo siempre una tenue presencia evangélica. En las primeras décadas, un buen número de pastores colaboró con diarios y revistas. Un caso interesante es el de Loreto Serapión, ministro e intelectual episcopal. En su época de misionero en las Islas Filipinas dirigió el semanario *Philippine National Weekly* y escribió en los diarios de Manila. En Cienfuegos colaboró en la prensa local y en La Habana fue jefe de corresponsales del diario *Excelsior* y colaborador de *El Mundo, El Día* y otros. Enrique J. Molina, ministro y educador bautista se mantuvo activo como colaborador de *El Diario de Cuba* de Santiago de Cuba y en otras publicaciones. Diarios y revistas seculares publicaron artículos de Antonio Pereira Alves, ministro bautista nacido en el Brasil; de Francisco Díaz Volero, arcediano de la Iglesia Episcopal y escritor de temas literarios o de reforma social. Un hombre ligado estrechamente a la obra evangélica en Cuba, Víctor Muñoz, que asistía regularmente a la Iglesia Metodista Central en La Habana y logró la celebración en Cuba del "Día de las Madres", creado por una notable metodista norteamericana, fue uno de los más conocidos y apreciados periodistas cubanos de la primera parte del siglo XX. Otros protestantes trabajaron en las redacciones de periódicos de la capital y el interior, aunque no tanto en los cargos principales. En la prensa local existían secciones evangélicas, al menos en varias ciudades y pueblos importantes y se solicitaba con frecuencia a los ministros que escribieran sobre temas de interés. Raúl Fernández Ceballos, pastor presbiteriano, estuvo a cargo, en épocas más recientes, de una sección religiosa en el periódico *El Mundo*, uno de los principales de Cuba, utilizando el nombre *Notas Evangélicas*, la cual duró por décadas hasta el cierre del diario, ya bien entrada la de los sesenta. Otro periodista y reportero bien conocido, Vicente Cubillas, era presbiteriano. Mario Llerena, el notable intelectual de esa misma afiliación religiosa, fue colaborador de los principales diarios y revistas del país incluyendo *Bohemia*, para la cual también escribió algunos artículos el pastor Rafael Cepeda. Un conocido colaborador, sobre todo de revistas eruditas, lo fue el presbiteriano Pedro Vicente Aja, un pensador e intelectual muy respetado en Cuba.

Más complicado resulta el estudio de la literatura religiosa. Muchos pastores y laicos han escrito libros o publicado ensayos, poemas, etc. El más prolífico puede haberlo sido Antonio Pereira Alves, ya mencionado, el cual se destacó como escritor moralista, al estilo de Constancio C. Vigil. En sus crónicas y biografías breves, como en su conocido libro *Prominentes evangélicos de Cuba* se mostró generoso a la hora de enfocar los personajes. Era una especie de ecumenista en pequeña escala porque se ocupó de hombres de todas las vertientes evangélicas, tanto en la pluma como en el trato personal. Era un ministro bautista occidental, se educó a sí mismo y procedía del Brasil, aunque dominaba bien el español. Con su recopilación de datos, a veces realizada de forma que parece apresurada e incompleta, prestó servicios al estudio del protestantismo en Cuba. Fue un hombre bondadoso, un intelectual de actitud humilde que se ganó la estimación y el respeto de los evangélicos. Como escritor puede calificarse de compulsivo, ya que escribía constantemente. La Casa Bautista de Publicaciones, que ha llenado toda una etapa en cuanto a producir materiales que se usaron en Cuba y otros países, le publicó sus libros. Otras editoriales extranjeras, como La Aurora y la Casa Unida de Publicaciones también publicaron algunas obras escritas por cubanos como Rafael Cepeda y otros. Los libros publicados por esas editoriales fueron muy usados en el país, como más recientemente lo han sido los de Editorial Caribe que ha publicado algunos libros de escritores cubanos. Casi cada casa de publicaciones denominacional ha hecho su mayor o menor impacto en Cuba y el uso de escritores cubanos ha tenido relación directa con la intensidad de su presencia denominacional en el país.

Los bautistas occidentales han producido varios escritores religiosos, como A. S. Rodríguez y sobre todo Domingo Fernández. Ambos escribieron sobre temas denominacionales y Rodríguez se inclinó también por el histórico. Fernández ha sido un prolífico escritor de temas polémicos en defensa del cristianismo, cultivando la apologética y los comentarios bíblicos, como uno intitulado *Una interpretación del Apocalipsis* y muchos sobre las sectas y sus creencias. En las primeras décadas del siglo, los libros de A. S. Rodríguez como *Mensajes del agua, Nuestro credo sobre el bautismo, La obra bautista de Cuba Occidental, Efigies bautistas* y otros, iban dirigidos a fortalecer las convicciones doctrinales de los bautistas en Cuba y otros países. Reinaldo Machado, además de abogado, poeta e himnólogo, escribió sobre temas teológicos, como su libro *Cristo en la senda histórica*. Luis Manuel González Peña publicó *Preguntas a la evolución* y *Romance misionero*, siendo este último una biografía de la viuda del doctor Moseley, una notable misionera. En

Cuba Oriental han surgido también varios escritores bautistas. Tal vez ninguno más conocido entre los evangélicos que Sara País viuda de Molina, autora de libros sobre materia religiosa; uno de ellos, *Honrando el día del Señor*, ha tenido bastante difusión. Gelasio Ortiz Columbié escribió una biografía del misionero Robert Routledge. En las páginas de las revistas evangélicas algunos de los intelectuales de la denominación han dejado hermosas páginas, como Juan Pablo Tamayo, ensayista que, hasta donde sepamos, no ha escrito libros. Un ex-bautista, Adolfo Ham, ha escrito ensayos y artículos demostrando un amplio dominio de los estudios teológicos. Ham es actualmente un ministro de la Iglesia Presbiteriana.

Entre los presbiterianos se han destacado periodistas religiosos como José Acosta, que dirigió *Heraldo Cristiano* y varios poetas, tales como el mismo José Acosta, Sergio Manejías, David Mestre del Río, etc. Cecilio Arrastía ha publicado algunos de sus sermones, entre los mejores en la lengua castellana en los últimos tiempos. Alfonso Rodríguez Hidalgo ha sido más bien orador y conferenciante más que escritor, aunque ha producido buenos ensayos y artículos, además de ponencias. Raúl Fernández Ceballos y Martín Añorga han escrito frecuentemente en diversas publicaciones, así como Carlos M. Piedra y otros pastores contemporáneos. Sergio Arce ha escrito mayormente sobre el tema teología de la liberación y ha producido ensayos. Rafael Cepeda puede ser considerado también como un escritor de temas religiosos, pues ha escrito libros que han sido publicados por casas de publicaciones evangélicas y una biografía del misionero Robert L. Wharton, además de su intensa labor como crítico literario e historiador.

En el metodismo de Cuba se ha cultivado bastante el periodismo religioso. Algunos como Miguel Soto han sido notables periodistas evangélicos. Luis Alonso dejó artículos y ensayos de gran valor, pero los escritores metodistas cubanos más conocidos en la América Latina son: Justo González, historiador de gran relieve dentro del protestantismo latinoamericano y con prestigio intelectual dentro de los círculos religiosos y académicos de Norteamérica, pues su *Historia del pensamiento cristiano* ha sido publicada en español, inglés y chino. Ha escrito, además una *Historia ilustrada del Cristianismo* e infinidad de libros en español e inglés, algunos de ellos en colaboración con su esposa Catherine Gonzalus, notable profesora presbiteriana; su hermano Jorge es igualmente un notable investigador histórico y escritor que se ha destacado como erudito bíblico, escribiendo varios libros, entre ellos una biografía de Casiodoro de Reina; y Jorge Adalberto León, que ha publicado importantes estudios sobre consejería pastoral y psicología, entre ellos obras como *Psicología pastoral para todos los cristianos*, muy conocida en Hispanoamérica.

Entre los episcopales, Francisco Díaz Vólero ha sido una figura fundamental. Sus artículos, ensayos y libros sobre religión y justicia social atrajeron gran atención y uno de ellos le costó un juicio por libelo en el cual fue defendido por Orestes Ferrara, el famoso historiador cubano nacido en Italia. Además de cronistas e investigadores históricos, esa iglesia ha producido un periodista religioso de notable ejecutoria en la América Latina y en el Tercer Mundo, también autor de estudios interesantes, Onell Soto, que es actualmente funcionario de información misionera de la Iglesia Episcopal de los Estados Unidos, y fundador de noticieros como *Rápidas* y *Anglicanos*.

En mayor o menor grado, todas las denominaciones importantes han producido escritores. También existe en el país un buen número de poetas. Algunos como Luis Bernal Lumpuy han desarrollado sus labores en los últimos años. Bernal Lumpuy, de origen bautista, es conocido en todas las denominaciones en el país y sus excelentes poemas han llegado a casi todas las publicaciones evangélicas de América Latina. Como intelectual se ha destacado también en el periodismo evangélico y ha trabajado para casas publicadoras. Actualmente trabaja para Editorial Vida (como redactor) y es subdirector de la revista *Decisión: Edición en Español* de la Asociación Billy Graham. La revista es dirigida por el cubano Juan Rojas. Otro poeta protestante de grandes valores es Vicente Echerrí; sin embargo, sus labores han sido más intensas en el periodismo secular y en otras actividades intelectuales. Puede considerarse también como poeta religioso y estudió por algún tiempo para el ministerio episcopal.

La lista de escritores evangélicos dedicados a temas religiosos sería muy larga. La publicación de folletos, ensayos, artículos, libros, poemarios, etc. ha sido apreciable. Sus valores literarios no han sido tan evidentes. Oscilan desde el simple ejercicio de una inclinación por escribir hasta la presencia de verdaderas contribuciones a las letras religiosas hispanoamericanas.

El estudio del protestantismo en Cuba estará siempre incompleto si no se le dedica espacio a la obra educacional de las iglesias evangélicas establecidas en el país. En este libro hemos mencionado numerosos aspectos del trabajo educacional además de ofrecer infinidad de nombres de escuelas, educadores e incluso se ha hecho referencia a acontecimientos importantes relacionados con los colegios y la relevancia de muchos de sus graduados, sobre todo en la política nacional.

Las primeras escuelas evangélicas no fueron las fundadas por los misioneros a partir de 1898, sino las que surgieron como resultado de iniciativas de los fundadores del protestantismo cubano, es decir, Alberto J. Díaz, Pedro Duarte, Evaristo Collazo, H. B. Someillán y otros pioneros que trabajaron en la época colonial. Los cuatro grupos fundamentales del protestantismo cubano, en su primera etapa se ocuparon de las escuelas y estas funcionaron en las provincias de La Habana, Matanzas y Las Villas. Hablar de más de una docena de escuelas evangélicas antes de 1898 es totalmente posible e identificarlas específicamente como parte integral de la obra de bautistas, episcopales, metodistas y presbiterianos es relativamente fácil, como se desprende de la lectura del libro. Eran esfuerzos modestos, a veces consistían en escuelas de una sola aula o con unos pocos maestros. Funcionaban en casas alquiladas o en los primeros edificios utilizados como templos. No estudiaron en ellos tal vez más que unos cientos de estudiantes, pero su contribución se dejó sentir de alguna manera.

La etapa iniciada en 1898, o más bien a partir de 1899, duró hasta 1961. En ese periodo de tiempo se logró hacer un impacto de suficiente magnitud como para que esas escuelas fueran reconocidas, algunas de ellas, entre las mejores del país. La presencia de escuelas protestantes en Cuba es tan conocida como cualquier otro aspecto de la vida nacional. En realidad un análisis exhaustivo de ese fenómeno debe ser la labor de algún especialista en el futuro, si es que el estudio de la influencia de la religión en el país logra ser un campo que atraiga el interés de eruditos y profesores.

El éxito inicial, que consideramos relativo y no completo, de las escuelas evangélicas, se fundamentó en ciertos factores básicos. En primer lugar, las deficiencias de las escasas escuelas públicas que la colonia produjo y que fueron heredadas por la naciente república. Pero también el atractivo que las nuevas instituciones tenían por su carácter de "escuelas americanas", en la mayoría de los casos, en una nación situada en la esfera de influencia norteamericana y en la que el dominio de la lengua inglesa era casi equivalente a la posesión de un título universitario para lograr ciertos empleos. Y por supuesto debe mencionarse la calidad evidente de una buena parte de esas escuelas o "colegios", por usar la forma prevaleciente en Cuba aunque se trate de una escuela primaria. El anticlericalismo y la indiferencia religiosa ayudaron en el proceso. Muchos patriotas y políticos con posición económica alta o mediana, que jamás hubieran enviado a sus hijos a una escuela católica, encontraban fácil o aceptable situarlos en las nuevas instituciones educacionales que traían el prestigio adicional de ser de carácter progresista en los aspectos pedagógicos e incluso sociales.

Las más conocidas de esas escuelas pueden haber sido, entre las metodistas, los Colegios Candler y Metodista Central, en La Habana; Elisa Bowman, en Cienfuegos; Pinson, en Camagüey; Irene Toland, en Matanzas; y la Escuela Agrícola e Industrial de Playa Manteca, en Oriente. Las escuelas presbiterianas más afamadas en el país fueron el Colegio La Progresiva, de Cárdenas, y los colegios de Cabaiguán, Sancti

Spíritus y Güines. La Iglesia Episcopal tenía también planteles con prestigio nacional: el Colegio Episcopal, de Guantánamo; San Pablo, de Camagüey; La Trinidad, de Morón; Cathedral School, en La Habana. Los bautistas se enorgullecían, entre otros, de los Colegios Internacionales del Cristo, Oriente, y el Colegio Bautista (Colegio Cubano Americano) de La Habana. Los cuáqueros eran identificados fácilmente por sus famosos colegios Los Amigos de Banes, Puerto Padre, Holguín, etc., en Oriente. El Colegio Adventista de las Antillas, en Santa Clara, el más conocido de la denominación en Cuba, disfrutaba de prestigio por la variedad de las materias que ofrecía y por su énfasis agrícola.

Nuestra apreciación personal, como resultado de esta investigación, es de que probablemente funcionaban, aparte de los 98 ó 100 colegios que generalmente se mencionan para 1961, unas cuantas docenas de escuelas adicionales relacionadas con denominaciones no históricas, o de propiedad particular pero que ofrecían clases bíblicas y tenían algún contacto con iglesias. Se encontraban en todas las provincias del país. Donde menos escuelas evangélicas había era en la provincia más occidental, Pinar del Río. Con la creación de la Universidad Metodista Candler en 1957, la cual estaba todavía en su etapa inicial en 1961 cuando fue intervenida y nacionalizada, se alcanzaron todos los niveles. Los protestantes tenían pues, escuelas de enseñanza pre-primaria o de kindergarten, escuelas primarias, colegios secundarios donde se ofrecía el bachillerato o la enseñanza comercial completa (o de secretariado en algunos casos), escuelas agrícolas y vocacionales y una universidad. Escuelas normales, para la formación de maestros, existieron al principio pero se descontinuaron ante la preponderancia de las instituciones oficiales y la legislación vigente.

En la historia de la educación en Cuba pueden bien incluirse los nombres de educadores o administradores de escuelas protestantes que están entre los más famosos del país: los misioneros Robert L. Wharton y H. B. Bardwell, entre ellos. Y los de protestantes cubanos como Carlos Pérez Ramos, Emilio Rodríguez Busto, Nize Fernández y otros. En algunas comunidades los pastores que fungían como directores de escuelas protestantes, como Edmundo Morgado, en Santa Cruz del Norte, Paul Alexander Tate, en Camagüey, y Ramón Moreno, en Morón, eran figuras centrales de la vida cívica. Profesores como Raúl Guitart, en Güines y Agustín Pascual en Cabaiguán disfrutaban de un amplio prestigio intelectual. Personajes de la vida cultural de variada ejecutoria y diversa ideología, como Medardo Vitier, en el Colegio La Progresiva; José Antonio Portuondo y Enrique Noble, en el Colegio Candler; Raúl Ferrer, en el Colegio Bautista de Yaguajay; Martín Rodríguez Vivanco, en el de La Habana y otros muchos, evangélicos o no, creyentes o librepensadores, reflejan con su simple mención que en algunos casos se había alcanzado, en el magisterio de esas escuelas, un alto nivel dentro del sistema educacional cubano.

Un cuadro perfecto sería por supuesto imposible. Algunos planteles funcionaban con limitaciones en cuanto a recursos económicos, otros tenían evidentes deficiencias educacionales. Los prejuicios de la sociedad se manifestaban inescapablemente en muchos casos en cuanto al origen económico y social y también racial del alumnado. En algunos colegios, por las cuotas que se pagaban, prevalecían solamente las clases media y alta. Pero debe reconocerse el número apreciable de becados y las facilidades que se daba a alumnos prometedores. Muchos cubanos salieron de la pobreza y llegaron a niveles profesionales mediante la educación recibida en estas escuelas. Como todos los colegios privados del país, reflejaban el mayor o menor grado de progreso alcanzado en la nación, pero también las deficiencias en los aspectos sociales y económicos. Las escuelas pudieron tal vez servir como agentes directos o más bien indirectos de la penetración cultural norteamericana como sus críticos han señalado, pero muchos de los misioneros que dirigieron sus actividades demostraron un amor esencial por el país. Basta mencionar el nombre de Robert L. Wharton y su devoción por Cuba y la causa nacional. Es saludable evitar evaluaciones incompletas que dejen de contemplar los factores que revelan imperfección. Ese sería tal vez el caso si se negara que la gran mayoría de estos colegios no produjeron el número esperado de líderes y activistas cristianos ni realizaron siempre una labor eficiente en cuanto a educación cristiana. La mayoría de los graduados no llegó a estar compuesta por evangélicos activos. Algunos hasta se alejaron de la fe cristiana. Esa realidad ha existido a todo lo largo y ancho del esfuerzo internacional de carácter educacional realizado por la iglesia en todas sus manifestaciones y ramas, lo cual por supuesto requiere estudio. También preocupa la incapacidad de muchas de estas escuelas para crear una verdadera conciencia social cristiana.

Aparte de los valores de carácter espiritual, relacionados con la misión evangelizadora de la iglesia, la mayor contribución y el mejor aporte del protestantismo al país puede encontrarse, con todas las limitaciones mencionadas y otras imaginables u omitidas, en haber formado a una cifra enorme de cubanos en sus escuelas. Las actitudes positivas o negativas de los graduados y ex-alumnos, su participación en actividades no favorables al desarrollo de la nación y otros factores, suceden en todo esfuerzo educacional sin importar la ideología o el credo.

La lista de graduados y ex-alumnos incluye a notables profesionales, hombres de negocio, funcionarios públicos, políticos, educadores y literatos. Entre los nombres más conocidos pueden mencionarse intelectuales que deben incluirse entre los más prominentes o reconocidos que ha producido la nación: Medardo Vitier, Alejo Carpentier, José Antonio

Fernández de Castro, Luis Machado, Leví Marrero, José Juan Arrom, Enrique Noble, Mario Llerena, Herminio Portell Vilá, Guillermo Cabrera Infante. Vitier estudió en el Colegio La Progresiva; Carpentier, Noble, Fernández de Castro y Machado en Candler; Marrero en una escuela presbiteriana de Placetas; Arrom en los Colegios Internacionales del Cristo en Oriente, Llerena en Princeton. Portell Vilá estudió sólo por algún tiempo en La Progresiva, y Cabrera Infante estudió en el Colegio Los Amigos de Gibara. Estos nombres bien pudieran encabezar una extensa lista de intelectuales, algunos de los cuales se mencionarán después. Entre los políticos tiene que mencionarse a un ex-Presidente, Fulgencio Batista. Los hijos de otro ex-Presidente, Tomás Estrada Palma, que operó una escuela en los Estados Unidos en cooperación con cuáqueros de Central Valley, estudiaron en escuelas metodistas mientras su padre gobernaba el país en 1902-1906. Estrada Palma no fue el único presidente de Cuba que envió a sus hijos a escuelas protestantes. El hijo del actual jefe del Estado y Gobierno, Fidel Castro, fue educado en el Candler College. Otros gobernantes enviaron a sus familiares por algún tiempo a escuelas protestantes, dentro y fuera de Cuba. Políticos, revolucionarios y hombres públicos cubanos de todas las vertientes imaginables se graduaron o estudiaron en esas escuelas: Luis Casero Guillén, Pedro López Dorticós, Emilio Ochoa ("Millo"), Mario Goderich, Rafael Díaz Balart, Dominador Pérez, Roberto y Fernando Rodríguez Aragón, Aníbal y César Escalante Dellundé, José R. Soberón, Bathuel Posada, Luis y Julio del Valle, Daniel Bacardí, Alfredo González, Justo González, padre; Joaquín Martínez Sáenz, Alberto Saumell, Juan Caballero Brunet y más recientemente Frank País, Marcelo Salado, Rolando Cubela, José A. Naranjo ("Pepín"), Oscar Lucero, Faustino Pérez, Humberto Pérez y otros igualmente conocidos. Carlos Márquez Sterling, que presidió la Asamblea Constituyente de 1940, estudió algún tiempo en una escuela protestante en el Brasil. Como él, muchos políticos cubanos asistieron a instituciones protestantes en el extranjero, pero esto haría la lista demasiado larga y por eso nos hemos limitado a los que estudiaron en escuelas protestantes dentro de Cuba.

Donde se hizo el mayor impacto por parte de estas escuelas fue en el mercado laboral, por el alto número de sus graduados y ex-alumnos que ocuparon posiciones de diferente nivel en empresas mercantiles e industriales, muchas de las cuales eran norteamericanas o con capital estadounidense. Uno de los factores positivos era el dominio del idioma inglés que tenían muchos de sus graduados. Como hemos mencionado anteriormente, aun en la Cuba contemporánea, varios de estos exalumnos ocupan altos cargos en el Gobierno Revolucionario. En las profesiones universitarias o de otro nivel, el número de ellos ha sido generalmente muy alto. Desde la Presidencia de la República hasta los más modestos cargos y empleos han sido ocupados por personas que, parcial o totalmente, son el producto de una educación recibida en un ambiente protestante.

Estas influencias, en las cuales pueden encontrarse elementos positivos y negativos, y sobre las cuales no hemos escrito con el propósito de ofrecer una interpretación ni siquiera parcial sobre sus raíces y efectos, pudieran conducir a ciertas conclusiones rápidas.

También existe el peligro de atribuir al protestantismo la condición de fenómeno cultural relativamente recién llegado al país. Aun cuando nos enfrentemos hasta a colegas ubicados dentro de la esfera protestante, lo negamos en cierta forma y pasamos a explicarlo.

Tanto el catolicismo como el protestantismo son movimientos religiosos que han estado bajo una intensa influencia cultural. Un estudio medianamente riguroso de la Iglesia Católica, incluyendo su sistema de organización, liturgia, postura hacia los fenómenos políticos y sociales, relación con las experiencias nacionales en las que ha tomado parte, etc. revela elementos comunes con el protestantismo y también otros que proceden de su carácter de Iglesia de Roma, es decir, de religión formada con elementos básicos de cristianismo primitivo mezclados con la cultura y civilización del Imperio Romano y adaptados, en el transcurso de su historia, a la multitud de acontecimientos que han ido modificando su política y hasta su teología. El protestantismo, un intento de regresar al cristianismo primitivo, como también lo han deseado hacer varios reformadores católicos, comparte una herencia común con el catolicismo: la de la Iglesia Antigua, de la cual ambos movimientos proceden en muchos aspectos, sobre todo en los culturales, teológicos e históricos. Es difícil separar la cultura católica, por darle ese nombre, de la protestante. El protestantismo ya no es demasiado ajeno a la realidad diaria del pueblo cubano en el mismo siglo XVI. No solo por las razones ofrecidas en nuestro *Panorama del protestantismo en Cuba* sino también porque la condición de iglesia de Occidente, la comparten desde entonces católicos y protestantes en un siglo cuando Cuba empieza a surgir como una realidad conocida en el mundo occidental. El protestantismo no es una religión tan exótica a los ojos de los cubanos, ni puede compararse en dramatismo su introducción en el país con la del cristianismo en China. Tampoco existe el problema geográfico. El Caribe, al cual pertenece Cuba geográficamente, y en aspectos importantes de su cultura que le distinguen ligeramente de otras naciones hispanoamericanas, es un pequeño mundo donde se encuentran desde el siglo XVI presencias importantes de catolicismo y protestantismo, las dos religiones "oficiales" de una región en la cual han estado conviviendo los herederos de los soldados de Sus Majestades Católicas los Reyes de España y los descendientes de los súbditos de los soberanos del Reino Unido de la Gran

Bretaña e Irlanda del Norte, cabeza visible de la Iglesia de Inglaterra (anglicana) y de la Iglesia de Escocia (presbiteriana).

Desde que Cuba existe como una realidad internacional, los católicos del país convivían y negociaban con los "heréticos" filibusteros y bucaneros de la época y estaban escuchando sermones u homilías contra la "herética pravedad" que esos hechos conllevaban. La prédica acerca del protestantismo se encontraba presente "desde el principio" en la vida del cubano. Es decir se trata de un pueblo que conocía de la existencia del protestantismo, que negociaba con protestantes, aunque fuera de manera más o menos ilícita (incluyendo al clero católico), que luchaba contra piratas y corsarios protestantes (y con católicos también), que empezó a ser visitado frecuentemente por protestantes, que estuvo bajo el dominio de una nación protestante (Inglaterra), que participó en la independencia de otra (los Estados Unidos) y que desde principios del siglo XIX, el de la formación de la nacionalidad, ha estado en la órbita de influencia norteamericana, sobre todo en la económica y comercial, fenómeno que se inició mucho antes de que un devoto metodista, William McKinley tuviera en sus manos los destinos de Cuba en la época de la "Resolución Conjunta". Creemos que los primeros cinco capítulos son suficientes, por la información que contienen, para mostrar que el protestantismo, que pasó a ser parte de lo que podemos llamar la experiencia religiosa del pueblo cubano dentro de Cuba desde 1883 (y desde la década de 1860 en la emigración), jugó un papel en la historia de la nación aun mucho antes. A partir de los días de los piratas y corsarios, y sobre todo por la influencia inglesa y norteamericana, por los viajeros y escritores protestantes que contribuyeron a dar a conocer el país en el mundo entero, y simplemente, sin necesidad de comentarios adicionales, por estar situada en el mar Caribe. Un breve repaso de la presencia protestante en la literatura acerca de Cuba, y aun en las letras cubanas pudiera ayudar a entender ese proceso.

En 1648, cuando todavía los piratas, corsarios, filibusteros y bucaneros protestantes entraban y salían de la Isla y se había escrito la primera obra literaria en Cuba (1608) el *Espejo de paciencia* de Silvestre de Balboa, relatando las andanzas del protestante Gilberto Girón, y siete años después de las expulsiones de "judaizantes", "luteranos" y "calvinistas" residentes en Cuba, a las que se refiere Fernando Ortiz en su *Historia de una pelea cubana contra los demonios*, un pastor protestante publicaba su libro *The English-American, His Travel by Sea and Land, or a New Survey of the West Indies*. Tomás Gage, a quien los católicos consideraban como "fraile renegado" por su origen católico y monástico, pero que oficiaba como "predicador de la palabra de Dios" en el condado de Kent, habiendo pertenecido al sector más protestante de su país en las pugnas políticas (el partido del Parlamento en época de Cromwell), escribió su libro para hacerle frente al "silencio de más de dos siglos" acerca de la presencia española en América. Exageraciones e inexactitudes, que caracterizan toda la literatura de viajes de su tiempo, no disminuyen la información que ofrece y el valor de los dos capítulos que dedica a Cuba. Fue con la información de Gage que Antonio Bachiller y Morales, el patriarca de la erudición en Cuba escribió su leyenda cubana *El capitán Dieguillo* (publicada en *Cuba Literaria* en La Habana, año 1862), personaje que también llamó la atención, a principios del siglo XX, a otra investigadora, en este caso de origen protestante, Irene Wright, a quien se debe gran parte de lo que conocemos sobre los primeros siglos de la presencia española en Cuba.

César de Rochefort, un calvinista convertido al catolicismo, escribió su *Histoire naturelle et morale des Iles Antilles de l'Amérique* (Rotterdam, 1658) que también contiene información sobre el país, aunque muy escasa, y si acaso apropiada como descripción de la flora, la fauna y la agricultura de las Antillas. Muy importante y decisiva es la investigación realizada por un pastor presbiteriano que fue rector de la Universidad de Edimburgo y uno de los grandes historiadores de la lengua inglesa, William Robertson (que simpatizó moderadamente con Voltaire). Rafael Montoro y Felipe Poey conceptúan su *History of America* como una obra fundamental por contener información de un altísimo valor en cuanto al descubrimiento, exploración y conquista de la Isla y su participación en las expediciones al continente. El libro apareció en Londres en 1777 y se publicó en versión castellana de Bernardino de Amati en Burdeos en 1827. Hasta la Real Academia de la Historia en Madrid elogió la obra del historiador, uno de los más altos en el siglo XVIII, que fue su miembro correspondiente. Por supuesto la Santa Inquisición, todavía en funcionamiento, colocó el trabajo en el Indice, como nos lo recuerda Marcelino Menéndez y Pelayo.

Mientras protestantes extranjeros ayudaban a dar a conocer a Cuba y sus características, otros correligionarios suyos cometían sus travesuras en el territorio insular, y en la vecina Isla de Pinos. Diego de Varona escribió en Cuba su *Historia de las invasiones piráticas, especialmente las de Morgan, en 1668*. En el capítulo I del *Panorama del protestantismo en Cuba* estas cuestiones se explican en mayor detalle. En el capítulo II se describe la tenacidad británica en obtener la dominación de la Isla, parte de la cual estuvo bajo su dominio en 1762-1763. Desde entonces el tema de los "heréticos" ingleses, su ocupación de templos católicos para el culto protestante, la expulsión del obstinado obispo Morell de Santa Cruz, las cubanas que se casaron con "herejes" británicos, y cosas por el estilo, pasaron a formar parte de la literatura y la historia del país. Muy pronto aumentaría el número de protestantes radicados temporalmente en Cuba (hasta entonces no podían hacerlo de forma permanente) y la salida de los ingleses en 1763 fue reemplazada, como presencia protestante, por la de miles de extranjeros de esa religión que se radicarían en el país unas pocas décadas después.

Pero desde el punto de vista literario, lo más interesante en el futuro inmediato serían los libros de viaje, crónicas y estudios publicados sobre Cuba por escritores protestantes. En el capítulo V de este *Panorama* se menciona un buen número de ellos, como los del reverendo Abiel Abbot y su libro, que es de carácter fundamental en los estudios cubanos: *Letters Written in the Interior of Cuba* escrito con motivo de su breve residencia en Cuba en 1828. Obras como las de Maturin Ballou: *History of Cuba; or Notes of a Traveller in the Tropics*, y la de Samuel Hazard: *Cuba With Pen and Pencil*, son igualmente notables.

Anterior a estas lo es el famoso *Ensayo político sobre la Isla de Cuba*, escrito por Alejandro Humboldt, un protestante nominal de familia luterana y con ancestros hugonotes.

El número de libros escritos por protestantes, incluso ministros de la iglesia, es impresionante, pero más interesante lo es tal vez la presencia del tema protestante en la literatura cubana, el cual, sin haber sido tratado con la intensidad, la simpatía o la frecuencia que hubiera agradado a los evangélicos, no deja de ser un elemento en las letras del país.

En el siglo XIX disminuyeron los ataques a los "herejes" y los negocios con ellos aumentaron, adquiriendo carácter legal después de la era del corso y la piratería. Robustecidos los contactos por la presencia en el país de miles de protestantes extranjeros y sobre todo por los amistosos lazos de un sector de la población con protestantes ingleses como David Turnbull o norteamericanos como Richard Henry Dana, los cuales escribieron también importantes libros de viaje sobre Cuba y el Caribe. El tema del protestantismo es entonces mencionado superficialmente, más bien de paso, en las letras cubanas en el siglo XIX. En los libros, ensayos, crónicas, cartas, artículos y otros trabajos de literatos o eruditos tan sobresalientes como José Agustín Caballero, Félix Varela, José Antonio Saco, Cirilo Villaverde, y sobre todo José de la Luz y Caballero y José Martí aparecen menciones a iglesias y personajes protestantes, las doctrinas evangélicas, la confrontación entre catolicismo y protestantismo, y hasta ciertos enfoques, especialmente de Martí, que en modo alguno procedían de una interpretación católica de la religión o la experiencia humana, incluyendo algunos extraídos de las ideas de teólogos y filósofos protestantes alemanes y europeos. En los capítulos IV, V y VI se hacen referencias al asunto.

José de la Luz y Caballero y José Martí no fueron simples "hombres ecuménicos" o probables precursores del ecumenismo, como el insigne padre Félix Varela, o respetuosos en sus referencias al protestantismo, como en ocasiones parece haberlo sido José Antonio Saco. De la Luz y

Caballero no tenía prejuicios a la hora de estudiar la teología protestante, con la cual puede haber simpatizado en aspectos fundamentales. José Martí, que no era católico ni protestante, aunque la imaginación de algunos escritores cubanos lo sitúa muchas veces en esta o en aquella postura religiosa, mencionó al protestantismo, a pastores evangélicos cubanos y predicadores extranjeros, y exaltó a figuras tan controversiales para un católico del siglo XIX (Martí por cierto no lo era) como Martín Lutero. Ningún escritor de la lengua española de ese siglo, con la excepción de los pocos evangélicos en la literatura española o hispanoamericana de la época, demostraron mayor simpatía que Martí. En gran parte porque consideraba al protestantismo como más liberal que el catolicismo, al comparar la experiencia norteamericana con la cubana y la española, y también por la amistad que le unía con pastores evangélicos cubanos de la emigración que conspiraban con él por la independencia de Cuba, algunos de los cuales le prestaron valiosos servicios personales o como colaboradores en el trabajo y la conspiración.

Los intelectuales cubanos fueron formados dentro de Cuba en un ambiente cultural poco favorable a la investigación en materia religiosa. Los casos de Martí y de Luz y Caballero, que rechazaron esa limitación, revelan otros horizontes y evidentes contactos con otras influencias. Por mencionar un simple detalle, la Historia como asignatura no se enseñó adecuadamente en la Universidad de La Habana sino hasta 1842. El erudito Elías Entralgo atribuye esa situación al intento de mantener aislados a los estudiantes del conocimiento de la existencia de otras religiones, evitando su contacto con las causas de la Reforma y con aspectos fundamentales de la Contrarreforma. En su trabajo "La enseñanza de la Historia en la Universidad de La Habana", incluido en el libro *La enseñanza de la Historia en Cuba* (Instituto Panamericano de Geografía e Historia, 1951) afirma que para los regentes de la educación en Cuba, por supuesto clérigos: "Los padres predicadores tenían que predicar la existencia de una sola religión". Algunos de estos juicios del ilustre profesor nos parecen exagerados pero no es menos cierto que aun en la primera mitad del siglo XX algunos de los textos de Historia utilizados en el país, al referirse a la Reforma Religiosa del siglo XVI lo hacían de forma esquemática y sin profundizar, tratando más bien de acercarse sin herir la interpretación católica que tradicionalmente ha querido mostrar la existencia de una sola iglesia o religión en Occidente hasta el siglo XVI sin relacionar esa situación con las estructuras políticas que la imponían y desconociendo o ridiculizando fenómenos tan importantes como los movimientos disidentes de ese periodo e iglesias tan interesantes como la de los celtas en las Islas Británicas.

Pero si en algunas materias el ambiente favorecía al catolicismo, las semillas del anticlericalismo, e incluso de rechazo del fenómeno religioso, ya aparecían en el siglo XX y afectaron a muchos intelectuales. Los hombres más equilibrados del periodo, como Martí y Luz y Caballero, lograron evitar los extremismos de muchos de sus contemporáneos, inclinados a posiciones diametralmente opuestas, y lo hicieron sin temer a la investigación pero acudiendo a fuentes extranjeras que les pusieron en contacto más cercano con el saber universal y con presentaciones más objetivas de otras experiencias religiosas. El primer profesor de Historia de la Universidad de La Habana, dedicado específicamente a enseñar esa materia, lo fue a partir de 1842 José María de la Torre y de la Torre, que había estudiado en una escuela lancasteriana en La Habana y que era un hombre de saber enciclopédico, lo cual abría para él y sus estudiantes atractivas sendas de exploración y análisis.

En la segunda mitad del siglo XIX se convierten al protestantismo fuera de Cuba dos importantes literatos cubanos que habían sido sacerdotes católicos: Emilio de los Santos Fuentes y Betancourt y Tristán de Jesús Medina. En el siglo XX se han unido al protestantismo, por formación o conversión, varios intelectuales y escritores famosos en la América Latina. Algunos permanecieron en él y otros lo abandonaron. Hombres de la fama de Gilberto Freyre, Jackson de Figueiredo, Gonzálo Báez Camargo, Domingo Marrero, Leopoldo Marechal y algunos más. Pero en el siglo XIX el caso de Vicente Pazos Kanki, que llegó al protestantismo por la vía de la conversión, ya avanzada su vida literaria (como el caso más reciente de Leopoldo Marechal a quien muchos todavía consideran como escritor católico, olvidando su conversión en una iglesia pentecostal), constituía una excepción que es hasta poco conocida. En Cuba, sin embargo, dos de los literatos de mayor prestigio dieron el paso en esa época. Tristán de Jesús Medina tuvo etapas católicas y protestantes. Era un hombre de grandes contradicciones, como el escritor y clérigo protestante español José María Blanco White, pero su "regreso definitivo" al catolicismo en los últimos días de su vida lo hemos puesto en duda en este libro. Emilio de los Santos Fuentes y Betancourt no solo permaneció dentro de las filas evangélicas, sino que fue uno de los grandes pioneros del metodismo en México y uno de los reformadores educacionales en la patria de Juárez.

A la obra literaria de ambos escritores hemos dedicado alguna atención en el capítulo VI. Fuentes y Betancourt escribió importantes trabajos sobre religión al radicarse en México. Se le debe además una contribución valiosa a los estudios cubanos. Su libro *Aparición y desarrollo de la poesía en Cuba*, tesis con la que se incorporó a la Universidad Mayor de San Marcos, en Lima, Perú y que fue publicada en esa ciudad por la Imprenta de Opinión Nacional en 1877 tiene muchos méritos. Escribió además sobre los grandes líricos españoles contemporáneos, sobre la Poesía y sus géneros fundamentales y sobre Luisa Pérez de Zambrana.

En cuanto a Tristán de Jesús Medina, cuyo *Mozart ensayando su requiem* fue exaltado casi hasta el infinito por José Lezama Lima, fue un notable poeta y prosista, un periodista importante, un crítico riguroso, y uno de los oradores más grandes que ha producido el país en toda su historia. Su actividad evangélica no fue tan sobresaliente como la de Fuentes y Betancourt como tampoco lo había sido su trabajo como sacerdote católico.

No fueron ellos los únicos. Joaquín de Palma escribió artículos y pronunció notables discursos. También tradujo himnos al castellano (no debe confundírsele con José Joaquín Palma). El pastor Manuel Deulofeu, entrañable amigo de Martí, escribió libros, entre ellos *Héroes del destierro*, y los primeros pastores dejaron como él alguna producción literaria, aunque sin mayor fama. La contribución protestante a la literatura cubana ha sido modesta ya que su aparición como fuerza activa en el país es relativamente corta (de 1883 en adelante) pero no debe dejársele de mencionar.

Escritores de la emigración, que después regresaron a Cuba, como Fernando Figueredo Socarrás, por un tiempo ubicado dentro de la comunidad protestante, y que quedó vinculado de alguna forma a la misma, fue un historiador de gran importancia como se afirma en el capítulo VI. En Cuba disfrutó de apreciable prestigio. Gerardo Castellanos, buen amigo de los pastores emigrados, incluyó el tema de la contribución protestante a la emigración y a las guerras de independencia en sus libros de historia, y lo hizo con cierto apasionamiento amistoso.

Menciones a protestantes o sus iglesias aparecen en algunos libros escritos en la primera mitad del siglo XX y se intensifica en la segunda. A veces se trata de comentarios amistosos pero en ocasiones aparecen ataques al protestantismo extranjero, al "puritanismo" y otras características atribuidas a los anglosajones. Pero literatos como José Antonio Ramos, José Lezama Lima y Alejo Carpentier no ignoraron el tema. Ramos no pudo escapar al tema en sus investigaciones sobre literatura norteamericana, pero tampoco lo olvidó al proponer, en un proyecto de senaduría cooperativa que escribió, a las iglesias evangélicas que según él debían tener el derecho a elegir, al igual que la Católica, un senador de la República. Lezama Lima con una cultura desbordante no podía pasarlo por alto, aparte de que sus inquietudes religiosas, incluyendo su vinculación con el catolicismo, lo hacían necesario en la época en que escribió. Carpentier estuvo hasta cierto punto dentro de la comunidad protestante como alumno de uno de sus colegios y sus citas son abundantes aunque no siempre con simpatía o respeto.

Escritores más recientes como Guillermo Cabrera Infante, sin inclinarse al catolicismo o al protestantismo, hacen múltiples referencias —y no siempre en reseñas literarias— incluso a clérigos protestantes, como

Charles Dodgson, el autor de *Alicia en el país de las maravillas* y conocido como Lewis Carroll, ya que, como en el caso de Cabrera Infante, la literatura inglesa y la cinematografía, de la que también ha sido un gran aficionado y un documentado crítico, le sacaban de los límites de la hispanidad en materia cultural.

El protestantismo se hace más visible en Cuba a partir del siglo XIX, y en 1883 se convierte en un movimiento religioso llamado a atraer a cientos de miles de cubanos. Pero esa situación se produce en un periodo de plena decadencia de la práctica religiosa en general, la cual desde principios del siglo XIX era precaria. Son pocos los escritores de ficción o poetas verdaderamente católicos en el siglo XX. Algunos tan notables como José Lezama Lima y Gastón Baquero. Ambos están entre los mejores escritores del país. Eruditos y críticos de la estatura intelectual de Cintio Vitier y José María Chacón y Calvo, y una apreciable lista de intelectuales, han militado dentro del catolicismo. Poetas importantes, como Vitier y Eliseo Diego, lo han sido. Pero si se analizan las letras cubanas, de forma rigurosa, la influencia del tema propiamente católico es mínimo. Era pues difícil que un grupo minoritario como el protestante lograra, en los 76 años que transcurrieron entre 1883 y 1959, hacer un impacto apreciable si ni siquiera el catolicismo lo hacía. La literatura cubana es eminentemente secular, a pesar de excepciones ocasionales, ya que aun autores con militancia religiosa han prescindido de temas confesionales. Medardo Vitier (1886-1960), el más riguroso crítico de la filosofía en Cuba en la primera mitad del siglo XX y uno de los grandes eruditos y profesores en la historia del país y un notabilísimo ensayista, se educó en parte en una escuela protestante, de la cual fue profesor: el Colegio Presbiteriano La Progresiva. Estuvo bajo la influencia del misionero Robert L. Wharton que le protegió. En las dos primeras décadas del siglo estuvo dentro de la comunidad protestante del país ya que asistía regularmente a las iglesias, lo cual hemos comprobado más allá de toda duda, incluso mediante información procedente de viejos intelectuales que afirman que Vitier se identificó como protestante durante buena parte de su vida. Después, el ambiente secular y la política, y sobre todo problemas familiares, lo separaron en parte de esa vinculación, a la cual dio algunas muestras de querer regresar en sus últimos años. Sus libros *La filosofía en Cuba* y *Las ideas en Cuba* son, en la práctica, de lectura obligatoria en los estudios cubanos. Su hijo, el poeta Cintio Vitier, católico militante y figura fundamental de la crítica literaria en Cuba, menciona a numerosos personajes protestantes en sus libros, sobre todo en su memoria y novela *De Peña pobre*, publicada recientemente.

Enrique Noble, nacido en Banagüises, Matanzas, en 1910 y formado en el Colegio Candler y en la Universidad de La Habana, institución de la cual fue profesor, fue uno de los principales colaboradores de Fernando Ortiz en el Instituto de Investigaciones Científicas de Ampliación de Estudios de la Universidad de La Habana. Ha sido profesor de algunas de las más importantes universidades de Norteamérica como John Hopkins, Rochester y otras. Colaborador frecuente de las mejores revistas eruditas de su país y de América, es un especialista notable en historia de la cultura latinoamericana y en el estudio de la contribución africana a la misma. Desde su juventud ha sido un miembro activo de la Iglesia Metodista.

Debe señalarse que Fernando Ortiz, con quien trabajó de cerca como colaborador, y sin duda uno de los eruditos más importantes del país, tenía contacto frecuente con líderes protestantes, como el misionero y erudito norteamericano Stanley Jones y el intelectual mexicano Alberto Rembao, quien, en su círculo de amigos y colaboradores de la revista *La Nueva Democracia* tenía entre otros a Ortiz y a Raúl Roa, ex-Decano de la Escuela de Ciencias Sociales de la Universidad de La Habana y ministro de Relaciones Exteriores por muchos años. Durante las visitas de Jones a Cuba, Fernando Ortiz era su introductor en actos y conferencias.

Luis Machado no fue, como Noble, un activo metodista, ya que su relación con el protestantismo consistió más bien en haberse formado en el Colegio Candler y en su condición de principal consejero de su director, el doctor Bardwell, y de figura importante de esa institución docente evangélica. Fue uno de los abogados más conocidos del país y escribió un importante trabajo sobre la Enmienda Platt y el famoso libro *Cuba: la Isla de corcho*. Fue también embajador en Washington.

Samuel Feijóo, nacido en San Juan de los Yeras en 1914, puede ser considerado abiertamente como un intelectual de origen y formación protestante. No se desligó por completo de esa influencia en su obra literaria, como lo revela su autobiografía *El sensible Zarapico*. De origen metodista, asistió también a iglesias bautistas y pentecostales. Dirigió las revistas *Islas* y *Signos* y ha sido colaborador de *Bohemia*, *Carteles* y de otras importantes publicaciones del país. Puede considerársele también como uno de los escritores más prolíficos y uno de los más eminentes folkloristas. Investigador literario, traductor y poeta, ha escrito algunas novelas, una de las cuales, *Juan Quinquín en Pueblo Mocho* fue llevada al cine recientemente. Es interesante notar que algunas películas de los últimos años, como *Memorias del subdesarrollo* contienen escenas de ambiente protestante y personajes de esa afiliación. Feijóo ha estado desligado de la práctica religiosa desde hace muchos años.

Un erudito que ha escrito libros importantes y se conoce su afiliación evangélica es el historiador Juan Jiménez Pastrana, de origen bautista, aunque asiste a la Iglesia Presbiteriana de Luyanó. Entre sus notables investigaciones está su libro *Los chinos en las luchas por la liberación cubana (1847-1930)*, una obra de gran valor. También ha escrito una biografía del notable orador Salvador García Agüero.

La contribución protestante a la comunidad china y a los estudios acerca de ésta pueden calificarse de fundamentales. Debe también tenerse en cuenta el papel de la Iglesia Presbiteriana China de La Habana en los estudios lingüísticos, no solamente por clases de idiomas ofrecidas allí desde la década de los veinte, sino por publicaciones como la de un diccionario chino-español, de cuya existencia nos enteramos mediante una conversación con Enrique Labrador Ruiz, uno de los cuentistas más importantes del continente americano y precursor de estilos literarios. Labrador encontró un ejemplar del diccionario en la biblioteca de la Universidad de Shangai durante una visita a esa institución. Una buena parte de los periodistas y redactores de la prensa china en La Habana han sido evangélicos y esta comunidad ha producido intelectuales evangélicos en Cuba, como Napoleón Seuc y otros. El misionero metodista norteamericano Duvon Clough Corbitt escribió un importante estudio, *The Chinese in Cuba (1847-1947)*. Este profesor del Colegio Candler no se limitó al tema chino sino a los estudios sobre la inmigración en Cuba, las mercedes y realengos y los primeros ferrocarriles, publicados en revistas eruditas de Norteamérica y en la *Revista Bimestre Cubana*.

Esta importante revista reprodujo en 1930 un artículo sobre los efectos de la Depresión en Cuba escrito por el obispo episcopal Hiram R. Hulse en el cual se defiende la posición cubana en las relaciones económicas con los Estados Unidos, revelando una considerable erudición.

Lina de Feria, poetisa nacida en Santiago de Cuba en 1945, y que ha recibido importantes galardones literarios en el país y ha escrito en las principales publicaciones literarias y eruditas, en las que ha ocupado también importantes cargos, estuvo activa en la obra bautista en Cuba Oriental en su juventud aunque después parece haberse secularizado como escritora.

Es difícil determinar el número de escritores y oradores de las últimas décadas que han cursado estudios en los colegios protestantes como lo hicieron José Antonio Fernández de Castro, Salvador García Agüero, Alejo Carpentier —el más famoso novelista que ha dado Cuba en este siglo— y muchos otros. En algunos estudios hemos leído referencias a dos escritores cubanos importantes: Pablo Armando Fernández y Norberto Fuentes, identificándoles como de origen evangélico, lo cual no hemos podido comprobar en forma exhaustiva.

Entre los que han mencionado el tema del protestantismo, sin dedicarle necesariamente un libro completo, pueden mencionarse a Rine Leal, Luis Ricardo Alonso, Gregorio Ortega, Miguel Cossio Woodward, José Sánchez Boudy, Norberto Fuentes, Lisandro Otero y muchos otros, aunque debe reconocerse que algunos lo han hecho por absoluta necesidad, como el crítico Antonio Benitez Rojo que no puede evadirlo en sus trabajos sobre la literatura en el Caribe inglés.

El novelista Luis Agüero en *La vida en dos*, publicado en 1967, ridiculiza algunos aspectos de la obra evangélica al crear personajes como el misionero "Mister Garret", su hija y un improvisado pastor cubano.

También el conocido poeta Lorenzo García Vega, miembro del famoso grupo de la revista *Orígenes* hace algo parecido en una historia de los integrantes del grupo en su libro *Los años de Orígenes* en el que, entre otras cosas, se refiere a la religiosidad del Presidente Estrada Palma, burlándose de sus viajes en tranvía a iglesias protestantes y a un gobernador de la provincia de Matanzas, de religión evangélica, al cual ridiculiza, haciendo referencias desfavorables a prácticas o creencias protestantes en su interesante libro. Es curioso que Lezama Lima le llamó "jesuita protestante".

De todas formas, la presencia de este tipo de referencias, aunque sea de carácter positivo, no demuestra demasiada influencia y revela más bien el contacto con la cultura anglosajona, y, más recientemente, con las actividades de los evangélicos en el país. Con contadas excepciones, los escritores cubanos no desconocen datos básicos sobre el protestantismo pero son pocos los que dominan el tema de forma adecuada. Existen confusiones doctrinales al abordarse los temas y crearse los personajes. Debe tenerse en cuenta que no se han realizado tampoco estudios profundos sobre las raíces religiosas de los escritores y el ambiente teológico de sus obras. En Cuba se hicieron múltiples referencias al novelista Ernest Hemingway como si éste hubiese sido de origen católico, desconociendo que su familia era intensamente evangélica y de corte fundamentalista.

Por otro lado, el desconocimiento de las diferencias reales entre catolicismo y protestantismo es realmente sorprendente en algunos casos. No nos referimos necesariamente a los escritores mencionados pues en su mayoría parecen dominar el tema a grandes rasgos o hasta con cierta profundidad.

El clero protestante cubano, aparte de libros religiosos o teológicos, ha hecho algunas contribuciones. El ministro episcopal Francisco Díaz Vólero fundó una revista literaria en 1914, *Los Pinos Nuevos*, en la cual colaboraron importantes intelectuales cubanos. Es curioso que cuando Alberto J. Díaz fundó las primeras revistas evangélicas, en 1886 y 1887, uno de sus colaboradores era José de Jesús Márquez, quien había fundado o dirigido revistas literarias y periódicos en La Habana y Guanabacoa. El pastor y líder del movimiento revolucionario ABC, Justo González, padre, escribió algunas novelas, la más conocida de las cuales, *Cubagua* ha sido mencionada en historias de la literatura cubana. Rafael Cepeda ya ha sido identificado en el libro como investigador histórico y literario y autor de obras importantes sobre Sanguily en los últimos años.

Mario Llerena, que no llegó a ordenarse, pero que se graduó de teología en Princeton, escribió copiosamente para la prensa y es autor de libros y ensayos.

La presencia de un número apreciable de protestantes y de graduados de escuelas evangélicas en las cátedras de las universidades, institutos secundarios y escuelas normales, así como en instituciones de enseñanza especial como las escuelas de comercio y vocacionales revela no solamente la participación protestante en las instituciones sostenidas por el Estado sino también la relativa influencia que pudieron ejercer en el desarrollo del proceso educacional en el país.

Un prominente bautista, Martín Rodríguez Vivanco, fue decano de la Escuela de Pedagogía de la Universidad de La Habana, Luis Alonso fue director de la Escuela Normal de La Habana y Enrique J. Molina de la de Santiago de Cuba; Medardo Vitier fue Secretario (ministro) de Instrucción Pública y Director de Cultura del país. Algunos evangélicos ocuparon el cargo de Subsecretario (vice ministro) de Educación en el país en las décadas de los cuarenta y cincuenta. Luis Alonso y Gelasio Ortiz Columbié fueron superintendentes provinciales de escuelas en distintas provincias del país, incluyendo a la numéricamente más importante, la de Oriente.

Pastores evangélicos como el doctor Abelardo T. Béquer y José Serra Padrisa, entre muchos otros, fueron profesores de institutos de segunda enseñanza y el número de protestantes con cátedras en los institutos parece haber sido apreciable e incluía a esposas de pastores como Amparo Barba y Sara País. En escuelas de segunda enseñanza totalmente desvinculadas de las iglesias evangélicas también enseñaron infinidad de evangélicos, incluyendo a pastores como Flor Reyna, Luis Manuel González Peña y Petronila Carballido (primera mujer ordenada al ministerio metodista en Cuba) y predicadores laicos como José Martín y muchos más.

Un caso significativo de influencia ejercida por un evangélico en la enseñanza es el de la poetisa cubana nacida en Santo Domingo, Josefa Pruna Lemes viuda de Giraudy (1885-1956), la cual se destacó en gran manera en Santiago de Cuba, siendo reconocida hasta nuestros días.

El sistema educacional cubano parece no haber discriminado por motivos religiosos ya que hemos encontrado en nuestra investigación datos tan interesantes, o por lo menos curiosos, como el alto número de esposas de pastores que trabajaban como maestras en escuelas públicas. En parte se debe a que las escuelas evangélicas promovieron el ideal del maestro como miembro de una profesión comparable al ministerio (no se objeta a los pastores que trabajan como maestros aparte de su pastorado, lo cual sí se hace en relación con algunas otras profesiones).

El autor de este libro recuerda la influencia ejercida sobre él por su profesora de Geografía en el Instituto de Matanzas, Delia Díaz de Villar, autora de textos escolares sobre Geografía y otras materias, y que era graduada del Colegio Metodista Irene Toland a pesar de ser una católica militante. Todos sus comentarios acerca de los protestantes eran altamente favorable, así como su opinión acerca de sus instituciones.

Algunos protestantes también escribieron textos para uso de las escuelas oficiales, como la doctora Luisa García Acosta, notable pedagoga cubana, cuyos libros todavía son utilizados en sistemas escolares de la América Latina y el ilustre gramático Joaquín Añorga ha hecho contribuciones apreciables.

Sería imposible hacer mención de todos los evangélicos que han contribuido en los aspectos de la cultura. Misioneros extranjeros como Ione Clay, especialista en cuestiones filológicas en Cuba; pastores como Agustín Nodal, dedicado a la malacología; educadores cristianos como Juana Luz García, importante colaboradora de Jorge Mañach; catedráticos de la erudición del notable geógrafo Huberto Valdivia; académicos de la Historia de Cuba como Gustavo García. Sería necesario estudiar la contribución a los estudios filosóficos de hombres tan eruditos como Pedro Vicente Aja y el ministro episcopal Dionisio de Lara, figuras importantes de la Sociedad Cubana de Filosofía. Habría hasta que adentrarse en campos como el escogido por el pastor presbiteriano Pablo Emilio Veitía que publicó en 1959 uno de los mejores libros sobre reforma agraria escritos en el país hasta ese momento.

Por escoger al menos uno de esos aspectos, muy importante para un país subdesarrollado, el de la alfabetización, se debe reconocer que miles y miles de cubanos aprendieron a leer para poder usar la Biblia en las iglesias protestantes. El Concilio Cubano de Iglesias Evangélicas inició, en las décadas de los cuarenta y cincuenta, programas de alfabetización que fueron realmente intensos. Estuvieron dirigidos, entre otros, por el pastor Raúl Fernández Ceballos. Aparte de esos esfuerzos formales se realizaron otros similares a todo lo largo y ancho de los campos de Cuba, donde muchas iglesias se ocuparon de alfabetizar campesinos, a muchos de los cuales becaron en sus escuelas pues vivían alejados de toda manifestación religiosa, desatendidos casi por completo en ese sentido.

Un ilustre evangélico cubano, Justo González, padre, fundó la organización internacional ALFALIT, que ha alfabetizado a multitudes en Latinoamérica.

Quienes escriban sobre el nuevo panorama del protestantismo en Cuba a partir de 1959 podrán juzgar cuáles contribuciones se han hecho a la cultura en medio de una sociedad socialista en la cual las escuelas religiosas no juegan ningún papel. Hemos conocido de evangélicos, o personas de formación protestante, que permanecen en o se han incorporado al sistema educacional, como Omar y Mercedes Díaz de Arce y otros en la Universidad de La Habana; o Andrés B. Coucelo, en la Universidad Central de Las Villas; del pastor Israel Batista, subdirector de una biblioteca pública; de profesores en escuelas a nivel secundario o superior como Samuel Deulofeu, Dora Valentín de Arce, Isaac Jorge Oropesa, Mercedes Nodarse y otros.

Pero se ha reducido considerablemente el porcentaje de evangélicos verdaderamente activos en las iglesias, que ocupan cargos docentes. Por supuesto que numerosos profesores e intelectuales e incluso funcionarios del gobierno, han sido formados en escuelas evangélicas o tienen antecedentes protestantes, pero la mayoría de ellos ha abandonado la práctica religiosa.

Una buena parte de la intelectualidad evangélica está en el exterior. Varios han ocupado importantes cátedras en universidades y publicado libros, como Orlando Rodríguez Sardiñas, Sergio Roca, hijo; Rolando Espinosa Carballo, José Antonio Reyes, Orlando Rossardi, Pedro Vázquez López y muchos otros, sin incluir a los que trabajan en seminarios e instituciones similares. Jaime Santamaría ha llegado a ser miembro correspondiente de la Real Academia de la Lengua de Madrid y ayudó a fundar la Academia Norteamericana de la Lengua Española. Este médico bautista es una de las figuras más conocidas en círculos culturales hispanos de los Estados Unidos. El escritor Guillermo Cabrera Leiva, un líder juvenil presbiteriano de la década de los cuarenta, ha ocupado altas posiciones culturales en organismos interamericanos y recibió el Premio de Periodismo Miguel de Cervantes del gobierno español. Algunos conocidos intelectuales cubanos de origen protestante han estado desligados de han estado desligados de la actividad religiosa en el exterior, como Gerardo Brown; o han regresado a ella, como Miguel Pérez de Alejo.

Las contribuciones protestantes a la cultura cubana debieron ser mucho mayores. No todas las denominaciones y grupos han hecho el mismo énfasis en la educación popular o promovido en su seno el surgimiento de educadores, intelectuales, escritores y artistas.

Pero los cientos o miles de maestros evangélicos, en todos los niveles de la enseñanza; más de un centenar de escuelas, incluyendo algunas de las mejores del país, que funcionaron en el pasado, algunas por más de medio siglo; un número de escritores, intelectuales y artistas; la publicación de revistas y libros protestantes, difundidos bastante en el territorio nacional; tienen que haber dejado necesariamente alguna huella.

La influencia de los graduados de las escuelas evangélicas en la política y la literatura; el contacto con las culturas protestantes de paises e islas de la región y otros factores que no hemos mencionado revelan que el protestantismo no es ajeno a la cultura del país. No debe exagerarse esa relación que es mínima en algunos casos, pero que en otros ha sido apreciable.

Entre los estudios que deben ser tomados en consideración se encuentra el de la influencia que la cultura del país ejerció sobre el protestantismo y los evangélicos en Cuba. Hasta qué punto el ambiente, la música popular, los procesos ideológicos y políticos, la educación o hasta aspectos del carácter del cubano como los analizados por el notable intelectual Jorge Mañach en su libro *Indagación del choteo* han influido en una comunidad tan diversa como la protestante, merece ser estudiado. No dudamos que esas influencias hayan dejado su huella ni vacilamos al considerar el estudio de las mismas como interesante y necesario.

Finalmente, mucho más del noventa por ciento de los ejemplares de la Biblia que han llegado a manos de los cubanos en toda la historia del país, han sido las revisiones de la versión Reina-Valera de los siglos XVI y XVII, la famosa "Biblia protestante" tan elogiada por el polígrafo católico Marcelino Menéndez y Pelayo, que la consideraba por méritos literarios como la mejor Biblia en idioma español.

La cultura hispana, y por ende la cubana, no posee la intensidad bíblica que la anglosajona ha tenido aun antes de la Reforma, pero hasta un intelectual marxista cubano de la fama de Juan Marinello Vidaurreta, que no era creyente, colocó en una ocasión a la Biblia Reina-Valera como el libro más importante en su lista (en una encuesta de un magazine literario en 1959).

Sin negar las contribuciones que haya hecho la Iglesia Católica a la distribución de la Biblia en el país, no hay apasionamiento al afirmar categóricamente, en relación con un tema como la cultura en Cuba, que fueron en realidad los protestantes los que pusieron ese libro en manos del pueblo.

Apéndice V

HACIA UN FUTURO ESTUDIO DEL PROTESTANTISMO CUBANO EN EL EXTERIOR

En las décadas de 1860 y 1870 empezó a tomar forma el protestantismo cubano. Los primeros evangélicos nacidos en Cuba no se unieron al movimiento protestante dentro del país sino que lo hicieron en el exterior. Hombres como Joaquín de Palma, Tristán de Jesús Medina, Emilio de los Santos Fuentes Betancourt y otros, no trabajaron como pastores en Cuba pero pueden ser considerados como pioneros o precursores del protestantismo cubano.

En el Capítulo VI se describen las actividades de esos clérigos y de otros protestantes cubanos que desarrollaron actividades en el extranjero antes de radicarse en Cuba, incluyendo figuras tan fundamentales como Alberto J. Díaz, Pedro Duarte y H. B. Someillán. Iglesias cubanas en Nueva York, Filadelfia, Tampa, Key West existieron antes de que se organizaran las primeras congregaciones en el territorio nacional y por lo tanto jugaron un papel trascendental en el proceso que condujo al surgimiento del protestantismo cubano y contribuyeron a las luchas por la independencia de Cuba. Fue en el extranjero que asistieron por primera vez a iglesias evangélicas hombres públicos y revolucionarios como José Martí, Tomás Estrada Palma, Emilio Núñez, Fernando Figueredo Socarrás, Alejandro Rodríguez, Carlos Manuel de Céspedes y Céspedes y otros.

Con la independencia de Cuba y el regreso de numerosos pastores y laicos, las iglesias de la emigración se redujeron en tamaño y actividad. Algunas iglesias cubanas en Tampa, Key West y Nueva York, siguieron funcionando durante la primera mitad del siglo XX, pero fue en la segunda mitad cuando volvieron a aumentar su feligresía cubana debido a acontecimientos tales como la revolución contra Batista y el proceso revolucionario iniciado en 1959.

Miami, una ciudad de la Florida, empezó a tener congregaciones hispanas en la década de los treinta (una iglesia metodista) y a fines de la de los cuarenta vio nacer una iglesia bautista integrada mayormente por cubanos. A partir de 1959 nacieron allí decenas y decenas de congregaciones.

Los vínculos con el exterior, sobre todo con las juntas misioneras de los Estados Unidos, han sido evidentes en el protestantismo cubano, sobre todo en el periodo 1898-1959. Pero aparte de asuntos como ese, puede afirmarse que desde la década de 1860, y sobre todo a partir de la de 1870, siempre han vivido grupos apreciables de cubanos protestantes en Norteamérica.

La presencia de algunos evangélicos cubanos en otros paises no se dejó notar hasta que se tomaron iniciativas de tipo misionero por parte de las iglesias establecidas en Cuba.

Sin embargo, antes de 1920, la Iglesia Episcopal de los Estados Unidos envió como misionero a las Filipinas a Loreto Serapión. En 1929 los bautistas occidentales enviaron dos misioneros a iniciar la obra en la República de Colombia: José Prado Cideres y Luciano Morín. A partir de 1936 la naciente denominación o movimiento interdenominacional conocido como la Asociación Evangélica de Cuba, es decir, la obra de Los Pinos Nuevos, empezó a enviar misioneros, la mayoría de ellos cubanos, a países de la región del Caribe y después a algunos lugares de Africa, Europa y la América Latina. En 1940 la joven cubana Ada Pino, graduada del Colegio Scarritt, institución universitaria metodista, al casarse con Pablo Hamelryck, nativo de Bélgica, se radicó como misionera en el Congo Belga. Es probable que la primera misionera cubana en el Africa fuera Sara Valdés de Stegall que al contraer matrimonio con un misionero norteamericano se había radicado mucho antes en ese continente como misionera presbiteriana. En la década de los cuarenta partió hacia España como misionera la joven María Josefa Bolet (conocida cariñosamente como Pepa) a realizar una labor independiente de evangelización por la cual sufrió persecución y penalidades, logrando sin embargo fundar un asilo para niñas y señoritas.

En las décadas de los treinta y los cuarenta, y aun después, algunos pastores cubanos tuvieron que salir de Cuba para poder permanecer activos en su ministerio después de haber pasado por la experiencia del divorcio. Aun en casos en que los mencionados clérigos fueron abandonados por sus esposas, se les prohibió o dificultó el ejercer funciones pastorales, aunque en algunos casos no se les retiró la ordenación mediante celebración de concilios. Estos ministros buscaron ambientes más propicios por la existencia en ellos de horizontes más amplios en cuanto a la perspectiva total de la experiencia cristiana y consiguieron hacerse cargo de iglesias en los Estados Unidos y otros lugares, e incluso formar nuevos hogares. Algunos de ellos eran hombres intachables que no dudaron de su llamamiento al ministerio y realizaron labores extraordinarias, incluso de carácter pionero en comunidades hispanas de Norteamérica o en la América Latina, como en el caso de algunos bautistas occidentales. Es curioso que en esa denominación algunos les han identificado con el nombre de "los divorciados", pero en nuestra investigación hemos descubierto que la mayoría de los que utilizan esa manera de identificarlos lo hacen con gran admiración hacia ellos y no como un estigma por el estilo pietista, hasta el punto que reservan hasta comentarios fuertemente críticos para los que hicieron imposible o dificultaron el que estos pastores permanecieran activos en la obra en Cuba. Es decir, que en la práctica consideran al grupo de "los divorciados" casi como mártires y víctimas de prejuicios sociales entronizados en ciertos sectores.

Aparte de los pastores que estudiaban en seminarios norteamericanos o en los ubicados en la América Latina, sobre todo el Seminario Evangélico de Puerto Rico en Río Piedras y el Seminario Bíblico Latinoamericano de San José, Costa Rica, donde se formó gran parte del ministerio del país, otros contactos frecuentes con el exterior fueron hechos por asistencia a eventos internacionales o por las actividades de los evangelistas. Entre los cubanos que se han dado a conocer como evangelistas o predicadores internacionales pueden mencionarse a Ramón Cabrera, Regino Loyola, Cecilio Arrastía, Rubén Lores, Razziel Vázquez, y más recientemente Adib Edén y Gerardo de Avila. También han sido invitados a predicar con frecuencia en paises de América notables oradores cristianos como Luis Manuel González Peña, Alfonso Rodríguez Hidalgo, Martín Añorga, etc.

Dos paises en los cuales los cubanos han jugado un papel importante en el desarrollo de la obra evangélica son Haití y la República Dominicana. A partir de 1936 la obra de los Pinos Nuevos, debido a la actividad internacional de la antigua West Indies Mission envió misioneros a Haití, como Zeida Campos y Florentino Toirac, y muy pronto se radicaron en República Dominicana Cecil Samuels, Efraín Raimundo, Hilario Díaz, Secundino Bermudez, Georgio Morell. Desde sus inicios en 1939 la obra de los Templos Evangélicos como se conoce el movimiento en el país tiene sus raíces cubanas. En cuanto a Haití, el regreso a ese país de miles de haitianos convertidos al evangelio en Cuba fue fundamental en el desarrollo de la obra evangélica en las décadas de los treinta y los cuarenta. Florentino Toirac es considerado como una figura fundamental en el desarrollo del movimiento evangélico en Haití, habiendo organizado asociaciones de iglesias.

Desde 1929 los cubanos jugaron el papel pionero en la obra bautista en Colombia y también puede afirmarse que estuvieron entre los primeros pastores bautistas que predicaron en español en Panamá.

En 1955 Daniel Rodríguez se convirtió en figura importante de la obra bautista en Costa Rica promoviendo la educación cristiana. Es importante señalar que un cubano, Alcibiades Odio, convertido en Costa Rica, fue uno de los primeros pastores evangélicos de ese país. Odio trabajó a partir de 1890 con la Misión Centroamericana, y como detalles curiosos pueden señalarse su parentesco con un obispo católico y un presidente de ese país.

En la década de 1950 trabajó en el Perú el pastor bautista cubano Luis Manuel Agüero, ejerciendo influencia sobre una figura que después sería importante en el protestantismo latinoamericano: Samuel Escobar.

En las décadas de los cuarenta y los cincuenta algunos cubanos pastorearon iglesias en Puerto Rico, sobre todo estudiantes del Seminario Evangélico en Río Piedras.

Los adventistas, mediante la División Interamericana y la Unión Antillana, han enviado obreros cubanos a trabajar en paises de la región del Caribe, sobre todo en Puerto Rico y la República Dominicana, lo cual fue más evidente desde la década de los años cincuenta.

Ninguna obra evangélica cubana ha tenido mayor impacto fuera del país, en tierras de misión, como la de Los Pinos Nuevos. Aparte de los esfuerzos en Haití y República Dominicana, en la década de los treinta, se enviaron obreros al Norte de Africa, siendo los más conocidos Rubén Lores y Nicomedes Flores. Emiliano Acosta realizó una obra pionera en una región de las Islas Canarias. Graduados del Seminario de Placetas han estado activos en numerosos países de América y en otras regiones del mundo, como el caso bien conocido de Florentino Toirac, uno de los pioneros del trabajo de la Misión en Haití, que bajo los auspicios de otra obra trabajó en Francia y otros lugares.

A partir de 1959, al producirse una emigración mayor que las anteriores, miles de evangélicos cubanos se radicaron en el exterior. Entre los emigrados ha habido un número muy alto de pastores. No se exagera al hablar de varios cientos de ellos. Actualmente desarrollan labores ministeriales en los siguientes países, entre otros: Estados Unidos de Norteamérica, Canadá, México, Honduras, Costa Rica, Guatemala, El Salvador, Panamá, Nicaragua, Colombia, Venezuela, Argentina, Perú, Puerto Rico, República Dominicana, Haití, España, Francia, otros países de Europa, y algunos casos aislados están o han servido en Africa y Asia.

En cuanto a la comunidad cubana radicada en los Estados Unidos, el número de emigrados y antiguos residentes de origen cubano, así como sus hijos nacidos en el país, es de alrededor de un millón de personas. Entre el 7 y el 8 por ciento tiene vínculos de alguna clase con iglesias protestantes o evangélicas y otros muchos han asistido a templos y escuelas protestantes. La influencia cultural ha aumentado al integrarse un sector dentro de la sociedad norteamericana. Mediante el matrimonio numerosos cubanos han llegado a formar parte de familias protestantes anglosajonas. El número de cubanos con cátedras en universidades protestantes es apreciable, pero la mayoría de ellos no son evangélicos. Varias personas influyentes de la política o la antigua alta sociedad cubana que nunca habían entrado en un templo evangélico en Cuba se han convertido al protestantismo en los Estados Unidos. Su número no es demasiado alto, pero sí considerable.

Las iglesias hispanas con mayoría cubana en su feligresía abundan en la Florida. Un estudio publicado en 1983 por el misionero Ildefonso Ortiz, de la organización *Worldteam* es la mejor fuente para comprender el crecimiento de la obra hispana en el sur de la Florida, especialmente en la ciudad de Miami y el condado Dade. Publicado con el nombre de *Directorio de las iglesias, organizaciones y ministerios del crecimiento evangélico hispano de Miami-Dade* (Coral Gables: Worldteam Learning Resource Center, Inc. 1983) este trabajo, una tesis de grado en la Columbia Graduate School of Missions identifica a 195 iglesias, 23 misiones y 4 departamentos, integrados por hispanos evangélicos en el condado Dade —al cual pertenece Miami— pero no pretende incluirlas a todas, lo cual indica hasta qué punto se ha crecido. Se estima también, usando las cifras disponibles, que unos 20,078 hispanos son miembros activos de iglesias evangélicas, lo cual representa una probable comunidad protestante hispana de unas 60 mil personas (el 8.7% de la población hispana de la región).

La denominación más desarrollada, y con un crecimiento más apreciable, en el sur de la Florida, es la Convención Bautista del Sur (bautistas occidentales en Cuba) la cual se ha nutrido de gran parte de su feligresía en Cuba y de miembros de iglesias bautistas orientales, así como de conversos en Norteamérica, que constituyen en algunos casos la mayoría en las congregaciones locales. En el estudio de Ortiz el crecimiento de los bautistas americanos (del norte o bautistas orientales en Cuba) es más notable porque se les unió una importante congregación bautista del sur. De cualquier forma los bautistas americanos han crecido en la región. También lo han hecho las asambleas de Dios y la Iglesia de la Biblia Abierta. Presbiterianos y metodistas tienen varias congregaciones pero su crecimiento no ha sido tan apreciable. En cualquier caso, la Primera Iglesia Presbiteriana Hispana, a cargo del pastor Martín Añorga, es la más influyente congregación de habla española de la ciudad, y ha podido abrir una escuela importante, llamada Colegio Presbiteriano La Progresiva, como la que funcionó en Cuba. Otras iglesias de importancia son la Catedral del Pueblo (pentecostal/carismática independiente), la Bautista Emanuel (bautista americana carismática), la Bautista Resurrección (bautistas del sur), la Bautista Ebenezer (bautistas americanos), la Iglesia de la Biblia Abierta y otras que superan como éstas los 400 miembros activos. Una iglesia que no llega tal vez a ese nivel numérico pero con influencia en la comunidad es la Iglesia Episcopal de Todos los Santos.

Entre los cubanos han alcanzado un relativo éxito en cuanto a feligresía grupos que no eran tan importantes numéricamente en Cuba, como los luteranos y se han multiplicado grandemente los adventistas y los pentecostales, surgiendo entre estos últimos varios grupos independientes.

La comunidad protestante cubana presentada en este libro está representada adecuadamente en Miami y sus alrededores por todo tipo de denominaciones y grupos, pero la obra de Los Pinos Nuevos, a pesar de tener la misión Worldteam sus oficinas en Coral Gables, no ha abierto iglesias, estando sus fieles en iglesias bautistas de distinto tipo, incluyendo a la conservadora que tiene algunas congregaciones en la ciudad.

Algunos grupos de teología más conservadora que han salido de las denominaciones históricas, tales como la Iglesia Presbiteriana de América, han fundado iglesias en la ciudad. Se ha facilitado también la creación de iglesias fundamentalistas independientes, algunas de las cuales son muy poderosas o al menos activas.

Numerosos problemas han surgido en la relación entre iglesias anglosajonas e hispanas. Sobre todo por problemas de comunicación entre los pastores anglos e hispanos, pero también por los prejuicios raciales de algunos clérigos, sobre todo los procedentes de los estados del sur de la nación. A pesar de esto, un sector de la juventud de origen cubano radicada en Miami-Dade se ha unido a iglesias de habla inglesa. Dos antiguos misioneros en Cuba: Hubert O. Hurt, de los bautistas del sur y J. Lloyd Knox, de los metodistas unidos, han jugado un papel fundamental en el desarrollo del trabajo. Los doctores Hurt y Knox representan un nuevo estilo de trabajo misionero de acuerdo a conceptos más recientes. Hurt continúa como director de misiones en idiomas para toda la Florida. Knox es actualmente obispo de Alabama y la Florida del Oeste de la Iglesia Metodista Unida.

Sería difícil describir y hacer justicia a la obra hispana en la Florida y en los Estados Unidos, en un simple apéndice del libro. Debe reservarse esa oportunidad para un estudio realmente inclusivo. En la Florida existen características diferentes a las de otros estados, donde los bautistas del sur no tienen el predominio numérico de que disfrutan en esa región. Otros lugares donde funcionan iglesias cubanas son los estados de

Nueva York, California y Nueva Jersey. En esos y otros lugares, los cubanos están también integrados en iglesias hispanas de mayoría no-cubana. Muchos cubanos están a cargo de ese tipo de iglesias mixtas, e incluso de congregaciones predominantemente mexicanas y puertorriqueñas.

El estudio se complicaría si estudiamos lo relacionado con la creación en Miami de instituciones teológicas, en épocas recientes, en las que estudian cubanos. Otro factor importante, además del anterior es la presencia de cubanos en importantes posiciones denominacionales, como han sido los casos de Alfonso Rodríguez Hidalgo y Cecilio Arrastía en la Iglesia Presbiteriana Unida; de Daniel Rodríguez y Ramón Martínez en la Convención Bautista del Sur (recientemente otro cubano, Reinaldo Carvajal ha estado a cargo del trabajo hispano de esa denominación en Miami-Dade); de Onell Soto, como funcionario de información de la Iglesia Episcopal de los Estados Unidos; de Carlos Pérez Ramos que fue superintendente del Distrito de Río Grande de la Iglesia Metodista Unida en Texas; y muchos otros. El pastor Carlos Romero llegó a ser el primer cubano elegido como moderador por un periodo, de la Asociación Bautista de Miami.

En la América Latina los cubanos evangélicos más influyentes, aparte de otros ya mencionados en este apéndice han sido los obispos episcopales cubanos Anselmo Carral (anteriormente en Guatemala), Hugo Pina (anteriormente en Honduras) y Leopoldo Frade (actual ocupante de la sede hondureña); el evangelista Gerardo de Avila; el sicólogo y educador religioso Jorge A. León; el editor Juan Rojas; los historiadores Justo Luis y Jorge González y el misionólogo y teólogo Rubén Lores. Pudieran añadirse muchos otros nombres.

En cualquier caso, el protestantismo cubano tiene una gran presencia en el exterior porque una gran parte de sus líderes ha salido del país.

¿Cuál es el número total de protestantes cubanos en el exterior? Veinte o treinta mil miembros tal vez y más de cincuenta o sesenta mil personas que se identifican como evangélicas o protestantes. Es difícil determinarlo. Nuestros cálculos son conservadores.

¿Cuál es el impacto de esa comunidad emigrada? ¿Cómo ha influido en ella un ambiente en el cual existen horizontes teológicos más amplios? Estas son preguntas que buscan una respuesta.

Y, sobre todo, ¿permanecerá el protestantismo cubano por mucho tiempo como una comunidad aparte dentro del protestantismo de habla española en los Estados Unidos? Es probable que ese sea el caso de La Florida y de ciudades en otros estados.

Es tan grande el número de líderes y pastores que preferimos no referirnos a ello, limitándonos a algunos funcionarios denominacionales, para evitar omisiones innecesarias. Muchos pastores jóvenes que salieron de

Cuba han jugado un papel trascendental en el exterior. Otros que en Cuba no eran pastores o ni siquiera evangélicos son ahora ministros, líderes, teólogos, profesores, dirigentes denominacionales.

El estudio del protestantismo cubano fuera de Cuba es una de las materias que deben ser investigadas minuciosamente en el futuro para contribuir al marco de referencia adecuado para el análisis del nuevo panorama del protestantismo cubano.

Apéndice VI

ALGUNAS ESTADISTICAS DEL PROTESTANTISMO EN CUBA

La parte más difícil de cualquier estudio del movimiento evangélico puede ser la representada por la búsqueda de estadísticas confiables. Por lo general, los datos sobre confesiones religiosas de cualquier clase no son merecedores de mucha confianza. Unicamente un censo caracterizado por la utilización de métodos rigurosos y llevado a cabo por un gobierno, puede ofrecer resultados aceptables para todos. La organización Gallup ha logrado obtener, mediante encuestas o sondeos de opinión pública realizados científicamente, una idea bastante exacta del pensamiento religioso de la población de los Estados Unidos, pero aun así no se ha logrado conocer el número exacto de fieles de cada denominación.

Los católicos incluyen en sus estadísticas a todos los bautizados por su iglesia. Los evangélicos tienen muchas formas de recolectar información, pero existe una variedad de métodos que hace que el trabajo del recopilador sea muy difícil. Los episcopales aceptan en algunos países, como miembros bautizados, a todos los que han recibido el bautismo en su iglesia, pero hacen una diferenciación entre los que son comulgantes y los que no lo son. Los bautistas y muchas otras denominaciones evangélicas no incluyen a los no bautizados en sus estadísticas y la situación se complica porque el bautismo solo lo pueden recibir los que llenen ciertas condiciones, como tener la suficiente edad, etc. En Cuba hemos encontrado que denominaciones tan numerosas como Los Pinos Nuevos y las Asambleas de Dios informaron cifras reducidas de miembros, en épocas dadas de su historia, porque únicamente incluyeron a los miembros activos, que contribuían con sus diezmos, o llenaban otros requisitos. Algunos grupos que según informes de fines de la década de los años cincuenta tenían una membresía apreciable, dejaron de existir con sus nombres, al unirse a otras denominaciones. Si nos dejamos llevar por algunos informes que ofrecen estadísticas sin diferenciar entre periodos de la historia, y que hasta ven dos denominaciones donde hay una sola (como en el caso de la Iglesia Evangélica Pentecostal y las Asambleas de Dios), la cifra total de pentecostales en Cuba sería de más de 33 mil miembros, con una comunidad total de más de 70 mil personas. Dudamos de ese informe que atribuye 3 mil miembros de iglesia y 5 mil personas vinculadas a otra denominación que se limita a algunas poblaciones de la provincia de Oriente, por dar un ejemplo. Por otra parte, no dudamos que los pentecostales hayan bautizado en Cuba a más de 70 mil personas en territorio nacional o las hayan tenido inscritas en sus escuelas dominicales como alumnos en un momento dado, pues su ímpetu evangelizador es encomiable.

En la primera tabla mencionamos datos publicados en varias revistas de juntas misioneras que nos dan una idea del número de miembros y personas vinculadas a las iglesias en 1908-1909. Creemos, sin embargo, que esos datos no incluyen a todos los extranjeros protestantes que vivían en el país en aquella época, ni reflejan tampoco el trabajo de grupos independientes. En aquella época, la comunidad de "simpatizantes y candidatos" es ofrecida en algunos casos y nos parece adecuada pues no había pasado suficiente tiempo para utilizar el sistema de tres personas vinculadas con las iglesias por cada miembro inscrito en las mismas, que parece tener cierto valor en situaciones cuando se ha ido creando una amplia comunidad que no es reflejada en la membresía oficial de las iglesias.

En la segunda tabla se utilizan los datos recopilados por la Asociación de Misiones Extranjeras Evangélicas (Evangelical Foreign Missions Association) y publicadas en 1961 en el libro *Protestant Missions in Latin America. A Statistical Survey*. Con algunos errores que señalamos, ofrece una imagen mucho más amplia de la comunidad evangélica en Cuba, que bien podía ser de más de un cuarto de millón de personas en 1959-1960. Si se sigue de cerca el resultado de la encuesta llevada a cabo por la Agrupación Católica Universitaria en 1954, que arrojó un 6% de protestantes en el país para esa fecha cuando la población era de 6 millones, la comunidad protestante en 1959 era de mucho más de 360 mil personas (por el crecimiento de la población y el avance evangelizador). Pero en la encuesta católica se incluyeron a todos los que se identificaron como protestantes y a muchos grupos asociados en la imaginación popular con el protestantismo como los testigos de Jehová, en aquella época muy numerosos en todo el territorio.

Nos inclinamos también a pensar que los datos de la obra de Prudencio Damboriena, *El protestantismo en América Latina*, reflejan bastante bien la situación del movimiento evangélico en Cuba al concederle, para alrededor de 1961, un total de 1.416 lugares de culto, 225 misioneros extranjeros y 1.367 obreros religiosos nativos. (Las cifras para 1949 habían sido de 677 lugares de culto, 168 misioneros y 578 obreros nativos; para 1952 eran de 1.066 lugares de culto, 348 misioneros y 704 obreros nativos; y para 1957, de 1.265 lugares de culto, 254 misioneros extranjeros y 840 obreros nativos.)

En la tercera tabla mencionamos los datos que hemos recopilado personalmente usando diversas fuentes, pero ofrecemos solamente una información aproximada y reconocemos que existen serios problemas en nuestra investigación ya que hemos encontrado algunas contradicciones en los informes recibidos de algunas denominaciones pequeñas. No existe ningún secreto profesional en nuestra encuesta, simplemente hemos consultado los datos ofrecidos por las denominaciones y las juntas misioneras con algunos ofrecidos por los líderes de las mismas, y hemos calculado la población o comunidad total a base del número de años de establecidas las denominaciones en el país. Por citar un caso, los bautistas orientales necesariamente deben acercarse al promedio de tres personas vinculadas por cada miembro inscrito en las iglesias, porque así lo indican, entre otras cosas, la asistencia a sus cultos, el número de graduados de sus colegios, la cantidad de personas que en un tiempo asistieron a cultos, pero ahora no lo hacen, sin que hayan perdido totalmente el contacto, etc. Pero, por supuesto, nuestra encuesta no es perfecta, ni siquiera confiable en alto grado. Es por eso que hemos ofrecido, en esa misma tabla, los datos de otra procedencia con los cuales en la mayoría de los casos no coincidimos enteramente, pero que merecen igual o parecida consideración.

Hemos incluido a los pentecostales como a un todo, debido a los frecuentes cambios denominacionales dentro del movimiento en los últimos años, a la creación de iglesias unificadas y al cambio de afiliación por parte de congregaciones locales. En todo caso, la Iglesia Evangélica Pentecostal de Cuba (Asambleas de Dios) debe tener cerca de la mitad de la comunidad pentecostal del país.

Se le atribuye una apreciable comunidad a los episcopales, a pesar de que su membresía ha disminuido mucho, debido a que bautizaron a muchas personas, de las cuales al menos un porcentaje parece mantener algún vínculo con la iglesia, como ciertas evidencias lo han indicado. En un momento dado, la comunidad episcopal pudo sobrepasar en Cuba los

80 mil bautizados si aceptamos algunos informes de principios de la década de los años sesenta. Informes recientes mencionan 120,000 bautizados y 3,000 comulgantes.

Aunque la membresía presbiteriana se ha visto reducida considerablemente, quedan todavía varios miles de cubanos vinculados de alguna forma al presbiterianismo (por razones parecidas a las mencionadas en relación con el caso de los bautistas orientales).

Esperamos que estos datos y estadísticas, con todo lo imperfectos que puedan ser, ayuden a ofrecer al lector una idea de las dimensiones numéricas del movimiento evangélico. De acuerdo con fuentes vaticanas, el número de católicos bautizados y nominales en Cuba es mucho menor del 40% de la población (la mitad de las cifras para 1960). Es probable que la comunidad evangélica, afectada grandemente por la emigración de cubanos y por otros factores, se haya reducido en una forma comparable a la de los católicos, en cuanto a miembros nominales.

La cuestión de la asistencia a los cultos no siempre debe ser analizada en forma descendente, pero requeriría otro estudio, para el cual no disponemos de datos confiables en buena parte de los casos.

COMUNIDAD PROTESTANTE EN 1908-1909

Tabla de Datos No. 1

	Misioneros extranjeros	Obreros nativos	Lugares de predicación	Miembros	Simpatizantes y candidatos al bautismo
Bautistas orientales	21	26	89	2.218	?
Cuáqueros	14	6	17	161	962
Presbiterianos del Norte	17	13	26	1.400	3.000
Metodistas	26	31	12[1]	3.203	?
Episcopales	26	31	48	701	?
Presbiterianos del Sur	15	8	7	406	950
Congregacionalistas	2	3	4	150	200
Bautistas del Sur	14	72	?	1.325	650
Discípulos de Cristo	?	?	?	?	?
Mujeres metodistas del sur de los Estados Unidos	4	10			
Totales[2]	140	215	203	9.564	5.760

Estas estadísticas proceden de la publicación de informes directos de diferentes denominaciones y juntas misioneras. Faltan las comunidades de varios grupos. La comunidad protestante total era por lo menos de más de 20.000 o 25.000 personas.
1. Los metodistas tenían muchos más lugares de culto que los 12 mencionados.
2. Totales incluyen cifras de la Sociedad Bíblica, no mencionadas en la tabla.

Tabla de Datos No. 2
Sacada de *Protestant Missions in Latin America: A Statistical Survey* (1961)

	Miembros	Comunidad	Iglesias	Misiones	Misioneros extranjeros	Obreros nativos
Bautistas orientales	6.579	50.000	131	102	3	49
Asambleas de Dios	2.459	22.000	106	319	22	98
Misión Bereana	56	200	3	9	10	1
Hermanos en Cristo	35	70	2	4	4	
Hermanos de Plymouth	20	195	6	9	18	4
Iglesia C. Reformada	200	600	1	26	1	9
I. de Dios (Anderson, Indiana)	200	500	10			3
I. de Dios de la Profecía	305	915	11		3	10
Iglesia del Nazareno	277	1.456	21	14	10	16
Bautistas libres	930	4.260	25	60	5	32
Iglesia Cuadrangular	90	586	3	12	2	7
Iglesia Luterana	494	1.482	6		3	1
Iglesia Metodista	10.000	50.000	129	101	50	74
I. de la Biblia Abierta	305	990	10	5	6	37

Tabla de Datos No. 2 (cont.)

	Miembros	Comunidad	Iglesias	Misiones	Misioneros extranjeros	Obreros nativos
Iglesia Congregacional Pentecostal (Congregational Holiness)	237	711	14	15	2	25
Iglesia Episcopal	8.634	62.102[1]	50		8	183[2]
Iglesia Adventista	5.464	15.873	126		13	69
Misión a los Eslavos				1	2	
Bautistas del Sur	8.750	26.250	84	201	16[3]	150
Los Pinos Nuevos	925[4]	2.775[5]	36	83	19	54
Cuáqueros	373	1.073	21			77[6]
I. de Dios (Cleveland)	52	156	3		9	
Iglesia Presbiteriana	3.241	21.000	30		4	134[7]
Misión Unida	800	2.400	16	13	18	
Iglesia de la Nueva Jerusalén	20	50	1			2
Totales	50.446	265.644	845	961	223	1.053

Aclaraciones: No se incluyen datos sobre los bautistas conservadores, pues el libro ofrece cifras que son resultado de un error. Se menciona la cifra dada para misioneros extranjeros de los bautistas del sur pero no se suma ya que incluye a todos los obreros nativos, ordenados o no. Otros detalles son:

1. La cifra de 62.102 miembros de la comunidad episcopal refleja el sistema de cálculo de los católicos (incluir a todos los bautizados) y no el seguido por las otras iglesias.
2. La cifra de 183 obreros religiosos episcopales parece incluir a lectores laicos y obreros educacionales.
3. La cifra dada por el informe original de 166 misioneros bautistas del sur es errónea. Más exacta sería la de 16 misioneros extranjeros y 150 obreros nacionales, incluyendo a las esposas de los pastores.
4. La obra de Los Pinos Nuevos solo incluía como miembros a plena comunión a diezmadores y miembros activos. Si se sigue el mismo

sistema que otras denominaciones podría hablarse de unos miles de miembros.
5. La comunidad de Los Pinos Nuevos era muy superior a esa cifra.
6. La cifra de 77 obreros cuáqueros parece incluir a maestros de las escuelas.
7. La cifra de 134 obreros presbiterianos parece incluirlos también.

COMUNIDAD PROTESTANTE EN 1985

Tabla de Datos No. 3
Encuesta del autor, utilizando varias fuentes, complementadas con entrevistas.

	Membresía	Comunidad
Bautistas occidentales	7.000	21.000
Bautistas orientales	9.000	27.000
Metodistas	2.500	10.000
Presbiterianos	1.500	7.000
Episcopales	1.500	10.000
Cuáqueros (o Amigos)	500	1.500
Nazarenos	600	1.500
Adventistas	9.000	25.000
Luteranos	100	200
Salvacionistas	600	1.500
Pentecostales	16.000	40.000
Los Pinos Nuevos	5.000	15.000
Gedeonistas	?	?
Iglesia de Dios (Anderson, Indiana)	500	1.000
Bautistas libres	1.800	5.000
Cristianos reformados	600	1.000
Otros evangélicos no pentecostales	2.000	5.000
Iglesia evangélica en general (sin incluir a los gedeonistas)	58.200	171.700

Si se reducen errores probables, una cifra más conservadora, aunque no necesariamente realista de miembros sería de alrededor de 50.000 y una comunidad total de 150.000 (no se incluye a los gedeonistas, por dificultad en el cálculo).

Si se cuentan los miembros de la misma forma que la Iglesia Católica lo hace, la comunidad total de protestantes bautizados pudiera estar entre los 200.000 y los 250.000 miembros.

OTROS INFORMES Y ENCUESTAS DISPONIBLES

	Membresía	Comunidad
Bautistas occidentales	7.500	12.000
Bautistas orientales	8.900	15.000
Metodistas	2.900	10.000
Presbiterianos	2.000	9.000
Episcopales	3.000	12.000
Cuáqueros (o Amigos)	500	2.000
Nazarenos	1.500	2.000
Adventistas	8.000	20.000
Luteranos	100	200
Salvacionistas	1.000	2.000
Pentecostales	25.000	60.000
Los Pinos Nuevos	6.000	10.000
Iglesia de Dios (Anderson, Indiana)	500	1.000
Bautistas libres	1.800	3.000
Cristianos reformados	500	1.000
Otros evangélicos no pentecostales	4.000	7.000

Estos informes variados, no siempre aceptados por el autor, hacen subir en forma apreciable la cifra total de miembros de iglesias, pero no la comunidad protestante total.

Apéndice VII

CONCLUSIONES A MANERA DE EPILOGO

Por la variedad de los temas y las distintas épocas que se han tratado en este libro, el peligro de no hacer el debido énfasis en aspectos importantes es siempre muy real. No nos hemos propuesto hacer una labor que pudiera ser considerada como una colección de datos al estilo de los historiadores positivistas; ni tampoco ofrecer una interpretación que pretenda ser completa cuando en realidad se trate de la utilización de ciertos datos que inclinen la balanza en una dirección predeterminada. Pero se ha intentado ofrecer una aproximación que refleje lo más fielmente posible el panorama del protestantismo en el país. Es por eso que trataremos de ofrecer aclaraciones y de hacer resaltar algunos aspectos que consideramos fundamentales.

El protestantismo cubano puede ser juzgado desde diferentes perspectivas. En este libro nos limitamos a estudiarlo y a adelantar algunas críticas en forma positiva. Ningún movimiento integrado por seres humanos está más allá de la crítica. El autor del libro está dispuesto a aceptar y asimilar la que le corresponda como investigador.

Los futuros historiadores, al estudiar el movimiento evangélico en Cuba señalarán tal vez cierto parroquialismo, la presencia de actitudes sectarias y hasta provincianas, una ausencia de interés real por el acontecer eclesiástico mundial y el desarrollo global del pensamiento cristiano. Criticarán aspectos que indiquen cierto trasplante del protestantismo norteamericano al suelo cubano. Se indicarán sus diferencias con otros protestantismos latinoamericanos: el haber sido fundado por nacionales y no por los extranjeros que después de establecidas las primeras iglesias asumieron el control de acuerdo con los métodos misionológicos al uso. Resultará interesante estudiar la ausencia de un pentecostalismo robusto y en constante expansión como el de otras latitudes. A algunos les inquietará la participación de algunos individuos —a título personal— en la historia de la nación. Hay lugar para todo esto, deficiencias o características analizadas según la óptica del observador y la intensidad de su compromiso o posición particular en política o teología. Si se añaden señalamientos serios y rigurosos que indiquen los muchos logros y las virtudes que se han producido o encontrado en el camino, la causa de las investigaciones históricas habrá triunfado. Unos exaltarán la experiencia cubana protestante hasta el infinito. Otros tratarán de hacerla trizas —en una búsqueda más o menos razonable de cambios y modificaciones sustanciales.

Desde los principios de la colonización de Cuba en el siglo XVI, el protestantismo hace su aparición en la Isla mediante las visitas y actividades de piratas, corsarios, filibusteros y otros personajes que en buena parte de los casos parece haber sido de religión protestante. Muchos eran exiliados procedentes de paises europeos donde la intolerancia política y religiosa dificultaba a algunos de ellos el desenvolvimiento de actividades normales. Lo cual no justifica la piratería, el corso o el contrabando, de los cuales también participaron en número muy elevado católicos y hombres sin religión alguna. Las limitaciones de horizonte y el monopolio impuesto por la corona de España obligaron a los residentes del país a entrar en contacto con esos extranjeros y hasta sacerdotes católicos radicados en Cuba tuvieron íntimas relaciones con los mismos.

Es cierto que el catolicismo llegó a Cuba como consecuencia de la empresa colonizadora de España o hasta como parte integral de la misma. De manera comparable, resulta evidente que el protestantismo, o al menos la presencia y actividad de personas que profesaban nominalmente esa fe, llegó a la región como el resultado de la confrontación entre las naciones interesadas en el Nuevo Mundo y sus riquezas. Aunque esto merece analizarse, es necesario tener en cuenta que la existencia de movimientos religiosos en las diferentes naciones, incluyendo Europa y los Estados Unidos se debe a factores que pueden remontarse a situaciones muy parecidas a las que hemos mencionado.

La presencia británica fue especialmente significativa y parte de Cuba estuvo dominada brevemente por los ingleses. Si los siglos XVI y XVII trajeron visitantes de religión reformada (mayormente hugonotes), luterana o anglicana a Cuba, serían los ingleses y por ende su anglicanismo los que ejercerían una influencia apreciable en el siglo XVIII en confrontación con los españoles y criollos que controlaban la Isla.

Otros anglosajones, los norteamericanos, prevalecerían comercialmente a partir del siglo XIX, iniciándose desde principios de ese siglo una relación estrecha entre Cuba y Norteamérica, creándose además una comunidad protestante radicada permanentemente en Cuba. La componían estadounidenses, ingleses, alemanes, e incluía a algunos esclavos que habían sido instruidos en el protestantismo en la región antillana. Desde 1871, Cuba contó con un capellán episcopal (anglicano) estadounidense residente en La Habana pero ya a principios de siglo se tenía que hacer provisión para el enterramiento de extranjeros protestantes que fallecían durante su residencia en Cuba. La relación entre la llegada de esos protestantes como individuos y las actividades comerciales o de expansionismo de Norteamérica es evidente, al menos en el aspecto cronológico.

Pero el movimiento misionero protestante en Cuba lo iniciaron los cubanos. Y aún en relación con la llegada de los primeros misioneros estadounidenses decididos a radicarse en el país al terminar la Guerra Hispano-Cubano-Americana sería difícil probar, ofreciendo los datos necesarios, que los mismos formaban parte de una especie de vanguardia organizada de la expansión territorial de los Estados Unidos. Por otra parte, los protestantes norteamericanos han enviado misioneros a todo lugar donde les ha sido posible, sobre todo en un caso como el de Cuba, donde la bandera llegó antes que los misioneros permanentes.

Los primeros evangélicos cubanos no llegaron a Cuba junto a los comerciantes y hacendados norteamericanos o ingleses ni se radicaron en su país nativo para preparar el camino a la llegada de los inversionistas extranjeros. La realidad es muy diferente. Se trataba de patriotas que abandonaron el país durante las luchas por la Independencia y muchos de ellos eran nacionalistas. Ya en la primera mitad del siglo, la Isla había sido penetrada por protestantes de Jamaica o Inglaterra y por esclavos infiltrados en las plantaciones que trataron de fomentar el abolicionismo, repartieron ejemplares de la Biblia y participaron en intentos de alcanzar alguna forma de independencia bajo el protectorado británico. De ellos el más famoso fue el cónsul David Turnbull, un símbolo del abolicionismo en Cuba. Pero lo que nos interesa ahora son los cubanos por nacimiento y formación, que siendo inclusive de origen español en cuanto a antepasados, iniciaron el verdadero protestantismo cubano.

Joaquín de Palma estableció una iglesia en Nueva York que ya funcionaba en 1866. Otros lo hicieron en otras ciudades. Y a partir de la década de 1880, regresan a Cuba los cubanos convertidos en Norteamérica, los misioneros y patriotas —al mismo tiempo— que abrirían las primeras iglesias y escuelas, se ocuparían de fundar cementerios y difundirían mediante la predicación y el uso de publicaciones la doctrina evangélica. Con hombres como Palma y ellos nacía el protestantismo cubano.

Los misioneros extranjeros se limitaron por el momento a visitar el país o radicar brevemente en el mismo, en algunos casos como simples invitados de los cubanos protestantes que tenían el control de la obra en sus manos y se limitaban a solicitar una ayuda que era casi imprescindible por los pocos recursos con que contaban. Los cubanos fundaron pues la Iglesia Evangélica en su propio país con alguna ayuda por parte de las juntas misioneras en ciertas etapas de su trabajo. Los vínculos se fueron estrechando con el tiempo, pero todo indica que el mayor interés de esos pastores, aparte de sus convicciones y vida religiosa, estuvo en la lucha independentista y no en la promoción de culturas extranjeras de algún tipo. Si eran amigos de los misioneros norteamericanos, lo cual era de esperarse, lo eran también de los líderes de la insurrección contra España.

Pero la Guerra de Independencia (1895-1898) y la llamada Guerra Hispano-Americana (1898) afectaron el desarrollo del protestantismo limitando el crecimiento del mismo. Los pastores se alzaron en armas, conspiraron activamente o tuvieron que radicarse en la emigración como colaboradores del esfuerzo independentista. Disminuyó como resultado de esa situación el número de bautistas y episcopales —los grupos mayores— y las obras metodista y presbiteriana quedaron reducidas a grupos insignificantes o a creyentes aislados. Esto se refleja sobre todo en la actitud de algunos metodistas y presbiterianos que han considerado que 1898-1899 es en realidad la fecha inicial de sus denominaciones y no las de la llegada de Someillán y Silvera o las labores de Evaristo Collazo, ya que les consideran como una especie de precursores. Es simplemente una cuestión de enfoque o interpretación. Muy comprensible si se tiene en cuenta la celebración de cincuentenarios en 1948-1949 por parte de esos grupos. Nosotros no podemos dedicarnos a ese tipo de polémica. Con los datos que ofrecemos se puede llegar a diferentes conclusiones de tipo denominacional. Pero el protestantismo ha trabajado continuamente en Cuba como una fuerza evangelizadora desde 1883. Ese último dato nos parece absolutamente definitivo.

A partir de 1898, con la llegada de la Intervención Americana (1898-1902 y 1906-1909) fueron las juntas misioneras norteamericanas las que tomaron el control directo del trabajo. Los cubanos pasaron a desempeñar simplemente labores de tipo pastoral, y no relacionadas necesariamente con la administración de la obra o con la facultad de tomar decisiones. Algunos reaccionaron ante esa situación cambiando de denominación o proclamándose en la práctica como independientes, como en el caso de Alberto J. Díaz. Resulta interesante que denominaciones como los bautistas del sur y del norte, así como los presbiterianos del norte hayan encargado el trabajo de Cuba a juntas nacionales o domésticas y no a las extranjeras, como si Cuba fuera parte del territorio nacional. La vecindad geográfica o la ocupación del país son las explicaciones que se ofrecen y en esos ambientes denominacionales los obreros nacionales lo prefirieron así. Durante la mayor parte de su historia, la Iglesia Metodista de Cuba, como Conferencia Anual, fue parte del área episcopal de la Conferencia Metodista de la Florida.

La Intervención Americana trajo al país a numerosos misioneros y sus cónyuges. Los gobernadores norteamericanos, nominalmente protestantes, favorecieron en algunos aspectos al catolicismo aunque establecieron la separación de la Iglesia y el Estado, anhelada por los libertadores cubanos. La Iglesia Católica, según historiadores tan conocidos como Herminio Portell Vilá, se convirtió hasta cierto punto en un factor de "americanización" o por lo menos lo fueron algunos de sus prelados procedentes de Norteamérica. La presencia protestante extranjera, importante en la economía del país durante el siglo XIX, se acentuó en ese periodo y varios evangélicos estadounidenses hicieron contribuciones notables en cuestiones tan importantes como la sanidad y la educación, con William Gorgas en el primer lugar. Pero en la mente de algunos el protestantismo quedó también asociado con los inversionistas norteamericanos, muchos de los cuales pueden ser calificados de aventureros, como lo demuestran algunas empresas con prácticas dudosas y de breve duración. El prestigio o el deshonor de los recién llegados, según fuere el caso, fue atribuido por unos pocos al protestantismo, a veces sin razón. La prensa católica, por demás poco influyente en el país, identificó desde el principio al movimiento protestante como un factor de penetración norteamericana. Pero al mismo tiempo que esto sucedía, se inauguraban escuelas católicas americanas en la capital y llegaban sacerdotes y religiosos procedentes de los Estados Unidos como se han encargado de señalar Portell Vilá y autores cubanos de épocas más recientes.

Hasta la década de 1930 el predominio anglosajón dentro del protestantismo en Cuba fue evidente y abrumador. No debe negarse ni disminuirse pues se trata de un dato sobradamente conocido y fácil de comprobar. A mediados de la década de 1910 se organizaron las directivas de algunas denominaciones, con alguna participación de cubanos en las mismas. En 1913, los cuáqueros designaron a un cubano, José Reyes Almaguer, como presidente de su conferencia anual. Al llegar la década de 1940, era muy evidente en ciertas iglesias históricas la disminución en el porcentaje de misioneros y el dominio numérico de los pastores cubanos, incluso en algunos cargos decisivos. Sin que eso indicara la existencia efectiva de una iglesia nacional como la del periodo que va de 1883 a los primeros meses de la Intervencion Americana. Los cuáqueros de Oriente y los presbiterianos fueron pioneros en el traspaso de responsabilidades a los nacionales.

La influencia determinante de las juntas misioneras permaneció, aunque en algunos casos, como el de bautistas y presbiterianos, el número de misioneros extranjeros era ya muy reducido al producirse la salida masiva de los mismos en 1960. El número de cubanos en posiciones de importancia iba en aumento. Pueden señalarse etapas de americanización y de cubanización en el protestantismo en Cuba.

La salida, en las primeras décadas del siglo, de miles de inmigrantes jamaicanos o de otras Antillas inglesas y de miles de norteamericanos, como los radicados en Isla de Pinos, redujo el número de los protestantes extranjeros residentes en el país. Al producirse la revolución de la década de 1950, hacía ya mucho tiempo que el pastor promedio era un cubano y que las iglesias de habla inglesa eran bastante reducidas en número y feligresía, con excepción de alguna congregación anglicana (episcopal) de "británicos occidentales" o de las iglesias protestantes de americanos situadas en La Habana.

Las escuelas evangélicas, que al principio eran en realidad escuelas americanas, hicieron una contribución importante al país. Pueden haber llenado también el cometido adicional de americanizar, sobre todo por la enseñanza del idioma y las costumbres a muchos cubanos. Pero el protestantismo fue si acaso un agente menor en el proceso de americanización sobre el cual se ha discutido bastante en ponencias y artículos. La influencia del pensamiento teológico, ético e ideológico de los norteamericanos, sobre todo del Sur, ha sido evidente dentro del protestantismo cubano. Esto puede haber tenido relación con actividades de tipo político pero en un grado que no es apreciable y mucho menos importante de lo que se pueda imaginar.

Los protestantes cubanos han reaccionado de forma heterogénea a las cuestiones de esa índole. Los ha habido de derecha, de centro y hasta de izquierda, así como muchos que se han sentido atraídos por soluciones de corte nacionalista e incluso revolucionario. En sus filas han militado liberales y conservadores, auténticos y ortodoxos, partidarios de Batista y de Castro. La influencia del fundamentalismo y el pietismo ha determinado que gran parte de la comunidad evangélica sea apolítica o por lo menos pretenda serlo externamente para que no surjan problemas y no provocar críticas en ciertos círculos. Pero por otras razones lo mismo pudiera decirse de una gran parte del pueblo cubano no sujeto siempre a influencias religiosas de esta naturaleza.

La participación de evangélicos prominentes en la Revolución de la década de 1930 y sobre todo en la lucha armada contra el presidente Batista fue significativa, especialmente en el último caso puesto que el número de evangélicos que se destacaron en la misma fue probablemente superior, en cuanto al porcentaje, que el de los cubanos afiliados activamente con otras vertientes religiosas. Sin que esto indicara la existencia de un activismo político definido y permanente en la mayoría de los protestantes.

Debe quedar aclarado, por lo menos hasta donde ha sido posible precisarlo en esta investigación, que la falta de atencion que se ha dado a fenómenos de esta naturaleza dentro del movimiento evangélico en Cuba, ha hecho a muchos inclinarse a la tesis de que la única presencia significativa de cubanos protestantes en la política tiene relación directa con el actual proceso revolucionario. Hasta 1959 toda participación evangélica fue a título personal, pero mientras un buen número participaba de la Revolución en su etapa 1953-1959, otros participaban de la política tradicional e incluso apoyaban al gobierno de Batista. No es posible generalizar una posición o minimizar otra.

La salida del país de la mayoría de los pastores de las iglesias históricas y de una gran parte de su feligresía no solamente indica que se exageró el carácter apolítico del protestante cubano promedio y de sus pastores sino que revela cierto rechazo a la revolución socialista por parte de un sector evangélico. Pero otro grupo numeroso se mostró indiferente y muchos decidieron apoyarla con mayor o menor entusiasmo.

Las posiciones teológicas pueden tener alguna relación con este fenómeno aunque no necesariamente. Esas cuestiones deberán ser analizadas en un futuro estudio del panorama del protestantismo en Cuba. Así como también la actitud del movimiento protestante y de sus miembros, sobre todo en el caso de los clérigos, hacia problemas como la influencia extranjera (de cualquier clase que esta sea), la dependencia, el desarrollo, la democracia liberal, el capitalismo, el socialismo, el status quo, etc. La atención que requieren estos asuntos debe ser de carácter especializado, y por lo tanto poco propia de un estudio general como este aunque se hayan tenido cuenta en él los factores socio-políticos y económicos, y también los culturales. No es posible analizar rigurosamente la ideología de los misioneros sin considerar esos factores en su formación. Lo mismo puede afirmarse en relación con los nacionales. Y la confrontación entre los factores extranjeros y nacionales también merece y requiere la pupila del investigador y el intérprete.

En el plano denominacional, debe señalarse que la labor la iniciaron las iglesias históricas, de las cuales prevalecieron en el plano numérico las denominaciones bautistas del norte y el sur de los Estados Unidos y en aspectos educacionales los metodistas y los presbiterianos procedentes de ese país. En la década de 1930 se notaba cierto estancamiento en el trabajo, y hasta decadencia en algunas regiones. Pero el surgimiento de la Asociación Evangélica de Cuba (la obra de los Pinos Nuevos) y la llegada de los pentecostales y grupos independientes, así como el auge de adventistas, testigos de Jehová y gedeonistas, provocó cambios, no solamente en la estrategia (por parte de las denominaciones establecidas que tuvieron que hacerle frente a los nuevos competidores) sino que produjo una nueva composición del movimiento evangélico, que no podría explicarse como antes en términos de la vieja fórmula "bautista-metodista-presbiteriano-episcopal" de las primeras décadas. Los nuevos grupos trajeron misioneros más conservadores todavía y practicaron en ocasiones cierto proselitismo que produjo tensiones y enfrentamientos locales al sacar personas de un grupo para integrarlos en otro y crear una imagen de controversia que ciertamente no convino al protestantismo entendido seriamente y con madurez. Es limitada la información disponible sobre los grupos pentecostales e independientes, que sumados a los gedeonistas y adventistas constituyen tal vez la amplia mayoría numérica del protestantismo en Cuba en nuestros dias —aunque los bautistas mantienen una actividad singular y una vigencia innegable con cifras tan altas como las de cualquier otro grupo y que son realmente aceptables para el contexto en que se desenvuelven.

Pero el país no fue jamás evangelizado plenamente ni se utilizaron adecuadamente los recursos disponibles. Los protestantes lograron comparativamente hacer mucho más que los católicos porque encontraron un país donde toda la población era de tradición católica y en unas pocas décadas lograron atraer de alguna forma a unos cientos de miles de cubanos. Los católicos dejaron las zonas rurales sin conocimiento de su fe y desatendieron a enormes masas de población a la que consideraban oficialmente como católica y a cuyos hijos bautizaron para después olvidarse de ellos casi por completo. En el proceso contemporizaron con situaciones injustas. Pero los evangélicos no aprovecharon las oportunidades que se les presentaban de atender a una población que podía considerarse como no afiliada en realidad a ninguna iglesia de seguirse los métodos más estrictos.

Aún entre los católicos se levantaron voces a favor de una evangelización más real que la hasta entonces practicada. Los evangélicos consiguieron muchos logros en parte por el celo evangelístico de la mayoría de los grupos o la relativa preocupación social, sobre todo en materia educativa, de los otros. Los protestantes alcanzaron con su mensaje a mucha gente humilde y ayudaron a este grupo social a superarse en lo cultural y lo económico sin que esto indique una solución definitiva a graves problemas nacionales. Mientras retenían a muchos miembros procedentes de la clase media que lograron alcanzar y perdían muchos jóvenes, no lograron sin embargo penetrar a las clases altas a no ser en casos aislados de conversión. Pero ni siquiera ese sector quedó totalmente fuera del área de influencia protestante en Cuba ya que las escuelas evangélicas sí hicieron un impacto en él.

La educación teológica no sobrepasó cierto nivel medianamente aceptable en el mejor de los casos pero las escuelas primarias y secundarias fueron buenas en su mayoría y algunas estaban entre las mejores del país como el Candler en La Habana, la Progresiva en Cárdenas y los Colegios Internacionales en el Cristo, Oriente. Se hicieron aportes notables a la alfabetización y sobre todo a la distribución de la Biblia, que pusieron en manos de buena parte del pueblo cubano.

El trabajo fue realizado en todo caso y la obra de evangelismo fue adelante. En la década de 1950 había en el país alrededor de 100,000 miembros activos de iglesias protestantes y una comunidad evangélica total de cerca de 300,000 personas. Se había logrado un alto porcentaje para la América Latina en ese periodo ya que el crecimiento impresionante del protestantismo en Iberoamérica no se produjo sino a partir de la década de 1960. Para esa fecha el movimiento protestante cubano estaba en crisis pues gran parte de los pastores y fieles estaban saliendo del país y no se contaba ya con escuelas, programas de radio y ciertos programas de evangelismo. El país estaba pasando por un proceso revolucionario sin precedentes en Cuba.

Las luces y sombras del movimiento misionero estadounidense en Cuba son aproximadamente las mismas que esa empresa internacional ha tenido en el resto de las repúblicas del continente. Coincídase o no con los enfoques misionológicos o la perspectiva teológica de hombres como Moisés Natanael McCall y Robert L. Wharton, nadie podrá negar que amaron profundamente al pueblo cubano. Y si existió cierta subestimación hacia los nacionales, dentro de un paternalismo a ultranza por parte de muchos misioneros y de sus superiores en el extranjero, también se destacó el ejemplo de un Sylvester Jones, que pudo hacer, aun siendo un anglosajón de cuerpo entero, las más profundas y razonables críticas a la obra misionera, mucho mejores que las llevadas a cabo por sus contemporáneos cubanos y cuya memoria y la de los otros dos, representando mediante sus personas la mejor tradición misionera, invocamos con respeto en este libro. J. Milton Green fue uno de los misioneros más capaces de los que se establecieron en América Latina y Warren Candler fue una figura notable no solo por su labor en Cuba, donde se le considera por muchos como "el padre del metodismo", sino en su trabajo como obispo en los Estados Unidos, país en el que su familia controló por mucho tiempo la famosa empresa de la Coca Cola.

No todos los misioneros extranjeros tuvieron un "corazón piadoso" o una mente privilegiada. Tampoco recibieron siempre la mejor formación. Pero los mismos cubanos no estuvieron siempre a la altura del momento como obreros religiosos o líderes del movimiento evangélico, ni se comportaron en todos los casos con la madurez cristiana o la dignidad patriótica que era de esperarse de ellos. Algunos evangélicos, por sus propios méritos o por conexiones políticas que nada tenían que ver con su militancia religiosa, obtuvieron posiciones y cargos importantes en el gobierno, la educación y la economía, otros contribuyeron a la cultura nacional e incluso a movimientos de tipo revolucionario, pero ningún movimiento organizado de importancia apreciable, dirigido por evangélicos, logró ofrecer soluciones a los problemas del país, aunque se hicieron algunos intentos aislados. Casi lo mismo puede decirse de los católicos, que contaban con mayores recursos y posibilidades. En cuanto a los misioneros extranjeros, la mayor crítica que se les puede hacer, aparte del inevitable paternalismo de muchos, es que la inmensa mayoría, con todo y sus méritos, pasó por Cuba sin dedicarse realmente a estudiar su literatura, historia y cultura. Mucho menos su folklore o las características verdaderas del país, pero ni siquiera esa situación se limita a Cuba. Sus descripciones del país, en artículos y promociones, es a veces pobre hasta los extremos. Sin que pueda generalizarse.

Se ha exagerado la ayuda a los protestantes por parte de las juntas misioneras. Los pastores fueron en su mayoría personas sacrificadas que se contentaron con vivir en medio de limitaciones económicas. La situación era diferente en iglesias como la Presbiteriana y en el caso de ciertos líderes metodistas o pastores de grandes congregaciones en las convenciones bautistas, pero los recursos eran limitados y la mayor generosidad de las juntas principales se manifestó en las escuelas o en la edificación de templos y capillas.

Repasando el cuadro nacional, se ha explicado en este libro el carácter realmente minoritario del catolicismo como militancia religiosa en el país. La mayoría de la población cubana considerada como católica lo era solo por el bautismo. La casi totalidad del campesinado (que constituía la mitad de la población en la primera parte del siglo) no tenía más vínculos con esa iglesia que una religiosidad popular combinando diversos elementos, de los cuales el más cercano a la religión católica es el culto a la virgen de la Caridad del Cobre pero mezclado en grandes sectores de la población con las difundidas creencias de religiones y sectas afrocubanas e incluso con cierta influencia espiritista. La mayoría de la población ha vivido ajena al significado real de instituciones como el Papado o incluso la jerarquía nacional de la Iglesia era ignorada. Aún en las ciudades, la inmensa mayoría de los habitantes no practicaba su fe. El clero cubano ha sido siempre muy escaso, predominaban los extranjeros y sobre todo los españoles. La influencia religiosa norteamericana se dejaba sentir entre los católicos y sus instituciones en la capital cubana, no tanto en el interior. Las escuelas religiosas eran el principal bastión del catolicismo en Cuba. Como en cierto sentido lo eran también las clases altas, la aristocracia criolla y parte de la comunidad española residente en el país. Pero también existía cierta base popular. La Iglesia, rechazada por gran parte de la población y de los libertadores por la colaboracion del mayoritario clero español con las autoridades coloniales durante las guerras de independencia, iba mejorando en cuanto a influencia y práctica religiosa en el país gracias a movimientos como la Acción Católica, la Juventud Obrera Católica y la Agrupación Católica Universitaria. Estaba recuperando su prestigio y lo usó grandemente en actividades como la oposición al gobierno del presidente Fulgencio Batista.

Aunque a veces parezca que los protestantes no sufrieron por su fe en Cuba a través de la historia, debe recordarse que en algunos ambientes locales y sociales del mundo hispano se repudia o menosprecia al protestantismo. Pero cualquier caso de persecución o discriminación fue aislado. En Cuba ha prevalecido el laicismo por encima de cualquier manifestación de entusiasmo o fanatismo religioso. La actitud de la Iglesia Católica fue marcadamente contraria al protestantismo, que amenazaba su carácter de iglesia tradicional, pero mejoró con el tiempo. La actitud de los protestantes hacia los católicos no era tampoco positiva en muchos casos.

Al terminar el periodo 1883-1959, el espacio de tiempo que recibió mayor atención en este libro hasta la actualización del mismo en los apéndices, Cuba era básicamente una república de corte positivista en la cual un débil catolicismo recuperaba terreno lentamente, mientras el protestantismo ganaba muchos feligreses de una forma que no puede ser considerada como demasiado dramática. Las creencias de la gran mayoría de la población eran generalmente de carácter sincrético y distaban mucho de llevar a las masas a una verdadera militancia. En medio de ese cuadro en el que la indiferencia religiosa jugaba algún papel, el país se convirtió en una república socialista. Del positivismo que todavía se dejaba sentir en las escuelas públicas, se pasó a la enseñanza del materialismo histórico y dialéctico.

En el contexto de una economía de caña de azúcar, tabaco y turismo, se ha ido desenvolviendo al través del tiempo un movimiento y se ha manifestado una presencia. Su trayectoria ya no es breve ni su origen reciente. Cuenta con raíces que han ido superando el natural origen extranjero de las instituciones religiosas internacionales. Se trata del protestantismo cubano.

BIBLIOGRAFIA

ABBOT, Rev. ABIEL. *Letters Written in the Interior of Cuba*, Boston, 1829.
ARCINIEGAS, GERMAN. *Biografía del Caribe*, Sudamericana, Buenos Aires, 1964.
ARREDONDO, ALBERTO. *Cuba: tierra indefensa*, Editorial Lex, La Habana, 1945.
ADAM SILVA, RICARDO. *La gran mentira*, Editorial Lex, La Habana, 1947.
ALIENES Y UROSA, JULIAN. *Características fundamentales de la economía cubana*, Biblioteca de Economía Cubana, La Habana, 1950.
AGRAMONTE PICHARDO, ROBERTO. *Martí y su concepción del mundo*, Editorial Universitaria, San Juan, 1971.
AGUILAR, LUIS E. *Cuba 1933*, Cornell University Press, Ithaca, 1972.
AGUIRRE, MIRTA. *Estudios literarios*, Editorial Letras Cubanas, La Habana, 1981.
AGUIRRE, SERGIO. *Lecciones de Historia de Cuba*, Tipografía Ideas, La Habana, 1961.
ALVAREZ, INELDO. *La novela cubana en el siglo XX*, Editorial Letras Cubanas, La Habana, 1980.
ALVAREZ ESTEVEZ, ROLANDO. *Isla de Pinos y el Tratado Hay-Quesada*, Editorial de Ciencias Sociales, La Habana, 1973.
ARCE MARTINEZ, SERGIO. *La misión de la Iglesia en una sociedad socialista*, Matanzas, 1965.
ARRATE Y ACOSTA, JOSE MARTIN FELIX DE. *La llave del nuevo mundo y antemural de las Indias Occidentales*, Fondo de Cultura Económica, México, 1949.
ARROM, JOSE JUAN. *Mitología y artes prehispánicas de las Antillas*, Siglo XXI Editores, México, 1975.
BACHILLER Y MORALES, ANTONIO. *Apuntes para la historia de las letras y de la instrucción pública de la Isla de Cuba*, La Habana, 1859-1861.
BAEZ CAMARGO, GONZALO. *Hacia la renovación religiosa en Hispanoamérica*, Casa Unida de Publicaciones, México, 1930.
BALLARD, JERRY. *Never Say Can't*, Creation House, Carol Stream, 1971.
BALLOU, MATOURIN M. *History of Cuba*, Phillips, Sampson and Company, Boston, 1854.
BARRETT, DAVID B. *World Christian Encyclopedia*, Oxford University Press, Oxford, 1982.
BATISTA, FULGENCIO. *Piedras y leyes*, Ediciones Botas, México, 1961.
BATISTA, TERESITA; GARCIA CARRANZA, JOSEFINA Y PONTE, MIGUELINA. *Catálogo de publicaciones periódicas cubanas de los siglos XVIII y XIX*, Biblioteca Nacional José Martí, La Habana, 1965.
BETTO, FREI. *Fidel y la Religión*, Consejo de Estado, La Habana, 1985.
BOSCH, JUAN. *De Cristóbal Colón a Fidel Castro*, Alfaguara, Madrid, 1970.
BRADEN, SPRUILLE. *Diplomats and Demagogues*, Arlington House, New Rochelle, 1971.
BUENO, SALVADOR. *Temas y personajes de la literatura cubana*, Ediciones Unión, La Habana, 1964.

BURGESS, PAUL. *Justo Rufino Barrios,* Editorial Universitaria Centroamericana, San José, Costa Rica, 1972.
CABRERA, OLGA. *Guiteras, la época, el hombre,* Editorial de Arte y Literatura, La Habana, 1974.
El movimiento obrero cubano en 1920, Instituto del Libro, La Habana, 1969.
Las luchas estudiantiles universitarias 1923-1934, Editorial de Ciencias Sociales, La Habana, 1975.
CALCAGNO, FRANCISCO. *Diccionario biográfico cubano,* New York, 1878.
CARPENTIER, ALEJO. *La música en Cuba,* Fondo de Cultura Económica, México, 1946.
CARR, RAYMOND. *España 1808-1939,* Ariel, Barcelona, 1966.
CASASUS, JUAN J. E. *Calixto García,* La Moderna Poesía, Miami, 1981.
CASTELLANOS, GERARDO. *Motivos de Cayo Hueso,* Ucar, García y Cía., La Habana, 1935.
Misión a Cuba, La Habana, 1944.
CASTELLANOS, JORGE. *Plácido: Poeta social y político,* Ediciones Universal, Miami, 1984.
CEPEDA, RAFAEL. *El forjador de hombres,* Asociación de ex-alumnos del Colegio La Progresiva, La Habana, 1953.
CEPERO BONILLA, RAUL. *Azúcar y abolición,* Editorial Crítica, Barcelona, 1976.
Cinco diarios del sitio de La Habana, Biblioteca Nacional José Martí, La Habana, 1963.
COLLAZO, ENRIQUE. *Cuba heróica,* La Habana, 1912.
CONN, CHARLES W. *Where the Saints Have Trod,* Pathway Press, Cleveland, 1959.
Correspondencia reservada del Capitán General Don Miguel Tacón (1834-1836), Biblioteca Nacional José Martí, La Habana, 1963.
COSTA, OCTAVIO. *Juan Gualberto Gómez: Una vida sin sombras,* La Moderna Poesía, Miami, 1963.
COSTAS, ORLANDO E. *El protestantismo en América Latina hoy,* INDEF, San José, 1975.
Cuba en la mano, La Habana, 1940.
CHAPLE, SERGIO. *Estudios de literatura cubana,* Editorial de Letras Cubanas. La Habana, 1980.
CHAPMAN, CHARLES E. *A History of the Cuban Republic,* Octagon Books, New York, 1969.
CHIDSEY, DONALD BARR. *La guerra hispanoamericana 1896-1898,* Grijalbo, Barcelona, 1976.
DAMBORIENA, PRUDENCIO. *El protestantismo en la América Latina,* FERES, Friburgo, 1963.
DANA, RICHARD HENRY. *To Cuba and Back,* Southern Illinois University Press, Carbondale, 1966.
DAVIS, J. MERLE. *The Cuban Church in a Sugar Economy,* International Missionary Council, New York y Londres, 1942.
DE QUESADA, GONZALO Y NORTHROP, HENRY D. *The War in Cuba,* The Dominion Company, Chicago, 1896.

DE LA TORRE, JOSE MARIA. *Lo que fuimos o lo que somos. La Habana antigua y moderna*, La Habana, 1857.
DERBY, MARIAN Y ELLIS, JAMES. *Latin American Lands in Focus*, The Methodist Church, New York, MCMLXI.
DE TERRA, HELMUT. *Humboldt*, Ediciones Grijalbo, Barcelona, 1966.
DEULOFEU, MANUEL. *Héroes del destierro*, Cienfuegos, 1904.
DEULOFEU PEREZ, SAMUEL. *Cronología de la obra bautista en Cuba Oriental*, Palma Soriano, 1983.
DEWART, LESLIE. *Cristianismo y revolución*, Herder, Barcelona, 1965.
DIAZ AYALA, CRISTOBAL. *Música cubana: del areyto a la nueva trova*, Cubanacán, San Juan, 1981.
Diccionario de la literatura cubana, Instituto de Literatura y Lingüística de la Academia de Ciencias de Cuba, Editorial Letras Cubanas, La Habana, 1980.
Directorio de iglesias y pastores pertenecientes al Consejo de iglesias evangélicas de Cuba 971, La Habana.
DOMINGUEZ, JORGE I. *Cuba*, Belknap Press, Cambridge, Mass., 1978.
DOMINGUEZ, ROBERTO. *Pioneros de Pentecostés*, Miami, 1971.
DURSCHNER, JOHN Y FABRICIO, ROBERTO. *The Winds of December*, Coward, New York, 1980.
DUARTE OROPESA, JOSE. *Historiología de Cuba*, Ediciones Universal, Miami, 1974.
DUMPIERRE, ERASMO. *Episodios en la vida de Julio Antonio Mella*, La Habana, 1964.
DUSSEL, ENRIQUE D. *Historia de la iglesia en América Latina*, Nova Terra, Barcelona, 1974.
EDO, ENRIQUE. *Historia de Cienfuegos*, Ucar, García y Cía., La Habana, 1943.
EDREIRA DE CABALLERO, ANGELINA. *Vida y obra de Juan Gualberto Gómez*, R. Méndez, La Habana.
ELY, ROLAND T. *Cuando reinaba su majestad el azúcar*, Editorial Sudamericana, Buenos Aires, 1963.
Enciclopedia de Cuba, Enciclopedia y clásicos cubanos, San Juan y Madrid, 1974.
Encyclopedia of Southern Baptists, Broadman Press, Nashville, 1958.
ESTENGER, RAFAEL. *Sincera historia de Cuba*, Editorial Bedout, Medellín, 1974.
Evangelización y política, Matanzas, 1981.
FEIJOO, SAMUEL. *El sensible Zarapico*, Signos, Santa Clara, 1981.
FERNANDEZ DE CASTRO, JOSE ANTONIO. *Medio siglo de historia colonial de Cuba*, R. Veloso, La Habana, 1923.
FERNANDEZ ESCOBIO, FERNANDO. *El obispo Compostela y la iglesia cubana del siglo XVII*, Miami, 1984.
FERMOSELLE, RAFAEL. *Política y color en Cuba*, Ediciones Géminis, Montevideo, 1974.
FERRARA, ORESTES. *Memorias*, Playor S. A., Madrid, 1975.
FIGAROLA-CANEDA, DOMINGO. *Colección de manuscritos de la Biblioteca Nacional*, La Habana, 1902.
FIGUEROA Y MIRANDA, MIGUEL. *Religión y política en la Cuba del siglo XIX*, Ediciones Universal, Miami, 1975.

FONER, PHILIP S. *La guerra hispano-cubano-americana y el nacimiento del imperialismo norteamericano*, Akal Editor, Madrid, 1975.
A History of Cuba and Its Relations with the U. S., International Publishers Co., New York, 1963.
FRANCO, JOSE LUCIANO. *La diáspora africana en el Nuevo Mundo*, Editorial de Ciencias Sociales, La Habana, 1978.
FRANQUI, CARLOS. *El libro de los doce*, Ediciones ERA, México, 1966.
GALAN, NATALIO. *Cuba y sus sones*, Valencia, 1983.
GALEANO, EDUARDO. *Las venas abiertas de América Latina*, Siglo XXI, Madrid, 1982.
GARNETT, CHRISTINE. *Through a Cuban Window*, Home Mission Board, Atlanta, 1954.
GARCIA VEGA, LORENZO. *Los años de Orígenes*, Monte Avila, Caracas, 1970.
GELLMAN, IRWIN F. *Roosevelt and Batista*, University of New México, Albuquerque, 1973.
GONZALEZ, JUSTO. *Sembrador a voleo*, Editorial Caribe, San José, 1976.
Historia de un amor, Editorial Caribe, San José, 1979.
GONZALEZ, JUSTO L. *Historia de las misiones*, Editorial La Aurora, Buenos Aires, 1970.
The Development of Christianity in the Latin Caribbean, Eerdmans, Grand Rapids, 1969.
GONZALEZ PEÑA, LUIS M. *Romance misionero*, Editorial Bautista Federación, Artemisa, 1949.
GRAU SAN MARTIN, RAMON. *La revolución cubana ante América*, Imprenta Manuel León Sánchez, México, 1936.
GROSE, HOWARD. *Advance in the Antilles*, Eaton & Mains, New York, 1910.
GUERRA, RAMIRO. *Manual de historia de Cuba*, Editorial de Ciencias Sociales, La Habana, 1971.
Azúcar y población en las Antillas, (La Habana, 1944).
La expansión territorial de los Estados Unidos, Editorial Nacional de Cuba, La Habana, 1964.
La guerra de los diez años, Editorial de Ciencias Sociales, La Habana, 1972.
GUGGENHEIM, H. F. *The U.S. and Cuba*, New York, 1933.
GUITERAS, P. J. *Historia de la Isla de Cuba*, La Habana, 1927.
HAGEDORN, HERMANN. *Leonard Wood*, New York, 1931.
HAGEMAN, ALICE L. Y WHEATON, PHILIP E. *Religion in Cuba Today*, Association Press, New York, 1971.
HAZARD, SAMUEL. *Cuba with Pen and Pencil*, Hartford Publishing Co., Hartford, 1871
HEALY, DAVID F. *The United States in Cuba 1898-1902*, University of Wisconsin, Madison, 1963.
HENRIQUEZ UREÑA, MAX. *Panorama histórico de la literatura cubana 1492-1952*, Ediciones Mirador, Puerto Rico, 1963.
HENRIQUEZ UREÑA, PEDRO Y REYES, ALFONSO. *Epistolario íntimo*, Universidad Nacional Pedro Henriquez Ureña, Santo Domingo, 1981.
HERNANDEZ TRAVIESO, ANTONIO. *El Padre Varela*, Jesús Montero, editor, La Habana, 1949.

HESPEL D'HARPONVILLE, GUSTAVE D'. *La reine des Antilles ou situatión actuelle de l'ile de Cuba*, París, 1850.
HILTY, HIRAM H. *Friends in Cuba*, Friends United Press, Richmond, 1977.
Historia de la nación cubana, por Ramiro Guerra, J. M. Pérez Cabrera, Emeterio Santovenia y Juan J. Remos, La Habana, 1952.
HINTON, J. H. *Memoir of William Knibb, Missionary in Jamaica*, Londres, 1847.
HUMBOLDT, ALEJANDRO DE. *Ensayo político sobre la Isla de Cuba*, Cultural, La Habana, 1930.
IBARRA, JORGE. *Nación y cultura nacional*, Editorial letras cubanas, La Habana, 1981.
INCLAN, JOSEFINA. *Una carta de Martí*, Miami, 1976.
INFIESTA, H. *Historia constitucional de Cuba*, La Habana, 1942.
INMAN, SAMUEL GUY. *Through Santo Domingo and Haiti. A Cruise with the Marines*, Committee on Cooperation in Latin America, New York, 1919.
JAMES, ARIEL. *Banes: Imperialismo y nación en una plantación azucarera*, Editorial de Ciencias Sociales, La Habana, 1976.
JAMES, FIGAROLA, JOEL. *Un episodio de la lucha cubana contra la anexión en el año 1900*, Editorial Oriente, Santiago de Cuba, 1980.
JAMESON, R. *Letters from the Havana During the Year 1820*, Londres, 1821.
JIMENEZ PASTRANA, JUAN. *Los chinos en las luchas por la liberación cubana 1847-1930* (La Habana, 1963).
JENKS, LELAND. *Our Cuban Colony*, New York, 1928.
KELLY, JOHN J. *La Cuba del Padre Spirale*, Ediciones Fe Católica, Madrid, 1971.
KAROL, K. S. *Guerrillas in Power*, Hill and Wang, New York, 1970.
KEPPEL, GEORGE THOMAS. *Memories of the Marquis of Rockingham and His Contemporaries*, London, 1852.
Third Earl of Albemarle, MSS 32708-33072, Official Correspondence, British Museum.
KNIGHT, ALBION W. *Lending a Hand in Cuba*, Church Missions Publishing, Hartford, 1916.
KNIGHT, FRANKLIN W. *Slave Society in Cuba During the Nineteenth Century*, Madrid, University of Wisconsin Press, 1970.
La enseñanza de la Historia en Cuba, Instituto Panamericano de Geografía e Historia, 1951.
LAMAR SCHWEYER, ALBERTO. *Cómo cayó el Presidente Machado*, Espasa-Calpes, Madrid, 1934.
LAS CASAS, BARTOLOME. *Tratados*, Fondo de Cultura Económica, México, 1965.
LAZO, RAIMUNDO. *Historia de la literatura cubana*, UNAM, México, 1974.
LEAL, RINE. *Breve historia del teatro cubano*, Editorial Letras Cubanas, La Habana, 1980.
LEBROC, REYNERIO. *Cuba: Iglesia y Sociedad 1830-1860*, Madrid, 1976.
LEISECA, JUAN M. *Ensayo histórico de la Isla de Cuba*, La Habana, 1925.
Apuntes para la historia eclesiástica de Cuba, Carasa y Cía., La Habana, 1938.
LE RIVEREND, JULIO. *Historia económica de Cuba*, Ariel, Barcelona, 1972.
La República, Editorial de Ciencias Sociales, La Habana, 1971.

LEZAMA LIMA, JOSE. *Antología de la poesía cubana*, editora del Consejo Nacional de Cultura, La Habana, 1965.
LOCKMILLER, D. A. *Magoon en Cuba*, Greenwood Press, New York, 1969.
LOCKWARD, GEORGE A. *El protestantismo en Dominicana*, Editora del Caribe, Santo Domingo, 1976.
LOPEZ MUÑOZ, AGUSTIN. *Apóstol bautista en la Perla Antillana*, Editorial Federación, Caibarién, 1945.
LUMEN, ENRIQUE. *La revolución cubana 1902-1934*, Ediciones Botas, México, 1934.
LLAVERIAS, JOAQUIN. *Papeles existentes en el Archivo General de Indias relativos a Cuba y en especial a La Habana*, La Habana MCMXXXI.
LLERENA, MARIO. *The Unsuspected Revolution*, Cornell University Press, Ithaca and London, 1978.
MACAULAY, NEILL. *A Rebel in Cuba*, Quadrangle Press, Chicago, 1970.
MADARIAGA, SALVADOR DE. *El auge y el ocaso del imperio español en América*, Espasa-Calpe, Madrid, 1977.
MACKAY, JUAN. *El otro Cristo español*, Casa Unida de Publicaciones, México, 1952.
MADDEN, RICHARD R. *La Isla de Cuba*, Consejo Nacional de Cultura, La Habana, 1964.
MAÑACH, JORGE. *Indagación del choteo*, Mnemosyne Publishing, Miami, 1969.
MARQUEZ STERLING, MANUEL. *Las conferencias del Shoreham*, Ediciones Botas, México, 1933.
MARQUEZ STERLING, CARLOS. *Historia de Cuba*, Las Américas Publishing, New York, 1969.
MARRERO, LEVI. *Cuba: Economía y Sociedad*, Editorial Playor, Madrid, 1972 (se han usado 10 volúmenes).
MARTINEZ ORTIZ, RAFAEL. *Cuba: los primeros años de independencia*, París, 1921.
MASO, CALIXTO C. *Historia de Cuba*, Ediciones Universal, Miami, 1976.
MATHESON, WILLIAM LAW. *British Slave Emancipation, 1839-1849*, London, 1932.
MATTHEWS, HERBERT L. *Revolution in Cuba*, Scribner's, New York, 1975.
MCCONNELL, CECILIO. *La historia del himno en castellano*, Casa Bautista de Publicaciones, El Paso, 1968.
MAXWELL, C. MERVYN. *Tell it to the World*, Pacific Press, Mountain View, 1982.
MECHAM, J. LLOYD. *Church and State in Latin America*, University of North Carolina Press, Chapel Hill, 1934.
MENDEZ Y SOTO, ERNESTO. *Panorama de la novela cubana de la revolución 1959-1970*, Ediciones Universal, Miami, 1977.
MENENDEZ Y PELAYO, MARCELINO. *Historia de los heterodoxos españoles*, Biblioteca de Autores Cristianos, Madrid, 1967.
MENTOR, SEYMOUR. *Prose Fiction of the Revolution*, University of Texas Press, Austin, 1975.
MERINO BRITO, ELOY. *José Antonio Saco: Su influencia en la cultura y en las ideas políticas de Cuba*, Molina, La Habana, 1950.

MESTRE, JOSE M. *De la filosofía en La Habana*, La Habana, 1952.
MILLETT, RICHARD. *Guardians of the Dynasty*, Maryknoll, Orbis Books, 1977.
Mission Handbook, MARC, Monrovia, 1973.
MITCHELL, PABLO D. *Misión y comisión del metodismo*, La Aurora, Buenos Aires, 1949.
MITJANS, AURELIO. *Estudio sobre el movimiento científico y literario de Cuba*, Consejo Nacional de Cultura, La Habana, 1963.
MORALES, VIDAL. *Curso de historia de Cuba*, Lorie Book Store, Miami, 1969.
Hombres del 68, Editorial de Ciencias Sociales, La Habana, 1972.
MORELL DE SANTA CRUZ, PEDRO AGUSTIN. *Historia de la Isla y la catedral de Cuba*, La Habana, 1929.
MORENO FRAGINALS, MANUEL. *El ingenio*, Editorial de Ciencias Sociales, La Habana, 1978.
MOURLOT DE GONZALEZ, ADELA. *Te escribiré un poema*, Managua, 1970.
MOYA PONS, FRANK. *Manual de historia dominicana*, UCMM, Santiago, 1983.
NEBLETT, S. A. *Historia de la Iglesia Metodista en Cuba*, El Evangelista Cubano, Buenos Aires, 1973.
NELSON, LOWRY. *Rural Cuba*, Octagon Books, New York, 1970.
NELSON, WILTON M. *El protestantismo en Centroamérica*, Editorial Caribe, San José, 1982.
Historia del protestantismo en Costa Rica, INDEF, San José, 1983.
NEY, EUGENE. *Cuba en 1830*, Ediciones Universal, Miami, 1973.
NUÑEZ MACHIN, ANA. *Rubén Martínez Villena*, Uneac, La Habana, 1971.
ODELL, EDWARD A. *It Came to Pass*, Board of National Missions, New York, 1952.
ORDOÑEZ, FRANCISCO. *Historia del cristianismo evangélico en Colombia*, Tipografía Unión, Medellín.
ORTIZ, FERNANDO. *Historia de una pelea cubana contra los demonios*, Ediciones ERRE, Madrid, 1973.
Africanía de la música folklórica de Cuba, Universidad Central de Las Villas, 1965, Santa Clara.
ORTIZ COLUMBIE, GELASIO. *Roberto Routledge*, Santiago de Cuba, 1979.
ORJALA, PAUL R. *Cristo en el Caribe*, Casa Nazarena de Publicaciones, Kansas City.
PAIN, ARTHUR W. *Echoes of His Love*, Light and Hope Publications, Berne, 1947.
PERAZA, FERMIN. *Diccionario biográfico cubano*, Gainesville, 1967.
PEREIRA ALVES, ANTONIO. *Prominentes evangélicos de Cuba*, Casa Bautista de Publicaciones, El Paso, 1936.
Semblanzas evangélicas, Casa Bautista de Publicaciones, El Paso, Texas, 1963.
PEREZ CABRERA, JOSE MANUEL. *Historiografía de Cuba*, Instituto Panamericano de Geografía e Historia, México, 1962.
PEREZ DE LA RIVA, JUAN. *La República neocolonial*, Editorial de Ciencias Sociales, La Habana, 1973.
PEREZ RAMOS, CARLOS. *Un resumen de los setenta años de labor de la Iglesia Metodista en Cuba 1898-1968*, Miami, 1983.

PEREZ ROJAS, NIURKA. *El movimiento estudiantil universitario de 1934 a 1940*, Editorial de Ciencias Sociales, La Habana, 1975.
Perfil histórico de las letras cubanas, Editorial Letras Cubanas, La Habana, 1983.
PEZUELA, JACOBO DE LA. *Historia de la Isla de Cuba*, Madrid, 1868.
Pirates of the Spanish Main, American Heritage, 1961.
PICHARDO, HORTENSIA. *Documentos para la historia de Cuba*, Editorial de Ciencias Sociales, La Habana, 1980.
PICHARDO MOYA, FELIPE. *Los indios de Cuba en sus tiempos históricos*, La Habana, 1945.
PINO SANTOS, OSCAR. *La oligarquía yanqui en Cuba*, Editorial Nuestro Tiempo, México, 1975.
PIÑERA, HUMBERTO. *Panorama de la filosofía cubana*, Unión Panamericana, Washington, 1960.
PITALUGA, GUSTAVO. *Diálogos sobre el destino*, Mnemosyne Publishing Inc., Miami, 1969.
PORTELL VILA, HERMINIO. *Historia de Cuba en sus relaciones con los Estados Unidos y España*, Mnemosyne, Miami, 1969.
Vidas de la unidad americana, Librería Minerva, La Habana, 1945.
PORTUONDO, FERNANDO. *Estudios de historia de Cuba*, Editorial Ciencias Sociales, La Habana 1973.
PORTUONDO, JOSE ANTONIO. *Capítulos de literatura cubana*, Editorial Letras Cubanas, La Habana, 1981.
PRATT, JULIUS W. *Expansionists of 1898*, Quadrangle Books, Chicago, 1964.
Problems of the New Cuba, Foreign Policy Association, New York, 1935.
REMBAO, ALBERTO. *Pneuma: Fundamentos teológicos de la cultura*, Casa Unida de Publicaciones, México, 1957.
REMOS RUBIO, JUAN J. *Historia de la literatura cubana*, Cárdenas y Compañía, La Habana, 1945.
Proceso histórico de las letras cubanas, Ediciones Guadarrama, Madrid, 1958.
RIERA HERNANDEZ, MARIO. *Cuba republicana 1899-1958*, Miami, 1974.
RODRIGUEZ, A. S. *La obra bautista en Cuba Occidental*, Imprenta Bautista, La Habana, 1930.
RODRIGUEZ, CARLOS RAFAEL. *Cuba en el tránsito al socialismo (1959-1963)*, Siglo XXI, México, 1978.
RODRIGUEZ, JOSE IGNACIO. *Vida del presbítero Don Félix Varela*, New York, 1878.
RODRIGUEZ FEO, JOSE. *Notas críticas*, Ediciones Unión, La Habana, 1962.
ROIG DE LEUCHSENRING, EMILIO, *Cómo vio Jacobo de la Pezuela la toma de La Habana por los ingleses*, Oficina del historiador de la ciudad, La Habana, 1972.
La Habana, apuntes históricos, Oficina del historiador de la ciudad, La Habana, 1964.
SACO, JOSE ANTONIO. *Papeles sobre Cuba*, Editorial Nacional de Cuba, La Habana, 1962.
SAGRA, RAMON DE LA. *Historia económico-política y estadística de la isla de Cuba*, La Habana, 1831.

SALAS Y QUIROGA, JACINTO. *Viajes*, Consejo Nacional de Cultura, La Habana, 1962.
SANTA CRUZ, MERCEDES. *La Habana*, Madrid, 1981.
SANTOVENIA, EMETERIO. *Armonías y conflictos en torno a Cuba*, Fondo de Cultura Económica, México, 1956.
SERRANO, CARLOS. *Final del Imperio. España 1895-1898*, Siglo XXI, Madrid 1984.
Seventh Day Adventist Encyclopaedia, Review and Herald Publishing, Washington, 1966.
SILVERIO, NICASIO. *Cuba y la Casa de Austria*, Ediciones Universal, Miami, 1972.
SINCLAIR, JOHN H. *Protestantism in Latin America: A Bibliographical Guide*, William Carey Library, South Pasadena, 1976.
Sínodo Diocesano que de orden de S. M. celebró el Ilmo. Sr. D. Juan García de Palacios, obispo de Cuba, La Habana, 1844.
SMITH, EARL E. T. *El cuarto piso*, Editorial Diana, México, 1968.
SMITH, TIMOTHY L. *La historia de los nazarenos*, Casa Nazarena de Publicaciones, Kansas City.
SUCHLICKI, JAIME. *University Students and Revolution in Cuba 19201968*, University of Miami Press, Coral Gables, 1969.
Cuba: From Columbus to Castro, Charles Scribners son, New York, 1974.
TABARES DEL REAL, JOSE A. *La revolución del 30: Sus dos últimos años*, Editorial de Ciencias Sociales, La Habana, 1971.
TABIO, ERNESTO E. Y REY, ESTRELLA. *Prehistoria de Cuba*, Editorial de Ciencias Sociales, La Habana, 1979.
TAYLOR, CLYDE Y COGGINS, W. *Protestant Missions in Latin America*, Evangelical Foreign Missions Association, Washington, 1961.
TEJERA, DIEGO VICENTE. *Estado de la legislación cubana*, Editorial Reus, Madrid, 1925.
TESTE, ISMAEL. *Historia eclesiástica de Cuba*, Tipografía de la Editorial El Monte Carmelo, Burgos, 1969.
Tesis y resolución sobre la política en relación con la religión, la iglesia y los creyentes del Primer Congreso del Partido Comunista de Cuba, 1975.
The Salvation Army Yearbook 1982, Salvationist Publishing and Supplies, Londres, 1982.
The Listening Isles: Records of the Caribbean Consultation, International Missionary Council, New York, 1957.
THOMAS, HUGH. *Cuba: The Pursuit of Freedom*, Harper and Row, New York, 1971.
TURNBULL, DAVID. *Travels in the West*, Londres, 1840.
TRELLES, CARLOS M. *Ensayo de bibliografía cubana en el siglo XVI, XVII y XVIII*, Matanzas, 1927.
Bibliografía cubana del siglo XIX, Matanzas, 1911, 1915.
Bibliografía cubana del siglo XX, Matanzas, 1916, 1917.
ULIBARRI, SATURNINO. *Piratas y corsarios de Cuba*, La Habana, 1931.
VALDES, ANTONIO JOSE. *Historia de la Isla de Cuba y en especial de La Habana*, La Habana: En la oficina de la cena, 1813.

VARELA, FELIX. *Miscelánea Filosófica*, Nueva York, 1827.
VAUGHN, RUTH. *Cristo para América Central*, Casa Nazarena de Publicaciones, Kansas City.
VITIER, CINTIO. *Temas martianos*, Editorial Letras Cubanas, La Habana, 1982.
Lo cubano en la poesía, Instituto del Libro, La Habana, 1970.
VITIER MEDARDO. *Las ideas en Cuba*, Trópico, La Habana, 1938.
La filosofía en Cuba, Fondo de Cultura Económica, México, 1948.
WHIPPLE, HENRY B. *Lights and Shadows of a Long Episcopate*, MacMillan, New York.
WILLIAMS, ERIC. *From Columbus to Castro: The History of the Caribbean*, Harper and Row, New York, 1970.
WILSON, FRANK E. *La divina comisión*, Centro de Publicaciones Cristianas, San José, 1984.
World Christian Handbook, Abingdon, Nasvhille, 1968.
WRIGHT, IRENE. *The Early History of Cuba*, Octagon Books, New York, 1970.
YGLESIA MARTINEZ, TERESITA. *Cuba: primera República, segunda ocupación*, Editorial de Ciencias Sociales, La Habana, 1976.
ZULUETA VIART, RAFAEL. *Una obra de fe*, Placetas, 1978.

De esta lista se han excluido las obras de ficción y ensayos que fueron analizados para encontrar alguna influencia relacionada con la presencia del protestantismo en Cuba

PERIODICOS CUBANOS

Diario de la Marina
El Triunfo
El Correo de la Tarde
Aurora de Yumurí
El Espectador
La Discusión
El Mundo
El Siglo
Avance
Patria (publicado en Nueva York)
El Habanero (publicado en Filadelfia y Nueva York)

Heraldo de Cuba
La Política Cómica
El País-Excelsior
Noticias de Hoy
Acción
Denuncia
Prensa Libre
Revolución
Granma
La Prensa

REVISTAS CUBANAS

Cuadernos de Historia Habanera
Gaceta oficial de la República
Universidad de La Habana
La Gaceta de La Habana
Cuba Internacional
Boletín del Archivo Nacional
Casa de las Américas
Revista de la Biblioteca Nacional
Juventud Técnica

Carteles
Los Pinos Nuevos
Cuba Socialista
Islas
Unión
Indice
Bohemia
La Quincena
Verde Olivo

REVISTAS EVANGELICAS CUBANAS

El mensajero de los postreros días
El Evangelista Cubano
La Antorcha Pentecostal
Revista Trimestral
El Grito de Guerra
El Misionero Bíblico
Heraldo Evangélico
Heraldo Episcopal
El Mensajero
Heraldo Cristiano

Sión
El Bautista
La Voz Bautista
El Amigo
Juprecu
Salvación
El Eco
El Mensajero Fiel
Mensaje

PERIODICOS Y REVISTAS EXTRANJEROS

The New York Times
Time
The New York Herald Tribune
London Times
The Manchester Guardian
Diario Las Américas
The Christian Science Monitor

Atlanta Journal
La Nación
Los Angeles Times
The New York Sun
The Miami Herald
El Diario
La Estrella

REVISTAS Y PERIODICOS RELIGIOSOS EXTRANJEROS

Historical Magazine of the Protestant Episcopal Church
Home Missions
The Home Missionary
The Missionary
Evangelist
Northern Christian Advocate
Baptist History and Heritage
Christian and Missionary Alliance
Standard
Advance
Ave María
Catholic Herald
Christian Evangelist
Churchman
Revista/Review Interamericana
Pastoralia
World Outlook
The Harvest
Latin America Evangelist
Misión
Fides et Historia
Journal of Presbyterian History
Church History
The Christian Century
Christianity Today
The Evening Light and Church of God Evangel
The Pentecostal Evangel

Review and Herald
El Centinela y Heraldo de la Salud
Christian Advocate
Christian Herald
Presbyterian Life
Occasional Bulletin
La Nueva Democracia
Puerto Rico Evangélico
Nueva Senda
The International Review of Missions
The Catholic Expositor and Literary Magazine
Forum Magazine
Living Age
The Examiner

OTRAS FUENTES Y COLABORADORES

(Además de correspondencia entre misioneros y obreros nacionales y de juntas norteamericanas con los misioneros e iglesias nacionales.)
—Division of Overseas Ministries, Christian Church (Disciples of Christ), Indianapolis, Indiana.
—Disciples of Christ Historical Society, Nashville, Tennessee.
—Mennonite Church General Board, Lombard, Illinois.
—Congregational Holiness Church, Inc., International Headquarters, Griffins, Georgia.
—United World Mission, St. Petersburg, Florida.
—Historical Committee of the Mennonite Church, Goshen, Indiana.
—Program Agency of the United Presbyterian Church, New York, New York.
—Franconia Mennonite Conference, Souderton, Pennsylvania.
—José T. Poe y Cecilio McConnell, Casa Bautista de Publicaciones (Bautistas del Sur), El Paso, Texas.
—Charles W. Conn, Historian of the Church of God, Cleveland, Tennessee.
—Wilson Ross, Biblioteca y archivos de la Casa Bautista de Publicaciones, El Paso, Texas.
—Juan Ramón de la Paz, Comisión Evangélica Latinoamericana de Educación Cristiana, La Habana, Cuba.
—CEHILA, Cuba.
—Archivo del historiador Wilton M. Nelson, Editorial Caribe, San José, Costa Rica.
—Library of the Headquarters, Church of God of Prophecy, Cleveland, Tennessee.
—Archivos del historiador Samuel Deulofeu Pérez, de la Convención Bautista de Cuba Oriental.
—Ernest E. Atkinson, archivero de la Convención Bautista Mexicana, de Texas.

666 *Panorama del Protestantismo en Cuba*

—Copias de documentos del Archivo de Indias, del Archivo Nacional de Madrid y otros, gracias a la cooperación del historiador Leví Marrero de la Universidad de Puerto Rico en Rio Piedras.
—Bishop James Lloyd Knox, United Methodist Church, Birmingham, Alabama.
—Florent D. Toirac, Spanish World Gospel Mission, Winona Lake, Indiana.
—Worldteam (former West Indies Mission), Library and Archives, Coral Gables, Florida.
—Louise J. Walker, General Council of the Assemblies of God, Springfield, Missouri.
—Interamerican Division of the Seventh Day Adventist Church, Coral Gables, Florida.
—Open Bible Standard Churches, Foreign Missions Department, Des Moines, Iowa.
—Pentecostal Holiness Church, Foreign Missions Department, Oklahoma City, Oklahoma.
—Office of Mission Information, Episcopal Church, New York, New York.

ENTREVISTAS

B. G. Lavastida
Zeida Campos
Alfonso Rodríguez Hidalgo
Rafael Cepeda
Laura Ceballos viuda de Sánchez
Carlos Pérez Ramos
Reinaldo Toledo
Razziel Vázquez Viera
Raúl Suárez Ramos
Jaime Santamaría
Justo González, padre
José Garrido Catalá
Gabriel Caride
Ramón L. Nieves
Lázaro Dominguez
Andrés Román
Ramón Borrego
Marcelo Sánchez
Vicente Izquierdo
Víctor Reyes-Sotolongo
Fernando Lamigueiro
José M. Vera
Florentino Almeida
Hubert O. Hurt

Reinaldo Sánchez
Delma Jackson
Herman Glienke
Onell A. Soto
Manuel Salom
Max I. Salvador
Edmundo Morgado
Manuel Viera Bernal
Armando A. Ginard
Domingo Fernández
Pablo Emilio Veitía
José Hernández
Miguel Vázquez
Emilio Girado
Leoncio Veguilla
Herelio Martínez
Elmer Lavastida
Sixto M. López
Sergio Fernández
Mario Casanella
Luis Bernal Lumpuy
Dagoberto Rodríguez
Benito Rodríguez
Ruby Miller

Rolando A. Amador
Rafael Díaz
Cecilio Arrastía
Juan Sierra
Emilio Núñez Portuondo
Haydeé Sosa vda. de Alvarez
Obed Gorrín
Obel Guzmán
Elena H. de Salabarría

Clifford Hanhan
Mario Pérez
Thomas Willey, Jr.
Eugene Gruell
Ramón Herrera
Vidal Hernández
Humberto Cruz
Julio Delgado
Caridad Benitez

TESIS DE GRADO, DOCUMENTOS INEDITOS CARTAS Y ARTICULOS DE SINGULAR IMPORTANCIA

Alard, Leopoldo. "Proceso histórico de la Iglesia Episcopal en Cuba". Trabajo de investigación, Seminario Episcopal del Caribe, 1966.

Alonso, Aurelio. "Religiosidad e instituciones en la Cuba actual", Centro de Estudios sobre América, 1982.

Atkinson, Ernest E. "A Selected Bibliography of Hispanic Baptist History". Historical Commission, SBC, Nashville, 1981.

Batista, Israel. "Encuentro Cristiano-Marxista en Cuba", incluido en *Cristo vivo en Cuba: Reflexiones teológicas cubanas* (San José, Costa Rica: DEI, 1978).

Blankingship, Alexander Hugh y González Agüeros, Romualdo. "Un bosquejo de historia de la iglesia" en *Heraldo Episcopal*, Epoca IV, No. 58, febrero de 1954.

Cabrera Leiva, Guillermo. "El protestantismo norteamericano en las Antillas españolas". Tesis para Maestría en Artes, Universidad de Miami, 1951.

Cartas de Joaquín de Palma a José Ignacio Rodríguez, 1873. (Biblioteca del Congreso, Washington).

Cartas de Alberto J. Díaz a Isaac T. Tichenor (Home Mission Board of the Southern Baptist Convention, Atlanta, Georgia.

Carta de Antonio Maceo al Dr. Alberto J. Díaz. Biografías de Maceo y artículos en *Heraldo Cristiano*.

Carta de J. M. Aguirre al Dr. Alberto J. Díaz. Artículos sobre "Los misioneros patriotas" de Rafael Cepeda en *Heraldo Cristiano*.

Crahan, Margaret E. "Religious Penetration and Nationalism in Cuba: U.S. Methodist Activities 1898-1958". Revista/Review Interamericana. Interamerican University of Puerto Rico, 1978.

Church and Society, número especial julio-octubre 1979. Program Agency. United Presbyterian Church, New York.

Encuesta sobre opinión religiosa de la Agrupación Católica Universitaria de La Habana, Cuba, 1954.

Domínguez, Nilo. "Las crisis de nuestra obra". Estudio preparado para los pastores bautistas reunidos en el Campamento de Yumurí, 1982.

Echerri, Vicente. "Informe sobre la iglesia en Cuba". Washington, Noviembre de 1980.

Fahy, Joseph Augustine. "The Anti-Slavery Thought of Jose Agustin Caballero, Juan Jose Díaz de Espada y Félix Varela in Cuba". Tesis doctoral en la Escuela de Divinidades de la Universidad de Harvard, 1983.

Fernández Escobio, Fernando. "De la factoría a la colonia: Los camposantos cubanos".

Gorrín, Obed. "Implicaciones teológicas de la herencia misionera de la Convención Evangélica de Cuba Los Pinos Nuevos", Consulta sobre la herencia misionera de la iglesia cubana, Consejo Ecuménico de Cuba, 1984.

Greer, Harold Edward. "History of Southern Baptist Mission Work in Cuba 1886-1916". Tesis para el "Master of Science", Universidad de Alabama, 1963.

Ham, Adolfo. "Non-Theological Factors Affecting Cuban Protestant Unity" en *Religion in Cuba Today*, op. cit.

Hansen, K. Wolfe. "A Sketch of the History of the Association of Evangelical Churches in Cuba during Ten Years of Revolution". Worldteam.

Heraldo Cristiano. Edición especial sobre los 25 años de la obra misionera norteamericana en Cuba. Tomo 5, número 9, marzo de 1924.

La herencia misionera en Cuba. Consulta de las iglesias protestantes realizada en Matanzas, Cuba, en 1984. Editor: Rafael Cepeda. San José, Editorial DEI, 1986.

McClean, Clarence G. "Pioneer Work of Friends in Cuba". Tesis para el grado de "Master" en la Escuela Graduada de Divinidades de la Universidad de Chicago, 1918.

Ramos, Marcos Antonio. "Oaxtepec: La iglesia protestante y su nuevo papel", en *Opiniones Latinoamericanas*, Agencia ALA, número 5, noviembre de 1978.

"Cristianismo, Política y Revolución" en la Revista *Misión*, Volumen III, número 3, pp. 90-95.

Records of the Caribbean Consultation, May 17-24, 1957, International Missionary Council, San Germán, Puerto Rico.

Robertson, C. Alton. "The Political Role of Protestants in Cuba 1959 to 1962" en *Occasional Bulletin* (New York: Missionary Research Library, XVIII, número 1, enero de 1967, parte 1.

Roca, Blas. "La lucha ideológica contra las sectas religiosas", en *Cuba Socialista*, número 22, junio de 1963.

The papers of Samuel Guy Inman. División de manuscritos. Biblioteca del Congreso, Washington, Distrito de Columbia.

Veguilla, Leoncio. "Periodos en la historia bautista en Cuba Occidental". Capítulo IV de tesis de grado para licenciatura en el Seminario Teológico Bautista Mexicano.

www.ingramcontent.com/pod-product-compliance
Lightning Source LLC
Chambersburg PA
CBHW030257080526
44584CB00012B/345